계리직 공무원

컴퓨터일반

(기초영어 포함)

◀ 기본서 ▶

SD에듀

㈜시대고시기획

계리직 가이드

우정사업본부에서 하는 사업은?

우정사업본부(지방우정청)는 과학기술정보통신부 소속기관으로, 핵심 업무인 우편물의 접수·운송·배달과 같은 우정사업을 비롯하여 우체국 보험 등 금융 관련 사업에 관한 정책을 수립하고 집행하는 일을 담당합니다.

우 편   예 금   보 험

계리직 공무원이 하는 일은?

계리직 공무원의 직무는 우체국 금융업무, 회계업무, 현업창구업무, 현금수납 등 각종 계산관리업무와 우편통계관련업무입니다.

우체국 금융업무   회계업무   현업창구업무   계산관리업무   우편통계관련업무

계리직 공무원을 선호하는 이유는?

하나. 시험 부담 DOWN

계리직 공무원의 필기시험 과목은 한국사, 우편상식, 금융상식, 컴퓨터일반 4과목으로 타 직렬에 비하여 비교적 시험과목이 적어 수험생들에게 인기 있는 직렬 중 하나입니다.

둘. 업무 만족도 UP

계리직은, 대부분 발령이 거주지 안에서 이루어지므로 거주지 이전의 부담이 적습니다. 또한 업무 특성상 명절 기간 등을 제외하고는 야근을 하는 일이 드물어 업무 만족도가 높은 편입니다.

시험 가이드

주관처

우정사업본부 및 지방우정청

응시자격

학력·경력	제한 없음
응시연령	만 18세 이상
결격사유	다음에 해당하는 자는 응시할 수 없음 ① 「국가공무원법」 제33조의 결격사유에 해당되는 자 ② 「국가공무원법」 제74조(정년)에 해당되는 자 ③ 「공무원임용시험령」 등 관계법령에 의하여 응시자격을 정지당한 자(판단 기준일 : 면접시험 최종예정일)
구분모집 응시대상자	① 장애인 구분모집 응시대상자 「장애인복지법 시행령」 제2조의 규정에 의한 장애인 및 「국가유공자 등 예우 및 지원에 관한 법률 시행령」 제14조 제3항의 규정에 의한 상이등급 기준에 해당하는 자 ② 저소득층 구분모집 응시대상자 「국민기초생활보장법」에 따른 수급자 또는 「한부모가족지원법」에 따른 보호대상자에 해당하는 자로서, 급여 실시가 결정되어 원서접수마감일 현재까지 계속해서 수급한 자
거주지역 제한	공고일 현재 모집대상 권역에 주민등록이 되어 있어야 응시할 수 있음

시험과목 및 시험시간

시험과목	① 한국사(상용한자 포함) ② 우편상식 ③ 금융상식 ④ 컴퓨터일반(기초영어 포함)
문항 수	과목당 20문항 ※ 상용한자는 한국사에, 기초영어는 컴퓨터일반에 각 2문항씩 포함하여 출제됨
시험시간	80분(문항당 1분 기준, 과목별 20분)

※ 필기시험에서 과락(40점 미만) 과목이 있을 경우 불합격 처리됨
※ 상세 시험 내용은 시행처의 최신 공고를 확인해 주세요.

총평

우정사업본부에 따르면 2021년 3월 20일에 치러진 우정 9급 계리직 필기시험은 지원자 24,364명 중 16,046명이 응시하여 65.9%의 응시율을 기록했다고 합니다. 이는 지난 2019년 공채 시험(59.4%)보다 6.5%p 상승한 수치입니다. 이에 따라 2021년 331명을 선발하는 이번 시험 경쟁률은 당초 73.6대 1에서 48.5대 1로 하락하게 됐습니다.

또한 시험 난이도는 높았다는 수험생들의 평이 많았습니다. 2021년의 합격선은 일반 모집의 경우 전국 평균이 63.51점을 기록했으며, 이는 역대급으로 어려웠다는 평가를 받았던 2019년의 57.96점보다 대략 5점 이상 올라갔습니다. 다만 80점 내외의 합격선을 보였던 2018년 이전의 합격선보다는 여전히 20점 가량 낮은 편입니다.

지역별로는 경인지역이 96.9%로 가장 경쟁률이 높았으며, 강원우정청이 19.8%로 가장 낮았습니다. 다만 합격선은 경쟁률과 달리 서울, 경인 우정청이 68.33으로 가장 높았고, 전남이 52.77로 가장 낮았습니다.

또한 계리직 시험은 2022년 5월 시행되는 시험부터는 필기시험 과목이 변경됩니다. 2021년까지 계리직 시험은 '한국사', '컴퓨터일반', '우편 및 금융상식'으로 3과목이었는데, 기존의 '우편 및 금융상식' 과목이 '우편상식', '금융상식'으로 분리돼 총 4과목 80문항으로 진행됩니다.

우편 및 금융상식 과목이 분리되고 문항이 늘어나 배점이 늘어난 만큼 2022년에 치러지는 시험에서는 우편상식과 금융상식에 대한 세밀하고 꼼꼼한 준비가 필요합니다.

2022년 1월에 공개된 우편상식, 금융상식 학습자료에서는 이전에 공개되었던 학습자료보다 우편상식 부분이 대거 보강이 되었고, 금융상식 과목에서도 보험 등에서 많은 변화가 있었습니다. 이전의 학습자료로 공부하셨던 수험생이라면 비교적 짧은 시간이지만 새로 보강된 학습자료 부분을 빠르게 파악하여, 달라진 부분을 학습하셔야 합니다.

또한 기존의 문제들은 달라진 학습자료를 반영하지 못한 부분들도 많으니 최신 학습자료에 맞춰 개편한 문제들로 학습해야 잘못된 자료로 공부하는 혼선을 줄일 수 있습니다.

2021년 계리직 지역별 지원자 및 응시율

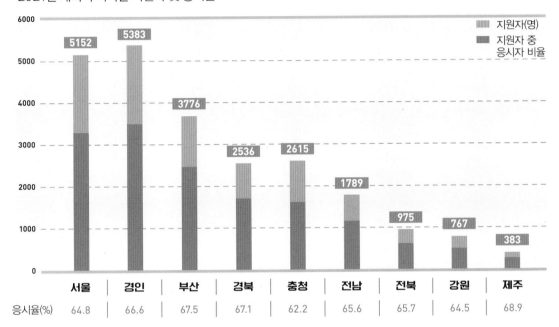

	서울	경인	부산	경북	충청	전남	전북	강원	제주
지원자(명)	5152	5383	3776	2536	2615	1789	975	767	383
응시율(%)	64.8	66.6	67.5	67.1	62.2	65.6	65.7	64.5	68.9

2021년 계리직 시험 지역별 합격선 및 경쟁률

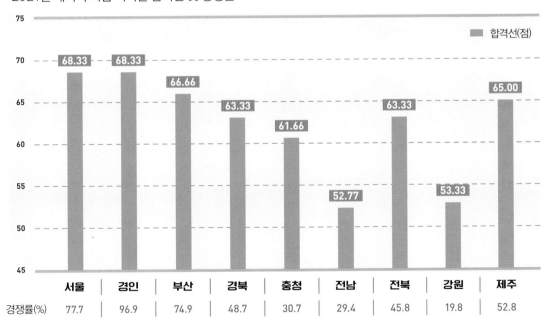

	서울	경인	부산	경북	충청	전남	전북	강원	제주
합격선(점)	68.33	68.33	66.66	63.33	61.66	52.77	63.33	53.33	65.00
경쟁률(%)	77.7	96.9	74.9	48.7	30.7	29.4	45.8	19.8	52.8

컴퓨터 일반

단원	2021	2019	2018	2016	2014	2012	2010	2008	합계
컴퓨터구조 일반	3	2	4	2	2	6	3	4	26
운영체제 일반	3	3	1	2	2	3	4	3	22
데이터베이스 일반	3	1	3	3	3	1	3	1	18
정보통신과 인터넷	4	2	3	4	5	2	2	6	28
자료 구조	2	1	1	4	2	3	3	1	17
소프트웨어 공학	2	6	6	1	4	2	–	1	22
프로그래밍 언어	1	3	2	3	1	2	4	3	19
스프레드시트	2	2	–	1	1	1	1	1	9

출제 TOP 3

1 정보통신과 인터넷

2 컴퓨터구조 일반

3 소프트웨어 공학

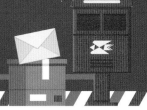

컴퓨터일반

우정서기보(계리직) 시험의 당락은 컴퓨터일반에서 갈린다고 말할 수 있을 정도로 많은 수험생들이 컴퓨터일반의 학습에 어려움을 호소하고 있습니다.

컴퓨터일반의 경우 출제범위가 매우 넓게 분포되어 있어 전문가의 가이드를 통한 전략적인 학습 방법이 중요합니다.

컴퓨터일반은 네 과목 중 독학이 가장 어려운 과목입니다. 전문가의 전략적인 학습 가이드와 온라인 강의를 병행하는 학습 방법을 추천합니다.

학습 포인트

하나.
컴퓨터의 기본이 어려운 수험생은 기본서를 가볍게 1회독하며 용어에 대한 적응력을 높인 후 본격적으로 학습에 임하기를 권합니다.

둘.
비전공자라면 처음부터 통독을 목표로 독학하기보다는 온라인 강의와 함께 회독 수를 늘려가며 공부하는 방법이 효율적입니다.

셋.
전산직·정보처리기능사·정보처리기사 등 당해 시험과 유사한 직렬의 기출문제를 풀어보며 시험에 익숙해지도록 합니다.

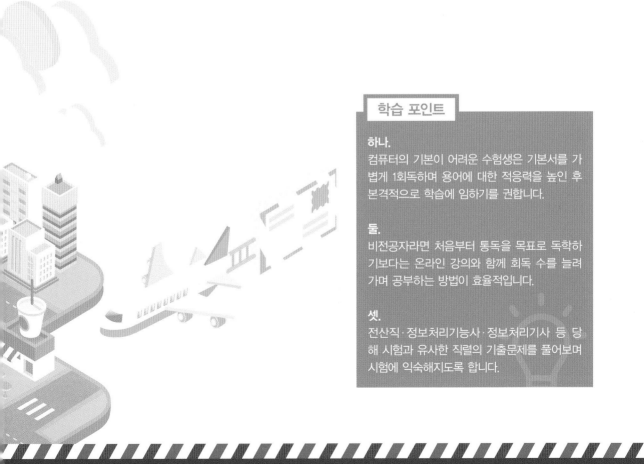

출제 비중 체크!

※ 계리직 전 8회 시험(2008~2021) 기출문제를 기준으로 정리하였습니다.

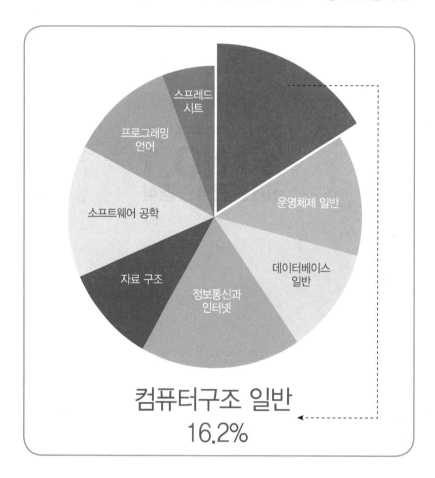

스프레드
시트

프로그래밍
언어

운영체제 일반

소프트웨어 공학

데이터베이스
일반

자료 구조

정보통신과
인터넷

컴퓨터구조 일반
16.2%

PART

01 | 컴퓨터구조 일반

I wish you the best of luck!

우정사업본부 지방우정청 9급 계리직

컴퓨터일반

컴퓨터의 개요

01 컴퓨터 시스템의 구성요소

1. 컴퓨터의 정의

① 컴퓨터는 입력된 자료(Data)를 프로그램의 명령 순서에 따라 처리하여 그 결과를 사람이 알아볼 수 있도록 출력하는 전자 자료 처리 시스템(EDPS ; Electronic Data Processing System)이다.

② 컴퓨터 시스템은 기계 장치인 하드웨어(Hardware)와 이를 움직이는 소프트웨어(Software)로 구성되고, 하드웨어와 소프트웨어의 중간적 성격을 가지는 펌웨어(Firmware)가 있다.

> **더 알아보기⊕**
>
> • 자료(Data) : 관찰과 측정을 통해 수집한 단순한 결과값으로 인간 또는 기계가 감지할 수 있도록 숫자, 문자, 기호 등을 이용하여 형식화한 것이다.
> • 정보(Information) : 의사 결정에 도움을 줄 수 있도록 데이터를 가공하거나 처리한 것이다.

2. 컴퓨터 시스템의 구성요소

(1) 하드웨어(Hardware)

① **중앙처리장치(CPU)** : 컴퓨터 각 장치의 동작을 제어하고 연산을 수행하고 임시로 데이터를 저장하는 부분으로 제어장치, 연산장치, 기억장치(레지스터)로 구성된다.

ㄱ 제어장치 : 기억장치에 저장된 명령을 해독하여 제어신호를 발생하고 각 장치에 제어신호를 전달하는 장치이다.

ㄴ 연산장치 : 제어장치의 제어신호에 따라 산술연산, 논리연산, 관계연산을 수행하는 장치이다.

ㄷ 기억장치(레지스터) : 임시 저장소로서 가장 속도가 빠른 기억장치이며, 제어장치와 연산장치에서 명령어나 데이터를 저장하기 위해 사용하는 고속의 기억장치이다.

② 주변장치

　　㉠ 주기억장치 : CPU가 처리하기 위해 보조기억장치에서 프로그램을 읽어 들이는 장치로 CPU 는 주기억장치에서 프로그램을 하나씩 읽어 들인다. 명령을 처리하기 위해 사용하는 기본 장 치이다.

　　㉡ 보조기억장치 : 주기억장치의 휘발성과 용량 부족을 해결하기 위한 외부기억장치이다.

　　　예 자기 테이프, 자기 디스크, 하드 디스크, 플로피 디스크, 광 디스크(CD), Blu-Ray, 데이터 셀 등

　　㉢ 입력(Input)장치 : 외부 데이터를 컴퓨터 내부로 보내어 주기억장치에 기억시키는 장치이다.

　　　예 키보드, 마우스, 트랙볼, 터치패드, 터치스크린, 조이스틱, 스캐너, 태블릿, 라이트펜(광전펜), 카드 리더기, 바코드 판독기(BCR), 광학 마크 판독기(OMR), 광학 문자 판독기(OCR), 자기 잉크 문자 판독기(MICR) 등

　　㉣ 출력(Output)장치 : 처리된 데이터를 사용자(User)가 이해할 수 있는 형태로 외부에 보여주 는 장치이다.

　　※ 주기억장치는 CPU가 데이터를 갖고 와서 사용하기는 하나 CPU내부에 주기억장치를 갖고 있지는 않다. 중앙처리장치의 기억장치는 레지스터라는 기억장치를 사용한다.

(2) 소프트웨어(Software)

① 시스템 소프트웨어(System Software)

　　㉠ 위키백과에서 '시스템 소프트웨어는 응용 소프트웨어를 실행하기 위한 플랫폼을 제공하고 컴 퓨터 하드웨어를 동작, 접근할 수 있도록 설계된 컴퓨터 소프트웨어이다.'라고 정의되어 있 다. 결과적으로 시스템 소프트웨어는 하드웨어를 제어하고 이용하는 데 편의를 제공해주는 소프트웨어를 말한다.

　　㉡ 시스템 소프트웨어는 제어프로그램과 처리프로그램으로 분류하고 제어프로그램은 감시프로 그램, 작업프로그램, 데이터 관리 프로그램으로 나뉜다. 처리프로그램은 언어번역프로그램, 문제 처리 프로그램, 서비스 프로그램으로 나뉜다. 시스템프로그램은 부트 로더, 운영체제, 장치 드라이버, 셸(shell), 로더, 라이브러리, 컴파일러로 분류할 수 있다.

　　　• 언어번역프로그램 : 프로그래머에 의해 작성된 원시 프로그램을 컴퓨터 시스템의 하드웨어가 알 수 있는 기계어로 변환하는 프로그램이다. 어셈블러, 컴파일러, 인터프리터가 있다.

　　　• 라이브러리(Library) : 컴퓨터 프로그래머가 프로그램을 작성할 때 자주 사용되는 작은 프로그램 들을 모아서 정리 정돈하여 둔 프로그램의 모임을 말한다.

　　　• 링커(Linker) : 원시 프로그램의 목적코드를 라이브러리와 바로 연결시키는 것을 담당한다.

　　　• 로더(Loader) : 목적 프로그램을 주기억장치에 적재하여 실행 가능하도록 해주는 역할로 로더가 수 행하는 작업을 로딩(Loading)이라고 한다. 로더의 기능으로는 할당(Allocation), 연결(Link), 재배치 (Relocation), 적재(Load)가 있다.

　　　　예 운영체제(유닉스(UNIX), 리눅스(LINUX), 윈도우 10), 컴파일러(Compiler), 링커(Linker), 로더(Loader), 장치드라이버 등

② 응용 소프트웨어(Application Software)

　㉠ 위키백과에서는 '넓은 의미로 운영체제(OS)에서 실행되는 모든 소프트웨어를 뜻한다.'라고 정의한다. 즉, 운영체제의 도움을 받아 주어진 목적을 성공하고자 만들어진 소프트웨어를 응용 소프트웨어라고 한다. 상용으로 판매되는 프로그램이나 프리웨어 등이 있다. 응용 소프트웨어는 패키지형 소프트웨어와 주문형 소프트웨어로 분류한다.

　㉡ 오피스 제품이나 통신프로그램, 멀티미디어, 기업에서 만들어지는 애플리케이션 등이 응용 소프트웨어이다.

　㉢ 응용 소프트웨어의 종류 및 역할

응용 소프트웨어	역할
워드프로세서	문서를 작성, 편집, 인쇄 등의 기능을 수행하는 프로그램으로 한글, MS워드 등이 있다.
스프레드	수식을 계산하고 통계 처리 등의 기능을 제공하는 프로그램으로 MS엑셀 등이 있다.
프레젠테이션 프로그램	발표 자료를 만드는 데 필요한 도표, 도형, 애니메이션 효과 등의 기능을 제공해주는 프로그램으로 파워포인트 등이 있다.
데이터베이스 관리 시스템	데이터베이스를 관리하는 프로그램으로 데이터를 처리하고 공유할 수 있는 환경을 제공한다. 오라클, 액세스, MSSQL 등이 있다.
그래픽 프로그램	그림을 그리거나 이미지를 편집할 수 있는 기능을 제공해주는 프로그램으로 일러스트레이션, 포토샵 등이 있다.
통신 프로그램	데이터를 네트워크를 통해 송수신할 수 있도록 해주는 프로그램으로 웹 브라우저, FTP, 텔넷 등이 있다.

예 MS-OFFICE(워드, 엑셀, 파워포인트, 액세스), 웹 브라우저, 그래픽 프로그램, 전자구매시스템 등

더 알아보기 ➕

운영체제의 성능 평가 요인
- 처리 능력(Throughput) 향상 : 단위 시간에 처리할 수 있는 작업의 양
- 응답 시간(Turnaround Time) 단축 : 요구한 결과를 얻을 수 있을 때까지 소요되는 시간
- 신뢰도(Reliability) 향상 : 시스템 오류 없이 해당 기능을 정확하게 수행할 수 있는 척도
- 사용 가능도(Availability) 향상 : 시스템 자원을 신속하게 사용할 수 있도록 지원하는 능력

(3) 펌웨어(Firmware)

① 특정 하드웨어 장치(메인보드 등)에 포함된 소프트웨어로 하드웨어와 소프트웨어의 중간적 성격을 지닌다.

② 소프트웨어를 읽어 실행하거나 수정하는 것이 가능하며, 필요 시 하드웨어의 성능 향상을 위해 업그레이드할 수 있다.

③ ROM(EEPROM)에 저장되는 마이크로 컴퓨터 프로그램이 해당되며, 디지털 시스템에서 널리 이용된다.

기출 **PLUS** 　시스템 소프트웨어와 응용 소프트웨어의 구별　　　　C등급

다음 중 시스템 소프트웨어로 알맞지 <u>않은</u> 것은?　　　　08년 우정사업본부

① 윈도우 XP　　　　　　　　　　② 리눅스
③ 워드프로세서　　　　　　　　　④ 컴파일러

≫ 시스템 소프트웨어는 컴퓨터를 효율적으로 사용하기 위해 필요한 소프트웨어이고, 응용 소프트웨어는 특정 분야에서 필요한 작업을 쉽게 수행하기 위한 소프트웨어이다. 워드프로세서는 시스템 소프트웨어가 아닌 응용 소프트웨어에 해당한다.　　　　답 ③

02 　컴퓨터의 특성과 기능

1. 컴퓨터의 특성

① **신속성** : 입출력(I/O) 및 연산 속도가 빠르며 신속하다.
② **정확성** : 자료 처리 시 오차를 최소화 하여 올바르고 확실한 결과를 얻을 수 있다.
③ **대용량성(대량성)** : 한꺼번에 많은 양의 데이터를 기억·처리할 수 있다.
④ **자동성** : 입력 데이터는 명령어를 순서대로 정리한 프로그램에 의해 처리 순서에 따라 자동적으로 문제를 해결한다.
⑤ **범용성** : 여러 가지 업무 처리에 다양하게 사용할 수 있다.
⑥ **저장성** : 보조기억장치를 이용하여 대량의 데이터를 저장할 수 있다.
⑦ **호환성** : 다른 컴퓨터나 매체에서 작성한 데이터도 공유하여 처리할 수 있다.
⑧ **신뢰성** : 오차를 최소화하여 결과를 믿을 수 있는 특성으로 컴퓨터 시스템이 주어진 환경에서 고장 없이 담당 기능을 원활하게 수행할 수 있는 능력의 척도이다.
⑨ **다양성** : 숫자, 문자, 그림, 소리, 동영상 등 다양한 종류의 데이터를 처리할 수 있다.
⑩ **공유성** : 통신망으로 연결된 컴퓨터는 시간과 공간의 제약을 초월하여 전 세계의 정보를 많은 사람들이 서로 공유할 수 있다.
⑪ **수동성** : 컴퓨터는 입력받은 데이터를 주어진 프로그램에 따라 처리할 뿐 스스로 작업을 수행하지 않는다.
※ GIGO(Garbage In Garbage Out)는 잘못된 데이터가 입력되면 잘못된 결과가 출력된다는 의미로 수동성을 나타낸다.

2. 컴퓨터의 기능

① **입력 기능** : 키보드와 마우스 등 입력 장치를 이용하여 외부 데이터를 컴퓨터 내부로 읽어 들이는 기능이다.

② **기억 기능** : 입력된 프로그램이나 데이터를 주기억장치에 저장시키는 기능이다.

③ **연산 기능** : 주기억장치에 기억되어 있는 프로그램이나 데이터를 이용하여 산술, 관계, 논리 연산을 실행하는 기능이다.

④ **제어 기능** : 컴퓨터의 각 장치들이 유기적으로 동작할 수 있도록 명령을 해독하고 각 장치에 제어신호를 보내는 기능이다.

⑤ **출력 기능** : 처리된 결과를 프린터나 모니터 화면으로 숫자, 문자, 도형 등 여러 가지 형태로 표현하는 기능이다.

3. 컴퓨터의 단위

(1) CPU의 처리 속도 단위

① **MIPS(Million Instructions Per Second)** : 초당 실행 가능한 명령어의 개수를 백만 단위로 표시한 것으로 컴퓨터(CPU)의 연산 속도를 나타내는 단위이다.

② **FLOPS(Floating point Operation Per Second)** : 초당 부동 소수점 연산 속도의 단위이다.

③ **클럭 속도(Clock Speed)** : CPU가 초당 발생시키는 주파수 사이클(MHz, GHz)이다.

④ CPU의 속도를 표현하는 단위로 GHz를 사용한다.

> 예 **코어 i3-3220[3.3GHz], 코어 i5-3570[3.4GHz]**

(2) 컴퓨터의 기억 용량 단위(저장 단위)

표기	단위	2진 용량	10진 용량
1B	Byte(바이트)	2^8	1
1KB	Kilo Byte(킬로 바이트)	2^{10}	10^3
1MB	Mega Byte(메가 바이트)	2^{20}	10^6
1GB	Giga Byte(기가 바이트)	2^{30}	10^9
1TB	Tera Byte(테라 바이트)	2^{40}	10^{12}
1PB	Peta Byte(페타 바이트)	2^{50}	10^{15}
1EB	Exa Byte(엑사 바이트)	2^{60}	10^{18}
1ZB	Zetta Byte(제타 바이트)	2^{70}	10^{21}
1YB	Yotta Byte(요타 바이트)	2^{80}	10^{24}

(3) 컴퓨터의 처리 속도 단위

표기	이름	2진 속도	10진 속도
1ms	milli second(밀리 초)	2^{-3}	10^{-3}
1μs	micro second(마이크로 초)	2^{-6}	10^{-6}
1ns	nano second(나노 초)	2^{-9}	10^{-9}
1ps	pico second(피코 초)	2^{-12}	10^{-12}
1fs	femto second(펨토 초)	2^{-15}	10^{-15}
1as	atto second(아토 초)	2^{-18}	10^{-18}

더 알아보기 ➕

기억 용량과 처리 속도 단위

- 기억 용량 : (작음) KB(2^{10}Byte) → MB(2^{20}Byte) → GB(2^{30}Byte) → TB(2^{40}Byte) → PB(2^{50}Byte) → EB(2^{60}Byte) → ZB(2^{70}Byte) → YB(2^{80}Byte) (큼)
- 처리 속도 : (느림) ms(10^{-3}sec) → μs(10^{-6}sec) → ns(10^{-9}sec) → ps(10^{-12}sec) → fs(10^{-15}sec) → as(10^{-18}sec) (빠름)

(4) 칩에 포함되는 게이트의 집적도

① SSI(Small Scale Integration) : 1~10개 정도의 게이트
② MSI(Medium Scale Integration) : 10~100개 정도의 게이트 포함
③ LSI(Large Scale Integration) : 100~수천 개 이상의 소자 포함
④ VLSI(Very Large Scale Integration) : 1만~백만 개 정도의 소자
⑤ ULSI(Ultra Large Scale Integration) : 그 이상의 소자

기출 PLUS 컴퓨터의 처리 단위 B등급

컴퓨터 용어에 대한 설명으로 옳지 않은 것은? 12년 우정사업본부

① MIPS는 1초당 백만 개 명령어를 처리한다는 뜻으로 컴퓨터의 연산 속도를 나타내는 단위이다.
② SRAM은 전원이 꺼져도 저장된 자료를 계속 보존할 수 있는 기억장치이다.
③ KB, MB, GB, TB 등은 기억 용량을 나타내는 단위로서 이 중 TB가 가장 큰 단위이다.
④ SSI, MSI, LSI, VLSI 등은 칩에 포함되는 게이트의 집적도에 따라 구분된 용어이다.

≫ SRAM은 전원이 꺼지면 기억된 내용이 지워지는 휘발성 메모리로 주로 캐시 메모리에서 사용한다. 전원이 꺼져도 저장된 자료를 계속 보존할 수 있는 것은 ROM에 대한 설명이다. 답 ②

03 중앙처리장치(CPU)

1. 중앙처리장치의 정의와 특성

(1) 중앙처리장치의 정의

① 중앙처리장치(CPU ; Central Processing Unit)는 사람으로 말하면 두뇌에 해당하는 장치로 컴퓨터 시스템에 부착된 모든 장치의 동작을 제어하고 명령을 실행하고 실행을 위해 임시로 데이터를 저장하는 장치이다.

② 중앙처리장치는 제어장치, 연산장치, 기억장치(레지스터)로 구성된다.

③ **중앙처리장치의 4대 기능**

기능	담당 장소
기억 기능	레지스터와 플래그
연산 기능	연산장치
전달 기능	내부 버스
제어 기능	제어장치

(2) 중앙처리장치의 특성

① 주기억장치에 저장되어 있던 데이터가 데이터 버스를 통해 CPU로 전달된다.

② 중앙처리장치의 클럭 주파수가 높으면 처리 속도가 빠르다.

③ 소수점이 있는 산술 연산이 많은 경우 속도 증가를 위해 보조 처리기가 필요하다.

④ 컴퓨터 장치 중 가장 빠르게 처리하는 장치이다.

2. 마이크로프로세서(Microprocessor)

(1) 마이크로프로세서의 정의와 특성

① 마이크로프로세서(Microprocessor)는 제어장치, 연산장치, 레지스터가 한 개의 반도체 칩에 내장된 장치이다.

② CPU 기능을 대규모 집적 회로(LSI)에 탑재한 장치로 산술 연산과 논리 연산의 제어 능력을 갖는다.

③ 클럭 주파수와 내부 버스(Bus)의 폭으로 성능을 평가한다.

④ 개인용 컴퓨터(PC)에서 중앙처리장치로 사용되며, CPU의 명령어 처리 및 구성 방식에 따라 RISC와 CISC, EISC로 구분한다.

(2) CISC(Complex Instruction Set Computer)

① 연산에 처리되는 복잡한 명령어들을 수백 개 이상 탑재하고 있는 프로세서이다.

② 마이크로프로그래밍을 통해 사용자가 작성하는 고급언어에 각각 기계어를 대응시킨 회로 구성된 중앙처리장치이다.

③ 데이터 경로, 마이크로프로그램 제어장치, 캐시, 메모리로 구성된 프로세서이다.

④ 자주 사용하지 않는 명령어의 모든 셋을 갖춘 프로세서로 모든 요구 능력을 제공한다.

⑤ 명령어 집합이 커서 많은 명령어를 프로그래머에게 제공하므로 프로그래머 작업은 쉽다.

⑥ 마이크로 코드 설계가 매우 어렵다.

(3) RISC(Reduced Instruction Set Computer)

① 컴퓨터의 실행 속도를 높이기 위해 복잡한 처리를 소프트웨어에 맡기고, 명령 세트를 축소한 컴퓨터이다.

② 복잡한 연산을 수행하려면 RISC가 제공하는 명령어를 반복 수행해야 하므로 프로그램이 복잡하다.

③ 명령의 대부분은 1머신 사이클에서 실행되고, 명령어 길이는 고정적이다.

④ 메모리에 대한 액세스는 LOAD와 STORE만으로 한정되어 있고, 어드레싱모드가 적어 와이어드 로직을 많이 이용한다.

⑤ 고정 배선 제어로 마이크로프로그램 방식보다 빠르다.

⑥ 단순 기능의 명령어 집합과 주소 지정 방식을 최소화하여 제어장치가 간단하다.

⑦ 속도가 빠른 그래픽 응용 분야에 적합하므로 워크스테이션에 주로 사용된다.

더 알아보기 ➕

RISC와 CISC의 비교

구분	RISC	CISC
처리 속도	빠름	느림
명령어 수	적음	많음
전력 소모	적음	많음
레지스터	많음	적음
프로그래밍	복잡	간단

(4) EISC(Extendable Instruction Set Computer)

① '에이디칩스에서 개발한 임베디드 프로세서용 RISC 기반 명령어 집합 CPU 구조이다.
② RISC를 기반으로 RISC의 간결성과 CISC의 확장성을 동시에 내장한다.
③ 가변길이 오퍼렌드를 표현하기 위해 확장레지스터와 확장 플래그를 사용한다.
④ 위키백과에서 EISC 특징을 5S라 표현한다. 즉, Small, Simple, Speed, Scalable, Saving이다.
  ⊙ Small : EISC는 출현빈도가 높고, 짧은 길이의 오퍼렌드를 가지는 16비트 고정길이 명령으로 구성된다.
  ⓛ Simple : EISC는 16비트 고정길이 명령어 집합을 가지며 한 가지 명령코드에 한 개의 명령만 가지고 있어 명령의 수가 적다.
  ⓒ Speed(High Speed) : EISC는 간단한 명령어 집합을 가지므로 하드웨어가 간단해지고 오퍼레이션 빈도가 높아지므로 성능이 높아진다.
  ⓔ Scalable(16bit/32bit 마이크로 아키텍처) : EiSC는 16비트/32비트 마이크로프로세서의 특징을 반영하여 Operand를 필요한 길이만큼 확장하는 구조로 16비트/32비트에 모두 효율이 높다.
  ⓜ Saving(Power saving-low power) : 전력소모를 낮추기 위해서는 첫째로 하드웨어구조가 단단한 구조가 되어야 하고 둘째로 데이터 버스 트래픽을 낮추어야 한다.

3. 중앙처리장치의 구성

(1) 제어장치(CU ; Control Unit)

① 컴퓨터에 있는 모든 장치들의 동작을 지시하고 제어하는 장치이다.
② 주기억장치에서 읽어 들인 명령어를 해독하여 해당 장치에 제어 신호를 보내 정확하게 수행하도록 지시한다.
③ 프로그램 카운터와 명령 레지스터를 이용하여 명령어 처리 순서를 제어한다.

요소	설명
프로그램 카운터(PC)	CPU에서 다음에 실행될 명령어의 주소를 기억하는 레지스터
명령 레지스터(IR)	현재 실행 중인 명령어를 해독하기 위해 임시로 기억하는 레지스터
명령 해독기 (Instruction Decoder)	CPU에 입력된 명령어를 해독하여 올바른 연산이 이루어지도록 제어신호를 전송
번지 해독기 (Address Decoder)	주소(번지)를 해독하여 주소에 기억된 내용을 데이터 레지스터로 전송
부호기 (Encoder)	명령 해독기에서 받은 명령을 실행 가능한 제어 신호로 변환하여 각 장치로 전송
메모리 주소 레지스터 (MAR)	명령이 기억된 주기억장치의 주소나 기억장치에서 메모리 주소를 기억하는 레지스터
메모리 버퍼 레지스터 (MBR)	기억장치에서 읽거나 저장할 데이터를 일시적으로 기억하는 레지스터(입출력장치의 동작 속도와 전자계산기의 동작 속도를 맞추는 데 사용)

(2) 연산장치(ALU ; Arithmetic & Logic Unit)

① 제어장치의 명령에 따라 실제로 연산을 수행하는 장치이다.

② 산술 연산, 논리 연산, 관계 연산뿐 아니라 자료의 비교, 이동, 편집 및 판단 작업도 수행한다.

요소	설명
누산기(Accumulator)	산술 및 논리 연산의 결과를 일시적으로 기억하는 레지스터
가산기(Adder)	사칙 연산과 함께 데이터 레지스터에 저장된 값과 누산기 값을 더함
보수기(Complement)	음수 표현이나 뺄셈 시 입력된 데이터를 보수로 변환
시프터(Shifter)	곱셈, 나눗셈 등 연산의 보조 기능을 수행하는 자리 이동기
데이터(Data) 레지스터	연산에 필요한 데이터를 일시적으로 기억하는 레지스터
상태(Status) 레지스터	CPU 상태와 연산 결과(자리올림, 인터럽트, 오버플로, 언더플로 등) 상태를 기억하는 레지스터
기억(Storage) 레지스터	기억장치에 전송할 데이터를 일시적으로 기억하는 레지스터
인덱스(Index) 레지스터	• 주소를 변경하기 위해 사용되는 레지스터 • 주소(Address) 레지스터 기억장치 내의 주소를 기억하는 레지스터

(3) 레지스터(Register)

① 레지스터는 중앙처리장치(CPU) 내부에서 처리할 명령어나 연산의 중간 결과 값, 주소(위치) 등을 일시적으로 기억하는 임시 기억 장소이다.

② 레지스터에 새로운 데이터가 들어오면 기존 내용은 사라지고, 새로 들어온 데이터만 기억한다.

③ 레지스터의 크기는 컴퓨터가 한 번에 처리할 수 있는 데이터의 크기이다.

④ 연산 속도를 향상시키기 위해 사용되며, 저장장치 중에서 속도가 가장 빠르다.

⑤ 마이크로프로세서의 일부분으로 아주 적은 데이터를 일시적으로 저장할 수 있다.

⑥ 하나의 명령어에서 다른 명령어 또는 운영체제가 제어권을 넘긴 다른 프로그램으로 데이터를 전달하기 위한 장소를 제공한다.

더 알아보기 ➕

PSW(Program Status Word)
CPU에서 명령이 실행되는 순서를 제어하거나 특정 프로그램에 관련된 컴퓨터 시스템의 상태를 나타내고, 유지하기 위한 제어 워드로 실행 중인 CPU의 상태 정보를 나타낸다.

02 논리 회로

01 불 대수의 기본

1. 불 대수(Boolean Algebra)의 정의

① 불 대수는 하나의 명제가 참인지 거짓인지를 판단하는 데 이용되는 수학적인 방법으로 영국의 수학자 불(G. Boole)에 의해 개발되었다.
② 참(1)과 거짓(0)을 나타내는 1과 0만으로 표현되는 2진 논리 회로로 구성되므로 컴퓨터의 논리 회로와 일맥상통한다.

2. 기본적인 논리 함수

① **NOT** : 입력되는 값의 반대 값이 출력 된다(NOT A, A', $\overline{A}$로 표현).
② **AND** : 입력 값이 모두 참(1)일 때만 결과가 참(1)이 되고, 입력 값 중 거짓(0)이 하나라도 있으면 결과가 거짓(0)이 된다(입력 값이 A, B라면 A AND B 또는 A · B로 표현).
  → 집합에서 교집합(∩)에 해당
③ **OR** : 입력 값 중 참(1)이 하나라도 있으면 결과가 참(1)이 되고, 입력 값이 모두 거짓(0)일 때만 결과가 거짓(0)이 된다(A OR B 또는 A+B로 표현). → 집합에서 합집합(∪)에 해당

A	A'
0	1
1	0

[NOT]

A	B	A · B
0	0	0
0	1	0
1	0	0
1	1	1

[AND]

A	B	A+B
0	0	0
0	1	1
1	0	1
1	1	1

[OR]

3. 불 대수의 기본 법칙

불 대수는 논리 회로를 분석하고 수학적으로 그 연산을 표현하고자 사용하는 대수식(직접 숫자를 입력하지 않고 A, B와 같은 문자를 사용하여 방정식을 푸는 방법)으로 논리 대수라고도 한다.

① **교환 법칙** : $A+B=B+A$, $A \cdot B=B \cdot A$

② **결합 법칙** : $(A+B)+C=A+(B+C)$, $(A \cdot B) \cdot C=A \cdot (B \cdot C)$

③ **배분 법칙** : $A \cdot (B+C)=(A \cdot B)+(A \cdot C)$, $A+(B \cdot C)=(A+B) \cdot (A+C)$

④ **부정 법칙** : $\overline{\overline{A}}=A$

⑤ **누승 법칙(유일 법칙)** : $A+A=A$(즉, $A \cup A=A$), $A \cdot A=A$

⑥ **흡수 법칙** : $A+A \cdot B=A$(즉, $A \cup (A \cap B)=A$), $A \cdot (A+B)=A$

⑦ **항등 법칙**

　㉠ $A+0=A$(즉, $A \cup \phi=A$), $A+1=1$(즉, $A \cup U=U$)

　㉡ $A \cdot 0=0$(즉, $A \cap \phi=\phi$), $A \cdot 1=A$(즉, $A \cap U=A$)

⑧ **보수 법칙** : $A+\overline{A}=1$(즉, $A \cup A^c=U$), $A \cdot \overline{A}=0$(즉, $A \cap A^c=\phi$)

⑨ **드모르간 법칙** : $\overline{A+B}=\overline{A} \cdot \overline{B}$, $\overline{A \cdot B}=\overline{A}+\overline{B}$

4. 논리식의 간소화 요령(방법)

① **논리식 간소화 방법 유형** : 불 대수 이용, 카르노 맵 이용

② 불 대수 이용 방법은 불 대수 정리를 활용하여 식을 간소화한다.

　예 $Y = (A+B) \cdot (A+B')$

　　$= (A \cdot A) + (A \cdot B') + (B \cdot A) + (B \cdot B')$ ← [분배 법칙]

　　$= A + (A \cdot B') + (A \cdot B) + 0$ ← [멱등 법칙, 교환법칙, 보수법칙]

　　$= A(1+B'+B)$ ← [분배 법칙, 항등법칙]

　　$= A(1)$ ← [항등법칙]

　　$= A$ ← [항등법칙]

③ **카르노 맵 이용방법**

　㉠ 진리표를 작성

　㉡ 변수의 수에 따라 사각형을 2의 누승 개로 작성

　㉢ 진리표 각 항(최소항 또는 최대항)들은 카르노 맵 한 칸의 값을 표현

　㉣ 인접한 1(최소항) 또는 0(최대항)을 2에 대한 누승 개로 최대한 크게 묶음

　㉤ 같은 값을 유지하는 경우만 1의 표현, 0의 표현을 표시

더 알아보기 ➕

2변수 카르노맵

- 2개의 2진 변수에 대한 4개의 최소항 구성
- 각 최소항은 하나씩 4개의 사각형에 배치

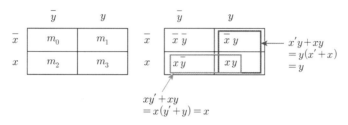

$x'y + xy$
$= y(x' + x)$
$= y$

$xy' + xy$
$= x(y' + y) = x$

3변수 카르노맵

- 3개의 2진 변수에 대한 8개의 최소항 구성
- 2개 횡의 묶음(looping) – 인접한 1(0)의 쌍을 묶어 정규입력과 반전입력 형태의 1개 변수 소거

	$\bar{y}\,\bar{z}$	$\bar{y}\,z$	$y\,z$	$y\,\bar{z}$
$\bar{x}$	m_0	m_1	m_2	m_3
x	m_4	m_5	m_6	m_7

	0 0	0 1	1 1	1 0
0	$\bar{x}\,\bar{y}\,\bar{z}$	$\bar{x}\,\bar{y}\,z$	$\bar{x}\,y\,z$	$\bar{x}\,y\,\bar{z}$
1	$x\,\bar{y}\,\bar{z}$	$x\,\bar{y}\,z$	$x\,y\,z$	$x\,y\,\bar{z}$

$xy'z + zyz$
$xy(y' + y)$
$= xz$

$x'y'z' + xy'z' + x'yz' + xyz'$
$= y'z'(x + x') + yz'(x' + x) = z'(y' + y) = z$

02 논리 게이트(Logic Gate)

게이트	기호	의미	진리표	논리식
AND		입력 신호가 모두 1일 때만 1 출력	A B Y 0 0 0 0 1 0 1 0 0 1 1 1	$Y = A \cdot B$ $Y = AB$
OR		입력 신호 중 1개만 1이어도 1 출력	A B Y 0 0 0 0 1 1 1 0 1 1 1 1	$Y = A + B$
BUFFER		입력 신호를 그대로 출력	A Y 0 0 1 1	$Y = A$
NOT (인버터)		입력 신호를 반대로 변환하여 출력	A Y 0 1 1 0	$Y = A'$ $Y = \overline{A}$
NAND		NOT+AND 즉, AND의 부정	A B Y 0 0 1 0 1 1 1 0 1 1 1 0	$Y = \overline{A \cdot B}$ $Y = \overline{AB}$ $Y = \overline{A} + \overline{B}$
NOR		NOT+OR 즉, OR의 부정	A B Y 0 0 1 0 1 0 1 0 0 1 1 0	$Y = \overline{A + B}$ $Y = \overline{A} \cdot \overline{B}$
XOR		입력 신호가 같으면 0, 다르면 1 출력	A B Y 0 0 0 0 1 1 1 0 1 1 1 0	$Y = A \oplus B$ $Y = A'B + AB'$ $Y = (A + B)(A' + B')$ $Y = (A + B)(AB)'$
XNOR		NOT+XOR 입력 신호가 같으면 1, 다르면 0 출력	A B Y 0 0 1 0 1 0 1 0 0 1 1 1	$Y = A \odot B$ $Y = \overline{A \oplus B}$

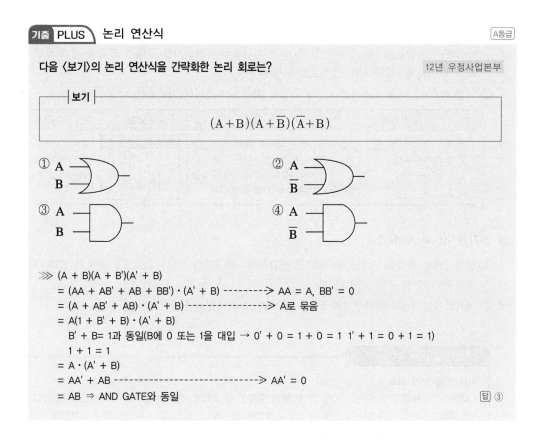

다음 〈보기〉의 논리 연산식을 간략화한 논리 회로는? 12년 우정사업본부

|보기|

$$(A+B)(A+\overline{B})(\overline{A}+B)$$

① A
   B

② A
   $\overline{B}$

③ A
   B

④ A
   $\overline{B}$

≫ $(A + B)(A + B')(A' + B)$
= $(AA + AB' + AB + BB') \cdot (A' + B)$ --------→ $AA = A$, $BB' = 0$
= $(A + AB' + AB) \cdot (A' + B)$ ----------------→ A로 묶음
= $A(1 + B' + B) \cdot (A' + B)$
  $B' + B = 1$과 동일(B에 0 또는 1을 대입 → 0' + 0 = 1 + 0 = 1 1' + 1 = 0 + 1 = 1)
  $1 + 1 = 1$
= $A \cdot (A' + B)$
= $AA' + AB$ ----------------------------→ $AA' = 0$
= AB ⇒ AND GATE와 동일

답 ③

03

응용 논리 회로

1. 조합 논리 회로(Combination Logical Circuit)

(1) 정의 및 종류

① 입력값에 의해서만 출력값이 결정되고, 기억 소자를 포함하지 않으므로 기억 능력이 없다.

② 입력, 논리 게이트, 출력으로 구성되며, 회로에 있는 게이트의 논리 동작에 근거한다.

③ 종류로는 반가산기(Half Adder), 전가산기(Full Adder), 반감산기(Half Subtracter), 전감산기(Full Subtracter), 디코더(Decoder, 해독기), 인코더(Encoder, 부호기), 멀티플렉서(Multiplexer, MUX), 디멀티플렉서(DeMultiplexer) 등이 있다.

(2) 반가산기(Half Adder)

① 1비트짜리 2진수 2개를 덧셈한 합(Sum)과 자리올림수(Carry)를 구하는 조합 논리 회로로 1개의 XOR 게이트와 1개의 AND 게이트로 구성된다.

② 연산 회로 중 가장 기본으로 두 개의 입력 값이 모두 1이면 자리올림수(C)가 발생한다.

논리 회로	의미	진리표				논리식
	• 합(S)이 같으면 0, 다르면 1이므로 XOR이다. • 자리올림수(C)는 모두 1일 때만 1이므로 AND이다.	A	B	S	C	$C = A \cdot B$ (AND) $S = A \oplus B$ (XOR)
		0	0	0	0	
		0	1	1	0	
		1	0	1	0	
		1	1	0	1	

(3) 전가산기(Full Adder)

① 뒷자리에서 올라온 자리올림수(C_i)를 포함하여 1비트짜리 2진수 3자리를 더하여 합(S_i)과 자리올림수(C_{i+1})를 구하는 회로이다.

② 전가산기는 2개의 반가산기와 1개의 OR 게이트로 구성된다.

더 알아보기 ⊕

기타 조합 논리 회로
• 디코더 : n개의 입력 회선이 있을 때 2^n개의 출력선 중 하나로 출력하며, AND 게이트로 구성된다.
• 인코더 : 2^n개의 입력 회선이 있을 때 n개의 출력선 중 하나로 출력하며, OR 게이트로 구성된다.
• 멀티플렉서 : 2^n개의 입력 신호 중 n개의 선택선 중 하나의 입력 신호를 선택하여 단일 출력선으로 전송한다.
• 디멀티플렉서 : 하나의 입력선으로부터 입력 신호를 n개의 선에 의해 2^n개 출력선 중 하나를 선택하여 출력한다.

2. 순서 논리 회로(Sequential Logical Circuit)

① 플립플롭(Flip-Flop, F/F, 기억 회로)과 게이트(조합 논리 회로)로 구성되며, 기억 소자(능력)를 가지고 있어 입력값과 기억 소자의 상태에 따라 출력값이 결정된다.

② 출력은 외부 입력과 플립플롭의 현재 상태에 의해 결정되며, 출력 신호의 일부가 피드백(Feedback)되어 출력 신호에 영향을 준다.

③ 설계 과정이 복잡하고, 고장 수리가 용이하지 않지만 처리 속도가 빠르다.

④ 종류로는 플립플롭(Flip-Flop), 레지스터(Register), 카운터(Counter) 등이 있다.

(1) 플립플롭(Flip-Flop)

① 전원이 공급되는 한 상태 변화를 위한 신호가 발생할 때까지 현재 상태를 유지하는 논리 회로로 1비트(bit)의 정보를 기억할 수 있다.

② 기본적인 플립플롭은 2개의 NAND 또는 NOR 게이트를 이용한다.

③ RS-FF, JK-FF, T-FF, D-FF 등이 있다.

종류	설명
RS 플립플롭	• 가장 기본적인 플립플롭으로 S와 R이라는 2개의 입력선을 조절하여 임의의 비트값을 그대로 유지하거나 0 또는 1의 값을 기억시키기 위해 사용 • S = R = 1일 때 "동작 안 됨(부정)"의 단점이 있음
JK 플립플롭	• RS 플립플롭에서 S = R = 1일 때 동작이 안 되는 단점을 보완한 플립플롭 • 다른 플립플롭의 기능을 대용할 수 있어 응용 범위가 넓고 집적 회로화하여 가장 널리 사용 • J = K = 1일 때 원래의 상태를 보수(반전)로 만듦
T 플립플롭	• JK 플립플롭의 두 입력선 J, K를 묶어서 한 개의 입력선 T로 구성한 플립플롭 • 원 상태와 보수 상태의 2가지 상태로만 전환이 되므로 누를 때마다 ON, OFF가 교차되는 스위치를 만들고자 할 때 사용
D 플립플롭	• RS 플립플롭의 R선에 인버터를 추가하여 S선과 하나로 묶어 입력선을 하나(D)만 구성한 플립플롭 • 입력하는 값을 그대로 저장하는 기능을 수행

〈RS 플립플롭 특성표〉

S	R	Q(t+1)	상태
0	0	$Q_{(t)}$	변화 없음
0	1	0	Reset
1	0	1	Set
1	1	동작 안 됨	동작 안 됨

〈JK 플립플롭 특성표〉

J	K	Q(t+1)	상태
0	0	$Q_{(t)}$	변화 없음
0	1	0	Reset
1	0	1	Set
1	1	$\overline{Q_{(t)}}$	반전

〈T 플립플롭 특성표〉

T	Q(t+1)	상태
0	$Q_{(t)}$	변화 없음
1	$\overline{Q_{(t)}}$	반전

〈D 플립플롭 특성표〉

D	Q(t+1)	상태
0	0	Reset
1	1	Set

(2) 레지스터(Register)

① 여러 개의 플립플롭을 이용하여 n비트(bit)의 정보를 기억하는 회로이다.

② n비트 레지스터는 n개의 플립플롭으로 구성되며, n비트를 저장할 수 있다.

③ 레지스터 분류

㉠ 범용 레지스터 : 다양한 용도로 사용하는 레지스터로 프로그램의 임시 기억장소, 산술연산, 주소지정, 스택 기준점 등으로 사용

ⓛ 세그먼트 레지스터 : 세그먼트는 메모리 조각으로 조각마다 시작 주소, 범위, 접근 권한 등을 부여할 때 사용하는 레지스터

- 16비트(2바이트) 크기의 레지스터 6개로 구성
  - CS : Code Segment
  - SS : Stack Segment
  - DS : Data Segment
  - ES : Extra(Data) Segment
  - FS : Data Segment
  - GS : Data Segment
- ES, FS, GS는 추가적인 데이터 세그먼트

ⓒ 프로그램 상태 제어 레지스터 : 프로그램 실행에 따른 결과에 대한 상태를 갖는 플래그 비티가 모여 있는 레지스터

- ZF(Zero Flag) → 비트 6, 연산 명령 후에 결과 값이 0이 되면 ZF가 1(true)로 세팅됨
- OF(Overflow Flag) → 비트 11, 부호 있는 수의 오버플로시 OF를 1(true)로 세팅, MSB(Most Significant Bit)가 변경되었을 때 1(true)로 세팅
- CF(Carry Flag) → 비트 0, 부호 없는 수의 오버플로시 CF를 1(true)로 세팅

ⓔ 명령 포인터 : CPU가 처리할 명령어의 주소를 나타내는 레지스터, 다음에 실행해야 할 명령어의 주소를 갖고 있고 그 값을 직접 변경할 수 없다.

01 수의 표현

1. 진수 표현

우리가 일반적으로 사용하는 진수는 0~9의 십진수(Decimal Number)이지만 컴퓨터는 0과 1만으로 표현하는 2진수(Binary Number)를 사용한다.

2. 각 진수에서의 수 표현

10진수	2진수	8진수	16진수	10진수	2진수	8진수	16진수
1	1	1	1	11	1011	13	B
2	10	2	2	12	1100	14	C
3	11	3	3	13	1101	15	D
4	100	4	4	14	1110	16	E
5	101	5	5	15	1111	17	F
6	110	6	6	16	10000	20	10
7	111	7	7	17	10001	21	11
8	1000	10	8	18	10010	22	12
9	1001	11	9	19	10011	23	13
10	1010	12	A	20	10100	24	14

3. 진법 변환

(1) 진법의 개요

컴퓨터에서 사용되는 대표적인 수 체계는 2진법, 8진법, 16진법이다. 컴퓨터는 특성상 ON/OFF의 2진 개념을 사용하므로 컴퓨터의 특성에 적합한 2진법을 사용한다. 2진법의 수의 길이가 길어지는 것을 방지하기 위해 2의 누승인 8진법 16진법을 함께 사용한다.

(2) 진법의 자릿수 체계

① 수를 표현하기 위해 사용하는 경우는 각 자리에 해당하는 가중치를 갖고 있다.

② 자릿수는 기록되는 자리에 의해 크기가 결정된다.

③ 기호의 개수에 따라 진법이 결정된다.

④ 기호의 개수를 기수(base) 또는 밑이라고 한다.

(3) 10진수를 2진수, 8진수, 16진수로 변환

① 정수부는 해당 진수로 나누는 수보다 몫이 작을 때까지 나누고, 나머지를 역으로 나열한다.

② 소수부는 해당 진수로 곱한 후 결과에서 정수 부분을 제외하고, 소수 부분이 0이거나 반복되는 수가 나올 때까지 소수점 위의 정수를 순서대로 나열한다.

예 10진수 22.25를 2진수, 8진수, 16진수로 변환

정수부			소수부		
2 ⌊ 22 2 ⌊ 11 … 0 ↑ 2 ⌊ 5 … 1 2 ⌊ 2 … 1 1 … 0 ∴ 10110	8 ⌊ 22 2 … 6 ↑ ∴ 26	16 ⌊ 22 1 … 6 ↑ ∴ 16	0.25 × 2 0.50 × 2 1.00 ∴ 0.01	0.25 × 8 2.00 ∴ 0.2	0.25 × 16 4.00 ∴ 0.4

결과 : $10110 + 0.01 = 10110.01_{(2)}$ / $26 + 0.2 = 26.2_{(8)}$ / $16 + 0.4 = 16.4_{(16)}$

③ 2진수 각 자리의 가중치(자릿값)를 표현하는 방법

2^{10}	2^9	2^8	2^7	2^6	2^5	2^4	2^3	2^2	2^1	2^0
1024	512	256	128	64	32	16	8	4	2	1

④ 2진수와 10진수의 관계

10진수	2진수
0	0000
1	0001
2	0010
3	0011
4	0100
5	0101
6	0110
7	0111
8	1000
9	1001

(4) 2진수, 8진수, 16진수를 10진수로 변환

① 각 진수를 10진수로 변환하려면 해당 진수의 자릿값을 곱하여 계산한다.

② 정수부와 소수부를 나누어 각 자릿수의 역지수승 만큼 각 진수를 곱한 후 값을 더한다.

> **예** 2진수 101001.011을 10진수로 변환

정수부	소수부
$1 \times 2^5 + 0 \times 2^4 + 1 \times 2^3 + 0 \times 2^2 + 0 \times 2^1 + 1 \times 2^0$ $= 32 + 0 + 8 + 0 + 0 + 1 = 41$	$0 \times 2^{-1} + 1 \times 2^{-2} + 1 \times 2^{-3}$ $= 0 + 0.25 + 0.125 = 0.375$

결과 : $41 + 0.375 = 41.375_{(10)}$

> **예** 8진수 42.76을 10진수로 변환

정수부	소수부
$4 \times 8^1 + 2 \times 8^0 = 32 + 2 = 34$	$7 \times 8^{-1} + 6 \times 8^{-2} = 7 \times 0.125 + 6 \times 0.015625$ $= 0.875 + 0.09375 = 0.96875$

결과 : $34 + 0.96875 = 34.96875_{(10)}$

> **예** 16진수 D3.2C를 10진수로 변환

정수부	소수부
$D \times 16^1 + 3 \times 16^0 = 13 \times 16 + 3 = 211$	$2 \times 16^{-1} + C \times 16^{-2} = 2 \times 0.0625 + 12 \times 0.00390625$ $= 0.125 + 0.046875 = 0.171875$

결과 : $211 + 0.171875 = 211.171875_{(10)}$

③ **10진수와 8진수 간의 변환(10진수 ⇌ 2진수 ⇌ 8진수)**

> **예** 10진수를 2진수를 이용하여 8진수로 변환

- 10진수 89는 131_8이 된다.

4	2	1	4	2	1	4	2	1
0	0	1	0	1	1	0	0	1
	1			3			1_8	

> **예** 8진수 131_8를 10진수로 변환

- 각 자리의 가중치를 계산하여 합계를 구할 수 있다.
- $131_8 = 1 \times 8^2 + 3 \times 8^1 + 1 \times 8^0 = 89$가 된다.
- 8진수는 2의 지수 승을 갖고 있으므로 2진수를 이용하여 변환할 수 있다. 즉, 8진수 1자리를 2진수 3비트로 표현하여 2진수로 바꾼다.

	1			3			1_8	
4	2	1	4	2	1	4	2	1
0	0	1	0	1	1	0	0	1

- (001011001_2)를 2진수의 가중치(자릿값)를 더하여 10진수를 만들 수 있다.

④ 10진수와 16진수 간의 변환(10진수 ↩ 2진수 ↩ 16진수)

[예] 301을 2진수를 이용하여 16진수로 변환

- 먼저 301을 2진수로 변환하면 (100101101_2)이 되고, (100101101_2)를 16진수로 변환한다.
- 16은 2^4승에 해당하므로 2진수 4비트는 16진수 1자리와 같다. 따라서 (100101101_2)을 오른쪽에서부터 4자리씩 끊어서 표시한다. 왼쪽 비트가 부족하면 '0'으로 채우고, 4자리씩 끊어서 읽는다. 즉, 2진수가 4비트 있는 것처럼 읽는다.
- 10진수 301은 $(12D_{16})$가 된다.

8	4	2	1	8	4	2	1	8	4	2	1
0	0	0	1	0	0	1	0	1	1	0	1
	1				2				D(=13)$_{16}$		

[예] 16진수 $12D_{16}$를 10진수로 변환할 때

- 16진수를 10진수로 변환하는 방법은 16의 누승으로 계산하는 방법으로 변환하면 $(12D_{16}) = 1 \times 16^2 + 2 \times 16^1 + 1 \times 16^0 = 301$이 된다.

1				2				D$_{16}$			
8	4	2	1	8	4	2	1	8	4	2	1
0	0	0	1	0	0	1	0	1	1	0	1
2048	1024	512	256	128	64	32	16	8	4	2	1
0	0	0	1	0	0	1	0	1	1	0	1

- 256+32+8+4+1=301 → 가중치의 합

⑤ 2진수, 8진수, 16진수 관계

16은 2^4이므로
16진수 1자리는
2진수 4자리로 표현

8은 2^3이므로
8진수 1자리는
2진수 3자리로 표현

16진수 → 2진수 ← 8진수

16은 2^4이므로
2진수 4자리를
16진수 1자리로 표현

8은 2^3이므로
2진수 3자리를
8진수 1자리로 표현

10진수	2진수	8진수	16진수	10진수	2진수	8진수	16진수
0	0000	00	0	8	1000	10	8
1	0001	01	1	9	1001	11	9
2	0010	02	2	10	1010	12	A
3	0011	03	3	11	1011	13	B
4	0100	04	4	12	1100	14	C
5	0101	05	5	13	1101	15	D
6	0110	06	6	14	1110	16	E
7	0111	07	7	15	1111	17	F

(5) 2진수를 8진수, 16진수로 변환

① 2진수를 8진수로 변환할 때는 2진수 소수점을 기준으로 3자리씩 끊어서 구한다.

② 2진수를 16진수로 변환할 때는 2진수 소수점을 기준으로 4자리씩 끊어서 구한다.

예 2진수 10101.0011을 8진수, 16진수로 변환

8진수로 변환	16진수로 변환
2 1 | 4 2 1 | 4 2 1 | 4 2 1 1 0 | 1 0 1 |. 0 0 1 | 1 0 0 2　　5　　　1　　　4	1 8 | 4 2 1 | 8 4 2 1 1 0 | 1 0 1 |. 0 0 1 1 1　　5　　　3
결과 : 25.14$_{(8)}$	결과 : 15.3$_{(16)}$

(6) 8진수를 2진수, 16진수로 변환

① 8진수를 2진수로 변환할 때는 8진수 각 자리를 2진수 3자리로 나타낸다.

② 8진수를 16진수로 변환할 때는 8진수 각 자리를 2진수 4자리로 나타낸 후 2진수로 구한 값을 소수 이상은 오른쪽에서 왼쪽으로, 소수 이하는 왼쪽에서 오른쪽으로 4자리씩 묶어 나타낸다.

예 8진수 31.14를 2진수, 16진수로 변환

2진수로 변환	16진수로 변환
3 | 1 |. 1 | 4 2 1 | 4 2 1 | 4 2 1 | 4 2 1 1 1 | 0 0 1 | 0 0 1 | 1 0 0	3 | 1 |. 1 | 4 1 | 1 0 0 1 | 0 0 1 1 | 0 0 1 | 8 4 2 1 | 8 4 2 1
결과 : 11001.0011$_{(2)}$	결과 : 19.3$_{(16)}$

(7) 16진수를 2진수, 8진수로 변환

① 16진수를 2진수로 변환할 때는 16진수 각 자리를 2진수 4자리로 나타낸다.

② 16진수를 8진수로 변환할 때는 16진수 각 자리를 2진수 4자리로 나타낸 후 2진수로 구한 값을 소수 이상은 오른쪽에서 왼쪽으로, 소수 이하는 왼쪽부터 오른쪽으로 3자리씩 묶어 나타낸다.

예 16진수 19.3을 2진수, 8진수로 변환

2진수로 변환	8진수로 변환
1 | 9 |. 3 1 | 8 4 2 1 | 8 4 2 1 1 | 1 0 0 1 | 0 0 1 1	1 | 9 |. 3 1 1 | 0 0 1 |. 0 0 1 | 1 0 0 2 1 | 4 2 1 | 4 2 1 | 4 2 1
결과 : 11001.0011$_{(2)}$	결과 : 31.14$_{(8)}$

기출 PLUS 다양한 진법 변환 〔A등급〕

〈보기〉의 다양한 진법으로 표현한 숫자들을 큰 숫자부터 나열한 것은? 〔12년 우정사업본부〕

┌─ 보기 ├─────────────────────────────────────

ㄱ. $F9_{16}$ ㄴ. 256_{10}

ㄷ. 11111111_2 ㄹ. 370_8

───

① ㄱ, ㄴ, ㄷ, ㄹ   ② ㄴ, ㄷ, ㄱ, ㄹ
③ ㄷ, ㄹ, ㄱ, ㄴ   ④ ㄹ, ㄱ, ㄴ, ㄷ

≫ 2진수로 통일

ㄱ. $F9_{16}$ →	249	1111 1001	3
ㄴ. 256_{10} →	2^8	1 0000 0000	1
ㄷ. 11111111_2 →		1111 1111	2
ㄹ. 370_8 →	011 111 000	1111 1000	4

〔답〕②

10진수 $461_{(10)}$을 16진수로 나타낸 값으로 맞는 것은? 〔08년 우정사업본부〕

① $19A_{(16)}$ ② $1CD_{(16)}$
③ $1DB_{(16)}$ ④ $2DF_{(16)}$

≫ 10진수 461을 16으로 나누어 몫이 1이 나올 때까지 몫과 나머지를 구하면

```
16 )  461
16 )   28    13
16 )    1    12
        0     1
```

1,   12, $13_{(16)}$ 이다

16^2의 자리   16의 자리 $16^0(=1)$의 자리

16진수에서 A=10, B=11, C=12, D=13 이므로 주어진 수는 $1CD_{(16)}$ 이다.

〔답〕②

02 보수(Complement)

1. 보수의 정의

① 일반적으로 "Complement"는 보완, 보충이라는 뜻인데 컴퓨터에서 보수(Complement)는 "채움수"라고 하여 합쳐서(채워서) 어떤 수(10진수에서 9, 10)가 되는 수이다.

② 컴퓨터에서는 보수를 이용하여 음수를 표현할 수 있으며, 보수를 이용하면 뺄셈 연산을 덧셈 연산으로 구할 수 있다.

③ 4라는 숫자에 대한 10의 보수는 4와 합쳐서 10이 되는 수로 여기에서는 6이 되고, 4라는 숫자에 대한 9의 보수는 같은 원리로 4와 합쳐서 9가 되는 수를 말하므로 5가 된다.

2. 보수의 목적

음수를 양수로 표현하여 가산기를 통한 연산이 가능하도록 하는 것이 그 목적이다.

3. r의 보수(r은 진수)

① 10진수에는 10의 보수, 2진수에는 2의 보수가 있다.

② 보수를 구할 숫자의 자리 수만큼 0을 채우고, 가장 왼쪽에 1을 추가하여 기준을 만든다.

> 예 45에 대한 10의 보수는?
>
> $45+X=100 \rightarrow X=100-45 \rightarrow X=55$

> 예 11101에 대한 2의 보수는?
>
> $11101+X=100000 \rightarrow X=100000-11101 \rightarrow X=00011$

③ 다른 방법으로는 r-1의 보수를 구한 후 그 값에 1을 더하는 방법이 있다.

4. r-1의 보수(r은 진수)

① 10진수에는 9의 보수, 2진수에는 1의 보수가 있다.

② 10진수 X에 대한 9의 보수는 주어진 숫자의 자리 수만큼 9를 채워 기준을 만든다.

> 예 45에 대한 9의 보수는?
>
> $45+X=99 \rightarrow X=99-45 \rightarrow X=54$

③ 2진수 X에 대한 1의 보수는 주어진 숫자의 자리 수만큼 1을 채워 기준을 만든다.

> 예 11101의 1의 보수는?
>
> $11101+X=11111 \rightarrow X=11111-11101 \rightarrow X=00010$

> **더 알아보기⊕**
>
> 보수의 표현법
> • 1의 보수 : 각 자리에 있는 1을 0으로, 0을 1로 바꾸어 구한다.
> • 2의 보수 : 1의 보수를 먼저 구한 다음 맨 오른쪽 자리에 1을 더하여 구한다.
> • 9의 보수 : 10진수에서 각 자릿수의 최고값(999)에서 해당 값을 뺀다.
> • 10의 보수 : 10진수에서 9의 보수를 먼저 구한 다음 그 결과에 1을 더하여 구한다.

기출 PLUS 보수의 표현   B등급

〈보기〉의 연산을 2의 보수를 이용한 연산으로 변환한 것은?   12년 우정사업본부

> ┤보기├
>
> $$6_{10} - 13_{10}$$

① $00000110_2 + 11110011_2$ ② $00000110_2 - 11110011_2$

③ $11111010_2 + 11110011_2$ ④ $11111010_2 - 11110011_2$

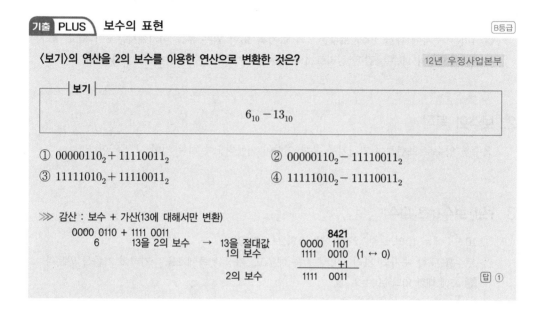

≫ 감산 : 보수 + 가산(13에 대해서만 변환)

```
0000 0110 + 1111 0011                              8421
   6         13을 2의 보수  →  13을 절대값    0000  1101
                              1의 보수       1111  0010  (1 ↔ 0)
                                                   +1
                              2의 보수       1111  0011
```
답 ①

---

03 | 고정소수점과 부동소수점

1. 고정소수점(Fixed point) 표현

① 비트(Bit)들의 좌측이나 우측의 고정된 위치에 소수점을 가지고 표현되는 수를 고정소수점 수 또는 정수라고 한다.

② 소수점을 포함하지 않는 정수 데이터의 표현과 연산에 사용되며, 수치의 표현 범위는 작지만 연산 속도가 빠르다.

③ 맨 왼쪽 비트가 부호 비트이며 양수(+)는 0, 음수(−)는 1로 표시한다.

④ 기억장소의 크기는 2바이트(Half Word)와 4바이트(Full Word), 8바이트(Double Word)가 존재한다.

⑤ 고정소수점 방식은 양수일 경우는 모두 같은 결과이다.

예 4바이트 고정소수점(Fixed point) 예

0	1		31

부호	.	정수	

2. 고정소수점에서 음수 표현 방식

(1) 표현 방법

① **부호화 절대치** : 음수를 표현하기 위해서 2진수를 그대로 둔 상태에서 부호 비트만 1로 바꾸는 방식으로 +0과 −0이 모두 존재한다.

② **1의 보수** : 음수를 표현하기 위해서 부호 비트를 제외한 나머지를 1은 0으로, 0은 1로 바꾸는 방식으로 +0과 −0이 모두 존재한다.

③ **2의 보수** : 음수를 표현하기 위해서 1의 보수를 먼저 구한 후 그 결과에 1을 더하는 방식으로 +0만 존재한다.

(2) 표현 범위

종류	부호화 절대치	1의 보수	2의 보수
범위(n비트)	$-(2^{n-1}-1) \sim 2^{n-1}-1$	$-(2^{n-1}-1) \sim 2^{n-1}-1$	$-(2^{n-1}) \sim (2^{n-1}-1)$
0의 표현(8비트)	+0 : 0000 0000 −0 : 1000 0000 0이 2가지 존재(+0, −0)	+0 : 0000 0000 −0 : 1111 1111 0이 2가지 존재(+0, −0)	+0 : 0000 0000 0이 1가지만 존재(+0)
$n=8$	$-127 \sim 127$	$-127 \sim 127$	$-128 \sim 127$

(3) 양수 표현 방법

① 수치자료는 정수, 실수에 따라 고정소수점 표현 방식과 부동소수점 표현 방식 중에 선택되어 표현된다.

② 양수인 경우는 컴퓨터 내부표현인 2진수로 변환되어 부호비트는 0으로 채워지면 되나, 음수인 경우 컴퓨터 기종에 따라 그 표현 방식이 다르다.

예 '+26'을 컴퓨터 정수 표현

0	0	0	0	0	0	0	0	0	0	0	1	1	0	1	0

부호

(4) 음수 표현 방법

① 컴퓨터에서 음수로 표현하기 위해서는 컴퓨터의 기종에 따라 표현 방식이 다르다.

② 부호와 절대치, 1의 보수, 2의 보수가 있다.

③ 2의 보수 방식이 보편적인 방법이다.

④ **부호와 절대치**

   ⊙ 부호와 절대치 방식은 부호를 제외한 나머지 비트를 절대치로 나타내는 방식

   ⓒ 양수의 정수표현에 부호비트만 '1'을 채운다.

   ⓒ k비트인 수치데이터의 컴퓨터 내부적 표현 범위는 $-(2^{k-1}-1) \sim +(2^{k-1}-1)$

     예 '-26'을 부호와 절대치 방식으로 표현

1	0	0	0	0	0	0	0	0	0	0	1	1	0	1	0

     부호

⑤ **1의 보수(1's complement)**

   ⊙ 1의 보수 방법은 부호비트는 양수이면 0, 음수이면 1로 채운다.

   ⓒ 1의 보수는 음수를 표현하는 방법은 1 → 0, 0 → 1로 만든다.

   ⓒ 1의 보수를 취하는 컴퓨터에서 k비트인 수치데이터 컴퓨터 내부적 표현 범위는 $-(2^{k-1}-1)$ $\sim +(2^{k-1}-1)$이다.

   ⓔ '-26'의 1의 보수 표현

     • 먼저 +26을 표현한다.

0	0	0	0	0	0	0	0	0	0	0	1	1	0	1	0

     부호

     • 부호비트를 제외한 나머지 비트에서 1 → 0, 0 → 1로 변환하고 부호비트는 1로 채운다.

0	0	0	0	0	0	0	0	0	0	0	1	1	0	1	0	+26
1	1	1	1	1	1	1	1	1	1	1	0	0	1	0	1	-26

     부호

⑥ **2의 보수(2's complement)**

   ⊙ 2의 보수 또한 각 비트가 2가 되기 위해 상대되는 수가 2의 보수가 된다. 즉, 음수를 표현하기 위해 1의 보수를 만들고 1을 더한다.

   ⓒ 2의 보수로 변환하는 방법은 양수로 표현된 각 비트에 대하여 오른쪽 마지막 비트에서 왼쪽으로 검색하면서 처음 만나는 '1'까지는 그대로 표현하고 나머지 비트만 1의 보수를 취한다.

   ⓒ 2의 보수 방법일 때 k비트인 수치데이터의 컴퓨터 내부적 표현 범위는 $-(2^{k-1}) \sim +$ $(2^{k-1}-1)$이다.

② '−26'의 2의 보수 표현

• 먼저 +26을 표현한다.

0	0	0	0	0	0	0	0	0	0	0	1	1	0	1	0

부호

• 부호비트를 제외한 나머지 비트에 2의 보수를 취하고, 부호비트는 '1'을 채운다.

0	0	0	0	0	0	0	0	0	0	0	1	1	0	1	0	+26

←

1	1	1	1	1	1	1	1	1	1	1	0	0	1	1	0	−26

부호

(5) 수치 연산의 종류

① 고정소수점 연산

㉠ 덧셈은 일반적인 덧셈과 같다.

예 '26+17'

	0	0	0	0	0	0	0	0	0	0	0	1	1	0	1	0
+	0	0	0	0	0	0	0	0	0	0	0	1	0	0	0	1
	0	0	0	0	0	0	0	0	0	0	1	0	1	0	1	1

㉡ 뺄셈일 때 1의 보수를 이용하는 경우

• 먼저 뺄 수를 1의 보수화하여 더하고 Carry가 발생하면 Carry를 버리고 1을 더한다. 결과의 부호는 양수이다.

예 '26−17'에서 17을 1의 보수 취한다.

	0	0	0	0	0	0	0	0	0	0	0	1	1	0	1	0	26
+	1	1	1	1	1	1	1	1	1	1	1	0	1	1	1	0	−17
1	0	0	0	0	0	0	0	0	0	0	0	0	1	0	0	0	

carry

+ 1

	0	0	0	0	0	0	0	0	0	0	0	0	1	0	0	1	= 9

- Carry가 발생하지 않으면 결과에 1의 보수를 취한다. 단 부호는 바꾸지 않는다. 결과는 음수이다.

예 '15-22'

ⓒ 뺄셈일 때 2의 보수를 이용하는 경우

- 먼저 뺄 수를 2의 보수화하여 더하고 Carry가 발생하면 Carry를 버린다. 결과의 부호는 양수이다.

예 '26-17' 17을 2의 보수 취한다.

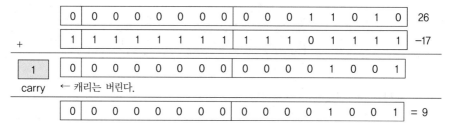

- Carry가 발생하지 않으면 결과에 2의 보수를 취한다. 단 부호는 바꾸지 않는다. 결과는 음수이다.

예 '15-22'

3. 부동소수점 표현(실수 표현 방식, Floating point)

① 부동소수점 데이터 표현 방식

㉠ 소수점을 포함한 실수 표현 방식으로 수의 소수점의 위치를 움직일 수 있게 함으로써 한정된 비트의 수로 보다 높은 정밀도 표현이 가능하다.

㉡ 매우 큰 수나 아주 작은 수를 표현하기에 쉬우므로 수학, 과학, 공학적인 응용에 유용하다.

㉢ 기억장소의 크기는 4바이트(Full word)와 8바이트(Double word)가 존재한다.

㉣ 고정소수점 방식에 비해 연산과정이 복잡하고 시간이 많이 소요된다.

㉤ 가수(mantissa)와 지수(exponent)로 분리하여 표현하는데, 가수는 수의 정밀도(precision)를 표현하고, 지수는 수의 크기(magnitude)를 표현한다.

예 8바이트 부동소수점

0 1	8 9	63
부호	지수부	가수부(소수부)

② 부동소수점 데이터 표현 방법

㉠ 부호(1비트) : 음수이면 부호비트가 1, 양수이면 부호비트는 0이 된다.

㉡ 지수부(8비트)

• 바이어스(bias) 표현법을 사용한다. 즉, IEEE식은 바이어스 −127을 사용하고 IBM식은 바이어스 −64를 사용하였으나 현재는 바이어스 −127을 사용한다.

• 바이어스 표현법은 정규화를 통해서 한다. 즉, 주어진 수를 2진수로 변환한 뒤 $1.xxxxxxx \times 2^n$의 형태가 정규화이다.

• 정규화 된 2^n에서 n이 지수부에 127+n이 계산되어 표현된다.

㉢ 가수부(23비트) : 정규화된 $1.xxxxxxx \times 2^n$에서 xxxxxxx가 가수부에 표현된다.

---

04 자료의 내부적 표현과 외부적 표현

1. 자료의 내부적 표현(정수 표현 방식, 10진 데이터 표현 방법)

(1) 팩(Pack) 형식

① 하나의 바이트에 BCD 코드 두 개의 숫자를 표시하는 방식

② 디지트(D-digit)와 부호(S-sign)로 구성

③ 부호부분은 양수인 경우$(1100)_2 = C_{16}$, 음수인 경우$(1101)_2 = D_{16}$, 부호가 없는 경우 $(1111)_2 = F_{16}$으로 표현

④ 바이트 단위이므로 자릿수가 짝수인 수를 팩 형식으로 바꿀 때는 반 바이트(니블)가 아닌 한 바이트 추가

⑤ +2743과, -53689는 3바이트가 필요

〈형식〉

D	D	D	D	D	S

예 +2743, -53689, 7911을 팩 형식으로 표현 - 16진수로 표현

+ 2743

0	2	7	4	3	C

- 53689

5	3	6	8	9	D

7912

0	7	9	1	2	F

(2) 언팩(Unpack) 형식(존 형식(zone format) 또는 비팩형 10진 형식)

① 하나의 바이트에 한 개의 숫자가 저장

② 존($F = 1111$)과 디지트로 구성

③ 마지막 니블은 부호(S-sign)로 표현

④ 하나의 바이트 왼쪽 4비트를 존(zone)로 취급하고, $(1111)_2 = F_{16}$와 함께 씀

⑤ 부호 부분은 부호 양수인 경우 $(1100)_2 = C_{16}$, 음수인 경우 $(1101)_2 = D_{16}$, 부호가 없는 경우 $(1111)_2 = F_{16}$으로 채움

⑥ 숫자의 자릿수만큼 바이트 수가 결정

⑦ +2743은 4바이트이고, -53689는 5바이트가 필요

〈형식〉

F	D	F	D	S	D

예 +2743, -53689, 7911을 언팩 형식으로 표현 - 16진수로 표현

+ 2743

F	2	F	7	F	4	C	3

- 53689

F	5	F	3	F	6	F	8	D	9

7912

F	7	F	9	F	1	F	2

2. 자료의 외부적 표현

(1) BCD 코드

① 대표적인 가중치 코드(Weighted Code)로 8421 코드 또는 2진화 10진 코드라고도 한다.

② 6비트로 구성되며, 2^6(64)가지의 문자를 표현할 수 있다.

③ 6비트 중 왼쪽 2비트는 존 비트, 나머지 4비트는 디지트 비트로 구성된다.

④ 숫자를 표현할 경우에는 4비트가 필요하고, 문자를 표현할 때는 6비트가 필요하다.

(2) ASCII(아스키) 코드

① 미국 정보 교환 표준 코드로 데이터 통신 및 마이크로컴퓨터에서 주로 사용된다.

② 7비트로 구성되며, $128(2^7)$가지의 문자를 표현할 수 있다.

③ 7비트 중 왼쪽 3비트는 존 비트, 나머지 4비트는 디지트 비트로 구성된다.

④ 패리티 비트를 포함하여 8비트로 사용하기도 한다.

(3) EBCDIC 코드

① 주로 범용 컴퓨터에서 정보 처리 부호로 사용되며, 확장 이진화 10진 코드라고도 한다.

② 8비트로 구성되며, $256(2^8)$가지의 문자를 표현할 수 있다.

③ 8비트 중 왼쪽 4비트는 존 비트, 나머지 4비트는 디지트 비트로 구성된다.

④ 중·대형급 이상의 컴퓨터에서 사용하는 코드 기법으로 알파벳 문자 코드가 연속적으로 정의되지 못한다는 단점이 있다.

(4) 유니 코드

① 전 세계의 모든 문자를 컴퓨터에서 통일된 방법으로 표현하고 사용할 수 있도록 설계된 코드이다. 산업계에서 사용하는 표준 코드이다.

② 목적은 다국어 환경에서 서로 호환되지 않는 문제점을 해결하기 위해 현존하는 문자 인코딩 기법들을 유니 코드로 교체하는 것이다.

③ 일반 유니 코드는 2바이트 코드이므로 65,536개의 문자를 표현할 수 있다.

④ UTF-8 유니 코드는 영문, 숫자, 기호는 1바이트, 한글과 한자 등은 3바이트로 표현한다.

(5) 한글 코드 조합형 코드

① 초성(19자), 중성(21자), 종성(27자)을 서로 결합하지 않은 상태로 컴퓨터에 저장하여 화면이나 프린터에 나타나도록 하는 방식의 코드 체계이다.

② 16비트 내에서 첫 비트 MSB를 이용하여 0일 경우는 영문, 1일 경우는 한글로 세트하여 구별한다.

③ 15비트에서 초성, 중성, 종성에 각각 5비트씩을 할당하여 자소별로 코드를 할당한다.

④ 컴퓨터에 저장하여 화면이나 프린터에 나타나도록 하는 방식의 코드 체계이다.

⑤ 완성형보다는 많은 글자를 표현할 수 있고 한글을 모두 표현할 수 있다.

(6) 한글 코드 완성형 코드

① 한 자씩 도안하여 컴퓨터에 저장했다가 출력하면 그대로 화면이나 프린터에 나타나도록 하는 방식의 코드이다.

② 제작기간과 비용이 많이 드는 단점이 있다.

③ 한글의 음성인식, 음성합성, 자동번역 등 자연언어를 처리하기 위해 반드시 필요한 한글 자소 분리와 정렬이 되지 않는다.

④ 구현이 용이하고 국제 규격을 준수하여 현재 컴퓨터 환경적응이 가능하다.

05 기타 코드

1. 성질에 따른 코드 분류

코드	종류
가중치 코드	BCD 코드(8421 코드), 2421 코드, 5421 코드, 51111 코드, 74$\overline{2}$$\overline{1}$ 코드, 84$\overline{2}$$\overline{1}$ 코드, Ring Counter 코드, Biquinary 코드 등
비가중치 코드	Excess-3 코드(3초과 코드), 그레이 코드, 2-Out-of-5 코드, 3-Out-of-5 코드 등
자기 보수 코드	Excess-3 코드(3초과 코드), 2421 코드, 5211 코드, 51111 코드, 84$\overline{2}$$\overline{1}$ 코드 등
에러 검출 코드	패리티 비트 코드, 해밍 코드, Biquinary 코드, Ring Counter 코드, 2-Out-of-5 코드, 3-Out-of-5 코드 등
에러 수정 코드	해밍 코드

2. 가중치가 있는 코드(Weight Code)

(1) BCD 코드(8421 코드)

① 10진수 1자리의 수를 2진수 4비트(Bit)로 표현하는 2진화 10진 코드이다.

② 4비트의 2진수 각 비트가 8(2^3), 4(2^2), 2(2^1), 1(2^0)의 자릿값을 가지므로 8421 코드라고도 한다.

③ 문자 코드인 BCD에서 Zone 부분을 생략한 형태로 10진수 입출력이 간편하다.

(2) 2421 코드

① 각 자릿수의 가중치가 2, 4, 2, 1인 가중치 코드이다.

② 자기 보수(Self Complement)의 성질이 있다.

3. 가중치가 없는 코드(Unweight Code)

(1) Excess-3 코드(3초과 코드)

① BCD 코드에 10진수 3(이진수 0011)을 더하여 만든 코드이다.

② 대표적인 자기 보수 코드로 연산에 용이하다.

③ 8421 코드의 연산을 보정하기 위해서 사용한다.

(2) Gray 코드(순환 코드)

① BCD 코드에 인접하는 비트를 XOR 연산하여 만든 코드이다.

② 입출력장치, D/A변환기, 주변 장치 등에서 숫자를 표현할 때 사용한다.

③ 1비트(Bit)만 변화시켜 다음 수치로 증가시키기 때문에 하드웨어적인 오류가 적다.

④ 아날로그 정보를 디지털 정보로 변환하는 데 사용된다.

⑤ 2진수를 그레이 코드로 변환하는 방법은 처음의 최상위 비트는 그대로, 나머지는 이웃한 비트끼리 XOR 연산을 수행한다.

예) 2진수를 그레이 코드로 변환

따라서 2진수 1001은 그레이 코드로 1101이 된다.

⑥ 그레이 코드를 2진수로 변환하는 방법은 최상위 비트는 그대로 그 결과를 다음 비트와 XOR 연산을 수행한다.

예) 그레이 코드를 2진수로 변환

따라서 그레이 코드 0110은 0100이 된다.

4. 에러 검출 코드

(1) 패리티 체크 코드(Parity Check Code)

① 코드의 오류를 검사하기 위해서 데이터 비트 외에 1비트의 패리티 체크 비트를 추가하는 코드로 1비트의 오류만 검출할 수 있고, 2비트 이상의 오류는 검출할 수 없다.

② 오류를 검출할 수는 있지만 오류를 수정(교정)할 수는 없다.

③ **홀수 패리티(Odd Parity)** : 코드에서 1의 개수가 홀수가 되도록 0이나 1을 추가한다.

④ **짝수 패리티(Even Parity)** : 코드에서 1의 개수가 짝수가 되도록 0이나 1을 추가한다.

(2) 해밍 코드(Hamming Code)

① 오류를 스스로 검출할 수 있을 뿐만 아니라 오류를 수정(교정)할 수 있는 코드이다.

② 1비트의 오류는 검출할 수 있지만 2개 이상의 오류는 검출할 수 없다.

③ 데이터 비트 외에 에러 검출 및 교정을 위한 잉여 비트가 많이 필요하다.

④ 해밍 코드의 패리티 비트 구하는 공식은 $2^p \geq n+p+1$(단, p는 패리티 비트의 수, n은 정보 비트의 수)이다. 1, 2, 4, 8, 16 …… 2^n번째 비트는 오류 검출을 위한 패리티 비트이다.

⑤ 8421 코드와 패리티 코드를 합한 코드가 전체 코드 수가 되고 정보비트가 4비트인 경우 해밍 코드는 7비트가 된다.

⑥ 정보 비트는 패리티 비트를 제외하고 8421 가중치 코드로 표현한다.

(3) 자기 보수(Self complement) 코드

① 자기 보수 성질을 가진 코드로 더해서 9가 되는 두 수를 보수관계 코드라 한다.

② 0과 9가 서로 보수관계이고, 3과 6이 보수관계가 되도록 만들어진 코드이다.

③ 대표적인 자기보수 코드로는 3초과 코드, 2421 코드, 8421 코드, 51111 코드가 있다.

기출 PLUS **자료의 표현** [B등급]

다음은 자료의 표현과 관련된 설명이다. 옳은 것을 모두 고른 것은? 10년 우정사업본부

> ㄱ. 2진수 0001101의 2의 보수(Complement)는 11100110이다.
> ㄴ. 부호화 2의 보수 표현 방법은 영(0)이 하나만 존재한다.
> ㄷ. 패리티(Parity) 비트로 오류를 수정할 수 있다.
> ㄹ. 해밍(Hamming) 코드로 오류를 검출할 수 있다.

① ㄱ, ㄹ
③ ㄱ, ㄴ, ㄷ
② ㄴ, ㄷ
④ ㄱ, ㄴ, ㄹ

≫ 패리티(Parity) 비트는 오류를 검출할 수는 있지만 오류를 수정(교정)할 수는 없다. 반면, 해밍 코드는 오류를 검출할 수 있을 뿐만 아니라 오류를 수정할 수도 있다.

답 ④

06 해밍 코드의 에러 체크 및 수정

1. 해밍 코드(Hamming Code)의 구성

① 정보 비트 4인 해밍 코드의 구조는 $2^p \geq n+p+1$ 공식에 따라 패리티 비트는 3개의 비트가 존재한다.

1의 자리	2의 자리	3의 자리	4의 자리	5의 자리	6의 자리	7의 자리
P1	P2	8	P4	4	2	1

• P1 : 1, 3, 5, 7비트 체크
• P2 : 2, 3, 6, 7비트 체크
• P4 : 4, 5, 6, 7비트 체크

② 2진수 1011을 짝수 패리티로 해밍 코드를 구성하고자 하면 패리티 비트의 자리를 기준으로 짝수 패리티를 구성한다.

1의 자리	2의 자리	3의 자리	4의 자리	5의 자리	6의 자리	7의 자리
P1	P2	1	P4	0	1	1

③ 패리티 비트의 값을 정하기 위해 하나의 패리티 자리와 정보 비트를 기준으로 결정한다. 1의 자리 패리티 비트를 결정하기 위해서는 1비트만큼씩 포함하고, 1비트씩 건너뛴 1, 3, 5, 7, … 비트가 대상이 된다(하나씩 건너뛰면서 하나씩 체크). 짝수 패리티인 경우에는 아래 ✔된 부분들 중 1의 비트수가 짝수 개가 되도록 하고, 홀수 패리티인 경우에는 아래 ✔된 부분들 중 1의 비트수가 홀수 개가 되도록 한다. 즉, 짝수 패리티라고 할 경우 1번 패리티 비트는 0이 된다.

1의 자리	2의 자리	3의 자리	4의 자리	5의 자리	6의 자리	7의 자리
H	H	1	H	0	1	1
H✔		1✔		0✔		1✔

④ 2의 자리 패리티 비트를 결정하기 위해서는 2비트만큼씩을 포함하고 2비트씩 건너뛴 2, 3, 6, 7, … 비트가 대상이 된다(두 개씩 건너뛰면서 두 개씩 체크). 즉, 짝수 패리티라고 할 경우 2번 패리티 비트는 1이 되어야 짝수 개가 된다.

1의 자리	2의 자리	3의 자리	4의 자리	5의 자리	6의 자리	7의 자리
0	H	1	H	0	1	1
	H✔	1✔			1✔	1✔

⑤ 4의 자리 패리티 비트를 결정하기 위해서는 4비트만큼씩을 포함하고 4비트씩 건너뛴 4, 5, 6, 7, … 비트가 대상이 된다(네 개씩 건너뛰면서 네 개씩 체크). 즉, 짝수 패리티라고 할 경우 4번 패리티 비트는 0이 된다.

1의 자리	2의 자리	3의 자리	4의 자리	5의 자리	6의 자리	7의 자리
0	1	1	H	0	1	1
			H✔	0✔	1✔	1✔

⑥ 결국 2진수 1011을 짝수 패리티로 해밍 코드를 구성하면 0110011이 된다.

2. 해밍 코드로 전달된 코드의 오류 및 검출 수정

① 0110001이라는 데이터를 해밍 코드로 받았을 때 검출방법을 확인해 본다.

1의 자리	2의 자리	3의 자리	4의 자리	5의 자리	6의 자리	7의 자리
0	1	1	0	0	0	1

② 짝수 패리티 비트의 해밍 코드로 0011001을 받았을 때 오류가 수정된 정확한 코드를 구할 경우 패리티 비트는 데이터에 포함된 1의 개수가 짝수인가 홀수인가를 나타낸다.

③ 1, 3, 5, 7의 자리를 짝수 패리티 비트로 체크하면 0, 1, 0, 1이므로 '0'이 된다.
  • P1 : 1, 3, 5, 7 비트 체크 → 0

④ 2, 3, 6, 7 자리를 짝수 패리티로 체크하면 1, 1, 0, 1이므로 '1'
  • P2 : 2, 3, 6, 7 비트 체크 → 1

⑤ 4, 5, 6, 7 자리를 짝수 패리티로 체크하면 0, 0, 0, 1이므로 '1'이 된다.
  • P4 : 4, 5, 6, 7 비트 체크 → 1

⑥ P4, P2, P1을 기준으로 정렬하여 읽는다. 즉 1, 1, 0이 되고 이는 숫자 6을 의미한다. 결국 6이 오류데이터로 입력되었다는 뜻으로 '0'을 1로 변환하면 된다.

04 중앙처리장치

01 중앙처리장치와 마이크로프로세서의 이해

1. 폰 노이만 아키텍처와 하버드 아키텍처의 개념

(1) 폰 노이만 아키텍처의 개념

단일 메모리에 연산의 수행과 관련된 일련의 명령어와 연산에 필요한 또는 연산의 결과로 생성된 데이터를 함께 수용하는 컴퓨터 머신 아키텍처이다.

(2) 하버드 아키텍처의 개념

폰 노이만의 메모리 접근 병목현상을 개선하기 위해, 명령어와 데이터 메모리가 분리되어 병렬적으로 작업이 처리되도록 구현한 컴퓨터 아키텍처이다.

2. 폰 노이만 아키텍처와 하버드 아키텍처의 비교

구분	폰 노이만 아키텍처	하버드 아키텍처
개념도	Memory / Control Unit → ALU	Instruction Memory / Data Memory / Control Unit → ALU
목적	CPU는 한 번에 단일 명령어 실행 가능	병렬처리를 위해 메모리를 분리
메모리	하나의 메모리 공유	명령어, 데이터 메모리 분리
프로세스	• 메모리 → 명령어 인출 → 메모리 → 명령어 해석 → 메모리 → 명령어 실행 → 메모리 저장 • 순차적으로 수행됨	• 명령어 메모리 → 명령어 인출 • 메모리 → 데이터 메모리 • 동시에 명령어와 데이터 처리 가능
장점	공용 메모리 사용으로 상대적 구현 비용 저렴	파이프라이닝 기술을 사용을 위한 환경 제공
단점	파이프라이닝 기술 사용 시 메모리 공유문제 발생 (제어 헤저드 발생)	• 별도 메모리 사용으로 비용 증가 • 회로 구조가 복잡
적용 사례	일반적인 범용 CPU	• Microchip Technology의 PIC • Atmel AVR • 현재 범용 CPU(Intel 펜티엄 이후)

3. 중앙처리장치 내부구조

① 연산장치, 레지스터 세트, 제어장치, 내부 CPU버스로 구성

② 연산장치(ALU)는 상태플래그, 시프트(이동기), 컴플리먼트(보수기), 산술 및 논리 로직으로 구성

③ 상태플래그는 연산결과의 상태를 나타내고, 시프트는 데이터의 왼쪽 또는 오른쪽으로 비트 이동이 가능하게 한다.

④ 보수기는 음수 표현을 위해 보수 연산을 한다.

⑤ 레지스터 세트는 CPU 내부에서 데이터를 일시에 저장하기 위해 사용되고 제한된 수가 존재한다.

⑥ 내부 버스는 내부 장치 간의 데이터 또는 제어신호가 지나는 통로로서 데이터 선과 제어 선이 있고, 외부 시스템과 연결되지 않는다.

⑦ 버퍼레지스터 또는 버스인터페이스 회로를 통해 시스템버스와 접속할 수 있다.

⑧ 제어장치는 기억, 연산, 입출력장치에 제어신호가 발생한다.

⑨ 장치로 명령어를 해독하여 제어장치 내 명령어 레지스터에 저장하고, 명령어 레지스터에 저장된 명령어를 실행한다.

4. 클럭(Clock)의 개념

① 클럭은 중앙처리장치에서 일정한 속도로 동작하기 위해 규칙적인 간격으로 공급되는 전기적 진동(pulse)을 말한다.

② 주파수는 1초에 클럭이 발생하는 회수를 말하고 단위는 Hz로 표시한다. 따라서 1초에 1번 클럭이 발생하는 것을 1Hz라고 한다.

③ 1MHz 1초에 10^6개의 클럭이 발생한다.

④ 1GHz 1초에 10^9개의 클럭이 발생한다.

⑤ 75MHz라면 초당 7천 5백만 번의 사이클로 0과 1의 디지털 신호를 발생한다.

⑥ 클럭 수가 높을수록 컴퓨터의 처리 속도가 빠르다는 것을 의미한다.

5. 머신 사이클

① 프로그램을 구성하는 명령어는 4단계의 과정을 통해서 수행하는데 이러한 과정을 머신 사이클이라고 한다.

② **머신 사이클의 역할**

　㉠ 명령어 인출(Fetch) 사이클 : 필요한 명령어를 주기억장치에서 불러오는 사이클이다.

　㉡ 명령어 해석(Decode) 사이클 : 호출된 명령어를 해석하는 사이클이다.

　㉢ 명령어 실행(Execute) 사이클 : 해석된 명령어를 산술논리연산장치를 통하여서 실행한다.

　㉣ 명령어 저장(Store) 사이클 : 수행결과를 주기억장치에 저장하는 사이클이다.

02 마이크로 연산

1. 마이크로 연산(Micro Operation)의 개념

① CPU에서 발생시키는 한 개의 클럭 펄스(Clock Pulse) 동안 실행되는 기본 동작이다.
② 명령어(Instruction)를 수행하기 위해 CPU에 있는 레지스터와 플래그가 상태 변환을 하도록 동작한다.
③ 한 개의 명령어는 여러 개의 마이크로 연산이 동작되어 실행된다.
④ 레지스터에 저장된 데이터에 의해 이루어지며 시프트(Shift), 로드(Load) 등이 있다.
⑤ CPU에서 발생시키는 제어 신호에 따라 마이크로 연산이 순서적으로 일어난다.
⑥ 마이크로 연산 순서를 결정하기 위하여 제어 장치가 발생시키는 신호를 제어 신호라 하고, 마이크로 오퍼레이션들의 집합을 마이크로 명령어라고 한다.

2. 마이크로 사이클 타임(Micro Cycle Time)

(1) 정의

① 한 개의 마이크로 연산을 수행하는 데 걸리는 시간이다.
② CPU의 속도를 나타내는 척도로 사용된다.

(2) 동기 고정식(Synchronous Fixed)

① 모든 마이크로 오퍼레이션의 동작 시간이 같다고 가정하여 CPU Clock의 주기를 마이크로 사이클 타임과 같도록 정의하는 방식이다.
② 모든 마이크로 오퍼레이션 중에서 수행 시간이 가장 긴 동작 시간을 Micro Cycle Time으로 정한다.
③ 모든 마이크로 오퍼레이션의 동작 시간이 비슷할 때 유리한 방식이다.
④ 제어기의 구현이 단순하며, CPU의 시간 낭비가 심하다.

(3) 동기 가변식(Synchronous Variable)

① 수행 시간이 유사한 마이크로 오퍼레이션끼리 그룹을 만들고, 각 그룹별로 서로 다른 마이크로 사이클 타임을 정의하는 방식이다.
② 동기 고정식에 비해 CPU의 시간 낭비를 줄일 수 있지만 제어기의 구현은 조금 복잡하다.
③ 마이크로 오퍼레이션의 동작 시간이 차이가 날 때 유리하다(정수배).

(4) 비동기식(Asynchronous)

① 모든 마이크로 오퍼레이션에 대하여 서로 다른 마이크로 사이클 타임을 정의하는 방식이다.

② CPU의 시간 낭비는 전혀 없으나 제어기가 매우 복잡하여 실제로는 거의 사용되지 않는다.

기출 PLUS │ 마이크로 연산　　　　　　　　　　　　　　　　　　　　A등급

마이크로 연산(Micro Operation)에 대한 설명으로 옳지 않은 것은?　　10년 우정사업본부

① 한 개의 클럭 펄스 동안 실행되는 기본 동작이다.

② 한 개의 마이크로 연산 수행 시간을 마이크로 사이클 타임이라 부르며 CPU 속도를 나타내는 척도로 사용된다.

③ 하나의 명령어는 항상 하나의 마이크로 연산이 동작되어 실행된다.

④ 시프트(Shift), 로드(Load) 등이 있다.

≫ 한 개의 명령어(Instruction)는 여러 개의 마이크로 연산이 동작되어 실행된다.　　　　답 ③

03　메이저 상태(메이저 사이클)

1. 메이저 상태(Major State)의 개념

① 현재 CPU가 무엇을 하고 있는가를 나타내는 상태로 인출(Fetch), 간접(Indirect), 실행(Execute), 인터럽트(Interrupt) 등의 4가지 단계가 있어 메이저 사이클(Major Cycle) 또는 머신 사이클(Machine Cycle)이라고도 한다.

② CPU는 메이저 상태의 4가지 과정을 반복적으로 거치면서 동작을 수행한다.

③ 메이저 상태는 F, R 플립플롭의 상태로 파악한다.

F 플립플롭	R 플립플롭	메이저 상태
0	0	인출 주기(Fetch Cycle)
0	1	간접 주기(Indirect Cycle)
1	0	실행 주기(Execute Cycle)
1	1	인터럽트 주기(Interrupt Cycle)

2. 메이저 상태의 변화 과정

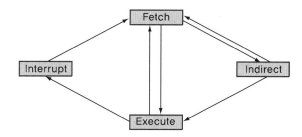

① 인출 주기(Fetch Cycle)가 완료되면서 해독 결과에 따라 직접 주소이면 실행 주기로 진행하고, 간접 주소이면 간접 주기를 거쳐 실행 주기로 진행한다.

② 실행 주기에서는 인터럽트 발생 여부에 따라 인터럽트가 발생했으면 인터럽트 주기로 진행하고 그렇지 않으면 인출 주기로 진행한다.

③ 인터럽트 주기에서는 항상 인출 주기로 진행한다.

3. 메이저 사이클의 마이크로 연산

(1) 인출 사이클(Fetch Cycle)

① 명령어를 주기억장치에서 중앙처리장치의 명령 레지스터로 가져와 해독하는 사이클이다.

② 명령이 실행되기 위해 가장 우선적으로 처리되어야 한다.

③ PC(Program Counter)가 하나 증가되어 다음의 명령어를 지시한다.

제어 신호	Micro Operation	의미
C_0t_0	MAR ← PC	PC에 있는 번지를 MAR로 전송
C_0t_1	MBR ← M[MAR] PC ← PC+1	• 메모리에서 MAR이 지정하는 위치의 값을 MBR에 전송 • 다음에 실행할 명령 위치를 지정하기 위해 PC 값을 1 증가시킴
C_0t_2	IR ← MBR[OP] I ← MBR[I]	• 명령어의 OP-code 부분을 명령 레지스터에 전송 • 명령어의 모든 비트를 플립플롭 I에 전송
C_0t_3	F ← 1 또는 R ← 1	I가 0이면 F 플립플롭에 1을 전송하여 Execute 단계로 변천하고, I가 1이면 R 플립플롭에 1을 전송하여 Indirect 단계로 변천함

기출 PLUS 인출 사이클(Fetch Cycle) `A등급`

다음에서 ㉠과 ㉡에 들어갈 내용이 올바르게 짝지어진 것은? `10년 우정사업본부`

> 명령어를 주기억장치에서 중앙처리장치의 명령 레지스터로 가져와 해독하는 것을 (㉠) 단계라 하고, 이 단계는 마이크로 연산(Operation)에서 (㉡)로 시작한다.

① ㉠ 인출, ㉡ MAR ← PC
② ㉠ 인출, ㉡ MAR ← MBR[AD]
③ ㉠ 실행, ㉡ MAR ← PC
④ ㉠ 실행, ㉡ MAR ← MBR[AD]

≫ 명령어를 주기억장치에서 중앙처리장치의 명령 레지스터로 가져와 해독하는 것을 인출(Fetch) 단계라 하고, 이 단계는 마이크로 연산(Operation)에서 "MAR ← PC"로 시작한다. 답 ①

(2) 간접 사이클(Indirect Cycle)

① 인출 단계에서 해석된 명령의 주소부가 간접 주소인 경우 기억장치로부터 유효 주소를 읽어오는 사이클이다.

② 간접 주소가 아닌 경우에는 명령어에 따라서 실행 사이클 또는 인출 사이클로 이동할지를 판단한다.

제어 신호	Micro Operation	의미
$C_1 t_0$	MAR ← MBR[AD]	MBR에 있는 명령어의 번지 부분을 MAR에 전송
$C_1 t_1$	MBR ← M[MAR]	메모리에서 MAR이 지정하는 위치의 값을 MBR에 전송
$C_1 t_2$	No Operation	동작 없음
$C_1 t_3$	F ← 1, R ← 0	F에 1, R에 0을 전송하여 Execute 단계로 변천

(3) 실행 사이클(Execute Cycle)

① 인출 단계에서 인출하여 해석한 명령을 실행하는 사이클이다.

② 플래그 레지스터의 상태 변화를 검사하여 인터럽트 단계로 변천할 것인지를 판단한다.

③ 인터럽트 요청 신호를 나타내는 플래그 레지스터의 변화가 없으면 인출 단계로 변천한다.

④ CPU는 기억장치나 입출력장치 사이에서 데이터를 이동하고, 데이터에 대해 산술 또는 논리 연산을 수행한다.

제어 신호	Micro Operation	의미
C_2t_0	MAR ← MBR[AD]	MBR에 있는 명령어의 번지 부분을 MAR에 전송
C_2t_1	MBR ← M[MAR]	메모리에서 MAR이 지정하는 위치의 값을 MBR에 전송
C_2t_2	AC ← AC+MBR	누산기의 값과 MBR의 값을 더해 누산기에 전송(실질적인 ADD 연산이 이루어는 부분)
C_2t_3	F ← 0 또는 R ← 1	F에 0을 전송하면 F=0, R=0이 되어 인출 단계로 변천하고, R에 1을 주면 F=1, R=1이 되어 인터럽트 단계로 변천

(4) 인터럽트 사이클(Interrupt Cycle)

① 인터럽트 발생 시 복귀 주소(PC)를 저장시키고, 제어 순서를 인터럽트 처리 프로그램의 첫 번째 명령으로 옮기는 사이클이다.

② 인터럽트 단계를 마친 후에는 항상 인출 단계로 변천한다.

③ 하드웨어로 실현되는 서브루틴의 호출로 컴퓨터는 CPU의 정상적인 작업일 때 외부에서 끼어드는 인터럽트를 허용한다.

제어 신호	Micro Operation	의미
C_3t_0	MBR[AD] ← PC PC ← 0	• PC가 가지고 있는 다음에 실행할 명령 주소를 MBR의 주소 부분으로 전송 • 복귀 주소를 저장할 0번지를 PC에 전송
C_3t_1	MAR ← PC PC ← PC+1	• PC가 가지고 있는 값 0번지를 MAR에 전송 • 인터럽트 처리 루틴으로 이동할 수 있는 인터럽트 벡터의 위치를 지정하기 위해 PC 값을 1 증가시켜 1로 세트시킴
C_3t_2	M(MAR) ← MBR IEN ← 0	복귀 주소를 메모리에 저장하고, IEN을 클리어
C_3t_3	F ← 0 R ← 0	인출 사이클로 이동

04 **주요 명령의 마이크로 오퍼레이션**

1. ADD(ADD to AC) : AC ← AC+M[AD]

메모리 내용과 누산기(AC) 내용에 대하여 ADD 연산을 수행한 후 그 결과를 다시 누산기(AC)에 저장한다.

제어 신호		Micro Operation	의미
C_2t_0		MAR ← MBR[AD]	MBR에 있는 명령어의 번지 부분을 MAR에 전송
C_2t_1		MBR ← M[MAR]	메모리에서 MAR이 지정하는 위치의 값을 MBR에 전송
C_2t_2		AC ← AC+MBR	누산기의 값과 MBR의 값을 더해 누산기에 전송
C_2t_3	IEN'	F ← 0	F에 0을 전송하면 F=0, R=0이 되어 Fetch 단계로 변천
	IEN	R ← 1	R에 1을 전송하면 F=1, R=1이 되어 Interrupt 단계로 변천

2. LDA(Load to AC) : AC ← M[AD]

메모리 내용을 누산기(AC)에 저장하는 명령인 LDA(Load AC) 명령을 실행한다.

제어 신호		Micro Operation	의미
C_2t_0		MAR ← MBR[AD]	MBR에 있는 명령어의 번지 부분을 MAR에 전송
C_2t_1		MBR ← M[MAR] AC ← 0	• 메모리에서 MAR이 지정하는 위치의 값을 MBR에 전송 • AC에 0을 전송하여 AC를 초기화함
C_2t_2		AC ← AC+MBR	• 메모리에서 가져온 MBR과 AC를 더해 AC에 전송 • 초기화된 AC에 더해지므로 메모리의 값을 AC로 불러오는 것과 같음
C_2t_3	IEN'	F ← 0	F에 0을 전송하면 F=0, R=0이 되어 Fetch 단계로 변천
	IEN	R ← 1	R에 1을 전송하면 F=1, R=1이 되어 Interrupt 단계로 변천

3. STA(Store to AC) : M[AD] ← AC

누산기(AC) 내용을 메모리에 저장하는 명령인 STA(Store AC) 명령을 실행한다.

제어 신호		Micro Operation	의미
C_2t_0		MAR ← MBR[AD]	MBR에 있는 명령어의 번지 부분을 MAR에 전송
C_2t_1		MBR ← AC	AC의 값을 MBR에 전송
C_2t_2		M[MAR] ← MBR	MBR의 값을 메모리의 MAR이 지정하는 위치에 전송
C_2t_3	IEN'	F ← 0	F에 0을 전송하면 F=0, R=0이 되어 Fetch 단계로 변천
	IEN	R ← 1	R에 1을 전송하면 F=1, R=1이 되어 Interrupt 단계로 변천

4. BUN(Branch Unconditionally)

PC에 특정한 주소를 전송하여 실행 명령의 위치를 변경하는 무조건 분기 명령이다.

제어 신호		Micro Operation	의미
C_2t_0		PC ← MBR[AD]	MBR에 있는 명령어의 번지 부분을 PC에 전송(다음에 실행할 명령의 주소를 갖는 PC 값이 변경되었으므로 변경된 주소에서 다음 명령이 실행됨)
C_2t_1		no Operation	동작 없음
C_2t_2		no Operation	동작 없음
C_2t_3	IEN'	F ← 0	F에 0을 전송하면 F=0, R=0이 되어 Fetch 단계로 변천
	IEN	R ← 1	R에 1을 전송하면 F=1, R=1이 되어 Interrupt 단계로 변천

5. ISZ(Increment and Skip if Zero)

메모리 내용을 읽어 해당 내용을 1 증가시킨 후 결과 값이 0이면 스킵(**건너뛴다**)하는 명령인 ISZ 명령을 조건에 따라 실행한다.

제어 신호		Micro Operation	의미
C_2t_0		MAR ← MBR(AD)	명령어의 주소 부분을 MAR에 전송
C_2t_1		MBR ← M(MAR)	메모리에서 MAR에 위치한 내용을 MBR에 전송
C_2t_2		MBR ← MBR+1	MBR의 값을 1 증가시킴
C_2t_3	IEN'	M(MAR) ← MBR, IF(MBR = 0) Then ← PC+1	증가된 값을 메모리에 다시 저장하고, MBR의 값이 0이면 스킵(**건너뛴다**)
	IEN		

05 기억장치

01 기억장치의 분류와 관련 용어

1. 사용 용도에 따른 분류

주기억장치	반도체	RAM	SRAM, DRAM
		ROM	Mask ROM, PROM, EPROM, EEPROM
	자기 코어		
보조기억장치	DASD	자기 디스크, 자기 드럼, 하드 디스크, 플로피 디스크	
	SASD	자기 테이프	
특수기억장치	복수 모듈 기억장치(인터리빙), 연관 기억장치, 캐시기억장치, 가상기억장치		

더 알아보기 ➕

RAM의 종류 및 특징

종류	특징
DRAM (동적램)	• 주기적인 재충전(Refresh)이 필요하며, 주기억장치에 적합 • 소비 전력이 낮은 반면, 구성 회로가 간단하여 집적도가 높음 • 가격이 저렴하고, 콘덴서에서 사용
SRAM (정적램)	• 재충전이 필요 없고, 액세스 속도가 빨라 캐시(Cache) 메모리에 적합 • 소비 전력이 높은 반면, 구성 회로가 복잡하여 집적도가 낮음 • 가격이 비싸고, 플립플롭(Flip-Flop)으로 구성

2. 특성에 따른 분류

전원 공급 유무	휘발성 메모리	RAM(SRAM, DRAM)
	비휘발성 메모리	ROM, Core, 보조기억장치(자기 디스크, 자기 테이프 등)
자료 보존 유무	파괴 메모리	Core
	비파괴 메모리	RAM, ROM, Disk, Tape 등 반도체 메모리
접근 방식	순차 접근	자기 테이프
	직접 접근	자기 디스크, 자기 드럼, CD-ROM
시간 흐름	정적 메모리	SRAM
	동적 메모리	DRAM

3. 기억장치에서 사용하는 용어

(1) 접근 시간(Access Time)

① 정보를 기억장치에 기억시키거나 읽어내는 명령을 한 후부터 실제 정보를 기억 또는 읽기 시작할 때까지 소요되는 시간이다.

② 주소와 읽기/쓰기가 도착한 순간부터 데이터 액세스가 완료되는 순간까지의 시간이다.

③ 액세스 암이 실린더를 찾을 때부터 찾고자 하는 자료에 도달할 때까지의 시간이다.

> **더 알아보기➕**
>
> 주기억장치와 캐시기억장치의 접근 시간
> 평균 기억장치의 접근 시간
> = 적중률 × 캐시기억장치의 접근 시간 + (1 - 적중률) × 주기억장치의 접근 시간

(2) 사이클 시간(Cycle Time)

① 읽기 또는 쓰기 신호를 보내고 나서 다음 읽기 또는 쓰기 신호를 보낼 때까지의 시간이다.

② 기억장치의 접근을 위하여 판독 신호를 보내고 나서 다음 판독 신호를 보낼 수 있을 때까지의 시간이다.

③ DRAM은 재충전 시간이 필요하기 때문에 사이클 시간이 접근 시간보다 크다.

(3) 반환 시간(Turn - around Time)

① 시스템에 사용자가 수집한 자료를 입력해서 그것이 처리되어 사용자에게 결과가 되돌아올(Turn - around) 때까지 걸리는 시간이다.

② 어떤 명령을 내리고 그 결과가 되돌아올 때까지의 시간이다.

(4) 탐구 시간(Seek Time)

① 액세스 암이 원하는 실린더나 트랙까지 도달하는 데 걸리는 시간이다.

② 자료를 찾기 위해 액세스 암이 실린더를 찾는 데 걸리는 시간이다.

(5) 탐색 시간(Search = Latency Time)

① 특정 실린더에서 실제 데이터를 찾는 데 걸리는 시간이다.

② 액세스 암이 실린더를 찾은 후 찾는 자료에 도달할 때까지 걸리는 시간이다.

4. 계층 메모리

① **가격(고가≥저가)** : 레지스터≥캐시기억장치≥주기억장치≥보조기억장치

② **처리 속도(고속≥저속)** : 레지스터≥캐시기억장치≥주기억장치≥보조기억장치

③ **용량(대용량≥소용량)** : 보조기억장치≥주기억장치≥캐시기억장치≥레지스터

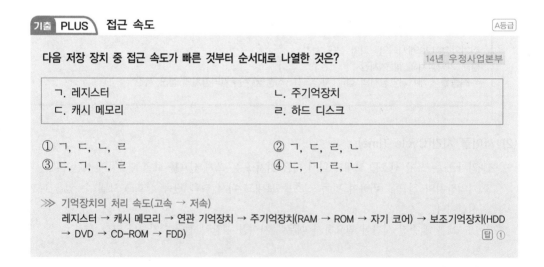

기출 PLUS   접근 속도   [A등급]

다음 저장 장치 중 접근 속도가 빠른 것부터 순서대로 나열한 것은?   14년 우정사업본부

ㄱ. 레지스터   ㄴ. 주기억장치
ㄷ. 캐시 메모리   ㄹ. 하드 디스크

① ㄱ, ㄷ, ㄴ, ㄹ   ② ㄱ, ㄷ, ㄹ, ㄴ
③ ㄷ, ㄱ, ㄴ, ㄹ   ④ ㄷ, ㄱ, ㄹ, ㄴ

≫ 기억장치의 처리 속도(고속 → 저속)
    레지스터 → 캐시 메모리 → 연관 기억장치 → 주기억장치(RAM → ROM → 자기 코어) → 보조기억장치(HDD
    → DVD → CD-ROM → FDD)

답 ①

02 자기 코어 메모리

1. 자기 코어 메모리(Magnetic Core Memory)의 개념

① 전류 일치 기술에 의하여 기억 장소를 선별하는 기억장치이다.

② 비휘발성 메모리, 파괴성 판독 메모리(재저장 필요)이다.

③ 자기 코어의 중심을 통과하는 전선에 흐르는 전류가 오른 나사 법칙에 따라 1 또는 0으로 숫자화되어 기억된다.

④ 자기 드럼이나 자기 디스크보다 호출 속도가 매우 빠르다.

⑤ 사이클 시간(Cycle Time)이 기억장치의 접근 시간(Access Time)보다 항상 크거나 같다.

2. 자기 코어 메모리의 구성

X선, Y선, S선, Z선의 4개의 도선이 꿰어져 있으며, 이 선들을 사용해서 필요한 정보를 입출력한다.

① **X선, Y선** : 구동선(Driving Wire)으로 코어를 자화시키기 위해 자화에 필요한 전력의 절반을 공급하는 도선이다.

② **S선** : 감지선(Sense Wire)으로 판독을 위해 구동선에 전력을 가했을 때 자장의 변화를 감지하여 0과 1의 저장 여부를 판단하는 선이다.

③ **Z선** : 금지선(Inhibit Wire)으로 원하지 않는 곳의 자화를 방지하는 선이다.

> **더 알아보기 ⊕**
>
> 파괴성 판독(Destructive Read Out)
> • 데이터를 읽어내면서 원래의 데이터를 소거하는 판독 방법이다.
> • 정보를 보존하려면 읽어낸 뒤 즉시 재기입해야 하므로 사이클 시간(Cycle Time)이 접근 시간(Access Time)에 비해 크다.

03 캐시기억장치

1. 캐시기억장치(Cache Memory)의 개념

① 중앙처리장치(CPU)와 주기억장치의 속도 차이를 극복하기 위해 CPU와 주기억장치 사이에 설치한 메모리이다.

② CPU와 비슷한 액세스 속도를 가지며, 미리 데이터를 옮겨 놓고 버퍼(Buffer) 개념으로 사용하는 기억장치이다.

③ 캐시에 기록하는 방식에는 Write-Through 방식과 Write-Back 방식이 있다.

2. 캐시기억장치의 특징

① CPU와 주기억장치 사이에 있는 고속 버퍼 메모리로 주로 SRAM을 사용하며, 가격이 비싸다.

② 메모리 계층 구조에서 가장 빠른 소자로 수십 Kbyte~수백 Kbyte의 용량을 사용한다.

③ 캐시를 사용하면 기억장치의 접근 시간이 줄어들기 때문에 컴퓨터의 처리 속도가 향상된다.

④ CPU에서 실행 중인 프로그램과 데이터를 기억한다.

⑤ 자주 참조되는 프로그램이나 데이터를 속도가 빠른 메모리에 저장하여 메모리 접근 시간을 감소시킨다.

⑥ 캐시 접근 시 충돌을 방지하기 위해 코드와 데이터를 분리해서 기억시키는 분리 캐시를 사용한다.

3. 캐시의 매핑 프로세스

(1) 직접 사상(Direct Mapping)

① 주기억장치의 임의의 블록들이 특정한 슬롯으로 사상되는 방식이다.

② 기억시킬 캐시 블록의 결정 함수는 주기억장치의 블록 번호를 캐시 전체의 블록 수로 나눈 나머지로 결정한다.

③ 캐시 메모리에서 한 개의 페이지만 존재하도록 하는 경우로 1 : 1 매핑에 해당한다.

(2) 연관 사상(Associative Mapping)

① 주기억장치의 임의의 블록들이 어떠한 슬롯으로든 사상될 수 있는 방식이다.

② 가장 빠르고 융통성 있는 구조 방식으로 직접 사상의 단점을 극복한다.

③ 메모리 워드의 번지와 데이터를 함께 저장하는데 캐시 블록이 꽉 채워진 경우이면 라운드 로빈(Round Robin) 방식으로 메모리 워드 번지와 데이터를 교체한다.

(3) 세트-연관 사상(Set-Associative Mapping, 집합-연관 사상)

① 직접 사상과 연관 사상의 장점을 혼합한 방식이다.

② 캐시 블록을 몇 개의 블록으로 이루어진 세트(Set) 단위로 분리한 후 세트를 선택할 때는 직접 사상 방식을 따르고 세트 내에서 해당 블록을 지정할 때는 연관 사상 방식을 따른다.

4. 캐시의 쓰기 정책(Cache Write Policy)

① **Write Through 방식** : 캐시와 주기억장치를 같이 Write하는 방식으로 간단하지만 성능이 떨어진다.

② **Write Back 방식** : Write 캐시 내용이 사라질 때 주기억장치에 Write하는 방식으로 메모리의 접근 횟수가 적지만 회로가 복잡하다.

기출 PLUS   캐시기억장치   A등급

캐시기억장치(Cache Memory)에 대한 설명으로 알맞지 <u>않은</u> 것은?   08년 우정사업본부

① 직접 사상(Direct Mapping) 방식은 주기억장치의 임의의 블록들이 어떠한 슬롯으로든 사상될 수 있는 방식이다.

② 세트-연관 사상(Set-Associative Mapping) 방식은 직접 사상 방식과 연관 사상(Associative Mapping) 방식을 혼합한 방식이다.

③ 슬롯의 수가 128개인 4-Way 연관 사상 방식인 경우 슬롯을 공유하는 주기억장치 블록들이 4개의 슬롯으로 적재될 수 있는 방식이다.

④ 캐시 쓰기 정책(Cache Write Policy)은 Write Through 방식과 Write Back 방식 등이 있다.

≫ 직접 사상 방식은 주기억장치의 임의의 블록들이 특정한 슬롯으로 사상되는 방식이다.

≫ 주기억장치의 임의의 블록들이 어떠한 슬롯으로든 사상될 수 있는 방식은 직접 사상 방식이 아니라 연관 사상 (Associative Mapping) 방식이다.   답 ①

---

5. 캐시 적중률(Cache Hit Ratio)

① CPU가 기억장치에 접근하여 찾는 내용이 캐시에 기억될 경우 적중(Hit)되었다고 한다.

② 알고리즘에 따라 적중률이 달라지며, 캐시의 기본 성능은 히트율(Hit Ratio)로 표현한다.

③ 캐시 적중률 = (Hit 수)/주기억장치 접근의 총 횟수로 계산한다.

④ 지역성(Locality)이란 기억장치 내의 정보를 균일하게 Access하는 것이 아닌 어느 한 순간에 특정부분을 집중적으로 참조하는 특성을 말한다.

⑤ 지역성(Locality)의 원리는 캐시 접근시간(Access Time)의 최소화, 캐시 적중률의 최대화이다.

기출 PLUS   캐시 적중률   C등급

주기억장치와 캐시기억장치만으로 구성된 시스템에서 〈보기〉와 같이 기억장치의 접근 시간이 주어질 때 캐시 적중률(Hit Ratio)은?   12년 우정사업본부

──┤보기├──

- 평균 기억장치 접근 시간 : Ta = 1.9ms
- 주기억장치 접근 시간 : Tm = 10ms
- 캐시기억장치 접근 시간 : Tc = 1ms

① 80%   ② 85%

③ 90%   ④ 95%

≫ 평균 기억장치의 접근 시간

= 적중률 × 캐시기억장치 접근 시간 + (1 − 적중률) × 주기억장치 접근 시간

적중률을 h라 할 때 $1.9 = h \times 1 + (1 - h) \times 10 \rightarrow 1.9 = h + 10 - 10h \rightarrow 10h = h + 10 - 1.9$

$\rightarrow 10h - h = 8.1 \rightarrow 9h = 8.1 \rightarrow h = 0.9$

⇒ 90%

답 ③

---

04   RAID 방식

1. RAID(Redundant Array of Independent Disks)의 개념

① 여러 대의 하드 디스크가 있을 때 동일한 데이터를 다른 위치에 중복해서 저장하는 기술이다.

② 하드 디스크의 모음뿐만 아니라 자동으로 복제해 백업 정책을 구현해 주는 기술이다.

③ 여러 개의 하드 디스크를 하나로 합쳐서 논리적인 Volume 디스크로 사용하는 것으로 미러링 방식과 스트라이핑 방식을 조합하여 사용한다.

2. RAID의 목적

① 여러 개의 디스크 모듈을 하나의 대용량 디스크처럼 사용할 수 있도록 지원한다.

② 여러 개의 디스크 모듈에 데이터를 나누어서 한꺼번에 쓰고, 읽음으로써 I/O 속도를 향상시킨다.

③ 중복 저장을 통해 여러 개의 디스크 중 하나 또는 그 이상의 디스크에 장애가 발생하더라도 데이터 소멸을 방지한다.

3. RAID의 종류

① **RAID-0** : 디스크 스트라이핑(Disk Striping) 방식으로 중복 저장과 오류 검출 및 교정이 없다.

② **RAID-1** : 디스크 미러링(Disk Mirroring) 방식으로 높은 신뢰도를 갖는다.

③ **RAID-2** : 해밍이라는 오류 정정 코드를 사용하는 방식으로 현재는 거의 쓰이지 않는다.

④ **RAID-3** : 데이터를 비트(Bit) 단위로 여러 디스크에 분할하여 저장하며, 별도의 패리티 디스크를 사용한다.

⑤ **RAID-4** : 데이터를 블록(Block) 단위로 여러 디스크에 분할하여 저장하며, 별도의 패리티 디스크를 사용한다.

⑥ **RAID-5** : 패리티 블록들을 여러 디스크에 분산 저장하는 방식으로 단일 오류 검출 및 교정이 가능하다.

⑦ **RAID-0+1** : RAID-0과 RAID-1의 장점만을 이용한 방식으로 성능 향상과 데이터의 안정성을 모두 보장한다.

기출 PLUS RAID 방식 · B등급

RAID(Redundant Array of Inexpensive Disks)에 대한 설명으로 알맞지 <u>않은</u> 것은? 08년 우정사업본부

① RAID-0은 디스크 스트라이핑(Disk Striping) 방식으로 중복 저장과 오류 검출 및 교정이 없는 방식이다.

② RAID-1은 디스크 미러링(Disk Mirroring) 방식이며, 높은 신뢰도를 갖는 방식이다.

③ RAID-4는 데이터를 비트 단위로 여러 디스크에 분할하여 저장하며, 별도의 패리티 디스크를 사용한다.

④ RAID-5는 패리티 블록들을 여러 디스크에 분산 저장하는 방식이며, 단일 오류 검출 및 교정이 가능한 방식이다.

≫ 데이터를 비트 단위로 여러 디스크에 분할하여 저장하며, 별도의 패리티 디스크를 사용하는 것은 RAID-3이다.

※ 처음 RAID라는 용어가 등장할 때에는 Redundant Array of Inexpensive Disks의 약자였지만 현재는 Inexpensive보다는 Independent를 사용한다. 답 ③

06 입출력장치

01 DMA

1. DMA(Direct Memory Access)의 개념과 특징

① 기억 소자와 I/O 장치 간의 정보를 교환할 때 CPU의 개입 없이 직접 정보 교환이 이루어지는 방식이다.

② CPU를 경유하지 않으며, 하나의 입출력 명령어에 의해 블록 전체가 전송된다.

③ 기억장치와 입출력장치 사이에서 전용의 데이터 전송로를 설치하여 주어진 명령에 의해 직접적인 전송이 이루어지기 때문에 대용량의 데이터를 전송할 때 효과적이다.

④ DMA가 메모리 접근을 하기 위해서는 사이클 스틸(Cycle Steal)을 한다.

⑤ DMA를 이용하여 주기억장치로 데이터를 전송하는 방식으로 구성 요소에는 워드 카운트 레지스터, 주소 레지스터, 자료 버퍼 레지스터 등이 있다.

⑥ DMA 제어기가 자료 전송을 종료하면 인터럽트를 발생시켜 CPU에게 알려준다.

2. 사이클 스틸(Cycle Steal)

① CPU가 프로그램을 수행하기 위해 계속하여 메이저 사이클(Major Cycle : 인출, 간접, 실행, 인터럽트)을 반복하고 있는 상태에서 DMA 제어기가 하나의 워드(Word) 전송을 위해 일시적으로 CPU 사이클을 훔쳐서 사용하는 것이다.

② DMA가 기억장치 버스를 점유하여 CPU의 기억장치 액세스를 잠시 중지시키는 것으로 CPU는 DMA의 메모리 접근이 완료될 때까지 기다린다.

③ 사이클 스틸은 CPU의 상태를 보존할 필요가 없지만 인터럽트(Interrupt)는 CPU의 상태를 보존해야 한다.

02 채널

1. 채널(Channel)의 개념과 특징

① 입출력장치와 주기억장치 사이의 속도 차이를 개선하기 위한 장치로 DMA 개념을 확장한 방식이다.

② 채널 명령어를 분석하여 주기억장치에 직접적으로 접근해서 입출력을 수행한다.

③ 여러 개의 블록을 전송할 수 있으며, 전송 시에는 DMA를 이용할 수 있다.

④ 채널이 입출력을 수행하는 동안 CPU는 다른 프로그램을 수행함으로써 CPU의 효율을 향상시킬 수 있다.

⑤ CPU의 간섭 없이 독립적으로 입출력 동작을 수행하며, 작업이 끝나면 CPU에게 인터럽트로 알려준다.

2. 채널의 종류(입출력장치의 성질에 따른 분류)

① **셀렉터 채널(Selector Channel)** : 하나의 채널을 입출력장치가 독점해서 사용하는 방식으로 고속 전송에 적합한 채널이다. 입출력이 실제로 일어나고 있을 때는 채널 제어기가 임의의 시점에서 마치 어느 한 입출력장치의 전용인 것처럼 운영된다.

② **바이트 멀티플렉서 채널(Byte Multiplexor Channel)** : 한 개의 채널에 여러 개의 입출력장치를 연결하여 시분할 공유(Time Share) 방식으로 입출력하는 채널이다. 저속의 입출력장치를 제어한다.

③ **블록 멀티플렉서 채널(Block Multiplexor Channel)** : 셀렉터 채널과 멀티플렉서 채널을 결합한 방식으로 융통성 있는 운용을 할 수 있다. 고속의 입출력장치를 제어한다.

03 인터럽트

1. 인터럽트(Interrupt)의 개념과 특징

① 프로그램을 실행하는 도중에 예기치 않은 상황이 발생할 경우 현재 실행 중인 작업을 즉시 중단하고, 발생 상황을 우선 처리한 후 실행 중이던 작업으로 복귀하여 계속 처리하는 과정이다.

② 인터럽트의 처리 시기는 수행 중인 인스트럭션을 끝내고 마무리한다.

③ 인터럽트 수행 후에는 처리 시 보존한 PC 및 제어 상태 데이터를 PC와 제어 상태 레지스터에 복구한다.

④ 외부 및 내부 인터럽트는 CPU의 하드웨어 신호에 의해 발생하고, 소프트웨어 인터럽트는 명령어 수행에 의해 발생한다.

2. 인터럽트의 종류

(1) 외부 인터럽트

① **전원 이상(Power Fail) 인터럽트** : 정전 또는 전원 이상이 있는 경우 발생한다.

② **기계 착오(Machine Check) 인터럽트** : CPU의 기능적인 오류 동작이나 고장 시 발생한다.

③ **외부 신호(External) 인터럽트** : 타이머에 의해 규정 시간(Time Slice)을 알리는 경우, 키보드로 인터럽트 키를 누른 경우, 외부 장치로부터 인터럽트 요청이 있는 경우 발생한다.

④ **입출력(Input-Output) 인터럽트** : 입출력 데이터의 오류나 이상 현상이 발생한 경우, 입출력장치가 데이터 전송을 요구하거나 전송이 끝났음을 알릴 경우 발생한다.

(2) 내부 인터럽트

① 잘못된 명령이나 데이터를 사용할 때 발생하며, 트랩(Trap)이라고도 부른다.

② **명령어 잘못에 의한 인터럽트** : 프로그램에서 명령어를 잘못 사용한 경우 발생한다.

③ **프로그램 검사(Program Check) 인터럽트** : 오버플로우(Overflow), 언더플로우(Underflow), 0으로 나누는 연산, 접근 금지 공간에 접근했을 때 발생한다.

(3) 소프트웨어 인터럽트

① 프로그램 처리 중 명령 요청에 의해 발생하는 것으로 가장 대표적인 형태는 감시 프로그램을 호출하는 SVC(Supervisor Call) 인터럽트가 있다.

② **SVC(Supervisor Call) 인터럽트** : 사용자가 SVC 명령을 써서 의도적으로 호출한 경우 발생한다.

> **더 알아보기 ⊕**
>
> 인터럽트 발생 시 CPU가 확인할 사항
> • 프로그램 카운터(PC)의 내용
> • 사용한 모든 레지스터의 내용
> • 플래그 상태 조건(PSW)의 내용

3. 인터럽트의 동작 원리

① 인터럽트 요청 신호가 발생한다.

② **프로그램 실행을 중단** : 현재 실행 중이던 명령어(Micro Instruction)는 끝까지 실행한다.

③ **현재의 프로그램 상태를 보존** : 프로그램 상태는 다음에 실행할 명령의 번지로서 PC가 가지고 있다.

④ **인터럽트 처리 루틴을 실행** : 인터럽트를 요청한 장치를 식별한다.

⑤ **인터럽트 서비스 루틴을 실행** : 실질적인 인터럽트를 처리한다.

⑥ **상태 복구** : 인터럽트 요청 신호가 발생했을 때 보관한 PC의 값을 다시 PC에 저장한다.

⑦ **중단된 프로그램 실행 재개** : PC의 값을 이용하여 인터럽트 발생 이전에 수행 중이던 프로그램을 계속 실행한다.

⑧ **인터럽트 처리 순서** : CPU에게 인터럽트 요청 → 현재 작업 중인 프로세스 상태를 저장(Stack에 저장) → 인터럽트 처리 프로그램 작동(인터럽트 취급 루틴 실행) → 해당 인터럽트에 대해 조치를 취함 → 인터럽트 처리 프로그램이 종료되면 리턴(Return) 주소를 이용하여 원래 작업으로 복귀한다.

기출 PLUS 인터럽트 처리 순서 〔A등급〕

인터럽트 처리를 위한 〈보기〉의 작업이 올바르게 나열된 것은? 12년 우정사업본부

| 보기 |

ㄱ. 인터럽트 서비스 루틴을 수행한다.
ㄴ. 보관한 프로그램 상태를 복구한다.
ㄷ. 현재 수행 중인 명령을 완료하고, 상태를 저장한다.
ㄹ. 인터럽트 발생 원인을 찾는다.

① ㄷ → ㄹ → ㄱ → ㄴ　　② ㄷ → ㄹ → ㄴ → ㄱ
③ ㄹ → ㄷ → ㄱ → ㄴ　　④ ㄹ → ㄷ → ㄴ → ㄱ

≫ 인터럽트 처리 순서
• 중앙처리장치는 어떤 장치가 인터럽트를 요구했는지 확인한다(요청 → 인지).
• 현재 명령어의 실행을 끝낸 후 프로그램 카운터(PC : 다음에 실행할 명령어 주소) 값을 스택에 저장한다.
• 인터럽트 발생 원인을 찾는다(인터럽트 종류 파악, 인터럽트 취급루틴 수행).
• 인터럽트 처리를 수행한다(인터럽트 서비스 루틴 수행).
• 보관한 프로그램 상태를 복구한다.

답 ①

4. 인터럽트 우선순위

① 여러 장치에서 동시에 인터럽트가 발생하였을 때 가장 먼저 서비스할 장치를 결정하기 위해서이다.

② 여러 개의 인터럽트가 발생했을 때 처리하며, 하드웨어적 원인이 소프트웨어적 원인보다 크다.

③ **우선순위(높음>낮음)** : 전원 이상(Power Fail) > 기계 착오(Machine Check) > 외부 신호(External) > 입출력(I/O) > 명령어 잘못 > 프로그램 검사(Program Check) > SVC(Supervisor- Call) 순으로 진행된다.

5. 인터럽트 우선순위 판별 방법

(1) 소프트웨어적 판별 방법

① 인터럽트 발생 시 우선순위가 가장 높은 인터럽트 자원(Source)을 찾아 이에 해당하는 인터럽트 서비스 루틴을 수행하는 방식이다.

② 소프트웨어적인 방식을 폴링(Polling)이라고 하며, 이는 인터럽트 요청 신호 플래그를 차례로 검사하여 인터럽트의 원인을 판별한다(인터럽트 처리 루틴이 수행).

③ 많은 인터럽트가 있을 경우 그들을 모두 조사해야 하므로 반응 시간이 느리다.

④ 회로가 간단하고 융통성이 있으며, 별도의 하드웨어가 필요 없어 경제적이다.

(2) 하드웨어적 판별 방법

① CPU와 인터럽트를 요청할 수 있는 장치 사이에 해당 버스를 병렬이나 직렬로 연결하여 요청 장치의 번호를 CPU에 알리는 방식이다.

② 인터럽트를 발생시킨 장치가 인터럽트 인식(Acknowledge) 신호를 받으면 자신의 장치 번호를 중앙처리장치로 보낸다.

③ 장치 판별 과정이 간단해서 응답 속도가 빠르다.

④ 회로가 복잡하고 융통성이 없으며, 추가적인 하드웨어가 필요하므로 비경제적이다.

부여 방식	설명
직렬(Serial) 우선순위	• 인터럽트가 발생하는 모든 장치를 1개의 회선에 직렬로 연결 • 우선순위가 높은 장치를 선두에 위치시키고, 나머지를 우선순위에 따라 차례로 연결 • 데이지 체인(Daisy-Chain) 방식이라고 함
병렬(Parallel) 우선순위	• 인터럽트가 발생하는 각 장치를 개별적인 회선으로 연결 • 각 장치의 인터럽트 요청에 따라 각 Bit가 개별적으로 Set될 수 있는 Mask Register를 사용 • 우선순위는 Mask Register의 Bit 위치에 의해서 결정 • 우선순위가 높은 인터럽트는 낮은 인터럽트가 처리되는 중에도 우선 처리됨

기출 PLUS 데이지 체인 방식 [B등급]

데이지-체인(Daisy-Chain) 우선순위 인터럽트 방식에 대한 설명으로 옳은 것은? 14년 우정사업본부

① 인터럽트를 발생시키는 장치들이 병렬로 연결된다.
② 두 개 이상의 장치에서 동시에 인터럽트가 발생되면 중앙처리장치(CPU)는 이들 인터럽트를 모두 무시한다.
③ 인터럽트를 발생시킨 장치가 인터럽트 인식(Acknowledge) 신호를 받으면 자신의 장치 번호를 중앙처리장치로 보낸다.
④ 중앙처리장치에서 전송되는 인터럽트 인식 신호는 우선순위가 낮은 장치부터 높은 장치로 순차적으로 전달된다.

≫ 데이지 체인 방식
인터럽트가 발생하는 모든 장치를 한 개의 회선에 직렬로 연결하는 방식으로 우선순위가 높은 장치를 선두에 위치시키고 나머지를 우선순위에 따라 차례로 연결한다. 인터럽트 요구선은 모든 장치에 공통이며 인터럽트를 발생시킨 장치가 인터럽트 인지 신호를 받으면 자신의 장치 번호를 중앙처리장치에 보낸다. 답 ③

07 시스템 버스

01 버스(Bus)

1. 시스템 버스의 개념

중앙처리장치와 주기억장치 그리고 외부 입출력장치 간의 데이터 통신을 위해 공용으로 사용하는 전자기적 통로를 버스(Bus)라고 한다.

2. 시스템 버스의 분류기준

분류 기준	버스 종류	버스의 기능 및 역할
데이터 종류	데이터 버스	각 장치의 실제 데이터가 전달되는 버스, 양방향 버스
	제어 버스	제어장치의 제어신호가 전달되는 버스, 양방향 버스
	주소 버스	메모리의 주소가 전달되는 버스, 단방향 버스
버스 위치	내부 버스	컴퓨터 시스템 내의 칩들 사이에 신호를 전달하는 버스로 시스템 안 또는 장치 안에 있는 버스
	외부 버스	주변장치들 사이에서 신호를 전달하기 위해 대부분 표준화 되어 있는 범용의 인터페이스 버스로 내부 버스를 경유해서 중앙처리장치와 외부장치를 연결할 수 있는 버스
데이터 처리량	ISA 버스	• ISA(Industry Standard Architecture)는 중앙처리장치와 각종 주변장치를 연결하여 정보를 전달하는 버스 • IBM PC/AT의 16비트 버스 구조는 업계 표준 구조
	EISA 버스	• 16비트의 ISA 버스를 32비트로 확장하고 개선한 PC/AT 호환기의 버스 • 버스는 ISA 버스보다 훨씬 높은 주파수로 동작할 수 있고 데이터 전송 속도도 훨씬 고속
	VESA 버스	• VESA(Video Electronics Standards Association) • 중앙처리장치와 주변장치를 직접 연결하여 고속으로 데이터를 전달하는 데이터 통로를 제공 • 데이터 전송 속도가 매우 빠름
	PCI 버스	• PCI(Peripheral Component Interconnect) • ISA나 EISA, VESA의 후속으로 개발된 로컬 버스 • 주소를 전달하는 신호와 데이터를 전달하는 신호를 시분할 다중화하여 하나의 선을 가지고 전송 • 중앙처리장치의 종류가 달라도 그에 대응하는 브리지 회로를 갖추기만 하면 어떤 중앙처리장치와도 연결 가능
용도 고정 유무	전용 버스 (Dedicated Bus)	지정된 신호만 전달하는 버스, 데이터 버스, 제어버스, 주소 버스가 전용버스의 종류
	다중화 버스 (Multiplexed Bus)	• 제어신호에 의해 다중 용도로 신호를 전달하는 버스 • 주소 및 데이터는 유효 주소 신호를 이용해서 주소 또는 일반 데이터를 전달 • 적은 버스 선으로 다양한 데이터 전달 가능하나 제어회로가 복잡 • 시분할 다중화 방식으로 성능 저하 우려

병렬 컴퓨터

01 병렬 컴퓨터의 개념

1. 병렬 처리

① 여러 개의 프로세서에 의해 단일 프로그램에서 서로 다른 태스크(task)를 동시에 처리할 수 있는 방식이다.

② 처리 부하를 분담하고, 처리 속도를 향상시키는 컴퓨팅 처리 기법이다.

③ 병렬 구조화 처리로 인해 처리장치 개수만큼 속도가 향상되지 않는다. 즉, n개의 프로세서가 있다고 해서 속도가 n배로 빨라지지 않는다.

④ 병렬 처리로 인한 문제로 분할, 스케줄링, 동기화, 캐시메모리에 관한 문제도 발생한다.

2. 병렬 컴퓨터의 분류

구분	종류
Flynn의 분류	프로세서들이 처리하는 명령어들과 데이터들의 흐름의 수에 따라 분류 • SISD : 전통적인 순차 컴퓨터로 Von Neumann 구조 • SIMD : Array Processor, Vector Computer, Super Computer • MISD : 구현이 어려움, 알려진 적용 사례 없음 • MIMD : 다중 프로세서, 클러스터, SMP, MPP, LCMP 시스템
메모리 공유에 따른 분류	• SMP : 단일 처리기 시스템에서 나타나는 성능의 한계를 극복하기 위해 두 개 이상의 프로세서를 공유 버스로 상호 연결하여 하나의 메모리를 망에 연결시켜 놓은 시스템 • MPP : 수천 개 혹은 수만 개 정도의 처리기들을 상호 연결망에 의해 연결하여 태스크를 병렬로 처리하는 시스템, 각 노드 별 각각의 CPU와 전용 메모리로 구성되며, 메모리를 공유하지 않는 방식 • NUMA : 프로세서 별 공유 메모리를 두어 시스템 버스를 통하지 않고 Access 원하는 데이터가 위치한 기억장치를 따라 Access 시간이 달라지는 고유 기억장치 구조

3. 프로세스 병렬 처리 기능에 따른 분류

(1) 파이프라인 프로세서(Pipeline Processor)

① 프로세서 하나를 서로 다른 기능을 가진 여러 개의 부 프로세서로 나누어, 각 부 프로세서가 동시에 서로 다른 데이터를 처리하는 방식이다.

② 병렬 처리 컴퓨터에서 파이프라인 구조는 서브 프로세서 간 중첩되면서 단계별 수행을 하는 수직 형태의 종속적인 구조의 병렬성을 갖는다.

(2) 배열 프로세서(Array Processor)

① 연산장치를 병렬로 배열하여 데이터를 고속으로 처리할 수 있는 처리 구조로 벡터 계산이나 행렬(Matrix) 계산에 사용된다.

② 각기 다른 처리 엘리먼트(Processing Element)들이 하나의 제어장치에 동기화되고, 한 명령이 내려지면 각 처리 엘리먼트에서 데이터를 동시에 처리하는 구조이다.

(3) 다중 프로세서(Multi Processor)

① 여러 프로세서에 다중의 독립적인 작업을 각각 배정하고 작업을 동시에 수행할 수 있도록 하는 방식이다.

② 병렬 처리의 대표적인 모델로 기억장치 등 자원을 공유하며 프로세서들 간의 메시지 패싱(Message-Passing) 방식인 상호통신을 한다.

4. 다중 프로세스의 상호 작용 결합 정도에 따른 분류

구분	종류
약결합 방식 (Loosely Coupled)	• 각각의 처리기가 각각의 지역 메모리(Local Memory)를 가진 독립적인 구조로 구성 • 처리기 사이의 데이터 교환이 많지 않을 경우에 사용
강결합 방식 (Tightly Coupled)	• 처리기 각각이 하나의 공유 메모리를 사용하는 구조 • 처리기 사이의 데이터 교환이 빈번하게 발생할 때 유리한 구조

출제 비중 체크!

※ 계리직 전 8회 시험(2008~2021) 기출문제를 기준으로 정리하였습니다.

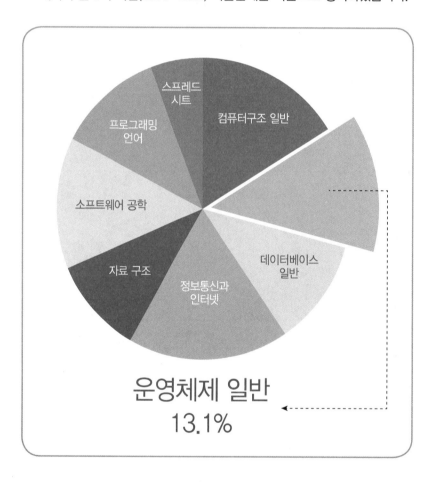

운영체제 일반
13.1%

PART

02 | 운영체제 일반

I wish you the best of luck!

우정사업본부 지방우정청 9급 계리직

컴퓨터일반

운영체제의 개요

01 운영체제의 개념과 운영 방식

1. 운영체제의 개념 및 발달 과정

(1) 운영체제의 개념

① 컴퓨터와 사용자 사이에서 시스템을 효율적으로 운영할 수 있도록 인터페이스 역할을 담당한다.
② 사용자가 응용 프로그램을 편리하게 사용하고, 하드웨어의 성능을 최적화할 수 있도록 한다.
③ 운영체제의 기능에는 프로세스 관리, 메모리 관리, 기억장치 관리, 파일 관리, 입출력 관리, 리소스 관리 등이 있다.

(2) 운영체제의 발달 과정

일괄 처리 시스템 → 다중 프로그래밍, 다중 처리, 시분할, 실시간 처리 시스템 → 다중 모드 시스템 → 분산 처리 시스템의 순이다.

더 알아보기 ➕

분산 운영체제
• 일관성 있는 설계로 네트워크의 유지, 수정 등이 용이하며, 주로 미니 또는 마이크로 컴퓨터의 국소 네트워크에 많이 사용된다.
• 각 호스트에 고유한 운영체제가 있는 것이 아니라 전체 네트워크에 공통적으로 운영체제가 실행되는 시스템으로 자원 공유, 연산 속도 향상, 신뢰도 향상, 컴퓨터 통신 등을 목적으로 한다.

---

2. 운영체제의 운영 방식

① **일괄 처리(Batch Processing) 시스템** : 데이터를 일정량 또는 일정 기간 모아서 한꺼번에 처리하는 시스템으로 급여 계산, 전기 요금 등이 해당된다.
② **실시간 처리(Real Time Processing) 시스템** : 자료가 수신되는 즉시 처리하여 사용자 입력에 즉시 응답할 수 있는 시스템으로 좌석 예약, 은행 업무 등이 해당된다.
③ **시분할(Time Sharing) 시스템** : CPU의 처리 시간을 일정한 시간(Time Quantum) 단위로 나누어서 여러 개의 작업을 연속적으로 처리하는 시스템이다(라운드 로빈 방식).

④ **다중 처리(Multi Processing) 시스템** : 여러 개의 CPU와 하나의 주기억장치를 이용하여 여러 개의 프로그램을 동시에 처리하는 시스템이다.

⑤ **다중 프로그래밍(Multi Programming) 시스템** : 하나의 CPU와 주기억장치를 이용하여 여러 개의 프로그램을 동시에 처리하는 시스템이다.

⑥ **다중 모드 처리(Multi Mode Processing) 시스템** : 일괄 처리 시스템, 시분할 시스템, 다중 처리 시스템, 실시간 처리 시스템을 한 시스템에서 모두 제공하는 방식이다.

⑦ **분산 처리(Distributed Processing) 시스템** : 여러 대의 컴퓨터를 통신망으로 연결하여 작업과 자원을 분산시켜 처리함으로써 컴퓨터의 처리 능력과 효율을 향상시키는 시스템이다.

※ 일괄 처리(Batch), 대화식(Interactive), 실시간(Real-Time) 시스템 그리고 일괄 처리와 대화식이 결합된 혼합(Hybrid) 시스템 등은 모두 응답 시간과 데이터 입력 방식에 따른 분류 방식이다.

3. 운영체제의 목표 및 핵심 구성 요소

(1) 운영체제의 목표

효율성(efficiency), 견고함(robustness), 규모 확장성(scalability), 확장성(extensibility), 이식성(portability), 보안(security), 상호 작용성(interactivity), 사용성(usability)을 목표로 한다.

(2) 운영체제의 핵심 구성 요소

① 프로세스 스케줄러
② 메모리 관리자
③ 입출력 관리자
④ 프로세스 간 통신 관리자
⑤ 파일 시스템 관리자

4. 운영체제 환경

(1) 범용 시스템 환경

① 대용량 메모리와 디스크, 고속 프로세서와 주변 장치로 구성되는 환경이다.
② 개인용 컴퓨터나 워크스테이션을 사용한다.
③ 대용량 메모리, 특수 목적 하드웨어, 다중 프로세스 지원이 가능하다.
④ 고성능 하드웨어를 갖춘 고 사양 웹 서버와 데이터베이스 서버에 적용 가능하다.

(2) 임베디드 시스템 환경

① 소형기기(휴대폰, 가전기기)에 기능을 제공하는 특화된 소규모 자원이다.

② 효율적인 자원 관리가 요구되는 환경이다.

③ 적은 코드로 서비스 제공한다.

④ 전력관리가 필요하다.

⑤ 사용자 친화적 인터페이스를 제공한다.

(3) 실시간 시스템

① **실시간 타임의 정의** : 요청에 대해 즉시 특정 작업을 응답하는 시스템이다.

② **소프트 실시간 시스템**

ㄱ 작업 실행에 대한 시간 제약이 있지만, 이를 지키지 못하더라도 전체 시스템에 큰 영향을 끼치지 않는 시스템을 말한다.

ㄴ 작업의 데드라인을 지키지 못했을 때, 시스템 전체에 치명적인 타격을 주지는 않지만 신뢰도가 떨어지는 시스템이다.

③ **하드 실시간 시스템**

ㄱ 작업의 실행 시작이나 완료에 대한 시간 제약조건을 지키지 못하는 경우 시스템에 치명적인 영향을 주는 시스템이다.

ㄴ 시스템에 부과된 어떤 처리가 데드라인 내에 끝내지 않았을 때, 시스템 전체에 치명적 타격이 생기는 시스템이다.

ㄷ 자동차 엔진, 무기제어, 원자력발전소, 철도제어 등이 해당된다.

(4) 가상 머신

① 컴퓨터를 소프트웨어로 추상화한 것을 가상 머신이라고 한다.

② **가상 머신 운영 체제** : 가상 머신에 의해서 제공되는 자원관리 시스템이다.

③ **가상 머신의 응용 프로그램**

ㄱ 여러 운영체제의 인스턴스를 동시에 실행 가능하도록 허용한다.

ㄴ 에뮬레이션 : 시스템에 존재하지 않는 하드웨어나 소프트웨어 기능을 흉내낸다.

④ 여러 사용자가 하드웨어 공유가 가능하고 소프트웨어 이식성을 향상한다.

⑤ **자바 가상 머신** : JVM, VMware

5. 운영체제 아키텍처

(1) 현대 운영체제

① 다양한 서비스를 제공한다.

② 다양한 하드웨어와 소프트웨어를 지원할 수 있다.

③ 운영체제 구성요소에 대한 실행 권한을 지정하여 복잡성을 해결한다.

    ⊙ 모놀리식 커널 : 모든 컴포넌트를 커널에 포함하고 있어 호출 기능만으로 요소 간 통신이 가능하다.

    ⓒ 마이크로 커널 : 프로세스/메모리 관리 등 핵심 기능만을 커널에 구현, 나머지 기능은 독립적 서비스 모듈로 구현하여 제공하는 운영체제 구조이다.

기출 PLUS 운영체제의 운영 방식   [A등급]

운영체제는 일괄 처리(Batch), 대화식(Interactive), 실시간(Real-Time) 시스템 그리고 일괄 처리와 대화식이 결합된 혼합(Hybrid) 시스템 등으로 분류될 수 있다. 이와 같은 분류 근거로 가장 알맞은 것은?

10년 우정사업본부

① 고급 프로그래밍 언어의 사용 여부

② 응답 시간과 데이터 입력 방식

③ 버퍼링(Buffering) 기능 수행 여부

④ 데이터 보호의 필요성 여부

≫ 일괄 처리는 일정량 또는 일정 시간 데이터를 모아서 처리하고, 대화식은 필요한 경우 언제든 처리할 수 있는 시스템을 말한다. 따라서 응답 시간과 데이터의 입력 방식에 따른 차이로 볼 수 있다.   답 ②

---

02   운영체제의 성능 평가 기준(척도)

1. 처리량(Throughput)

① 하루에 처리되는 작업의 개수 또는 시간당 처리되는 온라인 처리의 개수 등으로 보통 안정된 상태에서 측정된다.

② 일정한 단위 시간 내에 얼마나 많은 작업량을 처리할 수 있는가의 기준으로 처리량이 극대화되어야 성능이 좋은 컴퓨터 시스템이라 할 수 있다.

2. 반환(응답) 시간(Turn - around Time)

① 실행 시간+대기 시간(응답 시간 포함)으로 작업이 완료될 때까지 걸린 시간을 말한다.

② 주어진 작업 수행을 위해 시스템에 도착한 시점부터 해당 작업의 출력이 사용자에게 제출되는 시점까지 걸린 시간이다.

③ 요청한 작업의 결과를 사용자에게 되돌려 줄 때까지 걸리는 시간으로 반환 시간이 최소화되어야 성능이 좋은 컴퓨터 시스템이라 할 수 있다.

④ 반환 시간 안에 포함된 응답 시간(반응 시간, Response Time)은 대화형 시스템에서 가장 중요한 기준이 된다.

⑤ 응답 시간은 사용자의 요구에 대하여 응답이 올 때까지의 시간으로 컴퓨터 시스템에 입력된 시점부터 반응하기까지 걸린 시간, 작업이 처음 실행되기까지 걸린 시간을 말한다.

3. 신뢰도(Reliability)

① 작업의 결과가 얼마나 정확하고 믿을 수 있는가를 나타내는 척도이다.

② 처리량이 높은 시스템이라 하더라도 처리 결과에 오류가 많다면 좋은 성능을 가진 시스템이라 할 수 없다.

③ 신뢰도가 높을수록 성능이 좋은 컴퓨터 시스템이라 할 수 있다.

4. 사용 가능도(Availability)

① 컴퓨터 시스템 내의 한정된 자원을 여러 사용자가 요구할 때, 어느 정도 신속하고 충분하게 지원해 줄 수 있는 정도를 말한다.

② 같은 종류의 시스템 자원 수가 많을 경우에는 사용 가능도가 높아질 수 있다.

③ 병목(Bottleneck) 현상은 시스템 자원이 용량(Capacity) 또는 처리량에 있어서 최대 한계에 도달할 때 발생한다.

5. 자원 이용도(Utilization)

일반적으로 전체 시간에 대해 주어진 자원이 실제로 사용되는 시간의 백분율로 나타낸다.

컴퓨터 시스템의 성능을 측정하는 척도에 대한 설명으로 알맞지 <u>않은</u> 것은? 10년 우정사업본부

① 처리량(Throughput)은 보통 안정된 상태에서 측정되며 하루에 처리되는 작업의 개수 또는 시간당 처리되는 온라인 처리의 개수 등으로 측정된다.

② 병목(Bottleneck) 현상은 시스템 자원이 용량 또는 처리량에 있어서 최대 한계에 도달할 때 발생될 수 있다.

③ 응답 시간(Response Time)은 주어진 작업의 수행을 위해 시스템에 도착한 시점부터 완료되어 그 작업의 출력이 사용자에게 제출되는 시점까지의 시간으로 정의된다.

④ 자원 이용도(Utilization)는 일반적으로 전체 시간에 대해 주어진 자원이 실제로 사용되는 시간의 백분율로 나타낸다.

≫ 주어진 작업 수행을 위해 시스템에 도착한 시점부터 완료되어 그 작업의 출력이 사용자에게 제출되는(되돌아오는) 시점까지의 시간으로 정의되는 것은 반환 시간(Turn-around Time)이다. 답 ③

03 운영체제의 기능상 분류

1. 제어 프로그램(Control Program)

시스템 전체의 작동 상태 감시, 작업의 순서 지정, 기억장치 관리, 데이터 관리, 프로그램 실행의 스케줄링 등의 역할을 수행하는 프로그램으로 운영체제에서 가장 기초적인 시스템 기능을 담당한다.

① **감시 프로그램(Supervisor Program)** : 각종 프로그램의 실행과 시스템 전체의 작동 상태를 감시·감독하는 프로그램이다.

② **작업 관리 프로그램(Job Management Program)** : 어떤 업무를 처리하고 다른 업무의 이행을 자동으로 수행하기 위한 준비 및 그 처리에 대한 완료를 담당하는 프로그램이다.

③ **데이터 관리 프로그램(Data Management Program)** : 주기억장치와 보조기억장치 사이의 데이터 전송과 보조기억장치의 자료 갱신 및 유지 보수 기능을 수행하는 프로그램이다.

2. 처리 프로그램(Processing Program)

제어 프로그램의 지시를 받아 사용자가 요구한 문제를 해결하기 위한 프로그램을 말한다.

① **언어 번역 프로그램(Language Translate Program)** : 사용자가 작성한 원시 프로그램을 기계 어로 번역하여 목적 프로그램을 작성한 것으로 어셈블러(Assembler), 컴파일러(Compiler), 인 터프리터(Interpreter) 등이 있다.

② **서비스 프로그램(Service Program)** : 프로그램 작성 시간과 노력을 줄이고 업무 처리 능률의 향상을 목적으로 작성된 것으로 연계 편집(Linkage Editor), 정렬/병합(Sort/Merge), 유틸리티(Utility), 라이브러리(Library) 등이 있다.

③ **문제 프로그램(Problem Program)** : 특정 업무 및 해결을 위해 사용자가 작성한 프로그램이다.

더 알아보기 ✚

시스템 소프트웨어
- 컴퓨터를 효율적으로 사용하기 위해 필요한 소프트웨어로 운영체제 및 컴파일러, 어셈블러, 라이브러 리 등이 포함된다.
- 시스템 감시와 기억장치를 관리하는 제어 프로그램과 데이터의 처리와 결과를 출력하는 처리 프로그 램으로 구분된다.

04　링커와 로더

1. 링커(Linker)

① 언어 번역 프로그램이 생성한 목적 프로그램과 라이브러리, 다른 실행 프로그램(로드 모듈) 등 을 연결하여 실행 가능한 로드 모듈을 만드는 시스템 소프트웨어이다.
② 연결 기능만 수행하는 로더의 한 형태로 링커에 의해 수행되는 작업을 링킹(Linking)이라 한다.
③ 링커(Linker)는 다른 곳에서 작성된 프로그램 루틴이나 컴파일 또는 어셈블러된 루틴을 모아 실 행 가능한 하나의 루틴으로 연결하는 기능을 수행한다.

안심Touch

2. 로더(Loader)

(1) 로더의 정의

① 컴퓨터 내부로 정보를 들여오거나 로드 모듈을 디스크 등의 보조기억장치로부터 주기억장치에 적재하는 시스템 소프트웨어를 말한다(좁은 의미의 로더).

② 적재뿐만 아니라 목적 프로그램들끼리 연결시키거나 주기억장치를 재배치하는 등의 포괄적인 작업까지를 의미한다(넓은 의미의 로더).

③ 종속적인 모든 주소를 할당된 주기억장치 주소와 일치하도록 조정하고, 기계 명령어와 자료를 기억 장소에 물리적으로 배치한다.

(2) 로더의 기능

로더는 프로그램을 실행하기 위하여 해당 프로그램을 보조기억장치로부터 주기억장치에 올려놓는 기능을 가진 프로그램으로 할당 → 연결 → 재배치 → 적재의 순서로 진행된다.

① **할당(Allocation)** : 프로그램을 실행시키기 위해 주기억장치 내에 옮겨놓을 공간을 확보하는 기능이다.

② **연결(Linking)** : 부프로그램 호출 시 해당 부프로그램이 할당된 기억 장소의 시작 주소를 호출한 부분에 등록하여 연결하는 기능이다.

③ **재배치(Relocation)** : 보조기억장치에 저장된 프로그램이 사용하는 각 주소들을 할당된 기억 장소의 실제 주소로 배치시키는 기능이다.

④ **적재(Loading)** : 실행 프로그램을 할당된 기억 공간에 실제로 옮기는 기능이다.

(3) 로더의 종류

① **컴파일 로더(Compile & Go Loader)** : 별도의 로더 없이 언어 번역 프로그램이 로더의 기능까지 수행한다(할당, 연결, 재배치, 적재 작업을 모두 언어 번역 프로그램이 담당).

② **절대 로더(Absolute Loader)** : 목적 프로그램을 기억 장소에 적재시키는 기능만 수행하며, 기억 장치의 재배치 작업을 하지 않는다(할당 및 연결은 프로그래머가, 재배치는 언어 번역 프로그램이 담당).

③ **재배치 로더(Relocating Loader)** : 재배치가 가능한 프로그램과 이를 배치하기 위해 필요한 정보로부터 주기억장치 주소를 상대 표시 후 절대 표시로 고친 프로그램을 작성한다.

④ **직접 연결 로더(Direct Linking Loader)** : 일반적인 기능의 로더로 로더의 기본 기능 4가지를 모두 수행한다.

⑤ **동적 적재 로더(Dynamic Loading Loader)** : 모든 세그먼트를 주기억장치에 적재하지 않고, 필요한 부분만을 주기억장치에 적재하고 나머지는 보조기억장치에 저장한다(Load-on-Call이라고도 함).

분산 운영체제

01 분산 처리 시스템

1. 분산 처리 시스템의 개요

① 데이터의 처리 능력을 각 노드에 분산시켜 특정 노드에 고장이 발생해도 시스템이 정상적으로 작동할 수 있도록 구성된 시스템이다.

② 데이터와 데이터베이스가 분산되어 각 조직의 업무를 수행하며, 네트워크를 통해 정보 교환이 이루어진다.

③ 다수의 사용자들로 인하여 장치와 데이터를 공유하고, 상호 간 통신이 용이하다.

2. 분산 처리 시스템의 특징

① 하드웨어에 대해 여러 사용자 간 자원, 통신, 정보의 공유가 증대된다.

② 시스템 병목 현상을 제거하기 위한 점진적인 확대가 용이하다.

③ 비용 발생이 높지만 고가의 자원을 쉽게 공유할 수 있어 작업 부하를 균등하게 유지한다.

④ 빠른 응답(반응) 시간과 처리 능력의 한계를 극복한다.

⑤ 병렬적 작업 처리로 인한 작업 처리량, 사용 가능도, 연산 속도, 신뢰도, 가용성, 확장성 등의 성능이 향상된다.

⑥ 보안을 위한 추가 기술이 필요하며, 소프트웨어 개발과 시스템 보호에 어려움이 있다.

> **더 알아보기 ⊕**
>
> 분산 처리 시스템의 분산 대상
> • 공유된 자원에 접근할 경우 시스템의 유지를 위해 제어를 분산할 수 있다.
> • 처리기 및 입력 장치와 같은 물리적인 자원을 분산할 수 있다.
> • 시스템 성능과 가용성을 증진시키기 위하여 자료를 분산할 수 있다.

3. 분산 운영체제의 특징

① 하나의 운영체제가 모든 시스템 내의 자원을 관리하므로 떨어진 곳의 자원을 쉽게 액세스할 수 있다.
② 모든 시스템의 자원을 관리하므로 설계와 구현에 따른 어려움이 있다.
③ 시스템 내의 자원 공유가 용이하다.

4. 분산 운영체제의 작업

① **데이터 이주(Data Migration)** : 서로 다른 사이트에 있는 데이터에 접근할 때 시스템의 전송 방안을 모색하며, 한 노드의 사용자가 다른 노드에 접근할 때 데이터의 전체나 일부분을 전송한다.
② **연산 이주(Computation Migration)** : 서로 다른 컴퓨터 간에 많은 양의 파일을 처리하기 위하여 액세스할 때 가장 적절한 방법으로 시스템의 효율성을 위하여 데이터가 아닌 연산 자체를 이동한다.
③ **프로세스 이주(Process Migration)** : 프로세스의 일부 또는 모두가 다른 컴퓨터에서 수행되거나 프로세스를 실행할 때 다른 노드에서도 연산을 수행한다.

5. 분산 처리 시스템의 분류

(1) 성형 연결(Star Connection)

① 각 노드가 Point to Point 형식으로 중앙 컴퓨터(Host Computer)에 연결되는 구조이다.
② 모든 제어 동작이 중앙 컴퓨터에서 이루어지므로 중앙 컴퓨터에 장애가 발생하면 모든 사이트 간 통신이 불가능하다.
③ 중앙 노드에 과부하가 발생하면 성능이 현저히 감소한다.
④ 통신 시 최대 두 개의 링크만 필요하며, 응답 속도가 빠르고 통신 비용이 저렴하다.
⑤ 모든 사이트는 하나의 호스트로 직접 연결되며, 한 노드의 고장은 다른 노드에 영향을 주지 않는다.
⑥ 터미널(노드, 사이트)의 증가에 따라 통신 회선 수도 증가한다.

(2) 링형 연결(Ring Connection)

① 각 사이트가 서로 다른 두 사이트와 물리적으로 연결되어 있는 구조이다.
② 정보의 전달 방향은 단방향 또는 양방향일 수 있으며, 목적지에 도달하는 단방향은 최대 n-1개의 노드를 거쳐야 한다.
③ 메시지가 링을 순환할 경우 통신 비용은 증가한다.
④ 노드와의 연결이 고장 나면 우회할 수 있으며, 새로운 노드를 추가할 경우 통신 회선을 절단해야 한다.

⑤ 기본 비용은 사이트의 수에 비례하며, 근거리 네트워크(LAN) 구조로 가장 많이 사용된다.

⑥ 각 노드가 공평한 서비스를 받으며, 전송 매체와 노드의 고장 발견이 쉽다.

(3) 완전 연결(Fully Connection)

① 네트워크의 각 사이트가 시스템 내의 다른 모든 사이트들과 직접 연결되는 구조이다.

② 그물형 LAN 또는 Mesh형이라고도 하며, 간선의 수는 $N(N - 1)/2$이다.

③ 기본 비용이 높은 대신 사이트 간 메시지 전달이 가장 빠른 방식이다.

④ 사이트 간의 연결은 여러 회선이 존재하므로 신뢰성이 높다.

(4) 계층 연결(Hierarchy Connection)

① 네트워크에서 각 사이트들이 트리(Tree) 형태로 구성되는 구조이다.

② 루트 사이트와 서브 사이트가 존재하며, 루트 사이트를 제외한 다른 사이트는 하나의 부모 사이트와 여러 개의 자식 사이트를 갖는다.

③ 단 노드를 제외한 사이트의 고장 하위 사이트는 연결에 지장을 초래한다.

(5) 다중 접근 버스 연결(Multi Access Bus Connection)

① 모든 사이트는 공유 버스에 연결되고, 공유되는 하나의 버스가 시스템 내의 모든 노드와 연결되는 구조이다.

② 한 노드의 고장은 다른 노드 간 통신에 영향을 주지 않지만 링크 고장은 전체 시스템에 영향을 준다.

③ 한 시점에 하나의 전송만 가능하며, 처리기나 다른 장치의 증설 절차가 간단하다.

④ 기본적인 비용은 사이트 수에 비례하며, 노드의 추가 및 삭제가 용이하다.

⑤ 통신 회선이 1개이므로 물리적 구조가 간단하다.

02 분산 처리 시스템의 투명성과 스레드

1. 투명성(Transparency)의 개요

① 분산 처리 운영체제에서 구체적인 시스템 환경을 사용자가 알 수 없도록 하며, 사용자들로 하여금 이에 대한 정보가 없어도 원하는 작업을 수행할 수 있도록 지원한다.

② 사용자가 분산된 자원의 위치 정보를 모르는 상태에서 마치 하나의 컴퓨터 시스템을 사용하는 것처럼 인식하도록 설계한다.

2. 투명성의 종류

(1) 위치(Location) 투명성

① 사용자가 하드웨어와 소프트웨어의 물리적 위치를 몰라도 자원 접근이 가능하다.

② 사용자가 원하는 파일, 데이터베이스, 프린터 등의 자원이 지역 컴퓨터 또는 네트워크 내의 다른 원격지 컴퓨터에 존재하더라도 사용을 보장한다.

(2) 이주(Migration) 투명성

① 사용자나 응용 프로그램의 동작에 영향을 받지 않고, 시스템 자원을 이동한다.

② 자원들을 이동해도 사용자는 자원의 이름이나 위치를 고려할 필요가 없다.

(3) 복사(Replication) 투명성

사용자에게 통보할 필요 없이 시스템 안에 있는 파일들과 자원들의 부가적인 복사를 자유롭게 할 수 있다.

(4) 병행(Concurrency) 투명성

다중 사용자들이 자원들을 자동으로 공유할 수 있지만 몇 개의 처리기가 사용되는지는 알 필요가 없다.

3. 스레드(Thread)의 개요

① 프로세스 내의 작업 단위로 시스템의 여러 자원을 할당받아 실행하는 프로그램의 단위이다.

② 하나의 프로세스에 하나의 스레드가 존재하는 경우에는 단일 스레드, 두 개 이상의 스레드가 존재하는 경우에는 다중 스레드라고 한다.

③ 독립적 스케줄링의 최소 단위로 경량(Light Weight) 프로세스라고도 한다.

4. 스레드의 특징

① 하나의 프로세스를 여러 개의 스레드로 생성하여 병행성을 증진시킬 수 있다.

② 프로세스의 자원과 메모리를 공유하고, 실행 환경을 공유시켜 기억 장소의 낭비를 줄인다.

③ 프로세스 내의 스레드는 공통적으로 접근 가능한 기억장치를 통해 효율적으로 통신한다.

④ 응용 프로그램의 처리율을 향상시키고, 응답 시간을 감소시킬 수 있다.

⑤ 자신만의 스택(Stack)과 레지스터(Register)로 독립된 제어 흐름을 유지한다.

⑥ 각각의 스레드가 서로 다른 프로세서 상에서 병렬로 작동하는 것이 가능하다.

⑦ 프로그램 처리율과 하드웨어의 성능을 향상시키고, 프로세스 간 통신을 원활하게 한다.

⑧ 프로세스의 생성이나 문맥 교환 등의 오버헤드를 줄여 운영체제의 성능이 개선된다.

03 병렬 처리 시스템

1. 컴퓨터 관계에 따른 분류

(1) 다중 처리기(Multi Processor)

① 여러 프로세서가 한 운영체제에서 하나의 공유 메모리를 사용하는 방식이다.

② 여러 개의 처리기를 사용하므로 처리 속도가 빠르다.

③ 강결합(Tightly-Coupled) 시스템과 병렬 처리 시스템에 유용하다.

④ 공유 메모리를 통해서 프로세스 간 통신이 가능하다.

⑤ 각 프로세서는 자체 계산 능력을 가지며, 주변 장치 등을 공동으로 사용한다.

(2) 다중 컴퓨터(Multi Computer)

① 여러 개의 처리기에 각각의 메모리를 사용하는 방식이다.

② 약결합(Loosely-Coupled) 시스템과 분산 처리 시스템에 유용하다.

③ 프로세스 간 통신은 메시지를 전송함으로써 가능하다.

2. 컴퓨터 결합도에 따른 분류

(1) 강결합 시스템(Tightly-Coupled)

① 모든 프로세서가 기억장치를 공유하는 공유 기억장치 방식이다.

② 하나의 운영체제가 모든 프로세서와 하드웨어를 제어한다.

③ 프로세서 간의 통신은 공유 메모리를 통해서 가능하다.

④ 다중 처리 시스템으로 공유 메모리를 차지하는 프로세서 간 경쟁을 최소화한다.

(2) 약결합 시스템(Loosely-Coupled)

① 각 프로세서가 자신만의 지역 메모리를 가지는 분산 기억장치 방식이다.

② 각 시스템이 별도의 운영체제를 가지며, 둘 이상의 독립된 시스템을 통신 링크로 연결한다.

③ 프로세스 간의 통신은 메시지이나 원격 프로시저 호출을 통해 전달한다.

④ 분산 처리 시스템으로 각 시스템은 독립적으로 작동한다.

3. 컴퓨터 연결 방식에 따른 분류

(1) 시분할 공유 버스

① 각종 장치들을 하나의 통신 회선으로 연결하는 방식이다.

② 한 지점에서 하나의 전송만이 가능하고, 버스에 이상이 생기면 전체 시스템에 장애가 발생한다.

(2) 크로스바 교환 행렬

① 공유 버스 시스템에서 버스의 수를 기억장치의 수만큼 증가시켜 연결하는 방식이다.

② 다중 처리기 시스템을 구현하며, 두 개의 서로 다른 저장 장치들을 동시에 참조한다.

③ 하드웨어(장치)의 연결이 복잡해지는 단점이 있다.

(3) 하이퍼 큐브

① 여러 프로세서들을 연결하는 방식이다.

② 경제적이나 다수의 프로세서가 동일한 장소에 접근할 때 경쟁 문제가 발생한다.

③ 각 프로세서에 연결된 다른 프로세스의 연결점이 n개이면 프로세서는 2^n개가 필요하다.

4. 컴퓨터 다중 처리기의 형태에 따른 분류

(1) Master/Slave 처리기

① 주프로세서에서만 운영체제와 입출력을 수행하므로 비대칭 구조를 갖는 방식이다.

② 하나의 처리기를 Master로 지정하고, 다른 처리기들은 Slave로 처리한다.

③ Master에 문제가 발생하면 입출력 작업을 수행할 수 없다.

④ 주프로세서는 입출력과 연산을 담당하고, 종프로세서는 연산만 담당한다.

⑤ 주프로세서가 고장나면 시스템 전체가 다운된다.

(2) 분리 수행 처리기

① Master/Slave 처리기의 비대칭성 구조를 보완한 방식이다.

② 한 프로세서의 장애는 전체 시스템에 영향을 주지 못한다.

③ 프로세서마다 자신만의 파일 및 입출력장치를 제어하고, 프로세서마다 발생하는 인터럽트는 독립적으로 수행한다.

(3) 대칭적 처리기

① 분리 수행 처리기의 구조 문제를 보완한 방식이다.

② 여러 프로세서들이 하나의 운영체제를 공유한다.

③ 가장 강력한 시스템이나 구조가 복잡하다.

프로세스 관리

01 프로세스(Process)

1. 프로세스의 개요

(1) 프로세스의 정의

① 레지스터(register), 스택(stack), 포인트(point), 프로그램, 데이터 등의 집합체로 실행 중인 프로그램 인스턴스를 말한다.

② 비 동기적 행위, 프로시저(procedure)가 활동 중인 것, 실행 중인 프로시저의 제어 경로 등을 의미하는 것으로 디스패치(dispatch)된 작업 단위이다.

③ CPU에 의해 수행되는 사용자 및 시스템 프로그램으로 운영체제(OS)가 관리하는 실행 단위이다.

④ 지정된 결과를 얻기 위한 동작으로 목적과 결과에 따라 발생되는 사건들의 과정이다.

⑤ 현재 실행 중인 프로그램으로 이는 프로세서가 활동 중인 것이다(프로그램이 활성화된 상태).

⑥ 프로세서가 할당된 개체(Entity)로 프로세스 제어 블록(PCB)에 존재한다.

⑦ 프로세스가 자원을 이용하는 작동 순서는 요청 → 사용 → 해제의 순이다.

(2) 프로세스의 특징

① **우선순위** : 우선순위 지정이 가능

② **상태의 전이** : 상황에 따른 상태 전이 수행

③ 다중 사용자 컴퓨터 시스템에서 사용자 요구 처리의 핵심

④ 자원 할당, 지정된 연산 수행, 프로세스 간 통신 수행

2. 프로세스 상태와 리스트

(1) 프로세스의 상태 구분

① **준비(Ready) 상태** : CPU를 사용할 수 있도록 대기하고 있는 상태로 바로 프로그램이 실행될 수 있다.

② **실행(Run) 상태** : 하나의 프로세스가 CPU를 차지하여 실행 중인 상태이다.

③ **대기(Waiting) 상태 또는 블록(Block) 상태** : 프로세스가 어떠한 사건(입력, 출력 등)이 발생하기를 기다리고 있는 상태이다.

④ **종료(Exit) 상태** : 프로세스가 실행 가능한 상태의 집합에서 해제된 상태이다.

(2) 프로세스 준비 리스트(Ready List)

① 실행을 위해 진입 준비하는 리스트로 우선순위 정보를 포함한다.

② 리스트에서 우선순위가 가장 높은 첫 번째 프로세스가 프로세서를 할당받고 실행상태가 된다.

(3) 블록(대기) 리스트(List)

① 실행 중에 입출력 등의 필요에 의해 프로세서 점유를 놓은 상태이다.

② 블록된 프로세스가 기다리는 이벤트가 발생하는 순서로 블록이 해제된다.

3. 프로세스 관련 용어

① **프로세스 생성(Create)** : 실행을 위한 프로세스가 생성된다.

② **프로세스 소멸(Destroy)** : 프로세스가 실행을 마치고 메모리에 없는 상태이다.

③ **프로세스 일시 정지(Suspend)** : 실행 중인 프로세스를 완전히 중지하지 않고 잠깐 정지된 상태이다.

④ **프로세스 재시작(Resume)** : 서스펜드에서 다시 실행을 재개(Resume)한다.

⑤ **프로세스 우선순위 변경(Change priority)** : 긴급한 프로세스의 진입 등을 위해 우선순위가 최우선 또는 최하위로 변경되는 것이다.

⑥ **프로세스 블록(Block)** : 실행 상태의 프로세스가 시간 할당량 이전에 입출력이나 다른 작업을 필요로 할 경우 CPU를 다음 프로세스에게 양도하고, 입출력이나 다른 작업의 완료를 기다리면서 대기 상태로 전환하는 것이다.

⑦ **프로세스 깨우기(Wake up)** : 입출력이나 다른 작업이 완료되었을 때 대기 상태에 있던 프로세스가 준비 상태로 전환하는 것이다.

⑧ **프로세스 디스패치(Dispatch)** : 준비 상태에서 첫 번째 위치한 프로세스가 실행 상태로 전환되는 것이다.

⑨ **IPC(Inter – Process Communication)** : 프로세스 간의 협력과 경쟁을 위한 통신 메커니즘 서비스이다.

4. 프로세스 제어 블록(PCB ; Process Control Block)

(1) 정의

① 운영체제가 프로세스를 제어하기 위해 정보를 저장해 놓는 곳이며, 프로세스의 상태 정보를 저장하는 구조체 프로세스 상태 관리를 위한, 문맥 교환(Context Switching) 시 필요하다.

② PCB는 프로세스 생성 시에 만들어지며 주기억장소에 유지된다.

③ 시스템 내에서 활동하는 각 프로세스는 자신의 정보를 보관하고 있는 프로세스 제어 블록에 의해 관리된다.

(2) PCB의 구성도 및 구성요소

① **PID** : 프로세스 고유 번호
② **포인터** : 부모 프로세스, 자식 프로세스, 프로세스의 주소, 할당된 자원
③ **상태** : 준비, 대기, 실행
④ 레지스터 관련 정보
⑤ 스케줄링 및 프로세스 우선순위
⑥ **Account** : CPU 사용시간, 실제 사용된 시간
⑦ 메모리관리 정보
⑧ 입출력 상태 정보

(3) PCB 관리

① 트래픽 제어기에 의해 내용이 변경된다.
② 수행 완료 시 프로세스와 PCB가 함께 삭제된다.

5. 스레드(Thread)

(1) 스레드의 정의

① 프로세스보다 가벼운 독립적으로 수행되는 순차적인 제어의 흐름(경량 프로세스, Light Weight process)
② 프로세스의 실행부분을 담당하는 실행의 기본단위(프로세스에서 실행 개념만 분리)
③ 프로세스의 구성을 크게 제어의 흐름부분(실행단위)과 실행 환경부분으로 나눌 때, 스레드는 프로세스의 실행부분을 담당하는 실행의 기본단위
④ 하나의 프로세스 내에서 여러 개의 루틴을 동시에 수행해서 수행 능력을 향상(다중 스레드)
⑤ 자신만의 스택(Stack)과 레지스터(Register)를 가지며, 독립된 제어의 흐름을 가짐
⑥ 스레드는 그들이 속한 부모 프로세스의 자원들과 메모리를 공유

스레드 A		부모 프로세스		스레드 B
기계어 코드		기계어 코드		기계어 코드
Data 영역	공유 ⇔	Data 영역	공유 ⇔	Data 영역
Heap		Heap(힙)		Heap
Stack	별도	Stack(스택)	별도	Stack

(2) 스레드의 특징

구분	특징
자원 공유	Parent Process의 데이터 영역을 공유함
동기화	한 프로세스 내의 다른 스레드들과 동기화(sync)
병렬성	각 스레드들은 상호 간섭 없이 독립 수행이 가능한 병렬 처리 가능
독립적 스케줄링	독립적 스케줄링의 최소단위로 프로세스의 기능과 역할을 담당
분할과 정복	프로세스에서 실행의 개념만을 분리(제어는 프로세스가 관리, 실행은 스레드가 관리)
다중 스레드 지원	한 개의 프로세스에 여러 개의 스레드가 존재 가능, 자원공유, 응답성/경제성 향상
Priority	다양한 우선순위로 실행, Priority가 정해짐
IPC	Inter-Process Communication의 약자로 스레드 간 신호를 주고받을 수 있음
CPU Overhead 감소	서비스 요청에 프로세스 생성이 필요 없어 Overhead 감소
구성요소	TID(Thread ID), 프로그램 카운터, 레지스터 집합, 스택

(3) 스레드의 종류

종류	설명
사용자 스레드 (User Thread)	• 커널은 스레드의 존재를 알지 못함 • 모든 스레드 관리는 응용프로그램이 스레드 라이브러리를 사용하여 수행 • 스레드 간의 전환에 커널모드 특권이 필요하지 않음 • 스케줄링은 응용프로그램마다 다르게 할 수 있음
커널 스레드 (Kernel Thread)	• 모든 스레드는 커널이 관리 • 커널 스레드를 이용하기 위한 API는 제공되나 별도의 스레드 라이브러리는 제공 안 됨 • 프로세스와 스레드에 대한 문맥교환 정보를 커널이 유지 • 스레드 간 전환을 위해 커널 스케줄링 정책이 필요

(4) 스레드와 프로세스의 비교

구분	스레드	프로세스
상호통신	• Library Call • 요청 Thread만 Blocking	• System Call • Call 종료 시까지 전체 자원 Blocking
처리방식	CPU를 이용하는 기본 작업 단위로 구분	주로 자원 할당을 위한 기본 구분 단위
부하	프로세스보다 상대적으로 적음	Context Switching으로 인한 부하 발생
다중처리	• Multi-process • 여러 개의 프로그램을 동시에 수행(Job Scheduler) • 프로세스 내의 메모리를 공유해 사용	• Multi-Thread • 하나의 프로그램을 CPU가 나누어서 동시에 처리 • 각 프로세스는 독립적으로 실행되며 각각 별개의 메모리를 차지
장점	• 스레드 간의 전환속도가 빠름 • CPU가 여러 개일 경우에 각각의 CPU가 스레드 하나씩을 담당하는 방법으로 속도를 높일 수 있음 • 여러 스레드가 실제 시간상으로 동시에 수행될 수 있음	각각의 스레드 중 어떤 것이 먼저 실행될지 순서를 알 수 없음

단점	각각의 스레드 중 어떤 것이 먼저 실행될지 순서를 알 수 없음	• 전환 속도가 느림 • 여러 프로세스가 실제 시간상으로 동시에 수행될 수 없음
공통점	여러 흐름이 동시에 진행	

1. 병행 프로세스(Concurrent Process)의 개념

① 두 개 이상의 프로세스들이 동시에 존재하며 실행 상태에 있는 것을 의미한다.
② 독립적 병행 프로세스, 협동적 병행 프로세스로 구분할 수 있다.
③ **독립적 병행 프로세스** : 상호 연관 없이 독립적으로 수행되는 프로세스이다.
④ **협동적 병행 프로세스** : 다른 수많은 프로세스들과 상호 연관되어 동시에 수행되는 프로세스이다.

2. 병행 프로세스의 문제점

① 다수의 프로세스가 병행되어 처리될 때의 결정성 문제
② 공유 자원의 상호 배제 문제
③ 하나의 기능을 함께 수행하는 프로세스 간의 동기화 문제
④ 프로세스 사이의 메시지 교환을 위한 통신 문제
⑤ 프로세스의 교착상태(Deadlock) 문제

3. 병행 프로세스의 동기화 유형

동기화 유형	설명
임계 구역	하나의 프로세스가 공유 자원을 변경하는 코드를 실행하고 있을 경우의 구역으로 상호 배제 구현
상호 배제 (Mutual Exclusion)	• 한 프로세스가 공유자원을 사용 중일 때 다른 프로세스가 그 자원을 사용하지 못하는 규칙 • SW기법 : 데커(Dekker), 피터슨(Peterson), 람포트(Lamport)베이커리 알고리즘 • HW기법 : 테스트 및 셋(Test&Set), 스왑(Swap) 명령어 알고리즘
세마포어 (Semaphore)	다익스트라(E.W. Dijkstra)가 고안한 프로세스 간 동기화 문제 해결 도구
모니터 (Monitor)	• 병행 다중 프로그래밍에서 상호 배제를 구현하기 위한 특수 프로그램 기법 • 외부 프로세스는 모니터 내부 데이터 직접 접근 불가 • 한 번에 하나의 프로세스만 모니터에 접근 가능 • 구조적으로 공유데이터와 이 데이터를 처리하는 프로시저의 집합

4. 상호 배제의 해결책을 구현하기 위한 요구조건

요구조건	설명
상호 배제 조건	두 개 이상의 프로세스들이 동시에 임계 구역에 있어서는 안 된다.
진행 조건	임계 구역 밖에 있는 프로세스가 다른 프로세스의 임계영역 진입을 막아서는 안 된다.
한계대기 조건	어떤 프로세스도 임계 구역으로 들어가는 것이 무한정 연기되어서는 안 된다.
상대속도 조건	프로세스들의 상대적인 속도에 대해서는 어떠한 가정도 하지 않는다.

5. 동기화(Synchronization)

① 두 개의 프로세스가 하나의 기능을 수행하기 위해 한 프로세스의 결과가 다른 프로세스에 전달되고, 전달된 내용에 의해 다른 프로세스는 수행된다.

② 상호 간 서로 주고받는 상태에 의해서 순서가 결정된다.

6. 임계 구역(Critical Section)

① 다중 프로그래밍에서 한 순간에 여러 개의 프로세스에 공유되는 데이터와 자원에 대해 반드시 하나의 프로세스에 의해서만 데이터(자원)가 사용되도록 한다.

② 상호 배제의 문제로 자원이 프로세스에 의해 반납되면 다른 프로세스에서 자원을 이용하거나 데이터에 접근할 수 있도록 지정된 영역이다.

③ **임계 구역의 원칙**

ㄱ 두 개 이상의 프로세스가 동시에 사용할 수 없다.

ㄴ 순서를 지키며 신속하게 사용한다.

ㄷ 하나의 프로세스가 독점하여 사용할 수 없고, 한 프로세스가 임계 구역에 대한 진입을 요청하면 일정 시간 내에 허락하여야 한다.

ㄹ 사용 중에 중단되거나 무한 루프(반복)에 빠지지 않도록 주의해야 한다.

ㅁ 인터럽트가 불가능한 상태로 만들어야 한다.

7. 상호 배제(Mutual Exclusion)

① 한 프로세스가 공유 메모리나 파일을 사용하고 있을 때 다른 프로세스들이 사용하지 못하도록 배제시키는 기법이다.

② 임계 구역(공유 자원)을 특정 시점에서 한 개의 프로세스만이 사용할 수 있도록 한다.

③ 다른 프로세스가 현재 사용 중인 임계 구역에 대하여 접근하지 못하게 제어한다.

④ 교착 상태가 발생하지 않음을 보장하는 데커(Dekker) 알고리즘은 상호 배제 기법을 구현하기 위한 방법으로 사용된다.

8. 세마포어(Semaphore)

(1) 세마포어의 정의

① E. J. Dijkstra가 제시한 상호 배제를 위한 알고리즘으로 여러 프로세스가 동시에 값을 수정할 수 없다.

② 세마포어에 대한 연산(오퍼레이션)은 처리 중에 인터럽트 될 수 없고, 소프트웨어나 하드웨어로 구현이 가능하다.

③ 상호 배제의 원리를 보장하는 공유 영역에 각 프로세스들이 접근하기 위해서는 P와 V라는 두 개의 연산을 통해서 프로세스 사이의 동기를 유지한다.

④ V 조작(Signal 동작)은 블록 큐에 대기 중인 프로세스를 Wake-Up하는 신호이다.

⑤ P 조작(Wait 동작)은 임계 영역을 사용하는 프로세서의 진입 여부를 결정한다.

(2) 세마포어의 종류

종류	설명
이진(Binary) 세마포어	• 세마포어 변수가 오직 0과 1값을 가짐 • 하나의 임계 구역만을 상호 배제하기 위한 알고리즘
산술(Counting) 세마포어	• 세마포어 변수가 0과 양의 정수 값을 가짐 • 여러 개의 임계 구역을 관리하기 위한 상호 배제 알고리즘

(3) 세마포어 동작 원리

Process	Activity 내용	자원의 값 및 상태
초기화	Semaphore s에 하나의 대기큐 Qs를 할당하고 초기화	S = 0
P 연산	P(S) 연산(wait())　　　　　　　　수행 while s=0 do　　wait　//　　대기 s =　　s-1;　　　　//　　독점	S = 0 자원 할당 상태
V 연산	V(S) 연산(　Signal())　　　　　수행 s = s +　　1;　　　//　　해제	S = 1 자원 해제 상태

9. 모니터(Monitor)

(1) 의의

① 두 개 이상의 프로세스들이 특정 공유 자원과 공유 자원 그룹을 할당하는 데 필요한 데이터 및 프로시저를 포함하는 병행성 구조이다.

② 데이터를 처리하는 프로시저의 집합으로 자료 추상화와 정보 은폐를 기초로 사용한다.

③ 모니터 내의 자원을 원하는 프로세서는 해당 모니터의 진입부(Entry)를 호출해야 한다.

④ 모니터 외부의 프로세스는 모니터 내부의 데이터를 직접 액세스할 수 없다.

⑤ 스위치 개념을 사용하여 한 순간에 하나의 프로세스만이 모니터에 진입할 수 있다.

⑥ 모니터의 경계에서 상호 배제가 시행되며, 사용되는 연산에는 Signal과 Wait이 있다.

(2) 모니터의 특징

① 지역변수는 모니터의 내부에서만 접근이 가능하고 프로세스는 모니터 프로시저 중 하나를 호출하여 내부로 진입한다.

② 한 시점에 단 하나의 프로시스만 모니터 내부에서 실행된다.

③ 세마포어보다 높은 단계(High Level)의 동기화 메소드로 사용하기가 용이하다.

(3) 동기화 방법

① **cwait(c)** : 호출한 프로세스를 조건 c에서 일시 중지한다.

② **csignal(c)** : cwait에 의해 중지된 프로세스를 재실행한다.

(4) 세마포어와 모니터의 비교

구분	세마포어	모니터
주체	OS, 개발자 주체의 동시성 지원	프로그래밍 언어 수준의 동시성 지원
상호작용	• 모니터에게 이론적 기반 제공 • 모니터에게 효과적인 기법 제공	• 세마포어의 단점인 타이밍 오류 해결 • 세마포어의 단점인 개발편의성의 보완
특징	S의 타입에 따라 Binary/Couinting 세마포어로 구분	한 시점에 하나의 프로세스만 모니터 내부에서 수행

동기화 구현사례	Semaphores S;
	P (S) ; // 검사역할, S--
	임계구역()
	V (S) ; // 증가역할, S++
		Monitor monitor-name
		{
		　//지역변수선언
		　Public entry p1(…) {
		　}
		　Public entry p2(…) {
		　}
		}

언어사례	P, V 연산으로 구현	JAVA의 synchronized Object, .Net의 모니터
공통점	동시성 지원을 위한 조정(Coordination) 기능을 수행	

프로세스 동기화 문제를 해결하기 위한 방법인 세마포어(Semaphore) 알고리즘에 대한 설명으로 옳지 **않은** 것은?　　　　　　　　　　　　　　　　　　　　　　　　　　　　　　14년 우정사업본부

① 세마포어 알고리즘은 상호 배제 문제를 해결할 수 없다.
② 세마포어 변수는 일반적으로 실수형 변수를 사용하지 않는다.
③ 세마포어 알고리즘은 P 연산(Wait 연산)과 V 연산(Signal 연산)을 사용한다.
④ P 연산과 V 연산의 구현 방법에 따라 바쁜 대기(Busy Waiting)를 해결할 수 있다.

≫ 세마포어는 다익스트라(E. J. Dijkstra)가 제안하였으며, P(Wait)와 V(Signal)라는 두 개의 연산에 의해서 동기화를 유지시키고, 상호 배제의 원리를 보장한다. S는 P와 V 연산으로만 접근 가능한 세마포어 변수로 공유 자원의 개수를 나타내며, 0과 1 혹은 0과 양의 값(정수형 변수)을 가질 수 있다. 또한, 세마포어 변수를 통해 다른 프로세스가 자원을 점유하고 있는지 조사한다.　　　　　　　　　　　　　　　　　　　　　답 ①

---

03 │ 교착상태(Deadlock)

1. 교착상태의 정의

① 둘 이상의 프로세스들이 서로 다른 프로세스가 차지하고 있는 자원을 서로 무한정 기다리고 있어 프로세스의 진행이 중단된 상태를 의미한다.
② 두 개 이상의 프로세스들이 자원을 점유한 상태에서 서로 다른 프로세스가 점유하고 있는 자원을 동시에 사용할 수 없는 현상이다.

2. 교착상태의 필수 요소

(1) 상호 배제(Mutual Exclusion)

① 한 프로세스가 사용 중이면 다른 프로세스가 기다리는 경우로 프로세스에게 필요한 자원의 배타적 통제권을 요구한다.
② 한 번에 한 개의 프로세스만이 공유 자원을 사용할 수 있어야 한다.

(2) 점유와 대기(Hold and Wait)

① 프로세스들은 할당된 자원을 가진 상태에서 다른 자원을 기다린다.
② 최소한 하나의 자원을 점유하고 있으면서 다른 프로세스에 할당되어 있는 자원을 추가로 점유하기 위해 대기하는 프로세스가 있어야 한다.

(3) 비선점(Non-Preemption)

① 프로세스가 점유한 자원을 사용이 종료될 때까지 강제로 해제할 수 없다.

② 다른 프로세스에 할당된 자원은 사용이 끝날 때까지 강제로 **빼앗을** 수 없다.

(4) 환형 대기(순환 대기, Circular Wait)

① 각 프로세스는 순환적으로 다음 프로세스가 요구하는 자원을 가지고 있다.

② 공유 자원을 사용하기 위해 대기하는 프로세스들이 원형으로 구성되어 있어 자신에게 할당된 자원을 점유하면서 앞뒤에 있는 프로세스의 자원을 요구한다.

기출 PLUS 교착상태 발생의 필요 조건 [A등급]

운영체제에서 교착상태(Deadlock)가 발생할 필요 조건으로 알맞지 않은 것은? 08년 우정사업본부

① 환형 대기(Circular Wait) 조건으로 각 프로세스는 순환적으로 다음 프로세스가 요구하는 자원을 가지고 있다.

② 선점(Preemption) 조건으로 프로세스가 소유하고 있는 자원은 다른 프로세스에 의해 선점될 수 있다.

③ 점유와 대기(Hold And Wait) 조건으로 프로세스는 할당된 자원을 가진 상태에서 다른 자원을 기다린다.

④ 상호 배제(Mutual Exclusion) 조건으로 프로세스들은 필요로 하는 자원에 대해 배타적인 통제권을 갖는다.

≫ 비선점(Non-Preemption) 조건으로 프로세스가 소유하고 있는 자원은 다른 프로세스에 의해 선점될 수 없다. 즉, 다른 프로세스가 자원을 강제로 빼앗을 수 없다. 답 ②

---

3. 교착상태의 해결 방법

(1) 예방(Prevention) 기법

① 교착상태가 발생되지 않도록 사전에 시스템을 제어하는 기법으로 교착상태 발생의 4가지 조건 중 상호 배제를 제외한 어느 하나를 제거(부정)함으로써 수행된다.

② **점유 및 대기 부정** : 프로세스가 실행되기 전 필요한 모든 자원을 할당하여 프로세스 대기를 없애거나 자원이 점유되지 않은 상태에서 자원을 요구한다.

③ **비선점 부정** : 자원을 점유하고 있는 프로세스가 다른 자원을 요구할 때 점유하고 있는 자원을 반납하고, 요구한 자원을 사용하기 위해 기다린다.

④ **환형 대기 부정** : 자원을 선형 순서로 분류하여 고유 번호를 할당하고, 각 프로세스는 현재 점유한 자원의 고유 번호보다 앞뒤 어느 한쪽 방향으로만 자원을 요구한다.

(2) 회피(Avoidance) 기법

① 교착상태의 발생 가능성을 인정하여 교착상태가 발생하려고 할 때 이러한 가능성을 피해 가는 기법이다.

② 프로세스가 자원을 요구할 경우 교착상태가 발생하지 않는 범위에서 시스템이 안전한 상태를 유지할 수 있도록 자원을 할당한다.

③ 교착상태의 회피 방안에서는 다익스트라가 제안한 은행원(Banker's) 알고리즘이 가장 대표적이다. 은행원 알고리즘은 자원의 양과 사용자의 수가 일정해야 하며, 모든 요구를 정해진 시간 안에 할당할 것을 보장한다.

(3) 발견(Detection) 기법

시스템에 교착상태가 발생했는지 점검하여 교착상태에 있는 프로세스와 자원을 발견하는 기법이다.

(4) 회복(Recovery) 기법

① 교착상태를 일으킨 프로세스를 종료하거나 교착상태의 프로세스에 할당된 자원을 선점하여 프로세스나 자원을 회복하는 기법이다.

② 교착상태에 빠져 있는 프로세스를 중지시켜 시스템이 정상적으로 동작할 수 있도록 한다.

프로세스 스케줄링

01 스케줄링(Scheduling)

1. 프로세스 스케줄링의 정의

① 스케줄링은 프로세스가 생성되어 실행될 때 필요한 순서와 시간을 결정하여 해당 프로세스에 할당하는 작업이다.

② **작업 스케줄링(Job Scheduling)** : 어떠한 프로세스가 시스템의 자원을 사용할 수 있는지를 결정하여 준비 상태(Wake up) 큐로 보내는 작업을 의미한다.

③ **프로세스 스케줄러** : 하나의 프로세스를 준비 상태에서 실행 상태로 전이시키는 것을 말한다.

2. 프로세스 스케줄링 알고리즘

① 다중 프로그래밍 방식에서 CPU의 사용률과 처리율을 최대로 하기 위한 방법들을 의미한다.

② 비선점형(Non Preemptive) 방식과 선점형(Preemptive) 방식이 있다.

비선점형 방식	선점형 방식
• 한 프로세스가 CPU를 할당받으면 다른 프로세스는 이전 프로세스가 CPU를 반환할 때까지 CPU를 점유하지 못하는 방식(권한을 빼앗을 수 없는 방식) • 일괄 처리 방식에 적합 • 대화형, 시분할, 실시간 시스템에는 부적합 • 응답 시간 예측이 용이 • 문맥 교환이 적어 오버헤드가 적음 • FIFO(FCFS), SJF, HRN, 우선순위, 기한부 방식 등	• 한 프로세스가 CPU를 차지하고 있을 때 우선순위가 높은 다른 프로세스가 현재 실행 중인 프로세스를 중지시키고 자신이 CPU를 점유하는 방식 • 일괄 처리 방식에는 부적합 • 대화형, 시분할, 실시간 시스템에는 적합 • 응답 시간 예측이 어려움 • 문맥 교환이 많아 오버헤드가 많음 • RR, SRT, MQ, MFQ 방식 등

02 비선점형(Non Preemptive) 방식

1. FIFO(First Input First Output, = FCFS)

(1) 정의

① 먼저 입력된 작업을 먼저 처리하는 방식으로 가장 간단한 방식이다.

② 디스크 대기 큐에 들어온 순서대로 처리하기 때문에 높은 우선순위의 요청이 입력되어도 순서가 바뀌지 않지만 평균 반환 시간이 길다.

③ 짧은 작업이나 중요한 작업을 오랫동안 기다리게 할 수 있다는 단점이 있다.

(2) 작업 방식

작업	실행(추정) 시간
A	24초
B	6초
C	3초

대기 리스트

A(24초)	B(6초)	C(3초)
0   24   30   33

① 다음의 경우 평균 실행 시간은 A(24초)+B(6초)+C(3초)/3=11초이다.

② 평균 대기 시간을 살펴보면 A작업은 곧바로 실행되므로 0초이고, B작업은 A작업이 끝난 후 실행되므로 24초이고, C작업은 A작업과 B작업이 끝난 후 실행되므로 30초이다. 그러므로 평균 대기 시간＝A(0초)＋B(24초)＋C(30초)/3＝18초이다.

③ 평균 반환 시간은 평균 실행 시간+평균 대기 시간이므로 11+18=29초이다.

④ 제출 시간이 존재하는 경우에는 대기 시간과 반환 시간 모두를 제출한 시점부터 계산하므로 각 대기 시간에서 제출 시간을 감하고 계산해야 한다.

⑤ 임의의 작업 순서로 얻을 수 있는 최대 평균 반환 시간은 대기 시간이 가장 긴 경우이므로 큰 작업 순서로 배치하면 된다. 반면, 임의의 작업 순서로 얻을 수 있는 최소 평균 반환 시간은 대기 시간이 가장 짧은 경우이므로 짧은 작업 순서로 배치하면 된다.

2. SJF(Shortest Job First, 최단 작업 우선)

(1) 정의

① 작업이 끝나기까지의 실행 시간 추정치가 가장 작은 작업을 먼저 실행시키는 방식이다.

② 긴 작업들을 어느 정도 희생시키면서 짧은 작업들을 우선적으로 처리하기 때문에 대기 리스트 안에 있는 작업의 수를 최소화하면서 평균 반환 시간을 최소화할 수 있다.

③ 실행 시간이 많이 소요되는 작업은 무한 연기 현상이 발생될 수 있고, 이러한 현상을 방지하기 위해서 에이징(Aging) 기법을 사용해야 한다. 에이징 기법은 자원 할당을 오랫동안 기다린 프로세스에 대해 기다린 시간에 비례하는 높은 우선순위를 부여하여 가까운 시간 내에 자원이 할당되도록 하는 기법으로 이를 통하여 무한 연기 현상을 방지한다.

(2) 작업 방식

작업	실행(추정) 시간	제출 시간
A	24초	0초
B	6초	1초
C	3초	2초

대기 리스트

A(24초)	C(3초)	B(6초)
0 24	27	33

① 다음의 경우 첫 번째 A작업은 실행 시간이 길더라도 실행 중이면 작업이 끝날 때까지 진행된다. 또한, B와 C 중에서는 실행 시간이 짧은 C가 먼저 처리되므로 대기 리스트는 A(24초), C(3초), B(6초) 순이다.

② 평균 실행 시간은 A(24초)＋B(6초)＋C(3초)/3＝11초이다.

③ 평균 대기 시간을 살펴보면 A작업은 곧바로 실행하므로 0초이고, C작업은 A작업이 끝날 때까지 기다리므로 24초에서 제출 시간 2초를 뺀 22초이고, B작업은 A작업과 C작업이 끝난 후 실행하므로 27초에서 제출 시간 1초를 뺀 26초이다. 그러므로 평균 대기 시간은 A(0초)＋C(22초)＋B(26초)/3＝16초이다.

④ 평균 반환 시간은 평균 실행 시간＋평균 대기 시간이므로 11＋16＝27초이다.

3. HRN(Highest Response-ratio Next)

① 서비스 시간(실행 시간 추정치)과 대기 시간의 비율을 고려한 방식으로 SJF의 무한 연기 현상을 극복하기 위해 개발되었다.

② 대기 리스트에 있는 작업들에게 합리적으로 우선순위를 부여하여 작업 간 불평등을 해소할 수 있다.

③ 프로그램의 처리 순서는 서비스 시간의 길이뿐만 아니라 대기 시간에 따라 결정된다.

④ 우선순위＝(대기 시간＋서비스 시간)/서비스 시간이다.

4. 우선순위(Priority)

① 대기 중인 작업에 우선순위를 부여하여 CPU를 할당하는 방식이다.

② 우선순위가 가장 빠른 작업부터 순서대로 수행한다.

5. 기한부(Deadline)

① 제한된 시간 내에 반드시 작업이 종료되도록 스케줄링하는 방식이다.

② 작업이 완료되는 시간을 정확히 측정하여 해당 시간 만큼에 CPU의 사용 시간을 제한한다.

③ 동시에 많은 작업이 수행되면 스케줄링이 복잡해지게 된다는 단점이 있다.

---

03 선점형(Preemptive) 방식

1. 라운드 로빈(RR ; Round-Robin)

(1) 정의

① 여러 개의 프로세스에 시간 할당량이라는 작은 단위 시간이 정의되어 시간 할당량만큼 CPU를 사용하는 방식으로 시분할 시스템을 위해 고안되었다.

② FIFO 스케줄링을 선점형으로 변환한 방식으로 먼저 입력된 작업이더라도 할당된 시간 동안만 CPU를 사용할 수 있다.

③ 프로세스가 CPU에 할당된 시간이 경과될 때까지 작업을 완료하지 못하면 CPU는 다음 대기 중인 프로세스에게 사용 권한이 넘어가고, 현재 실행 중이던 프로세스는 대기 리스트의 가장 뒤로 배치된다.

④ 적절한 응답 시간을 보장하는 대화식 사용자에게 효과적이다.

(2) 작업 방식

작업	실행(추정) 시간
A	12초
B	25초
C	15초
D	8초
E	10초

대기 리스트

A (10초)	B (10초)	C (10초)	D (8초)	E (10초)	A (2초)	B (10초)	C (5초)	B (5초)

0　　10　　20　　30　　38　　48　50　　60　　65　　70

① 시간 할당량을 크게 하면 FIFO 방식과 같아지고, 시간 할당량을 작게 하면 문맥 교환에 따른 오버헤드가 커진다.

② 시간 할당량이 10초일 경우 A부터 순서대로 10초씩 할당하고, 나머지가 있으면 대기 리스트 뒤쪽으로 계속 배치한다. 즉, A(10초) - B(10초) - C(10초) - D(8초, 完) - E(10초, 完) - A(2초, 完) - B(10초) - C(5초, 完) - B(5초, 完) 순이다.

③ 평균 실행 시간은 A(12초)+B(25초)+C(15초)+D(8초)+E(10초)/5=14초이다.

④ 평균 대기 시간은 각 작업에서 마지막으로 처리되기 전까지 실행되지 않은 시간을 모두 더하거나 각 작업에서 마지막으로 처리되기 전까지의 시간에서 실행 시간을 뺀다. 즉, A의 대기 시간은 A작업이 마지막으로 처리된 2초 작업 전까지의 시간 48초에서 A의 실행시간인 10초를 빼면 38초가 된다. B의 대기 시간은 마지막 처리 전까지의 시간 65초에서 B의 실행 시간인 20초를 빼면 45초가 된다. C의 대기 시간은 마지막 처리 전까지의 시간 60초에서 C의 실행 시간인 10초를 빼면 50초가 된다. D의 대기 시간은 30초가 되고, E의 대기 시간은 38초가 된다. 그러므로 평균 대기 시간은 A(38초)＋B(45초)＋C(50초)＋D(30초)＋E(38초)/5＝40.2초이다.

⑤ 평균 반환 시간은 평균 실행 시간＋평균 대기 시간이므로 14＋40.2＝54.2초이다.

2. SRT(Shortest Remaining Time)

(1) 정의

① 작업이 끝나기까지 남아 있는 실행 시간의 추정치 중 가장 작은 프로세스를 먼저 실행하는 방식으로 새로 입력되는 작업까지도 포함한다.

② SJF는 한 프로세스가 CPU를 사용하면 작업이 모두 끝날 때까지 계속 실행되지만 SRT는 남아 있는 프로세스의 실행 추정치 중 더 작은 프로세스가 있다면 현재 작업 중인 프로세스를 중단하고, 작은 프로세스에게 CPU의 제어권을 넘겨준다.

③ 임계치(Threshold Value)를 사용한다.

(2) 작업 방식

작업	실행(추정) 시간	제출 시간
A	7초	0초
B	4초	2초
C	6초	4초
D	3초	6초

대기 리스트

A(2초)	B(4초)	D(3초)	A(5초)	C(6초)
0	2	6	9	14	20

① 제출(도착) 시간이 가장 빠른 작업 A를 대기 리스트에 기억시킨 후 2초가 지나면 작업 B가 입력되고, 작업 B의 실행 시간(4초)이 작업 A의 남아 있는 실행 시간(5초)보다 작으므로 작업 B가 처리된다. 4초가 지나면 작업 C가 입력되지만 작업 C의 실행 시간(6초)이 작업 B의 남아 있는 실행 시간(2초)보다 작지 않으므로 작업 B가 계속 실행된다. 6초가 지나면 작업 D의 실행 시간이 가장 작으므로 작업 D가 실행된다. 다음으로 실행 시간이 작은 작업 A(5초)가 실행되고, 마지막으로 작업 C(6초)가 실행된다. 즉, A(2초) - B(4초, 完) - D(3초, 完) - A(5초, 完) - C(6초, 完) 순이다.

② 평균 실행 시간은 A(7초)＋B(4초)＋C(6초)＋D(3초)/4＝5초이다.

③ 대기 시간은 각 작업마다 마지막으로 처리되기 전까지의 시간에서 자신의 실행 시간을 뺀 후 제출 시간을 감한다. 작업 A는 마지막으로 처리된 5초 작업 전까지의 시간 9초에서 A의 실행 시간인 2초를 빼고 제출 시간을 감하면 $9 - 2 - 0 = 7$초가 대기 시간이다. B는 2초에서 제출 시간 2초를 감하면 0초가 대기 시간이다. C는 14초에서 C의 제출 시간 4초를 빼면 10초가 대기 시간이다. D는 6초에서 제출 시간 6초를 빼면 0초가 대기 시간이다. 그러므로 평균 대기 시간은 A(7초)+B(0초)+C(10초)+D(0초)/4=4.25초이다.

④ 평균 반환 시간은 평균 실행 시간+평균 대기 시간이므로 5+4.25=9.25초이다.

3. 다단계 큐(MQ ; Multi-level Queue)

① 프로세스를 특정 그룹으로 분류할 경우 그룹에 따라 각기 다른 큐(대기 리스트)를 사용하며, 선점형과 비선점형을 결합한 방식이다.

② 각 큐(대기 리스트)들은 자신보다 낮은 단계의 큐보다 절대적인 우선순위를 갖는다(각 큐는 자신보다 높은 단계의 큐에게 자리를 내주어야 함).

③ 우선순위가 가장 높은 대기 리스트에 존재하는 프로세스는 어떠한 경우에도 프로세스를 빼앗기지 않는 비선점형이다.

④ 우선순위가 높은 큐에 프로세스가 입력되면 CPU를 빼앗기게 되므로 선점형이 된다.

4. 다단계 피드백 큐(MFQ ; Multi-level Feedback Queue)

① 특정 그룹의 준비 상태 큐에 들어간 프로세스가 다른 준비 상태 큐로 이동할 수 없는 다단계 큐 방식을 준비 상태 큐 사이를 이동할 수 있도록 개선한 방식이다.

② 짧은 작업이나 입출력 위주의 작업에 우선권을 부여하기 위해 개발되었다.

③ 각 큐마다 시간 할당량이 존재하며, 낮은 큐일수록 시간 할당량이 커진다.

④ 마지막 단계에서는 라운드 로빈(RR) 방식으로 처리한다.

05 기억장치 관리

01 기억장치 관리의 개요

1. 기억장치 관리(Memory Management)의 정의

다중 프로그래밍 시스템에서 다수의 프로세스를 수용하기 위해 주기억장치를 동적으로 분할하는 작업을 기억장치 관리라 한다.

2. 기억장치 관리 요구조건

(1) 재배치(Relocation)

① 다수의 프로세스들이 스왑인(Swap – in), 스왑아웃(Swap – out) 시 다른 주소 공간으로 프로세스의 재배치가 필요하다.

② 재배치를 고려한 프로세스 주소 지정 요구조건이 존재한다.

(2) 보호(Protection)

① 다른 프로세스들의 간섭으로부터 보호해야 한다.

② 메모리 참조 검사, 즉 실행 중 해당 프로세스에 할당된 메모리 공간만 참조되었는지 확인이 필요하다.

③ 처리기(하드웨어)적인 검사가 요구된다.

(3) 공유(Sharing)

① 기억장치의 같은 부분을 접근하려는 여러 개의 프로세스들을 융통성 있게 허용한다.

② 필수적인 보호 기능을 침해하지 않는 범위에서 제한된 접근 공유가 가능하다.

(4) 논리적 구성(Logical Organization)

① 일반적인 프로그램은 모듈 단위로 구성한다.

② 모듈의 작성과 컴파일은 독립적으로 이루어진다.

③ 비교적 적은 추가비용(overhead)으로 모듈마다 서로 다른 보호 등급 적용이 가능하다.

④ 프로세스 간 모듈 공유 기법을 제공한다.

⑤ 세그먼테이션(Segmentation)은 대표적인 논리적 메모리 관리 기술이다.

(5) 물리적 구성(Physical Organization)

① 주기억장치와 보조기억장치 사이의 정보 흐름 구성에 사용된다.

② 정보 흐름 구성 책임자는 시스템이고, 사용가능한 주기억장치 용량이 프로그램 및 데이터보다 작은 경우 처리한다. 이런 방법은 Overlay 기법을 이용한다.

③ 다중 프로그래밍 환경에서 사용가능한 공간의 양과 위치 정보 파악이 가능하다.

02 기억장치의 관리 전략

1. 반입 전략(Fetch Strategy)

① 프로그램이나 데이터를 보조기억장치에서 주기억장치로 언제(When) 가져올지를(반입할지를, 인출할지를) 결정하는 전략이다.

② 종류에는 요구 반입(Demand Fetch), 예상 반입(Anticipatory Fetch)이 있다.

종류	설명
요구 반입 (Demand Fetch)	실제로 요구(Demand)가 있을 때마다 페이지나 세그먼트를 주기억장치로 가져오는 전략
예상 반입 (Anticipatory Fetch)	앞으로 요구될 가능성이 높은 프로그램이나 데이터를 예상하여 주기억장치로 미리 가져오는 전략

2. 배치 전략(Placement Strategy)

① 프로그램이나 데이터를 주기억장치 내의 가용 공간 중 어디에(Where) 둘 것인지를 결정하는 전략이다.

② 종류에는 최초 적합(First Fit), 최적 적합(Best Fit), 최악 적합(Worst Fit)이 있다.

종류	설명
최초 적합 (First Fit)	• 주기억장치 내에서 작업을 수용할 수 있으면서 처음 만나는 공간에 배치(프로그램보다 가용 공간이 적은 곳은 배제) • 내부 단편화가 많이 발생하며, 배치 결정이 가장 빠름
최적 적합 (Best Fit)	• 입력된 작업은 주기억장치 내의 공백 중 가장 알맞은 작업의 공백으로 사용되지 않는 공간을 가장 적게 남기는 공백에 배치 • 내부 단편화가 가장 적게 발생
최악 적합 (Worst Fit)	• 데이터를 입력한 후 주기억장치 내의 공백이 너무 많이 남은 경우에 배치 • 내부 단편화가 가장 크게 발생

3. 교체 전략(재배치 전략, Replacement Strategy)

① 주기억장치 내에 빈 공간을 확보하기 위해 제거해야 할 프로그램이나 데이터를 결정하는 전략이다.

② 종류에는 최적화(OPT), FIFO, LRU, LFU, NUR, PFF, Second Chance 등이 있다.

기출 PLUS　　배치 전략(Placement Strategy)　　　　　　　　　　B등급

주기억장치에서 사용 가능한 부분은 다음과 같다. M1은 16KB(Kilo Byte), M2는 14KB, M3는 5KB, M4는 30KB이며 주기억장치의 시작 부분부터 M1, M2, M3, M4 순서가 유지되고 있다. 이때, 13KB를 요구하는 작업이 최초 적합(First Fit) 방법, 최적 적합(Best Fit) 방법, 최악 적합(Worst Fit) 방법으로 주기억장치에 각각 배치될 때 결과로 옳은 것은?(단, 배열 순서는 왼쪽에서 첫 번째가 최초 적합 결과이며, 두 번째가 최적 적합 결과 그리고 세 번째가 최악 적합 결과를 의미한다)　　　　　　　　　　　　　　10년 우정사업본부

① M1, M2, M3　　　　　　　　　　② M1, M2, M4
③ M2, M1, M4　　　　　　　　　　④ M4, M2, M3

≫　최초 적합(First Fit)은 최초의 가용 공간에 배치하므로 첫 순서인 M1에 배치한다. 최적 적합(Best Fit)은 13KB 용량의 프로그램을 배치한 후 남은 공간이 가장 적은 곳이어야 하므로 M1(16KB−13KB=3KB), M2(14KB−13KB=1KB), M3(프로그램보다 가용 공간이 적으므로 배제), M4(30KB−13KB=17KB) 중에서 M2에 배치한다. 최악 적합(Worst Fit)은 13KB 용량의 프로그램을 배치한 후 남은 공간이 가장 많은 곳에 배치하므로 앞의 결과에서 보면 M4가 된다. 그러므로 주기억장치에 배치되는 결과는 "M1, M2, M4"이다.　　　　　　　　　　답 ②

03　기억장치 분할 관리 기법

1. 파티션의 고정 및 동적 분할

(1) 고정 분할(Fixed Partitioning)

① 시스템 생성 시에 주기억장치가 고정된 파티션들로 분할된다.

② 프로세스는 균등사이즈의 파티션 또는 그보다 큰 파티션으로 적재된다.

③ 구현이 간단하고 운영체제에 오버헤드가 거의 없다.

④ 내부 단편화로 인한 비효율적이라는 약점이 있는데 최대 활성 프로세스의 수가 고정된다.

(2) 동적 분할(Dynamic Partitioning)

① 파티션들이 동적으로 생성되며, 각 프로세스는 자신의 크기와 일치하는 크기의 파티션에 적재된다.
② 내부 단편화가 없고 주기억장치를 보다 효율적으로 사용할 수 있다.
③ 외부 단편화를 해결하기 위한 메모리 집약(Compaction)이 요구되므로 처리기 효율이 나빠진다.

2. 주기억장치의 정적 및 동적 분할 기법

(1) 단순 페이징(Simple Paging)

① 주기억장치는 균등사이즈의 프레임으로 나뉜다.
② 각 프로세스는 프레임들과 같은 길이를 가진 균등페이지들로 나뉜다.
③ 프로세스의 모든 페이지가 적재되어야 하며, 이 페이지를 저장하는 프레임들은 연속적일 필요는 없다.
④ 외부 단편화가 없다.
⑤ 적은 양의 내부 단편화가 생긴다.

(2) 단순 세그먼테이션(Simple Segmentation)

① 각 프로세스는 여러 세그먼트들로 나뉜다.
② 프로세스의 모든 세그먼트가 적재되어야 하며, 이 세그먼트를 저장하는 동적 파티션들은 연속적일 필요는 없다.
③ 내부 단편화가 없고 메모리 사용 효율이 개선된다.
④ 동적 분할에 비해서 오버헤드가 적다.
⑤ 외부 단편화가 생긴다.

---

04   교체 전략과 페이지 부재

1. 최적화(OPT ; OPTimal Replacement)

① 페이지 프레임에 새로운 참조 페이지를 가져오는 대신 가장 오랫동안 사용되지 않을 페이지와 교체하는 것으로 참조 페이지를 미리 알고 운영하므로 Hit율이 가장 높다.
② 현 시점을 기준으로 앞으로의 페이지 사용을 미리 예상하여 교체(제거)하는 전략이다.
③ 참조 페이지가 페이지 프레임에 있으면 히트(Hit)라 하고, 참조 페이지가 페이지 프레임에 없으면 페이지 부재(Page Fault)라고 한다.

④ 3개의 페이지 프레임을 가진 기억장치에서 참조 페이지 번호 순서대로 페이지 참조가 발생할 때 OPT 기법을 사용할 경우 몇 회의 페이지 부재(Page Fault)가 발생하는가?(단, 초기 페이지 프레임은 모두 비어 있는 상태)

> • 참조 페이지 번호 : 1, 2, 3, 4, 1, 3, 5, 3, 4, 3, 4, 6
> • 페이지 프레임 수 : 3개

다음과 같이 직접 기입을 하면서 Hit/Fault를 계산한다.

참조 페이지		페이지 프레임			Hit/Fault
1	→	1			Fault
2	→	1	2		Fault
3	→	1	2	3	Fault
4	→	1	4	3	Fault
1	→	1✔	4	3	Hit
3	→	1	4	3✔	Hit
5	→	5	4	3	Fault
3	→	5	4	3✔	Hit
4	→	5	4✔	3	Hit
3	→	5	4	3✔	Hit
4	→	5	4✔	3	Hit
6	→	6	4	3	Fault

히트(Hit) 6회, 페이지 부재(Page Fault) 6회이다.

2. FIFO(First Input First Output)

① 가장 오랫동안 주기억장치에 있던 페이지를 교체하는 것으로 페이지 부재(Page Fault)가 가장 많이 일어난다.

② 주기억장치에 들어 있는 페이지에 타임 스탬프를 찍어 그 시간을 기억하고 있다가 먼저 들어온 페이지부터 교체(제거)하는 전략이다.

③ 참조 페이지를 교체할 때는 주기억장치에 먼저 들어와서 가장 오래 있었던 페이지를 교체한다.

④ 3개의 페이지 프레임을 가진 기억장치에서 참조 페이지 번호 순서대로 페이지 참조가 발생할 때 FIFO 기법을 사용할 경우 몇 회의 페이지 부재(Page Fault)가 발생하는가?(단, 초기 페이지 프레임은 모두 비어 있는 상태)

> • 참조 페이지 번호 : 1, 2, 3, 4, 1, 2, 5, 1, 2, 3, 4, 5
> • 페이지 프레임 수 : 3개

다음과 같이 직접 기입을 하면서 Hit/Fault를 계산한다.

참조 페이지		페이지 프레임			Hit/Fault
1	→	1			Fault
2	→	1	2		Fault
3	→	1	2	3	Fault
4	→	4	2	3	Fault
1	→	4	1	3	Fault
2	→	4	1	2	Fault
5	→	5	1	2	Fault
1	→	5	1✔	2	Hit
2	→	5	1	2✔	Hit
3	→	5	3	2	Fault
4	→	5	3	4	Fault
5	→	5✔	3	4	Hit

히트(Hit) 3회, 페이지 부재(Page Fault) 9회이다.

3. LRU(Least Recently Used)

① 한 프로세스에서 사용되는 각 페이지마다 시간 테이블을 두어 현 시점에서 가장 오랫동안 사용되지 않은 페이지를 교체한다.

② 현 시점을 기준으로 과거에 사용(참조)된 지 가장 오래된 페이지를 교체하는 전략이다.

③ 각 페이지마다 참조 계수기(시간 기억 영역)를 두어 사용한다.

④ 3개의 페이지 프레임을 가진 기억장치에서 참조 페이지 번호 순서대로 페이지 참조가 발생할 때 LRU 기법을 사용할 경우 몇 회의 페이지 부재(Page Fault)가 발생하는가?(단, 초기 페이지 프레임은 모두 비어 있는 상태)

> • 참조 페이지 번호 : 1, 2, 3, 4, 1, 3, 5, 3, 2, 3, 4, 5
> • 페이지 프레임 수 : 3개

다음과 같이 직접 기입을 하면서 Hit/Fault를 계산한다.

참조 페이지		페이지 프레임			Hit/Fault
1	→	1			Fault
2	→	1	2		Fault
3	→	1	2	3	Fault
4	→	4	2	3	Fault
1	→	4	1	3	Fault
3	→	4	1	3✔	Hit
5	→	5	1	3	Fault
3	→	5	1	3✔	Hit
2	→	5	2	3	Fault
3	→	5	2	3✔	Hit
4	→	4	2	3	Fault
5	→	4	5	3	Fault

히트(Hit) 3회, 페이지 부재(Page Fault) 9회이다.

4. LFU(Least Frequence Used)

① 기억장치에서 참조된 횟수가 가장 적은 페이지를 교체 페이지로 선택하고, 사용(참조)된 횟수가 가장 작은 페이지와 교체한다.

② 현 시점을 기준으로 과거에 사용(참조)된 횟수를 기준으로 페이지를 교체하는 전략이다.

③ 각 페이지들이 얼마나 자주 사용되었는가에 중점을 두고, 참조 횟수가 적은 페이지를 교체한다.

5. NUR(Not Used Recently)

① 가장 최근에 참조되지 않은 페이지를 교체할 페이지로 선택하고, 최근에 사용(참조)되지 않은 페이지를 제거한다.

② 페이지별로 참조 비트와 변형 비트라는 하드웨어 비트를 사용하여 교체하는 전략이다.

③ LRU 기법에서 나타나는 시간적 오버헤드(시간 초과)를 줄일 수 있다.

6. 2차 기회 부여(SCR ; Second Chance Replacement)

① 가장 먼저 입력되었던 페이지를 교체 대상으로 삼는 FIFO의 단점을 보완한 형태로 가장 오래된 페이지를 제거하기 전에 한 번의 기회를 더 부여한다.

② 가장 오래 있던 페이지는 그만큼의 중요성 때문에 다시 사용할 가능성이 높을 수 있다.

LRU(Least Recently Used)

다음 〈보기〉에 따라 페이지 기반 메모리 관리 시스템에서 LRU(Least Recently Used) 페이지 교체 알고리즘을 구현하였다. 주어진 참조열의 모든 참조가 끝났을 경우 최종 스택(Stack)의 내용으로 옳은 것은?

14년 우정사업본부

| 보기 |

- LRU 구현 시 스택 사용한다.
- 프로세스에 할당된 페이지 프레임은 4개이다.
- 메모리 참조열 : 1 2 3 4 5 3 4 2 5 4 6 7 2 4

①

스택 Top	7
	6
	4
스택 Bottom	5

②

스택 Top	2
	7
	6
스택 Bottom	4

③

스택 Top	5
	4
	6
스택 Bottom	2

④

스택 Top	4
	2
	7
스택 Bottom	6

≫ LRU는 각 페이지마다 계수기나 스택을 두어 현 시점에서 가장 오랫동안 사용하지 않은, 즉 가장 오래 전에 사용된 페이지를 교체한다. 가장 최근에 사용한 페이지가 스택(후입선출 구조)의 Top에 위치하고, 나머지는 Bottom 쪽으로 이동한다. 마지막으로 삽입된 데이터는 Top에 위치하고 1~4까지는 그대로 입력되며, 5를 삽입하기 위해서 가장 오래전에 사용한 1을 교체한다. 4까지 입력된 상태에서 4, 3, 2, 1을 순서대로 출력하고 2, 3, 4, 5를 입력한다. 스택 구조는 후입선출 구조로 가장 마지막에 입력된 데이터가 가장 먼저 출력된다. Top은 스택의 포인터로 삽입(Push)과 삭제(Pop)가 이루어지는 곳을 말하며, 초기 상태는 Top과 Bottom이 동일한 위치(0에 위치)이고, Top 포인터를 1 증가시킨 후 데이터를 삽입할 수 있다.

삽입	1	2	3	4	5	3	4	2	5	4	6	7	2	4
Top				4	5	3	4	2	5	4	6	7	2	4
↑			3	3	4	5	3	4	2	5	4	6	7	2
		2	2	2	3	4	5	3	4	2	5	4	6	7
Bottom	1	1	1	1	2	2	2	5	3	3	2	5	4	6

답 ④

05 기억장치 분할

1. 기억장치 분할의 개념

① Multi Programming 환경 혹은 Multi Processing 환경에서 각 응용프로그램의 효율적인 구동을 위하여 메모리를 각 영역으로 분할하고 할당을 관리하는 기법이다.

② 기억장치는 초기부터 정해진 고정 분할 혹은 실행 중 할당하는 가변 분할 방식으로 동작한다.

2. 기억장치 분할의 기법

(1) 시스템 프로그램 영역

① **상주구역(OS 영역)** : 운영체제의 기본 기능과 필수 프로그램의 저장 공간이다.

② **비상주 구역** : 처리가 필요할 때만 보조기억장치에서 로딩하는 공간이다.

(2) 응용 프로그램 영역

① **단일 사용자 할당 기법** : 운영체제가 사용하는 부분을 제외한 나머지를 모두 한 사용자가 독점적으로 사용한다.

② **고정 분할 할당 기법** : 각 프로그램에 고정된 크기의 분할된 구역을 할당한다.

③ **가변분할 할당기법** : 각 프로그램이 요구하는 영역을 각각 할당하는 기법이다.

(3) 기억장치 분할의 개념도

(운영체제 상주구역) 비상주구역	시스템 프로그램 영역
사용자 응용프로그램 1	사용자 응용프로그램 영역
사용자 응용프로그램 2	
사용자 응용프로그램 3	
사용자 응용프로그램 4	

3. 고정 분할 기법

(1) 고정 분할 기법의 개념

응용프로그램이 실행되기 이전에 미리 특정한 크기로 메모리를 분할하는 기법이다.

(2) 동작

① 응용프로그램 실행 전 미리 지정된 크기로 메모리를 분할한다.

② 분할된 메모리는 실행 중에 바뀌지 않는다.

③ 응용프로그램의 크기를 미리 알고 있을 때 유리하다.

(3) 단편화 발생

① **외부 단편화** : 남아 있는 공간의 용량이 큰 프로그램, 할당 불가능한 공간 발생

② **내부 단편화** : 실행 프로그램보다 할당된 메모리가 큰 경우 공간 낭비 발생

4. 가변 분할 기법

(1) 가변 분할 기법 개념

실행 프로그램의 크기에 맞추어 기억공간을 가변적으로 분할하는 기법이다.

(2) 동작

① 초기에는 기억장치가 분할되지 않은 형태로 유지된다.

② 실행될 프로그램이 요구할 때마다 필요한 크기의 기억장치에 할당한다.

③ 고정 분할 방식에서 발생하는 내부 단편화가 방지된다.

(3) 외부 단편화 발생

여러 응용프로그램의 실행이 반복되면 할당이 남아 있는 공간이 있지만 할당을 원하는 프로그램보다 공간이 작아서 할당될 수 없는 외부 단편화가 발생한다.

06 가상기억장치의 구현 방식

1. 가상 메모리 페이징(Virtual Memory Paging)

① 크기가 고정된 블록이나 일정 크기의 프로그램 분할 단위를 페이지(Page)라 한다.

② 단순 페이징과 비교해서 프로세스의 페이지 전부를 로드시킬 필요가 없다.

③ 외부 단편화가 없으나 내부 단편화는 생긴다.

④ 페이지 크기가 작을수록 페이지 사상 테이블 공간이 많이 필요하지만 내부 단편화는 감소한다.

⑤ 다중프로그래밍 정도가 높으며, 가상주소 공간이 크다.

⑥ 페이지 크기가 클수록 페이지 테이블의 크기는 작아지며, 디스크 접근 시간의 부담이 감소된다.

⑦ 필요한 페이지가 있으면 후에 자동적으로 메모리에 들어간다.

⑧ 페이지 크기가 크면 단편화(Fragmentation)로 인해 많은 기억 공간을 낭비한다.

⑨ 어떤 프로세스가 프로그램 실행에 사용하는 시간보다 페이지 적재에 소비하는 시간이 더 큰 경우 스래싱이 발생하며, 다중 프로그래밍의 정도가 높을수록 발생 빈도는 높아진다.

⑩ 복잡한 메모리관리의 오버헤드가 발생한다.

2. 가상 메모리 세그먼테이션(Virtual Memory Segmentation)

① 단순 세그먼테이션과 비교해서 필요하지 않은 세그먼트들을 로드하지 않는다.

② 페이징 기법과 동일하나 고정 크기로 분할된 기억 영역이 아닌 가변 크기의 빈 메모리에서 처리한다.

③ 프로세스의 세그먼트들은 동시에 기억장치 내에 있을 필요가 없고, 연속적일 필요도 없다.

④ 필요한 세그먼트가 있으면 나중에 자동적으로 메모리에 들어간다.

⑤ 내부 단편화가 없다. 높은 수준의 다중 프로그래밍, 큰 가상 주소 공간, 보호와 공유를 지원한다.

⑥ 기억장치의 분할된 크기에 맞게 동적으로 적재시키는 방식으로 외부 단편화가 발생한다.

⑦ 크기가 변할 수 있는 블록을 세그먼트라 하며, 블록의 크기는 서로 가변적이다.

⑧ 메모리 절약을 위해서 기억장치 보호키(Storage Protection Key)를 사용한다.

⑨ 주소 변환을 위해 세그먼트 맵 테이블이 필요하며, 각 세그먼트는 고유한 이름과 크기를 갖는다.

⑩ 복잡한 메모리관리의 오버헤드가 발생한다.

3. 가상기억장치 관련 용어

(1) 교체(Swapping)

① 작업 크기가 너무 커서 기억 공간에 수용시킬 수 없을 경우 또는 모든 작업이 주기억장치에 상주할 필요가 없을 경우 작업을 분할하여 필요한 부분만 교체하는 방식이다.

② 프로그램 디버깅(Debugging)에 적합하지 않으며, 보조기억장치에서 주기억장치로 새로운 페이지를 불러와 주기억장치에 있는 페이지와 교환한다.

(2) 중첩(Overlay)

① 주기억장치보다 큰 프로그램을 실행하기 위해서 프로그램을 Overlay라는 조각으로 분할하여 보조기억장치에 기억시키고, 순차적으로 주기억장치로 불러와 처리하는 방식이다.

② 단일 프로그래밍 기법에서 가상기억장치의 개념이 나오기 이전의 방식이다.

(3) 사상(Mapping)

① 보조기억장치의 논리적 주소를 주기억장치의 물리적 주소와 연관을 맺는 방식이다.

② 가상기억장치에서 주기억장치로 페이지를 옮겨 넣을 때 주소를 조정한다.

③ 프로그램에서 사용하고 있는 주소를 기억장치의 실제 주소로 변환한다.

(4) 페이지 부재(Page Fault)

① 모든 프로그램은 실행 시 주기억장치에 존재해야 하는데 원하는 프로그램이 주기억장치에 없을 경우 일어나는 현상이다.

② 페이지 오류율이 크면 스래싱(Thrashing)이 많이 발생한 것이다.

③ 페이지 부재가 발생하면 디스크의 해당 페이지나 세그먼트를 주기억장치로 가져온다.

(5) 스래싱(Thrashing)

① 다중 프로그래밍이나 가상 메모리에서 페이지 교환이 자주 일어나는 현상이다.

② 너무 잦은 페이지 교체 현상으로 특정 프로세스에서 계속적으로 페이지 부재가 발생한다.

③ 프로세스 간 메모리 경쟁으로 페이지 폴트가 발생하여 전체 시스템의 성능이 저하된다.

④ 프로그램 수행의 소요 시간보다 페이지 이동(교체)의 소요 시간이 더 큰 경우 발생한다.

⑤ CPU의 이용률을 높이는 동시에 실행되는 프로그램 수와 다중 프로그래밍은 줄여야 한다.

⑥ 스래싱을 해결하려면 적정한 프레임 수를 제공하고, 부족한 자원을 증설하거나 일부 프로세스를 중단시킨다.

(6) 지역성(구역성)

구분	내용
시간적 지역성 (Temporal Locality)	최근에 참조된 기억장소가 가까운 장래에 참조될 가능성이 높음을 의미, 시간적 지역성을 이용한 교체전략은 LRU 예 순환(Lopping), 서브루틴(Subroutine), 스택(Stack), 카운팅(Counting), 토털링(Totaling), 루프(Loof), 부프로그램(Subprogram)
공간적 지역성 (Spatial Locality)	특정 기억장소들에 대해 참조가 집중적으로 일어나는 성질로 최근 참조된 기억장소와 가까운 기억정보에 대한 참조 가능성이 높음을 의미 예 배열순례(Array Traversal), 순차적 코드(Sequential Code) 실행, 프로그램 변수 선언, 프리패치(Prefetch)
순차적 지역성 (Sequential Locality)	따로 분기가 없는 한 데이터가 기억장치에 저장된 순서대로 인출되고 실행될 가능성이 높음, 공간 지역성에 편입 가능

(7) 워킹 셋(Working Set)

① Denning이 제안한 프로그램의 움직임에 관한 모델로 프로세스를 효과적으로 실행하기 위하여 주기억장치에 적재되어야 한다.

② 주기억장치에 적재되지 않으면 스래싱이 발생할 수 있다.

③ 실행 중인 프로세스가 CPU에 의해 일정 시간 동안 자주 참조되는 페이지(Page)들의 집합이다.

④ 스래싱(Thrashing) 현상을 최소화하기 위한 이론으로 프로세스를 효과적으로 실행한다.

06 파일 관리

01 파일의 구조

1. 파일 시스템(File System)

(1) 파일 시스템의 특징

① 계층적 트리 구조로 각 디렉토리는 커널(Kernel)에 의해 관리된다.

② 네트워크 환경에서 상호 공유되며, 다중 파일 시스템을 지원한다.

③ 파일 소유자, 그룹 및 그 외 다른 사람들로부터 사용자를 구분하여 파일을 보호한다.

④ 주변 장치(디렉토리 및 디바이스)를 파일과 동일하게 취급한다.

(2) 파일 시스템의 기능

① 파일의 생성, 수정, 삭제가 가능하며, 여러 종류의 인터페이스를 제공한다.

② 불의의 사태에 대비한 예비(Back up)와 복구(Recovery) 능력이 있다.

③ 파일 공유를 위해서 여러 가지의 접근 제어 기법을 제공한다.

④ 정보 보호 차원에서 정보의 손실이나 파괴를 방지한다.

⑤ 사용자가 파일 전송을 할 수 있고, 적합한 구조로 파일을 구성할 수 있다.

2. 파일 디스크립터(File Descriptor)

(1) 파일 디스크립터의 정의

① 파일이 액세스되는 동안 운영체제의 관리 목적에 필요한 정보를 수집한 자료 구조이다.

② 파일 관리에 필요한 정보를 가지고 있는 파일 제어 블록(FCB ; File Control Block)으로 실행 시점에서 시스템이 필요로 하는 파일 정보를 가지고 있다.

(2) 파일 디스크립터의 특징

① 보조기억장치에 저장되어 있다가 파일이 개방(Open)될 때 주기억장치로 이동한다.

② 해당 파일이 Open되면 FCB(File Control Block)가 메모리에 올라와야 한다.

③ 파일 시스템이 관리하므로 사용자가 직접 참조할 수 없고, 시스템마다 서로 다른 구조를 갖는다.

(3) 파일 디스크립터의 내용

① 파일 이름, 파일 구조, 파일 크기, 파일의 ID 번호, 파일의 수정 시간
② 디스크 내 주소, 보조기억장치에서의 파일 위치, 보조기억장치의 유형
③ 접근 제어 정보, 접근 데이터와 파일의 접근 횟수
④ 생성 날짜와 시간, 삭제 시기와 시간, 최종 수정 날짜와 시간

02 파일 관리 시스템(File Management System)

1. 파일 관리 시스템의 개념

① 운영체제의 주요 구성요소로 파일에 의해 사용되는 자원 관리, 파일의 생성, 삭제, 수정, 접근을 제어하는 소프트웨어를 파일 관리 시스템이라고 한다.
② 파일 관리 시스템은 액세스 방식, 파일 관리, 보조기억장치 관리, 파일 무결성 유지를 담당한다.
③ 액세스 방식(Access Method)은 파일에 저장되어 있는 데이터에 접근하는 방식이다.
④ 파일 관리(File Management)는 파일 저장, 참조, 공유, 보호하는 기법을 제공한다.
⑤ 보조기억장치 관리(Auxiliary Storage Management)는 보조기억장치에 파일 저장 필요 공간을 할당한다.
⑥ 파일 무결성 유지(File Integrity Mechanism)는 파일정보가 소실되지 않도록 보장한다.

2. 디스크 공간 할당

(1) 개념

① 연속 할당은 연속적 가용공간에 파일 저장 공간을 할당한다.
② 불연속 할당은 섹터 또는 섹터로 구성된 블록단위로 공간을 할당한다.

(2) 관리기법

① 연속 할당 기법은 필요한 공간의 크기를 미리 지정한다.
② 불연속 할당 기법은 포인터를 이용한 블록을 연결하는 기법으로 블록체인 기법과 인덱스 블록체인 기법이 있다.
③ 불연속 할당 기법은 블록지향 파일사상 기법이라 할 수 있다.

(3) 장점과 단점

구분	연속 할당	불연속 할당
장점	• 연속레코드 액세스 시 효율적 • 디렉토리 내용 단순	연속 할당의 단편화, 파일 확장 문제 해결
단점	• 단편화 발생으로 주기적 압축(compaction) 필요 • 파일 크기 확장에 대한 대응이 비효율적임	• 파일공간 분산으로 인한 성능 저하 • 포인터 관리를 위한 연산 및 공간 낭비

03 파일 접근 방식

1. 순차 접근 방식(Sequential Access File), 순차 파일

① 입력 데이터의 논리적 순서에 따라 연속적인 물리적 위치에 기록하는 파일 접근 방식이다.

② 주로 순차 접근이 가능한 자기 테이프에서 사용하지만 정보의 구현이 쉽기 때문에 어떤 매체라도 쉽게 사용할 수 있다.

③ **장점** : 파일 구성이 용이, 저장 매체의 효율이 매우 높음, 접근 속도 빠름

④ **단점** : 파일에 새로운 레코드를 삽입/삭제하는 경우 시간이 많이 걸림, 검색 효율이 낮음

2. 직접 접근 방식(Direct Access File), 직접 파일

① 파일을 구성하는 레코드를 임의의 물리적 저장 공간에 직접 기록하는 파일 접근 방식이다.

② 데이터 내의 키 필드를 해싱 사상 함수에 의해 물리적인 주소로 변환하여 데이터를 기록하거나 검색한다.

③ 키에 일정 함수를 적용하여 상대의 레코드 주소를 얻고, 그 주소를 레코드에 저장한다.

④ 레코드는 해싱 사상 함수에 의해 계산된 물리적 주소를 통해 접근이 가능하다.

⑤ 임의 접근이 가능한 자기 디스크나 자기 드럼에 사용한다.

⑥ **장점** : 파일의 각 레코드에 직접 접근하거나 기록할 수 있음, 접근 시간이 빠르고, 레코드의 삽입, 삭제, 갱신이 용이함

⑦ **단점** : 레코드의 주소 변환 과정이 필요하지만 이로 인해 시간이 소요됨, 키 변환법에 따라 공간의 낭비를 가져올 수 있음

3. 색인 순차 파일(Indexed Access Sequential File)

① 각 레코드를 키 값 순으로 논리적으로 저장하고, 시스템은 각 레코드의 실제 주소가 저장된 색인을 관리하는 파일 접근 방식이다.

② 자기 디스크를 저장 매체로 하며, 레코드를 추가하거나 삽입하는 경우 파일 전체를 복사할 필요가 없다.

③ 레코드를 참조하려면 색인을 탐색한 후 색인이 가리키는 포인터(주소)를 사용하여 직접 참조할 수 있다.

④ **장점** : 순차 처리와 임의 처리가 모두 가능, 효율적인 검색, 삭제, 삽입, 갱신이 용이함

⑤ **단점** : 기억 공간이 필요함, 접근 시간이 직접 파일보다 느림

종류	설명
기본 데이터 영역	파일을 구성하는 레코드가 키 값의 순서대로 저장
인덱스 영역	마스터 인덱스, 실린더 인덱스, 트랙 인덱스로 구성
오버플로우 영역	추가 데이터가 기본 영역에 삽입되지 못하는 경우 생기는 공간

4. 분할 파일(Partition File)

① 하나의 파일을 여러 개의 파일로 재구성한 파일로 파일 크기가 큰 경우 사용한다.

② 분할된 파일은 여러 개의 순차 서브 파일로 구성된다.

기출 PLUS 순차 파일과 인덱스 순차 파일   A등급

순차 파일과 인덱스 순차 파일에 대한 설명으로 옳은 것의 총 개수는?   19년 우정사업본부

ㄱ. 순차 파일에서의 데이터 레코드 증가는 적용된 순차 기준으로 마지막 위치에서 이루어진다.

ㄴ. 순차 파일에서는 접근 조건으로 제시된 순차 대상 필드 값 범위에 해당하는 대량의 데이터 레코드들을 접근할 때 효과적이다.

ㄷ. 순차 파일에서의 데이터 레코드 증가는 오버플로우 블록을 생성시키지 않는다.

ㄹ. 인덱스 순차 파일의 인덱스에는 인덱스 대상 필드 값과 그 값을 가지는 데이터 레코드를 접근할 수 있게 하는 위치 값이 기록된다.

ㅁ. 인덱스 순차 파일에서는 인덱스 갱신 없이 데이터 레코드를 추가하거나 삭제하는 것이 가능하다.

ㅂ. 인덱스 순차 파일에서는 접근 조건에 해당하는 인덱스 대상 필드 값을 가지는 소량의 데이터 레코드를 순차 파일보다 효과적으로 접근할 수 있다.

ㅅ. 인덱스를 다중레벨로 구성할 경우, 최하위 레벨은 순차 파일 형식으로 구성된다.

① 2개   ② 3개
③ 4개   ④ 5개

>> ㄴ, ㄷ, ㄹ, ㅂ이 옳은 내용이다.
- ㄱ. 새로운 레코드를 삽입하는 경우 마지막 또는 지정한 위치에 삽입 가능하다. 단, 지정한 위치에 삽입하는 경우 삽입할 위치 이후의 파일을 복사해야 하므로 시간이 걸릴 수 있다(데이터 이동시간이 발생할 수 있지만 지정한 위치에 삽입 가능).
- ㅁ. 인덱스 순차 파일에서는 인덱스 갱신없이 데이터 레코드를 추가하거나 삭제하는 것이 불가능하다(인덱스 갱신 필수).
- ㅅ. 인덱스를 다중레벨로 구성할 경우, 최하위 레벨은 데이터로 구성한다.

>> 순차 파일(Sequential Access File)
- 생성되는 순서에 따라 레코드를 순차적으로 저장하므로 저장 매체의 효율이 가장 높다.
- 입력되는 데이터의 논리적인 순서에 따라 물리적으로 연속된 위치에 기록하는 방식이다.
- 처리속도가 빠르고, 매체의 공간 효율이 좋지만 검색 시 불편하다(처음부터 검색).
- 자기 테이프만 가능하다.

>> 색인 순차 파일(Indexed Access Sequential File)
- 순차처리, 랜덤처리가 가능하다.
- 기본 데이터 영역, 색인 영역, 오버플로우 영역으로 구성한다.
- 실제 데이터 처리 외에 인덱스를 처리하는 추가 시간이 소모되므로 처리속도가 느리다.
- 일반적으로 자기 디스크에 많이 사용한다(자기 테이프 사용 불가).
- 파일에 레코드를 추가하거나 삭제할 때 파일의 전체 내용을 복사하지 않아도 되므로 레코드의 삽입 및 삭제가 용이하다.
- 검색 시 효율적이다.

답 ③

---

04 디스크 스케줄링 기법

1. FCFS(First Come First Served)

① 디스크 대기 큐에 가장 먼저 들어온 트랙에 대한 요청을 먼저 처리하는 기법이다(= FIFO ; First Input First Output).

② 디스크 대기 큐에 있는 트랙 순서대로 디스크 헤드를 이동한다.

③ 도착 순서에 따라 실행 순서가 정해져 있으므로 순서가 변경되지는 않는다.

④ 디스크의 부하가 클 경우 응답 시간이 길어진다.

⑤ FCFS(FIFO) 기법을 사용할 경우 디스크 대기 큐의 작업들을 수행하기 위한 헤드의 이동 순서와 총 이동 거리는?(단, 초기 헤드의 위치는 50이다)

> 대기 큐 : 100, 150, 20, 120, 30, 140, 60, 70, 130, 200

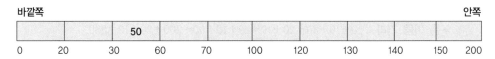

바깥쪽										안쪽
		50								
0	20	30	60	70	100	120	130	140	150	200

- **이동 순서** : $50 \rightarrow 100 \rightarrow 150 \rightarrow 20 \rightarrow 120 \rightarrow 30 \rightarrow 140 \rightarrow 60 \rightarrow 70 \rightarrow 130 \rightarrow 200$
- **총 이동 거리** : $50+50+130+100+90+110+80+10+60+70=750$

2. SSTF(Shortest Seek Time First)

① 탐색 거리가 가장 짧은 트랙에 대한 요청을 먼저 처리하는 기법이다.

② 현재 헤드 위치에서 가장 가까운 거리에 있는 트랙으로 헤드를 이동한다.

③ 가운데 트랙이 안쪽이나 바깥쪽 트랙보다 서비스의 모듈 확률이 높다.

④ 헤드에서 멀리 떨어진 요청은 기아 상태(무한 대기 상태)가 발생할 수 있다.

⑤ 일괄 처리 시스템에는 유용하나 응답 시간의 편차가 크기 때문에 대화형 시스템에는 부적합하다.

⑥ SSTF 기법을 사용할 경우 디스크 대기 큐의 작업들을 수행하기 위한 헤드의 이동 순서와 총 이동 거리는?(단, 초기 헤드의 위치는 50이다)

> 대기 큐 : 100, 150, 20, 120, 30, 140, 60, 70, 130, 200

바깥쪽										안쪽
		50								
0	20	30	60	70	100	120	130	140	150	200

- **이동 순서** : $50 \rightarrow 60 \rightarrow 70 \rightarrow 100 \rightarrow 120 \rightarrow 130 \rightarrow 140 \rightarrow 150 \rightarrow 200 \rightarrow 30 \rightarrow 20$
- **총 이동 거리** : $10+10+30+20+10+10+10+50+170+10=330$

3. SCAN

① 현재 진행 중인 방향으로 가장 짧은 탐색 거리에 있는 요청을 먼저 처리하는 기법이다.

② SSTF의 문제점인 응답 시간의 편차를 극복하기 위해 개발되었다.

③ 헤드는 이동하는 방향의 앞쪽에 I/O 요청이 없을 경우에만 후퇴(역방향)가 가능하다.

④ SCAN 기법을 사용할 경우 디스크 대기 큐의 작업들을 수행하기 위한 헤드의 이동 순서와 총 이동 거리는?(단, 진행 방향은 바깥쪽, 초기 헤드의 위치는 50이다)

> 대기 큐 : 100, 150, 20, 120, 30, 140, 60, 70, 130, 200

바깥쪽										안쪽
		50								
0	20	30	60	70	100	120	130	140	150	200

- **이동 순서** : $50 \rightarrow 30 \rightarrow 20 \rightarrow 0 \rightarrow 60 \rightarrow 70 \rightarrow 100 \rightarrow 120 \rightarrow 130 \rightarrow 140 \rightarrow 150 \rightarrow 200$
- **총 이동 거리** : $20+10+20+60+10+30+20+10+10+10+50=250$

4. C-SCAN

① 항상 바깥쪽에서 안쪽으로 움직이면서 가장 짧은 탐색 거리를 갖도록 처리하는 기법이다.

② 헤드는 트랙의 바깥쪽에서 안쪽으로 한 방향으로만 움직이며, 안쪽보다 기회가 적은 바깥쪽의 시간 편차를 줄인다.

③ 헤드의 바깥쪽이 가운데보다 서비스 기회가 적은 점(SCAN의 단점)을 보완하며, 한쪽 요구를 모두 수용한 후 헤드를 가장 바깥쪽으로 이동시켜 안쪽으로 수행한다(단방향).

④ C-SCAN 기법을 사용할 경우 디스크 대기 큐의 작업들을 수행하기 위한 헤드의 이동 순서와 총 이동 거리는?(단, 진행 방향은 항상 바깥쪽에서 안쪽으로 고정하며, 초기 헤드의 위치는 50이다)

> 대기 큐 : 100, 150, 20, 120, 30, 140, 60, 70, 130, 200

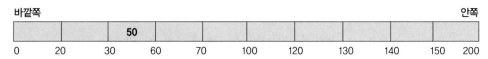

- **이동 순서** : $50 \rightarrow 60 \rightarrow 70 \rightarrow 100 \rightarrow 120 \rightarrow 130 \rightarrow 140 \rightarrow 150 \rightarrow 200 \rightarrow 0 \rightarrow 20 \rightarrow 30$
- **총 이동 거리** : $10+10+30+20+10+10+10+50+200+20+10=380$

기출 PLUS C-SCAN 〔A등급〕

〈보기〉는 0~199번의 200개 트랙으로 이루어진 디스크 시스템에서 큐에 저장된 일련의 입출력 요청들과 어떤 디스크 스케줄링(Disk Scheduling) 방식에 의해 처리된 서비스 순서이다. 이 디스크 스케줄링 방식은 무엇인가? (단, 〈보기〉의 숫자는 입출력할 디스크 블록들이 위치한 트랙 번호를 의미하며, 현재 디스크 헤드의 위치는 트랙 50번이라고 가정한다) 12년 우정사업본부

> **┤보기├**
> - 요청 큐 : 99, 182, 35, 121, 12, 125, 64, 66
> - 서비스 순서 : 64, 66, 99, 121, 125, 182, 12, 35

① FCFS ② C-SCAN
③ SSTF ④ SCAN

>>> • C-SCAN : 64, 66, 99, 121, 125, 182, 12, 35 (바깥쪽에서 안쪽으로 움직이면서 가장 짧은 탐색 거리를 갖도록
　　처리하는 기법으로 방향은 항상 동일)
　• FCFS : 99, 182, 35, 121, 12, 125, 64, 66 (요청 순서대로 진행)
　• SSTF : 64, 66, 35, 12, 99, 121, 125, 182 (가장 짧은 작업부터)
　• SCAN : 64, 66, 99, 121, 125, 182, 35, 12 (엘리베이터 알고리즘)　　　　　　　　답 ②

5. N-Step SCAN

① 진행 도중 도착한 요청을 모아서 다음 방향으로 진행할 때 최적의 서비스를 처리하는 기법이다.
② SCAN의 무한 대기 발생 가능성을 제거한 것으로 특정 방향의 진행이 시작될 경우 대기 중이던
　요청들만 서비스한다.
③ SCAN보다 응답 시간의 편차가 적고, 진행 방향의 요청을 서비스한다.

6. LOOK과 C-LOOK

① **LOOK** : SCAN 알고리즘 기법을 사용하며 디스크 암(Disk Arm : 디스크상에 기억되어 있는 레
　코드에 접근하여 읽고 쓰기 위하여 헤드를 디스크면상의 위치로 이동시키기 위해 사용되는 기구)
　이 디스크의 한 끝에서 시작하여 다른 끝으로 이동하며 가는 길에 있는 모든 요청을 처리한다.
　다른 한쪽 끝에 도달하면 역 방향으로 이동하면서 오는 길에 있는 요청을 처리하기 때문에 엘리
　베이터처럼 왕복하며 처리하므로 엘리베이터(Elevator Algorithm) 스케줄링이라고도 부른다.
② **C-LOOK** : C-SCAN 알고리즘 기법을 사용하며 각 요청에 걸리는 시간을 좀 더 균등하게 하기
　위한 SCAN의 변형이다. SCAN과 같이 C-SCAN은 한쪽 방향으로 헤드를 이동해 가면서 요청을
　처리하지만 한쪽 끝에 다다르면 반대 방향으로 헤드를 이동하며 처리하는 것이 아니라 처음 시
　작했던 자리로 다시 되돌아가서 서비스를 시작한다. C-SCAN 스케줄링 알고리즘은 실린더들을
　마지막 실린더가 처음 실린더와 맞닿은 원형 리스트로 간주한다.

범용 다중사용자 운영체제

01 유닉스의 개요

1. 유닉스(UNIX)의 정의

① AT&T의 벨(Bell) 연구소에서 처음 개발하여 System V로 발전한 후 버클리 대학에서 BSD UNIX로 발전시켰다.

② 워크스테이션(Workstation)급에서 강력한 네트워크 기능을 가지는 마이크로 컴퓨터의 운영체제이다.

③ 대부분의 코드가 C 언어로 기술되어 있는 대화식 시분할 시스템이다.

2. 유닉스(UNIX)의 특징

① 시분할 시스템을 위해 설계된 대화식 운영체제로 강력한 명령어를 제공한다.

② 소스가 공개된 개방형 시스템으로 멀티 유저, 멀티 태스킹을 지원한다.

③ 대부분 C 언어로 작성되어 이식성, 확장성, 개방성이 우수하다.

④ 시스템 구조를 은폐시킬 수 있는 보호 기능을 제공한다.

⑤ 트리 구조의 계층적 파일 시스템, 다중 작업 시스템, 다중 사용자 시스템을 제공한다.

⑥ 사용자는 하나 이상의 작업을 백그라운드에서 수행할 수 있어 여러 개의 작업을 병행 처리할 수 있다.

⑦ 여러 사용자가 동시에 시스템을 사용할 수 있어 정보와 유틸리티를 공유하는 편리한 작업 환경을 제공한다.

3. 유닉스 파일 시스템의 구조

① **부트(Boot) 블록** : 부트스트랩에 필요한 코드를 저장하는 블록으로 시스템이 부팅될 때 사용되는 코드 영역이다.

② **슈퍼(Super) 블록** : 전체 파일 시스템에 대한 정보를 저장하는 블록으로 파일 시스템마다 각각의 슈퍼 블록을 가지고 있다.

③ I-Node 블록 : 각 파일에 대한 정보를 기억하는 자료 구조 블록으로 파일 정보를 기억하는데 레코드로 모든 파일을 표시한다(데이터가 저장된 블록의 시작 주소를 확인).

④ 데이터(Data) 블록 : 실제 데이터가 저장되어 있는 블록으로 파일 내용에 저장되며, 파일과 디렉토리가 있다(디렉토리 엔트리를 보관).

더 알아보기 ⊕

슈퍼 블록과 I-Node 블록의 정보
- 슈퍼 블록에 포함된 정보 : 파일 시스템에 있는 블록의 총 개수, 사용 가능한 I-Node의 개수, 사용 가능한 디스크 블록의 개수, 자유 블록의 비트맵 등이 있다.
- I-Node에 포함된 정보 : 파일 소유자와 그룹 소유자의 식별자, 파일의 접근 허가 및 보호 권한, 파일이 생성된 시간, 파일의 최종 접근 및 수정 시간, 파일 크기, 파일 링크 수, 데이터가 저장된 블록의 주소, 파일 종류(일반 파일, 특수 파일, 디렉토리) 등이 있다.

4. 유닉스 파일 시스템의 유형

(1) 일반 파일

① 실행 가능한 프로그램 파일, 원시 프로그램 파일, 문서 파일 등 사용자가 정의한 그대로의 파일을 디스크 등에 내용이 수록된다.

② 파일 종류로는 Text file, Binary file이 있다.

(2) 디렉토리 파일

① 디렉토리에 포함되어 있는 여러 가지 파일들과 디렉토리에 관한 정보 등을 저장하는 논리적인 영역이다.

② 파일의 위치, 크기, 만들어진 시간, 변경정보 등이 기록되어 있다.

③ 루트디렉토리(/), 실행 파일(/bin), 입출력장치 파일(/dev)이 존재한다.

(3) 특수 파일

① 주변장치 또는 파이프와 소켓 같은 프로세스 간 상호 통신 기법에 해당한다.

② 표준입출력 시스템 호출을 통해 참조, 채널 정보 파일이 특수 파일에 속한다.

③ 문자 특수 파일, 블록 특수 파일이 있다.

(4) 인덱스 노드(I – node)

① 각 파일에 대한 정보를 기억하는 약 120byte의 고정 크기 구조체이다.

② 일반 파일 아이노드, 특수 파일 아이노드가 있다.

5. 파일 보호 방법

① 명령어 "ls -l"을 수행하면 각 파일명, 디렉터리의 접근 허가 상태를 확인할 수 있다.

② 예를 들면, 명령어 "ls -l"을 수행했을 때의 결과가 다음과 같을 경우

> -rwxr-xr-- 2 peter staff 3542 8월 31일 10:00 aaash

일단 각각의 위치마다 정해진 의미는 다음과 같다.

-	rwx	r-x	r--	2	peter	staff	3542	8월 31일 10:00	aaash
type	소유자 권한	그룹 권한	타인 권한	하드 링크 수	소유자명	그룹명	파일크기	최종 수정날짜	파일명

- 파일에 대한 허가 권한은 3비트(bit)씩 끊으면 된다. 즉, 앞에서부터 차례대로 3자리씩 묶어서 "소유자 권한/그룹 권한/타인 권한"을 나타낸다.
- 예에서 "rwx/r-x/r--" 이렇게 나누어 보면 소유자(위에서 peter)는 "rwx" 권한을 갖는다. "r(read, 읽을 수 있음), w(write, 쓸 수 있음), x(execute, 실행할 수 있음)"에서 "peter라는 사용자는 aaash 파일을 읽고(보고), 쓰고(수정하고), 실행할 수 있다."는 의미가 도출된다.
- 그룹(위에서 staff)은 "r-x" 권한을 갖는다. "-"은 권한이 없다는 뜻이며, "staff 그룹 사용자는 aaash 파일을 읽고, 실행할 수 있지만 쓸(수정할) 수는 없다."는 의미가 도출된다.
- 타인은 "r--" 권한을 갖는다. 따라서 "다른 사용자는 aaash 파일을 읽을 수만 있고, 쓰거나 실행할 수는 없다."는 의미가 도출된다.

기출 PLUS UNIX 명령어   B등급

UNIX 명령어 ls -l을 수행했을 때의 결과에 대한 설명으로 알맞지 <u>않은</u> 것은? 08년 우정사업본부

> -rwxr-xr-- 2 peter staff 3542 8월 31일 10:00 aaash

① peter라는 사용자는 aaash 파일을 수정할 수 있다.
② staff 그룹 사용자는 aaash 파일을 실행할 수 있다.
③ aaash 파일은 심볼릭 링크(Symbolic Link)가 2개 있다.
④ 다른 사용자도 이 파일의 내용을 볼 수 있다.

≫ 유닉스 명령어 ls -l는 특정한 파일의 목록을 확인하는 명령이다. aaash 파일은 하드 링크가 2개 있다.

-rwxr-xr	--	2	peter	staff	3542	8월 31일 10:00	aaash
파일 타입	접근 모드	하드 링크 수	사용자명	그룹명	파일 크기	수정 일시	파일명

답 ③

02 유닉스의 내부 구조 및 명령어

1. 커널(Kernel)

① UNIX 시스템의 가장 핵심적인 루틴으로 항상 주기억장치에 상주한다.
② 대부분 C 언어로 개발되어 이식성과 확장성이 우수하다.
③ 하드웨어와 프로그램 간의 인터페이스 역할을 담당하며, 하드웨어를 캡슐화한다.
④ 하드웨어를 보호하고 응용 프로그램(사용자)들에게 서비스를 제공한다.
⑤ 프로세스 관리, 기억장치 관리, 메모리 관리, 네트워크 관리, 입출력 관리, 파일 시스템 관리, 프로세스 간의 통신 등을 수행한다.
⑥ 커널의 크기는 작지만 사용자는 시스템 호출을 이용하여 커널 기능을 사용할 수 있다.

2. 셸(Shell)

① 사용자 요구를 분석하여 서비스를 실행하는 명령어 해석기 역할을 한다.
② 시스템과 사용자 간의 인터페이스를 담당하며, 사용자 명령어로 프로그램을 호출한다.
③ 항상 보조기억장치에 상주하지만 주기억장치로 교체되어 실행된다.
④ 도스의 COMMAND.COM과 같은 역할을 수행하며, 사용자가 로그인(Login)할 때 가장 먼저 수행된다.
⑤ 단말 장치로부터 받은 명령을 커널로 보내거나 해당 프로그램을 작동시킨다.
⑥ 종류로는 Bourn Shell, Kernel Shell, C Shell 등이 있다.

3. 유틸리티(Utility)

① 사용자의 편의를 위한 프로그램으로 DOS의 외부 명령어와 유사하다.
② 문서 편집기, 컴파일러, 언어 번역 프로그램, 정렬 프로그램 등이 있다.

4. 유닉스의 주요 명령어

(1) 파일 관리 호출 명령어

① **access** : 파일의 접근 가능성을 결정한다.
② **chgrp** : (Change Group) 파일의 그룹명을 변경한다.
③ **chmod** : 파일에 대한 액세스 권한을 설정하여 파일의 사용 허가를 지정한다.

④ **chown** : (Change Owner) 파일의 소유권을 변경한다.

⑤ **close** : FCB(File Control Block)를 닫는다.

⑥ **creat** : 파일을 생성하거나(Create의 개념) 다시 기록한다.

⑦ **dup** : open FCB를 복사한다.

⑧ **fsck** : 파일 시스템을 일관성 있게 검사하고, 대화식으로 복구(무결성 검사)한다.

⑨ **mkfs** : 파일 시스템을 구성한다.

⑩ **open** : FCB(File Control Block)를 연다.

(2) 디렉터리 관리 호출 명령어

① **pwd** : 현재 작업 중인 디렉터리 경로를 화면에 출력한다.

② **brk** : 데이터 세그먼트 크기를 변경한다.

③ **chdir** : (Change Directory) 디렉터리를 변경한다.

④ **mkdir** : (Make Directory) 디렉터리를 생성한다.

⑤ **mknod** : 특수 파일을 만든다.

⑥ **mount** : 기존 파일 시스템에 새로운 파일 시스템을 서브 디렉터리에 연결한다.

⑦ **rmdir** : 비어있는 디렉터리를 삭제한다.

⑧ **umount** : 파일 시스템에서 서브 디렉터리를 해제한다.

(3) 프로세스 관리 호출 명령어

① **exec** : 새로운 프로그램을 수행하기 위한 시스템을 호출한다.

② **exit** : 프로세스 수행을 종료한다.

③ **fork** : 새로운 프로세스를 생성(프로세스 복제), 자식 프로세스를 생성한다.

④ **getpid** : 자신의 프로세스 아이디를 얻는다.

⑤ **getppid** : 부모 프로세스 아이디를 얻는다.

⑥ **kill** : 프로세스를 제거한다.

⑦ **preemption** : 프로세스의 자원 사용 권한을 선점한다.

⑧ **ps** : 프로세스의 현재 상태를 출력한다.

⑨ **signal** : 신호를 받았을 때 프로세스가 할 일을 지정한다.

⑩ **sleep** : 프로세스를 일정 기간 중단한다.

⑪ **uname** : 현재 운영체제의 버전 정보 출력한다.

⑫ **wait** : 하위 프로세스 중의 하나가 종료될 때까지 상위 프로세스를 임시 중지한다.

⑬ **&** : 백그라운드 작업을 지시한다.

(4) 프로세스 간 통신 호출 명령어

① **abort** : 비정상적인 프로세스를 종료한다.

② **finger** : 로그인 중인 유저의 정보를 표시한다.

③ **mail** : 편지를 읽는다.

④ **pipe** : 프로세스 간 통신 경로를 설정하여 프로세스 간 정보 교환이 가능하도록 한다.

⑤ **semget** : 세마포어를 읽는다.

(5) 범용 명령어

① **cat** : 파일 내용을 화면에 출력한다.

② **cp** : 파일 내용을 복사한다.

③ **df** : 각 파일 시스템의 디스크 블록 수, 사용 중인 I-node 수, 사용 가능한 I-node 수를 출력한다.

④ **diff** : 파일의 차이를 비교하여 출력한다.

⑤ **du** : (disk usage) 디스크 공간에 대해 정보 사용자가 지정한 파일 혹은 디렉토리에 대해 사용 중인 디스크 용량을 출력한다.

⑥ **grep** : 파일을 찾는다.

⑦ **lp** : 파일의 하드 카피를 만들기 위해 프린터에 파일의 복사본을 보낸다.

⑧ **ls** : 현재 디렉토리의 파일 목록을 표시한다.

⑨ **man** : 명령어에 대한 설명을 출력한다.

⑩ **mkfs** : (make file system) 파일 시스템을 만든다.

⑪ **mv** : (move) 파일을 이동시키거나 이름을 변경한다.

⑫ **rm** : 파일을 삭제한다.

03 리눅스의 개요

1. 리눅스의 등장배경

① 1991년 핀란드 헬싱키 대학의 리누스 토발즈(Linus Benedict Torvalds)라는 학생에 의해 개발된 운영체제로 초기에는 Minix 운영체제의 확장판으로 개발되었다.

② 유닉스를 기반으로 개발한 공개용 운영체제로 대형시스템·이하의 소형시스템에서도 운영 가능한 운영체제 도입이 요구되었다.

2. 리눅스 운영체제의 정의

① 여러 사용자가 동시에 접속하여 시스템을 사용할 수 있는 다중 사용자(멀티유저)와 다중 프로세서를 지원하는 다중 작업 운영체제(멀티태스킹 운영체제)이다.

② 유닉스에 상응하는 강력한 운영체제로 이식 가능 운영체제 인터페이스(POSIX)표준을 도입한 운영체제이다.

③ 소유권에 대한 문제가 없는 코드로 GNU(Gnu is Not Unix)이다.

④ 공개라이센스 정신(GPL ; General Public License)에 의거 자유롭게 배포 가능한 운영체제이다.

3. 리눅스의 특징

① **완벽한 멀티태스킹** : 안정된 환경에서의 프로그램 수행이 가능하고 백그라운드 작업이 용이하다.

② 가상메모리 기법인 페이징 기법으로 보다 많은 메모리 지원이 가능하여 소형 시스템 운영이 가능하다.

③ GUI환경으로 구성된다. POSIX(이식 가능 운영체제 인터페이스) 기반의 X-Window의 사용이 가능하다.

④ 유닉스 기반 운영체제로는 가장 많은 수의 하드웨어 지원이 가능하다.

⑤ 비 유닉스 계열 운영체제보다는 안정성이 높고 보안성도 뛰어나다.

⑥ 작은 사이즈와 안정성, 효율성이 높아 임베디드 시스템의 운영체제로 활용이 가능하다.

⑦ 단일형(Monolithic, 모놀리틱) 커널의 구조 방식이다(마이크로 커널 방식이 아님).

⑧ 리눅스 커널 2.6 버전의 스케줄러는 임의의 프로세스를 선점할 수 있으며, 우선순위 기반 알고리즘이다.

⑨ 윈도우 파일 시스템인 NTFS와 저널링 파일 시스템인 JFFS를 지원한다. 즉, 데이터를 저장하는데 필요한 여러 종류의 파일 시스템을 지원한다(FAT12, FAT32, NTFS, JFFS).

⑩ 인터넷을 통해 프로그램 소스 코드를 무료로 공개하여 사용자가 원하는 특정 기능을 추가할 수 있을 뿐만 아니라 어느 플랫폼에도 포팅이 가능하다.

⑪ 커널 버전은 안정 버전과 개발 버전으로 구분할 수 있다.

⑫ 인터넷의 모든 기능을 지원하며, 신뢰성과 최고의 성능을 보장한다.

⑬ CUI(Character User Interface) 및 GUI(Graphical User Interface)를 지원한다.

⑭ UNIX를 기반으로 일반 PC에서도 사용이 가능하다.

⑮ 사용자들에게 가장 중요한 유틸리티인 셸(Shell)을 제공한다.

4. 리눅스 파일 시스템의 구조

(1) 구조 개념도

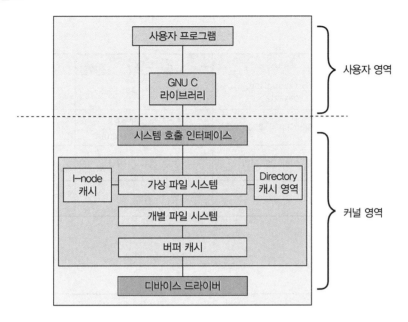

(2) 리눅스 파일 시스템 구성

① **사용자 영역** : 사용자 프로그램이 있고 유닉스의 셸 역할을 하는 인터페이스를 제공해주는 영역이다.

② **커널 영역**

ⓐ 운영체제의 관리 모듈이 포함되어 있는 영역으로 시스템 호출을 통해 사용자 영역과 접근한다.

ⓑ 가상 파일 시스템, 개별 파일 시스템, 버퍼 캐시, 디바이스 드라이버, I-node 캐시, Directory 캐시로 이루어진다.

04 대표적인 운영체제 간 비교

1. 환경 기준 비교

구분	Linux	Unix	NT
실행환경 모델	C/S Computing, 객체 지향	호스트 중심, 단말 컴퓨터	C/S Computing, 객체 지향
기본 사용환경	다중 사용자 환경	다중 사용자 환경 -Dummy, X-Terminal	범용 Workstation의 사용자를 서버에 연결
사용 플랫폼	중형 이하 PC 서버	중형 컴퓨터 이상	중형 이하 PC 서버
운영체제 기반	커널	커널	마이크로 커널

2. 특징 기반 비교

구분	Linux	Unix	NT
주요 용도	Internet Server	기간 MS 시스템	File Server, Internet Server
사용자 인터페이스	불편	CDE (Common Desktop Environment)	우수 (Windows Interface)
가격	저가	고가	고가
응용 S/W	적음	보통	많음
소스코드	공개	비공개	비공개
특징	• 적은 이용으로 구축 가능 • 소스코드 공개 • 진정한 Multi Tasking • Real Time Pageload • 완벽한 Unix 호환	• OSF의 DCE RPC 표준과 호환 • 분산된 자원의 공유 능력 탁월 • 다양한 DB 지원 • 강력한 TCP/IP 네트워킹	• OS와 API의 명확한 통제 • 강력한 파일 시스템 • Winodw Interface로 PC와 동일 • Window 2000으로 버전 업 됨

리눅스 운영체제에 대한 설명으로 알맞지 <u>않은</u> 것은?　08년 우정사업본부

① 리눅스는 마이크로 커널(Micro Kernel) 방식으로 구현되었으며, 커널 코드의 임의의 기능들을 동적으로 적재(Load)하여 사용할 수 있다.

② 리눅스 커널 2.6 버전의 스케줄러는 임의의 프로세스를 선점할 수 있으며, 우선 순위 기반 알고리즘이다.

③ 리눅스 운영체제는 윈도우 파일 시스템인 NTFS와 저널링 파일 시스템인 JFFS를 지원한다.

④ 리눅스는 다중 사용자와 다중 프로세서를 지원하는 다중 작업형 운영체제이다.

≫ 리눅스는 마이크로 커널(Micro Kernel) 방식이 아니라 단일형(Monolithic, 모놀리틱) 커널 방식이다.

답 ①

08 전용 운영체제

01 임베디드 운영체제

1. 임베디드 운영체제 개요

(1) 임베디드 운영체제 정의

① 특별한 하드웨어를 제어하는 시스템인 임베디드 시스템용 운영체제이다.

② 전력이 낮고 신뢰성이 높고 작고 경량화한 운영체제이다.

(2) 임베디드 운영체제 특징

특징	설명
저 전력	소형 시스템의 작은 용량 배터리를 이용해 장시간 기능 수행이 가능하도록 저 전력 기능이 요구된다.
고 신뢰성	특수 목적으로 사용되므로 정해진 시간 내 정확한 결과를 얻도록 만든다.
소형 경량화	작은 용량의 기기에 맞도록 설계되어야 하기 때문에 각 기기의 특성에 맞게 가볍고 효율적으로 설계된다.
낮은 가격	임베디드 시스템은 하드웨어가 그 비용의 대부분을 차지하고 운영체제는 저렴하다.

2. 대표적인 임베디드

(1) Window ce

① 기존의 윈도우 인터페이스에 모바일 네트워크 기능을 강화하여 가전제품, PDA, 자동차 셋톱박스 등에 탑재될 운영체제를 생산한다.

② 네트워크 기능을 보면 적외선 통신, 데스크 탑과 오토 싱크 PCS나 셀룰러 폰을 이용한 웹 브라우징 능력을 구비한다.

③ 개발이 용이하나 완전한 실시간 운영체제는 아니다.

④ 32bit 윈도우 운영체제와 호환이 가능하다.

⑤ TCP, PPP, IrDA 프로토콜로 다른 시스템에 연결이 쉽다.

(2) 임베디드 리눅스

① 임베디드 시스템에 리눅스가 포팅되어 출시된 제품이다.

② AMR 코어는 CPU로 쓰는 시스템에 리눅스를 포팅하여 만든 제품으로 강한 ARM 시스템에 포팅한 사례이다.

③ 무료라는 비용 절감 요소로 많이 사용된다.

(3) 임베디드 자바

① 선(SUN) 사에서 제공하는 JAVA를 이용한 운영체제이다.

② 임베디드 환경에 맞는 개발환경을 제공, 웹 기반의 환경에 우수하다.

③ 스크린 폰, 셋톱박스 등을 중심으로 사용된다.

---

02 보안(Secure) 운영체제

1. 안전한 시스템을 보장하는 보안 운영체제의 개요

(1) 보안 운영체제의 개념

① 컴퓨터 운영체제 상에 내재된 보안상의 결함으로 발생 가능한 각종 해킹으로부터 시스템을 보호하기 위하여 기존의 운영체제 내에 보안 기능을 통합시킨 보안 커널을 추가로 이식한 운영체제이다.

② 보안계층을 파일 시스템과 디바이스, 프로세스에 대한 접근권한 결정이 이루어지는 운영체제의 커널 레벨로 낮춘 차세대 보안 솔루션이다.

③ 컴퓨터 사용자에 대한 식별 및 인증, 강제적 접근 통제, 임의적 접근 통제, 재사용 방지, 침입 탐지 등의 보안 기능 요소를 갖춘 운영체제이다.

(2) 보안 시스템의 한계

① 애플리케이션 수준 보안만 가능하다.

② 시스템의 버그, 알려진 공격만 탐지하는 침입 탐지 시스템(IDS)으로 차단이 어렵다.

시대에듀 | www.sdedu.co.kr

(3) 보안 운영체제 목적

구분	설명
안정성	중단 없는 안정적인 서비스 지원을 가능하게 한다.
신뢰성	중요 정보에 대해 안전한 보호를 통한 신뢰성 확보가 가능하다.
보안성	주요 핵심 서버에 대한 침입 차단 및 통합 보안 관리가 가능하다.
	안전한 운영체제 기반의 서버보안 보호대책을 마련한다.
	버퍼 오버플로, 인터넷 웜 등 다양해지는 해킹 공격을 효과적으로 방어할 수 있는 서버 운영환경을 구축한다.

2. 보안 운영체제 필수 보안 요소

(1) 식별 및 인증

① 시스템 사용을 인식·식별한다.

② 사용자 신분과 유일성을 보장하는 인증을 한다.

(2) 접근제어

① 소유자가 다른 사용자에게 권한을 부여할 수 있는 임의적 접근제어(DAC) 기반이다.

② 사용자들이 관리자에 의해 권한을 부여받는 강제적 접근제어(MAC) 기반이다.

③ 주어진 역할에 대해서만 접근할 수 있는 역할기반(RBAC) 접근제어이다.

④ 완전한 중재 및 조정을 하고 자원 재사용에 대해 제한한다.

(3) 감사

① 감사하여 기록한다.

② 감사기록을 축소한다.

(4) 시스템 관리

① 침입을 탐지하고 공격 탐지 시 차단한다.

② 안전한 경로를 제공한다.

3. 보안 운영체제의 주요 기능

(1) 보안 커널 변경 방지

① 보안 커널의 관리기능과 시스템의 분리

② 시스템의 Root 권한으로 접근하더라도 보안 커널의 변경 방지

136 PART 02 | 운영체제 일반

(2) 사용자 인증 및 계정관리

① Root의 기능 제한 및 보안 관리자와 권한 분리

② 계정의 패스워드 관리 및 유효기간 관리, 사용자별 SU 권한 제어

③ Login 시 사용자 권한 부여 및 해킹에 의한 권한 변경 금지

④ PAM/LAM 인증 지원, 서비스별로 보안인증 제어 기능

⑤ 미사용 계정의 사용 제한, 암호 갱신 기간 제한, 과거 암호 재사용 제한, 암호 규칙 제한, 암호 오류 횟수 제한, 로그인 시간대 제한, 사용자 상세 정보 및 옵션 지원, 계정 관련 보고서

(3) 해킹방지(Anti-Hacking)

① BOF, Format String, Race Condition, Process Trace, Root Shell 등의 해킹 기법에 대한 직접적 대응, Remote/Local Attack 대응, 알려지지 않은 Worm 대응

② 해킹의 즉각적 탐지/실시간 차단/실시간 경보

(4) 시스템 리소스 관리

① **시스템 정보** : CPU/디스크/메모리/네트워크/OS 정보 조회, 네트워크 설정(Host, DNS, IP등) 상태, 인터넷 서비스 내역 조회 등

② **시스템 상태** : 계정 정보, 사용자별 시스템 사용 내역, 파일시스템/프로세스 상세 정보, 열려 있는 네트워크 포트에 대한 상세 정보

(5) 강제적 접근제어

① Role Based Access Control에 의한 정확하고 쉬운 정책 설정

② 주체와 객체에 대한 보안 그룹화 및 Role 명시, 정책 검색 기능

③ 모든 접근제어 설정에 대하여 개별적/전체적으로 사전 탐지 기능(테스트 모드)

(6) 네트워크 제어

네트워크 접속/경유에 대한 서비스별, 사용자별, IP별 또는 복합적인 주체 설정 등 다양한 제어 설정/조회(IPv6 지원)

(7) 통합 집중 관리

① Unix, Windows 계열 구분 없는 이 기종 서버의 그룹화 및 통합관리

② 서버의 보안정책을 Copy/Paste 형식으로 이식/확대적용 가능

③ 서버 그룹별 통합 레포팅 기능, 기존 ESM 연동 기능 등

④ Shell Script 형식의 일괄 보안설정 기능, 로그 백업 기능, 도움말 기능 등

4. 보안 운영체제 설계 및 제작

(1) 보안 운영체제 설계원리

① **권한 부분** : 최소 권한, 접근 권한, 권한 분리 원칙이다.

② **설계 메커니즘** : 보호 메커니즘의 경제성, 개방형 설계, 최소 공통 메커니즘이다.

③ **사용 부분** : 완전한 중재 및 조정, 사용 용이성이 필요하다.

(2) 제작 방법

① 전통적 운영체제의 설계 개념을 사용하며, 일반 운영 체제에 내재된 보안 문제점 해결을 위한 설계이다.

② 민감한 오퍼레이션을 안쪽에 배치하여 안정성을 높이는 계층형 설계방식이다.

(3) 직접 수정 제작방식 운영체제 커널

① OS의 제조사나 OS의 라이센스를 보유한 제조자가 OS커널을 수정하여 배포한다.

② OS 패치 시 보안기능을 강화한 신뢰할 수 있는(Trusted OS) 운영체제이다.

(4) LKM(Loadable Kernel Mode) 제작 방식 운영체제

① OS 라이센스를 가진 보안업체가 커널에 보안기능을 추가하는 방식이다.

② OS 이외 네트워크 보안 솔루션과 결합이 쉽다.

③ OS와 보안 운영체제 접근권한이 분리된다.

5. 보안 운영체제 제작 공정

① 보안 정책(Security Policy)을 세운다.

② 보안 모델(Security Model)을 결정한다.

③ 보안 메커니즘(Security Mechanism)을 설계한다.

④ 프로세스에 부여된 최소한의 권한만을 수행하도록 통제한다.

출제 비중 체크!

※ 계리직 전 8회 시험(2008~2021) 기출문제를 기준으로 정리하였습니다.

스프레드
시트

컴퓨터구조 일반

프로그래밍
언어

운영체제 일반

소프트웨어 공학

자료 구조

정보통신과
인터넷

데이터베이스 일반
11.3%

PART

03 | 데이터베이스 일반

I wish you the best of luck!

우정사업본부 지방우정청 9급 계리직

컴퓨터일반

데이터베이스의 개요

01 정보 시스템

1. 정보 시스템의 개념

① 정보 시스템(Information System, IS)은 기업이나 조직체에 필요한 자료(Data)를 수집, 저장해 두었다가 필요 시 처리해서 의사 결정에 유용한 정보를 생성하고 분배하는 수단이다.

② 사용하는 목적에 따라 경영 정보 시스템, 군사 정보 시스템, 인사 행정 정보 시스템, 의사 결정 지원 시스템 등으로 나눈다.

2. 자료와 정보의 구별

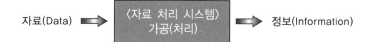

자료(Data) ➡ 〈자료 처리 시스템〉 가공(처리) ➡ 정보(Information)

(1) 자료(Data)

① 현실 세계에서 관찰이나 측정을 통해 수집한 단순한 사실이나 결과값이다.

② 처리되지 않은 데이터로 가공하지 않은 있는 그대로의 모습을 의미한다.

(2) 정보(Information)

① 의사 결정의 수단으로 사용될 수 있는 유용한 지식으로 자료(Data)를 가공(처리)해서 얻을 수 있는 결과물이다.

② 자료에 대한 분석을 통해 얻은 지식으로 의사 결정에 유용하다.

(3) 자료 처리 시스템(Data Processing System)

정보 시스템이 사용할 자료를 처리하는 보조 시스템(서브 시스템)으로 처리 형태에 따라 일괄 처리 시스템, 온라인 실시간 처리 시스템, 분산 처리 시스템으로 분류된다.

① **일괄 처리 시스템(Batch Processing System)** : 데이터가 발생하면 바로 처리하지 않고, 자료들을 모았다가 일괄적으로(한꺼번에) 처리하는 시스템으로 전화 요금, 급여 계산, 세무 처리, 연말 결산 등 일정한 시점(월말, 연말 등)에서 처리하는 업무 형태에 적합하다(시스템 중심 처리 방식).

② **온라인 실시간 처리 시스템(On-Line Real Time Processing System)** : 데이터가 발생하면 실시간으로 바로 처리하는 시스템으로 좌석 예약, 은행 입출금, 온라인 상품 구입 등 실시간 처리 업무 형태에 적합하다(사용자 중심 처리 방식).

③ **분산 처리 시스템(Distributed Processing System)** : 지리적으로 분산되어 있는 처리기를 통신 네트워크로 연결하여 하나의 시스템을 사용하는 것처럼 운영 처리하는 시스템으로 분산되어 있는 업무를 효과적으로 처리할 수 있다.

(4) 데이터웨어 하우스(Dataware House)

① 조직이나 기업체의 주요 업무 시스템에서 추출되어 새롭게 생성된 데이터베이스로 의사 결정 지원 시스템을 지원하는 주체적, 통합적, 시간적 데이터의 집합체를 말한다.

② 사용자의 의사 결정에 도움을 줄 수 있는 다양한 운영 시스템에서 추출, 변환, 통합, 요약된 데이터베이스의 저장소이다.

③ 정보 시스템을 운영하기 위해 업무 중 발생한 다양한 데이터를 한데 모아놓은 것이다.

---

02 데이터베이스의 개념

1. 데이터베이스(Database)의 정의

① **통합된 데이터(Integrated Data)** : 자료의 최소 중복을 배제한 데이터의 모임이다.

② **저장된 데이터(Stored Data)** : 컴퓨터가 쉽게 접근할 수 있도록 저장 매체에 저장된 자료이다.

③ **운영 데이터(Operational Data)** : 조직에서 고유 기능을 수행하기 위해 반드시 유지해야 할 데이터, 조직의 존재 목적이나 기능을 수행하는 데 반드시 필요한 데이터의 집합이다.

④ **공용 데이터(Shared Data)** : 여러 응용 시스템이 공동으로 소유하고, 유지하는 자료이다.

2. 데이터베이스(Database)의 특성

① **실시간 접근성(Real Time Accessibility)** : 수시적이고 비정형적인 질의(조회)에 대하여 실시간 처리(Real Time Processing)에 의한 응답이 가능하다.

② **계속적인 변화(Continuous Evolution)** : 데이터베이스는 새로운 데이터의 삽입(Insertion), 삭제(Deletion), 갱신(Update)을 통해 현재의 정확한 자료를 유지하면서 변화하는 동적인 상태이며, 항상 최신의 데이터를 유지한다.

③ **동시 공용(Concurrent Sharing)** : 다수의 사용자가 동시에 자기가 원하는 데이터를 이용할 수 있다.

④ **내용에 의한 참조(Content Reference)** : 데이터를 참조할 때 데이터 주소나 위치에 의해서가 아니라 사용자가 요구하는 데이터 값(내용)으로 데이터를 찾는다.

3. 데이터베이스(Database)의 장점과 단점

장점	단점
• 최신 정보 이용과 데이터 처리 속도 증가 • 데이터 중복의 최소화와 데이터 공유의 표준화 • 데이터의 일관성과 보안성 유지	• 규모가 방대하여 구축이 힘듦 • 구축에 많은 비용이 소요

4. 데이터베이스 시스템

(1) 데이터베이스 시스템의 개념

데이터를 database에 저장하고 관리하고 필요한 정보를 실시간 처리하는 시스템

(2) 데이터베이스 시스템의 구성 요소

구성 요소	설명
Database	여러 응용시스템이 공용하기 위해 최소 중복으로 통합, 저장된 운영 데이터의 집합
Database 언어	• 사람과 시스템의 인터페이스를 제공하는 도구 • DML(Data Manipulation Language)/DDL(Data Definition Language)
사용자	• 데이터베이스 관리자(DBA) • 데이터베이스 응용 프로그래머(Developer)/사용자(End User)
DBMS	• Database Management System • 데이터베이스를 구축하고 이용하는 기능을 제공하는 시스템 S/W

03 데이터베이스 관리 시스템(DBMS)

1. DBMS(DataBase Management System)의 정의

① 사용자와 데이터베이스 사이에서 사용자의 요구에 따라 정보를 생성해 주고, 데이터베이스를 관리해 주는 소프트웨어이다(데이터베이스를 운용하는 소프트웨어).
② 기존 파일 시스템이 갖는 데이터의 종속성과 중복성 문제를 해결하기 위해 제안된 시스템이다.
③ 응용 프로그램과 데이터의 중재자로서 모든 응용 프로그램들이 데이터베이스를 공유할 수 있도록 관리한다.
④ 데이터베이스의 구성, 접근 방법, 유지 관리에 대한 모든 책임을 진다.

2. DBMS의 필수 기능(기본 기능)

① **정의(Definition)** : 데이터의 논리적/물리적 구조 변환이 가능하도록 사상(Mapping)을 명시하는 기능으로 응용 프로그램과 데이터베이스 간의 인터페이스를 제공한다.

② **조작(Manipulation)** : 사용자의 요구에 따라 검색, 갱신, 삽입, 삭제 등을 지원하는 기능으로 사용자와 데이터베이스 간의 인터페이스를 제공한다.

③ **제어(Control)** : 데이터베이스의 내용을 정확하고, 안전하게 유지하는 기능으로 데이터 무결성 유지, 보안 유지와 권한 검사, 병행 수행 제어 등을 제공한다.

3. DBMS의 장점과 단점

DBMS의 장점	DBMS의 단점
• 데이터의 중복을 피할 수 있음 • 저장된 자료를 공동으로 이용할 수 있음 • 데이터의 논리적 독립성과 물리적 독립성이 보장됨 • 데이터의 일관성과 무결성을 유지할 수 있음 • 보안을 유지할 수 있음 • 데이터를 표준화할 수 있음 • 데이터를 통합하여 관리할 수 있음 • 항상 최신의 데이터를 유지함 • 데이터의 실시간 처리가 가능함	• 데이터베이스의 전문가 부족 • 전산화 비용이 증가함 • 대용량 디스크로의 집중적인 접근으로 과부하(Overhead)가 발생함 • 파일의 예비(Backup)와 회복(Recovery)이 어려움 • 시스템이 복잡함

4. DBMS의 궁극적 목적

① **논리적 데이터의 독립성(Logical Data Independence)** : 응용 프로그램과 데이터베이스를 독립시킴으로써 데이터의 논리적 구조를 변경시키더라도 응용 프로그램은 변경되지 않는다. 개별 사용자나 응용 프로그램의 데이터 관점을 변경하지 않고, 전체 데이터베이스의 논리적 구조를 변경할 수 있다.

② **물리적 데이터의 독립성(Physical Data Independence)** : 응용 프로그램과 보조기억장치 같은 물리적 장치를 독립시킴으로써 데이터베이스 시스템의 성능 향상을 위해 새로운 디스크를 도입하더라도 응용 프로그램에는 영향을 주지 않고, 데이터의 물리적 구조만을 변경한다. 물리적인 파일 구조를 변경하더라도 개념적 스키마는 영향을 받지 않는다.

③ 데이터베이스의 구조 정의, 시스템의 보안 유지, 데이터의 무결성 관리, 다양한 액세스 제공, 데이터의 저장 및 유지 보수, 다중 사용자의 병행 수행 제어, 질의문의 변환 등을 목적으로 한다.

5. DBMS의 유형

구분	RDBMS	OODBMS	ORDBMS
저장 자료	문자형 데이터 위주	데이터와 연관 프로그램 (메소드) 저장	데이터와 연관 프로그램 (메소드) 저장
자료 모델	• 테이블 구조관계 • 기본키(Primary Key)	• 엔터키 간 포인팅 방식 • 객체식별	RDBMS+OODBMS
지원 자료형	미리 정의된 일반정보 타입만 지원	비정형 객체타입 지원	사용자 정의 및 비정형 객체타입 지원
DB 엑세스 방식	SQL 질의어 사용	OQL (Object Query Language)	SQL 확장 질의어 사용 (SQL3)
장점	시스템의 안정성과 대규모 트랜잭션 처리	• 복잡 비정형 데이터 모델 적용 • GIS 분야에 적용	관계형의 안정성과 객체 지향 모 델의 복합적 요소 모델 적용
단점	복잡한 정보수용을 위한 모델 적용이 제한적임	데이터베이스 기본기능이 미약하 여 안정성 및 성능 검증 미흡	표준화가 되어 있지 않음

04 **기존 파일 처리 방식의 문제점**

1. 데이터 종속성으로 인한 문제점

① 응용 프로그램과 데이터 파일이 상호 의존적인 관계이다.
② 데이터 파일이 하드 디스크와 같은 보조기억장치에 저장되는 방법이나 저장된 데이터의 접근
   방법을 변경할 때는 응용 프로그램도 같이 변경해야 한다(데이터 독립성과 반대의 개념).

2. 데이터 중복성으로 인한 문제점

① **일관성** : 중복된 데이터 간 내용이 일치하지 않는 상황이 발생하여 일관성이 없어진다.
② **보안성** : 중복되어 있는 모든 데이터에 동등한 보안 수준을 유지하기 어렵다.
③ **경제성** : 저장 공간의 낭비와 동일한 데이터의 반복 작업으로 비용이 증가한다.
④ **무결성** : 제어의 분산으로 인해 데이터의 정확성을 유지할 수 없다.

3. 데이터베이스의 등장 이유

① 데이터의 종속성과 중복성을 배제한다.

② 여러 사용자가 데이터를 공유해야 할 필요가 있다.

③ 실시간으로 데이터를 처리하기 위해 사용한다.

④ 삽입, 삭제, 갱신 등을 통해서 현재의 데이터를 동적으로 유지한다.

⑤ 물리적인 주소가 아닌 데이터 값에 의한 검색을 수행한다.

⑥ 데이터의 수시적인 구조 변경에 대해 응용 프로그램을 매번 수정하는 번거로움을 줄인다.

4. 파일시스템과 데이터베이스 특성 비교

특성	파일 시스템	데이터베이스
무결성	응용 프로그램에 의존적	데이터베이스 제약조건(PK, FK 등)
중복성	동일한 정보가 다수의 파일에 관리	정규화 과정을 통한 중복 지양
접근성	• 응용 프로그램을 통한 파일에 관리 • 사용자의 직접 작업은 불편함과 많은 작업 시간 소요	SQL 등 간편한 데이터 검색 및 조작

05 데이터 독립성(스키마와 3계층)

1. 스키마의 개요

(1) 스키마(Schema)의 정의

① 데이터베이스의 구조(개체, 속성, 관계)와 제약 조건에 관한 전반적인 명세(Specification)를 기술(Description)한 메타 데이터(Meta-Data)의 집합이다.

② 데이터베이스를 구성하는 데이터 개체(Entity), 속성(Attribute), 관계(Relationship) 및 데이터 조작 시 데이터 값들이 갖는 제약 조건 등에 관해 전반적으로 정의한다.

③ 데이터 사전(Data Dictionary)에 저장되며, 사용자의 관점에 따라 외부 스키마, 개념 스키마, 내부 스키마로 나뉜다.

(2) 스키마(Schema)의 특징

① 현실 세계의 특정한 부분에 대한 표현으로 특정 데이터 모델을 이용하여 작성한다.

② 데이터의 구조적 특성을 의미하며, 인스턴스에 의해 규정한다.

③ 시간에 따라 불변하고, 데이터베이스의 구조를 설명한 데이터로 소프트웨어는 아니다.

④ 스키마 변환의 원칙으로는 분해의 원칙, 정보의 무손실 원칙, 데이터 중복 감소의 원칙 등이 있다.

2. 데이터 독립성 개요

(1) 데이터 독립성(Data Independence)의 정의

① 하위 단계의 데이터의 논리적, 물리적 구조가 변경되어도 상위 단계에 영향을 미치지 않도록 구성하는 데이터베이스 규정이다.

② 미국 표준 협회(ANSI) 산하의 특별 연구 분과 위원회에서, 1978년 DBMS와 그 인터페이스를 위해 제안한 3-스키마 아키텍처(Three-Schema Archtiecture)이다.

(2) 데이터 독립성의 필요성

① 데이터베이스에 대한 사용자의 뷰(View)와 DB의 구현 뷰(View)를 분리하여, 변경에 따른 영향을 줄여야 한다.

② 각 창의 독립성 유지, 계층별 창에 영향을 주지 않고 변경할 수 있어야 한다.

③ 각 스키마에 따라 DDL(데이터 정의어), DML(데이터 조작어)가 달라야 한다.

3. 데이터 독립성의 아키텍처와 독립성의 종류

(1) 데이터 독립성의 아키텍처

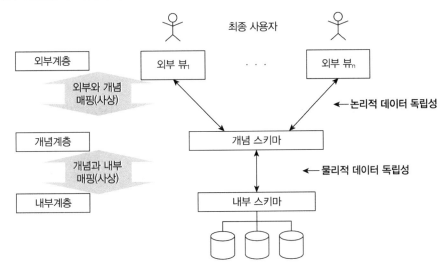

(2) 데이터 독립성 종류

독립성	내용	목적
논리적 독립성 (논리적 구조 사상)	• 데이터베이스의 논리적 구조를 변경시키더라도 기존 응용 프로그램에 영향을 주지 않는다. • 응용 프로그램과 자료구조를 독립시킨다. • 데이터베이스 관리시스템이 하나의 논리적 데이터 구조를 가지고 많은 응용 프로그램이 각각 요구하는 다양한 형태의 논리적 구조로 사상(Mapping)시켜 줄 수 있어야 한다.	• 사용자 특성에 맞는 변경 가능 • 통합구조 변경 가능
물리적 독립성 (물리적 구조 사상)	• 응용 프로그램과 논리적 구조에 영향 주지 않고, 데이터베이스의 물리적 구조를 변경시킬 수 있다. • 하나의 논리적 구조로부터 여러 가지 다른 물리적 구조를 지원할 수 있는 사상능력이 있어야 한다. • 시스템 성능(Performance)을 향상시키기 위하여 필요하다.	• 물리적 구조 변경 없이 개념 구조 변경 가능 • 개념 구조 영향 없이 물리적인 구조 변경 가능

4. 3계층 데이터 스키마(3 - Level Database Architecture) 개념

① 데이터베이스를 관점(View)에 따라 3개의 계층으로 분리하여 데이터베이스 사용자에게 내부적으로 복잡한 데이터베이스 구조를 단순화시킨 관점을 제공한다.

② 사용자 관점의 외부계층(External View), 총체적인 관점의 개념계층(Conceptual View), 물리적인 저장장치의 관점의 내부계층(Internal View) 등의 3단계로 구성된다.

5. 3단계 데이터베이스 스키마 구성

(1) 외부 스키마(External Schema) = 서브 스키마(Subschema) = 사용자 뷰(View)

① 개개의 사용자나 응용 프로그래머가 각 개인의 입장에서 필요로 하는 데이터베이스의 논리적 구조를 정의한다.

② 데이터베이스와 사용자 간 중개 역할을 담당하며, 개별 사용자와 응용 프로그래머 관점에서 본 전체적인 데이터베이스의 논리적 구조이다.

③ 하나의 데이터베이스 시스템에는 여러 개의 외부 스키마가 존재할 수 있으며, 하나의 외부 스키마를 여러 개의 응용 프로그램이나 사용자가 공용할 수 있다.

④ 같은 데이터베이스에 대해서도 서로 다른 관점을 정의할 수 있도록 허용한다.

⑤ 일반 사용자는 질의어(SQL)를 사용하여 DB를 사용한다.

⑥ 개인 및 특정 응용 프로그램에 제한된, 전체 데이터베이스의 한 논리적 부분이다.

⑦ 해당 응용 프로그램이나 사용자에 관련된 개체와 관계 정보를 관리한다.

(2) 개념 스키마(Conceptual Schema)＝전체적인 뷰(View)

① 모든 응용 시스템과 사용자가 필요로 하는 데이터를 통합한 조직 전체의 데이터베이스로 하나만 존재한다(단순히 스키마라고 하면 개념 스키마를 의미).

② 개체 간의 관계와 제약 조건을 나타내고, 데이터베이스의 접근 권한, 보안 및 무결성 규칙에 관한 명세를 정의한다.

③ 기관이나 조직체의 범기관적 관점에서 데이터베이스를 정의한다.

④ 데이터베이스의 전체적인 논리적 구조로 데이터베이스 관리자에 의해서 구성된다.

⑤ 데이터베이스 설계 시 요구 분석 단계에서 결과(명세)를 E-R 다이어그램과 같은 DBMS에 독립적이고, 고차원적인 표현 기법으로 기술한다.

⑥ 모든 응용시스템들이나 사용자들이 필요로 하는 데이터를 통합한, 조직 전체의 데이터베이스를 기술한다.

⑦ 모든 데이터 객체에 대한 정보와 효율적 관리를 위한 필수 정보도 포함한다.

⑧ 접근 권한, 보안 정책, 무결성 규칙을 정의한다.

⑨ 모든 데이터 객체 정보(개체, 관계 및 제약 조건)를 관리한다.

(3) 내부 스키마(Internal Schema)

① 물리적 저장 장치의 입장에서 본 데이터베이스 구조로 물리적 스키마(Physical Schema) 라고도 한다.

② 실제로 데이터베이스에 저장될 레코드의 형식을 정의하고, 저장 데이터 항목의 표현 방법과 내부 레코드의 물리적 순서 등을 나타낸다.

③ 시스템 프로그래머나 시스템 설계자가 보는 관점의 스키마이다.

④ 저장 방법, 내부 레코드의 형식, 인덱스 유무 등에 대해 정의한다.

⑤ 저장장치(Storage) 입장에서 데이터베이스 전체에 저장 방법을 명세한다.

⑥ 개념 스키마에 대한 저장 구조를 정의한다.

⑦ 저장 장치 관점에서 표현한다.

⑧ 내부레코드의 형식, 인덱스 유무, 데이터 표현 방법 등을 기술한다.

⑨ 저장 데이터 항목의 표현 방법, 내부 레코드의 물리적 순서 등을 관리한다.

06 데이터베이스 언어(Database Language)

1. 데이터베이스 언어의 종류

종류	설명	예시
DDL (Definition)	데이터베이스 객체의 생성, 변경, 삭제	CREATE, ALTER, DROP, RENAME, TRUNCATE
DML (Manipulation)	데이터의 실제적인 조작을 위한 언어	SELECT, INSERT, UPDATE, DELETE
DCL (Control)	• 데이터베이스 데이터의 제어 언어 • 데이터 보안, 무결성, 복구에 관한 정의	GRANT, REVOKE, COMMIT, ROLLBACK

2. 데이터 정의어(DDL ; Data Definition Language)

(1) 데이터 정의어의 개념

① 데이터베이스의 객체를 생성·삭제·변경할 수 있는 SQL언어이다.

② 테이블, 뷰, 인덱스를 구축 또는 삭제하며, 스키마와 보안 무결성을 정의한다.

③ 데이터베이스의 정의·수정·삭제에 사용되며, 논리적/물리적 구조 간 사상을 정의한다.

④ 데이터의 물리적 순서를 규정하고, 스키마에 사용된 제약 조건과 외부 스키마를 명세한다.

⑤ 번역 결과가 데이터 사전(Data Dictionary)에 여러 개의 테이블로 저장된다.

⑥ 데이터베이스 스킴(Scheme)은 데이터 정의 언어라는 특별한 언어로 표현된 정의 집합으로 지정된다.

⑦ DBMS 내에서 사용자의 편의와 구현상의 편의를 위해 명령어를 제공한다.

⑧ 데이터베이스 스키마를 컴퓨터가 이해할 수 있도록 기술하는 데 사용한다.

⑨ 데이터베이스 관리자나 데이터베이스 설계자가 사용한다.

⑩ 데이터베이스의 메타데이터(Data about Data)로 데이터 사전(Data Dictionary)에 저장한다.

⑪ 데이터베이스 객체란 테이블스페이스(Table Space), 테이블(Table), 뷰(View), 인덱스(Index), 프로시저(Procedure), 함수(Function)가 있다.

(2) 데이터 정의어(DDL) 종류

명령어	기능 설명
CREATE	새로운 데이터베이스 객체를 생성한다.
ALTER	존재하는 데이터베이스 객체를 변경한다.
DROP	존재하는 데이터베이스 객체를 제거한다.
TRUNCATE	테이블에서 데이터를 삭제한다.
RENAME	테이블의 이름을 변경한다.

3. 데이터 조작어(DML ; Data Manipulation Language)=서브 언어

(1) 데이터 조작어 개념

① 데이터베이스 내부 스키마에 데이터를 입력(Insert), 수정(Update), 삭제(Delete)하거나 조회(Select)하기 위한 언어 또는 명령어이다.

② 사용자로 하여금 데이터를 처리할 수 있게 하며, 사용자(응용 프로그램)와 DBMS 간의 인터페이스를 제공한다.

③ 응용 프로그램을 통하여 사용자가 DB의 데이터를 조작할 수 있도록 하기 위해 C, COBOL 등의 호스트 언어에 DB 기능을 추가시켜 만든다.

④ 데이터를 검색하거나 데이터의 정의 및 변경을 수행한다.

⑤ 대표적인 데이터 조작어에는 질의어(SQL)가 있으며, 질의어는 터미널에서 주로 이용하는 비절차적(Non Procedural) 데이터 언어이다.

⑥ 관계형 데이터베이스의 데이터 조작을 위한 필수 언어이다.

⑦ 사용자가 직접 필요로 하는 답을 만드는 것이 아니라 데이터베이스의 처리 엔진(옵티마이저)이 답을 찾아준다.

⑧ 절차형(PL/SQL)과 비절차형(SQL)으로 구분할 수 있다.

⑨ 각각의 데이터베이스마다 JOIN 구문 등에 차이가 있다.

⑩ 질의 방법에 따라서 성능 차이가 발생할 수 있다.

(2) 데이터 조작어(DML) 종류

명령어	기능 설명
SELECT	데이터베이스 안 테이블의 레코드(데이터)를 조회한다.
INSERT	데이터베이스 안 테이블의 레코드(데이터)를 삽입한다.
UPDATE	데이터베이스 안 테이블의 레코드(데이터)를 수정한다.
DELETE	데이터베이스 안 테이블의 레코드(데이터)를 삭제한다.
MERGE	데이터베이스 안 테이블의 입력/수정/삭제의 동시 작업 구문을 처리한다.

4. 데이터 제어어(DCL ; Data Control Language)

(1) 데이터 제어어의 개념

① 데이터의 보안, 무결성, 데이터 회복, 병행 수행 제어 등을 정의하는 데 사용하는 언어이다.

② 데이터를 보호하고 데이터를 관리하는 목적으로 사용되며, 데이터베이스를 공용하기 위한 데이터 제어를 정의하고 기술하는 언어이다.

③ 불법적인 사용자로부터 데이터를 보호하기 위한 데이터 보안 제어, 데이터 정확성을 위한 데이터 무결성(Integrity) 제어, 시스템 장애에 대비한 데이터 회복(복구)과 병행 수행 제어를 관리한다.

(2) 데이터 제어어의 종류

명령어	기능 설명
COMMIT	데이터베이스 조작 작업이 정상적으로 되었으므로 반영한다.
ROLLBACK	데이터베이스 조작 작업이 비정상적이므로 작업을 복구한다.
GRANT	데이터베이스 사용자에게 객체의 사용권한을 부여한다.
REVOKE	데이터베이스 사용자에게 부여된 권한을 회수한다.

데이터 모델 및 설계

1. 데이터 모델링의 정의

① 현실 세계를 데이터베이스에 표현하는 중간 과정, 즉 데이터베이스 설계 과정에서 데이터의 구조를 표현하기 위해 데이터베이스로 모델화하는 작업이다.

② 현실 세계의 데이터베이스 표현 과정에서 개념적인 구조, 논리적인 구조를 표현하기 위해 사용되지만 물리적인 구조까지 표현하지는 않는다.

③ 현실 세계의 정보들을 컴퓨터에 표현하기 위해서 단순화, 추상화하여 체계적으로 표현한 개념적 모형이다.

④ 데이터의 구조(Schema)를 논리적으로 묘사하기 위해 사용하는 지능적 작업이다.

⑤ 데이터 타입, 데이터 관계, 데이터 의미 및 일관성 제약 조건 등을 기술한다.

⑥ 업무에 필요한 데이터를 시스템 구축 방법론을 사용하여 분석하고 설계하여 정보화 시스템을 구축하는 모델을 만드는 작업이다.

⑦ 정보화 시스템을 구축하기 위해, 어떤 데이터가 존재하는지 또는 업무가 필요로 하는 정보는 무엇인지를 분석하는 방법이다.

2. 데이터 모델의 분류

(1) 개념적 데이터 모델

① 속성들로 기술된 개체 타입과 개체 타입들 간의 관계를 이용하여 현실 세계를 표현하는 방법이다.

② 현실 세계에 대한 인간의 이해를 돕기 위하여 현실 세계에 대한 인식을 추상적 개념으로 표현하는 과정이다.

③ 현실 세계에 존재하는 개체를 인간이 이해할 수 있는 정보 구조로 표현하기 때문에 정보 모델이라고도 한다.

④ 종류로는 개체-관계(E-R, Entity-Relation) 모델이 있다.

(2) 논리적 데이터 모델

① 필드로 기술된 데이터 타입과 데이터 타입들 간의 관계를 이용하여 현실 세계를 표현하는 방법이다.

② 개념적 모델링 과정에서 얻은 개념적 구조를 컴퓨터가 이해하고, 처리할 수 있도록 컴퓨터 환경에 맞게 변환하는 과정이다.

③ 단순히 데이터 모델이라고 하면 논리적 데이터 모델을 의미한다.

④ 데이터 간의 관계를 어떻게 표현하느냐에 따라 관계형 데이터 모델, 계층형 데이터 모델, 망형 데이터 모델로 구분한다.

3. 데이터 모델링 단계

구분	설명
개념적 모델링	• DB에 저장해야 될 데이터를 모형으로 표현 • ERD(Entity Relationship Diagram) 작성
논리적 모델링	• 엔티티와 어트리뷰트들의 관계에 대해 구조적 설계, 스키마 설계 • 정규화 수행
물리적 모델링	• 데이터베이스 스키마를 실제 구축, 사용할 DBMS 실제 선정, 필드의 데이터 타입과 크기 정의 • 데이터 사용량 분석, 비정규화

02 데이터 모델의 구성 요소

1. 데이터 모델의 3요소

① **구조(Structure)** : 데이터 구조 및 논리적으로 표현된 개체들 간의 관계를 표시한다.

② **연산(Operation)** : 데이터베이스에 저장된 실제 데이터의 처리 방법을 표시한 것으로 데이터베이스를 조작하는 기본 도구이다(데이터베이스에 표현된 개체 인스턴스를 처리하는 작업에 대한 명세).

③ **제약 조건(Constraint)** : 데이터베이스에 저장될 수 있는 실제 데이터의 논리적 제약 조건을 표시한다.

2. 개체(Entity)

① 데이터베이스에 표현하려는 것으로 사람이 생각하는 개념이나 정보 단위 같은 현실 세계의 대상체를 가리킨다.

② 데이터베이스가 표현하려고 하는 유형의 정보 대상(사람, 차, 집, 사원 등) 또는 무형의 정보 대상(직업, 학과 과정 등)으로 존재하면서 서로 구별될 수 있는 것이다.

③ 서로 연관된 몇 개의 속성으로 구성되며, 독립적으로 존재하거나 자체 구별이 가능하다.

④ 파일 시스템의 레코드에 대응하는 것으로 어떤 정보를 제공하는 역할을 수행한다.

3. 속성(Attribute)

① 데이터의 가장 작은 논리적 단위로 파일 구조상의 데이터 항목 또는 데이터 필드에 해당된다.

② 개체(Entity)를 구성하는 항목으로 데이터베이스를 구성하는 최초의 논리적 단위이다.

③ 하나의 개체는 한 개 이상의 속성으로 구성되고, 각 속성은 개체의 특성을 기술한다.

4. 관계(Relationship)

① 개체(Entity) 간의 관계 또는 속성(Attribute) 간의 관계를 말한다.

② 개체-관계 모델(ERD)에 나타내는 방법은 관계가 있는 개체 간을 실선으로 연결한다.

5. 개체(Entity)의 구성 요소

① **속성(Attribute)** : 개체가 가지고 있는 특성으로 회원들의 속성인 회원번호, 이름, 주소, 전화번호, 이메일 주소, 주민등록번호 등을 예상할 수 있다.

② **개체 타입(레코드 타입)** : 속성으로만 기술된 개체의 정의를 말한다.

③ **개체 인스턴스** : 개체를 구성하고 있는 각 속성들이 하나의 개체를 나타내는 것으로 개체 어커런스라고도 한다.

④ **개체 세트** : 개체 인스턴스의 집합을 말한다.

03 데이터 모델링 단계

1. 개념 데이터 모델링(Conceptual Data Modeling)

(1) 개념적 데이터 모델링 개념

① 해당 조직의 업무요건을 충족하기 위해서 주제영역과 핵심 데이터 집합 간의 관계를 정의하는 상위 수준의 개략적 데이터 설계 작업이다.

② 세부적인 내용보다는 전사 정보가 중복되지 않고 확장성 있는 체계로 분류하는 것에 초점을 맞추어 설계한다.

(2) 개념적 모델링 절차

절차	절차 중 상세 작업	기법 및 종류
주제영역 선정	• 주제는 업무 기능과 대응된다. • 하위주제 영역 또는 데이터 집합들로 구성한다.	상향식, 하향식, Inside-Out, 혼합식
핵심데이터 집합 선정(Entity)	데이터의 보관 단위로 주제영역에서 중심이 되는 데이터 집합을 정의한다.	독립중심, 의존중심, 의존특성, 의존 연관데이터
관계설정 (Cardinality)	업무 연관성에 따라 개체 간 관계(relationship)를 설정한다.	1 : 1, 1 : N, M : N, 순환관계
핵심속성 정의 (Attribute)	데이터 집합의 성질을 나타내는 항목을 정의한다.	원자단위검증, 유일 값 유무 판단, 관리수준 상세화
식별자 정의 (Identifier)	데이터 집합을 유일하게 식별해주는 속성(PK)을 정의한다.	PK, CK, AK, FK로 구분

2. 논리적 데이터 모델링(Logical Data Modeling)

(1) 논리적 데이터 모델링 개념

① 업무의 모습을 모델링 표기법으로 형상화하여 사람이 이해하기 쉽게 표현하는 작업이다.

② 데이터베이스를 구현하기 위한 업무 중심적이면서 데이터 관점의 모델을 만드는 과정이다.

(2) 논리적 모델링의 주요 작업

작업	내용
엔티티 타입 도출	기본, 중심, 행위 엔티티 타입을 도출한다.
관계 도출	엔티티 타입 간의 관계를 도출한다.
식별자 도출	기본키(PK), 외래키(FK), 유일키(UK), 대체키(AK) 등에 대해 정의한다.
속성 도출	기본, 설계, 파생 속성을 정의한다.
세부사항 도출	용어사전, 도메인 정의, 속성 규칙(기본 값, 체크 값 등)을 정의한다.
정규화	1차, 2차, 3차, BCNF, 4차, 5차 정규화 작업을 한다.
통합/분할	엔티티 타입의 성격에 따라 통합, 분할 수행한다.
데이터 모델 검증	엔티티 타입, 속성, 관계 등에 대한 적합성을 검증한다.

3. 물리적 데이터 모델링(Physical Data Modeling)

(1) 물리적 데이터 모델링 개념

① 논리 데이터 모델을 특정 데이터베이스 관리 시스템(DBMS)에 맞는 물리적인 스키마로 만드는 순서가 있는 과정이다.

② 실제로 데이터베이스에 이식할 수 있도록 성능·물리적 성격을 고려하여 설계하는 과정이다.

(2) 물리적 모델링의 목적

① 특정 DBMS상에서 최상의 성능을 보장하도록 데이터의 물리적 특성을 반영하려 한다.
② 샘플 데이터를 이용하여 논리 데이터 모델의 정합성을 재검증하려 한다.
③ 사용자 애플리케이션과 상호 검증 및 업무 요건을 반영하려 한다.

(3) 물리적 모델링의 주요 작업

단계	과정	검토사항
일괄 전환	엔티티(Entity)별 테이블로 전환한다.	하위 타입 설계 방안이 필요하다.
	식별자인 기본 키(Primary Key)를 정의한다.	인조 키(Artificial Key) 검토, 기본키(PK) 컬럼 순서를 검토한다.
	논리 모델링 단계에서 속성을 컬럼으로 전환한다.	영문 컬럼명 매핑, 데이터 타입/길이 결정, 도메인(Domain) 정의, 컬럼 순서를 검토한다.
	논리 모델링 단계에서 관계(relationship)에 대해 컬럼으로 전환한다.	참조 무결성 규칙 및 구현방향을 결정한다.
구조 조정	수퍼 타입/서브 타입 모델을 전환한다.	트랜잭션의 성격에 따라 전체 통합, 부분 통합, 개별 유저에 대한 의사 결정을 통해 데이터 모델을 조정한다.
성능 향상	성능을 고려한 반정규화 작업을 한다.	SQL활용 능력 미흡으로 인한 빈번한 비정규화는 배제하도록 신중하게 검토해야 한다.

04 데이터 모델의 종류

1. 개념적 데이터 모델

(1) 개체-관계(E-R, Entity-Relationship) 모델

① 개념적 데이터 모델의 가장 대표적인 것으로 1976년 피터 첸(Peter Chen)에 의해 제안된 모델이다(E-R 모델을 시각적으로 표현한 것이 E-R 다이어그램).
② 개체 타입(Entity Type)과 이들 간의 관계 타입(Relationship Type)을 이용해 현실 세계를 개념적으로 표현한 모델이다(개체와 개체간의 관계를 기본 요소로 함).
③ 데이터를 개체(Entity), 관계(Relationship), 속성(Attribute)으로 묘사한다.
④ 특정 DBMS를 고려한 것은 아니며, E-R 모델을 그래프 방식으로 표현한 것이다.
⑤ 1:1(일 대 일), 1:N(일 대 다), N:M(다 대 다) 등의 관계 유형을 나타낼 수 있다.
⑥ E-R 모델이 널리 사용되는 이유는 데이터베이스 응용 스키마 정의를 나타내는 것과 관련된 다이어그램 기법이기 때문이다.

(2) E-R 다이어그램

기호	기호 이름	의미
사각형	사각형	개체 타입(개체 집합)
다이아몬드	다이아몬드	관계 타입(관계 집합)
타원	타원	속성(Attribute)
밑줄 타원	밑줄 타원	기본 키 속성
복수 타원	복수 타원	복합 속성 예 성명은 성과 이름으로 구성
관계	관계	1:1, 1:N, N:M 등의 개체 관계에 대해 선 위에 대응수 기술
선, 링크	선, 링크	개체 타입과 속성을 연결

(3) 관계 유형

① **일 대 일(1:1)** : X 개체 집합의 원소 한 개와 Y 개체 집합의 원소 한 개가 대응한다.
   예 부부 관계
② **일 대 다(1:N)** : X 개체 집합의 원소 한 개와 Y 개체 집합의 원소 여러 개가 대응한다.
   예 부모-자식 관계, 교수-학생 관계, 사람-도시 관계
③ **다 대 다(N:M)** : X 개체 집합의 원소 여러 개와 Y 개체 집합의 원소 여러 개가 서로 대응한다.
   예 학생-과목 관계

2. 논리적 데이터 모델

(1) 관계형 데이터 모델

① 계층 모델과 망 모델의 복잡한 구조를 단순화시킨 모델이다.
② 데이터와 데이터 간의 관계가 릴레이션이라는 테이블(Table) 집합으로 표현된다.
③ 데이터 간의 관계를 기본 키(Primary Key)와 이를 참조하는 외래 키(Foreign Key)로 표현한다.
④ 개체(Entity)와 관계(Relation)로 구성되며, 도메인은 표현되는 속성 값의 범위를 나타내고, 속성은 개체의 특성을 기술한다.
⑤ 개체 집합들 사이의 관계를 공통 속성으로 연결하는 독립된 형태의 데이터 모델로 구조가 간단해서 이해하기가 쉬우며, 데이터 조작 면에서 용이하지만 성능이 다소 떨어진다.
⑥ 1:1, 1:N, N:M 관계를 자유롭게 표현할 수 있다.
⑦ 대표적인 언어에는 Oracle, MS-SQL, Informix 등이 있다.

(2) 계층형 데이터 모델

① 데이터의 논리적 구조가 트리(Tree) 형태이며, 개체가 트리를 구성하는 노드(Node) 역할을 한다.

② 개체 집합에 대한 속성 관계를 표시하기 위해 개체를 노드로 표현하고, 개체 집합들 사이의 관계를 링크로 연결한다.

③ 개체 간의 관계를 부모와 자식 간의 관계로 표현하며, 대표적인 DBMS는 IMS이다.

④ 개체 타입 간에는 상위와 하위 관계가 존재하며, 일 대 다(1:N) 대응 관계만 존재한다. 즉, 계층형 데이터 모델에서 두 레코드 간 직접 표현 방법을 제공하는 것은 1:1 관계, 1:N 관계, 두 개의 1:N 관계 등이고, M:N 관계(또는 N:M 관계)는 제공하지 않는다.

⑤ 레코드 삭제 시 연쇄 삭제(Triggered Delete)가 된다.

⑥ 개체 타입 간에는 사이클(Cycle)이 허용되지 않는다.

⑦ 계층 정의 트리는 하나의 루트 레코드 타입과 다수의 종속 레코드 타입으로 구성된 순서 트리이다.

⑧ 계층형 데이터 모델에서는 개체(Entity)를 세그먼트(Segment)라 부른다.

⑨ 속성 관계(Attribute Relation)는 세그먼트(개체)를 구성하는 속성 간의 관계이다.

⑩ 개체 관계(Entity Relation)는 개체와 개체 간의 관계를 링크로 표시한다.

(3) 망(그래프, 네트워크)형 데이터 모델

① 코다실(CODASYL)이 제안한 것으로 CODASYL DBTG 모델이라고도 한다.

② 그래프를 이용해서 데이터베이스의 논리 구조를 표현한 데이터 모델이다.

③ 일 대 다(1:N) 관계에 연관된 레코드 타입들을 각각 오너(Owner), 멤버(Member)라고 하고, 이들의 관계를 오너-멤버 관계라고 한다.

④ 상위의 레코드를 오너(Owner), 하위의 레코드를 멤버(Member)라고 한다.

⑤ 상위와 하위 레코드 사이에서 다 대 다(N:M) 대응 관계를 만족한다.

⑥ 레코드 타입 간의 관계는 1:1, 1:N, N:M이 될 수 있다.

⑦ 각 레코드가 망처럼 연결되며, 상/하위 레코드가 서로 복수 대응한다.

⑧ 대표적인 DBMS는 DBTG, EDBS, TOTAL 등이 있다.

05 데이터베이스 설계

1. 데이터베이스 설계 단계

(1) 요구조건 분석 단계

① 데이터베이스 범위, 요구조건 명세서 작성, 데이터 활용에 대한 정보 수집과 변환을 하는 단계이다.

② 정보요구조건, 처리요구조건 등을 수집, 분석 명세화한다.

③ 개체, 속성, 관계성, 제약조건 등 정적 구조를 요구한다.

④ 트랜잭션 유형/빈도 등 동적 구조 요구를 분석한다.

⑤ 경영목표, 정책, 규정 등 전체기관 요구를 분석한다.

⑥ 산출물은 요구조건 명세서가 만들어진다.

(2) 개념적 설계 단계

① 정보의 구조를 얻기 위하여 현실 세계의 무한성과 계속성을 이해하고, 다른 사람과의 통신을 위해 현실 세계에 대한 인식을 추상적 개념으로 표현하는 과정이다.

② 데이터베이스 관리 시스템 개념 스키마 모델링과 트랜잭션 모델링을 병행 수행한다.

③ 요구 분석 단계에서 나온 결과(요구 조건 명세)를 DBMS에 독립적인 E-R 다이어그램으로 작성한다.

④ 개체, 속성, 관계의 E-R 다이어그램으로 결정, 정보 구조 분석 단계 등을 수행한다.

⑤ 속성들로 기술된 개체 타입(Entity Type)과 이 개체 타입들 간의 관계를 이용해 현실 세계를 표현한다.

⑥ 산출물로 개체-관계 모델(Entity-Relationship Model), ERD가 만들어진다.

(3) 논리적 설계 단계

① 현실 세계에서 발생하는 자료를 컴퓨터가 처리할 수 있는 물리적 저장장치에 저장하기 위해 특정 DBMS가 지원하는 논리적 자료 구조로 변환시키는 과정이다.

② 개념 세계의 데이터를 필드로 기술된 데이터 타입과 데이터 타입들 간의 관계로 표현되는 논리적 구조의 데이터로 모델화한다.

③ 개념적 설계가 개념 스키마를 설계하는 단계라면 논리적 설계에서는 개념 스키마를 평가 및 정제하고 DBMS에 따라 서로 다른 논리적 스키마를 설계하는 단계이다.

④ 트랜잭션(Transaction, 작업 단위)의 인터페이스를 설계한다.

⑤ 관계형 데이터베이스라면 테이블을 설계하는 단계이다.

⑥ 레코드 타입에 기초를 둔 논리적 개념을 이용하여 데이터 필드로 기술된 데이터 타입과 이 데이터 타입들 간의 관계를 이용하여 데이터를 설계한다.

⑦ 데이터 모델링 정규화 단계이다.

⑧ 산출물로 논리적 스키마, 상세 ERD가 만들어진다.

(4) 물리적 설계 단계

① 논리적 설계 단계에서 논리적 구조로 표현된 데이터를 물리적 저장장치에 저장할 수 있도록 물리적 구조의 데이터로 변환하는 과정이다.

② 데이터베이스 파일의 저장 구조, 레코드 형식, 접근 경로와 같은 정보를 사용하여 데이터가 컴퓨터에 저장되는 방법을 묘사한다.

③ 반드시 포함되어야 할 것은 저장 레코드의 양식 설계, 레코드 집중(Record Clustering)의 분석 및 설계, 접근 경로 설계 등이다.

④ 물리적 설계 옵션 선택 시 고려할 사항으로 반응 시간, 공간 활용도, 트랜잭션 처리량 등이 있다.

⑤ 하드웨어(H/W) 및 운영체제의 특성을 반영하여 저장, 레코드 양식을 설계한다.

⑥ 레코드 집중화 및 분산, 접근경로를 설계한다.

⑦ 응답시간을 줄이고, 저장 공간 효율성, 트랜잭션 처리, 반정규화작업을 한다.

⑧ 산출물로 물리적인 실제 테이블이 만들어진다.

(5) 구현 단계

① 데이터베이스 스키마를 생성한다.

② 공백 데이터베이스 파일을 생성한다.

③ 데이터 전환·적재·트랜잭션 테스트 작업을 한다.

④ 산출물로 데이터베이스가 구축된다.

더 알아보기 ➕

물리적 설계 옵션 선택 시 고려 사항
- 반응 시간(응답 시간, Response Time) : 트랜잭션 수행을 요구한 시점부터 처리 결과를 얻을 때까지의 경과 시간이다.
- 공간 활용도(Space Utilization) : 데이터베이스 파일과 액세스 경로에 의해 사용되는 저장 공간의 양이다.
- 트랜잭션 처리량(Transaction Throughput) : 단위 시간 동안 데이터베이스 시스템에 의해 처리될 수 있는 트랜잭션의 평균 개수이다.

06 액세스(Access)

1. 액세스(Access)의 개요

데이터를 구축하여 원하는 형태로 데이터를 분류하거나 검색할 수 있으며, 다양한 형태로 인쇄할 수 있는 데이터베이스 프로그램이다.

2. 액세스(Access)의 7개체

(1) 테이블(Table)

① 데이터베이스 내에서 사용할 데이터를 저장하고, 관리한다(DB의 핵심).

② 테이블 안에는 각각의 고유한 정보를 가지고 있는 열 단위의 필드(Field)와 관련된 필드들을 모아 놓은 행 단위의 레코드(Record)로 구성된다.

③ 테이블을 이용해서 데이터를 추가, 수정, 삭제 등의 관리를 할 수 있고, 정렬하거나 원하는 데이터만 검색할 수도 있다.

(2) 쿼리(Query)

① 테이블(Table)에서 만든 데이터를 이용하여 원하는 구성으로 변경하거나 다양한 조건으로 검색하고 추출할 수 있다.

② 가장 강력한 기능은 여러 테이블을 연결하여 하나의 테이블처럼 새로운 결과를 추출한다.

③ SQL문을 직접 입력해서 쿼리를 작성하거나 반대로 작성한 쿼리를 SQL문으로 변환한다.

④ 간단한 선택 쿼리뿐만 아니라 업데이트 쿼리, 삭제 쿼리, 테이블 작성 쿼리, 추가 쿼리, 크로스탭 쿼리 등의 다양한 종류를 사용할 수 있다.

(3) 폼(Form)

① 데이터를 보다 편리하게 입력 및 편집하고, 검색할 수 있다.

② 사진, 그림, 동영상, 소리, 차트 등의 OLE 개체 데이터를 표시할 수 있다.

③ 매크로나 VBA로 만든 프로시저를 특정 이벤트에 연결할 수도 있다.

(4) 보고서(Report)

① 테이블이나 질의 등의 데이터를 출력하기 위한 개체로 데이터를 재조합할 수 있다.

② 많은 양의 데이터를 분류하고, 요약해서 계산된 정보들을 출력한다.

③ 폼에서 표현하기 힘든 레코드들의 통계·분석·처리를 할 수 있다.

④ 보고서 마법사를 이용하여 우편엽서, 주소 레이블, 업무 양식 등의 자료를 만들 수 있다 ([디자인 보기]를 이용하여 보고서를 수정하거나 새롭게 디자인할 수 있음).

⑤ 여러 유형의 컨트롤을 이용하여 다양한 데이터를 표시할 수 있다.

(5) 페이지(Page)

윈도우 환경과 웹 인터페이스의 결합으로 손쉽게 데이터베이스 정보를 웹에 게시할 수 있도록 웹 페이지를 만든다.

(6) 매크로(Macro)

① 테이블, 쿼리, 폼, 보고서 등 각 개체들을 자동화할 수 있도록 미리 정의된 기능을 사용한다.

② 작업을 자동화할 때 사용할 수 있는 매크로 함수 집합을 의미한다.

(7) 모듈(Module)

① 복잡한 작업을 위해 VBA(Visual Basic for Applications)로 프로그램을 코딩한다.

② 매크로에 비해 복잡한 작업을 처리하기 위해 프로그램을 직접 작성한다.

03 관계형 데이터베이스, SQL

01 관계형 데이터베이스의 기초

1. 관계형 데이터베이스의 개념

① 데이터 간의 관계를 테이블(Table) 구조로 나타내는 데이터베이스이다.

② 데이터베이스는 개체를 표현하는 데 있어 속성과 속성 간의 연관 관계를 파악하여 테이블 형태로 표현한다.

2. 관계형 데이터베이스의 기본 용어

〈표〉 릴레이션(Relation)

속성(Attribute) 요소

회원	회원번호	이름	전화번호	주소	이메일 주소
튜플(Tuple)요소	1	김권철	02-701-8820	서울시 마포구 도화동 303-1	kgc1011@naver.com
	2	박경선	02-701-8821	서울시 마포구 도화동 303-2	pus2222@hanmail.net
	3	이소연	02-701-8822	서울시 마포구 도화동 303-3	lsy5055@nate.com
	4	정보람	02-701-8823	서울시 마포구 도화동 303-4	jbr3579@hanmail.net

(1) 릴레이션(Relation)

① 데이터 간의 관계를 열(Column, 세로)과 행(Row, 가로)으로 된 격자 모양의 표(Table)로 표현한다(파일과 대응 관계).

② 열(Column)의 명칭을 속성(Attribute)이라 하고, 행(Row)의 각각을 튜플(Tuple)이라 한다.

③ 한 릴레이션에 나타난 속성 값은 논리적으로 분해할 수 없다.

④ 릴레이션에 포함된 튜플들은 모두 상이하다(튜플의 유일성).

⑤ 한 개 이상의 속성(Attribute)들의 집합으로 표현되면서 릴레이션 스킴과 릴레이션 어커런스를 합쳐 지칭한다.

⑥ **릴레이션 스킴(Relation Scheme)** : 릴레이션의 논리적 구조(Scheme)를 정의하는 것으로 릴레이션 명칭과 해당 릴레이션을 형성하는 속성들을 합쳐 정의한다. 릴레이션 스킴을 릴레이션 스키마(Relation Schema), 릴레이션 타입(Relation Type), 릴레이션 인텐션(Relation Intention)이라고도 한다.

⑦ **릴레이션 어커런스(Relation Occurrence)** : 어느 한 시점에서 릴레이션 스킴에 따라 실제 데이터로 입력된 튜플들의 집합을 의미하며, 시간적으로 가변적 특성을 갖는다. 릴레이션 어커런스는 릴레이션 인스턴스(Relation Instance), 릴레이션 익스텐션(Relation Extension)이라고도 한다.

> **더 알아보기➕**
>
> 릴레이션의 특성
> • 튜플의 유일성 : 모든 튜플은 서로 다른 값을 갖는다.
> • 튜플 간의 무순서 : 하나의 릴레이션에서 튜플의 순서는 없다(순서는 큰 의미가 없음).
> • 속성의 원자성 : 하나의 릴레이션에 나타난 속성 값은 논리적으로 더 이상 분해할 수 없는 원자값이다.
> • 속성 간의 무순서 : 속성 간의 순서는 없다(순서는 큰 의미가 없음).
> • 속성 이름의 유일성 : 모든 속성은 릴레이션 내에서 유일한 이름을 갖는다.

(2) 속성(애트리뷰트, Attribute)

① 릴레이션에서 열(Column)을 의미하며, 릴레이션 내의 모든 값은 원자값이다(무순서).
② 데이터를 구성하는 가장 작은 논리적 단위로서 파일 구조상의 데이터 항목 또는 데이터 필드에 해당한다.
③ 〈표〉에서 [회원번호], [이름], [전화번호], [주소], [이메일 주소]와 같이 어떤 개체 정보의 특성이나 특징에 대한 명칭이다.
④ 프로그래밍을 작성할 때 어떤 값에 따라 변수를 정하는데, 이러한 변수의 개념을 의미한다.
⑤ 각 속성은 릴레이션 내에서 유일한 이름을 가지며, 필드(Field)와 대응 관계이다.

(3) 튜플(Tuple)

① 릴레이션 스킴에 따라 각 속성으로 실제 값이 입력되었을 때 하나의 행 값에 해당한다.
② 〈표〉에서 [1], [김권철], [02-701-8820], [서울시 마포구 도화동 303-1], [△△△@naver.com] 라는 첫 번째 행에 입력된 실제 값들을 튜플이라 하고, 각 튜플들의 전체 집합을 릴레이션 어커런스라고 한다.
③ 한 릴레이션에 포함된 모든 튜플은 서로 다른 값을 가지며, 레코드(Record)와 대응 관계이다(두 개의 동일한 튜플은 한 릴레이션에 포함될 수 없음).

(4) 도메인(Domain)

① 관계형 데이터베이스에서 하나의 속성(Attribute)이 취할 수 있는 모든 실제값(원자값, Atomic)의 범위나 집합이다.
② 변수를 선언하게 되면 그 선언 타입(Type)에 해당한다.
③ 실제 속성값이 나타날 때 그 값의 합법 여부를 시스템이 검사할 때 이용된다.

(5) 차수(디그리, Degree)

① 하나의 릴레이션에서 정의된 속성(Attribute)의 개수, 즉 필드의 개수이다.

② 설계가 변경되지 않는다면 차수는 항상 정적인 상태로 유지된다.

③ 〈표〉에서 차수는 5개이다.

(6) 기수(대응수, 카디널리티, Cardinality)

① 하나의 릴레이션에 형성된 튜플의 개수, 즉 레코드의 수이다.

② 데이터의 조작 연산에 의해 항상 변화되므로 동적인 상태가 된다.

(7) 널(NULL)

① Empty 또는 아직 알려지지 않은 값, 아직 모르는 값, 정의되지 않은 값으로 0이나 공백의 의미와는 구별된다.

② 정보의 부재를 나타내기 위해 사용하는 특수한 데이터 값이다.

(8) 키(Key)

① 각각의 튜플을 유일하게 구분할 수 있는 개념으로 관계형 모델에서는 대단히 중요하다.

② 키는 유일한 식별성과 최소성을 가지고 있어야 한다.

③ 하나의 릴레이션에는 최소한 하나의 키(Key)가 존재해야 한다(키의 무결성).

3. 키(Key)의 종류

(1) 후보 키(Candidate Key)

① 하나의 릴레이션에서 유일성과 최소성을 가지고 있는 키이다(예 학번, 주민번호 등).

② 릴레이션에서 튜플을 유일하게 구별하기 위해 사용하는 속성 또는 속성들의 집합이다.

③ 유일 식별성을 갖는 속성 조합이 한 릴레이션에 여러 개 있을 경우 사용한다.

④ **후보 키의 선정 조건**

　㉠ 유일성(Uniqueness) : 릴레이션으로 입력되는 모든 튜플들을 유일하게 구별할 수 있는 성질로 하나의 속성에 형성된 실제값에서 동일한 값이 있다면 유일성이 없는 것이다.

　㉡ 최소성(Minimize) : 가장 적은 개수의 속성으로 구성될 수 있는 성질이다.

(2) 기본 키(Primary Key)

① 후보 키 중 개체 구별이나 데이터베이스의 설계자에 의해 선택된 한 개의 키이다.

② 기본 키로 선택된 속성은 중복되면 안 되고, 정의되지 않은 값(NULL)이 있어서도 안 된다.

③ 하나의 속성만으로 한 릴레이션 내의 모든 튜플을 구분한다.

(3) 대체(부) 키(Alternate Key)

① 후보 키 중 임의의 하나를 선택하여 기본키로 정하고, 이를 제외한 다른 키이다.

② 후보 키 중 선택된 기본 키를 제외한 모든 키는 대체키가 된다.

(4) 외래 키(Foreign Key)

① 유일성을 가지는 후보 키 중 다른 릴레이션의 기본 키로 사용되는 키이다.

② 참조되는 릴레이션의 기본 키와 대응되어 릴레이션 간에 참조 관계를 표현한다.

③ 릴레이션 A와 B가 있다고 할 때 A 릴레이션에 있는 어떤 속성이 B 릴레이션에서 기본 키가 될 때 이 속성을 데이터 무결성을 위해 외래 키로 선언한다.

④ 2개의 릴레이션에 대한 관계를 맺어 참조 무결성을 유지하기 위해 사용되는 키로서 한 릴레이션 에서는 기본 키로, 다른 릴레이션에서는 외래 키로 쓰인다.

(5) 슈퍼 키(Super Key)

① 식별성을 부여하기 위해 두 개 이상의 속성들로 이루어진 키이다.

② 최소성 없이 단지 튜플을 식별하기 위해 두 개 이상의 속성들 집합으로 이루어진 키이다.

③ 릴레이션을 구성하는 속성 전체의 부분 집합에서 같은 튜플이 발생하지 않는 부분 집합으로 유일성만 있고, 최소성이 없다.

4. 무결성(Intergrity)

① 권한이 있는 사용자로부터 데이터베이스에 있는 데이터 값의 정확성(Correcrness), 정밀성(Accuacy), 유효성(Validity)을 보장하는 것을 의미한다.

② 무결성 규정에는 규정 이름, 검사 시기, 제약 조건, 위반 조치 등이 명시되어 있다.

③ 데이터 특성을 부여하고, 각 데이터의 허용 가능한 값을 제한하여 무결성을 유지한다.

5. 무결성의 제약 조건

(1) 도메인 무결성(Domain Integrity)

① 속성에 관련된 무결성으로 데이터 형태, 범위, 기본값, 유일성 등을 제한한다.

② 가장 기본적인 무결성 조건으로 데이터베이스 릴레이션에서 주어진 속성으로 입력되는 모든 값 은 그 속성으로 정의되거나 제약된 도메인 영역 내에 있어야 된다.

(2) 개체 무결성(Entity Integrity)

① 하나의 릴레이션에서 기본 키와 관련된 무결성이다.

② 한 릴레이션의 기본 키를 구성하는 어떠한 속성 값도 널(NULL) 값이나 중복 값을 가질 수 없다(정확성 유지).

③ 하나의 릴레이션으로 삽입되거나 변경되는 튜플들에 대하여 정확한 값을 유지하는 성질로 하나의 릴레이션에 있는 튜플은 중복된 튜플이 있어서는 안 된다.

(3) 참조 무결성(Reference Integrity)

① 2개의 릴레이션에서 기본 키와 외래 키가 관련된 무결성이다.

② 릴레이션에 있는 튜플 정보가 다른 릴레이션에 있는 튜플 정보와 관계성이 있으며, 관계되는 정보의 정확성을 유지한다(외래 키에 의해 유지).

③ 참조할 수 없는 외래 키 값을 가질 수 없다(일관성 유지).

④ 릴레이션 A, B 중 A의 속성이 B의 기본 키로 사용될 때 이를 외래 키로 지정한다(외래키 값은 Null).

⑤ 릴레이션 R1에 저장된 튜플이 릴레이션 R2에 있는 튜플을 참조하려면 참조되는 튜플이 반드시 R2에 존재해야 한다.

(4) 키의 무결성(Key Intergrity)

한 릴레이션(테이블)에는 최소한 하나의 키가 존재해야 한다.

(5) 고유 무결성(Unique Intergrity)

특정 속성에 대해 고유한 값을 가지도록 조건이 주어진 경우, 그 속성 값은 모두 달라야 한다.

02 데이터의 정규화(Normalization)

1. 정규화의 개념

① 릴레이션에서 데이터의 삽입·삭제·갱신 시 발생하는 이상 현상이 발생하지 않도록 릴레이션을 보다 작은 릴레이션으로 표현하는 과정이다.

② 현실 세계를 표현하는 관계 스키마를 설계하는 작업으로 개체, 속성, 관계성들로 릴레이션을 만든다.

③ 속성 간 종속성을 분석해서 하나의 종속성은 하나의 릴레이션으로 표현되도록 분해한다.

> **더 알아보기➕**
>
> 관계 스키마 설계의 원칙
> • 필요한 속성(Attribute), 개체(Entity), 관계성(Relationship)을 식별하여 릴레이션을 구성한다.
> • 불필요한(원하지 않는) 데이터의 중복과 종속이 발생하지 않도록 설계한다.
> • 속성 사이의 관계성과 데이터의 종속성을 고려하여 설계한다.
> • 효율적인 데이터 처리와 일관성 유지 방법 등을 고려하여 설계한다.

2. 정규화의 특징

① 한 테이블에서 속성 간의 관계를 표현하며, 원하지 않는 데이터의 종속과 중복을 제거한다.

② 정규화가 잘못되면 데이터의 불필요한 중복이 발생하여 릴레이션 조작 시 문제를 일으킨다.

③ 간단한 관계 연산자에 의해서 효과적인 정보 검색(검색 알고리즘)과 데이터 조작이 가능하도록 구성한다.

④ 모든 릴레이션이 데이터베이스 내에서 모든 개체간의 관계를 표현 가능하도록 한다.

⑤ 새로운 형태의 데이터가 삽입될 때 릴레이션을 재구성할 필요성을 줄일 수 있다.

⑥ 테이블의 불일치 위험을 최소화하고, 데이터 구조의 안정성을 최대화한다.

⑦ 데이터 중복을 최소화하기 위해 사용하며, 데이터베이스의 논리적 설계 단계에서 수행된다.

기출 PLUS 데이터의 정규화 ［A등급］

데이터베이스 설계 시에 양질의 데이터베이스를 구축하기 위하여 데이터베이스 릴레이션을 정규화한다. 이때, 고려해야 할 사항과 가장 관련이 **없는** 것은? ⟨10년 우정사업본부⟩

① 원하지 않는 데이터의 중복을 제거한다.
② 원하지 않는 데이터의 종속을 제거한다.
③ 한 릴레이션 내의 속성들 간의 관계를 고려한다.
④ 한 릴레이션 내의 튜플들 간의 관계를 고려한다.

≫ 정규화는 현실 세계를 표현하는 관계 스키마를 설계하는 작업이며, 관계 스키마의 설계 원칙에 따라 속성 사이의 관계성과 데이터의 종속성을 고려하여 중복과 종속을 제거한다. 이때, 튜플들 간의 관계는 정규화와 관련이 없다.

답 ④

---

3. 이상 현상(Anomaly)

① 데이터 중복으로 인하여 사용자 의도와는 다르게 데이터가 삽입, 삭제, 갱신되는 현상이다.

② 이상은 속성 간 존재하는 여러 종류의 종속 관계를 하나의 릴레이션에 표현할 때 발생한다.

③ 정규화는 이상을 제거하기 위해서 중복성 및 종속성을 배제시키는 방법으로 사용한다.

④ 정규화가 되지 못한 릴레이션 조작 시 발생하는 이상(Anomaly) 현상의 원인은 여러 가지 종류의 사실들이 하나의 릴레이션에 표현되기 때문이다.

4. 함수의 종속과 추론 규칙

(1) 함수의 종속

① 릴레이션에서 속성들의 부분 집합을 X, Y라 할 때, 임의 튜플에서 X의 값이 Y의 값을 함수적으로 결정하면 Y가 X에 함수적으로 종속되었다고 한다.

② 기호는 X → Y로 표기하며, X를 결정자, Y를 종속자라 한다.

③ 다음 표에서 '사번'을 알면 해당 직원의 성명, 부서, 년수를 알 수 있으며, 이때 성명, 부서, 년수는 사번에 종속되었다고 한다(사번→성명, 사번→부서, 사번→년수).

사번	성명	부서	년수
4159	김무선	기획부	5
3470	박근영	총무부	3
9653	문재동	편집부	4

(2) 함수의 종속에 따른 추론 규칙

규칙	추론 이론
반사 규칙	A ⊇ B이면, A → B
첨가 규칙	A → B이면, AC → BC이고, AC → B
이행 규칙	A → B이고, B → C 이면, A → C
결합 규칙	A → B이고, A → C이면, A → BC
분해 규칙	A → BC이면, A → B

5. 정규형의 종류

(1) 제1정규형(1NF)

① 모든 도메인이 원자 값만으로 된 릴레이션으로 모든 속성값은 도메인에 해당된다.

② 기본 키에서 부분 함수가 종속된 속성이 존재하므로 이상 현상이 발생할 수 있다.

③ 이상 현상을 해결하기 위해서는 프로젝션에 의해 릴레이션을 분리해야 한다.

④ 하나의 항목에는 중복된 값이 입력될 수 없다.

(2) 제2정규형(2NF)

① 제1정규형이고, 모든 속성들이 기본 키에 완전 함수 종속인 경우이다(부분 함수 종속 제거).

② 기본 키에서 이행적으로 함수에 종속된 속성이 존재하므로 이상 현상이 발생할 수 있다.

③ 기본 키가 아닌 애트리뷰트 모두가 기본 키에 완전 함수 종속이 되도록 부분 함수적 종속에 해당하는 속성을 별도 테이블로 분리한다.

(3) 제3정규형(3NF)

① 제2정규형이고, 모든 속성들이 기본 키에 이행적 함수 종속이 아닌 경우이다.

② 비이행적인 기본 키에 종속되었을 때로 속성값 갱신 시 이상 현상의 발생이 없다.

③ 무손실 조인 또는 종속성 보존을 방해하지 않고도 항상 3NF를 얻을 수 있다.

④ 이행 함수적 종속(A→B, B→C, A→C)을 제거한다.

(4) 보이스-코드 정규형(BCNF)

① 모든 BCNF 스킴은 3NF에 속하게 되므로 BCNF가 3NF보다 한정적 제한이 더 많다.

② 제3정규형에 속하지만 BCNF에 속하지 않는 릴레이션이 있다.

③ 릴레이션 R의 모든 결정자가 후보 키이면 릴레이션 R은 BCNF에 속한다.

④ 결정자가 후보 키가 아닌 함수 종속을 제거하며, 모든 BCNF가 종속성을 보존하는 것은 아니다.

⑤ 비결정자에 의한 함수 종속을 제거하여 모든 결정자가 후보 키가 되도록 한다.

(5) 제4정규형(4NF)

① 릴레이션에서 다치 종속(MVD)의 관계가 성립하는 경우이다(다중치 종속 제거).

② 릴레이션 R(A, B, C)에서 다치 종속 A→B가 성립하면, A→C도 성립하므로 릴레이션 R의 다치 종속은 함수 종속 A→B의 일반 형태이다.

(6) 제5정규형(5NF)-PJ/NF

① 릴레이션 R에 존재하는 모든 조인 종속성이 오직 후보 키를 통해서만 성립된다.

② 조인 종속이 후보 키로 유추되는 경우이다.

기출 PLUS) 정규형의 종류 [A등급]

어떤 릴레이션 R(A, B, C, D)이 복합 애트리뷰트 (A, B)를 기본 키로 가지고, 함수 종속이 다음과 같을 때 이 릴레이션 R은 어떤 정규형에 속하는가? 14년 우정사업본부

> {A, B} → C, D
> B → C
> C → D

① 제1정규형　　　　　　　　　② 제2정규형
③ 제3정규형　　　　　　　　　④ 보이스-코드 정규형(BCNF)

≫ 기본 키는 복합 애트리뷰트로 구성이 가능하다.
- {A, B} → C, D : 결정자 A, B는 기본 키이고, 종속자 C와 D에 완전하게 결정을 받고 있으므로 완전 함수 종속
  B → C : 기본 키 B가 C를 결정하지만 기본 키 A는 C를 결정하지 않으므로 부분 함수 종속
  (또 다른 예 : A → C)
  C → D : C는 기본 키가 아닌데 D를 결정하고 있으므로 이행적 함수 종속
- 제1정규형 : 모든 도메인이 원자 값
- 제2정규형 : 부분 함수 종속 제거
- 제3정규형 : 이행적 함수 종속 제거
- BCNF : 모든 결정자가 후보키의 조건(최소성, 유일성)을 만족
문제의 릴레이션 R은 부분 함수 종속과 이행적 함수 종속을 제거하지 못한 경우이므로 제1정규형에 속한다.

답 ①

03　SQL의 분류

1. DDL(데이터 정의어)

① Schema, Domain, Table, View, Index를 정의하거나 변경 또는 삭제할 때 사용하는 언어이다.
② 데이터베이스 관리자나 데이터베이스 설계자가 사용한다.

(1) CREATE문

① 새로운 테이블을 만들며 스키마, 도메인, 테이블, 뷰, 인덱스를 정의할 때 사용한다.
② CREATE TABLE에는 속성의 Not Null 제약 조건, Check의 무결성 제약 조건, 속성의 초기값 지정, 참조 무결성을 포함한다.

③ 널(Null) 값에 대한 비교는 Is Null 또는 Is Not Null을 사용하며, 필드에 Not Null을 설정하면 공백을 허용하지 않는다.

> CREATE TABLE STUDENT ~ ; (STUDENT명의 테이블 생성)

(2) ALTER문

① 기존 테이블에 대해 새로운 열의 첨가, 값의 변경, 기존 열의 삭제 등에 사용한다.
② 테이블의 제약 조건이나 구조 변경에 사용되며, 속성 타입(Type)을 변경한다.
③ ALTER~ADD는 기존 테이블에 새로운 열을 첨가할 때 사용한다.

> ALTER TABLE STUDENT ADD ~ ; (STUDENT명의 테이블에 속성 추가)

(3) DROP문

① 스키마, 도메인, 테이블, 뷰, 인덱스의 전체 제거 시 사용한다.
② CREATE 문에 의해 생성된 모든 정의를 삭제하므로 정의된 테이블이 삭제되면 테이블에 있는 튜플, 테이블의 접근 경로인 인덱스, 테이블에 유도되어진 뷰 등이 함께 삭제된다.
③ 참조 관계에 있는 테이블은 RESTRICT나 CASCADE를 사용하여 삭제할 수도 있고, 명령문의 실행이 거부될 수도 있다.

> DROP TABLE STUDENT [CASCADE / RESTRICTED] ; (STUDENT명의 테이블 제거)

2. DML(데이터 조작어)

① 데이터베이스 사용자가 응용 프로그램이나 질의어를 통하여 저장된 데이터를 처리하는 데 사용하는 언어이다.
② 데이터베이스 사용자와 데이터베이스 관리 시스템 간의 인터페이스를 제공한다.

(1) 검색(SELECT)문

① **SELECT** : 질문의 결과에 원하는 속성을 열거하거나 테이블을 구성하는 튜플(행) 중에서 전체 또는 조건을 만족하는 튜플(행)을 검색한다(ALL이 있는 경우 모든 속성을 출력하므로 주로 생략하거나 별표(*)로 표시).
② **FROM** : 검색 데이터를 포함하는 테이블명을 2개 이상 지정할 수 있다.
③ **WHERE** : 조건을 설정할 때 사용하며, 다양한 검색 조건을 활용한다(SUM, AVG, COUNT, MAX, MIN 등의 함수와 사용 불가능).

④ **DISTINCT** : 중복 레코드를 제거한다(DISTINCTROW는 튜플(행) 전체를 대상으로 함).

⑤ **HAVING** : 추가 검색 조건을 지정하거나 행 그룹을 선택하며, GROUP BY절을 사용할 때 반드시 기술한다(SUM, AVG, COUNT, MAX, MIN 등의 함수와 사용 가능).

⑥ **GROUP BY** : 그룹 단위로 함수를 이용하여 평균, 합계 등을 구하며, 집단 함수 또는 HAVING 절과 함께 기술한다(필드명을 입력하지 않으면 오류 발생).

⑦ **ORDER BY** : 검색 테이블을 ASC(오름차순 : 생략 가능), DESC(내림차순)으로 정렬하며, SELECT문의 마지막에 위치한다.

⑧ **LIKE 연산자** : '='를 의미(% : 하나 이상의 문자, _ : 단일 문자)하며, 특정 필드에 기억된 문자 열의 일부를 검색 조건으로 설정한다.

⑨ **IN 연산자** : 검사 값이 주어진 리스트에 속하는지의 여부를 체크한다.

⑩ **BETWEEN 연산자** : 두 개의 검사 값에서 구하고자 하는 값 사이에 포함되는지를 체크한다.

> SELECT [DISTINCT] 속성 LIST(검색 대상) FROM 테이블명 [WHERE 조건식]
> [GROUP BY 열_이름 [HAVING 조건]] [ORDER BY 열_이름 [ASC or DESC]];

더 알아보기⊕

내장 함수
- SUM(열 이름) : 열에 있는 값들의 합을 구한다(열은 숫자형 데이터).
- AVG(열 이름) : 열에 있는 값들의 평균을 구한다(열은 숫자형 데이터).
- COUNT(*) : 열에 있는 값들의 개수를 구한다.
- MAX(열 이름) : 열에서 가장 큰 값을 구한다.
- MIN(열 이름) : 열에서 가장 작은 값을 구한다.

---

(2) 삽입(INSERT)문

① 기존 테이블에 행을 삽입하는 경우로 필드명을 사용하지 않으면 모든 필드가 입력된 것으로 간주한다.

② 특정 속성에 대해 특정값을 갖는 하나의 튜플을 테이블에 삽입한다.

③ 여러 개의 설정 필드 중 필드명 하나만 실행하면 해당 필드만 값이 입력되고, 나머지는 널(Null) 값이 입력된다.

> INSERT INTO 테이블[(열_이름...)] 하나의 튜플을 테이블에 삽입
> VALUES(열 값_리스트); 여러 개의 튜플을 테이블에 한번에 삽입

(3) 갱신(UPDATE)문

① 기존 레코드의 열 값을 갱신할 경우 사용하며, 연산자를 이용하여 빠르게 레코드를 수정한다.

② 조건을 만족하는 각 튜플에 대하여 SET 절의 지시에 따라 갱신한다.

③ 조건을 지정하지 않으면 모든 레코드가 갱신된다.

> UPDATE 테이블 SET 열_이름=식 [WHERE 조건];

(4) 삭제(DELETE)문

① 테이블의 행을 하나만 삭제하거나 조건을 만족하는 튜플을 테이블에서 삭제할 때 사용한다.

② 조건을 지정하지 않으면 모든 레코드가 삭제된다.

> DELETE FROM 테이블 [WHERE 조건];

기출 PLUS SQL의 내장 함수 C등급

SQL에서는 데이터베이스 검색의 성능 및 편의 향상을 위하여 내장 함수를 제공한다. 다음 중 SQL의 내장 집계 함수(Aggregate Function)가 <u>아닌</u> 것은? 10년 우정사업본부

① COUNT   ② SUM

③ TOTAL   ④ MAX

≫ SQL의 내장 집계 함수
- COUNT( ) : 개수를 구함
- AVG( ) : 평균을 구함
- MIN( ) : 최소값을 구함
- SUM( ) : 합계를 구함
- MAX( ) : 최대값을 구함

답 ③

기출 PLUS 삭제(DELETE)문 A등급

사원(사번, 이름) 테이블에서 사번이 100인 튜플을 삭제하는 SQL문으로 옳은 것은?(단, 사번의 자료형은 INT이고, 이름의 자료형은 CHAR(20)으로 가정한다) 14년 우정사업본부

① DELETE FROM 사원
   WHERE 사번=100;

② DELETE IN 사원
   WHERE 사번=100;

③ DROP TABLE 사원
   WHERE 사번=100;

④ DROP 사원 COLUMN
   WHERE 사번=100;

> ≫ 삭제(DELETE)문 : 테이블의 행을 하나만 삭제하거나 조건을 만족하는 튜플을 테이블에서 삭제할 때 사용한다.
> 구문은 DELETE FROM 테이블 [WHERE 조건];이다.
>
> ≫ 사번의 자료형이 INT형이므로 정수 100을 대입하지만 CHAR형인 경우 문자이므로 '100'으로 조건에 기술한다.
> 예 WHERE 사번='100'
> 답 ①

3. DCL(데이터 제어어)

① 데이터의 보안, 무결성, 데이터 회복, 병행 수행 제어 등을 정의하는 데 사용하는 언어이다.
② 데이터베이스 관리자가 데이터 관리를 목적으로 사용한다.

(1) GRANT문

① 유저, 그룹 혹은 모든 사용자들에게 조작할 수 있는 사용 권한을 부여한다.
② GRANT 권한 ON 개체 TO 사용자 (WITH GRANT OPTION);

(2) REVOKE문

① 유저, 그룹 혹은 모든 유저들로부터 주어진 사용 권한을 해제한다.
② REVOKE 권한 ON 개체 FROM 사용자 (CASCADE);

(3) CASCADE문

① Main Table의 데이터를 삭제할 때 각 외래 키에 부합되는 모든 데이터를 삭제한다(연쇄 삭제,
모든 권한 해제).
② '삭제 요소를 참조하는 요소가 있다면 같이 제거하라'는 의미이다.

(4) RESTRICTED문

① 외래 키에 의해 참조되는 값은 Main Table에서 삭제할 수 없다(FROM절에서 사용자의 권한만을
해제).
② '삭제 요소를 참조하는 요소가 있다면 삭제를 하지 말라'는 의미이다.

기출 PLUS SELECT문 [B등급]

MS Access의 데이터베이스를 이용한 성적 테이블에서 적어도 2명 이상이 수강하는 과목에 대해 등록한 학생수와 평균점수를 구하기 위한 SQL 질의문을 작성할 경우 빈칸에 적절한 표현은? 08년 우정사업본부

〈테이블명 : 성적〉

학번	과목	성적	점수
100	자료구조	A	90
100	운영체제	A	95
200	운영체제	B	85
300	프로그래밍	A	90
300	데이터베이스	C	75
300	자료구조	A	95

SELECT 과목, COUNT(*) AS 학생수, AVG(점수) AS 평균점수
FROM 성적
GROUP BY 과목 _____

① WHERE SUM(학번) >= 2; ② WHERE COUNT(학번) >= 2;
③ HAVING SUM(학번) >= 2; ④ HAVING COUNT(학번) >= 2;

≫ AS절을 사용해서 결과 열의 이름을 할당하거나 파생 열에 이름을 할당할 수 있다.
• GROUP BY절 : 그룹 단위로 함수를 이용하여 평균, 합계 등을 구하며, 집단 함수 또는 HAVING절과 함께 기술한다.
• HAVING절 : GROUP BY와 함께 사용되며, 그룹에 대한 조건식을 지정한다.
• COUNT(*) : 해당 열이 있는 총 튜플(행)의 개수를 구한다.
따라서 적어도 학번이 같은 학생이 2명 이상 수강한 과목들의 학생 수와 평균을 구하려면 GROUP BY 과목 HAVING COUNT(학번) >= 2;가 되어야 한다. 답 ④

---

04 **관계 데이터 연산과 질의 최적화**

1. 관계 대수(Relation Algebra)

(1) 관계 대수의 특징

① 릴레이션으로부터 필요한 릴레이션을 만들어 내는 연산자의 집합이다.
② 원하는 정보와 그 정보를 어떻게 유도하는가를 기술하는 절차적 방법이다.
③ 질의에 대한 해를 구하기 위해 수행해야 할 연산의 순서를 명시한다.

(2) 관계 대수의 분류

① 일반 집합 연산자

연산자	기호	의미
합집합 (Union)	A∪B	• A 릴레이션 또는 B 릴레이션에 속하는 튜플의 집합을 구함 • 합집합의 수행 조건 : 속성의 개수가 같아야 함, 대응되는 각 속성들간의 도메인이 같아야 함, 대응되는 속성명은 달라야 함
교집합 (Intersection)	A∩B	• A 릴레이션과 B 릴레이션에 공통으로 속하는 튜플의 집합을 구함 • 두 개의 릴레이션을 교집합하면 두 릴레이션의 차수가 같아야 연산을 할 수 있으므로 교집합의 차수(Degree)는 두 릴레이션 중 가장 작음
차집합 (Difference)	A−B	A 릴레이션에는 속하지만 B 릴레이션에는 속하지 않는 튜플의 집합을 구함
곱집합 (Cartesian Product)	A×B	• A 릴레이션에 속하는 각 튜플에 B 릴레이션에 속하는 모든 튜플을 접속하여 구성된 튜플의 집합을 구함 • 두 개의 릴레이션이 있을 때 레코드(튜플)들의 순서쌍 집합을 만들어 새로운 릴레이션을 만드는 연산 • 카디널리티의 개수 : |R×K| = |R|×|K|, 정의 : R×K = { r・k | r∈R ∨ k∈K }

② 순수 관계 연산자

연산자	기호	의미
셀렉션 (Selection)	$\sigma_{a\theta b}(R)$	R 릴레이션에서 $a\theta b$ 조건을 만족하는 튜플을 구함(수평적 부분 집합)
프로젝션 (Projection)	$\Pi_{a\theta b}(R)$	R 릴레이션에서 $a\theta b$ 속성값으로 이루어진 튜플을 구함(수직적 부분 집합)
조인(Join)	A⋈B	A 릴레이션과 B 릴레이션에서 공통된 속성값이 들어 있는 경우를 접속하여 튜플의 집합을 구함
디비전 (Division)	A÷B	A 릴레이션과 B 릴레이션이 있을 때 B 릴레이션의 모든 조건을 만족하는 경우의 튜플들을 A 릴레이션에서 구함

(3) 연산 우선 순위

우선 순위	연산자	기호	연산자	기호
높음 ↑ ↓ 낮음	프로젝션(Projection)	Ⅱ(파이)	셀렉션(Selection)	σ(시그마)
	곱집합 (Cartesian Product)	×	• 조인(Join) • 디비전(Division)	⋈ ÷
	차집합(Difference)	−	• 합집합(Union) • 교집합(Intersection)	∪ ∩

기출 PLUS 관계 대수 연산 B등급

다음 관계 대수 연산의 수행 결과로 옳은 것은?(단, Π는 프로젝트, σ는 셀렉트, ⋈ₙ은 자연 조인을 나타내는 연산자이다)

14년 우정사업본부

- 관계 대수 : $\Pi_{고객번호,\ 상품코드}[\sigma_{가격 \leq 40} (구매 \bowtie_N 상품)]$
- 구매

고객번호	상품코드
100	P1
200	P2
100	P3
100	P2
200	P1
300	P2

상품코드	비용	가격
P1	20	35
P2	50	65
P3	10	27
P4	20	45
P5	30	50
P6	40	55

①
고객번호	상품코드
100	P1
100	P3

②
고객번호	상품코드
100	P1
200	P1

③
고객번호	상품코드
100	P1
100	P3
200	P1

④
고객번호	상품코드
200	P2
100	P2
300	P2

≫ 구매 테이블과 상품 테이블을 자연 조인/동일한 필드는 하나만 표시(상품코드)
- 구매 테이블에서 고객번호 100, 상품코드 P1, 상품 테이블에서 상품코드 P1에 해당하는 비용 20과 가격 35를 첫 번째 줄에 입력한다.
- 구매 테이블에서 고객번호 200, 상품코드 P2, 상품 테이블에서 상품코드 P2에 해당하는 비용 50과 가격 65를 두 번째 줄에 입력한다.
- 위의 과정을 동일하게 반복한다(단, 상품코드와 비교해서 일치하는 값을 가져옴).

구매 ⋈ₙ 상품

고객번호	상품코드	비용	가격
100	P1	20	35
200	P2	50	65
100	P3	10	27
100	P2	50	65
200	P1	20	35
300	P2	50	65

$[\sigma_{\text{가격} \leqq 40}(\text{구매} \bowtie_N \text{상품})]$ 조건을 의미 : 가격이 40보다 작거나 같은 경우

고객번호	상품코드	비용	가격
100	P1	20	35
100	P3	10	27
200	P1	20	35

$\Pi_{\text{고객번호, 상품코드}}[\sigma_{\text{가격} \leqq 40}(\text{구매} \bowtie_N \text{상품})]$ 고객번호와 상품코드 열만 검색하는 것을 의미

고객번호	상품코드
100	P1
100	P3
200	P1

[답] ③

2. 질의 최적화

(1) 질의 최적화의 개념

질의 최적화 과정은 사용자의 질의를 효율적으로 실행하는 동등한 질의로 바꾸는 것으로 경험적 규칙을 적용한 경험적 기법을 사용한다.

(2) 질의 최적화 단계

① 질의를 내부 표현으로 변환하고, 표준 형태로 바꾼다.
② 하위 단계의 후보 프로시저를 선택한다.
③ 질의 실행 계획을 세우고, 수행 비용이 적게 드는 것을 선택한다.

(3) 질의 최적화를 위한 경험적 규칙

① 연산 우선 순위에 따른 규칙

우선 순위	연산자	기호	연산자	기호
높음 ↑ ↓ 낮음	프로젝션(Projection)	Π(파이)	셀렉션(Selection)	σ(시그마)
	곱집합 (Cartesian Product)	$\times$	• 조인(Join) • 디비전(Division)	$\bowtie$ $\div$
	차집합(Difference)	$-$	• 합집합(Union) • 교집합(Intersection)	$\cup$ $\cap$

② 선택(Select) 연산을 가능한 일찍 수행하여 튜플(Tuple)의 수를 줄인다.
③ 추출(Project) 연산을 가능한 일찍 수행하여 속성(Attribute)의 수를 줄인다.
④ 중간 결과를 적게 산출하면서 빠른 시간에 결과를 줄 수 있어야 한다.

기출 PLUS 질의 최적화 시 경험적 규칙 　　　　　　　　　　　　　　　　　　　　C등급

데이터베이스 관리 시스템(DBMS)에서 질의 처리를 빠르게 수행하기 위해 질의를 최적화한다. 질의 최적화 시에 사용하는 경험적 규칙으로서 알맞지 <u>않은</u> 것은? 　　　　　　　　　　　10년 우정사업본부

① 추출(Project) 연산은 일찍 수행한다.
② 조인(Join) 연산은 가능한 한 일찍 수행한다.
③ 선택(Select) 연산은 가능한 한 일찍 수행한다.
④ 중간 결과를 적게 산출하면서 빠른 시간에 결과를 줄 수 있어야 한다.

≫ 조인(Join) 연산을 우선 실행하게 되면 튜플의 수가 늘어나므로 우선 순위가 가장 높은 프로젝션(Projection)과 셀렉션(Selection)을 가능한 일찍 수행한다(Select문 실행 → Project로 불필요한 속성을 줄임 → Join으로 관련 결과를 조합). 　　　　　　　　　　　　　　　　　　　　　　　　　　　　　　　　　답 ②

CHAPTER

04

비관계형(비정형) 데이터베이스(NoSQL)

01 비관계형(비정형) 데이터베이스(NoSQL)의 개요

1. NoSQL(Not Only SQL) 개념

① 관계형 데이터베이스의 한계를 벗어나, Web 2.0의 비정형 초고용량 데이터 처리를 다수 서버들의 데이터 복제 및 분산 저장이 가능한 데이터베이스 관리시스템이다.

② 데이터의 읽기보다 쓰기에 중점을 둔, 수평적 확장이 가능한 데이터베이스 관리시스템이다.

2. NoSQL의 출현 배경

구분	설명
거대 규모 데이터 생산	SNS와 같이 저장할 데이터가 많고 읽고/쓰기에 대해 기존 관계형 데이터베이스가 제약적인 비즈니스 모델이 등장하게 된다.
	Web 2.0 이후 등장한 웹 기반 서비스들이 글로벌로 확장되면서 데이터의 처리량이 폭발적으로 증가하게 된다.
웹 서비스 구조 변화	웹 기반 서비스들의 저장할 데이터의 형태가 지속적으로 변화되고 있다.
	사용자의 데이터 요구가 일관적이지 않고 다양해진다.

3. NoSQL의 특징

① 데이터의 분산 저장으로 수평적인 확장이 쉬워졌다.

② 대용량 데이터의 쓰기 성능이 향상되었다.

③ 디스크 기반인 경우 저비용으로 대용량 데이터 저장소 구축이 쉽다.

④ 기존 RDBMS(원자성, 일관성, 독립성, 지속성) 특성을 보장할 수 없다.

⑤ 구현기술의 난이도가 높다

⑥ 대부분 공개 소스 기반으로 안정성 보장 및 문제 발생 시 기술지원이 곤란하다.

⑦ 자체적인 기술력을 확보하여야 구축, 유지 보수가 가능하다.

⑧ Google, Yahoo, Twitter, Facebook 등 대형 인터넷 포털 업체들이 주로 채택하고 있다.

02 NoSQL과 SQL의 비교

구분	SQL	NoSQL
저장 데이터	기업의 제품판매 정보, 고객정보 등의 핵심 정보의 저장	중요하지 않으나 데이터 양이 많고 급격히 늘어나는 정보 저장
환경 측면	일반적인 환경이나 분산 환경 등에 사용	클라우드 컴퓨팅처럼 수천, 수만 대 서버의 분산 환경
장점	무결성, 정합성, 원자성, 독립성, 일관성	비용적인 측면과 확장성 기준
처리 방법	오라클 RAC 등으로 분산 처리 방법	페타 바이트 수준의 대량의 데이터 처리
특징	고정된 스키마를 가지며 조인 등을 통하여 데이터를 검색함	단순한 키와 값의 쌍으로만 이루어져 인덱스와 데이터가 분리되어 별도로 운영됨
사용 예	오라클 RAC	구글의 Bigtable, 아마존의 Dynamo, 트위터의 Cassandra 등

03 NOSQL의 제품별 비교

특성 ＼ 제품	CouchDB	MongoDB	Cassandra
개발언어	Erlang	C++	Java
중요점	DB Consistency, ease of use	Retains some friendly properties of SQL.(Query, Index)	Best of BigTable and Dynamo
License	Apache	AGPL(Driver : Apache)	Apache
Protocol	HTTP/REST	Custom, binary(BSON)	Custom, binary(Thrift)
CAP	AP	CP	AP
Best used	• 계산이 필요할 때 • 종종 데이터 갱신이 필요할 때	• 동적인 질의가 필요할 때 • 커다란 DB에서 좋은 수행능력이 필요할 때 • CouchDB를 필요로 하지만 너무 많은 쓰기가 이루어질 때	• 읽기보다 쓰기가 많을 때 • 시스템 컴포넌트가 모두 자바로 이루어져야 할 때
사용 예	CRM, CMS 시스템, 마스터 복제를 통해 데이터 복제를 쉽게 가능하게 사용할 수 있는 서비스	SQL 처리를 이용해야 하는 서비스	은행 서비스, 재무 관련 서비스

05 데이터베이스 운용

01 트랜잭션(Transaction)

1. 트랜잭션의 정의

① 데이터베이스 상태를 일관적으로 유지하기 위한 병행 수행 제어 및 회복의 기본 단위이다.

② 사용자 시스템에 대한 서비스 요구 시 시스템의 상태 변환 과정의 작업 단위이다.

③ 한꺼번에 모두 수행되어야 할 일련의 데이터베이스의 논리적 연산 집합이다.

④ 하나의 트랜잭션은 완료(Commit)되거나 복귀(Rollback)되어야 한다.

⑤ 복구 및 병행 시행 시 작업의 논리적 단위이며, 구조점(Save Point)은 필요에 따라 여러 번 지정이 가능하다.

> **더 알아보기 ➕**
>
> 병행 제어의 목적
> 데이터베이스의 공유 최대화, 시스템의 활용도 최대화, 데이터베이스의 일관성 최대화, 응답 시간 최소화 등이 있다.

2. 트랜잭션의 특성(ACID)

(1) 원자성(Atomicity)

① 트랜잭션의 연산을 데이터베이스에 모두 반영하든지 아니면 전혀 반영되지 않아야 한다(All or Nothing).

② 트랜잭션은 일부만 수행된 상태로 종료되어서는 안 된다.

③ 트랜잭션 A가 수행되는 동안 다른 트랜잭션 B는 트랜잭션 A가 지금까지 수행한 중간 결과를 참조할 수 없다.

(2) 일관성(Consistency)

① 트랜잭션 실행 후 데이터베이스의 상태는 무결성이 유지되고, 모순되지 말아야 한다.

② 시스템이 가지고 있는 고정 요소는 트랜잭션 수행 전과 트랜잭션 수행 완료 후가 같아야 한다.

③ 트랜잭션의 실행을 성공적으로 완료하면 언제나 일관성 있는 데이터베이스 상태로 변환(유지)한다.

(3) 독립성(Isolation, 격리성)

① 트랜잭션의 실행 중간에는 어떠한 것도 접근할 수 없다.

② 트랜잭션 수행 중에 다른 트랜잭션 연산을 끼어놓을 수 없다.

(4) 영속성(Durability, 지속성, 계속성)

① 트랜잭션 결과로 나온 상태는 계속 유지될 수 있어야 한다.

② 트랜잭션이 일단 실행을 성공적으로 완료하면 결과는 영속적이어야 한다.

기출 PLUS 트랜잭션의 특성 　　　　　　　　　　　　　　　　　　　　　 A등급

트랜잭션의 특성과 이에 대한 설명으로 옳지 않은 것은?　　　　　　　12년 우정사업본부

① 원자성(Atomicity) : 트랜잭션은 완전히 수행되거나 전혀 수행되지 않아야 한다.

② 일관성(Consistency) : 트랜잭션을 완전히 실행하면 데이터베이스를 하나의 일관된 상태에서 다른 일관된 상태로 바꿔야 한다.

③ 고립성(Isolation) : 하나의 트랜잭션 실행은 동시에 실행 중인 다른 트랜잭션의 간섭을 받아서는 안 된다.

④ 종속성(Dependency) : 완료한 트랜잭션에 의해 데이터베이스에 가해진 변경은 어떠한 고장에도 손실되지 않아야 한다.

≫ 트랜잭션의 특성(ACID) : 원자성(Atomicity), 일관성(Consistency), 독립성(Isolation, 고립성), 영속성(Durability, 지속성, 계속성)

≫ 영속성 : 트랜잭션 결과로 나온 상태는 계속 유지될 수 있어야 하며, 트랜잭션이 실행을 성공적으로 완료하면 결과는 영속적이어야 한다.　　　　　　　　　　　　　　　　　답 ④

---

3. 트랜잭션의 상태

① **Active(활동)** : 트랜잭션이 실행을 시작하였거나 실행 중인 상태이다.

② **Failed(장애)** : 트랜잭션 실행에 오류가 발생하여 중단된 상태이다.

③ **Aborted(철회)** : 트랜잭션이 비정상적으로 종료되어 Rollback 연산을 수행한 상태이다.

④ **Partially Committed(부분 완료)** : 트랜잭션의 마지막 연산까지 실행했지만 Commit 연산이 실행되기 직전의 상태이다.

⑤ **Committed(완료)** : 트랜잭션이 성공적으로 종료되어 Commit 연산을 실행한 후의 상태이다.

4. 트랜잭션의 연산

(1) Commit(완료)

① 트랜잭션 실행이 성공적으로 완료되었음을 선언하는 연산이다.
② 트랜잭션이 행한 갱신 연산이 완료된 것을 트랜잭션 관리자에게 알려주는 연산이다.
③ 데이터 값들은 영속성이 보장되고, 데이터베이스 상태가 일관성 있는 상태로 변화된다.
④ 수행된 결과를 실제 물리적 디스크로 저장한다.

(2) Rollback(복귀)

① 트랜잭션 실행이 실패하였음을 선언하는 연산이다.
② 트랜잭션이 수행한 결과를 원래의 상태로 원상 복귀시키는 연산이다.

02 데이터 무결성 제약조건(Integrity Constraints)

1. 데이터 무결성의 개요

(1) 데이터 무결성의 정의

사용자의 목적이나 의도와 다른 데이터의 오류 방지, 정확성, 유효성, 일관성, 신뢰성을 위해 무효 갱신으로부터 데이터를 보호하는 개념을 무결성이라 한다.

(2) 데이터 무결성의 중요성

① **데이터 가치** : 업무에 있어 사용자에게 의미 있는 정보를 제공해야 한다.
② **데이터 신뢰성** : 항상 정확하고 오류가 없는 데이터가 데이터베이스에 저장되는 신뢰성을 제공한다.

(3) 무결성 보장의 결과

① 데이터 정확성 확보로 신뢰할 수 있는 정보를 제공한다.
② 데이터 일관성 유지로 자료의 효율적 관리가 가능하다.
③ 사용자 및 애플리케이션 개발자의 생산성 향상이 기대된다.
④ 데이터 무결성 규칙 강제 시행은 약간의 성능 저하를 동반하게 된다.

2. 데이터 무결성의 종류

종류	의미	예시
개체(엔티티)무결성	한 엔티티는 중복과 누락이 있을 수가 없음. 즉, 동일한 PK를 가질 수 없거나, PK의 속성이 Null을 허용할 수 없음	Primary Key, Unique Index
참조(도메인)무결성	외래키가 참조하는 다른 개체의 기본키에 해당하는 값이 기본키 값이나 Null이어야 함	Foreign Key
속성무결성	속성의 값은 기본값, Null 여부, 도메인(데이터 타입, 길이)가 지정된 규칙을 준수하여 존재해야 함	CHECK, NULL/NOT NULL, DEFAULT
사용자(의미)무결성	사용자의 의미적 요구사항을 준수해야 함	Trigger, User Defined Data Type
키 무결성	한 릴레이션에 같은 키값을 가진 튜플들이 허용 안 됨	Unique

3. 데이터 무결성 제약조건

(1) 선언적 방법 제약조건

① 데이터베이스 관리자가 DDL을 이용하여 무결성 제약조건을 명시적으로 선언하여 데이터 사전이나 시스템 카탈로그에 저장되고 실행되는 방법이다.

② **기본 키(Primary key) 선언**

㉠ 지정된 컬럼들이 유일성이 위배되는 일이 없음을 보장한다. 즉, 하나의 튜플을 유일하게 구분한다.

㉡ 기본 키는 Null 값을 허용하지 않는다.

(2) 절차적 방법 제약조건

① DML을 이용해서 명세하는 제약조건이다.

② **트리거(Trigger)**

㉠ 테이블의 내용을 변경하려는 특정 사건(DB 연산)에 대해서 DBMS가 미리 정의된 일련의 행동(DB 연산)들을 수행하는 메커니즘이다.

㉡ 데이터베이스 서버에 의해 자동적으로 호출된다.

㉢ 데이터에 대한 변경을 시도할 때마다 자동적으로 호출된다(데이터의 변경 전 상태와 변경 후의 상태를 사용한다).

㉣ 트랜잭션의 철회(Rollback)와 같은 동작을 수행할 수 있다.

㉤ 저장 프로시저의 특별한 형태로서 SQL의 모든 기능을 이용할 수 있다.

㉥ 참조 무결성을 위해 사용될 수도 있다.

㉦ 참조 무결성이 위배되는 경우에 원하는 동작을 하도록 트리거를 구성하면 된다.

안심Touch

③ 저장 프로시저(Stored procedure)

　㉠ SQL과 SPL(Stored Procedure Language)언어를 조합하여 만든 프로시저이다.

　㉡ DB 엔진의 각 인스턴스에 컴파일된 형태로 저장한다.

　㉢ 저장 프로시저를 사용하여 데이터에 대한 무결성을 유지한다.

④ 애플리케이션(Application) : 비즈니스 로직을 갖고 있는 응용 프로그램 코드에 업무 규칙을 강제로 시행하여 데이터 무결성을 확보할 수 있다.

(3) 데이터 무결성 유지 방법 간 비교

구분	선언적 데이터 무결성 구현	절차적 데이터 무결성 구현
개념	DBMS 기능으로 무결성 구현	어플리케이션에서 무결성 구현
구현방법	DDL문으로 구현	DML문으로 구현
무결성 점검	DBMS에 의해 수행	프로그래머에 의해 수행
장점	절차적 데이터 무결성보다 오류 발생 가능성 낮음	여러 번 반복해서 사용하는 경우 편리성 높음
단점	시스템 성능에 영향을 미침	오류 발생 확률 높음
사례	DDL(CREATE, ALTER), PK, FK, Unique, Check, Data type, default	Trigger, Stored Procedure, application

4. 데이터 무결성 제약조건 사례

(1) 관계데이터베이스 테이블 구현 사례

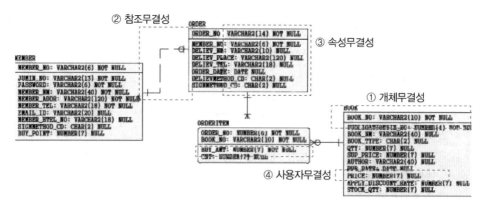

(2) 개체(엔티티) 무결성

① Book이라는 엔티티 타입에서 Book_no라는 PK를 통해 데이터의 중복(Duplicate)과 누락(Null)을 방지하는 역할을 수행할 수 있다.

② 엔티티 무결성을 PK를 통해 유지하는 역할을 한다.

(3) 참조 무결성

① Member라는 엔티티와 Order엔티티의 관계(Relationship)에서 Order는 반드시 Member에 등록된 사용자가 신청을 해야 하는 관계이다.

② Order라는 엔티티에 들어가는 Member_no의 값은 Member의 값을 반드시 참조하여 들어가야 데이터 무결성을 유지할 수 있다.

(4) 속성 무결성

① Order 속성은 데이터타입이 Varchar2를 많이 사용하고 있다.

② 데이터 타입에는 number 형식이 들어가면 안 되는 무결성 규칙이 존재한다.

③ Member_no가 Not Null이므로 반드시 들어가야 한다.

(5) 사용자 무결성

① Book에 Price라는 속성에 데이터가 주문된 여러 가지 도서 정보를 종합하여 계산된 Order Item의 Buy_Amt는 반드시 일관성이 있는 값을 가지고 있어야 한다.

② 주문된 단가 정보 총합이 Buy_Amt값과 일치해야 하는 데이터 무결성 특징을 가지고 있다.

③ 사용자 무결성 제약은 트리거를 통해서 할 수도 있으나, 대부분 애플리케이션 프로그램에서 논리 처리를 수행하는 것이 일반적이다.

03 데이터베이스 보안(Security)

1. 보안 기법의 정의

① 불법적인 데이터의 접근으로부터 데이터의 누설, 변경, 파괴 등 데이터베이스를 보호하는 것이다.

② 보안을 위한 데이터 단위는 테이블 전체로부터 테이블의 특정 행과 열 위치에 있는 특정한 데이터 값에 이르기까지 다양하다.

③ 각 사용자들은 서로 다른 객체에 대하여 다른 접근 권리 또는 권한을 갖게 된다.

④ SQL의 경우 보안 규정에 포함된 독립적인 기능으로 뷰 기법(View Mechanism)과 권한인가 서브 시스템(Authorization Sub System)이 있다.

2. 보안 기법의 유형

(1) 공개키(공중키, Public Key)

① 지정된 인증기관에 의해 제공되는 키값으로 암호키는 공개하고, 해독키는 비공개한다.

② 개인키와 함께 메시지 및 전자 서명의 암호화와 복호화에 효과적으로 사용된다.

(2) 비밀키(Secret Key)

① 암호 작성 및 해독 기법에서 암호화 및 복호화를 위해 비밀 메시지를 교환하는 당사자만 알고
있는 키이다.

② 속도가 빠르고, 키의 개수가 적어 경제적이다.

③ 키를 잃어버리거나 도난당하면 암호화 시스템은 위협을 받는다.

3. 데이터 암호화 기법

(1) 대칭형 방식

① 암호화와 해독화가 동일한 비밀키 암호화 방식으로 DES(Date Encryption Standard)
알고리즘이 있다.

② DES 알고리즘은 특정 시스템의 보안에 사용하며, 속도가 빠르고 경제적이다. 또한, 평문을 64비트
로 블록화하고, 실제 키의 길이는 56비트로 한다.

(2) 비대칭형 방식

① 암호화와 해독화가 동일하지 않은 공개키 암호화 방식으로 RSA(Rivest, Shamir, Adleman)
알고리즘이 있다.

② RSA 알고리즘은 전자상거래 등에 이용하며, 실행 속도가 느리고 구현이 어렵다. 또한 암호화키를
공중키라고도 하는데 해독키는 반드시 비밀로 보호한다.

04 | 병행 수행 제어(Concurrency Control)

1. 병행 수행 제어의 정의

① 여러 사용자가 동시에 데이터베이스에 접근하면 많은 트랜잭션들이 발생하는데 이것을 일관성
있게 처리하기 위해 직렬성을 보장하는 것이다.

② 데이터베이스의 공유와 시스템의 활용도를 최대화하고, 사용자에 대한 응답 시간을 최소화한다.

③ 지연이나 중지 방법으로 동시 공유의 폐단을 제어하고 공유성과 시스템 활용도는 높게, 응답 시간
은 낮게 조정한다.

2. 병행 수행 제어의 문제성

① **갱신 분실(Lost Update)** : 한 레코드에 두 개의 트랜잭션이 동시 접근하면 갱신 연산을 수행하지만 실제로는 한 트랜잭션만 갱신하고, 다른 트랜잭션의 갱신 연산은 무효가 된다.

② **모순성(Inconsistency)** : 두 트랜잭션의 실행이 끝나면 연산 결과는 사용자가 원하는 것이 아니며, 데이터베이스 자체가 모순된 상태로 남게 된다(불일치성).

③ **연쇄 복귀(Cascading Rollback)** : 트랜잭션이 두 개의 레코드에 동시 접근하면 한 트랜잭션이 레코드를 판독한 후 다른 트랜잭션이 레코드를 판독하여 갱신하는데 이때, 트랜잭션이 다른 레코드의 갱신을 취소하면 두 트랜잭션 중 하나만 복귀(Rollback)하고, 나머지는 완료(Commit)하여 복귀할 수 없다.

④ **비완료 의존성(Uncommitted Dependency)** : 하나의 트랜잭션 수행이 실패한 후 회복되기 전에 다른 트랜잭션이 실패한 갱신 결과를 참조한다.

3. 병행 수행 제어의 방법

(1) 로킹(Locking)

① 트랜잭션이 데이터에 액세스하는 동안 다른 트랜잭션이 데이터에 접근하기 위해서는 Lock을 소유하고 있어야만 액세스할 수 있다.

② 다른 데이터 항목을 로크하면서 한 데이터 항목의 로크를 반납하지 않으면 교착상태(Deadlock)가 발생한다.

③ 갱신 분실 문제, 불일치 문제, 비완료 의존성 문제 등을 해결할 수 있으나 교착상태는 별도의 방법으로 해결해야 한다.

> **더 알아보기⊕**
>
> 로킹의 단위
> • 한꺼번에 로킹할 수 있는 단위로 로킹 단위가 작아지면 로킹의 오버헤드가 증가한다.
> • 데이터베이스, 파일, 레코드 등이 로킹 단위가 될 수 있다.
> • 단위가 작을수록 병행 수준은 뛰어나지만 관리가 어렵고, 로크(Lock)의 수가 많아진다.
> • 단위가 클수록 병행 수준은 낮아지지만 관리가 쉽고, 로크(Lock)의 수가 적어진다.

(2) 교착상태(Deadlock)

① 두 개 이상의 트랜잭션이 있을 때 이들이 서로 실행이 완료되기를 무한정 기다리는 상태를 말한다.

② 교착상태가 발생하는 경우는 상호 배제(Mutual Exclusion), 순환 대기(Circular Wait), 대기(Wait) 등이 있다.

③ 교착상태를 해결하기 위한 방법으로 회피(Avoidance), 예방(Prevention), 탐지(Detection) 등이 있다.

05 데이터베이스 장애와 회복기법

1. 데이터 회복과 장애의 개념

(1) 데이터 회복(Data Recovery)의 개념

① 데이터베이스 운영 도중 예기치 못한 장애(Failure)가 발생할 경우 데이터베이스를 장애 발생 이전의 일관된 상태로 복원하는 작업을 말한다.

② 로그기반 회복, 체크 포인트 기반 회복, 그림자 페이징 회복이 존재한다.

(2) 데이터베이스 장애 유형

유형	장애 상세 내용
트랜잭션 장애	• 트랜잭션 간 상호 실행 순서/결과 등에 의한 오류이다. • 논리적 오류와 시스템적 오류가 있다. • 논리적 오류는 내부적인 오류로 트랜잭션을 완료할 수 없다. • 시스템 오류는 교착상태(Deadlock) 등 오류 조건이 발생하여 트랜잭션을 강제로 종료한다.
시스템 장애	• 전원, 하드웨어, 소프트웨어 등 고장에 의한 장애이다. • 시스템 장애로 인해 저장 내용이 영향 없도록 무결성 체크가 필요하다.
디스크 장애	• 디스크 스토리지의 일부 또는 전체가 붕괴되는 장애이다. • 가장 최근의 덤프와 로그를 이용, 덤프 이후에 완결된 트랜잭션을 재실행(REDO)해야 한다.
사용자 장애	• 사용자들이 데이터베이스에 대한 이해가 부족하여 발생하는 장애이다. • 데이터베이스관리자(DBA)가 데이터베이스를 관리하다 발생시키는 실수이다.

2. 데이터베이스 회복 기법

(1) 로그기반 회복 기법

① 로그파일을 이용하여 장애 발생에 대해 회복하는 기법이다.

② 복구과정은 로그를 확인하여 재실행, 취소 작업을 수행한다.

③ 재실행(Redo), 실행취소(Undo)를 결정하기 위해서 로그 전체를 조사하므로 시간지연이 발생한다.

④ Redo를 할 필요가 없는 트랜잭션을 다시 Redo하는 문제가 발생할 수 있다.

⑤ 회복 속도가 느리다.

(2) 체크 포인트(Check Point) 회복 기법

① 로그파일과 검사 점(Check Point)을 이용한 복구방법이다.

② 로그 기반 기법보다 상대적으로 속도가 빠르다.

③ Undo(실행취소)를 사용한 회복 과정을 수행한다.

(3) 그림자 페이징 기법

① 그림자 페이지 테이블을 이용한 복구 기법이다.

② Undo가 간단하고 Redo가 불필요하므로 수행속도가 빠르고 간편하다.

③ 여러 트랜잭션이 병행수행되는 환경에서는 단독으로 사용이 어렵다.

④ 로그 기반이나 검사 점 기법과 함께 사용하는 것이 바람직하다.

⑤ 그림자 페이지 테이블 복사, 기록하는 데 따른 오버헤드가 발생한다.

⑥ 본 테이블에 대해 만들어진 그림자 테이블로 교체한다.

---

06 분산 데이터베이스

1. 분산 데이터베이스의 정의와 특징

(1) 분산 데이터베이스의 정의

① 분산된 데이터베이스와 처리기를 통신 네트워크로 연결하여 모든 지역 시스템이 하나인 것처럼 처리하는 시스템이다.

② 데이터 처리나 이용이 많은 지역에 데이터베이스를 위치시켜 데이터 처리가 가능한 해당 지역에서 해결될 수 있도록 하는 데이터베이스 시스템이다.

③ 다양한 지역의 처리 효율성을 높이기 위한 것으로 클라이언트/서버 데이터베이스라고도 한다.

④ 분산 데이터베이스 관리 시스템의 형태로는 동질 분산 데이터베이스 관리 시스템과 이질 분산 데이터베이스 관리 시스템으로 구분할 수 있다.

⑤ 수평 분할은 전역 테이블을 구성하는 튜플들을 부분 집합으로 분할하는 방법을 말한다.

(2) 분산 데이터베이스의 특징

① 중앙 컴퓨터에 장애가 발생하더라도 전체 시스템에 영향을 끼치지 않는다.

② 점진적 시스템 용량의 확장으로 분산 제어가 가능하다.

③ 효율성, 융통성, 신뢰성, 가용성, 일관성, 시스템 확장성, 지역 자치성이 높다.

④ 작업 부하(Work Load)의 노드별 분산 정책을 고려해야 한다.

⑤ 분산 데이터베이스의 가장 중요한 목적은 투명성(Transparency) 보장에 있다.

(3) 분산 데이터베이스의 장점과 단점

장점	단점
• 분산 데이터의 효과적 처리와 데이터의 공유성 향상 • 시스템 장애 시 다원적 변경으로 성능 향상 • 지역 특성에 맞는 H/W, S/W를 구축 • 질의 처리(Query Processing) 시간의 단축	• 소프트웨어 개발 비용과 처리 비용의 증가 • 결함(Bug)의 잠재성이 큼 • 통신망에 제약을 받을 수 있음 • 복잡성이 증대하여 여러 새로운 사이트를 추가

2. 분산 데이터베이스의 투명성

① **위치 투명성(Location Transparency, 위치 독립성)** : 사용자는 데이터가 물리적으로 저장되어 있는 위치를 알 필요 없이 논리적인 입장에서 데이터가 자신의 사이트에 있는 것처럼 처리하는 특성이다.

② **중복 투명성(Replication Transparency, 중복 무관성)** : 데이터의 개체는 서로 다른 사이트에 중복될 수 있으며, 중복 데이터의 일관성 유지는 사용자와는 관계없이 시스템에 의해 수행된다.

③ **장애 투명성(Failure Transparency)** : 트랜잭션, DBMS, 네트워크, 컴퓨터의 장애에도 불구하고 트랜잭션을 정확하게 처리한다.

④ **병행 투명성(Concurrency Transparency)** : 분산 데이터베이스와 관련된 다수의 트랜잭션들이 동시에 실현되더라도 그 트랜잭션의 결과는 영향을 받지 않는다.

3. 분산 데이터베이스의 무관성

① **위치 무관성** : 사용자는 데이터의 위치에 관하여 알 필요가 없다.

② **중복 무관성** : 사용자는 데이터의 중복이나 분할에 관하여 알 필요가 없다.

③ **고장 무관성** : 트랜잭션이 일단 수행되면 완전히 끝나거나 전혀 수행되지 말아야 한다.

④ **병렬 처리 무관성** : 사용자는 시스템 내에 병렬 처리되고 있는 다른 트랜잭션과 무관하다.

출제 비중 체크!

※ 계리직 전 8회 시험(2008~2021) 기출문제를 기준으로 정리하였습니다.

스프레드
시트

프로그래밍
언어

컴퓨터구조 일반

소프트웨어 공학

운영체제 일반

자료 구조

데이터베이스
일반

정보통신과 인터넷
17.5%

PART

04 | 정보통신과 인터넷

I wish you the best of luck!

우정사업본부 지방우정청 9급 계리직

컴퓨터일반

혼자 공부하기 힘드시다면 방법이 있습니다.
시대에듀의 동영상강의를 이용하시면 됩니다.
www.sdedu.co.kr ➜ 회원가입(로그인) ➜ 강의 살펴보기

데이터 통신

01 데이터 통신(정보 통신)의 개요

1. 데이터 통신(정보 통신)의 개념

① 컴퓨터에 설치된 모뎀이나 LAN 카드에 전화선이나 전용선을 연결하여 정보를 서로 주고받는 것이다.
② 통신 회선을 통해 정보의 수집, 가공, 처리, 분배 등의 기능을 수행하는 기계와 기계 간의 통신이다.

2. 데이터 통신의 특징

① 고속 통신에 적합하며, 거리와 시간상의 제약을 극복할 수 있다.
② 대형 시스템과 대용량 파일의 공동 이용이 가능하다.
③ 동보 전송이 가능하고, 광대역 전송과 다방향 전달 체계를 갖는다.
④ 고도의 에러 제어 기능으로 신뢰성이 높고, 응용 범위가 넓다.
⑤ 시간과 횟수에 관계없이 같은 내용을 반복하여 전송할 수 있다.

3. 데이터 통신의 3요소

① **정보원(Information Source)** : 정보가 생성되는 곳으로 정보를 보내는 장소이다.
② **전송 매체(Medium)** : 통신 회선을 통하여 정보를 목적지로 전송한다.
③ **정보 목적지(Information Destination)** : 정보가 전달되는 곳으로 정보를 받는 장소이다.

안심Touch

4. 데이터 통신 시스템

(1) 데이터 전송계

① **데이터 단말 장치(DTE)** : 통신 회선을 통하여 데이터 통신 시스템에 접속된 데이터의 입출력을 위해 사용하는 장치로 단말 장치나 통신 제어 장치를 의미한다.

② **데이터 회선 종단 장치(DCE)** : 데이터 통신 회선의 종단에 위치하여 데이터 전송로에 적합한 신호로 변환하는 장치로 아날로그 회선의 MODEM(변복조기)과 디지털 회선의 DSU(Digital Service Unit) 등이 있다.

③ **통신 회선(Communication Line)** : 데이터 통신에서 단말 장치와 단말 장치 사이를 연결하는 물리적인 통로로 전화선, 동축 케이블, 광섬유 케이블 등이 있다.

④ **통신 제어 장치(CCU)** : 전송 회선과 컴퓨터의 전기적 결합으로 전송 문자를 조립, 분해하는 장치로 통신의 시작과 종료 제어, 송신권 제어, 동기 제어, 오류 제어, 흐름 제어, 응답 제어, 오류 복구, 제어 정보의 식별, 기밀 보호, 관리 기능 등을 담당한다.

⑤ **전송 제어 장치(TCU)** : 단말 장치에서 하나의 회선을 제어하고, 오류 검출 및 수정을 담당하는 장치로 입출력 제어 기능, 동기 제어 기능, 송수신 제어 기능, 에러 제어 기능이 있다.

(2) 데이터 처리계

① **중앙처리장치** : 프로그램의 지시에 따라 컴퓨터 내부의 전체 처리 과정과 부속 장치들의 작동을 통제하는 장치로 기억장치, 연산장치, 제어장치로 구성된다.

② **통신 제어 프로그램** : 대형 컴퓨터와 개인용 컴퓨터 또는 개인용 컴퓨터끼리 접속하여 데이터를 교환할 수 있도록 도와주는 프로그램으로 시스템 소프트웨어와 응용 소프트웨어가 있다.

02 전송 제어 방식

1. 아날로그 전송과 디지털 전송

(1) 아날로그 전송(Analog Transmission)

① 전압, 전류 등의 연속적인 물리량을 처리한다.

② 모뎀을 이용하여 디지털 신호를 아날로그 신호로 변환할 수 있다.

③ 일정 거리에서 신호가 감쇠되면 장거리 전송의 증폭기(Amplifier)를 이용하여 신호의 세기를 증폭시킨다.

(2) 디지털 전송(Digital Transmission)

① 디지털 신호의 변환에 의해 아날로그나 디지털 정보의 암호화를 쉽게 구현할 수 있다.

② 전송 용량을 다중화 함으로써 효율성이 높아지고 고속, 고품질의 전송이 가능하다.

③ 중계기를 사용함으로 신호의 왜곡과 잡음 등을 줄일 수 있다.

④ 디지털 기술의 발전으로 전송 장비의 소형화가 가능하고, 가격도 저렴하다.

⑤ 장거리 전송 시 데이터의 감쇠 및 왜곡 현상을 방지하기 위해서 리피터(Repeater)를 사용한다.

더 알아보기 ➕

슬라이딩 윈도우(Sliding Window)

• 흐름 제어 방식에서 한 번에 여러 개의 프레임을 나누어 전송할 경우 효율적인 방식이다.

• 수신측에서 응답 메시지가 없어도 미리 약속된 윈도우의 크기만큼 전송할 수 있다.

• 슬라이딩 윈도우에서 윈도우는 전송할 수 있는 프레임의 개수를 의미한다.

• 수신측으로부터 이전에 송신한 프레임의 긍정 수신 응답이 왔을 때 송신 윈도우가 증가한다.

• 송신자가 일련 번호(Sequence Number)와 함께 데이터를 전송하면 수신자는 데이터 수의 전송 확인 번호(Acknowledge Number)를 응답하여 안정적인 데이터를 전송한다.

2. 직렬 전송과 병렬 전송

(1) 직렬 전송(Serial Transmission)

① 한 문자를 이루는 각 비트들이 하나의 전송 선로를 통하여 차례대로 전송된다.

② 통신 설치 비용이 저렴하고, 원거리 전송에 적합하지만 전송 속도가 느리다.

③ 대부분의 데이터 통신에 이용된다.

(2) 병렬 전송(Parallel Transmission)

① 한 문자를 이루는 각 비트들이 각각의 전송 선로를 통해 동시에 전송된다.

② 송수신기가 복잡하지 않지만 전송 거리에 따라 전송로의 비용이 커진다.

③ 전송 속도가 빠르며, 컴퓨터와 주변 장치 간의 통신에 주로 이용된다.

3. 동기식 전송과 비동기식 전송

(1) 동기식 전송(Synchronous Transmission)

① 전송 문자를 여러 블록으로 나누어 각 블록 단위로 전송한다(버퍼가 필요).

② 2,400BPS 이상의 고속 전송과 원거리 전송에 이용되며, 위상 편이 변조(PSK) 방식을 사용한다.

③ 문자 또는 비트들의 데이터 블록을 송수신하며, 정해진 숫자만큼의 문자열을 묶어 일시에 전송한다.

④ 시작과 끝 부분에 플래그 신호를 삽입하거나 제어가 가능한 특정 문자를 삽입하여 문자열을 동기화한다.

⑤ 블록과 블록 사이에 유휴 시간(Idle Time)이 없어 전송 효율과 전송 속도가 높다.

⑥ 제어 신호 비트에 의한 방식으로 비트별 동기화하며 HDLC, SDLC 등의 프로토콜에 이용된다.

⑦ 정보의 프레임 구성에 따라 문자 동기 방식, 비트 동기 방식, 프레임 동기 방식으로 나뉜다.

Sync	Sync	Data	Data	Data	Data	Sync	Sync	Data	Data	Data	Data
동기 문자		데이터 블록				동기 문자		데이터 블록			

더 알아보기⊕

프레임 구성
- 문자(Character) 동기 방식 : 동기화 문자를 통하여 동기를 맞추는 방식으로 제어 문자를 사용하여 데이터 블록의 시작과 끝을 구분한다.
- 비트(Bit) 동기 방식 : 데이터 블록의 앞뒤에 플래그 및 비트를 전송하여 동기를 맞추는 방식이다.
- 프레임(Frame) 동기 방식 : HDLC의 전송 제어 절차에서 사용하는 방식으로 데이터를 송신할 때 데이터 블록 구간을 플래그 순서로 식별한다.

(2) 비동기식 전송(Asynchronous Transmission)

① 작은 비트 블록의 앞뒤에 스타트 비트(Start Bit)와 스톱 비트(Stop Bit)를 삽입하여 비트 블록의 동기화를 한다.

② 각 문자 당 2~3비트의 오버헤드를 요구하면 전송 효율이 떨어지므로 1,200BPS 이하의 저속 통신 시스템에 이용된다.

③ 비트 열이 전송되지 않을 때는 각 문자 사이에 유휴 시간(Idle Time)이 있으며, 주파수 편이 변조(FSK) 방식을 사용한다.

스타트 비트	문자 비트	스톱 비트	유휴 시간	스타트 비트	문자 비트	스톱 비트

03 전송 설비

1. 다중화(Multiplexing)

(1) 다중화의 개념

① 효율적인 전송을 위하여 넓은 대역폭(혹은 고속 전송 속도)을 가진 전송 링크를 통해 여러 신호(혹은 데이터)를 동시에 보내는 기술이다.

② 하나의 통신 채널을 이용하여 다수의 단말기가 동시에 데이터를 전송할 수 있다.

③ 통신 채널의 효율을 높이기 위하여 주파수 분할 다중화, 시분할 다중화, 코드 분할 다중화가 사용된다.

(2) 다중화의 기능

① 음성과 영상 데이터를 안전하고, 신속하게 서비스할 수 있도록 한다.

② 시스템 사이의 전송 선로에서 자동 우회 기능을 수행하므로 전송 효율이 높다.

③ 전송된 데이터를 원래 상태로 분리시켜 보다 작은 수의 통신 채널로 전송하므로 비용이 절감된다.

④ 멀티 드롭(Multi-Drop) 기능을 수행하며, T1/E1(1.544/2.048 Mbps)의 대용량 고속 전송이 가능하다.

2. 다중화기(Multiplexer)

(1) 다중화기의 개념

① 여러 개의 채널이 하나의 통신 회선을 통해 결합된 신호 형태로 전송되고, 수신측에서 다시 여러 개의 채널 신호로 분리하는 역할을 하는 장비이다.

② 여러 개의 터미널 신호를 하나의 통신 회선을 통해 전송할 수 있도록 하는 장치이다.

③ 여러 단말기가 같은 장소에 위치하는 경우 다중화 기능을 이용하여 전송로의 수를 감소시킨다.

(2) 주파수 분할 다중화기(FDM)

① 저속의 데이터를 서로 다른 주파수에 변조하여 전송 선로를 보내는 방식이다.

② 사용 가능한 주파수 대역을 나누어 통화로를 할당하며, 시분할 다중화에 비해 비효율적이다.

③ 여러 개의 정보 신호를 한 개의 전송 선로에서 동시에 전송할 수 있다.

④ 전송 매체에서 사용 가능한 주파수 대역이 전송하려는 각 터미널의 신호 대역보다 넓은 경우 적용된다(변복조 기능 포함).

⑤ 위성, Radio, TV, CATV와 같은 실시간 아날로그 전송에 쓰이며, 높은 주파수 대역폭을 낮은 대역폭으로 나누어 사용한다.

⑥ 별도의 모뎀이 필요 없으며, 하나의 채널에 주파수 대역별로 전송로가 구성된다.

⑦ 신호 전송에 필요한 대역폭보다 전송 매체의 유효 대역폭이 클 경우 사용한다.

⑧ 부 채널 간 상호 간섭을 방지하기 위해 가드 밴드(Guard Band, 채널 간 완충 영역)를 둔다.

⑨ 가드 밴드의 이용으로 대역폭이 낭비되며, 채널의 이용률이 낮아진다.

⑩ 저속도(1,200BPS 이하)의 아날로그 전송에 적합하며, 비동기 전송에 이용된다.

⑪ 멀티 포인트 방식에서 주로 이용되며, 구조가 간단하고 가격이 저렴하다.

⑫ 다중화하고자 하는 각 채널 신호는 각기 다른 반송 주파수로 변조된다.

⑬ 각 신호의 반송 주파수는 동시에 전송되며, 각 신호의 대역폭이 겹치지 않도록 분리한다.

⑭ 누화 및 상호 변조 잡음은 하나의 주파수 대역폭을 나누어 사용하는 채널들이 겹치면서 생기는 오류이다.

(3) 시분할 다중화기(TDM)

① 여러 데이터를 일정한 시간으로 분할하여 전송하고, 하나의 회선을 복수 채널로 다중화하는 방식이다.

② 한 전송로의 데이터 전송 시간을 일정한 시간 폭(Time Slot)으로 나누어 부 채널에 차례로 분배하거나 일정 크기의 프레임을 묶어 채널별 특정 시간대에 해당 슬롯을 배정한다.

③ 다중화기와 단말 기기의 속도 차로 인하여 버퍼(Buffer)가 필요하다.

④ 전송 매체의 전송 속도가 정보 소스의 정보 발생률보다 빠를 때 사용한다.

⑤ 시분할 교환 기술로는 TDM 버스 교환, 타임-슬롯 상호 교환, 시간-다중화 교환 등이 있다.

⑥ 송수신 스위치가 서로 정확히 동기되도록 하기 위해서 동기 비트가 필요하다.

⑦ 하나의 회선을 다수의 짧은 시간 간격으로 분할하여 다중화한다.

⑧ FDM보다 고속의 디지털 전송이 가능하며, 포인트 투 포인트 방식에서 많이 사용한다.

⑨ 아날로그를 디지털로 변환하여 전송하며, 음성 대역을 이용할 경우 9,600BPS의 전송 속도를 낼 수 있다.

종류	설명
동기식 시분할 다중화(STDM)	• 고정된 타임 슬롯을 모든 이용자에게 규칙적으로 할당한다(비트 삽입식). • 전송 회선의 대역폭을 일정 시간 단위로 나누어 각 채널에 할당한다. • 데이터 전송률이 디지털 신호의 데이터 전송을 능가할 때 사용한다. • 전송할 데이터가 없는 단말 장치에도 타임 슬롯을 고정적으로 할당하므로 링크의 총 용량이 낭비된다(타임 슬롯의 낭비 발생).
비동기식 시분할 다중화(ATDM)	• 다수의 타임 슬롯으로 하나의 프레임을 구성하고, 각 타임 슬롯에 채널을 할당한다(문자 삽입식). • 통계적 다중화, 지능적 다중화라고도 한다. • STDM의 단점을 보완하여 링크의 효율성을 높인다(버퍼가 필요). • 각 채널의 할당 시간이 공백인 경우 다음 차례의 연속 전송이 가능하다. • 전송 전달 시간이 빠른 반면 제어 회로가 복잡하고, 가격이 비싸다. • 주소 제어 회로, 흐름 제어, 오류 제어 등의 기능이 필요하다.

(4) 통계적 시분할 다중화기

① 전송 데이터가 있는 동안에만 시간 슬롯을 할당하는 다중화 방식이다.

② 같은 속도일 경우 동기식 다중화기보다 더 많은 수의 터미널에 접속할 수 있다.

③ 동시에 데이터를 보낼 수 있는 터미널의 수가 동적으로 변할 수 있다.

④ 낭비되는 슬롯을 전송하지 않기 때문에 채널의 낭비를 줄인다.

⑤ 동기식 다중화기보다 높은 전송 효율을 가진다.

⑥ 다중화된 회선의 데이터 전송율보다 접속 장치들의 데이터 전송율의 합이 크다.

3. 다중화 장비

(1) 광대역 다중화기

① 다양한 속도의 동기식 데이터를 묶어서 광대역 전송 매체를 통해 전송하는 방식이다.

② 채널의 전송 속도는 9.6~56Kbps이며, 광섬유 등의 매체에서는 보다 높은 속도가 가능하다.

③ 통신이 요구되는 두 지역의 컴퓨터 간 연결에 이용된다.

(2) 역 다중화기

① 두 개의 음성 대역폭을 이용하여 광대역의 통신 속도를 얻을 수 있는 방식이다.

② 전용 회선 고장 시 DDD(Direct Distance Dial)망을 이용하며, 비용을 절감할 수 있다.

③ 통신 회선 고장 시 회선 경로 변경에 따라 융통성을 부여한다.

④ 한 채널이 고장 나면 나머지 한 채널의 1/2 속도로 운영이 가능하다.

⑤ 여러 가지 변화에 대응하여 다양한 전송 속도를 얻을 수 있다.

(3) 지능 다중화기(= 통계적 다중화기)

① 비동기식 시분할 다중화 장비로 기억장치, 복잡한 주소 제어 회로 등이 필요하다.

② 주소 제어, 흐름 제어, 오류 제어 등의 기능을 제공한다.

③ 전송할 데이터가 있는 부 채널에만 시간 폭을 할당하므로 많은 데이터 전송이 가능하다.

4. 집중화기(Concentrator)

① 여러 개의 채널을 몇 개의 소수 회선으로 공유화시키는 장치이다.

② 하나의 고속 통신 회선에 많은 저속 통신 회선을 접속하므로 비용을 절감한다.

③ 호스트 컴퓨터와 연결되며, m개의 입력 회선을 n개의 출력 회선으로 집중화한다.

④ 입력 회선 수는 출력 회선 수보다 같거나 많으며, 입출력 대역폭이 각각 다르다.

⑤ 시스템의 구조가 복잡하고, 이용률이 낮거나 불규칙한 전송에 적합하다.

04 전송 방식과 회선 방식

1. 전송 방식

(1) 베이스 밴드 전송(Baseband Transmission)

① 펄스 파형을 변조 없이 바로 전송하는 방식으로 기존 신호를 다른 주파수 대역으로 전송한다(기저 대역).

② 변조되기 전의 디지털 펄스 형태로 전송하며, 장거리 전송에는 부적합하다.

③ 잡음의 영향을 받기 쉽고 정보 손실이 크지만 전송 품질은 우수하다.

④ 정보를 0과 1로 표시하고, 이를 바탕으로 직류의 전기 신호를 전송한다.

(2) 광대역 전송(Broadband Transmission)

① 데이터 전송 등 여러 개의 변조 신호를 서로 다른 주파수 대역에서 동시에 보내는 방식이다.

② 기저 대역 전송보다 보내는 데이터 양이 많으므로 회로가 복잡하다.

2. 회선 방식

(1) 교환 회선(Switched Line)

① 다이얼 업(Dial-Up) 회선이라고도 하며, 전용 회선에 비해 전송 속도(4,800BPS)가 느리다.

② 제한된 시간에만 접속하므로 많은 사용자가 여러 개의 회선을 공유하는 시스템의 전화 접속에 적합하다(교환기를 경유하여 전화가 가능한 모든 지역과 연결 가능).

③ 다이얼 업 모뎀은 자동 호출/응답, 자동 속도 조절, 고장 장애 시험 등의 역할을 한다.

④ 교환 방식에 따라 회선(Line) 교환, 메시지(Message) 교환, 패킷(Packet) 교환이 있다.

(2) 전용 회선(Leased Line)

① 데이터 전송은 같은 경로와 시설을 이용하여 안정된 통신을 제공한다(이용자 목적에 조정).

② Dial-Up 회선에 비해 편리하고, 전송 품질이 뛰어나다(고속 광대역 회선에 이용).

③ 요금은 정액제로 일정량 이상의 통신량만 있으면 공중 회선(교환 회선)보다 저렴하다.

④ 전용 방식에 따라 직통 회선(Point to Point), 분기 회선(Multipoint) 등이 있다.

05 전송 오류(에러) 방식

1. 오류(에러)의 종류

(1) 감쇠 현상(Attenuation)

① 전송 매체를 통하여 데이터를 원격지로 전송하는 경우 거리가 멀어질수록 전자 신호의 세기가 점차 약해지는 현상이다.

② 감쇠 왜곡 현상으로 특정 주파수의 아날로그 신호에서 심각한 문제가 발생한다.

③ 아날로그 신호는 고주파일수록 감쇠가 커지므로 증폭기를 이용하여 신호 강도를 회복시킨다.

④ 디지털 신호는 해당 내용이 기본 주파수(저주파)에 집중되어 신호의 불균형이 생기므로 리피터로 비트 정보를 복원하여 재전송한다.

(2) 지연 왜곡(Delay Distortion)

① 일정한 신호 세력으로 여러 종류의 주파수를 동일 선로에 전송할 때 수신측에 도착하는 시간차로 인하여 신호 모양이 찌그러지는 현상이다.

② 전송 매체를 통한 신호 전달이 주파수에 따라 속도를 달리함으로써 유발되는 신호 손상이다.

③ 전송 신호의 중심 주파수는 전송 속도가 고속이지만 양끝으로 갈수록 속도가 감소된다.

④ 다양한 주파수 성분을 갖는 디지털 신호의 전송에서 문제가 발생한다.

⑤ 하드 와이어 전송의 주파수에 따라 발생하며, 디지털 전송에서 최대 전송 속도를 제한한다.

(3) 잡음(Noise)

① 전송 시스템에 의한 다양한 왜곡의 변형된 형태로 정보 전송 중 추가된 불필요한 신호이다.

② 통신 시스템의 효율성을 제한하는 요인이 된다.

③ **백색 잡음(White Noise)** : 도체 내부의 열 운동에 의해 발생되는 잡음으로 모든 주파수에 존재하며, 제거할 수 없다(=열 잡음, 가우스 잡음).

④ **충격성 잡음(Impulse Noise)** : 회로나 입출력 장비로부터 비연속적이고, 불규칙하게 일어나는 높은 진폭의 잡음으로 외부의 전자기적 충격이나 기계적인 통신 시스템의 결함에 의해 발생한다(디지털 데이터를 전송하는 경우 중요한 오류 발생의 원인).

⑤ **위상 지터 잡음(Phase Jitter Noise)** : 전송 시스템의 반송파에 잡음이 들어오면 전송 신호의 위상이 일그러지면서 생기는 잡음으로 데이터 신호의 위상 변동에 의해 발생한다.

⑥ **위상 히트 잡음(Phase Hit Noise)** : 통신 회선에서 잡음, 누화, 중계기 등으로 신호 위상이 불연속으로 변하면서 생기는 잡음으로 전송로를 구성하는 장치의 전환 등으로 발생한다.

⑦ **누화 잡음(Cross Talk Noise)** : 여러 전화 회선에서 한 전화 회선의 통화 전류가 다른 전화 회선으로 새 나가면서 생기는 잡음으로 서로 다른 전송로의 신호가 다른 회선에 영향을 주어 발생한다(=혼선).

⑧ **상호 변조 잡음(Inter Modulation Noise)** : 서로 다른 주파수가 동일한 전송 매체를 공유할 때 주파수 합과 차의 신호로 인하여 생기는 잡음으로 동일 전송 매체를 공유하는 각각의 주파수를 갖는 신호에서 발생한다.

(4) 기타 잡음

① **손실(Loss)** : 채널상에서 언제든지 발생할 수 있는 시스템적인 왜곡(Systematic Distortion)으로 신호 전송 중에 신호의 세기가 약해진다.

② **하모닉 왜곡(Harmonic Distortion)** : 신호의 감쇠가 신호의 진폭에 따라 달라진다.

③ **주파수 왜곡(Frequency Distortion)** : 전송 채널에 보내지는 원 신호의 주파수가 변형된다.

2. 오류(에러) 검출 방식

(1) 패리티 검사(Parity Check)

① 한 블록의 데이터 끝에 패리티 비트(Parity Bit)를 추가하여 오류를 검출하는 방식이다.

② 전송 부호의 에러를 검출하되 오류 검출은 가능하지만 오류 교정(정정)은 불가능하다.

③ 짝수 개의 비트에서 동시에 에러가 발생하면 검출 자체가 불가능하다.

④ 오류 발생 확률이 낮고, 정보의 비트 수가 적은 경우에 사용한다.

⑤ 비동기식 전송에 적합하며, 7~8개의 비트로 구성된 전송 문자에 패리티 비트를 부가한다.

⑥ 기수(홀수, Odd) 패리티 검사와 우수(짝수, Even) 패리티 검사가 있다.

(2) 블록합 검사(Block Sum Check)

① 각 문자 당 패리티 체크 비트와 데이터 프레임의 모든 문자열에 대한 에러 체크의 블록합 검사 문자를 함께 전송하는 방식이다.

② 블록합 검사 문자는 데이터 문자의 각 비트에 대해서 동일한 위치에 있는 비트들로 패리티를 구한다.

③ 데이터 프레임의 마지막 데이터를 함께 전송하고, 수신한 데이터 프레임의 블록합 문자와 비교하여 에러의 발생 여부를 판단한다.

(3) 순환 잉여 검사(CRC ; Cyclic Redundancy Check)

① 오류가 많이 발생하는 블록합 검사의 단점과 집단 오류를 해결하기 위한 방식이다.

② 가장 우수한 방식으로 에러 검출 코드인 FCS(Frame Check Sequence)를 정보에 추가하여 전송한다.

③ FCS는 프레임의 에러 검출을 위한 비트 열로 송신 시 특정 알고리즘의 정보 프레임과 함께 전송된다.

④ 데이터 블록마다 CRC 코드를 추가하며, 동기식 전송에서 주로 사용된다.

⑤ 여러 비트에서 발생하는 집단 에러(다항식 코드)도 검출한다.

3. 오류(에러) 정정 방식

(1) 전진 에러 수정(FEC)

① 송신측에서 정보 비트에 오류 정정을 위한 제어 비트를 추가하여 전송하면 수신측에서 해당 비트를 사용하여 에러를 검출하고 수정하는 방식이다.

② 연속된 데이터 흐름이 가능하지만 정보 비트 외에 잉여 비트가 많이 필요하므로 널리 사용되지 않는다(데이터와 함께 잉여 비트를 전송).

③ 역 채널을 사용하지 않으며, 오버헤드가 커서 시스템 효율을 저하시킨다.

④ 해밍 코드(Hamming Code)와 상승 코드 등의 알고리즘이 해당된다.

(2) 후진 에러 수정(BEC)

① 송신측에서 전송한 프레임 중 오류가 있는 프레임을 발견하면 송신측에 오류가 있음을 통보하고, 다시 재전송하는 방식으로 역 채널을 사용한다.

② 자동 반복 요청(ARQ), 순환 잉여 검사(CRC) 등의 알고리즘이 해당된다.

(3) 자동 반복 요청(ARQ)

① 통신 경로의 오류 발생 시 수신측은 오류 발생을 송신측에 통보하고, 송신측은 오류가 발생한 프레임을 재전송하는 방식이다.

② 에러를 검출하고, 재전송을 요구하는 방식으로 발생된 오류를 정정한다.

③ 송신측에서 긍정 응답 신호가 도착하지 않으면 데이터를 수신측으로 재전송한다.

(4) 정지 대기(Stop-and-Wait) ARQ

① 송신측에서 하나의 블록을 전송하면 수신측에서 에러 발생을 점검한 후 에러 발생 유무 신호를 보내올 때까지 기다리는 방식이다(가장 단순한 방식).

② 한 개의 프레임을 전송하고 수신측으로부터 ACK 및 NAK 신호를 수신할 때까지 정보 전송을 중지하고 기다린다.

③ 수신측의 에러 점검 후 제어 신호를 보내올 때까지 오버헤드(Overhead)의 부담이 크다.

④ 송신측이 NAK 신호를 받으면 송신 블록을 재전송하고, ACK 신호를 받으면 다음 블록의 송신을 진행한다(송신측은 ACK를 수신할 때까지 해당 프레임을 버퍼에 보관).

⑤ 송신측은 최대 프레임 크기의 버퍼를 1개만 가져도 되지만 송신측이 ACK를 수신할 때까지 다음 프레임을 전송할 수 없으므로 전송 효율이 떨어진다.

(5) 연속적(Continuous) ARQ 방식

① 정지 대기 ARQ의 오버헤드를 줄이기 위하여 연속적으로 데이터 블록을 전송하는 방식이다.

② 송신측은 여러 개의 블록을 연속적으로 전송한 후 블록 번호를 신호로 전달한다.

(6) Go-Back-N ARQ

① 송신측에서 데이터 프레임을 연속적으로 전송하다가 NAK를 수신하면 에러가 발생한 프레임을 포함하여 그 이후에 전송된 모든 데이터 프레임을 재전송하는 방식이다.

② 송신측은 데이터 프레임마다 일련번호를 붙여서 전송하고, 수신측은 오류 검출 시 NAK에 데이터 프레임의 순서를 전송한다.

③ 송신측은 수신측에서 NAK 수신 시 오류가 검출된 이후의 모든 데이터 프레임을 저장해야 하므로 버퍼 용량이 충분해야 한다.

(7) 선택적(Selective) ARQ

① 송신측에서 블록을 연속적으로 보낸 후 에러가 발생한 블록만 다시 재전송하는 방식이다.

② 수신측은 오류가 발생한 데이터 프레임의 재전송을 순서에 따라 배열하므로 그 사이에 도착한 모든 데이터 프레임을 저장할 수 있는 대용량의 버퍼가 필요하다.

③ Go-back-N ARQ보다 재전송의 블록 수가 적지만 수신측의 블록들을 기존 순서대로 재조립해야 하므로 논리 회로가 복잡하다(HDLC 전송 절차에서 사용).

(8) 적응적(Adaptive) ARQ

① 전송 효율을 최대로 하기 위하여 프레임 블록 길이를 채널 상태에 따라 변경하는 방식이다.

② 수신측은 채널의 잡음과 전송률을 감지하며, 해당 정보를 다시 송신측에 전송하여 가장 적절한 데이터 블록의 크기를 결정한다.

③ 통신 회선의 품질이 좋지 않아 에러 발생율이 높을 경우는 프레임 길이를 짧게 하고, 에러 발생율이 낮을 경우는 프레임 길이를 길게 한다.

④ 전송 효율이 가장 높으나 제어 회로가 복잡하여 거의 사용되지 않는다.

기출 PLUS | Go-Back-N ARQ   [B등급]

데이터 통신 흐름 제어 방식인 Go-Back-N ARQ에서 6번 프레임까지 전송을 하였는데 수신측에서 3번 프레임에 오류가 있다고 재전송을 요청해 왔을 경우 재전송되는 프레임의 수는?

08년 우정사업본부

① 1개   ② 2개
③ 3개   ④ 4개

≫ Go-Back-N 방식(연속적 ARQ 방식)은 일련번호가 포함된 프레임을 수신측의 신호와 상관없이 연속적으로 송신하며, 수신쪽에서 'NAK+일련번호' 신호를 송신측에 보내면 송신측은 그 이후의 프레임을 재전송하는 방식이다. 따라서 3번 프레임에 오류가 있다고 재전송을 요청해 왔을 경우 3, 4, 5, 6의 4개의 프레임이 재전송된다.

답 ④

정보 통신망

01 정보 전송 매체

1. 정보 전송 매체의 개요

① 전송 매체는 물리적인 장치에 의해 송신자가 전송하면 케이블이나 공기에 의한 매체를 통해 수신자 물리장치로 전달하게 한다.
② 전송 매체는 유선 전송 매체와 무선 전송 매체로 구분된다.
③ 유선 매체의 유형으로는 꼬임쌍선 케이블(Twisted Pair Cable), 동축 케이블(Coaxial Cable), 광섬유 케이블(Fiber-Optic Cable)이 있다.
④ 무선 매체는 물리적인 도체를 사용하지 않고 전기신호를 전송한다.
⑤ 무선 매체는 전파유형에 따라 지표면파, 공중전파, 가시선전파로 나뉜다.

2. 유선 전송 매체

(1) 트위스트 페어 케이블(Twisted Pair Cable)

① 일반 전선에 인접한 다른 쌍과의 전기적 간섭 현상을 줄이기 위해 두 가닥의 절연 구리선 이 감겨 있는 케이블이다(각 쌍들이 서로 감겨 있어 간섭 현상을 최소화).
② 디지털과 아날로그 신호 전송이 가능하며, 건물 내 근거리 망을 구성할 때 저렴하다.
③ 전송 거리, 대역폭, 데이터 전송률에 있어 많은 제약점을 가지며, 다른 전기적 신호의 간섭이나 잡음에 매우 민감하다(전화 시스템의 근간).
④ 두 가지 형태를 갖고 있는데 비차폐(Unshielded)와 차폐(Shielded)이다. 비차폐선 케이블이 일 반적인 형태이다.
⑤ 꼬임쌍선의 주파수 범위는 100Hz에서 5MHz이다.

(2) 동축 케이블(Coaxial Cable)

① 내부의 단일 전선과 이를 감싸고 있는 원통형의 외부 도체로 구성되며, 보다 폭넓은 주파수 범 위를 허용한다(중심 도체가 외부 도체의 중심에 오도록 절연체를 삽입).
② 우수한 주파수 특성으로 높은 주파수 대역과 높은 전송률을 가지며, 외부 간섭과 누화에 강하다.
③ 데이터 전송 속도와 물리적 강도가 크며, 광대역 특성을 가진다.
④ 아날로그/디지털 신호 전송, 장거리 전화, TV 방송, 근거리 통신망(LAN)에 사용된다.

⑤ 수십MHz 전류의 장거리 전송이 가능하며, 12MHz로 2,700의 통신로를 가진 동축 케이블이 실용화되고 있다.

⑥ 해저 동축 케이블은 자동 즉시 통화를 위해 부설되었는데 이는 단파 중계를 대치한다. 1956년에는 대서양을 횡단하는 해저 동축 케이블이 개통되었고, 1964년에는 하와이-일본 간이 개통되었다.

⑦ 동축 케이블 표준은 무선국(RG, Radio Government)에서 분류한다.

(3) 광섬유 케이블(Optical Fiber Cable)

① 여러 가지 유리(석영)와 플라스틱이 사용되며, 규소 섬유를 이용하여 제작한다.

② 코어(Core), 클래딩(Cladding), 자킷(Jacket)의 3개 동심 부분으로 구성된다.

③ 매우 가늘고 구부러지기 쉬운 성질을 가지며, 빛의 펄스 형태로 데이터를 전송한다.

④ 부호화된 광 신호를 내부 반사에 의해 전송하므로 전송 손실이 매우 낮다.

⑤ 전기적인 잡음에 영향을 받지 않으므로 기존의 전력선과 설치가 가능하다.

⑥ 가장 높은 전송 대역폭으로 장거리 전송과 다양한 서비스가 가능하다(보안성 좋음).

⑦ 넓은 리피터의 설치 간격으로 가입자 회선 및 근거리 통신망(LAN) 등에 이용된다.

(4) 공중 교환 전화망(Public Switched Telephone Network, PSTN)

① 세계의 공중 회선 교환 전화망들이 얽혀있는 전화망으로 세계의 공공IP 기반 패킷 교환망인 인터넷과 방식이 매우 유사한 형태이다.

② 원래 고정 전화의 아날로그 전화망이었던 PSTN은 대부분 디지털이 되었으며 현재 고정 전화뿐 아니라 휴대전화까지 포함한다.

③ ITU-T가 만든 기술 표준으로 번지 매김(Addressing)을 위해 E.163/E.164 주소를 사용한다.

④ PSTN망은 BCN망과 IP-Phone, PoE장비 등과 결합하여 VoIP, IP Telephony 형태의 ALL-IP 기반으로 진화했다.

⑤ 모뎀(Modulator/Demodulator)을 통해 컴퓨터에서 나가는 디지털 신호를 아날로그로, 전화 회선을 통해 들어오는 신호를 다시 디지털로 변환하여 통신할 수 있다.

3. 무선 전송 매체

(1) 무선 전송 매체의 개요

① 물리적 도체를 사용하지 않고 전자기신호를 전송한다.

② 전송 자체 파장으로 분리하면 라디오파, 적외선파, 마이크로파로 나눌 수 있다.

③ 전파 유형으로 분류하면 지표면 전파, 공중 전파, 가시선(Line-of-Sight) 전파로 나눌 수 있다.

(2) 지상 마이크로파(Terrestrial Microwave)

① 일반적인 안테나 간 거리를 확장하고, 그 사이의 장애물을 넘기 위해 고지대에 위치한다.

② 장거리 전송을 위해 마이크로파 중계 탑을 여러 개 사용한다(TV나 위성 통신에 사용).

③ 동축 케이블보다 훨씬 작은 증폭기나 리피터가 필요하지만 가시거리 내의 전송으로 마이크로파의 손실은 거리의 제곱에 비례한다.

④ 1~300GHz의 주파수 대역을 사용하는 전자기파이다.

⑤ 직진성의 성질로 높은 빌딩이나 기상조건의 영향을 많이 받을 수 있다.

⑥ 유선 전송 매체에 비해 적은 수의 증폭기나 리피터를 사용한다.

⑦ 감쇠현상과 잡음이 생길 수 있다.

⑧ 단방향 전파이고, 가시선 전파이다.

⑨ 뿔 안테나(Horn Antenna)를 주로 사용한다.

(3) 위성 마이크로파(Satellite Microwave)

① 위성을 사용하는 것으로 그 파장은 마이크로파이다.

② 통신 위성은 어떤 주파수 대역을 수신(Up – link)하여 이를 증폭하거나 반복하여 다른 주파수로 송신(Down – link)하는 역할을 한다.

③ 도체를 사용한 통신 회선의 비용은 거리에 비례하지만 위성 통신은 거리와 관계없이 일정하기 때문에 비용이 절감된다.

④ 장거리 통신 방식으로 전파 지연이 발생하며 TV 분배, 장거리 전화, 사설 기업망 등에 사용된다.

⑤ TV 방송 중계, 장거리 전화, 위성위치 확인(GPS) 등에 사용한다.

⑥ 단방향 전파이고, 가시선 전파이다.

⑦ 포물선 접시 안테나(Parabolic Dish Antenna)를 사용한다.

(4) 무선 주파(라디오 : Radio Frequency)

① 마이크로파는 단방향성인 반면 무선 주파(라디오)는 다방향성이다.

② 불특정 다수를 대상으로 하는 텔레텍스트 등에 적합하다.

③ 안테나가 필요 없을 뿐만 아니라 정해진 지점에 설치할 필요가 없다.

④ 3KHz ~ 1GHz보다 낮은 주파수 대역을 사용하고 전방향성 전파이다.

⑤ 전자기파에 의한 간섭이 쉽다.

⑥ AM/FM 라디오 방송, VHF/UHF TV 방송, 아마추어 무선 통신(HAM) 등에 사용된다.

⑦ 같은 주파수를 사용하여 전송하는 안테나에 방해받는다.

(5) 적외선 파

① 적외선 신호는 가시선 전파를 통하여 닫힌 공간에서 단거리 통신에 사용될 수 있다.

② 300GHz ~ 500GHz 정도의 주파수를 갖는다.

③ 단거리 통신에 사용한다.

④ 벽을 통과하지 못한다.

⑤ 다른 시스템에 방해를 안 주는 파이다.

⑥ 외부에서 사용이 불가한 파이다.

⑦ 대역폭이 매우 넓다.

02 통신 회선

1. 회선망 형태에 의한 분류

(1) 포인트 투 포인트(Point-to-Point) 회선

① 중앙 컴퓨터와 여러 개의 터미널이 독립 회선을 이용하여 일 대 일로 연결하는 방식이다.

② 터미널이 하나의 회선으로 컴퓨터에 연결되기 때문에 비경제적이다.

③ 한 개의 터미널은 통신 제어 장치에 있는 하나의 접속 포트와 두 개의 모뎀을 필요로 한다.

④ 컴퓨터와 터미널 간에 빠른 응답을 필요로 하는 경우와 시스템이 다른 컴퓨터에 연결되어 터미널처럼 사용되는 경우에 이용된다.

(2) 멀티 포인트(Multi-Point) 회선

① 다중 연결로 하나의 회선에 여러 개의 터미널이 연결된 방식이다.

② 전송 속도가 느려질 수 있으며, 고장이 발생할 경우 보수가 어렵다.

③ 데이터 통신은 컨트롤러의 제어에 따라 이루어지며, 분기 회선을 이용할 경우 폴링/셀렉션에 의해서 데이터를 연결한다.

④ 보조국에서 주국으로 보낼 데이터와 주국에서 보조국으로 보낼 데이터를 통해 자료(정보)를 주고받는다.

(3) 멀티 드롭(Multi-Drop) 회선

① 컴퓨터에 연결된 한 개의 회선에 여러 개의 터미널을 연결하는 방식이다.

② 데이터를 전송할 때 한 터미널에만 전송할 수 있고, 데이터를 수신할 때는 여러 터미널에 수신할 수 있다.

③ 단말기의 수를 결정하는 요인으로는 선로의 속도, 단말기의 교통량, 하드웨어와 소프트웨어의 처리 능력 등이 있다.

2. 통신망 형태에 의한 분류

(1) 단향 통신(Simplex)

① 한 방향으로만 정보 전송이 가능한 방식이다.

② 한쪽에서만 수신만 가능하고, 다른 한쪽에서는 송신만 가능하다.

③ TV나 Radio 등에서 사용된다.

(2) 반이중 통신(Half Duplex)

① 양방향의 정보 전송이 가능하나 동시에는 불가능한 방식이다.

② 송신과 수신이 교대로 이루어지므로 한쪽이 송신하면 다른 한쪽은 수신만 가능하다.

③ 휴대용 무선 통신기(무전기) 등에서 사용된다.

(3) 전이중 통신(Full Duplex)

① 양방향으로 동시에 정보 전송이 가능한 방식이다.

② 반이중 통신에 비해 전송 효율은 좋으나 회선 비용이 많이 소요된다.

③ 전화기처럼 전송량이 많고, 통신 회선의 용량이 클 때 사용된다.

3. 회선 제어 절차

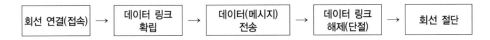

(1) 회선 연결(접속)

① 두 지점 사이에 하나의 전기적 경로를 확보하는 단계로 교환 회선 접속 시 필요하다.

② 다이얼 또는 수신측 주소를 전송하여 데이터 전송이 가능하도록 통신 회선을 접속한다.

(2) 데이터 링크 확립

① 접속된 통신 회선에서 송신측과 수신측 간의 데이터 전송을 위한 논리적 경로를 구성하는 단계이다.

② 회선이나 단말 장치가 상대방과 전송이 가능한지를 확인하며, 데이터 전송을 시작하기 전에 이루어지므로 모든 기능을 포함한다.

③ 상대방의 준비 상태 여부 확인, 송수신 확인, 입출력 기기 지정 등의 제어를 한다.

(3) 데이터 전송(메시지 전달)

① 확립된 데이터 링크를 이용하여 데이터를 수신측에 전송하는 단계이다.

② 데이터의 중복과 손실을 막기 위해 오류 제어와 순서 제어를 수행하면서 (재)전송을 한다.

(4) 데이터 링크 해제(단절)

① 데이터 전송이 끝나면 수신측의 확인에 의하여 데이터 링크를 단절하고, 초기 상태로 복귀하는 단계이다.

② 데이터 전송이 완료되면 해당 내용을 수신측에 통보한다.

(5) 회선 절단

① 통신 회선과 단말기 사이의 물리적 접속을 절단하는 단계이다.

② 전용 회선의 경우 회선 접속 단계와 같이 생략이 가능하다.

4. 회선 제어 방식

(1) 회선 경쟁(Contention)

① 데이터 전송을 하는 모든 단말 장치에 서로 대등한 입장으로 송신 요구를 먼저 한쪽이 송신권을 갖는 방식이다.

② Point-to-Point 회선에 사용되며, 회선에 접근하기 위해 서로 경쟁한다.

③ 송신측이 전송할 메시지가 있을 경우 사용 가능한 회선이 있을 때까지 기다려야 한다.

④ 멀티 포인트 회선에서 회선 경쟁 제어를 하면 여러 회선이 한 분기점에서 분리되며, ALOHA 방식이 대표적이다.

(2) 폴링 시스템(Polling System)

① 주국으로 데이터를 보내기 위한 시스템으로 '송신할 데이터가 있는가?'라는 문의를 하는 방식이다.

② 컴퓨터 등에서 여러 개의 단말 장치에 대한 순차적 송신 요구의 유무를 문의한다.

③ 요구가 있으면 단말 장치에 송신을 시작하도록 명령하고, 없을 때는 다음 단말 장치에 대하여 문의한다.

④ Roll-Call Polling : 미리 정해진 순서대로 폴링 메시지를 전달하는 방식으로 일정한 순서에 따라 각 보조국에게 전송할 데이터의 유무를 문의한다.

⑤ Hub-Go-Ahead Polling : 원거리에 가장 먼저 폴링 메시지를 전달하여 차례로 Host에게 이동하는 방식으로 Roll-Call Polling의 단점을 보완한다.

(3) 셀렉션 시스템(Selection System)

① 보조국에게 데이터를 전송할 경우 데이터의 수신 준비 여부를 묻는 방식이다.

② 보조국이 데이터를 받을 준비가 되어 있으면 긍정 응답 신호(ACK)로 응답하고, 그렇지 않으면 부정 응답 신호(NAK)를 전송한다.

③ 중앙 컴퓨터가 주변의 터미널로 데이터를 전송할 경우 수신측 터미널의 상태를 확인한다.

03 통신(전송) 속도 및 신호

1. 통신(전송) 속도의 분류

(1) 통신 속도

① 주파수 대역폭의 크기는 통신 속도와 비례하므로 주파수 대역폭이 증가하면 통신 속도는 빨라진다.

② 충격성 잡음, 감쇠 현상, 지연 왜곡 등은 통신 속도를 감소시키므로 잡음 세력을 작게 해야 통신 속도가 증가한다.

(2) 신호 속도

① 초당 전송할 수 있는 데이터의 비트 수로 단위는 BPS(Bit Per Second)를 이용한다.

② 데이터 신호 속도(bps) = 변조 속도(Baud) × 단위 신호당 비트 수로 나타낸다.

(3) 변조 속도

① 1초 동안에 송출되는 단위 펄스의 수로 단위는 Baud(보오)를 이용한다.

② 변조 속도(baud) = 데이터 신호 속도(bps) / 단위 신호당 비트 수로 나타낸다.

(4) 전송 속도

① 1초 동안에 보낼 수 있는 문자 수, 워드 수, 블록 수로 단위는 초, 분, 시간 단위를 이용한다.

② 회선의 실제 용량을 나타내는 데 적합하며, 전송량과 비례 관계이다.

(5) 베어러 속도

베이스밴드(Baseband) 전송 방식에서 데이터 신호 외에 동기 신호, 상대 신호 등을 포함한 전송 속도로 단위는 bps를 이용한다.

(6) BPS와 Baud의 개념

① **BPS(Bit Per Second)** : 매 초당 전송되는 비트의 수로 데이터의 전송 속도를 측정한다.

② **Baud(보오)** : 초당 몇 개의 신호 변환, 즉 0과 1의 상태 변환이 발생했는지를 나타내는 변조 속도의 단위(B=1/T, T : 최단 펄스의 길이)로 사용하는 통신 장비에 따라 다르다(초당 보내지는 코드의 개수, 초당 최단 펄스의 수, 단위 시간당 변조율).

(7) BPS와 Baud와의 관계

① **1비트(One bit=2위상), 모노 비트가 한 신호일 때** : bps = baud

② **2비트(Di bit=4위상), 디 비트가 한 신호일 때** : bps = baud $\times$ 2

③ **3비트(Tri bit=8위상), 트리 비트가 한 신호일 때** : bps = baud $\times$ 3

④ **4비트(Quard bit), 쿼드 비트가 한 신호일 때** : bps = baud $\times$ 4

2. 통신 용량

① 정보를 전송할 때 오류 없이 전송 채널을 통해 전송할 수 있는 최대 속도를 의미한다.

② 단위 시간 동안 전송 회선이 최대로 전송할 수 있는 데이터의 양이다.

③ 통신 회선의 전송 용량을 증가시키려면 주파수 대역폭(B)을 증가, 신호 전력(S)을 높임, 잡음 전력(N)을 줄임, 신호대 잡음비를 줄임 등을 수행한다.

> $C = B \log_2 (1 + S/N)$ bit/sec
> (단, C : 통신 용량, B : 대역폭, S : 신호 전력, N : 잡음 전력)

3. 채널 용량

① 정보가 에러 없이 특정 채널을 통해 보내어질 수 있는 최대 속도(최대율), 즉 어떤 채널의 정보 전송 능력을 의미한다.

② 채널을 통해 보낼 수 있는 데이터 양은 채널의 대역폭(Bandwidth)에 비례한다.

③ **Naquist의 채널 용량** : 전송로가 멀티 레벨 전송을 하거나 변조 전송을 할 때 단위 시간당 전송 비트의 수로 잡음 요소를 고려하지 않는 상태에서 나타낸다.

④ **Shanon의 채널 용량** : 전송 채널이 1초 동안에 전송할 수 있는 비트 수로 잡음 요소를 고려하는 경우에 나타낸다.

4. 아날로그 신호

① **진폭(Amplitude)** : 아날로그 형태의 신호에서 가장 큰 값과 가장 작은 값의 차이(신호의 크기)로 단위는 볼트(Volt)를 사용한다.

② **위상(Phase)** : 아날로그 형태의 신호에서 두 개의 신호 간 시작 시간의 차이로 단위는 도(°)를 사용한다.

③ **대역폭(Band Width)** : 최고 주파수와 최저 주파수 사이의 간격으로 단위는 헤르츠(Hz)를 사용한다.

④ **주파수(Frequency)** : 아날로그 형태의 신호에서 1초 동안 반복을 나타내는 신호의 횟수로 단위는 헤르츠(Hz)를 사용한다.

---

04 통신 장비와 신호 변환

1. 정보 교환 설비

(1) 모뎀(변복조기, MODEM)의 개념

① 전화 회선을 통신 회선으로 사용할 때 디지털 신호를 아날로그 신호로 변조하고, 아날로그 신호를 디지털 신호로 복조하는 장치이다.

② 변조기(MOdulator)와 복조기(DEModulator)의 합성어로 신호 변환 장치라고도 한다.

③ 송신 요구(RTS ; Request To Send)는 모뎀을 이용하여 단말기간 통신 시 사용하는 신호로 '송신할 데이터가 있다'라는 의미이다.

(2) 군 대역(Group Band) 모뎀

① 음성 대역이 다중화 된 넓은 대역폭을 사용하는 고속 모뎀이다.

② 여러 개(음성 회선 12회선 : 대역폭 48Khz)의 저속 데이터 흐름을 동시에 전송할 수 있다.

(3) 멀티 포트(Multi-Port) 모뎀

① 고속의 동기식 모뎀과 시분할 다중화기(TDM)가 하나로 구성된 모뎀이다.

② 여러 개의 포트에 속도를 달리하여(2,400bps로 나누어 이용) 운영할 수 있다.

③ 구조가 간단하여 값이 저렴하고, 동기식 데이터에서만 적용된다.

(4) 멀티 포인트(Multi-Point) 모뎀

① 멀티 포인트 시스템에서 발생하는 전송 지연을 줄이기 위해 사용하는 고속 모뎀이다.

② 응답 시간과 터미널의 이용 빈도 등에 대해 검토 후 시스템을 구성한다.

③ 하나의 통신 회선에 여러 개의 단말기가 연결되어 있다.

(5) 널(Null) 모뎀

① 모뎀을 이용하지 않고 정보를 교환할 수 있도록 두 대의 컴퓨터를 서로 연결하는 모뎀이다.

② 터미널과 컴퓨터 사이에 RS-232C를 이용하여 직접 접속한다.

③ 널 모뎀 케이블(Null Modem Cable)을 이용하여 두 대의 컴퓨터에 접속한 후 모뎀 없이 정보를 교환할 수 있다.

(6) DSU(Digital Service Unit)

① 단말 장치와 디지털 데이터 망 사이에 접속하여 디지털 신호를 변조하지 않고, 디지털 전송로를 이용하여 고속의 데이터 전송에 사용되는 회선 종단 장치이다.

② DTE에서 출력되는 디지털 신호를 디지털 회선망에 적합한 신호 형식으로 변환한다.

③ 전송 선로의 양쪽 끝에 설치되어 디지털 신호를 전송로에 전송할 수 있도록 한다.

④ 직렬 단극형(Unipolar) 신호를 변형된 양극형(Bipolar) 신호로 바꾸어 준다.

⑤ 회로의 구성이 간단하고, 직류 전송을 하기 때문에 모뎀에 비해 경제적이다.

2. 신호 변환 방식

(1) 진폭 편이 변조(ASK ; Amplitude Shift Keying)

① 데이터 신호의 파형에 따라 반송파의 진폭을 변화하는 방식으로 서로 다른 반송파의 진폭에 0과 1을 표현한다.

② 구조가 간단하여 취급이 용이하지만 변화에 민감하고 비효율적이다.

③ 음성 회선의 신호 변화나 잡음에 약하기 때문에 1,200bps까지만 사용한다.

(2) 주파수 편이 변조(FSK ; Frequency Shift Keying)

① 서로 다른 주파수의 정현파에 0과 1을 표현하는 방식으로 특정 숫자가 고주파수, 저주파수로 정해진 것이 아니라 상황에 따라 각기 다른 주파수를 대응한다.

　예 '0'이 '높은 주파수'로 나타나면, '1'은 그와 반대인 '낮은 주파수'로 나타남. 반대의 경우도 가능

② 레벨(Level) 변동과 에러에 강한 반면, 회로도는 간단하다.

③ 저속 통신의 다이얼 모뎀과 1,200bps 이하의 비동기식 변복조기에 이용된다.

(3) 위상 편이 변조(PSK ; Phase Shift Keying)

① 반송파로 사용하는 정현파의 위상에 정보를 전송하고, 정보에 따라 위상을 변환시키는 방식이다.

② 한 번의 변조로 여러 비트의 전송이 가능하고, 잡음에 강하여 효율적이다.

③ 2,400bps 이상의 중고속 동기식 변복조기에 이용된다.

(4) 진폭 위상 편이 변조(QAM)

① 반송파의 진폭 및 위상의 상호 변환에 대응하는 방식으로 ASK와 PSK를 혼합하여 사용한다.

② 제한된 전송 대역 내에서 고속 데이터 전송이 가능하므로 속도가 가장 빠르다.

③ 4위상과 2진폭으로 3비트(Tribit)씩 전송하거나 8위상과 2진폭으로 4비트(Quadbit)씩 전송한다.

3. 펄스 변조 방식

(1) 펄스 코드 변조(PCM ; Pulse Code Modulation)

① 아날로그 신호를 표본화한 후 진폭이 같은 크기의 디지털 신호로 변환하는 방식이다.

② 광섬유 선로에 많이 사용하며, 시분할 다중화(TDM) 방식에 적용된다.

③ 누화, 잡음, 진폭 등의 변동에 강하고, 점유 주파수 대역폭이 크다.

④ PAM에서 펄스 진폭의 크기를 PCM으로 변환하기 위해서는 부호화(Encoder)가 필요하고, PCM을 PAM 부호로 되돌리기 위해서는 복호화(Decoder)가 필요하다.

⑤ **펄스 진폭 변조(PAM)** : 펄스 폭과 주기를 일정하게 하고, 진폭을 신호파에 따라 변화한다.

⑥ **펄스 폭 변조(PWM)** : 주파수는 변하지 않고, On/Off의 비율을 변화한다.

⑦ **펄스 위치 변조(PPM)** : 신호파의 진폭에 따라서 펄스의 위치를 변화한다.

더 알아보기⊕

샘플링 횟수
- 1초 동안에 최대 대역폭의 두 배를 샘플링해야 원래 신호로 복구된다.
- 샘플링 주파수(fs) = 2 × 최대 주파수(fm)
- 샘플링 간격 = 1 / 표본화 횟수(주파수)

---

(2) PCM의 변환 순서

표본화 → 양자화 → 부호화 → 복호화 → 여과기

① **표본화(Sampling)** : 음성 정보를 일정 간격의 샘플로 나누어 각 샘플마다 진폭 값을 부여한다.

② **양자화(Quantization)** : 샘플링에 의해 얻은 진폭 값을 평준화하고, 이를 수량화한다.

③ **부호화(Coding)** : 양자화된 값을 디지털 신호로 변환한다.

④ **복호화(Decoding)** : 전송된 디지털 신호를 원래의 펄스 신호로 복원한다.

⑤ **여과기(Filtering)** : 복호화에서 표본화한 펄스를 원래의 아날로그 신호로 변환한다.

프로토콜과 네트워크

1. 프로토콜(Protocol)의 개념

① 컴퓨터를 이용한 정보 통신 시스템에서 정확한 데이터를 주고받기 위하여 컴퓨터 사이에 정해진 일련의 약속이나 규약을 의미한다.
② 정보기기 간의 정보교환을 위한 통신규칙과 방법에 대한 규약이다.
③ 컴퓨터 시스템 간의 상호 접속을 위한 개념을 규정한다.
④ 여러 컴퓨터 사이의 데이터를 전송할 수 있도록 미리 정보의 송수신 측에서 정해둔 통신규칙이다.
⑤ 통신개체가 어느 OSI 계층에 있는지, 효율적 정보전송을 위한 기법, 보안약속을 포함한다.
⑥ 계층화되어 상위 프로토콜은 밑의 프로토콜의 인터페이스(사용법)만 알고 통신한다.

2. 프로토콜의 기능

① **단편화(Fragmentation)** : 전송 블록을 같은 크기의 작은 블록으로 나누어 전송한다.
② **재합성(Assembly)** : 수신측에서 전송된 데이터를 재구성하여 원래의 메시지로 복원한다.
③ **캡슐화(Encapsulation)** : 데이터에 제어 정보(주소, 오류 검출 코드, 프로토콜 제어)를 추가한다.
④ **연결 제어(Connection Control)** : 비연결 데이터의 전송, 가상 통신로의 개설, 유지, 종결 등이 있다.
⑤ **흐름 제어(Flow Control)** : 데이터의 양과 통신 속도 등을 제한한다.
⑥ **오류 제어(Error Control)** : 오류나 착오 등을 검출하고 정정한다.
⑦ **순서 제어(Sequencing Control)** : 송신측이 보내는 데이터의 단위 순서대로 수신측에 전달한다.
⑧ **주소 결정(Addressing)** : 주소를 기재하여 데이터를 정확하게 전달한다.
⑨ **동기화(Synchronization)** : 통신 개체 간의 상태(시작, 종류, 검사 등)를 일치시킨다.
⑩ **다중화(Multiplexing)** : 여러 개의 회선을 하나의 통신로로 변환시켜 사용한다.
⑪ **전송 서비스(Transmission Service)** : 사용하기 편리하도록 별도의 서비스를 제공한다.
⑫ **경로 선택(Routing)** : 송 · 수신 간 중간 서브 넷을 거쳐 최적의 경로를 선택한다.
⑬ **세분화와 재합성** : 긴 메시지 블록을 전송에 용이하도록 세분화하여 전송하고 수신측에서는 세분화한 데이터 블록을 원래의 메시지로 재합성한다.

3. 프로토콜의 전송 방식과 구성 요소

(1) 프로토콜의 전송 방식

① **비트(Bit) 방식** : 전송 데이터의 처음과 끝에 특수한 플래그 문자를 포함시켜 비트 메시지를 구성하는 방식으로 SDLC, HDLC, ADCCP, X.25 등의 프로토콜이 있다.

② **바이트(Byte) 방식** : 전송 데이터의 헤더에 데이터 문자수, 메시지 수신 상태 등의 제어 정보를 포함시켜 전송하는 방식으로 DDCM 프로토콜이 있다.

③ **문자(Character) 방식** : 전송 데이터의 처음과 끝에 동기를 위한 전송 제어 문자를 포함시켜 전송하는 방식으로 BSC 프로토콜이 있다.

(2) 프로토콜의 구성 요소

① **구문(Syntax)** : 데이터 형식(Format), 신호 레벨(Signal Level), 부호화(Coding) 등을 포함한다.

② **의미(Semantics)** : 개체 간 협조 사항과 에러 관리를 위한 제어 정보를 포함한다.

③ **타이밍(Timing)** : 개체 간 통신 속도 조정 및 메시지 순서 제어 등을 포함한다.

4. 프로토콜의 종류

(1) 라우팅 프로토콜

① **IGP(Interior Gateway Protocol)** : 하나의 자율 시스템 내에서 라우팅 정보를 교환하기 위해 사용되는 프로토콜이다.

② **RIP(Routing Information Protocol)** : 패킷을 목적지까지 전달하기 위해 사용하며, 라우터의 대수 (Hop의 수량)에 따라 최단 경로를 결정하는 벡터(Vector) 알고리즘을 사용하는 프로토콜이다.

③ **EGP(Exterior Gateway Protocol)** : 자율 시스템에 접속된 라우터에서 경로 제어 정보를 배포하는 프로토콜이다.

④ **BGP(Border Gateway Protocol)** : 여러 자율 시스템 간에 라우팅 정보를 교환하는 프로토콜이다.

⑤ **OSPF(Open Shortest Path First Protocol)** : 라우터와 라우터 간의 연결 속도를 중심으로 가중치를 두는 프로토콜이다.

(2) 기본 프로토콜

① **ARP(Address Resolution Protocol)** : 여러 시스템에서 주소 지정의 차이를 해결하며, IP 주소를 MAC Address로 변경하는 프로토콜이다.

② **RARP(Reverse ARP)** : 호스트의 물리적 주소로부터 IP 주소를 구할 수 있도록 하는 프로토콜이다.

③ **ICMP(Internet Control Message Protocol)** : TCP/IP를 이용하여 두 호스트 간의 통신을 담당하는 프로토콜이다.

④ **DDCM(Digital Data Communication Message)** : 지점 대 지점(Peer to Peer) 또는 다수 지점 데이터 교환 체제에서 지국 간 데이터 전송에 관한 프로토콜이다.

5. 프로토콜의 전송 방식

(1) 문자 방식의 프로토콜

① 특수 문자(SOH, STX, ETX 등)를 사용하여 메시지와 데이터의 처음과 끝을 표현한다.

② 전송 데이터의 양쪽에 동기를 위한 전송 제어 문자를 전송한다.

③ 문자 방식의 제어 필드는 프레임 내의 특정 위치에 존재한다.

④ 특정 문자 코드에 따라서 제어 필드의 해석이 달라지므로 코드에 의존성을 갖는다.

종류	설명
BSC 프로토콜	• 문자 위주의 동기식 전송 방식의 프로토콜이다. • 정지 대기 ARQ, Point to Point, Multi Point, 반이중 방식을 지원한다. • 전파 지연이 긴 선로에는 비효율적이며, Loop 방식이 불가능하다.

(2) 비트 방식의 프로토콜

① 특수한 플래그 문자가 메시지의 처음과 끝에 위치하고, 비트 메시지를 전송한다.

② 제어 정보를 각 비트의 위치에서 적용하므로 코드 종류와는 상관없이 투명하게 동작한다.

③ 비트 방식의 제어 필드는 프레임 내의 고정된 위치에 존재한다.

④ HDLC, SDLC, ADCCP, LAP, LAPB, LAPD, LAPX 등의 프로토콜이 있다.

종류	설명
HDLC 프로토콜	• 데이터 링크를 설정 또는 해제하며, X.25 패킷 스위칭에서 사용한다. • 노드 간 신뢰성 있는 데이터 전송을 위해 오류 제어, 흐름 제어 등의 기능을 수행한다. • 정보 전송 단위는 프레임(Frame)으로 전송 효율과 신뢰성이 높다. • 데이터 프레임 내의 데이터 흐름을 제어하고, 에러 보정을 위한 정보를 삽입한다.
SDLC 프로토콜	• BSC의 단점을 보완한 프로토콜이다. • Point to Point, Multi Point, Loop 방식을 지원한다. • 오류 검사를 위해 연속적 ARQ, 순환 잉여 검사(CRC) 등을 사용한다.

(3) HDLC 프로토콜의 프레임 구조

Flag	Address	Control	Data	FCS	Flag
시작(플래그)	주소	정보 프레임	실제 데이터	프레임 검사	끝(플래그)

① **플래그(Flag)** : 프레임의 시작과 끝을 구분하여 동기화에 사용하고, 각 통화로의 혼선을 방지한다 (항상 01111110의 고정 비트 형식을 취함).

② **주소(Address)** : 송수신국을 구분하고, 전송할 목적지의 주소를 표시한다.

③ **정보 프레임(Control)**

　㉠ 프레임(Frame) : 데이터의 시작과 끝을 구분하며, 각 통화로의 혼선을 방지한다.

　㉡ 감독(Supervisor) 프레임 : 흐름 제어, 에러 제어를 위해 사용한다.

　㉢ 정보(Information) 프레임 : 사용자 데이터를 전달하는 역할을 한다.

　㉣ 비번호(Unnumber) 프레임 : 링크의 동작 모드를 설정/관리한다.

④ **실제 데이터(Data)** : 실제의 정보 데이터가 있다.

⑤ **프레임 검사(FCS)** : 프레임 내용에 대한 오류 검출을 위해 사용한다.

(4) HDLC의 전송 모드

① **표준(정상) 응답 모드(NRM ; Normal Response Mode)** : 보조국은 전송하기 전에 주국으로부터 허가를 받아야 송신이 가능하다.

② **비동기 응답 모드(ARM ; Asynchronous Response Mode)** : 보조국은 주국으로부터 허가 없이도 송신이 가능하며, 데이터 전송을 위한 절차가 필요 없다.

③ **비동기 균형 모드(ABM ; Asynchronous Balanced Mode)** : 혼합국끼리는 허가를 받지 않아도 언제나 송신이 가능하도록 설정한다.

6. 통신 제어 문자

(1) 통신 제어 문자의 종류

① **STX(Start of TeXt)** : 본문의 개시 및 정보 메시지 헤더의 종료를 표시하거나 실제 전송할 데이터 집합의 시작이다.

② **ENQ(ENQuiry)** : 송신받을 준비가 되었는지를 확인한다(상대방의 응답 요구).

③ **ACK(ACKnowledge)** : 수신 정보 메시지에 대한 긍정 응답 신호이다.

④ **NAK(Negative AcKnowledge)** : 수신 정보 메시지에 대한 부정 응답 신호로 수신측에서 송신측으로 부정 응답으로 보내는 문자이다.

⑤ **SOH(Start Of Heading)** : 헤딩의 시작과 정보 메시지 헤더의 첫 문자로 사용한다.

⑥ **ETX(End of TeXt)** : 본문(텍스트)을 종료한다.

⑦ **EOT(End Of Transmission)** : 한 개 또는 그 이상의 전송 종료를 표시하거나 데이터 링크를 초기화한다.

⑧ **DLE(Data Link Escape)** : 연속된 글자의 의미를 변환하거나 데이터 전송 제어 기능을 제공하며, 데이터의 투과성(Data Transparent)을 위해 삽입한다(제어 문자 앞에서 이들 문자와 조합하여 의미를 변환).

⑨ **SYN(SYNchronous idle)** : 데이터 단말 장치 간 동기를 취하거나 동기를 유지한다.

⑩ **ETB(End of Transmission Block)** : 전송 블록의 종료를 표시한다.

(2) 통신 제어 문자의 형식

① **포맷(형식) 제어 문자** : BS(Back Space), LF(Line Feed), CR(Carriage Return), SP(SPace), DEL(DELete), ESC(ESCape), FF(Form Feed) 등이 있다.

② **전송 제어 문자** : SOH(Start Of Heading), STX(Start Of TeXt), ETX(End of TeXt), ACK(ACKnowledge), NAK(Negative AcKnowledge), SYN(SYNchronous idle) 등이 있다.

③ **장치 제어 문자** : BEL(BELl) 등이 있다.

④ **정보 분리 문자** : FS(File Separator), RS(Record Separator) 등이 있다.

02　OSI 참조 모델

1. OSI 참조 모델의 개념

① 서로 다른 시스템 간의 원활한 통신을 위해 ISO(국제 표준화 기구)에서 제안한 통신 규약(Protocol) 으로 7단계의 계층으로 되어 있다.

② ISO는 단말기부터 컴퓨터, 네트워크, 프로세스, 사용자 간의 표준화된 절차를 규정하도록 한 표준 프로토콜(OSI ; Open System Interconnection)을 발표하였다.

③ 네트워크 통신기능을 Layer로 나눔으로써 각 Layer의 변경에 있어 다른 Layer에 영향을 주지 않는다(각 Layer는 네트워크 통신 기능의 Layer별 집합).

④ 실제 구현에 대한 언급이 없다.

⑤ 개념 정의 및 설명, 네트워크 관련 토의 등의 도구로 많이 쓰인다.

2. OSI 7계층의 구조와 기능

계층	세부적 계층	대표적 프로토콜
상위 계층	7단계 – 응용 계층	HTTP, FTP, TELNET, SMTP, SNMP, POP, DHCP, DNS 등
	6단계 – 표현 계층	
	5단계 – 세션 계층	TCP, UDP 등
	4단계 – 전송 계층	
하위 계층	3단계 – 네트워크 계층	ARP, RARP IGMP, ICMP, IP, X.25 등
	2단계 – 데이터 링크 계층	HDLC, BSC, PPP 등
	1단계 – 물리 계층	RS-232C, X.21 등

(1) 물리 계층(Physical Layer)

① 장치와 전송 매체 간 인터페이스의 특성 규정, 전송 매체의 유형 규정, 전송로의 연결, 유지, 해제를 담당하는 계층이다.

② 통신 회선, 채널 등과 같이 시스템 간에 정보 교환을 위한 전기적인 통신 매체로 전화선이나 동축 케이블 등의 물리적 특성을 관리한다.

③ 회선 연결을 확립, 유지, 단절하기 위한 기계적, 전기적, 기능적, 절차적 특성을 정의한다.

(2) 데이터 링크 계층(Data Link Layer)

① 두 시스템(노드)의 전송 링크에서 데이터 단위를 물리적 링크를 통하여 안전성 있게 전송하는 계층이다.

② 물리적 계층의 신뢰도를 높여 주고, 링크의 확립 및 유지할 수 있는 수단을 제공한다.

③ 전송로에서 정보 전송을 담당하며 에러 제어, 전송 제어, 흐름 제어 등의 기능을 수행한다.

④ 인접된 호스트(Host) 간에 데이터 전송을 수행하고, 링크의 에러 검출, 공유, 동기화 등을 제공한다(프레임을 동기화).

⑤ 통신 시스템 간의 경로 선택, 통신 트래픽의 흐름 제어, 패킷 분실로 인한 재전송을 담당한다.

(3) 네트워크 계층(Network Layer)

① 송신측 노드로부터 여러 네트워크 경로를 거쳐 수신측 노드까지 안전하게 전송하는 계층이다.

② 통신 시스템 간의 최단 경로 배정, 논리 주소 설정, 중계 기능, 라우팅(Routing) 기능 등을 수행한다.

③ 여러 네트워크가 연결된 상태에서 패킷이 목적지까지 제대로 도달하도록 안내한다.

④ 통신 트래픽 및 패킷 흐름을 제어하는 흐름 제어 기능과 전송 중 패킷이 분실되었을 때 이를 감지하고 재전송할 수 있는 오류 제어 기능 제공한다.

(4) 전송 계층(Transport Layer)

① 통신 종단 사용자(End-to-End) 간에 투명하고, 균일한 전송 서비스를 제공하는 계층이다.

② 전송 데이터의 다중화, 중복 데이터의 검출, 누락 데이터의 재전송 등의 기능을 담당한다.

③ 상위 계층과 하위 계층의 인터페이스 역할을 하며, 시스템 간의 에러 제어와 흐름 제어 등의 종단간 신뢰성을 제어한다.

④ 통신 속도, 비용, 서비스 특성, 데이터 단위 크기, 주소 매핑(통신 상대자 식별) 등을 관리한다.

⑤ 서비스 단계는 전송 연결 설정 → 전송 연결 해제 → 데이터 전송 → 다중화와 분리(분할) 순이다.

(5) 세션 계층(Session Layer)

① 응용 프로그램의 대화 구성과 동기를 취하며, 데이터 교환 관리를 위한 수단을 제공하는 계층이다.

② 응용 프로그램의 연결 설정, 유지 및 해제, 송신권 제어, 동기점 표시 기능을 담당한다.

③ 프로세서 간 통신을 제어하고, 통신 과정 중에 발생하는 각종 사건에 대한 동기화 순서를 제어한다.

④ 통신 시스템 간의 회화 기능을 제공하며, 소동기점과 대동기점을 이용하여 회화 동기를 조절한다.

⑤ 전송하려는 정보의 일정 부분에 체크 점(Check Point)을 둔다.

(6) 표현 계층(Presentation Layer)

① 데이터 구문(Syntax) 내에서 인식이 가능한 표준 형식(코드 변환, 구문 검색 등)으로 재구성하는 계층이다.

② 응용 계층에서 받은 데이터를 세션 계층이 다룰 수 있는 형태로 부호화하고, 세션 계층에서 받은 데이터를 응용 계층이 이해할 수 있는 형태로 변경한다.

③ 보안을 위한 데이터 암호화와 해독화를 수행하고, 효율적인 전송을 위해 압축과 전개를 이용한다.

④ 서비스 기능으로는 접속 설정 기능, 문맥 관리 기능, 정보 전송 기능, 대화 제어 기능 등이 있다.

(7) 응용 계층(Application Layer)

① 전자 우편, 원격 파일 전송, 공유 데이터베이스 관리 등의 응용 프로그램 서비스를 제공하는 계층이다.

② 네트워크 환경에서 사용자 인터페이스를 제공한다.

③ 사용자가 OSI 환경을 이용할 수 있도록 파일 처리 서비스나 파일 전송 서비스를 관리한다.

기출 PLUS OSI 7계층   [A등급]

OSI 참조 모델에서 송·수신지의 IP 주소를 헤더에 포함하여 전송하는 논리 주소 지정 기능과 송신지에서 수신지까지 데이터가 전송될 수 있도록 최단 전송 경로를 선택하는 라우팅 기능 등을 수행하는 계층으로 옳은 것은?

08년 우정사업본부

① 데이터 링크 계층   ② 네트워크 계층
③ 전송 계층   ④ 세션 계층

≫ 네트워크 계층(Network Layer)
- 송신측 노드로부터 여러 네트워크 경로를 거쳐 수신측 노드까지 안전하게 전송하는 계층이다.
- 통신 시스템 간의 최단 경로 배정, 논리 주소 설정, 중계 기능, 라우팅(Routing) 기능 등을 수행한다.
- 여러 네트워크가 연결된 상태에서 패킷이 목적지까지 제대로 도달하도록 안내한다.
- 통신 트래픽 및 패킷 흐름을 제어하는 흐름 제어 기능과 전송 중 패킷이 분실되었을 때 이를 감지하고 재전송할 수 있는 오류 제어 기능을 제공한다.   답 ②

03 데이터 교환 방식

1. 회선 교환(Circuit Switching) 방식

① 전송 데이터의 에러 제어나 흐름 제어는 사용자가 수행하며, 데이터 전송률은 동일한 전송 속도로 운영된다.

② 메시지가 전송되기 전에 발생지에서 목적지까지 물리적 통신 회선이 연결되어야 한다.

③ Point-to-Point 구조로 송수신 간 하나의 통신 경로를 확보하며, 모든 링크는 통신이 종료될 때까지 사용된다.

④ 데이터 전송량이 많지 않은 경우 경제적이지만 코드 변환이 불가능하다.

⑤ 고정 대역폭으로 전체 경로가 확보되어야 하며, 확립과 단절 절차가 필요하다.

⑥ 많은 양의 데이터 전송과 길이가 긴 연속 데이터 전송에 유리하다.

⑦ 트랜잭션이 불가능하므로 축적 교환(메시지, 패킷) 방식에 적합하다.

⑧ 경로 확보 시 지속적인 데이터 전송으로 실시간 통신에 사용된다.

⑨ 물리적 연결은 다른 회선을 공유하지 못하므로 송수신 간 회선의 이용 효율이 저하된다.

⑩ 접속 시 오랜 시간이 소요되며, 전파 지연이 가장 짧다.

⑪ 제어 신호(Control Signal)에는 감시(Supervisory) 제어 신호, 주소(Address) 제어 신호, 통신망 관리(Communication Management) 제어 신호 등이 있다.

2. 메시지 교환(Message Switching) 방식

① 회선 교환 방식의 대역폭 점유를 해결하며, 네트워크에서 속도나 코드 변환이 가능하다.

② 전송 데이터의 길이가 다양할 뿐만 아니라 데이터 양이 많아 전송 지연 시간이 매우 길다.

③ 메시지마다 전송 경로가 달라 수신 주소를 붙여 전송하지만 송수신측이 사용 가능한 상태에서는 불필요하다(Store and Forwarding 방식을 채택).

④ 방송이나 다목적지 전송과 이용자의 상황에 따라 우선순위 전송이 가능하다.

⑤ 네트워크의 음성 연결을 사용할 수 없으며, 응답 시간이 느리다.

⑥ 하나의 채널을 여러 메시지가 공유할 수 있어 선로의 효율이 높다.

⑦ 수신측이 없어도 지연 후 전송이 가능하고, 실시간 처리와 대화식 처리에 적합하지 않다.

3. 패킷 교환(Packet Switching) 방식

① 회선 교환 방식과 메시지 교환 방식의 장점을 결합한 것으로 모든 사용자 간 빠른 응답 시간을 제공한다.

② 패킷에 대한 우선순위를 부여할 수 있으며, 방송 형태의 전송이 가능하다.

③ 통신망은 제어 정보를 사용하여 패킷이 수신처에 정확하게 전달되도록 한다.

④ 다수 사용자 간 비대칭적 데이터 전송을 원활하게 하고, 채널과 포트의 통계적 다중화 기능을 제공한다(Store-and-Forward 방식).

⑤ 통신에 과부하가 발생하면 전송 지연이 발생하지만 패킷의 송신은 가능하다.

⑥ 패킷을 적절한 경로를 통해 오류 없이 목적지까지 전달하기 위한 기능으로 흐름 제어, 에러 제어, 트래픽 제어, 경로 배정 등이 있다.

⑦ 전송량 제어와 속도 변환이 용이하고 융통성이 있으며, 회선 이용률이 높다.

⑧ 전송에 실패한 패킷에 대해서 재전송 요구가 가능하다.

⑨ 대량의 데이터 전송에는 부적합하고, 패킷 단위로 헤더를 추가하므로 패킷별 오버헤드가 발생한다.

---

04 토폴로지(Topology)

1. 버스형(Bus Topology)

① 다중 네트워크 중 가장 간단한 형태로 모든 네트워크 노드가 같은 선으로 연결되어 있다.

② 각 노드는 고유한 노드를 나타내는 할당 주소를 표시한다.

③ 일반적으로 설치가 용이하여 LAN의 대부분이 버스형 구조를 갖는다.

④ 단방향 통신이 가능하고, 단순한 구조 형태이지만 신뢰성과 확장성이 편리하다.

⑤ 오류의 발생 위치를 찾기 힘들며, 버스 회선이 고장 나면 전체 통신이 두절된다.

2. 계층형(Tree Topology)

① 분산 형태의 구조를 가지며, 데이지 체인(Daisy Chain)으로 연결된 여러 개의 선형 버스들로 구성된다(단말기 제어기에 연결하고, 사설 교환기에 이용).

② 하나의 선형 버스로 연결된 허브는 두 개 이상의 버스로 분리한다.

③ 단방향 데이터 전송에 적합하며, 통신망의 신뢰도가 높다.

④ 통신 선로가 가장 짧아 제어 및 관리, 확장이 용이하며, 분산 처리 시스템이 가능하다.

⑤ 중앙에서 병목 현상이 발생할 수 있으며, 특정 노드에 단말기가 집중되면 통신 속도가 저하된다.

3. 성형(Star Topology)

① 모든 스테이션이 중앙 스위치에 연결된 형태로 두 스테이션은 회선 교환에 의해 통신을 한다.

② 온라인 시스템의 전형적인 형태로 중앙의 서버 또는 허브가 각 노드들을 연결한다.

③ 각 노드는 별도의 전선으로 중앙 시스템에 일 대 일로 연결된다.

④ 중앙 집중식 형태로 중앙 컴퓨터 고장 시 전체 시스템에 문제가 발생한다.

⑤ 네트워크의 확장이 용이하며, 회선 교환 방식에 적합하다.

⑥ 노드의 추가 및 증설이 간단하고, 문제가 발생한 통신에서 고장 발견이 용이하다.

4. 링형(Ring Topology)

① 고리 모양의 네트워크 형태로 노드에서 노드로 신호를 보내어 작동한다.

② 각 노드에서 분산 제어와 양방향 전송이 가능하다.

③ 컴퓨터나 단말기가 인접될 때 경제적이며, 노드의 수를 늘려도 신호 손실이 적다.

④ 두 노드 사이의 채널이 고장 나면 전체 네트워크가 손상될 수 있으므로 통신망의 재구성이 어렵다(기밀 보안이 힘듦).

⑤ 고장 단말에 대한 우회 기능과 통신 회선의 이중화가 필요하다.

5. 망형(Mesh Topology)

① 모든 단말기와 단말기들을 직통 회선으로 연결한 통신망으로 노드의 연결성이 높다.

② 공중 통신 네트워크에서 주로 사용되며, 많은 양의 통신을 필요로 하는 경우 유리하다.

③ 장애 발생 시 다른 경로를 통하여 데이터 전송이 가능하므로 신뢰성이 높다.

④ 백본(Backbone)망 구성에 이용하며, 분산 처리 시스템과 광역 통신망(WAN)에 적합하다.

⑤ 통신 회선의 총 경로가 가장 길게 소요되는 형태이다.

⑥ 통신 회선의 링크 수는 $n = N(N-1) / 2$(n : 회선 수, N : 노드(국) 수)이다.

기출 PLUS 토폴로지(Topology) A등급

다음 〈보기〉는 네트워크 토폴로지(Topology)에 대한 설명이다. ㉠~㉢에 들어갈 내용을 옳게 나열한 것은?

14년 우정사업본부

| 보기 |

- FDDI는 광케이블로 구성되며, (㉠) 토폴로지를 사용한다.
- 허브 장비가 필요한 (㉡) 토폴로지는 네트워크 관리가 용이하다.
- 터미네이터가 필요한 (㉢) 토폴로지는 전송 회선이 단절되면 전체 네트워크가 중단된다.

	㉠	㉡	㉢
①	링형	버스형	트리형
②	링형	트리형	버스형
③	버스형	링형	트리형
④	버스형	트리형	링형

≫ FDDI(Fiber Distributed Data Interface

광섬유 분배 데이터 인터페이스)는 광섬유를 사용한 LAN에서 인터페이스 규격의 일종으로 100Mb/s의 토큰 링(이중) 방식이 쓰인다.

≫ 토폴로지의 종류

종류	내용
링형	• 컴퓨터와 단말 장치들을 서로 이웃하는 것끼리 포인트 투 포인트 방식으로 연결 • 데이터는 단방향 또는 양방향으로 전송할 수 있으며, 단방향의 경우 컴퓨터, 단말 장치, 통신 회선 중 어느 하나라도 고장나면 전체 통신망에 영향을 미침 • 양방향 링은 노드에 이상이 생겼을 경우 다른 방향으로 우회할 수 있으므로 정상적인 노드들끼리는 통신이 가능함
트리형	• 중앙 컴퓨터와 일정 지역의 단말 장치까지는 하나의 통신 회선으로 연결시키고, 이웃하는 단말 장치는 일정 지역 내에 설치된 중간 단말 장치(허브)로부터 다시 연결시키는 형태 • 분산 처리 시스템을 구성하며, 네트워크 관리가 용이함
버스형	• 한 개의 통신 회선에 여러 대의 단말 장치가 연결되어 있는 형태 • 단말 장치가 고장 나더라도 통신망 전체에 영향을 주지 않기 때문에 신뢰성을 보장하지만 전송 회선이 단절되면 전체 네트워크가 중단됨 • 기밀 보장이 어렵고, 통신 회선의 길이에 제한이 있음

답 ②

05 네트워크의 형태

1. 근거리 통신망(LAN)

① 건물, 기업, 학교 등 비교적 가까운 거리에 있는 컴퓨터들끼리 연결하는 통신망이다.
② 수백 개의 서로 다른 유형의 컴퓨터를 포함하며 유선 케이블, 적외선 링크, 소형 무선 송수신기 등을 이용하여 통신한다.
③ 컴퓨터와 이동 단말기 등을 무선으로 연결하는 통신용 송수신기로 블루투스(Bluetooth)가 사용된다(무선 LAN에는 효율성, 확장성, 이동성 등을 제공).
④ 전송 거리가 짧아 고속 전송이 가능하며, 전송 오류가 적다.
⑤ 다양한 통신 기기의 연결이 용이하며, 네트워크에 포함된 자원을 공유한다.
⑥ 음성, 이미지, 동영상과 같은 정보의 통합 처리와 파일 공유가 가능하다.
⑦ 고성능 시스템으로 구성할 수 있어 경제성이 높고, 패킷 지연이 최소화된다.
⑧ 망의 구성 형태에 따라 성형, 버스형, 링형, 계층형 등으로 분류한다.

2. 도시권 정보 통신망(MAN)

① 대도시 근교에서 도시와 도시를 연결한 통신망이다.
② LAN과 WAN의 중간 형태로 도시 전체를 대상으로 구축한다.
③ 전용 회선을 분할하는 교환 기능이 가능하며 음성, 영상, 화상 등의 정보를 통합한다.
④ 저렴한 비용으로 고속 통신을 할 수 있으며, 전송 매체는 광섬유를 사용한다.

3. 광대역 통신망(WAN)

① 국가와 국가 또는 전 세계의 컴퓨터가 하나로 연결된 광범위한 통신망이다.
② 복잡한 네트워크의 효과적인 관리와 원거리 데이터 전송이 가능하다.
③ 넓은 지역을 연결하므로 에러 발생률이 비교적 높다.
④ 통신 사업자가 제공하는 전용선, 패킷 교환망, ISDN 등의 통신 회선 서비스를 사용한 광역 네트워크로 전문성과 안전성이 높다.

4. 부가 가치 통신망(VAN)

① 통신 사업자로부터 대용량 회선을 임대하여 통신망을 구축하고, 인터넷에서 구할 수 없는 새로운 정보나 서비스를 제공하는 통신망이다.
② 회선의 재판매를 목적으로 하는 회선 대여업이다.
③ 전화 교환, 패킷 교환, 회선 교환, 전용 회선의 각 서비스 망을 구축한다.
④ **전송 기능** : 기본적인 통신 기능으로 단순히 전송만 한다(물리적 회선).
⑤ **교환 기능** : 패킷 교환 방식과 회선 교환 방식이 있다(주로 패킷 교환 방식을 이용).
⑥ **통신 처리 기능** : 축적 기능은 전자 사서함, 데이터 교환, 동보 통신 기능 등을 담당하고, 변환 기능은 속도 변환, 코드 변환, 미디어 변환, 프로토콜 변환 등을 담당한다.
⑦ **정보 처리 기능** : 재고 관리, 인사 관리, 급여 관리 등의 정보 처리 서비스와 데이터베이스 구축, 정보 검색 서비스 등의 서비스로 구분한다(VAN에서만 제공).

5. 종합 정보 통신망(ISDN)

① 문자, 음성, 이미지, 동영상, 전화, 팩시밀리 등을 하나로 통합한 디지털 통신망이다.
② 전화 교환망에 디지털 기능을 추가하여 새로운 통신 서비스를 제공한다.
③ 회선 모드와 패킷 모드의 전송 방식을 통합적인 디지털망으로 확장한다.
④ 음성(비음성) 서비스를 포함한 광범위한 서비스를 제공하며, 채널은 B, D, E 등이 있다.
⑤ 하나의 회선을 통하여 단말 장치와 통신망이 연결된 여러 서비스를 제공하므로 회선 교환과 패킷 교환의 동시 사용이 가능하다.
⑥ 음성 신호와 컴퓨터 단말기에서 사용되는 신호, 텔레비전의 영상 신호 등을 하나의 통신망으로 연결한다(64Kbps의 디지털 접속 기능을 제공).
⑦ 데이터베이스나 정보 처리 기능의 이용 범위가 넓어 통신의 이용 가치를 높인다.

6. 광대역 종합 정보 통신망(B-ISDN)

① 동영상 및 고속 데이터 전송이 가능한 광통신 기술을 기반으로 광범위한 서비스를 제공하는 디지털 공중 통신망이다.
② 패킷 교환 방식과 회선 교환 방식을 통합한 비동기식 전송 방식(ATM)을 사용하며, 데이터 전송 단위는 53바이트 셀을 이용한다.

7. 공중 전화 교환망(PSTN)

① 교환기를 통해 가입자들 사이의 전화를 연결하고, 음성 데이터 교환 서비스를 제공하는 통신망이다.
② 일반 가정에서의 전화 회선으로 각종 데이터 통신 서비스를 제공한다.
③ 서비스 종류는 데이터 통신(모뎀 이용), 팩시밀리, 비디오텍스, 텔레텍스트 등이 있다.

8. 비대칭 디지털 가입자 회선(ADSL)

① 전화 회선을 통해 높은 대역폭의 디지털 정보를 전송하는 기술이다.
② 최근 고속 인터넷 통신을 위한 기술로 데이터 통신과 일반 전화를 동시에 이용할 수 있다.
③ 전화국과 각 가정이 1 : 1로 연결되어 있어 고속 데이터 통신이 가능하다.
④ 전화국에서 사용자까지의 하향 신호는 고속 통신이고, 사용자에서 전화국까지의 상향 신호는 저속 통신이다.
⑤ 음성 통신은 낮은 주파수 대역을 이용하고, 데이터 통신은 높은 주파수 대역을 이용하기 때문에 혼선이 없고, 통신 속도도 떨어지지 않는다.
⑥ 쌍방향 서비스로 이루어지는 원격 진료나 원격 교육 서비스에서는 효율이 떨어진다.

9. 초고속 디지털 가입자 회선(VDSL)

① 전송 거리가 짧은 구간에서 고속의 데이터를 비대칭으로 전송하는 초고속 디지털 전송 기술이다.
② 양방향 서비스 속도가 비슷하며, 고화질의 영상 회의를 제공한다.

10. 비동기 전송 모드(ATM)

① ISDN(B-ISDN)의 전송 모드로 음성과 영상이 같은 멀티미디어 데이터를 전송하는 방식이다.
② 전송 효율이 좋아 디지털 통신망 중 속도가 가장 빠르다.
③ 패킷 라우팅(Packet Routing)을 기반으로 셀 릴레이(Cell Relay) 방식을 사용한다.

04 네트워크 표준과 네트워크 서비스

01 네트워크 표준

1. 표준의 분류

분류	표준의 개념 및 기능
사유 표준 (Proprietary Standard)	한 개인이나 회사가 소유한 표준을 말한다.
공개 표준 (Open Standard)	• 소유한 기구가 관심 있는 누구나 이용할 수 있게 공개한 표준이다. • 국제 전기 통신 연합(ITU)과 국제 표준화 기구(ISO)가 공개 표준을 널리 홍보하는 기구이다. [예] OSI 7계층
실질 표준(업계 표준) (De Facto Standard)	• 'De Facto'는 '사실상'이란 뜻을 갖고 있는 라틴어이다. • 널리 쓰인다는 이유로 표준이 된 경우이다. • 사실상 주요 표준화 기구로 IEEE(국제 전기·전자 기술자 협회) 등이 있다. [예] TCP/IP, 모뎀이 사용하는 AT 명령 집합

2. 국제 네트워킹 표준 기구

(1) 국제 표준화 기구(ISO ; International Organization for Standardization)

① 전 세계에서 가장 대표적인 표준기구이다.

② OSI 참조 모델을 비롯한 다수의 표준을 공개하고 있다.

③ 개별 표준을 실제로 만들기보다는 표준 개발 절차를 전체적으로 관리 감독한다.

(2) 미국 표준 협회(ANSI ; American National Standards Institute)

① 미국의 컴퓨터와 정보 기술 표준을 조정하고 출판하는 핵심 기구이다.

② 실제 표준을 만드는 기구에 표준 개발 기구(SDO ; Standards Developing Organizations)라는 자격을 주고 이들 단체를 관리하는 기구이다.

③ SDO가 만드는 표준을 출판하며 ISO에 미국 대표로 참여한다.

(3) 미국 전기 · 전자 기술자 협회(IEEE ; Institute of Electrical and Electronics Engineers)

① 네트워킹 분야에선 IEEE 802 프로젝트를 관리한다.

② 802표준은 이더넷을 포함한 여러 유명한 네트워킹 기술을 포함하고 있다.

(4) 미국 전자 공업 협회(EIA ; Electronic Industries Alliance)

전기 결선(wiring)과 전송 표준을 출판하는 것으로 널리 알려진 국제 산업 협회이다.

(5) 미국 통신 산업 협회(TIA ; Telecommunications Industry Association)

EIA의 통신 부문으로 통신 표준을 개발하는 일을 담당하는 협회이다.

(6) 국가 정보 기술 위원회(NCITS ; National Committee for Information Technology)

① ITIC가 만든 위원회이다.

② 정보 기술 분야와 관련된 표준을 개발하고 관리한다.

(7) 국제 전기 통신 연합 – 통신 표준 부문(ITU–T ; International Telecommunication Union – Telecommunication Standardization Sector)

통신 산업 표준을 개발하는 국제 표준 기구이다.

(8) 유럽 전기 통신 표준 협회(ETSI ; European Telecommunications Standards Institute)

유럽 국가뿐 아니라 외부의 몇몇 국가들도 참여하는 기구이다.

3. 네트워킹 산업 그룹

(1) 네트워킹 산업 그룹의 개념

① 산업 그룹은 특정 기술을 홍보하는 데 초점을 맞춘다.

② 표준 기구보다 규모가 작으며, 주로 그 그룹이 홍보하는 기술을 이용하는 제품을 만드는 회사와 그 소속 개발자들로 이루어진다.

(2) 무선 이더넷 호환성 연합(WECA ; Wireless Ethernet Compatibility Alliance)

① 802.11 워킹 그룹이다.

② 802.11b 네트워킹 하드웨어와 소프트웨어 벤더 간 호환성을 보장하기 위한 작업을 한다.

4. 인터넷 표준 기구

(1) 인터넷 아키텍처 위원회(IAB ; Internet Architecture Board)

① 인터넷 표준의 종합적인 관리와 개발을 담당하는 위원회이다.

② 인터넷 표준(RFC)을 출판한다.

③ 인터넷 소사이어티(ISOC)에 조언을 하며, IETF와 IRTF를 감독한다.

④ RFC 2850은 IAB 헌장이다.

(2) 인터넷 소사이어티(ISOC ; Internet Society)

① 인터넷의 관리, 개발, 홍보와 관련된 일반적이고 상위 수준의 활동을 담당한다.

② 기본 핵심 역할은 IAB를 감독하는 것이다.

③ 다른 기구에 재정적, 관리적인 지원을 한다.

(3) 인터넷 엔지니어링 태스크 포스(IETF ; Internet Engineering Task Force)

현재 인터넷과 TCP/IP 기술의 개발과 관련된 주제에 초점을 둔다.

(4) 인터넷 연구 태스크 포스(IRTF ; Internet Research Task Force)

① IETF의 단기 표준 초점과 달리 TCP/IP 기술과 관련된 장기 연구를 담당한다.

② IRSG와 IAB의 감독을 받는다.

(5) 인터넷 연구 관리 그룹(IRSG ; Internet Research Steering Group)

인터넷 연구 태스크 포스(IRTF)를 관리한다.

5. 인터넷 표준과 RFC 절차

(1) 인터넷 표준

① RFC(Request for Comments, 논평 요청)은 초기 표준을 정의하는 문서이다.

② 과거에는 인터넷 엔지니어링 메모(IEN, Internet Engineering Note)가 초기 표준을 정의하는 문서이었다.

③ 최신 RFC 목록은 http://www.rfc-editor.org/rfc-index.html(RFC 편집자 사무소 페이지)에서 확인할 수 있다.

(2) RFC 분류

분류	수록 내용
제안 표준(Proposed Standard) 및 초안 표준(Draft Standard)	표준 트랙에 있는 기술을 설명한다.
현재 최고 사례(Best Current Practice)	IETF에서 제공하는 지침 정보나 권고 문서(공식 표준은 아님)이다.
정보 제공(Informational)	범용 정보나 주석을 제공하는 문서이다.
실험적(Experimental)	표준 트랙에 있지 않은 실험적 표준 제안이다.
역사적(Historic)	더 이상 쓰이지 않는 예전 표준이다.

(3) 인터넷 표준화 절차(RFC 2026 참고)

① 인터넷 초안(ID ; Internet Draft)에서 시작한다.

② 검토와 피드백을 거쳐 많은 사람의 지지를 받은 ID는 인터넷 표준 트랙에 올라가고 상태가 제안 표준으로 바뀐다.

③ 안정화 단계가 되면 초안 표준이 된다.

④ 최종적으로 인터넷 표준으로 바뀐다.

(4) 인터넷 등록 기관

① **인터넷 번호 할당관리 기관(IANA ; Internet Assigned Numbers Authority)**

  ㉠ 인자와 식별자를 관리하는 기구이다.

  ㉡ 모든 IP 주소를 관리한다.

② **인터넷 네트워크 정보 센터(InterNIC ; Internet Network Information Center)** : IANA의 DNS 도메인 네임 등록 담당을 직접 관리했던 기관이다.

③ **APNIC(Asia Pacific Network Information Center)** : 아시아/태평양 지역 인터넷 등록 기관이다.

④ **ARIN(American Registry for Internet Numbers)** : 북아메리카, 카리브해 제도 일부, 아프리카 남반구의 인터넷 등록 담당기관이다.

⑤ **LACNIC(Latin American and Caribbean Internet Addresses Registry)** : 라틴 아메리카와 카리브해 제도 일부의 인터넷 등록 담당기관이다.

⑥ **RIPE NCC** : 유럽, 중동, 중앙아시아, 아프리카 북반구의 인터넷 등록 담당기관이다.

02 네트워크 서비스

1. 홈 네트워크

(1) 홈 네트워크의 개념

가정 내 디지털화된 가전제품 간 데이터 통신 제공 및 외부 인터넷 망과의 접속 제공을 통한 지능화된 커뮤니케이션이 가능하도록 하는 네트워킹을 말한다.

(2) 홈 네트워크의 요소기술

① 가입자망

요소기술	상세 요소
외부 인터넷 연결망	Xdsl, Cable, WLL, PowerLine, Satellite

② 홈 플랫폼 기술

요소기술	상세 요소
홈서버/홈게이트웨어 기술	유무선 통합 환경, 고품질 융합 서비스
홈 네트워크 보안 기술	네트워크, 데이터 등 보안
개방형 서버 기술	개방형 홈 네트워크 프레임워크

③ 홈 네트워킹 기술

요소기술	상세 요소
유선 홈 네트워킹 기술	Ethernet, PLC, IEEE1394, Home PNA, USB
무선 홈 네트워킹 기술	WPAN(UWB, Zigbee, Bluetooth, Wibeem),WLAN

④ 정보 가전 기술

요소기술	상세 요소
지능형 정보 가전	기존 가전, 센서 연결 서비스
홈 센서 기술	센서(Smart Dust), RFiD

⑤ 지능형 미들웨어 기술

요소기술	상세 요소
홈 네트워킹 미들웨어 기술	상호 연동 제공 미들웨어
상황 적응형 미들웨어 기술	Fault-Tolerant 미들웨어
멀티 모달 인터페이스 기술	실감 서비스 미들웨어

(3) 홈 네트워크 서비스 분류

서비스	세부 내용	활용 사례
홈 엔터테인먼트	가정 내외에서의 콘텐츠 데이터 서비스	HDTV급 방송, VOD, 게임
홈 데이터	데이터 교환 및 인터넷 접속 서비스	전자메일, 파일 공유
홈 오토메이션	가정 내 상태 감시 및 제어 서비스	홈시큐리티, 방범/방재
헬스케어	의료기기, 생체정보 센서 이용, 위급상황 보고 서비스	원격진료, 실버케어

2. 블루투스(Bluetooth)

(1) 블루투스의 개념

① 2.4GHz ISM RF 대역에서 극히 적은 피크/평균/대기 전력으로 에너지 사용을 효율화하여 헬스케어, 자동차, 센서 등으로 쓰임새를 확장한 차세대 블루투스 기술이다.

② 블루투스 버전 1.0, 2.0, 3.0, 4.0 등으로 발전하고 있다.

(2) 블루투스 모드

① **듀얼 모드(Dual Mode)**

㉠ 저 에너지 블루투스 기능이 기존 하위 블루투스에 통합된 방식이다.

㉡ 기존 하위 블루투스 기술의 많은 부분을 공유하므로 경제적인 방식이다.

② **싱글 모드(Single Mode)**

㉠ 통합성이 높고 크기가 작아 작은 디바이스에 적합하다.

㉡ 칩은 적은 대기모드 전력, 간단한 디바이스 감지, 저비용으로 절전기능과 보안성이 높은 암호화된 연결 방식이다.

(3) 블루투스 4.0 기술의 특징

구분	기술 특징
데이터 전송	1Mbps 속도로 전송되는 매우 짧은 데이터 패킷을 지원(최소 8옥텟 ~ 최대 27옥텟)
가변 연결 인터벌 방식	• 연결되는 양단은 서로 인식하고 있지만, 절대적으로 필요할 때만 연결 • 모든 연결은 짧은 Duty Cycle을 달성하기 위해 진보된 Sniff–Subrating 사용
주파수 호핑	2.4Ghz 주파수 간섭 최소화를 위해 AFH(Adaptive Frequency Hopping) 사용, 효율적인 멀티패스 확보로 송신거리 증가
신속한 연결	최소 3ms 내 연결 셋업, 변조 지수가 증가하여 최대 전송거리는 100m 이상으로 증가
견고성, 보안 증대	• 패킷에 24bit CRC를 적용하여 견고성 최대화 • CCM을 이용하는 Full AES–128로 강력한 암호화 및 인증 제공
32비트 주소	모든 패킷에 32비트 액세스 주소를 사용하여 수십억 개 디바이스 연결
1:1 연결 최적화	스타 토폴로지를 이용하여 1:N 연결을 허용하나, 1:1 연결에 최적화

05 인터넷과 보안

01 인터넷(Internet)의 기본

1. 인터넷의 역사 및 특징

① 1969년 미 국방성에서 군사 목적으로 구축된 ARPANet에서 시작되었다.
② TCP/IP 프로토콜을 채택하면서 일반용의 ARPANet과 군사용의 MILNET으로 분리되었다.
③ 전 세계의 수많은 컴퓨터와 네트워크들이 연결된 통신망으로 UNIX를 기초로 한다.
④ 다양한 자원의 분산과 공유가 가능하며, 모든 호스트는 32Bit의 고유한 IP 주소를 갖는다.
⑤ TCP/IP 프로토콜을 기반으로 클라이언트/서버 형태의 시스템으로 작동한다.

2. 인터넷의 접속 방식

① **전용선 방식** : 인터넷 서비스 업체(ISP)에서 회선을 할당받아 컴퓨터에 연결하는 방식으로 속도에 따라 ISDN(64Kbps), T1(1.544Mbps), E1(2.048Mbps), T2(6Mbps), T3(45Mbps) 등으로 구분한다.
② **ISDN 방식** : 일반 전화선을 사용하며, 하나의 회선으로 두 개의 서비스가 가능한 방식으로 128Kbps(64Kbps×2)의 빠른 속도를 제공한다.
③ **SLIP 방식** : 전화선 등을 이용하여 직렬 통신을 하는 인터넷 프로토콜 방식으로 압축과 에러 감지 기능이 없으며, IP를 자동 할당한다(속도 : 9,600bps 이하).
④ **PPP 방식** : TCP/IP에서 오류 검출과 데이터 압축을 추가한 다중 프로토콜 방식으로 압축과 에러 감지 기능이 있으며, IP를 수동 할당한다(속도 : 9,600bps 이상).

3. 인터넷의 주소 체계

① 인터넷에 연결된 컴퓨터를 식별하기 위한 주소로 호스트 컴퓨터, 기관 종류, 국가 등으로 구성한다.
② 숫자로 구성된 IP 주소와 문자로 구성된 도메인 이름(Domain Name)으로 나뉜다.
③ 네트워크에 연결된 호스트는 Network ID가 동일하고, Host ID는 네트워크를 고유의 것으로 식별한다.
④ 인터넷 주소는 각 국의 NIC(Network Information Center)에서 관리하되, 미국과 NIC가 없는 국가는 InterNIC에서, 우리나라는 KRNIC에서 관리한다.

(1) IPv4

① 현재 사용하는 IP 주소로 32비트를 8비트씩 4개의 점(.)으로 나누어 표시한다.

예 179.145.1.22

② 5개의 클래스로 구성되며, 현재 할당된 주소는 대부분이 C 클래스이다.

클래스	설명
A Class	국가나 대형 통신망에서 사용(최대 16,777,214개의 호스트를 사용)
B Class	중·대규모의 통신망에서 사용(최대 65,534개의 호스트를 사용)
C Class	소규모의 통신망에서 사용(최대 254개의 호스트를 사용)
D Class	멀티캐스팅용으로 사용
E Class	실험용으로 사용

(2) IPv6

① IPv4의 주소 공간을 4배 확장한 것으로 128비트를 16비트씩 8개로 나누어 표시하며, IP는 콜론(:)으로 구분한다.

② 현재 IP 주소의 부족 현상을 해소하기 위한 차세대 IP 주소 체계이다.

③ IPv4와의 호환성이 뛰어나며, IPv4와 비교하여 자료 전송 속도가 빠르다.

④ 인증성, 기밀성, 데이터 무결성의 지원으로 보안 문제를 해결할 수 있다.

⑤ 실시간 흐름 제어로 향상된 멀티미디어 기능을 제공한다.

(3) 도메인 이름(Domain Name)

① 숫자로 구성된 IP 주소를 이해하기 쉽도록 문자로 표기하며, 영문은 대소문자를 구별하지 않는다.

② 영문자나 숫자로 시작하며 쉼표(,), 밑줄(_) 등의 특수 문자와 공백은 사용할 수 없다.

③ 주소 체제는 점(.)으로 구분하며, 오른쪽으로 갈수록 상위 도메인이다.

④ 호스트 이름, 기관 이름, 기관 종류, 국가 도메인으로 구성된다.

> www.wizplanet.co.kr
> 호스트 이름, 기관 이름, 기관 종류, 국가 도메인

[국가별 도메인]

국가명	도메인	국가명	도메인	국가명	도메인
한국	kr	영국	uk	프랑스	fr
중국	cn	호주	au	캐나다	ca
일본	jp	독일	de	러시아	ru

[기관(소속) 도메인]

국제 도메인	기관(소속)	국내 도메인
com	일반 기업체, 회사	co
edu	교육 기관, 학교	ac
gov	정부, 공공 기관	go
int	국제 단체	
net	네트워크 관련 기관	ne
org	비영리 단체	or
	연구 기관	re
	개인	pe

(4) DNS(Domain Name System)

① 문자로 입력된 도메인 이름을 컴퓨터가 인식하는 IP 주소로 변경하는 시스템이다.

② IP 주소와 호스트 이름간의 변환을 제공하는 분산 데이터베이스이다.

③ URL의 도메인 이름과 호스트 이름을 DNS Server에 등록한다.

(5) 서브넷 마스크(Subnet Mask)

① IP 주소 중 서브네트를 결정하기 위해 사용하는 32비트의 번지 마스크로 TCP/IP 프로토콜을 설치하면 기본적으로 설정된다(IP 주소를 네트워크 주소와 호스트 주소로 구분).

② IP 주소의 공간 낭비 문제를 해결하기 위해 네트워크 번호를 사용하여 여러 연결망을 구축하며, 호스트 이름으로부터 IP 주소지에 대한 네트워크 이름을 규정한다.

③ IPv4의 서브넷 마스크는 IP 주소와 같이 32비트의 2진수로 구성되어 있다.

④ IP 주소와 달리 클래스의 개념이 없고, 앞에서부터 순차적으로 1씩 증가한다.

⑤ 서브넷 마스크에서는 0이 표시되다가 중간 비트에 1이 나타나는 경우는 없다.

> 예 올바른 표현 - 11111111.11111100.00000000.00000000
>
> 잘못된 표현 - 11111000.11111111.11111111.11110000

클래스	각 클래스별 기본 서브넷 마스크
Class A	255.0.0.0
Class B	255.255.0.0.
Class C	255.255.255.0

⑥ 서브넷 마스크를 255.255.255.224로 설정한 경우 서브넷 주소 할당을 위해서 맨 끝 3자리를 이진수로 표현한다. 즉, 224를 2진수로 표현하면 $11100000_{(2)}$이며, 2진수 앞쪽에 1부분이 3자리이고, 뒤쪽에 0부분이 5자리인데, 앞쪽 3자리가 서브넷 수를, 뒤쪽 5자리가 호스트 수와 관련된다(서브넷 수 : 2^3=8개, 호스트 수 : 2^5=32개). 서브넷은 총 8개이므로 #1부터 #8까지 서브넷 주소를 책정하고, 각 서브넷 당 호스트 수는 32개로 배치한다.

⑦ 서브넷 마스크와 대응하는 공인 IP의 호스트 ID 부분을 전부 0으로 만들면 해당 서브넷의 네트워크 주소가 되고, 각 서브넷 주소 범위 중 마지막 주소가 브로드캐스트 주소가 된다.

(6) 브로드캐스트(Broadcast) 주소

① 데이터 전송 시 특정 노드가 아닌 전체 네트워크에 보내는 것으로 해당 주소에 데이터를 보내면 전체 네트워크에 브로드캐스트를 할 수 있다.

② 해당 주소를 이용하면 전체 LAN에 연결되어 있는 노드에게 데이터를 보낼 수 있다.

③ 브로드캐스트는 메시지가 한 호스트에서 망상의 다른 모든 호스트로 전송하는 것이다.

④ 호스트 비트가 모두 1인 주소로 192.168.1.0이라는 네트워크 주소에서는 192.168.1.255가 브로드캐스트 주소이다.

⑤ 255.255.0.0, 255.255.255.0처럼 서브넷 끝이 0으로 끝나는 경우는 호스트 비트가 모두 1인 브로드캐스트가 된다.

```
11000000.10101000.00000001.00000000 = 192.168.1.0
11111111.11111111.11111111.00000000 = 255.255.255.0
```

⑥ 서브넷 끝이 255.255.255.128처럼 0으로 끝나지 않는 경우는 다음과 같은 조건에서 IP 주소와 서브넷 마스크를 2진화하여 2진 배열로 표시한다.

```
[조건]
• IP 주소 : 192.168.2.2 / 서브넷 마스크 : 255.255.255.128
• 네트워크 주소 : 192.168.2.0 / 브로드캐스트 주소 : 192.168.2.127
                           ↓
11000000.10101000.00000010.00000010 = 192.168.2.2
11111111.11111111.11111111.10000000 = 255.255.255.128
```

⑦ 네트워크 주소 영역은 서브넷의 25비트에 해당하므로 브로드캐스트 주소 영역을 계산하기 위해서는 호스트 비트를 모두 1로 만든다.

⑧ 서브넷 마스크가 0으로 끝나는 경우가 아니면 호스트 주소에 네트워크 주소를 더한다.

기출 PLUS 클래스(Class)　　　　　　　　　　　　　　　　　　　　　　　　　　A등급

IPv4에서 서브넷 마스크가 255.255.255.0인 경우 하나의 네트워크에 최대 254대의 호스트를 연결할 수 있는 클래스로 옳은 것은?　　　　　　　　　　　　　　　　　　　　　　　　　14년 우정사업본부

① A 클래스　　　　　　　　　　　　　　② B 클래스
③ C 클래스　　　　　　　　　　　　　　④ D 클래스

≫　• A 클래스 : 국가나 대형 통신망에서 사용한다(최대 16,777,214개의 호스트를 사용).
　　• B 클래스 : 중·대규모의 통신망에서 사용한다(최대 65,534개의 호스트를 사용).
　　• C 클래스 : 소규모의 통신망에서 사용한다(최대 254개의 호스트를 사용).
　　• D 클래스 : 멀티캐스팅용에서 사용한다.　　　　　　　　　　　　　　　　답 ③

기출 PLUS 서브넷의 브로드캐스트 주소　　　　　　　　　　　　　　　　　　　B등급

회사에서 211.168.83.0(클래스 C)의 네트워크를 사용하고 있다. 내부적으로 5개의 서브넷을 사용하기 위해 서브넷 마스크를 255.255.255.224로 설정하였다. 이때, 211.168.83.34가 속한 서브넷의 브로드캐스트 주소는 어느 것인가?　　　　　　　　　　　　　　　　　　　　　　　　　10년 우정사업본부

① 211.168.83.15　　　　　　　　　　　② 211.168.83.47
③ 211.168.83.63　　　　　　　　　　　④ 211.168.83.255

≫　서브넷 마스크를 255.255.255.224로 설정하였으므로 맨 끝 숫자 224(11100000)에서 구성 가능한 서브넷 수와 호스트 수를 구한다. 11100000은 1이 3개이고, 0이 5개이므로 서브넷 수는 2^3=8개, 호스트 수는 2^5=32개이다. #1에서 #8까지 각 서브넷 주소 범위는 다음과 같다.
　　• #1 서브넷 주소 범위 211.168.83.0~211.168.83.31
　　• #2 서브넷 주소 범위 211.168.83.32~211.168.83.63
　　• #3 서브넷 주소 범위 211.168.83.64~211.168.83.95
　　• #4 서브넷 주소 범위 211.168.83.96~211.168.83.127
　　• #5 서브넷 주소 범위 211.168.83.128~211.168.83.159
　　• #6 서브넷 주소 범위 211.168.83.160~211.168.83.191
　　• #7 서브넷 주소 범위 211.168.83.192~211.168.83.223
　　• #8 서브넷 주소 범위 211.168.83.224~211.168.83.255
　　문제에서 211.168.83.34가 속한 서브넷은 #2 서브넷이고, #2 서브넷의 브로드캐스트 주소는 #2 서브넷 주소 중 마지막 주소인 211.168.83.630이다.　　　　　　　　　　　　　　　　답 ③

02 인터넷 프로토콜과 서버

1. 인터넷 프로토콜

(1) TCP/IP

① 가장 기본적인 프로토콜로 네트워크에서 연결된 시스템 간의 데이터를 전송한다.

② 컴퓨터 기종에 관계없이 인터넷 환경에서의 정보 교환이 가능하다.

③ OSI 계층 구조에서 총 4개의 계층(링크 계층, 인터넷 계층, 전송 계층, 응용 계층)으로 이루어
진다(네트워크 환경에 따라 여러 개의 프로토콜을 허용).

프로토콜	설명
TCP	• 메시지나 파일을 작은 패킷으로 나누어 전송하거나 수신된 패킷을 원래의 메시지로 재조립한다. • 신뢰성과 보안성이 우수하며, 연결형 프로토콜 방식을 사용한다. • 접속형(Connection-Oriented) 서비스, 전이중(Full-Duplex) 전송 서비스 등을 제공한다. • OSI 7계층 중 전송 계층(Transport Layer)에 해당한다.
IP	• 각 패킷의 주소 부분을 처리하여 패킷이 목적지에 정확하게 도달할 수 있도록 한다. • 인터넷의 중심이며, 비연결형 프로토콜 방식을 사용한다. • 경로 설정(Routing) 서비스 등을 제공한다. • OSI 7계층 중 네트워크 계층(Network Layer)에 해당한다.

(2) HTTP

① WWW를 이용할 때 서버와 클라이언트 간의 정보 교환 프로토콜이다.

② 웹 서버와 클라이언트가 상호 통신을 하기 위해 사용한다.

(3) ARP

① IP 주소를 물리적 네트워크 주소로 대응시키기 위해 사용하는 프로토콜이다.

② 컴퓨터의 IP 주소만 알고 MAC 주소를 모르는 경우 IP 주소로부터 MAC 주소를 찾는다.

(4) RARP

① 네트워크상에서 물리적인 네트워크 주소(MAC ; Media Access Control)를 IP 주소로 대응시키기
위해 사용하는 프로토콜이다.

② 호스트가 IP 주소를 모르는 경우 이를 서버로부터 요청하기 위해 사용한다.

(5) NNTP

① 뉴스 그룹에 있는 글을 관리하기 위해 사용되는 프로토콜이다.

② 유즈넷 서비스에서 기사 내용을 전달한다.

(6) DHCP

① 네트워크상에서 IP 주소를 관리하거나 할당할 수 있는 프로토콜이다.

② 주소를 자동으로 설정하는 방식을 사용한다.

(7) UDP

① 네트워크에서 컴퓨터 간 메시지 교환 시 제한된 서비스만을 제공하는 프로토콜이다.

② TCP의 대안으로 IP를 사용하여 데이터를 전송한다.

(8) ICMP

① 호스트 서버와 게이트웨이 사이에서 메시지를 제어하거나 에러를 알려주는 프로토콜이다.

② 네트워크 계층을 관리하거나 제어하는 등 다양한 기능을 제공한다.

(9) SNMP

① 가장 광범위하게 사용되고 있는 네트워크 관리 시스템 프로토콜이다.

② 네트워크 장치 및 동작을 감시한다.

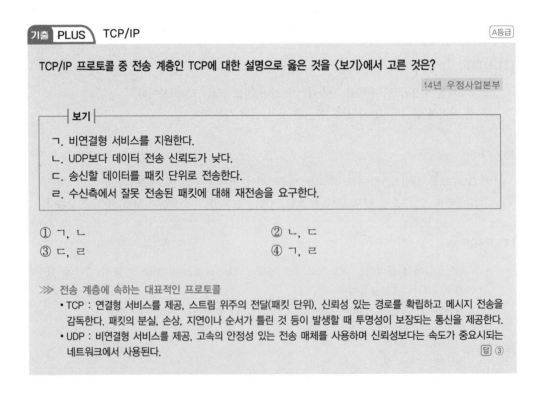

기출 PLUS TCP/IP · A등급

TCP/IP 프로토콜 중 전송 계층인 TCP에 대한 설명으로 옳은 것을 〈보기〉에서 고른 것은?

14년 우정사업본부

보기

ㄱ. 비연결형 서비스를 지원한다.
ㄴ. UDP보다 데이터 전송 신뢰도가 낮다.
ㄷ. 송신할 데이터를 패킷 단위로 전송한다.
ㄹ. 수신측에서 잘못 전송된 패킷에 대해 재전송을 요구한다.

① ㄱ, ㄴ · ② ㄴ, ㄷ
③ ㄷ, ㄹ · ④ ㄱ, ㄹ

≫ 전송 계층에 속하는 대표적인 프로토콜
• TCP : 연결형 서비스를 제공, 스트림 위주의 전달(패킷 단위), 신뢰성 있는 경로를 확립하고 메시지 전송을 감독한다. 패킷의 분실, 손상, 지연이나 순서가 틀린 것 등이 발생할 때 투명성이 보장되는 통신을 제공한다.
• UDP : 비연결형 서비스를 제공, 고속의 안정성 있는 전송 매체를 사용하며 신뢰성보다는 속도가 중요시되는 네트워크에서 사용된다.

답 ③

2. 인터넷 서버

(1) DNS Server

① 도메인 주소를 IP 주소로 변환시켜 주는 서버이다.

② 도메인 이름과 이에 대응하는 IP 주소의 데이터베이스를 원하는 컴퓨터에 제공한다.

(2) PROXY Server

① 방화벽(Firewall) 내부에 있는 클라이언트가 외부 접근을 요청했을 때 클라이언트 대신 다른 인터넷상의 서버에 직접 접속하는 서버이다(보안, 중개, 캐시 기능을 가짐).

② 웹 브라우저에서 프록시(PROXY)를 지정하면 웹 클라이언트에서 요청되는 URL이 해당 서버에 연결되는 것이 아니라 프락시 서버에 연결된다.

③ 프락시 요청을 받은 서버는 URL의 해당 서버와 접속하여 요청을 보내고, 클라이언트 대신 응답을 받아 이를 클라이언트에 넘겨주는 역할을 한다.

(3) DHCP Server

① 동적 IP 주소를 할당하는 서버로 IP 주소의 풀(Pool)과 클라이언트 설정을 관리한다.

② DHCP를 사용하면 네트워크에 연결되어 있는 컴퓨터가 시동될 때 DHCP 서버로부터 IP 주소와 구성 매개 변수를 동적으로 할당받아 자동으로 TCP/IP 설정이 이루어진다.

(4) WEB Server

① 클라이언트/서버 모델과 웹의 HTTP를 사용하여 웹 페이지가 들어 있는 파일을 사용자에게 제공하는 서버이다.

② 인터넷의 월드 와이드 웹(WWW) 서비스 제공에 필요한 컴퓨터 시스템이다.

기출 PLUS 서버의 종류 〔B등급〕

인터넷에서는 도메인 주소를 IP 주소로 변환시켜주는 컴퓨터가 있어야 하는데 이러한 컴퓨터의 이름으로 알맞은 것은?　　　　　　　　　　　　　　　　　　　　　　　　　　　　　08년 우정사업본부

① PROXY 서버 　　　　　　　　　　　　② DHCP 서버

③ WEB 서버 　　　　　　　　　　　　　④ DNS 서버

≫ 도메인 주소를 IP 주소로 변환시켜 주거나 반대로 IP 주소를 도메인 주소로 변환시켜 주는 시스템을 말하는 것은 DNS 서버이다.　　　　　　　　　　　　　　　　　　　　　　　　　　　　　〔답〕④

03 인터넷 서비스와 웹 브라우저

1. 인터넷 서비스

① **URL(Uniform Resource Locator)** : 자원의 위치를 나타내는 표준 주소 체계로 정보에 대한 접근 방법, 위치, 파일명 등을 표시한다. 형식은 접근 프로토콜://IP 주소 또는 호스트 도메인 이름[:포트 번호]/파일 위치(경로)/파일 이름 순이다.

② **전자 우편(E-mail)** : 인터넷에서 다양한 데이터(문서, 그림, 동영상 등)를 편지로 주고받을 수 있는 서비스로 사용자 ID 다음에 '@' 기호를 붙이고, 메일 서버의 호스트 주소를 입력한다(△△△@hanmail.net).

프로토콜	설명
SMTP	전자 우편의 송신을 담당한다(ASCII 문자 메시지를 전송).
POP3	전자 우편의 수신을 담당한다(제목과 내용을 한번에 다운받음).
IMAP	전자 우편의 수신을 담당한다(메일을 다운로드 할 것인지를 결정).
MIME	멀티미디어 메일의 송신을 담당한다(문자열, 이미지, 오디오, 비디오 등).

③ **전자상거래(E-Commerce)** : 컴퓨터에서 거래를 할 수 있도록 전자 금융, 전자 문서 교환, 전자 우편 등의 서비스를 제공하며 유형에 따라 B2B(기업과 기업), B2C(기업과 소비자), C2C(소비자와 소비자) 등으로 나눈다. 신용 카드로 거래를 할 경우 SET(Secure Electronic Transaction) 프로토콜이 필요하며, 개인 정보의 유출 위험성 있어 신뢰도 문제가 발생한다.

④ **WWW(World Wide Web)** : 하이퍼텍스트(Hypertext)를 기반으로 멀티미디어 데이터(문자, 화상, 동영상 등)를 제공하는 서비스이다.

⑤ **고퍼(Gopher)** : 인터넷 정보에 대하여 메뉴 형식으로 정보 검색을 하는 서비스이다.

⑥ **아키(Archie)** : 전 세계 인터넷상에서 익명의 FTP 사이트 정보를 검색하는 서비스이다.

⑦ **파일 전송(FTP ; File Transfer Protocol)** : 인터넷을 통하여 파일을 송수신할 수 있는 서비스이다.

⑧ **원격 접속(Telnet)** : 멀리 떨어져 있는 컴퓨터에 접속하여 마치 자신의 컴퓨터처럼 사용할 수 있도록 하는 서비스이다.

⑨ **유즈넷(Usenet)** : 분야별로 공통의 관심사나 다양한 뉴스를 주제별로 나누어 토론 형식으로 정보를 주고받을 수 있는 전자 게시판 서비스이다.

⑩ **뉴스 그룹(News Group)** : 유즈넷을 통해 전 세계에서 일어나는 사건이나 뉴스에 관한 정보를 주제별로 나누어 토론 형식으로 주고받을 수 있는 서비스이다.

⑪ **메일링 리스트(Mailing List)** : 일정 그룹에 속한 모든 사람들에게 관심 있는 주제의 전자 우편을 보내는 서비스이다.

⑫ **웨이즈(WAIS)** : 키워드를 사용하여 방대한 데이터베이스로부터 데이터를 검색하는 서비스이다.

⑬ IRC(Internet Relay Chat) : 인터넷에서 사용자들이 서로 채팅을 할 수 있는 서비스이다.

⑭ PING(Packet InterNet Groper) : 원격지 컴퓨터가 인터넷에 연결되어 제대로 작동하고 있는지를 확인하는 서비스이다.

2. 웹 브라우저(Web Browser)

(1) 웹 브라우저의 개념

① 하이퍼미디어 형태의 웹(WWW) 정보와 서비스를 사용할 수 있다.

② GUI 환경과 그래픽을 기반으로 문자, 음성, 동영상 등의 멀티미디어 정보를 검색할 수 있다.

③ 웹 페이지의 저장 및 인쇄, 자주 방문하는 사이트의 기억 및 관리, 전자 우편 및 HTML 문서 편집, 멀티미디어, 보안 등의 기능을 제공한다.

④ 익스플로러(Explorer), 넷스케이프(Netscape), 파이어 폭스(Fire Fox), 크롬(Chrome), 오페라(Opera), 모자이크(Mosaic), 핫자바(Hot Java) 등이 있다.

(2) 정보 검색

① 필요한 정보를 쉽게 찾을 수 있도록 적합한 검색 엔진을 이용한다.

② 논리 연산자(AND, OR, NOT)를 활용하여 세부적인 내용을 찾는다.

③ 검색 연산자의 우선순위는 NEAR → NOT → AND → OR 순이다.

④ 검색어로 시작되는 모든 단어를 표시하기 위해서는 검색어 다음에 '*'를 입력한다.

3. 인터넷 관련 용어

① **인트라넷(Intranet)** : 기업 내 네트워크를 인터넷의 정보망에 연결하여 저렴한 비용으로 회사 업무 네트워크를 구축하는 시스템이다.

② **엑스트라넷(Extranet)** : 인트라넷의 범위를 확대해서 기업 대 기업을 대상으로 정보를 공유한다.

③ **포털 사이트(Portal Site)** : 인터넷에 처음 접속할 때 방문하는 웹 페이지로 전자 우편, 홈 페이지, 채팅, 게시판, 쇼핑 등의 서비스를 제공한다.

④ **미러 사이트(Mirror Site)** : 다수의 이용자들이 동시에 접속할 경우 액세스 분산화와 네트워크 부하를 방지할 목적으로 같은 내용을 복사한다.

⑤ **풀(Pull)** : 브라우저가 웹 서버로부터 요청하여 받은 웹 페이지를 화면에 보여주는 방식이다.

⑥ **푸시(Push)** : 요청하지 않은 정보를 웹 서버가 보내주며, 사용자는 이런 기술을 지원받기 위해서 별도의 플러그인 소프트웨어가 필요하다.

⑦ **쿠키(Cookie)** : 웹 사이트의 방문 기록을 남겨 사용자와 웹 사이트를 매개해 준다.

⑧ **캐싱(Caching)** : 자주 사용하는 사이트를 하드 디스크에 저장하고, 해당 자료에 접근하면 미리 저장한 하드 디스크의 자료를 빠르게 보여준다.

⑨ **미러링(Mirroring)** : 인터넷상의 사이트와 동일한 자료를 만들어 가까운 위치에서 전송받는다.

⑩ **RSS(Really Simple Syndication)** : 뉴스나 블로그 등과 같이 콘텐츠가 자주 업데이트되는 사이트들의 정보를 자동적으로 사용자들에게 알려 주기 위한 웹 서비스 기술이다.

⑪ **VoIP(Voice over Internet Protocol)** : 네트워크상에서 음성 데이터를 IP 데이터 패킷으로 변환하여 음성 통화를 가능하게 하는 기술로 음성, 문자, 비디오, 파일 전송 등의 다양한 기능을 지원한다(인터넷 환경에서 장거리 음성, 팩스 등 고품질의 PSTN을 제공).

⑫ **가상 사설망(VPN)** : 인터넷과 같은 공중망(Public Network)을 마치 전용선으로 사설망(Private Network)을 구축한 것처럼 사용할 수 있는 방식이다.

⑬ **IPSec(Internet Protocol Security)** : 인터넷 프로토콜에서 보안성을 제공해 주는 표준화된 기술로 데이터 송신자의 인증을 허용하는 인증 헤더(AH)와 송신자의 인증 및 데이터 암호화를 지원하는 ESP(Encapsulating Security Payload)의 보안 서비스를 제공한다.

기출 PLUS VoIP   C등급

컴퓨터 네트워크상에서 음성 데이터를 IP 데이터 패킷으로 변환하여 전화 통화와 같이 음성 통화를 가능케 해 주는 기술로 알맞은 것은?   08년 우정사업본부

① VPN   ② IPSec
③ IPv6   ④ VoIP

≫ VoIP(Voice over Internet Protocol) : 네트워크상에서 음성 데이터를 IP 데이터 패킷으로 변환하여 음성 통화를 가능하게 하는 기술로 음성, 문자, 비디오, 파일 전송 등의 다양한 기능을 지원한다.   답 ④

---

04 인터네트워킹과 네트워크 보안

1. 인터네트워킹의 개념

① 하나 이상의 네트워크를 상호 연결하는 것으로 TCP/IP를 기본 프로토콜로 갖는다.
② 일반적으로 근거리 통신망(LAN)과 광대역 통신망(WAN)을 연결하는 것이다.

2. 인터네트워킹의 장비

(1) 리피터(Repeater)

① LAN의 전송 매체에서 흐르는 신호를 증폭, 중계하는 장치로 네트워크 간 데이터 신호를 전송한다.

② 광학 전송 매체에서 신호를 수신하여 매체의 다음 구간으로 전송시킨다.

③ OSI 7계층 참조 모델의 물리 계층(Physical Layer)에서 동작한다.

④ 2개 이상의 케이블을 연속적으로 연결하여 거리 제한을 극복한다.

⑤ 네트워크 반경과 전송 거리를 연장하거나 배선의 자유도를 높이기 위해 사용한다.

(2) 브리지(Bridge)

① 두 개 이상의 LAN과 LAN을 네트워크로 연결할 때 사용하는 장치로 로컬 네트워크 연결에 유용하다(디지털 회선의 중간에 위치).

② OSI 7계층 참조 모델의 데이터 링크 계층(Data Link Layer)에서 동작한다.

③ 모든 신호의 통신량을 조정하며, 패킷을 적절히 중계하고 필터링한다.

④ 통신하려는 노드가 같은 통신망 안에 있을 경우 데이터가 다른 통신망으로 전달되지 않도록 한다.

⑤ 신호 증폭뿐만 아니라 네트워크 분할을 통해 트래픽을 감소시킨다.

⑥ 네트워크에 연결된 단말들의 통신 프로토콜을 바꾸지 않고도 네트워크를 확장한다.

(3) 라우터(Router)

① LAN을 연결하여 정보를 주고받을 때 가장 효율적인 경로를 선택하여 패킷을 전송하는 장치이다(수신된 패킷에 의해 네트워크 노드를 결정).

② OSI 7계층 참조 모델의 네트워크 계층(Network Layer)에서 동작한다.

③ 서로 다른 프로토콜의 통신망에서 정보를 전송하기 위해 경로를 설정한다.

④ 통신 흐름을 제어하고, 통신망 내부의 보조 통신망을 구성하는 등 다양한 통신망 관리 기능을 수행한다.

⑤ LAN에서 정보를 주고받을 때 송신 정보(패킷)에 담긴 수신처의 주소를 읽고, 가장 적절한 통신 통로를 이용하여 다른 통신망으로 전송한다.

(4) 게이트웨이(Gateway)

① 서로 다른 형태의 네트워크를 상호 접속하는 장치로 필요한 경우 형식, 주소, 프로토콜의 변환을 수행한다(LAN과 외부 네트워크를 연결).

② OSI 7계층 참조 모델의 상위 계층(전송, 세션, 표현, 응용)에서 동작한다.

③ 프로토콜이 다른 네트워크 사이를 결합하는 것으로 TCP/IP 구조에서는 라우터와 게이트웨이를 동일하게 간주한다.

기출 PLUS 네트워크 장비 〔A등급〕

〈보기〉의 설명에 해당하는 네트워크 장비는? 〔12년 우정사업본부〕

┤보기├

- OSI 계층 모델의 네트워크 계층에서 동작하는 장비이다.
- 송신측과 수신측 간의 가장 빠르고 신뢰성 있는 경로를 설정 · 관리하며, 데이터를 전달하는 역할을 한다.
- 주로 같은 프로토콜을 사용하는 네트워크간의 최적 경로 설정을 위해 패킷이 지나가야 할 정보를 테이블에 저장하여 지정된 경로를 통해 전송한다.

① 게이트웨이(Gateway) ② 브리지(Bridge)
③ 리피터(Repeater) ④ 라우터(Router)

≫ 라우터(Router)는 LAN을 연결하여 정보를 주고받을 때 가장 효율적인 경로를 선택하여 패킷을 전송하는 장치이다 (수신된 패킷에 의해 네트워크 노드를 결정). OSI 7계층 참조 모델의 네트워크 계층(Network Layer)에서 동작한다.

답 ④

3. 네트워크 보안

(1) 네트워크 보안의 개념

① 패킷 보안으로 네트워크 자체가 도청이 가능하기 때문에 이를 이용하여 암호를 누출하거나 시스템을 파괴하는 것이다(암호나 전자 서명 등을 이용).

② 네트워크와 프로토콜의 취약성에 의해 발생하며, 안전한 정보의 무결성을 보장한다.

③ 분산 시스템의 확산과 사용자 증가로 허가된 접근만 관리하는 정보의 비밀성을 유지한다.

④ NCSC(미국 국립 컴퓨터 보안센터)에서 규정한 보안 등급은 보안 정책, 접근 방식, 인증 정도에 따라 (낮음) D1 → C1 → C2 → B1 → B2 → B3 → A1 (높음)으로 구분한다.

⑤ KISC(한국 정보보호센터)는 정보화촉진기본법에 따라 K1(최저)~K7(최고) 등급까지 구분하며, K4 등급 이상의 보안 수준을 권장한다.

(2) 전자 우편 보안

① PEM : 인터넷에서 이용되고 있는 정보 암호화 기술로 특정키가 있어야만 내용을 확인하며, 전자 우편에 암호 방식을 선정하여 송신한다(비밀키/공개키 암호 방식을 사용).

② PGP : 인터넷에서 사용되는 기술로 PEM의 일부 기능만 수행하므로 보안성은 낮지만 사용하기에는 용이하며, 키 인증 권한을 집중시키지 않아 구현이 쉽다(공개키 암호 방식을 사용).

(3) 웹 보안

① SSL : 웹 브라우저와 서버를 위한 보안 방법으로 비대칭형 암호 시스템을 사용한다.

② SET : 신용 카드나 금융 거래 안전을 위한 보안 접근 방법으로 RSA 암호화에 기초를 둔다.

③ SEA : 전자 서명, 암호 등을 통해 보안을 구현하며, SSL과 S-HTTP의 단점을 보완한다.

④ S-HTTP : 웹에서 안전하게 파일 교환을 할 수 있는 HTTP의 확장판이다.

(4) 전자 서명(Digital Signature)

① 자료나 메시지를 전송한 사람이 추후에 부인할 수 없도록 진짜 신원을 증명하기 위한 서명이다.

② 특정인을 확인하기 위하여 공개키 암호 방식(RSA)을 사용한다.

③ 메시지를 받는 사람이 메시지를 변조하거나 위조할 수 없다.

④ 송수신자 신분을 암호화된 데이터로 메시지에 덧붙여 보내기도 하며, 전자상거래를 활용할 수 있다.

(5) 방화벽(Firewall)

① 외부의 불법적인 침입으로부터 정보를 보호하기 위한 보안 시스템이다.

② 내부 네트워크에서 인터넷으로 나가는 패킷은 그대로 통과시키고, 인터넷에서 내부 네트워크로 들어오는 패킷은 내용을 체크하여 인증된 패킷만 통과시킨다.

③ 네트워크 내부에 있는 호스트를 외부로부터 보호하거나 외부의 정보 유출을 막기 위해 사용한다.

④ 외부의 침입 시도가 있을 때 네트워크 관리자에게 통보하는 기능이 있다.

⑤ 외부로부터 허가되지 않은 사용자 접근을 제안하고, 중앙 집중적인 보안 기능을 제공한다.

4. 네트워크 보안의 위험 요소

(1) 스니핑(Sniffing)

① 네트워크 주변의 모든 패킷을 엿보면서 계정(Account)과 암호(Password)를 알아내는 행위이다.

② 1회용 암호를 사용하거나 지정된 암호를 자주 변경한다.

③ 패킷 내용을 중간에서 도청하므로 암호화 프로토콜을 이용하여 통신한다.

④ Layer 2 이상의 스위칭 허브는 스니핑을 어렵게 만든다.

(2) 패킷 스니핑(Packet Sniffing)

① 인터넷 정보를 송수신할 때 패킷을 엿보는 프로그램을 이용하여 패킷을 가로채는 행위이다.

② 패킷을 엿보는 스니퍼(Sniffer)를 통해 패킷을 중간에서 가로챈다.

(3) 스푸핑(Spoofing)

① 신뢰성 있는 사람이 네트워크를 통해 데이터를 보낸 것처럼 허가받지 않은 사용자가 데이터를 변조하여 접속하는 행위이다.

② IP 주소를 접근 가능한 IP 주소로 위장하여 침입한다.

③ 가상 사설망(VPN)을 이용할 경우 IP Spoofing을 예방할 수 있다.

④ 인터넷에서 두 호스트가 통신할 때 다른 호스트가 이를 가로채는 것으로 패킷을 위조한 통신이 가능하다.

⑤ Blind Spoofing : A와 B 사이의 통신에서 순차 번호를 예측하여 중간에 끼어드는 방식이다.

⑥ Non-Blind Spoofing : A와 B 사이의 통신에서 스니핑을 하고 있다가 중간에 끼어드는 방식이다.

(4) 피싱(Phishing)

① 불특정 다수에게 메일을 발송해 위장된 홈 페이지로 접속하도록 한 후 인터넷 이용자들의 금융 정보 등을 빼내는 신종 사기 수법이다.

② 금융 기관이나 공공 기관 등의 웹 사이트에서 보내온 메일로 위장하여 개인의 인증번호나 신용 카드번호, 계좌번호 등을 빼내 이를 불법적으로 이용한다.

(5) 트랩 도어(Trap Door)

① 응용 프로그램이나 운영체제 개발 시 프로그램 오류를 쉽게 발견하기 위해 코드 중간에 중단 부분을 만들어 놓는 행위이다.

② 최종 단계에서 삭제할 트랩 도어를 남겨두고, 해당 경로를 통해 악의적인 목적을 달성한다.

(6) 백 도어(Back Door)

① 시스템에 무단 접근하기 위해 사용되는 일종의 비상구로 컴퓨터의 보안 예방책에 침입하는 행위이다.

② 시스템 고장 시 제작 회사의 프로그래머가 해당 시스템에 직접 접속하여 점검할 수 있도록 특정 계정을 열어 놓는다.

(7) 트로이 목마(Trojan Horse)

① 자기 복제 기능은 없지만 정상적인 프로그램으로 위장하고 있다가 프로그램이 실행되면 시스템에 손상을 주는 악의적인 루틴이다.

② 대표적인 범죄 행위로는 논리 폭탄(Logic Bomb)이 있으며, 특정 환경이나 배포자의 의도에 따라 정보 유출, 자료 파괴 같은 피해를 입을 수 있다.

③ 세부 목적에 따라 DDoS Client 또는 Worm 등으로 표현하며, 서버용 프로그램은 서비스 데몬 으로 위장한 형태로 존재한다.

④ 원격 조정, 시스템 파일 파괴, 패스워드 및 키보드 입력 가로채기 등의 기능이 있다.

⑤ 예방책으로는 시스템 파일, 파일 유효성, 체크섬 등을 검사하고, 인증된 파일만 설치한다.

(8) 서비스 거부 공격(DoS)

① 네트워크나 호스트에 많은 양의 트래픽을 증가시켜 통신을 방해하는 공격 방식으로 시스템이 다운되거나 시스템 자원을 사용할 수 없게 한다.

② 접속 트래픽과 DoS 공격 패킷을 구분해야 하는데 이를 위해 모니터링 툴과 침입 방지 시스템을 적절히 이용한다.

③ 다량의 패킷을 목적지 서버로 전송하거나 서비스 대기중인 포트에 특정 메시지를 대량으로 전송하여 서비스를 불가능하게 한다.

④ 로컬 호스트의 프로세서를 과도하게 사용함으로서 서비스에 장애를 준다.

⑤ 네트워크는 VLAN과 서브넷 등으로 나누어 구성하며, 네트워크의 트래픽을 관리한다.

⑥ ACL 설정을 적당히 조절하고, 필요 없는 서비스는 최대한 제거 또는 차단한다.

(9) 분산 서비스 거부 공격(DDoS)

① 많은 호스트에 패킷을 범람시킬 수 있는 공격용 프로그램을 분산 설치하여 표적 시스템의 성능을 저하시키거나 마비시키는 공격 방법이다.

② 일반 계정으로 공격용 데몬 이식 작업이 가능하고, 단계에 따라 인증 과정을 거친다.

③ 송신측의 IP를 속일 수 있으며, 피해 시스템의 경우 운영이 불가능하다.

④ 운영체제나 응용 프로그램의 주기적인 패치와 함께 기본적인 보안 관리 일정을 준비한다.

⑤ 각 네트워크별로 대역폭을 제한하여 트래픽량을 조절한다.

⑥ 라우터의 필터링 기능과 협정 접속률(CAR) 기능을 이용하여 차단한다.

(10) 침입 방지 시스템(IPS)

① 공격자가 특정 공격을 시도하기 전에 공격을 미리 차단하는 시스템이다.

② 침입 탐지 시스템의 동일한 동작과 기능을 지원하기 위해 Sniping과 Shunning을 사용한다.

③ Sniping 기술은 의심스러운 공격을 강제 종료시키고, Shunning 기술은 IP 주소를 막는 ACL(Access Control List)을 생성한다.

④ 방화벽을 재설정 하거나 다양한 로그(로그 서버와 소프트웨어)를 지원한다.

(11) 침입 탐지 시스템(IDS)

① 인가된 사용자 혹은 외부 침입자에 대해 컴퓨터 시스템의 허가받지 않은 사용이나 악용 같은 침입을 알아내기 위한 시스템이다.

② 네트워크 장비나 방화벽 시스템에서 모든 포트의 동작을 감시하고, 침입이 의심되는 패턴을 찾는다.

③ 각종 해킹 기법을 자체적으로 내장하여 실시간으로 감지 및 제어할 수 있도록 한다.

④ 사용자 시스템의 네트워크 또는 동작을 모니터링하거나 보안 정책 정보를 체크한다.

⑤ 우회 공격 기법의 탐지 취약점인 통합 로그를 관리하고, 분석함으로서 예방할 수 있다.

⑥ 탐지 공격에 대한 자동 대응 및 근원적 차단의 한계성은 방화벽과 침입 탐지 시스템의 상호 연동을 통해 보완할 수 있다.

⑦ **Network IDS** : 네트워크를 모니터링하는 시스템으로 암호화 세션에 대한 탐지가 어렵다.

⑧ **Host IDS** : 호스트 기반의 감사 기록이나 수신 패킷 등을 검사하는 시스템으로 공격자의 프로세스를 강제 종료하는 기능을 지원한다.

기출 PLUS 해킹 기법 〔A등급〕

자신을 타인이나 다른 시스템에게 속이는 행위를 의미하며, 침입하고자 하는 호스트의 IP 주소를 바꾸어서 해킹하는 기법을 가리키는 것은? 〔08년 우정사업본부〕

① Spoofing ② Sniffing
③ Phishing ④ DoS 공격

≫ 스푸핑은 타인이나 다른 시스템을 속이는(Spoof) 행위를 의미하며, 침입하고자 하는 호스트의 IP 주소를 바꾸어서 해킹하는 기법을 말한다. 외부 악의적 네트워크 침입자가 임의로 웹 사이트를 구성해 일반 사용자들의 방문을 유도, 인터넷 프로토콜인 TCP/IP의 구조적 결함을 이용해 사용자의 시스템 권한을 획득한 뒤 정보를 빼가는 해킹 수법을 말하기도 한다. 〔답 ①〕

---

5. 네트워크 보안의 요구사항

(1) 기밀성(비밀성, Confidentiality)

① 정보를 인가된 시간, 사용자, 기관에게만 공개 또는 처리하는 것으로 공개로부터 정보를 보호한다.

② 제3자에게 정보가 유출되는 것을 방지하기 위하여 비밀성을 유지하며, 보안이 필요한 시스템에 아무나 접근할 수 없도록 한다.

③ 기밀성은 대칭키를 사용하는 방식과 공개키를 사용하는 방식으로 암호화를 할 수 있다.

(2) 무결성(완전성, Integrity)

① 데이터를 정확한 상태로 보존하는 것으로 정보를 변조하려는 시도로부터 보호한다.

② 시스템 내의 정보는 인가 받은 사용자만 수정할 수 있으며, 정보 전달 도중 데이터가 훼손되지 않도록 보호한다.

(3) 인증성(Authentication)

① 정보를 보내는 사람의 신원을 확인하는 것으로 사용자 접근 권한 및 작업 수행을 조사한다.

② 네트워크 보안 유지 수단의 하나로 네트워크에 접속하는 사용자 ID 등을 검사하여 거짓 인증으로부터 시스템과 정보를 보호한다.

(4) 가용성(Availability)

① 사용자가 적당한 시기에 정상적인 절차를 통해 시스템을 사용할 수 있도록 준비한다.

② 사용 권한이 부여된 사용자라면 언제든지 시스템을 사용할 수 있으며, 정보의 파괴나 지체로부터 시스템을 보호한다.

(5) 접근 제어(Access Control)

① 정보를 인가된 사용자에게만 접근하도록 제어하는 것으로 사용자의 상세한 정보를 제어한다.

② 시스템의 자원 이용에 대한 불법적인 접근을 방지하며, 크래커의 침입으로부터 보호한다.

③ 데이터 보호나 비밀 유지 등으로 컴퓨터의 접근 통로를 최소화한다.

(6) 부인 방지(Non-repudiation)

① 송신자의 송신 여부와 수신자의 수신 여부를 확인하는 것으로 전자상거래의 신뢰성과 안전성을 확보한다.

② 정보 제공자 또는 수신자가 상대방의 정보 내용에 대해 부인하는 것을 방지한다.

> **더 알아보기 ➕**
>
> 네트워크 침입 형
> - 가로막기(Interruption) : 데이터의 전달 정보를 가로막는 행위로 가용성을 위협한다.
> - 가로채기(Interception) : 데이터의 전달 정보를 중간에 가로채는 행위로 기밀성을 위협한다.
> - 수정(변조, Modification) : 데이터의 전달 정보를 다른 내용으로 바꾸는 행위로 무결성을 위협한다.
> - 위조(Fabrication) : 다른 송신자로 정보를 전송한 것처럼 위조하는 행위로 인증성을 위협한다.

6. 암호화 기법

(1) 암호화(Encryption)

① 데이터 전송 시 송신자가 지정한 수신자 외에는 해당 내용을 알 수 없도록 데이터를 암호화하여 안전하게 전송하는 보안 기술이다.

② 키 값이나 알고리즘 변조를 이용한 데이터 변환 작업으로 도청, 부정 접근 등을 대비한다.

③ 암호화 알고리즘은 수학의 정수론을 활용하며, 암호문을 평문으로 바꾸는 것을 복호화라 한다.

④ 데이터를 암호화할 때 사용하는 키(암호키, 공개키)는 공개하고, 복호화할 때의 키(해독키, 비밀키)는 비공개한다.

(2) 대칭키 암호화

① 송신자는 데이터를 암호화하기 위해 암호화 알고리즘 키를 사용하고, 수신자는 데이터를 복호화하기 위해 복호화 알고리즘 키를 사용한다.

② 대칭키 알고리즘은 암호화하는 시간이 적게 소요되기 때문에 효율적이다.

③ 공개키보다 키 길이가 작기 때문에 긴 메시지를 암호화 및 복호화 하는 데 주로 사용된다.

(3) 개인키/비밀키(Private/Secret Key) 암호화

① 대칭형 암호 방식으로 송수신자의 비밀키가 일치하는 것을 이용하여 암호를 해독한다.

② 암호 작성과 해독 기법에서 암호화 및 복호화를 위해 비밀 메시지를 교환하는 키이다.

③ 복호화 키의 비밀성을 유지하는 것이 핵심이며, 키를 잃어버리거나 도난당하면 암호화 시스템은 위협을 받는다.

④ 암호화 알고리즘은 DES(Data Encryption Standard)이다.

(4) 공개키/이중키(Public Key) 암호화

① 비대칭형 암호 방식으로 송신자가 암호화할 때의 사용키와 수신자의 복호화키가 서로 다르다.

② 정상적인 암호문 증명을 위해 지정된 인증기관(CA)에서 제공하는 키이다.

③ 구조가 복잡하여 시간이 많이 소요되고, 개체 사이의 연관 관계가 검증되어야 한다.

④ 공개키에서 생성된 개인키와 결합되어 메시지, 전자 서명의 암호화 및 복호화에 효과적으로 사용된다(부인 방지 기능을 제공).

⑤ 공개키로 암호화한 것은 비밀키로, 비밀키로 암호화한 것은 공개키로 복호화한다.

⑥ 암호화 알고리즘은 RSA(Rivest, Shamir, Adleman)이다.

기출 PLUS 암호화 기법   A등급

공개키 기반 구조(Public Key Infrastructure)에 대한 설명으로 옳지 않은 것은?   14년 우정사업본부

① 인증기관은 공개키 인증서의 발급을 담당한다.

② 공개키 기반 구조는 부인 방지 서비스 제공이 가능하다.

③ 공개키로 암호화한 데이터는 암호화에 사용된 공개키로 해독한다.

④ 공개키 기반 구조는 공개키 알고리즘을 통한 암호화와 전자서명을 제공하는 복합적인 보안 시스템 환경이다.

≫ 공개키 암호 방식은 서로 다른 키로 데이터를 암호화하고 복호화 한다. 데이터를 암호화할 때 사용하는 키(공개키)는 데이터베이스 사용자에게 공개하고, 복호화할 때의 키(비밀키)는 관리자가 비밀리에 관리한다. 비대칭 암호 방식이라고도 하며 대표적으로 RSA 알고리즘이 있다. 특징으로는 키의 분배가 용이하고 암호화/복호화 속도가 느리며, 알고리즘이 복잡하고 파일 크기가 크다. 공개키 기반 구조에서는 암호키(공개키)와 해독키(비밀키)가 별도로 구성되지만 개인키 암호 방식(=비밀키, 대칭)은 동일한 키로 암호화 및 복호화하고 공개키 암호 방식과 반대이다. 대표적으로 DES 알고리즘이 있다.

답 ③

공개키(Public Key) 암호화 방식에 대한 설명으로 옳지 않은 것은? 12년 우정사업본부

① 공개키와 개인키로 이루어진다.
② 대표적 활용 예로는 전자서명이 있다.
③ 송수신자는 서로 다른 키를 사용한다.
④ 개인키는 메시지를 전송할 때 사용한다.

≫ 공개키 암호화 방식(키가 2개, 암호키(공개키), 해독키(개인키))에서 메시지를 전송할 때 사용하는 키는 암호키(공개키)를 사용하고, 송신측과 수신측은 서로 다른 키를 사용한다. 답 ④

7. 암호화 알고리즘

(1) DES(대칭키)

① 암호키와 복호키 값이 서로 동일하며, 암호문 작성과 해독 과정에서 개인키를 사용한다.
② 여러 사람과 정보 교환 시 다수의 키를 유지하며, 사용자 증가에 따른 키의 수가 많다.
③ 알고리즘이 간단하여 암호화 속도가 빠르고, 파일의 크기가 작아 경제적이다.

(2) RSA(공개키)

① 암호키와 복호키 값이 서로 다르며, 알고리즘이 복잡해 실행 속도가 느리다.
② 128비트 이상의 키를 사용하므로 비인가된 사용자가 암호를 풀기 어렵다.
③ 적은 수의 키만으로 보안 유지가 가능하며, 데이터 통신 시 암호키를 전송할 필요가 없다.
④ 메시지 부인 방지 기능이 있다.

8. 해킹기법, 스팸, 탐지

(1) 해킹기법

① DOS, DDOS, DRDOS

㉠ DOS(도스)

- 무의미한 서비스 요청 등의 반복을 통해 특정 시스템의 가용자원을 소모시켜 서비스 가용성을 저하시키는 해킹 기법이다.
- 과도한 트래픽을 유발하여 시스템의 중용 자원을 완전히 점거하고 불능상태로 만들어 기본적으로 Victim의 가용성을 저해하는 공격이다.
- 지능형/학습형 보안장비를 도입하고 백신을 통한 보안관리, 인라인 구성의 IPS 구축으로 비정상 패킷 증가에 대한 차단을 강화하는 것으로 대응한다.

ⓛ DDOS(디도스)
- 서비스에 대한 정당한 접근을 방해하거나 차단하고자 네트워크에 분산되어 있는 많은 에이전트를 이용하여 공격대상 서버에 동시에 과도한 서비스 요청을 발생시키는 공격 기법이다.
- 은닉분산공격, 방어가 매우 어려운 공격 기법이다.
- 비정상 IP 차단, 공격 IP 차단, Syn Proxy 사용, 서버 설정 변경, 웹 서버 증설, 불필요한 서비스 차단 DNS 서버 다중화 등으로 방어한다.

ⓒ DRDOS(디알도스)
- TCP의 Syn은 연결을 확인하기 위해 사용하는 것을 클라이언트의 세부 정보를 기록하고 있다.
- 위조된 Syn 패킷을 인터넷 라우터에 전송하여 Victim 서버로 Source IP를 지정한다.
- 인터넷 TCP 서버들이 Syn/Ack 패킷을 Victim TCP 서버로 전송하여 리소스를 소진시키는 공격 기법이다.
- 공격자가 공격 대상 시스템의 IP로 많은 시스템에 연결 요청을 보내고, 그에 대한 응답 패킷이 공격 대상 시스템으로 집중되어 대상 시스템이 서비스를 못하게 하는 공격 방법이다.
- 포트번호 필터링, 반사서버의 무차별 이용 방지, 공격 플랫폼 책임(미가공소캣 API 기출을 플랫폼에서 삭제)으로 방어한다.

② **ARP 스푸핑, IP 스푸핑**
ⓐ ARP 스푸핑
- 로컬에서 통신하고 있는 서버와 클라이언트의 IP주소에 대한 2계층 MAC 주소를 공격자의 MAC 주소로 속여 클라이언트와 서버 간 통신 패킷을 중간에서 가로채는 공격이다.
- 공격자는 이 패킷을 읽고, 확인한 후 정상적인 목적지로 향하도록 다시 돌려보내 연결이 끊어지지 않고 연결되도록 유지하고 ARP Cache 테이블의 정보를 위조한다.
- 정적 ARP 테이블을 이용하거나 DHCP Snooping 설정, 운영체제 레벨 탐지 등으로 대응한다.

ⓑ IP 스푸핑
- TCP 기반의 네트워크 인증 메커니즘의 취약성을 이용하여 IP 주소 등을 변조하여 권한 및 주요정보를 획득하고, 서비스를 방해하기 위한 해킹 기법이다.
- 인증, 세션 스니핑 등 취약점을 이용하는 공격 기법이다.
- 세션정보를 추측 불가하게 만들고, HOST 인증을 강화하고, 연결 대상의 실제 유무를 파악하는 것으로 대응한다.

③ **하이재킹(hijacking)**
ⓐ 다른 사람의 세션 상태를 훔치거나 도용하여 액세스하는 해킹 기법이다.
ⓑ 일반적으로 세션 ID 추측 및 세션 ID 쿠키 도용을 통해 공격이 이루어지며 하이재킹으로 인한 직접적인 피해는 ID와 패스워드를 사용하는 인증 절차를 건너뛰어 서버와 사용자가 주고받는 모든 내용을 그대로 도청하거나 서버의 권한을 확보할 수도 있다는 점이다.
ⓒ 보안통신, ARP스푸링(MAC 주소 고정), 트래픽 감시로 방어한다.

④ **리플레이 공격(replay attack)**

　㉠ 프로토콜상에서 유효 메시지를 골라 복사한 후 나중에 재전송함으로써 정당한 사용자로 가장하는 공격 기법이다.

　㉡ 사용자가 과거 세션에서 서버와 통신했던 메시지를 공격자가 저장했다가 이후의 세션에서 이 메시지를 재전송하여 서버로부터 인증받게되는 공격 기법이다.

　㉢ 패킷의 타임스탬프를 확인하여 오래된 메시지를 걸러내는 방법, 시퀀스번호를 확인하여 복제된 메시지일 경우 걸러내는 방법, 세션의 만기를 최소화하고 사용자 브라우저를 종료하면 바로 세션 파기, 사용자의 IP정보와 비교해서 맞지 않으면 세션 파기, 토큰을 통한 세션 암호화, 2단계 인증 수행 등으로 방어한다.

⑤ **인젝션(xss, csrf, sql, blindsqlinjection)**

　㉠ 크로스사이트 인젝션(XSS)

　　• 사용자 요청에 의해 검증되지 않은 외부 입력이 포함된 동적 웹 페이지가 생성, 전송되는 경우, 사용자가 해당 동적 웹 페이지 열람 시 웹 페이지에 포함된 악성 스크립트가 실행되는 공격 기법이다.

　　• 사용자 정보(계좌번호, 계정, 패스워드) 탈취를 통한 피싱, 사용자 세션 도용, 악성 코드 유포, 브라우저를 무한 반복 공격한다.

　　• 외부로부터 입력된 문자열을 사용하여 경로 페이지를 생성할 경우, 사전에 위험 문자열을 제거한 후 사용한다. 예 ReplaceAll() 메소드 사용

　㉡ CSRF 인젝션

　　• 로그인 한 피해자의 브라우저가 취약한 웹 애플리케이션에 요청을 보내도록 하여 피해자 대신 선택된 작동을 수행(일종의 DRDoS)한다.

　　• 세션쿠키, SSL 인증서 등 자동으로 입력된 신뢰정보를 기반으로 사용자의 신뢰정보 내에서 사용자의 요청을 변조하여 해당 사용자의 권한으로 악의적 공격을 수행한다.

　　• 게시판 스크립트 사용제한, "〈" 문자 입력 방지 및 제거, 게시판에 대한 주기적인 스캐닝, 각각의 HTTP 요청 URL이나 Body 내에 예측할 수 없는 토큰을 포함하는 것으로 방어한다.

　㉢ SQL 인젝션

　　• 공격자가 입력한 데이터에 대한 유효성을 점검하지 않아 DB 쿼리 로직이 변경되어 공격자의 의도대로 중요 정보 유출 또는 DB 변경을 가하는 공격 기법이다.

　　• 외부에서 입력받은 데이터를 SQL 명령의 일부나 전체로 사용하는 프로그램이 부적절한 SQL 명령을 수정할 수 있도록 특수문자 등을 제거하지 못한 경우 발생한다.

　　• 외부 입력이나 외부 변수로부터 받은 값이 직접 SQL 함수의 인자로 전달되거나, 문자열 복사를 통해 전달되는 것은 위험하므로 질의문을 사용하여 방어한다.

    ② 블라인드 SQL 인젝션
- 악의적인 문자열 삽입 대신 쿼리 결과로 나오는 참, 거짓에 따라 서버의 반응만으로 DB의 정보를 취득하는 공격 기법이다.
- 쿼리를 삽입하였을 때, 쿼리의 참과 거짓에 대한 반응을 구분할 수 있을 때에 사용되는 기술이다.
- 입력된 변수에 대하여 구문 체크를 하도록 해, Coding 레벨에서 삽입된 SQL 구문을 차단, 파라미터 체크, DBA 관점에서 유저별 불필요한 권한 부여하지 않기, 웹 애플리케이션 사용자별로 필요한 권한을 체크해 최소 권한만 제공하는 정책, Static SQL 사용 지향 등으로 방어한다.

⑥ APT
    ㉠ 다양한 IT 기술과 방식들을 이용해 조직적으로 경제적이거나 정치적인 목적을 위해 다양한 보안 위협들을 생산해 지속적으로 특정 대상에 가하는 일련의 공격 행위이다.
    ㉡ 특정 기업이나 조직 네트워크에 침투해 활동 거점을 마련한 뒤 정보를 외부로 빼돌리는 형태의 공격들을 총칭하는 말이다.
    ㉢ 명확한 타깃 목표를 정하고, 우회 공격(메일, 문자 등), 지능화, 지속적인 공격이 그 특징이다.
    ㉣ 고도의 기술력을 기반으로 행해지는 공격으로 단말과 단말 단위로 전방위적인 보안체계를 수립해야 한다.
    ㉤ 망분리와 요소기술을 기반으로 한 시스템 아키텍처를 제시해야 한다.
    ㉥ 침해사고 대응센터와 보안 대응센터를 운영하면서 예방과 대응활동을 균형 있게 추진해야 한다.

(2) 스팸(Spam)

① 스팸메일
    ㉠ 인터넷을 통해 수신자의 동의 없이 특정 목적을 위해 무차별적으로 전송되는 메일 또는 메시지를 말한다.
    ㉡ 허락을 받지 않고 보내는 상업적 메일이다.
    ㉢ 시스템 성능을 저하시키는 대량메일이기도 하다.
    ㉣ PC통신이나 인터넷 ID를 가진 사람에게 일방적, 대량으로 전달되는 전자우편을 말한다.
    ㉤ 제도적으로 사후 수신거부 방식, 사전 승인 동의 방식, 스팸메일 발송 시 벌금 부과, 메일 등급에 따른 발송 제한 등으로 대응한다.
    ㉥ 기술적으로 도메인 차단, 메시지 필터링, 온라인우표, 송신자 입증을 통한 실제 보낸 곳 검증, 이메일에 서버가 암호화된 서명을 첨부하여 도메인 인정 여부 감정 등으로 대응할 수 있다.

② 반복적인 패턴 탐지(RPD ; Recurrent Pattern Detection)
    ㉠ 전 세계의 메일 트래픽 정보를 수집하고, 메일의 배포 패턴으로 위험성을 분류하여 필터링하는 방법으로 이미지를 비롯한 첨부파일 메일 등과 같은 지능화된 스팸 메일도 차단이 가능한 방법이다.
    ㉡ 스팸 및 비업무 차단 솔루션 방식, 순환패턴 방지 기술로써 업무와 관련 없는 사이트 접속을 시간대 및 IP별로 차단하는 비업무 사이트도 가능하다.

(3) 탐지보안 기법

① **OWASP**

⊙ 소프트웨어의 보안을 개선하고자 만들어진 커뮤니티이다.

ⓛ 국제 웹 보안 표준기구, 정보노출, 인젝션 결함, 악성파일, 보안 취약점 등을 연구한다.

ⓒ 매년 OWASP Top10을 발표한다.

② **네트워크 포렌식**

⊙ 각종 네트워크 장비(방화벽, IDS, Router, Switch 등) 및 시스템 등의 In/Outbound 네트워크 트래픽으로부터 정보의 수집, 융합, 식별, 조사, 분석, 보고 등의 활동을 통해 법적 증거물로써 법원에 제출할 수 있도록 하는 일련의 절차 및 방법이다.

ⓛ 네트워크 보안의 확장으로 해킹이나 보안 취약점 공격 등의 문제 발생 시 원인을 파악하고 공격자를 기소할 수 있는 충분한 증거를 확보하기 위한 활동이다.

③ **모바일 포렌식**

⊙ 모바일 장치를 대상으로 하여, 범죄나 수사에서 디지털 증거를 수집, 식별, 추출, 보존, 문서화하여 법정에 제출하는 일련의 절차 및 방법이다.

ⓛ PDA, 휴대폰, 내비게이션 등 저장장치가 컴퓨터의 저장장치와 다른 포맷을 갖고 있어 이에 대한 포렌식 분석을 말한다.

④ **스마트폰 포렌식**

⊙ 디지털 포렌식의 일종으로 휴대폰(셀폰), PDA, 내비게이션 시스템 등 모바일 기기를 대상으로 하여 디지털 증거를 수집, 식별, 추출, 보존, 문서화하는 과학적이고 논리적인 절차와 방법이다.

ⓛ 기본 어플리케이션 포렌식 데이터, 사용자설치 어플리케이션 포렌식 데이터로 분리하여 데이터를 수집한다.

⑤ **정보기술 모니터링** : 사용자의 컴퓨터에 설치된 특수한 소프트웨어를 이용하여 어떤 사람이나 조직에 관한 정보를 수집하고, 행동을 추적하는 기술이다.

⑥ **평판 기반 탐지 보안** : 충분히 많은 사용자들의 평판정보를 통해 처음 보거나 잘 알려지지 않은 파일 및 애플리케이션 등의 신뢰도를 확인하고 디바이스를 감염시키도록 설계된 악성 코드(멀웨어)를 탐지하는 보안 기술이다.

출제 비중 체크!

※ 계리직 전 8회 시험(2008~2021) 기출문제를 기준으로 정리하였습니다.

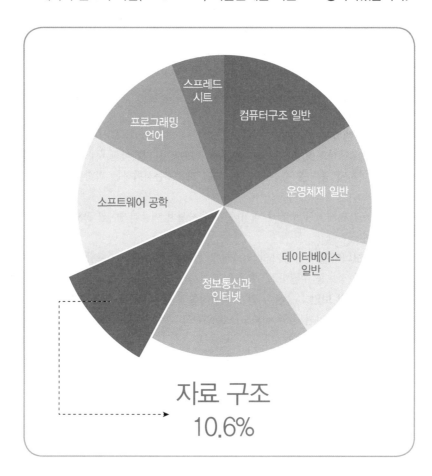

스프레드
시트

컴퓨터구조 일반

프로그래밍
언어

운영체제 일반

소프트웨어 공학

데이터베이스
일반

정보통신과
인터넷

자료 구조
10.6%

PART

05 | 자료 구조

I wish you the best of luck!

우정사업본부 지방우정청 9급 계리직

컴퓨터일반

선형 구조

스택(Stack)

1. 특징

① 삽입, 삭제가 한쪽 끝에서 이루어지는 데이터 구조로 프로그램에서 서브 프로그램을 호출(Call)한 후 되돌아갈 주소를 보관할 때 사용한다.

② 한쪽 방향(Top)에서만 입출력되는 구조로 함수 호출이나 부 프로그램 호출 시 복귀 주소(Return Address)를 저장할 수 있다.

③ 처음 입력시킨 자료는 맨 마지막에 출력되고, 맨 마지막에 입력시킨 자료는 맨 처음에 출력되는 LIFO(Last Input First Output) 구조이다.

④ 마지막으로 삽입(Push)된 데이터가 가장 먼저 출력(Pop)되며, 순서 리스트와 같은 자료 구조로 포인터는 한 개이다.

2. 스택의 구조

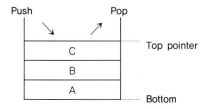

* Top pointer : 자료의 삽입과 삭제가 이루어지는 스택공간의 위치
* Push : 스택에서 자료의 삽입
* Pop : 스택에서 자료의 삭제

스택의 삽입	• 삽입 : Push Down • 삽입 형태 : Top = Top+1 (Top은 1씩 증가) • 과잉 현상(Overflow) : Top>= N (단, N은 스택이 저장할 수 있는 데이터의 최대 개수) • 삽입 순서 : A → B → C
스택의 삭제	• 삭제 : Pop Up • 삭제 형태 : Top = Top-1 (Top은 1씩 감소) • 부족 현상(Underflow) : Top<= 0 • 삭제 순서 : C → B → A

3. 삽입 알고리즘

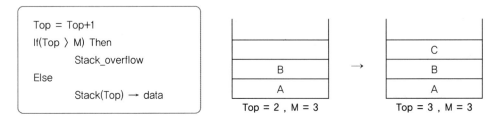

4. 삭제 알고리즘

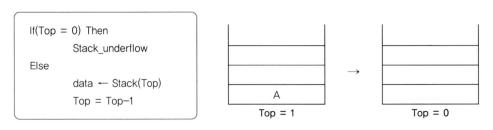

5. 응용 분야

함수(서브루틴) 호출 시 복귀 번지 저장, 0 주소 지정 방식, 순환 프로그램, 수식 계산, 산술 표기법, 인터럽트 분기 시 복귀 주소 저장, 되부름(순환 호출의 제어), 컴파일러 등에 이용된다.

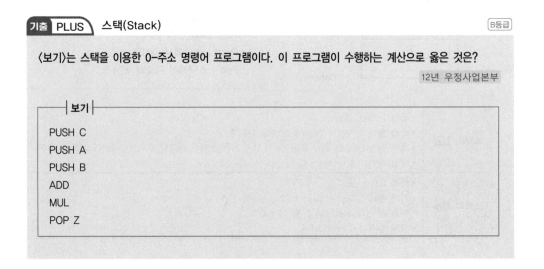

기출 PLUS   스택(Stack)   B등급

〈보기〉는 스택을 이용한 0-주소 명령어 프로그램이다. 이 프로그램이 수행하는 계산으로 옳은 것은?

12년 우정사업본부

─| 보기 |─

PUSH C
PUSH A
PUSH B
ADD
MUL
POP Z

① Z = C+A＊B   ② Z = (A+B)＊C

③ Z = B+C＊A   ④ Z = (C+B)＊A

≫ LIFO 구조

		B			
	A	A	A+B		
C	C	C	C	(A+B)＊C	
Z	Z	Z	Z	Z	Z
PUSH C	PUSH A	PUSH B	ADD	MUL	POP
			피연산자를 POP하여 더한 후 PUSH	피연산자를 POP하여 곱한 후 PUSH	

답 ②

02 큐(Queue)

1. 특징

① 한쪽 방향에서는 입력만 하고, 다른 한쪽 방향에서는 출력만 하는 구조이다.
② 먼저 입력된 자료가 먼저 출력되고, 나중에 입력된 자료는 나중에 출력되는 FIFO(First Input First Output) 구조이다.
③ 노드의 삽입 작업은 선형 리스트의 한쪽 끝에서 수행되고, 제거 작업은 다른 쪽 끝에서 수행된다.
④ 원형 큐의 경우 비어있는 원소 데이터의 삽입이 가능해서 오버플로우가 발생할 수 있다.
⑤ 삽입 포인터(Rear, Tail)와 삭제(Front, Head) 포인터를 수행한다.
⑥ 순서 리스트의 뒤(Rear)에서 노드가 삽입되며, 앞(Front)에서 노드가 제거된다.

← 출력	Front(A)	B	Rear(C)	← 삽입

2. 응용 분야

① 운영체제 작업 스케줄링(Scheduling)
② 버퍼(Buffer), 스풀(Spool), 모의 실험, 일괄 처리 등

03 데크(Deque)

1. 특징

① 서로 다른 방향에서 입출력이 가능하며, 양쪽 끝에서 삽입 연산과 삭제 연산이 모두 가능한 큐의 변형이다(Double Ended Queue의 약자).

② 가장 일반적인 구조로 포인터가 두 개(Left, Right)이고, 스택과 큐를 복합한 형태이다.

← 출력 → 입력	A	B	C	← 입력 → 출력

2. 형태

① **입력 제한 데크** : 입력이 한쪽 끝에서만 수행되는 스크롤(Scroll) 형태이다.

② **출력 제한 데크** : 출력이 한쪽 끝에서만 수행되는 셀프(Shelf) 형태이다.

04 배열(Array)

1. 특징

① 가장 간단한 구조로 각 요소들은 동일 데이터 타입의 인덱스 값을 같이 표현한다.

② 동일 자료의 집합으로 첨자(Subscript)를 이용하여 각 원소를 구분하고, 첨자의 수에 따라 1차원과 2차원으로 구분된다.

③ 배열을 이루는 각 자료들을 배열 요소라 하고, 배열된 순서대로 위치를 지정한다.

④ 같은 크기의 기억 장소를 연속적 공간에 놓고 원하는 데이터를 기록하거나 액세스한다.

⑤ 기록 밀도가 1이지만 삽입과 삭제가 어렵고, 메모리에 종속적인 것이 단점이다.

⑥ 선형 리스트(Linear List), 순서 리스트(Ordered List), 순차 리스트(Sequential List)라고도 한다.

2. 구분

(1) 일차원 배열 구분

① 첨자를 1개만 가지는 구조(= 벡터 구조)이다.

② a[n] : 크기가 n인 1차원 배열이다.

③ a(하한값 L : 상한값 H)일 경우, 배열요소의 수 : $H - L + 1$

Array[0]	Array[1]	Array[2]	Array[3]	Array[4]
a[0]	a[1]	a[2]	a[3]	a[4]

(2) 2차원 배열 구분

① 논리적인 행과 열을 나타내는 2개의 첨차로 배열의 각 요소를 구분한다.

② n행의 m열인 배열의 선언 형식 : a[n][m] 또는 a(0:n,0:m)

	0열	1열	2열
0행	a[0][0]	a[0][n]	a[0][m]
1행	a[n][0]	a[n][n]	a[n][m]

③ 2차원 배열 a(r:m, c:n)일 때, 원소의 개수

ㄱ 행의 개수 : $m - r + 1$

ㄴ 열의 개수 : $n - c + 1$

④ 배열 요소의 총 개수 : 행의 개수 × 열의 개수 $= (m - r + 1) \times (n - c + 1)$

---

05 연결 리스트(Linked List)

1. 특징

① 자료를 구성할 때 포인터 자료를 포함해서 하나의 자료를 구성하는 형태로 포인터를 이용하여 현재 자료와 관련이 있는 자료를 연결한다(포인터를 위한 추가 공간이 필요).

② 자료와 함께 다음 데이터의 위치를 알려주는 포인터로 실제 자료들을 연결한 형태이다.

2. 장점과 단점

(1) 장점

① 노드의 삽입과 삭제가 용이하며, 메모리 단편화를 방지할 수 있다(Garbage Collection).

② 연속적 기억 공간이 없어도 저장이 가능하며, 희소 행렬을 표현하는 데 이용한다.

(2) 단점

① 포인터로 연결되기 때문에 액세스 속도가 느리며, 링크 포인터만큼 기억 공간을 소모한다.

② 연결 리스트 중에 중간 노드 연결이 끊어지면 그 다음 노드를 찾기가 힘들다.

3. 종류

(1) 단일 연결 리스트(Single Linked List)

① 노드에 1개의 링크를 갖고 있으며 단방향으로 진행되는 리스트를 말한다.

② 노드의 끝에 포인터를 사용하고 다음 노드의 주소를 가리킨다.

③ 가장 마지막 노드의 포인터는 Null을 가리킨다.

④ 포인터의 후속 노드로의 이동은 용이하나 선행 노드로의 이동은 처음부터 다시 검색하여야 하는 단점이 있다.

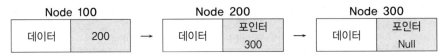

(2) 단일 환형 연결 리스트(Single Circular Linked List)

① 단일 연결 노드와 같이 노드에 1개의 링크를 갖고 있다.

② 가장 마지막 노드의 링크 필드가 리스트의 처음 노드를 가리키도록 하는 연결 리스트이다.

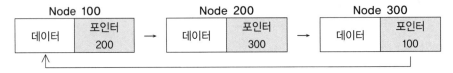

(3) 이중 연결 리스트(Double Linked List)

① 리스트 구조상 한 노드에서 후속 노드 및 선행 노드를 모두 가리키는 포인터를 갖는다.

② 후속 노드 및 선행 노드로의 이동이 빈번할 경우에 사용된다.

③ 단일 연결 노드와 같이 가장 마지막 노드의 포인터는 Null을 가리킨다.

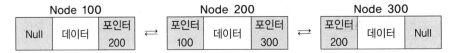

02 비선형 구조

01 트리

1. 트리(Tree)의 개념

① 1 : N 또는 1 : 1 대응 구조로 노드(Node, 정점)와 선분(Branch)으로 되어 있고, 정점 사이에 사이클이 형성되지 않으며, 자료 사이의 관계성이 계층 형식으로 나타나는 구조이다.

② 노드 사이의 연결 관계가 계급적인 구조로 뻗어나간 정점들이 다른 정점들과 연결되지 않는다 (이것을 1 : N 또는 1 : 1 대응 구조라 함).

2. 용어

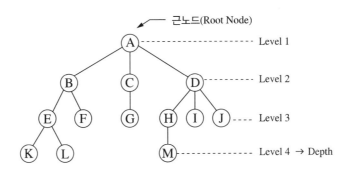

① **노드(Node, 정점)** : A, B, C, …, L, M 등 트리의 기본 구성요소인 각 점들을 말한다.

② **근노드(Root Node)** : 가장 상위에 위치한 노드로 A를 말한다.

③ **레벨(Level)** : 근노드를 기준으로 특정 노드까지의 경로 길이를 말한다. B의 레벨은 2이고, L의 레벨은 4이다.

④ **깊이(Depth, Height)** : 트리의 최대 레벨을 말하며, 그림에서 트리의 깊이는 4이다.

⑤ **부모 노드(Parent Node, 부노드)** : 어떤 노드에 연결된 이전 레벨의 노드를 말한다. 트리에서 E, F의 부모 노드는 B이다.

⑥ **자식 노드(Son Node, 자노드)** : 어떤 노드에 연결된 다음 레벨의 노드들을 말한다. 트리에서 D의 자식 노드는 H, I, J이다.

⑦ **형제 노드(Brother Node, 제노드)** : 동일한 부모를 갖는 노드들을 말한다. 트리에서 H의 형제 노드는 I, J이다.

⑧ **차수(Degree)** : 특정 노드에 연결된 자식 노드의 수를 말한다. 특정 노드에서 뻗어 나온 가지 (Branch, 선분)의 수로 D의 차수는 3, E의 차수는 2이다.

⑨ **단말 노드(Terminal Node)** : 트리의 맨 끝단에 위치한 노드, 자식이 하나도 없는 노드, 차수 (Degree)가 0인 노드를 말한다. 잎 노드(Leaf Node)라고도 한다. 트리에서는 K, L, F, G, M, I, J가 단말 노드이다.

⑩ **비단말 노드(Non-Terminal Node)** : 자식이 하나라도 있는 노드로 차수(Degree)가 0이 아닌 노드를 말한다(=간노드). 트리에서는 A, B, C, D, E, H가 비단말 노드이다.

⑪ **포리스트(Forest)** : 근노드를 제거할 경우 서브 트리의 수로 루트를 제거하면 B, C, D가 해당된다.

3. 트리의 종류

(1) 이진 트리(Binary Tree)

① 모든 노드의 차수가 2 이하인 트리로 공집합을 포함한다.
② 자노드의 순서를 왼쪽에서 오른쪽으로 구분한다.
③ 레벨 n에서의 최대 노드 수는 2^{n-1}개이고, 깊이가 k인 트리의 전체 노드 수는 최대 2^k-1개이다.
④ 차수가 2인 노드 수와 단말 노드 수와의 관계는 $N_0 = N_Z + 1$이다(단, N_0 : 단말 노드 수, N_Z : 차수가 2인 노드 수).

(2) 정이진 트리(Full Binary Tree)

① 깊이가 k일 경우 n번째 레벨의 노드 수가 항상 2^{n-1}개이다.
② 트리의 전체 노드 수가 2^k-1개인 트리이다(포화 이진 트리).

(3) 전이진 트리(Complete Binary Tree)

① 완전 이진 트리로 정이진 트리보다 노드 수가 적다.
② 깊이가 n일 때 n-1 레벨까지 정이진 트리로 된 트리이다.

(4) 스레디드 이진 트리(Threaded Binary Tree)

① 이진 트리에서 발생하는 널(Null) 링크를 트리 운행에 필요한 다른 노드의 포인터로 사용하며, 스택은 사용하지 않는다.
② 프로그램이 간단하고, 처리 속도가 빠르며, 스레드를 위한 추가 공간이 필요하다.
③ 왼쪽 널 링크는 전 노드의 위치를, 오른쪽 널 링크는 다음 노드의 위치를 지정한다.

(5) 스레드 이진 트리(Thread Binary Tree)

① 구조상 자노드를 가리키는 포인터와 스레드 포인터가 구별되지 않아 태그(Tag)로 구분한다.

② Perlis. Thornton에 의해 널 링크를 이용하는 방법이 고안되고, 스택의 도움 없이 트리를 순회할 수 있게 되었다.

(6) 힙 트리(Heap Tree)

① 특수 형태의 전이진 트리로 부모 노드가 자식 노드보다 작으면 최소 Heap이 되고, 크면 최대 Heap이 된다.

② 최대 Heap의 루트 노드는 최대값, 최소 Heap의 루트 노드는 최소값이 된다.

③ **최대 힙(Heap)** : 각 노드(정점)의 키 값에서 자식이 있다면 그 자식 노드의 키 값보다 작지 않아야 한다.

④ **최소 힙(Heap)** : 각 노드(정점)의 키 값에서 자식이 있다면 그 자식 노드의 키 값보다 크지 않아야 한다.

기출 PLUS 힙(Heap) 트리 〔C등급〕

임의의 자료에서 최소값 또는 최대값을 구할 경우 가장 적합한 자료 구조는?   08년 우정사업본부

① 이진 탐색 트리
② 스택(Stack)
③ 힙(Heap)
④ 해쉬(Hash)

≫ 힙 트리(Heap Tree)는 완전 이진 트리에 있는 노드 중에서 키 값이 가장 큰 노드나 키 값이 가장 작은 노드를 찾기 위해서 만든 구조이다. 부모 노드가 자식 노드보다 작으면 최소 Heap이고, 크면 최대 Heap으로 구분된다.

〔답〕 ③

---

4. 운행법(Traversal)

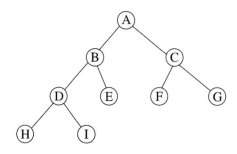

① 전위 운행, 중위 운행, 후위 운행의 기준은 근노드(Root Node)의 위치이다. 순서에서 근노드가 앞쪽이면 전위, 중간이면 중위, 뒤쪽이면 후위가 된다. 좌측과 우측의 순서는 전위든 중위든 후위든 상관없이 항상 좌측이 먼저이고 우측이 나중이다.

② **전위 운행(Preorder Traversal)** : 근 → 좌측 → 우측(Root → Left → Right) 순으로 운행하는 방법으로 먼저 근노드를 운행하고 좌측 서브 트리를 운행한 후 우측 서브 트리를 운행한다. 위 트리에서 A(근) → B 이하 덩어리(좌측) → C 이하 덩어리(우측) 순으로 덩어리를 동그라미로 묶으면서 순서를 진행하면 쉽게 구할 수 있다. B 이하 덩어리는 B(근) → D 이하 덩어리(좌측) → E(우측) 순이고, D 이하 덩어리는 D(근) → H(좌측) → I(우측) 순이다. A부터 B 이하 덩어리를 순서대로 나열하면 A, B, D, H, I, E가 되고, C 이하 덩어리(C, F, G)를 붙이면 결국 A, B, D, H, I, E, C, F, G가 된다.

③ **중위 운행(Inorder Traversal)** : 좌측 → 근 → 우측(Left → Root → Right) 순으로 운행하는 방법으로 먼저 좌측 서브 트리를 운행한 후 근노드를 운행하고, 우측 서브 트리를 운행한다. 위 트리에서 A(근노드)를 중심으로 B 이하 덩어리와 C 이하 덩어리로 나누었을 때 B 이하 덩어리(좌측) → A(근) → C 이하 덩어리(우측) 순으로 운행한다. B 이하 덩어리는 D 이하 덩어리(좌측) → B(근) → E(우측) 순이다. D 이하 덩어리는 H(좌측) → D(근) → I(우측) 순이다. 이를 순서대로 나열하면, H, D, I, B, E가 되고, A(근)를 거쳐 C 이하 덩어리(F, C, G)를 붙이면 결국 H, D, I, B, E, A, F, C, G가 된다.

④ **후위 운행(Postorder Traversal)** : 좌측 → 우측 → 근(Left → Right → Root) 순으로 운행하는 방법으로 먼저 좌측 서브 트리를 운행한 후 우측 서브 트리를 운행하고, 마지막으로 근노드를 운행한다. 위 트리에서 A(근노드)를 중심으로 B 이하 덩어리와 C 이하 덩어리로 나누었을 때 B 이하 덩어리(좌측) → C 이하 덩어리(우측) → A(근) 순으로 운행한다. B 이하 덩어리는 D 이하 덩어리(좌측) → E(우측) → B(근) 순이고, D 이하 덩어리는 H(좌측) → I(우측) → D(근) 순이다. 이를 순서대로 나열하면, H, I, D, E, B가 되고, C 이하 덩어리(F, G, C)를 거쳐 A(근)를 붙이면 결국 H, I, D, E, B, F, G, C, A가 된다.

이진 트리의 순회(Traversal) 경로를 나타낸 그림이다. 이와 같은 이진 트리 순회 방식은 무엇인가?(단, 노드의 숫자는 순회 순서를 의미한다) 12년 우정사업본부

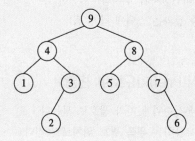

① 병렬 순회(Parallel Traversal) ② 전위 순회(Pre-order Traversal)
③ 중위 순회(In-order Traversal) ④ 후위 순회(Post-order Traversal)

>>> 후위 운행(Postorder Traversal) : 좌측 → 우측 → 근(Left → Right → Root) 순으로 운행하는 방법으로 먼저 좌측 서브 트리를 운행한 후 우측 서브 트리를 운행하고, 마지막으로 근노드를 운행한다. 그림의 경우 밑에서부터 위로 Root의 방문 순서가 가장 느리므로 후위 순회이다. 답 ④

5. 수식과 산술식의 표기법

(1) 수식의 표기법

① **중위 표기법(Infix Notation)** : 연산자가 피연산자 사이에 있는 표기법이다.
② **후위 표기법(Postfix Notation)** : 피연산자 뒤에 연산자가 표기되는 표기법이다.
③ **전위 표기법(Prefix Notation)** : 피연산자들 앞에 연산자를 표시하는 표기법이다.

(2) 산술식의 표기법

① **전위식(Prefix)** : 연산자($+$, $-$, $*$, $/$)가 맨 앞에 놓인다(연산자 − 피연산자 − 피연산자).
예 $+AB$
② **중위식(Infix)** : 연산자가 중간에 놓인다(피연산자 − 연산자 − 피연산자).
예 $A+B$
③ **후위식(Postfix)** : 연산자가 맨 뒤에 놓인다(피연산자 − 피연산자 − 연산자).
예 $AB+$
④ Infix를 Prefix나 Postfix로 바꿀 때는 먼저 연산 순위를 결정한다.
⑤ 연산 순서가 빠른 순으로 연산자를 수행하는 변수 앞으로 옮긴다.

(3) 스택(Stack)을 이용한 후위식(Postfix)의 연산

후위 표기된 수식을 왼쪽에서 오른쪽으로 읽어가면서 피연산자(Operand, 셈 숫자)가 나타나면 스택에 저장하고, 연산자(Operator, +, -, *, / 등)가 나타나면 스택의 상단에 있는 2개의 피연산자를 꺼내어(밑에서 위로 피연산자가 위치함) 계산한 후 결과를 다시 스택에 저장한다(이와 같은 과정을 반복 수행하면 최종 결과는 스택에 남게 됨).

6. 중위식(Infix)의 전위식(Prefix)으로의 변환

① 중위식에 대하여 연산 우선순위에 따라 괄호로 묶는다.
② 모든 연산자들을 그와 대응하는 왼쪽 괄호 위치로 옮긴다.
③ 괄호를 제거한다.

> **예** **(B−C) * D+E를 전위식(Prefix)으로 표현하시오.**
> - 중위식을 전위식으로 변환하려면 순번에 따라 (대상, 연산자, 대상)을 (연산자, 대상, 대상)으로 바꾸어 표현한다.
> - 순번을 매기면서 괄호로 묶은 후 연산자를 왼쪽으로 보낸다.
> $\{(B-C) * D\}+E=\{(-BC) * D\}+E=\{ * (-BC)D\}+E= +\{ * (-BC)D\}E$
> - 괄호를 제거하면 + * −BCDE가 된다.

> **예** **(a+b * c)+(f−d/e)를 전위식(Prefix)으로 표현하시오.**
> - 중위식을 전위식으로 변환하려면 순번에 따라 (대상, 연산자, 대상)을 (연산자, 대상, 대상)으로 바꾸어 표현한다.
> - 순번을 매기면서 괄호로 묶은 후 연산자를 왼쪽으로 보낸다.
> $\{a+(b * c)\}+\{f-(d/e)\}=\{a+(* bc)\}+\{f-(/de)\}=\{+a(* bc)\}+\{-f(/de)\}$
> $= +\{+a(* bc)\}\{-f(/de)\}$
> - 괄호를 제거하면 + +a * bc−f/de가 된다.

---

7. 중위식(Infix)의 후위식(Postfix)으로의 변환

① 중위식에 대하여 연산 우선 순위에 따라 괄호로 묶는다.
② 모든 연산자들을 그와 대응하는 오른쪽 괄호 위치로 옮긴다.
③ 괄호를 제거한다.

> **예** (B−C) ∗ D+E를 후위식(Postfix)으로 표현하시오.
> - 중위식을 후위식으로 변환하려면 순번에 따라 (대상, 연산자, 대상)을 (대상, 대상, 연산자)로 바꾸어 표현한다.
> - 순번을 매기면서 괄호로 묶은 후 연산자를 오른쪽으로 보낸다.
>   {(B−C) ∗ D}+E={(BC−) ∗ D}+E={(BC−)D ∗ }+E={(BC−)D ∗ }E+
> - 괄호를 제거하면 BC−D ∗ E+가 된다.

8. 전위식(Prefix)의 중위식(Infix)으로의 변환

① 전위식을 중위식으로 변환하려면 (연산자, 대상, 대상)을 (대상, 연산자, 대상)으로 바꾸어 표현한다.

② (연산자, 대상, 대상)와 같이 나열된 부분부터 시작하여 차례로 괄호로 묶으면서 연산자를 가운데로 옮긴다.

> **예** 다음 전위식(Prefix)을 중위식(Infix)으로 표현하시오.
>
> $$++a ∗ bc−f/de$$
>
> - 전위식을 중위식으로 변환하려면 (연산자, 대상, 대상)을 (대상, 연산자, 대상)으로 바꾸어 표현한다.
> - (연산자, 대상, 대상)와 같이 나열된 부분부터 시작하여 차례로 괄호로 묶으면서 연산자를 가운데로 옮긴다.
>   ++a ∗ bc−f/de = ++a(∗ bc)−f(/de) = +{ +a(b ∗ c)}{ −f(d/e)} = +{a+(b ∗ c)}{f −(d/e)}
>   ={a+(b ∗ c)}+{f −(d/e)} =(a+b ∗ c)+(f −d/e)

9. 후위식(Postfix)의 중위식(Infix)으로의 변환

① 후위식을 중위식으로 변환하려면 (대상, 대상, 연산자)를 (대상, 연산자, 대상)로 바꾸어 표현한다.

② (대상, 대상, 연산자)와 같이 나열된 부분부터 시작하여 차례로 괄호로 묶으면서 연산자를 가운데로 옮긴다.

> **예** 다음 후위식(Postfix)을 중위식(Infix)으로 표현하시오.
>
> $$BC−D ∗ E+$$
>
> - 후위식을 중위식으로 변환하려면 (대상, 대상, 연산자)를 (대상, 연산자, 대상)으로 바꾸어 표현한다.
> - (대상, 대상, 연산자)와 같이 나열된 부분부터 시작하여 차례로 괄호로 묶으면서 연산자를 가운데로 옮긴다.
>   BC−D ∗ E+ ={(BC−)D ∗ }E+ ={(B−C)D ∗ }E+ ={(B−C) ∗ D}E+ ={(B−C) ∗ D}+E

> **예** 다음 후위식(Postfix)을 중위식(Infix)으로 표현하시오.
>
> $$ab/c + de * - bd * -$$

- 후위식을 중위식으로 변환하려면 (대상, 대상, 연산자)를 (대상, 연산자, 대상)으로 바꾸어 표현한다.
- (대상, 대상, 연산자)와 같이 나열된 부분부터 시작하여 차례로 괄호로 묶으면서 연산자를 가운데로 옮긴다.

$$ab/c + de * - bd * - = (ab/)c + (de*) - (bd*) - = \{(a/b)c+\}(d*e) - (b*d) -$$
$$= [\{(a/b) + c\}(d*e) -](b*d) - = [\{(a/b) + c\} - (d*e)](b*d) - = [\{(a/b) + c\} - (d*e)] - (b*d)$$
$$= a/b + c - d*e - b*d$$

> **예** 다음 후위식(Postfix)을 중위식(Infix)으로 표현하시오.
>
> $$abc + /def - * +$$

- 후위식을 중위식으로 변환하려면 (대상, 대상, 연산자)를 (대상, 연산자, 대상)으로 바꾸어 표현한다.
- (대상, 대상, 연산자)와 같이 나열된 부분부터 시작하여 차례로 괄호로 묶으면서 연산자를 가운데로 옮긴다.

$$abc + /def - * + = a(bc+)/d(ef-) * + = a(b+c)/d(e-f) * + = \{a(b+c)/\}\{d(e-f) * \} +$$
$$= \{a/(b+c)\}\{d*(e-f)\} + = \{a/(b+c)\} + \{d*(e-f)\} = a/(b+c) + d*(e-f)$$

10. 전위식(Prefix)과 후위식(Postfix) 간의 변환

① **전위식 → 후위식** : 전위식을 먼저 중위식으로 변환한 후 후위식으로 재차 변환한다.

② **후위식 → 전위식** : 후위식을 먼저 중위식으로 변환한 후 전위식으로 재차 변환한다.

> **예** 다음 후위식(Postfix)을 전위식(Prefix)으로 표현하시오.
>
> $$ab - c/de * +$$

- 후위식을 먼저 중위식으로 변환한다.

$$ab - c/de * + = (ab-)c/(de*) + = (a-b)c/(d*e) + = \{(a-b)c/\}(d*e) + = \{(a-b)/c\}(d*e) + =$$
$$\{(a-b)/c\} + (d*e)$$

- 중위식을 전위식으로 변환한다.

$$\{(a-b)/c\} + (d*e) = \{(-ab)/c\} + (*de) = \{/(-ab)c\} + (*de) = + \{/(-ab)c\}(*de) = + /-abc$$
$$*de$$

스택(Stack)을 이용한 후위식(Postfix) 연산　　　　　　B등급

후위(Postfix) 형식으로 표기된 다음 수식을 스택(Stack)으로 처리하는 경우 스택의 탑(TOP) 원소의 값을 올바르게 나열한 것은?(단, 연산자(Operator)는 한 자리의 숫자로 구성되는 두 개의 피연산자(Operand)를 필요로 하는 이진(Binary) 연산자이다)　　　　　　10년 우정사업본부

$$4 \quad 5 \quad + \quad 2 \quad 3 \quad * \quad -$$

① 4, 5, 2, 3, 6, −1, 3　　　　　② 4, 5, 9, 2, 3, 6, −3
③ 4, 5, 9, 2, 18, 3, 16　　　　　④ 4, 5, 9, 2, 3, 6, 3

≫ 계산 과정은 다음과 같다.

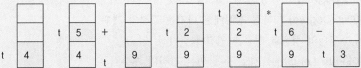

- 피연산자(Operand)인 4, 5가 스택(Stack)에 위치한다.
- 연산자 +를 만나면 5, 4를 스택에서 꺼내어 이를 연산하면 4+5=9이다.
- 연산 결과인 9를 다시 스택에 넣고, 2와 3을 스택에 차례대로 넣는다.
- 연산자 *를 만나면 위에 있는 3, 2를 꺼내어 이를 연산하면 2 * 3=6이다.
- 연산 결과인 6을 다시 스택에 넣는다.
- 연산자 −를 만나면 6, 9를 꺼내어 이를 연산하면 9−6=3이다.
- 스택의 탑(TOP) 원소 값을 구하라고 하였으므로 위의 색칠한 부분들을 각각 나열하면 4, 5, 9, 2, 3, 6, 3이다.

답 ④

02　그래프(Graph)

1. 그래프의 개념

① N : M 대응 구조로 일반적으로 정점과 선분으로 되어 있으면서 사이클이 형성되는 경우를 트리와 구별하여 그래프라 한다.

② G는 정점들의 집합이라 불리는 유한 집합 V와 간선들의 집합 E, 간선 E에서 정점 V의 쌍인 사상 (Mapping)으로 구성된다. 여기에서 그래프의 두 집합 정점과 간선은 유한하다고 가정하며, G= (V, E)로 표기한다.

③ 모든 정점들에서 간선의 연결 상태를 행렬로 표현하는데 간선이 존재할 경우는 1, 간선이 존재하지 않을 경우는 0으로 표현한다.

④ 데이터 사이의 임의 관계가 비선형적으로 나타나는 구조로 최단 거리 탐색, 연구 계획 분석, 공정 계획 분석, 전자 회로 분석, 통계학 등에서 많이 사용한다.

2. 용어의 구분

① **정점**(Vertex) : 표현하고자 하는 대상 자료의 집합
② **간선**(Edge) : 정점 사이의 관계
③ **차수**(Degree) : 임의의 정점에 연결되는 간선의 개수
④ **진입 차수**(In-Degree) : 특정 정점으로 들어오는 간선의 개수
⑤ **진출 차수**(Out-Degree) : 특정 정점에서 나가는 간선의 개수
⑥ **경로**(Path) : 임의의 정점과 정점을 연결하는 간선
⑦ **경로의 길이**(Path Length) : 경로 중에 있는 간선의 개수
⑧ **사이클**(Cycle) : 경로의 길이가 2 이상인 경로에서 시작 정점과 끝 정점이 같은 경로
⑨ **인접**(Adjacent) : 두 정점 사이에 간선이 존재하는 것
⑩ **부속**(Incident) : 두 정점이 인접일 때 그 사이의 간선

3. 그래프의 종류

(1) 비방향 그래프

① 정점들의 쌍에 순서가 없는 그래프로 간선 수는 n(n-1)/2이다.
② **인접 행렬** : 정점 사이에 간선이 존재하면 1, 그렇지 않으면 0으로 표현한다.
③ **인접 리스트** : 헤드 노드 하나를 구축하고 간선이 있는 노드들을 연결 리스트(Linked List)로 연결하여 표현한다.

(2) 방향 그래프

① 간선 사이에 방향이 표시되어 있는 그래프로 간선 수는 n(n-1)이다.
② **인접 행렬** : 다른 정점으로 진출 간선이 존재하면 1, 진출 간선이 존재하지 않으면 0으로 표현한다.
③ **인접 리스트** : 헤드 노드 하나를 구축하고 연결 방향을 가지는 노드들을 연결 리스트로 표현한다.

(3) 완전 그래프

① 모든 정점에 대해 각각의 간선을 갖는 그래프이다.
② 자신을 제외한 간선이 모두 연결되어 있어야 한다.

(4) 강한 연결 그래프

① 방향 그래프에서 정점 사이에 간선이 양쪽 방향으로 존재하는 그래프이다.

② 연결 리스트가 모두 있어야 하며, 1개라도 없다면 강한 연결 그래프가 아닌 약한 연결 그래프가 된다.

(5) 레이블 그래프

① 간선에 수치적 레이블을 표시한 그래프이다.

② **인접 행렬** : 간선이 존재하는 정점 간의 레이블을 표현하고, 존재하지 않는 부분은 0으로 표현한다.

4. 그래프의 순회

(1) 너비 우선 탐색(BFS ; Breadth First Search)

① 시작 정점 V에서 시작하여 V를 방문한 것으로 표시 후 V에 인접한 모든 정점(같은 레벨 수준)들을 다음에 방문한다(큐를 사용).

② 그 후 정점들에 인접되어 있으면서 방문하지 않은 정점들을 계속 방문한다.

③ 각 정점을 방문할 때마다 정점은 큐에 저장되며, 한 인접 리스트가 끝나면 큐에서 한 정점을 꺼내 그 정점의 인접 리스트에 있는 정점들을 같은 방법으로 계속 조사해 나간다.

(2) 깊이 우선 탐색(DFS ; Depth First Search)

① 시작 정점 V를 기점으로 하여 V에 인접하면서 방문하지 않은 정점 W를 선택하고, W를 시작점으로 하여 깊이 우선 탐색을 다시 시작한다(스택을 사용).

② 방문한 어떤 정점으로부터 방문되지 않은 정점에 도달할 수 없을 때 탐색이 종료된다.

③ 시작 정점(Root)에서 출발하여 Backtracking 하기 전까지 각 가지(Branch)에서 가능한 멀리(먼 레벨 깊이까지) 탐색한다.

기출 PLUS 그래프의 순회 〔A등급〕

다음 그래프를 너비 우선 탐색(Breadth First Search ; BFS), 깊이 우선 탐색(Depth First Search ; DFS) 방법으로 방문할 때 각 정점을 방문하는 순서로 옳은 것은?(단, 둘 이상의 정점을 선택할 수 있을 때는 알파벳 순서로 방문한다) 10년 우정사업본부

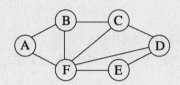

BFS | DFS
① A - B - F - C - E - D   A - B - C - D - E - F
② A - B - C - D - E - F   A - B - F - C - E - D
③ A - B - F - C - D - E   A - B - C - D - E - F
④ A - B - C - D - E - F   A - B - C - D - F - E

≫ 너비 우선 탐색(BFS)은 각 정점을 방문할 때마다 정점을 큐에 저장한다. 한 인접 리스트(같은 레벨 수준)가 끝나면 큐에서 한 정점을 꺼내 그 정점의 인접 리스트에 있는 정점들을 같은 방법으로 계속 조사해 나간다.
  • 시작 정점 A를 방문하여 A(큐)에 인접된 정점 B, F를 모두 큐에 넣는다.
  • 큐에 있는 첫 번째 정점 B를 방문하여 B에 인접된 정점 C를 추가하면 F, D가 큐에 들어 있다.
  • 큐에 있는 동일 레벨 정점 F를 방문하여 F에 인접된 정점 D, E를 추가하면 C, D, E가 큐에 들어 있다.
  • 큐에 있는 정점들인 C, D, E를 차례대로 방문하면 A - B - F - C - D - E 순서가 된다(수평 단위 탐색).

≫ 깊이 우선 탐색(DFS)은 시작 정점 V를 기점으로 V에 인접하면서 방문하지 않은 정점 W를 선택하고, W를 시작점으로 하여 깊이 우선 탐색을 다시 시작한다. 방문한 어떤 정점으로부터 방문되지 않은 정점에 도달할 수 없을 때 탐색이 종료된다. 즉, 시작 정점 A부터 시작하여 더 하위 레벨로 계속 파들어 갔다면 나오면 A - B - C - D - E - F 순서가 된다(수직 단위 탐색). 답 ③

5. 그래프의 신장 트리(Spanning Tree)

(1) 정의

① 임의로 연결된 그래프가 있을 때 그래프의 모든 정점을 통과하는 트리이다.

② 사이클이 형성되지 않아야 하며, 최소 비용의 신장 트리는 가중치가 있는 그래프에서 간선들의 가중치 합이 최소인 경우이다.

③ DFS로 만들어진 깊이 우선 신장 트리와 BFS로 만들어진 너비 우선 신장 트리로 구분할 수 있다.

④ 전기 회로망의 회로 방정식의 합을 구하는 데 이용된다.

(2) 최소 비용 신장 트리(Minimum Spanning Tree) — Kruskal 알고리즘

① 간선의 비용이 가장 적은 순서대로 연결하는 방식이다.

② 간선 비용이 적은 순서대로 나열한 후, 사이클이 형성되지 않도록 유의하며 적은 순서에 맞추어 연결한다.

(3) 최소 비용 신장 트리(Minimum Spanning Tree) — Prim 알고리즘

① 간선의 연결이 하나의 트리에서 추가되어가는 방식이다. 즉, 현재 구성된 트리에서 연결할 수 있는 간선 중에서 비용이 가장 적은 것을 연결하는 방식이다.

② 트리 형태가 점차 확장되어 가는 형태이며, Kruskal 방식과 마찬가지로 사이클이 형성되지 않아야 한다.

기출 PLUS 　신장 트리 　　　　　　　　　　　　　　　　　　　　　　　　B등급

다음 그래프를 대상으로 Kruskal 알고리즘을 이용한 최소 비용 신장 트리 구성을 한다고 할 때, 이 트리에 포함된 간선 중에서 다섯 번째로 선택된 간선의 비용으로 옳은 것은?　　　14년 우정사업본부

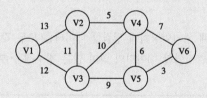

① 9　　　　　　　　　　　　　　　　② 10
③ 11　　　　　　　　　　　　　　　　④ 12

≫　최소 비용 신장 트리는 가중치(간선의 비용)가 가장 작은 간선들의 사이클이 이루어지지 않도록 연결시켜 만든 그래프이다. Kruskal 알고리즘은 신장 트리 알고리즘과 같이 그래프가 주어지고, 노드와 노드 사이의 간선에 가중치가 있을 때 가장 최소의 가중치를 갖는 트리를 구성한다. 연결 및 비연결 노드를 포함해서 가중치를 비교하고, 노드를 선택하지만 Prim 알고리즘은 연결된 노드 중에서만 다음 노드를 결정하게 된다.

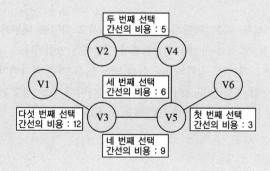

답 ④

03 정렬

01 자료의 정렬

1. 정렬의 정의

레코드나 데이터에 담긴 키 값에 따라 순서대로 나열하거나, 정렬되지 않은 항목 또는 레코드의 리스트를 오름차순(Ascending)이나 내림차순(Descending)의 순서대로 나열하는 것을 말한다.

2. 정렬 기법

(1) 내부 정렬 기법

① 데이터의 양이 적을 때 주기억장치에 정렬할 데이터를 모두 갖고 와서 정렬하는 방법

② **특징** : 속도는 빠르나, 정렬할 데이터의 양이 많은 경우에는 부적합하다.

③ **종류**

삽입(Insertion)법	삽입 정렬(Insertion Sort), 셸 정렬(Shell Sort)
교환(Swap)법	선택 정렬(Selection Sort), 버블 정렬(Bubble Sort), 퀵 정렬(Quick Sort)
선택(Selection)법	힙 정렬(Heap Sort)
분배(Distribution)법	기수 정렬(Radix Sort, = 버킷 정렬)
병합(Merge)법	2진 병합 정렬(2 - Way Merge Sort)

(2) 외부 정렬 기법

① 대용량의 데이터를 보조기억장치에서 몇 개의 서브 파일로 나누어 각각 내부 정렬을 한 후에, 주기억장치에서 각 서브 파일을 병합하면서 정렬하는 방법이다.

② **특징** : 속도는 느리지만, 정렬하고자 하는 양이 많을 경우 효과적이다.

③ **종류** : 균형 병합 정렬(Balanced Merge Sort), 다단계 병합 정렬(Polyphase Sort), 계단식 병합 정렬(Cascade Sort), 교대식 병합 정렬(Oscillating Sort)

(3) 정렬의 평균 수행 시간 복잡도

① **선택, 버블, 삽입 정렬 시간 복잡도** : $O(n^2)$

② **병합, 퀵, 힙 정렬 시간 복잡도** : $O(n\log_2 n)$

③ **셸 정렬 시간 복잡도** : $O(n^{\frac{3}{2}}) = O(n^{1.5})$

④ **기수 정렬 시간 복잡도** : $O(k(n+q))$ (k = 반복 횟수, q = 스택이나 큐의 수)

⑤ **퀵 정렬 시간 복잡도**
　　㉠ 평균 수행 시간 : $O(n\log_2 n)$
　　㉡ 최악의 경우 : $O(n^2)$

⑥ **힙 정렬 시간 복잡도**
　　㉠ 평균 수행 시간 : $O(n\log_2 n)$
　　㉡ 최악의 경우 : $O(n\log_2 n)$

(4) 정렬 알고리즘 선택 시 고려 사항

① 초기 데이터의 배열 상태

② 키 값들의 분포 상태

③ 소요 공간 및 작업 시간

④ 데이터의 양

⑤ 사용 컴퓨터 시스템의 특성

기출 PLUS 　정렬의 시간 복잡도　　　　　　　　　　　　　　　　　　　A등급

다음 중 데이터 값의 대소를 비교하여 정렬하는 문제에 대한 가장 빠른 알고리즘의 시간 복잡도는?(단, n은 정렬 대상의 입력 데이터 수이다)　　　　　　　　　12년 우정사업본부

① $O(n)$　　　　　　　　　　② $O(\log_2 n)$

③ $O(n\log_2 n)$　　　　　　　④ $O(n^2)$

≫ 시간 복잡도(빅오 표기법) - 실행 시간이 빨라지는 순서로 표시
　$O(n^n) \rightarrow O(n!) \rightarrow O(2^n) \rightarrow O(n^3) \rightarrow O(n^2) \rightarrow O(n\log_2 n) \rightarrow O(n) \rightarrow O(\log_2 n) \rightarrow O(1)$

≫ 정렬 알고리즘의 시간 복잡도 - 실행 시간이 빨라지는 순서로 표시(평균 시간복잡도 기준)
　• $O(n^2) \rightarrow O(n^{1.5}) \rightarrow O(n\log_2 n)$
　• 삽입, 선택, 버블 정렬 → 셸 정렬 → 퀵, 힙, 병합 정렬

≫ 정렬 알고리즘의 시간 복잡도를 구하는 문제이기 때문에 가장 빠른 힙 정렬의 평균과 최악 시간 복잡도가 $O(n\log_2 n)$이
　므로, 정렬 알고리즘의 가장 빠른 시간 복잡도는 $O(n\log_2 n)$이 된다.　　　　　　　답 ③

02 내부 정렬

1. 삽입 정렬(Insertion Sort)

① 기준이 되는 키 값의 앞쪽 자료들의 값과 비교하여 자신의 위치를 찾아 삽입하여 정렬하는 방법이다.

② 대상 자료 일부가 정렬 되어있을 때 유리하다.

③ **총 비교 횟수** : $\dfrac{n(n-1)}{4} = \dfrac{1}{4}n^2 - \dfrac{1}{4}n$ (n은 전체 노드 수)

④ **평균 시간 복잡도** : $O(n^2)$

⑤ **정렬 순서**

　㉠ 첫 번째와 두 번째 값을 비교하고 순서가 반대라면 이를 교체한다.

　㉡ 다음 세 번째 값이 두 번째 값보다 작은 경우 올바른 위치에 삽입하여 정렬을 수행한다.

　㉢ 네 번째 이후의 요소 또한 이미 정렬된 세 번째까지의 데이터와 비교 후 적절한 위치에 삽입하는 것을 반복적으로 수행하여 정렬한다.

예 초기 데이터가 (15, 11, 1, 3 ,8)일 때, 오름차순에 의한 삽입 정렬				
초기 데이터	15	11	1	3	8
1st loop	**11**	**15**	1	3	8
2nd loop	**1**	**11**	**15**	3	8
3rd loop	**1**	**3**	**11**	**15**	8
4th loop	**1**	**3**	**8**	**11**	**15**

2. 셸 정렬(Shell Sort)

① 매개변수를 설정하고 데이터를 모아서 매개변수 간격만큼 파일을 만든 다음, 그 매개변수의 간격을 감소하면서 정렬하는 방법이다.

② 주어진 데이터를 매개변수의 값으로 적절한 값을 선택하고, 이를 점차 감소시키면서 셸 정렬을 수행하고 매개변수가 1이 될 때 종료한다.

③ **가장 이상적인 매개변수** : $1.72\sqrt[3]{n}$

④ **평균 시간 복잡도** : $O(n^{\frac{3}{2}}) = O(n^{1.5})$

3. 선택 정렬(Selection Sort)

① 기준 위치의 데이터와 비교 대상 데이터의 크기 값을 비교하여 크기 위치가 맞지 않으면 자리를 교환하는 방법이다.

② 데이터의 최소값을 찾아 첫 번째 위치에 놓고 다음 최소값을 찾아 두 번째 위치에 놓는 방법을 반복한다.

③ **총 비교 횟수** : $\dfrac{n(n-1)}{2} = \dfrac{1}{2}n^2 - \dfrac{1}{2}n\,(n$은 전체 노드 수$)$

④ **평균 시간 복잡도** : $O(n^2)$

예 초기 데이터가 (8, 9, 3, 11, 16, 1)일 때, 오름차순에 의한 선택 정렬

초기 데이터	8	9	3	11	16	1
1st loop	1	9	8	11	16	3
2nd loop	1	3	9	11	16	8
3rd loop	1	3	8	11	16	9
4th loop	1	3	8	9	16	11
5th loop	1	3	8	9	11	16

• 각 loop에서 색깔 표시되어 있는 칸이 기준 위치이다.
• 기준 위치와 그 이후의 모든 데이터를 비교하여 뒤의 데이터가 더 크면 기준 위치에 있는 데이터와 위치를 교환한다.

4. 버블 정렬(Bubble Sort)

① 인접한 데이터와 비교하여 위치가 맞지 않을 경우 서로 자리를 교환하는 방법이다.

② 최대 수행 단계는 전체 데이터 개수보다 하나 적은 횟수만큼 단계 수행을 한다.

③ 단계 수행 중 자리 교환이 더 이상 발생하지 않으면 정렬을 완료시킬 수 있다.

④ **총 비교 횟수** : $\dfrac{n(n-1)}{2} = \dfrac{1}{2}n^2 - \dfrac{1}{2}n\,(n$은 전체 노드 수$)$

⑤ **평균 시간 복잡도** : $O(n^2)$

예 초기 데이터가 (5, 8, 4, 2, 6, 9, 3)일 때, 오름차순에 의한 버블 정렬

초기 데이터	5	8	4	2	6	9	3
1st loop	5	4	2	6	8	3	9
2nd loop	4	2	5	6	3	8	9
3rd loop	2	4	3	5	6	8	9
4th loop	2	4	3	5	6	8	9
5th loop	2	3	4	5	6	8	9
6th loop	2	3	4	5	6	8	9

- 각 loop에서 색깔 표시되어 있는 칸이 인접한 데이터끼리 비교하여 위치가 맞지 않을 경우 자리를 서로 교환하게 된다.
- 단계가 진행되면서 점차 비교 대상 데이터의 수는 줄어든다.

5. 퀵 정렬(Quick Sort)

① 데이터의 많은 자료 이동을 없애고 하나의 파일을 부분적으로 나누어가면서 정렬하는 방법이다.
② 첫 번째 데이터를 중심으로 중간 값을 설정하고 대상 자료 중 그 중간 값을 적당한 곳에 위치시켜서 대상 자료를 부분적으로 나누어가는 방식이다.
③ 이미 정렬된 데이터를 정렬할 때에는 최악의 경우가 된다.
④ **총 비교 횟수** : $\frac{1}{2}n\log_2 n$
⑤ **평균 시간 복잡도** : $O(n\log_2 n)$

6. 힙 정렬(Heap Sort)

① 전이진 트리를 이용한 정렬 방식, 이진 트리를 힙 정렬로 변환하는 방법이다.
② 전이진 트리 형태로 노드의 배치가 상위에서 하위로 내려가면서 좌측에서 우측으로 순서적으로 배치하여 트리를 구성한다.
③ 부노드가 자노드보다 큰 값(최대 힙)이거나, 작은 값(최소 힙)이 되도록 구성한다.
④ 첫 번째 구성된 초기 힙 상태의 트리에서 근노드를 맨 마지막으로 이동시켜 대상 개수를 하나씩 줄여가면서 정렬하는 방식이다.
⑤ **평균 시간 복잡도** : $O(n\log_2 n)$

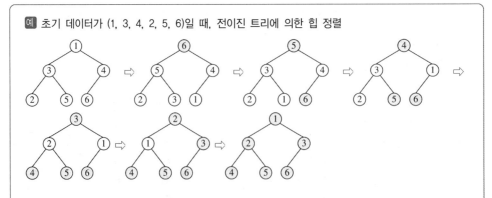

예 초기 데이터가 (1, 3, 4, 2, 5, 6)일 때, 전이진 트리에 의한 힙 정렬

- 전이진 트리를 구성한다.
- 제노드끼리 비교하여 큰 값과 부노드를 비교하여 부노드의 값이 작으면 교환한다.
- 교환된 노드들을 다시 검토하여 위의 과정을 반복한다.

7. 기수 정렬(Radix Sort, = 버킷 정렬)

① 정렬할 데이터의 기수 값에 따라 같은 수 또는 같은 문자끼리 그 순서에 맞는 분배하였다가 버킷의 순서대로 데이터를 꺼내어 정렬하는 방법이다.
② 여분의 기억 공간을 많이 필요로 한다.
③ **평균 시간 복잡도** : $O(k(n+q))$ (k = 반복 횟수, q = 스택이나 큐의 수)

8. 2진 병합 정렬(2 - Way Merge Sort)

① 주어진 입력 파일을 크기가 2인 서브 파일로 모두 나누어서 각 서브 파일들을 정렬하는 방법이다.
② 두 개의 키들을 한 쌍으로 하여 각 쌍에 대하여 순서를 정하고 나서 순서대로 정렬된 각 쌍의 키들을 병합하여 하나의 정렬된 서브 리스트로 만들어 최종적으로 하나의 정렬된 파일이 될 때까지 반복한다.
③ **평균 시간 복잡도** : $O(n\log_2 n)$

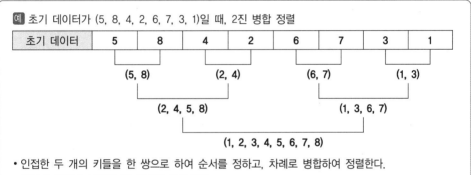

예 초기 데이터가 (5, 8, 4, 2, 6, 7, 3, 1)일 때, 2진 병합 정렬

| 초기 데이터 | 5 | 8 | 4 | 2 | 6 | 7 | 3 | 1 |

(5, 8)　(2, 4)　(6, 7)　(1, 3)

(2, 4, 5, 8)　(1, 3, 6, 7)

(1, 2, 3, 4, 5, 6, 7, 8)

• 인접한 두 개의 키들을 한 쌍으로 하여 순서를 정하고, 차례로 병합하여 정렬한다.
• 하나의 정렬된 파일이 될 때까지 반복한다.

04 검색

01 검색 기법의 종류

1. 순차 검색(Linear Search, Sequential Search)

① 대상 데이터를 순서대로 하나씩 비교하면서 원하는 데이터를 찾는 검색 방식이다.
② 대상 자료의 범위를 몰라도 검색이 가능하며, 자료가 정렬되어 있지 않아도 검색이 가능하다.
③ 상대적으로 검색 속도가 느리다.
④ **총 비교 횟수** : $\dfrac{(n+1)}{2}$
⑤ **복잡도** : O(n)

2. 제어 검색(Controlled Search)

(1) 이진 검색(Binary Search)

① 정렬되어 배열된 레코드를 2개의 부분으로 되풀이하여 나누어서, 한 부분은 버리고 남은 부분을 검색하는 방법이다.
② 자료가 반드시 정렬되어 있어야 한다.
③ **검색 대상 자료의 하위 위치** : Low
④ **검색 대상 자료의 상위 위치** : High
⑤ **검색 대상 자료의 중간 위치** : $Mid = \dfrac{(Low-High)}{2}$
⑥ 2개로 나눈 부분의 데이터가 찾는 값보다 크면, High = Mid − 1 위치로 조정한다.
⑦ 2개로 나눈 부분의 데이터가 찾는 값보다 작으면, High = Mid + 1 위치로 조정한다.
⑧ **최악의 경우 비교 횟수** : $\log_2 n + 1$
⑨ **복잡도** : O($\log_2 n$)

(2) 보간 검색(Interpolation Search)

① 찾고자 하는 레코드 키가 있을 것 같은 위치를 추정하여 검색하는 방법이다.
② 여러 가지 방법이 있으며, 찾는 방법에 따라 검색 효율이 달라진다.
③ 키 값의 분포가 일정할 경우 주로 사용한다.

3. 블록 검색(Block Search)

(1) 기본 구성 방법

① 블록과 블록 사이에는 정렬이 되어 있어야 한다.

② **노드의 개수가 n개 일 때 가장 이상적인 블록의 수 : $\sqrt{n}$**

(2) 인덱스 테이블 구성 방법

① 각 블록에서 가장 큰 값이 인덱스 위치로 지정된다.

② 전체 레코드를 일정한 수의 레코드를 가지는 여러 개의 블록 단위로 나누어 저장하고, 찾기를 원하는 특정 레코드가 속한 블록을 결정한 후에 찾는 레코드의 인덱스 값과 비교하고, 해당 블록 내의 키 값을 차례로 비교하여 원하는 레코드를 찾아내는 방법이다.

4. 이진 트리 검색(Binary Tree Search, = 이진 검색 트리)

(1) 특징

① 데이터의 값에 따라 자리가 정해져, 자료의 탐색·삽입·삭제가 효율적이다.

② 데이터가 입력되는 순서에 따라 첫 번째 데이터가 근노드가 된다.

③ 다음 데이터는 근노드와 비교하여 값이 작으면 좌측으로 연결하고, 값이 크면 우측으로 연결하여 이진 검색 트리로 구성한다.

④ 정렬이 완료된 데이터를 이진 검색 트리로 구성할 경우 사향 이진 트리가 되어 비교 횟수가 선형 검색과 동일해진다.

⑤ **복잡도 : $O(\log_2 n)$**

(2) 조건

① 모든 노드는 다른 값을 갖는다.

② 왼쪽 서브 트리의 데이터 값은 부노드의 데이터 값보다 작은 값을 갖는다.

③ 오른쪽 서브 트리의 데이터 값은 부노드의 데이터 값보다 큰 값을 갖는다.

④ 왼쪽, 오른쪽 서브트리도 이진 탐색 트리이다.

02 해싱과 해싱 함수

1. 해싱(Hashing)의 정의와 특징

(1) 해싱의 정의

① 다른 레코드의 참조 없이 특정 키 변환에 의하여 원하는 레코드에 직접 접근할 수 있도록 구성하는 것을 의미한다.

② 해시 테이블(Hash Table)이라는 기억 공간을 할당하고, 해싱 함수(Hashing Function)를 이용하여 레코드 키에 대한 해시 테이블의 홈 주소(Home Address)를 계산한 후 주어진 레코드를 해당 기억 장소에 저장하거나 검색 작업을 수행한다.

③ 해싱 함수를 통하여 레코드 키를 디스크의 물리적 주소로 변환한 후 해당 주소에 레코드를 저장하는 과정이다.

④ 키 값으로부터 레코드가 저장된 주소를 직접 계산하여 산출된 주소로 직접 접근하는 방법으로 키 – 주소 변환 방법이라고도 한다.

⑤ 해싱 방법에는 버킷(Bucket) 해싱과 확장성(Extensible) 해싱이 있다.

(2) 해싱의 특징

① 기억 장소의 낭비가 심하기 때문에 많은 기억 공간을 요구한다.

② 삽입, 삭제 작업의 빈도가 높을 때 유리하며, DAM의 파일 구성에 사용된다.

③ 검색 방법 중에서 속도가 가장 빠르다.

④ 충돌 현상이 발생하면 오버플로의 해결 부담이 과중된다.

⑤ 주소 값이 같은 경우 오버플로(Overflow)의 처리가 쉽지 않다.

⑥ 계산에 의해 산출하므로 주소 산출 시간이 오래 걸린다.

⑦ 해싱 이용 시에는 오버플로 처리, 키 변환 속도, 충돌 현상, 버킷 크기 등을 고려한다.

더 알아보기➕

직접 접근 방식(DAM ; Direct Access Method)
- 해싱 방법에 의해서 만들어지는 파일을 직접 파일(Direct File)이라고 한다.
- 레코드를 식별하기 위한 키 값과 레코드 주소 사이의 관계를 예측한다.
- 접근 속도는 빠르지만 많은 기억 공간을 요구한다.
- 데이터의 입출력이 자주 발생하는 곳에 응용하는 것이 좋다.
- 해싱 함수를 이용하여 레코드의 저장 위치를 결정한다.

---

2. 해싱 관련 용어

① **해시 테이블(Hash Table)** : 레코드를 1개 이상 보관할 수 있는 Home Bucket들로 구성한 기억 공간으로 보조기억장치나 주기억장치에 구성할 수 있다.

② **버킷(Bucket)** : 하나의 주소를 갖는 파일의 한 구역으로 버킷의 크기는 같은 주소에 포함될 수 있는 레코드 수를 의미한다.

③ **슬롯(Slot)** : 한 개의 레코드를 저장할 수 있는 공간으로 n개의 슬롯이 모여 하나의 버킷을 형성한다.

④ **충돌(Collision)** : 레코드를 삽입할 때 2개의 상이한 레코드가 같은 버킷으로 해싱되는 것으로 해싱 함수에 의해서 계산된 홈 주소가 같은 경우이다.

⑤ **동의어(Synonyms)** : 같은 홈 주소(동거자)를 갖는 레코드의 집합이다.

⑥ **오버플로(Overflow)** : 홈 주소의 버킷에 더 이상의 레코드를 보관할 수 없는 상태이다.

⑦ **홈 주소(Home Address)** : 해싱 함수에 의해서 계산되어 나온 주소 값이다.

⑧ **클러스터링(Clustering)** : 바로 다음 주소에 이미 데이터가 있을 경우 충돌이 발생하는 현상이다.

3. 해싱 함수(Hashing Function)

(1) 해싱 함수의 정의

① 모든 버킷에 같은 수의 데이터가 들어갈 수 있도록 수학식을 구성하는 것이다.

② 키 값을 이용해서 레코드를 저장할 주소를 산출해 내는 수학식이다.

③ 계산이 빠르고 쉬워야 하며, 같은 주소를 산출하는 경우는 최소이어야 한다.

(2) 해싱 함수의 종류

① **제산법(Division Method)** : 레코드의 키(Key) 값을 임의의 소수(배열의 크기)로 나누어 그 나머지 값을 해시 값으로 사용하는 방법이다($h(k) = k$ mod q(mod — 나머지)로 표현).

② **기수 변환법(Radix Conversion Method)** : 레코드의 키 값을 임의의 다른 기수 값으로 변환하여 그 값을 홈 주소로 이용하는 방법이다.

③ **무작위법(Random Method)** : 난수 생성 프로그램을 이용하여 각 키의 홈 주소를 얻는 방법이다.

④ **중간 제곱법(Mid – Square Method)** : 값을 제곱하여 결과 값 중 중간 자릿수를 선택하여 그 값을 홈 주소로 이용하는 방법이다.

⑤ **숫자 분석법(Digit Analysis Method, 계수 분석법)** : 주어진 모든 키 값들에서 그 키를 구성하는 자릿수들의 분포를 조사하여 비교적 고른 분포를 보이는 자릿수들을 필요한 만큼 선택하는 방법이다.

⑥ **중첩법(Folding Method, 접지법)** : 주어진 키를 여러 부분으로 나누고, 각 부분의 값을 더하거나 배타적 논리합(XOR ; Exclusive OR) 연산을 통하여 나온 결과로 주소를 취하는 방법이다.

(3) 오버플로(Overflow) 처리 방식

① **개방 주소(Open Addressing) 방식** : 충돌이 일어난 자리에서 그 다음 버킷을 차례로 검색하여 처음 나오는 빈 버킷에 데이터를 넣는 방식이다(= 선형 방식).

② **재해싱(Rehashing) 방식** : 여러 개의 해싱 함수를 준비한 후 충돌이 발생하면 새로운 해싱 함수를 이용하여 새로운 홈 주소를 구하는 방식이다.

③ **폐쇄 주소(Close Addressing) 방식** : 해시 테이블에서 서로 다른 킷값의 데이터가 해시 함수에 의해 같은 버킷에 배치되어 충돌이 발생할 경우 포인터를 이용하여 같은 해시 함수 값을 갖는 레코드를 연결 리스트로 연결하는 방식이다(연결 처리법, 오버플로 공간 처리법 등).

기출 PLUS 　해싱 함수(Hashing Function)　　　　　　　　　　　　　　A등급

해시(Hash) 탐색에서 제산법(Division)은 키(Key) 값을 배열(Array)의 크기로 나누어 그 나머지 값을 해시 값으로 사용하는 방법이다. 다음 데이터의 해시 값을 제산법으로 구하여 11개의 원소를 갖는 배열에 저장하려고 한다. 해시 값의 충돌(Collision)이 발생하는 데이터를 열거해 놓은 것은?　　　10년 우정사업본부

> 111, 112, 113, 220, 221, 222

① 111, 112　　　　　　　　　　　　② 112, 222
③ 113, 221　　　　　　　　　　　　④ 220, 222

≫ 해시 값의 충돌이 발생하는 경우는 키 값을 배열로 나누었을 때 나머지가 동일한 경우를 찾으면 된다.
　주어진 키 값을 배열(11)로 나누어 몫과 나머지를 구하면 다음과 같다.
　• 111 ÷ 11 = 10(몫) … 1(나머지)
　• 112 ÷ 11 = 10(몫) … 2(나머지)
　• 113 ÷ 11 = 10(몫) … 3(나머지)
　• 220 ÷ 11 = 20(몫) … 0(나머지)
　• 221 ÷ 11 = 20(몫) … 1(나머지)
　• 222 ÷ 11 = 20(몫) … 2(나머지)
　이때, 해시 값의 충돌(Collision)이 발생하는 데이터는 나머지가 같은 값들이다. 따라서 111과 221, 112와 222가 충돌하는 값들이다.　　　답 ②

기출 PLUS 해시 테이블(Hash Table) [B등급]

다음의 〈조건〉에 따라 입력 키 값을 해시(Hash) 테이블에 저장하였을 때 해시 테이블의 내용으로 옳은 것은?

14년 우정사업본부

| 조건 |

- 해시 테이블의 크기는 7이다.
- 해시 함수는 h(k) = k mod 7이다(단, k는 입력 키 값이고, mod는 나머지를 구하는 연산자이다).
- 충돌은 이차 조사법(Quadratic Probing)으로 처리한다.
- 키 값의 입력 순서 : 9, 16, 2, 6, 20

①
0	6
1	2
2	9
3	16
4	
5	
6	20

해시 테이블

②
0	6
1	20
2	9
3	16
4	
5	
6	2

해시 테이블

③
0	20
1	
2	9
3	16
4	2
5	
6	6

해시 테이블

④
0	20
1	2
2	9
3	
4	16
5	
6	6

해시 테이블

≫ 이차 조사법 : 충돌이 발생하면 순차적으로 제곱의 공간에 채워 넣는 것으로 주소에 +1, +4, +9, ...으로 새로운 주소를 계산한다.
① k에 9 대입 → h(9) = 9 mod 7 나머지가 2이므로 버킷 2에 9를 삽입한다.
- 나머지가 2인 경우 : 충돌이 발생한 경우 2+1, 2+4, 2+9 ...
② k에 16 대입 → h(16) = 16 mod 7 나머지가 2
　　　　　　　　충돌이 발생 : 주소 2+1, 버킷 3에 16을 삽입한다.
③ k에 2 대입 → h(2) = 2 mod 7 나머지가 2
　　　　　　　충돌이 발생 : 주소 2+4, 버킷 6에 2를 삽입한다.
- 나머지가 6인 경우 : 충돌이 발생한 경우 6+1, 6+4, 6+9 ...
④ k에 6 대입 → h(6) = 6 mod 7 나머지가 6
　　　　　　　충돌이 발생 : 주소 6+1, 7이지만 해당하는 버킷이 없으므로 다시 7로 나누어 나머지를 구한다.
　　　　　　　7 mod 7 은 나머지가 0이므로 버킷 0에 6을 삽입한다.
⑤ k에 20 대입 → h(20) = 20 mod 7 나머지가 6
　　　　　　　충돌이 발생 : 주소 6+4, 10이지만 해당하는 버킷이 없으므로 다시 7로 나누어 나머지를 구한다. 10 mod 7은 나머지가 3
　　　　　　　충돌이 발생 : 주소 6+9, 15이지만 해당하는 버킷이 없으므로 다시 7로 나누어 나머지를 구한다. 15 mod 7은 나머지가 1이므로 버킷 1에 20을 삽입하면 완료된다.　답 ②

출제 비중 체크!

※ 계리직 전 8회 시험(2008~2021) 기출문제를 기준으로 정리하였습니다.

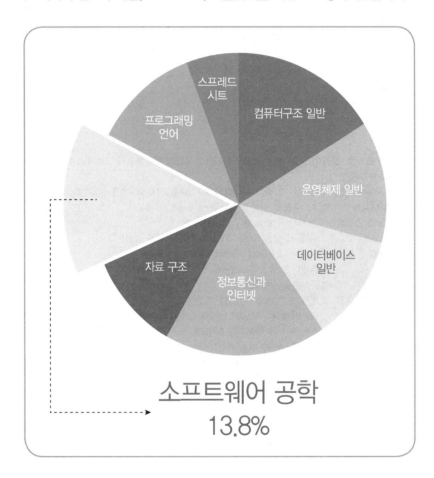

소프트웨어 공학
13.8%

PART

06 | 소프트웨어 공학

I wish you the best of luck!

우정사업본부 지방우정청 9급 계리직

컴퓨터일반

소프트웨어 공학과 프로젝트

1. 소프트웨어 공학의 기본 지식

(1) 소프트웨어 공학의 개념

① 소프트웨어 개발 방법론, 도구, 관리기법을 공학과 결합하여 만든 학문이다.

② 소프트웨어의 체계적 관리를 위한 필요성과 위기 극복을 위해 개발된 학문이다.

③ 가장 경제적으로 신뢰도 높은 소프트웨어를 만들기 위한 방법, 도구, 절차의 체계이다.

④ 논리성, 개발생산성, 유연성, 타당성, 견고성, 생산성, 상품성, 적시성 등의 성질을 포함한다.

⑤ 소프트웨어의 비용 증가, 품질 향상, 생산성 제고, 특정인에 의존한 시스템 개발 등의 이유로 사용된다.

⑥ 소프트웨어의 문서(Document) 표준화되면 프로그램의 확장과 유지 보수가 용이해진다.

⑦ 신뢰도 높은 소프트웨어의 생산성과 작업의 만족도를 증대시킨다.

(2) 소프트웨어 공학의 기본 원칙

① 소프트웨어(프로그래밍)의 기술을 계속적으로 유지한다.

② 소프트웨어가 최상의 품질을 갖출 수 있도록 지속적인 검증을 실시한다.

③ 소프트웨어의 관련 사항을 문서화하여 결과에 대한 명확성을 유지한다.

④ 소프트웨어의 개발 비용을 최소화하고, 합리적으로 개발한다.

⑤ 소프트웨어의 기술적인 구축 방법과 자원, 도구들을 제공하고, 인력을 적절히 투입한다.

(3) 바람직한 소프트웨어(Well Software)의 조건

① 사용자의 요구를 정확히 반영하고, 사용자 인터페이스를 제공해야 한다.

② 잠재적인 오류가 적고, 지속적인 유지 보수가 용이해야 한다.

③ 문서화가 가능하고, 적절한 비용과 효율적 사용이 편리해야 한다.

④ 경제성, 안정성, 신뢰성, 효율성이 높아야 한다.

2. 소프트웨어의 위기(Crisis)

(1) 소프트웨어 위기의 개념

① 컴퓨터에서 소프트웨어의 개발 속도가 하드웨어의 개발 속도를 따라가지 못함에 따라 발생하는 현상이다.

② 소프트웨어의 생산성과 다양한 사용자의 요구사항을 모두 수용할 수 없다.

③ 비용 상승과 납기지연, 품질 저하로 인한 소프트웨어의 부족 현상으로 점점 악화되고 있다.

(2) 소프트웨어 위기의 원인과 현상

① 소프트웨어의 관리 효율과 특성에 대한 이해가 부족하다.

② 소프트웨어의 품질과 유지 보수성을 고려하지 않는다.

③ 소프트웨어의 개발 도구는 많지만 개발된 도구의 품질을 평가할 수 있는 기준이 부족하다.

④ 개발 기간의 지연과 성능 및 신뢰성이 부족하다.

⑤ 개발 비용이 증가하고, 유지 보수의 어려움으로 인한 비용이 발생한다.

(3) 소프트웨어 위기의 해결 방안

① 소프트웨어 공학 차원에서 소프트웨어 개발의 품질과 생산성을 높인다.

② 새로운 기술에 대한 적극적인 투자와 소프트웨어의 첨단 기법을 도입한다.

(4) 소프트웨어의 개발 내용

① 소프트웨어는 정의 단계 → 개발 단계 → 유지 보수 단계로 나눌 수 있다.

② 소프트웨어 개발 시 위험 요소로는 인력 부족, 예산 부족, 요구 변경 등이 있다.

③ 소프트웨어 개발을 위한 프로그래밍 언어의 선정 기준에는 소프트웨어의 실행 환경, 프로그램 언어의 응용, 알고리즘의 난이도, 자료 구조의 난이도, 대상 업무의 성격, 개발 담당자의 경험과 지식, 과거의 개발 실적 등이 있다.

3. 소프트웨어의 생명주기

(1) 정의 단계

① 어떤(What) 소프트웨어를 개발할 것인지를 정의하는 단계로 관리자와 사용자가 가장 많이 참여한다.

② **타당성 검토 단계** : 개발할 소프트웨어가 법적, 경제적, 기술적으로 실현 가능성이 있는지 조사하는 단계이다.

③ **개발 계획 단계** : 소프트웨어 개발에 사용될 자원과 비용을 측정하는 단계이다.

④ **요구사항 분석 단계** : 사용자가 요구한 문제를 보다 상세하고, 정확히 분석하는 단계이다.

(2) 개발 단계

① 어떻게(How)에 초점을 두고 실제적으로 소프트웨어를 개발하는 단계이다.

② **설계 단계** : 소프트웨어의 구조, 알고리즘, 자료 구조 등을 작성하는 단계로 에러가 가장 많이 발생하는 단계이다.

③ **구현 단계** : 설계 단계에서 작성된 문서를 기초로 코딩하고, 번역하는 단계이다.

④ **테스트 단계** : 구현된 소프트웨어에 내재되어 있는 오류를 찾아주는 단계이다.

(3) 운영 및 유지 보수 단계

① **운영 단계** : 프로세스 구현, 운영 시험, 사용자 지원, 시스템운영을 하는 단계이다.

② **유지 보수 단계** : 착수, 수정 구현, 전환, 문제/수정분석, 유지 보수, 검토/인수, SW폐기 프로세스를 거친다. 여러 환경 변화에 따라 소프트웨어를 적응 및 유지시키는 단계로 시간과 비용이 가장 많이 투입되는 단계이다.

02 소프트웨어 생명주기 모형

1. 소프트웨어 개발 생명주기 개요

(1) 소프트웨어 개발 생명주기 개념

① 소프트웨어 개발과정에서 변화해가는 소프트웨어의 형상을 가시화하기 위하여 구분해 놓은 작업 공정을 말한다.

② 소프트웨어에 대해 요구분석과 설계, 구현과정을 거쳐 설치, 운영과 유지 보수, 그리고 폐기 때까지의 전 과정을 가시적으로 표현하기 위한 수단이다.

③ 프로젝트 비용의 산정, 프로젝트의 개발계획을 수립할 수 있다.

④ 용어, 산출물 구성 등의 표준화를 지원한다.

⑤ 개발진행 상황 파악 및 프로젝트 관리를 지원한다.

(2) 소프트웨어 개발 생명주기 구성

단계	내용
타당성 검토	• 요구사항을 만족시키기 위한 대안을 분석하는 작업 수행 • 시스템 구현에 따른 생산성 향상, 비용절감 등 전략적 이익 결정
요구사항 분석	• 타당성 검토 시 선택된 개발에 대한 요구사항을 식별하고, 상세화하는 과정
설계	• 고객의 요구사항에 기초하여 프로그램을 위한 사양 작성 • 새로운 요구사항을 관리하기 위한 공식적 변경관리 수행
개발	• 프로그래밍 및 실행코드 생성
시험	• 개발 시스템에 대한 검토와 확인(Verification & Validation)
설치/이행	• 운영환경을 구축하고 사용자 인수 테스트를 수행 • 향후 수행할 타 프로젝트를 위해 Lessons Learned를 정리
유지 보수	• 인수활동 후에 일어나는 모든 활동(완전화, 예방, 적응, 수정)
폐기	• 새로운 정보시스템 개발, 비즈니스 변화로 인한 시스템 폐기

2. 폭포수 모형(Waterfall Model)

(1) 폭포수 모형의 특징

① 보헴(Boehm)에 의해 개발되었으며, 앞 단계가 종료되어야만 다음 단계로 넘어가는 선형 순차 모형이다(전통적이고, 고전적인 모형).

② 각 단계는 이전 단계로 갈 수 없으며(반복이 허용되지 않음), 두 개 이상의 병행 수행이 되지 않는다.

③ 적용 경험과 성공 사례가 많지만 요구사항의 변경이 어렵다.

④ 개발 공정의 기준점을 제시하며, 단계적 정의가 분명한 이유로 전체 공조의 이해가 용이하다.

⑤ 프로젝트 후반에 실행된 프로그램과 고객 요구가 제대로 반영되었는지를 확인할 수 있다.

⑥ 제품의 일부인 매뉴얼을 작성해야 하며, 각 단계가 끝난 후 결과물이 명확히 나와야 한다.

(2) 폭포수 모형의 문제점

① 개발된 소프트웨어의 순차적 흐름을 따르지 않는 경우가 발생한다.

② 발견되지 않은 상위 단계의 오류는 하위 단계에 심각한 영향을 준다.

③ 개발 과정 중 발생하는 새로운 요구사항이나 경험을 설계에 반영하기 어렵다.

④ 고객의 요구가 소프트웨어 개발 단계의 후반에서 확인될 수 있다.

(3) 폭포수 모형의 개발 단계

① **1단계 – 계획(Planning)** : 시스템의 성능과 특징을 파악하고, 소프트웨어의 실현 타당성을 조사하는 단계로 비용과 시간을 예측하는 시스템 정의서(System Definition)이다.

② **2단계 – 요구 분석(Analysis)** : 소프트웨어에 요구되는 계획, 기능, 성능, 인터페이스 등 정보 영역을 이해하는 단계로 시스템을 분석하는 요구 사양서(Requirement Specifications)이다.

③ **3단계 – 설계(Design)** : 자료 구조, 소프트웨어 구조 등 절차적 기술에 대한 기본 설계와 상세 설계를 하는 단계로 설계 사양서(Design Specifications)이다.

④ **4단계 – 구현(Implementation)** : 모듈의 정당성을 위해 단위 검사와 디버깅을 수행하는 단계로 상세 설계를 통하여 각각의 모듈을 코딩(Coding)한다.

⑤ **5단계 – 검사(Test)** : 통합(Integration) 검사, 시스템(System) 검사, 인수(Acceptance) 검사를 수행하는 단계이다.

⑥ **6단계 – 유지 보수(Maintenance)** : 프로젝트를 이해하고, 소프트웨어가 가져야 될 기능을 기술하는 단계로 가장 오랜 시간과 대부분의 비용을 차지한다(현재 상태를 파악하고, 문제를 정의한 후 문제 해결과 목표를 도출).

3. 프로토타입 모형(Prototype Model)

(1) 프로토타입 모형의 특징

① 폭포수 모형의 요구사항 변경에 따른 어려움을 보완한 모형으로 사용자의 요구사항을 충실히 반영한다.

② 시스템 모형을 만드는 과정으로 소프트웨어의 일부분을 구현하여 중추 코드를 구성한다.

③ 실제 상황 전에 가상의 시뮬레이션을 통하여 최종 결과물에 대한 예측을 할 수 있다.

④ 최종 결과물이 만들어지기 전에 의뢰자가 최종 결과물의 일부 또는 모형을 볼 수 있다.

⑤ 구현 단계의 구현 골격이 되며, 발주자나 개발자에게 공동의 참조 모델을 제공한다.

⑥ 시스템 기능을 사용자에게 미리 보여줌으로써 개발자와 사용자 간의 오해 요소를 줄인다.

⑦ 사용자와 개발자 간의 커뮤니케이션이 원활하지 못할 때 서로의 이해 관계에 도움을 준다.

⑧ 프로젝트의 관리가 용이하고, 노력과 비용을 절감한다.

⑨ 접근 방법에서 불확실성의 결정 요인에는 지원이 필요한 일로부터의 요구 영역, 사용자와 분석자의 지식과 경험 수준, 커뮤니케이션 문제가 일어날 가능성 등이 있다.

(2) 프로토타입 모형의 문제점

① 생명주기의 개발 측면과 관리 측면에 대한 연결이 일정하지 않으며, 자동화를 할 수 없다.

② 생명주기의 각 단계에서 여러 시스템을 동시에 개발하면 많은 오버헤드가 발생한다.

③ 단기간에 제작해야 하므로 비효율적인 언어나 알고리즘을 사용할 수 있다.

(3) 프로토타입 모형의 개발 단계

① **개발 단계** : 요구 수집(Collection) → 프로토타이핑(원형) → 설계(Design) → 구현(Implemen-tation) → 검사(Test) → 유지 보수(Maintenance)의 순이다.

② **프로토타이밍(원형) 개발에 필요한 작업 단계** : 요구 수집 → 빠른 설계 → 프로토타입 구축 → 고객 평가 → 프로토타입 조정 → 구현의 순이다.

더 알아보기 ➕

소프트웨어 개발 방법론의 구현(Implementation)
- 프로그래밍 또는 코딩이라고 불리며, 설계 명세서가 컴퓨터가 알 수 있는 모습으로 변환되는 과정이다.
- 요구 분석 단계와 설계 단계에서 분석한 소프트웨어의 특징 및 기능 표현을 프로그램 언어를 이용하여 컴퓨터가 이해할 수 있는 형태로 변환하는 과정이다.

---

4. 나선형 모형(Spiral Model, 점진적 모형)

(1) 나선형 모형의 특징

① 폭포수(Waterfall) 모형과 프로토타입(Prototype) 모형의 장점만을 적용한 가장 바람직한 모형이다(위험 분석 기능을 추가).

② 보헴(Boehm)이 제안한 것으로 사용자의 요구사항에 있는 위험 요소들을 해결한다.

③ 각 단계별 개발이 진행되면서 발생하는 위험에 개발자와 사용자가 적절히 대응할 수 있다.

④ 점증적 개발 과정과 반복적인 작업을 수행함으로써 정밀성이 높다.

⑤ 비용이 많이 들거나 시간이 많이 소요되는 대규모 프로젝트 또는 대형 시스템 구축 시 유리하다 (유지 보수 과정이 필요 없음).

(2) 나선형 모형의 문제점

① 위험성 평가에 크게 의존하기 때문에 이를 발견하지 않으면 문제가 발생한다.

② 비교적 최신 기법이므로 폭포수 모형이나 프로토타입 모형보다 널리 사용되지 않는다.

(3) 나선형 모형의 개발 단계

① 1단계 – 계획(Planning) 및 정의(Definition) : 목표, 기능 선택, 제약 조건 등을 설정하는 단계이다.

② 2단계 – 위험 분석(Risk Analysis) : 위험 요소를 분석하고, 관리 기술을 이용하여 완성도를 높이는 단계이다.

③ 3단계 – 개발(Engineering) : 다음 단계의 프로토타입을 개발하는 단계이다.

④ 4단계 – 사용자 평가(Customer Evaluation) : 개발된 프로토타입을 사용자가 평가하는 단계이다.

기출 PLUS 프로토타입 모형 〔A등급〕

소프트웨어 생명 주기 모형 중 프로토타입(Prototype) 모형에 대한 설명으로 옳은 것을 〈보기〉에서 고른 것은?

14년 우정사업본부

┤보기├

ㄱ. 프로토타입 모형의 마지막 단계는 설계이다.
ㄴ. 발주자가 목표 시스템의 모습을 미리 볼 수 있다.
ㄷ. 폭포수 모형보다 발주자의 요구사항을 반영하기가 용이하다.
ㄹ. 프로토타입별로 구현 시스템에 대하여 베타 테스트를 실시한다.

① ㄱ, ㄴ   ② ㄴ, ㄷ
③ ㄷ, ㄹ   ④ ㄱ, ㄹ

≫ 프로토타입 모형은 사용자의 요구사항을 정확히 파악하기 위해 실제 개발될 소프트웨어에 대한 견본(시제품)을 만들어 최종 결과물을 예측하는 모형으로 폭포수 모형의 단점을 보완하며, 유지 보수 단계가 개발 단계 안에 포함된다. 또한, 요구사항을 충실히 반영한다. 개발 단계는 요구 수집 – 빠른 설계 – 프로토타입 구축 – 고객 평가 – 프로토타입 조정 – 구현의 순이다. 〔답〕②

---

5. 반복적 개발 모형

(1) 반복적 개발(Iteration) 모형의 개념

① 사용자의 요구사항 일부분 혹은 제품의 일부분을 반복적으로 개발하여 최종 시스템으로 완성하는 모델이다.

② 폭포수와 프로토타입 모형을 결합한 형태로 재사용, 객체 지향, RAD 모형의 기반 역할을 한다.

③ 폭포수, 프로토타이핑 개발 모델의 개념을 포괄하는 보다 진보된 개발 모델이다.

④ 사용자 요구사항의 일부분을 제품의 일부분으로 반복적으로 개발하여 최종제품을 완성하는 중/대규모 시스템 구축에 적합한 모델이다.

(2) 반복적 개발 모형의 유형

종류	내용
증분 개발 모형	• Incremental Development Model • 전통적인 폭포수 모델에 반복적 수행 개념을 결합하여 적용한 모델 • 여러 개발팀들이 전체 시스템을 기능별로 나누어서 개발하고자 할 때 유용 • 요구사항이 개발 초기에 정의되었을 경우 적용 • 무엇을 만들어야 되는지 확실하게 아는 경우
진화 개발 모형	• Evolutionary Development Model • 시스템이 가지는 여러 구성요소의 핵심부분을 개발한 후 각 구성요소를 개선 발전시켜 나가는 방법 • 시스템이 완성된 후에도 요구사항을 시스템에 적용 • 발견된 오류를 수정하는 활동, 즉 개선을 위한 개발노력을 반복적으로 시행 • 요구사항이 개발 초기 정의되지 않았을 경우 적용 • 무엇을 만들어야 하는지 확실하게 모르는 경우

(3) 반복평가서의 목차 및 내용

① **반복평가서 개요** : 대상 반복계획서의 목적, 주요 사항을 기록한다.

② **일정 및 산출물 확인** : 대상 반복계획서에 기재된 일정 준수 여부 및 산출물 버전, 리뷰 결과를 명세한다.

③ **대상 유즈케이스** : 해당 반복의 대상 유즈케이스별 완료/미완료 여부를 도표 등으로 표현한다.

④ **평가기준 대비 결과 리뷰** : 반복계획서에 기술된 반복의 평가 기준에 대한 결과를 기술한다.

⑤ **특이사항** : 반복수행 중 발생한 리스크, 요구사항 변경, 및 기타 사항에 대한 내역과 조치 결과를 기술한다.

⑥ **결과 피드백 사항** : 해당 반복을 수행했을 때 미흡한 점을 다음 반복에서 보완할 수 있는 대책, 잘 한 점은 계속 유지할 수 있는 방안을 제시한다.

(4) 반복적 개발 모델의 성격 및 장단점

종류	내용
사용목적	• 각 단계에서 운영가능한 고품질의 결과물을 제공하려 한다. • 단계별 산출물은 요구사항의 일부만을 만족시키게 된다.
프로세스 구성	• 구현단계별로 결과물을 제공한다. • 최종 시스템은 10~50개 구현단계로 구성된다.
장점	• 사용자가 새로운 결과물을 이용하는 데 거부감이 적다. • 지속적으로 반복하여 프로세스가 진행되므로 프로세스 진화 및 성숙에 따라 유지 보수 단계에서의 비용절감 효과가 있다. • 위험에 대해 예측 가능하여 계획된 관리가 가능하다. • 반복적인 개발주기로 혼란을 적게 하면서 요구사항의 변경을 수용할 수 있다. • 문서가 아닌 실행 가능한 프로토타입의 버전에 바탕을 두고 있다. • 전체 프로세스에 걸쳐 사용자를 참여시킨다.
단점	• 반복적인 설계 단계의 결과 내용을 이전 설계 단계의 내용과 조율이 필요하다. • 더욱 세심한 요구관리가 필요하다. 그렇지 않으면 범위가 크게 확대될 수 있다. • 구축, 수정의 프로세스를 진행하여 프로세스 관리가 어렵다.

(5) 반복적 개발 모델 중 증분 개발 모델(Incremental Development Model)

① 사용자의 요구사항이나 제품의 일부분을 반복적으로 개발해 대상 범위를 확대하여 최종 시스템을 완성하는 개발 모델이다.

② 폭포수 모델의 변형이며, 소프트웨어의 구조적 관점에서 하향식 계층구조의 수준별 증분을 개발하여 이들을 통합하는 방식이다.

③ 각 증분의 병행 개발을 통한 개발 기간 단축이 가능하다.

④ 위험이 높고, 검증이 어려우며, 경험이 없는 기술 아키텍처 전체를 대상으로 실시하는 모델이다.

⑤ **증분 개발 모델의 구축 절차**

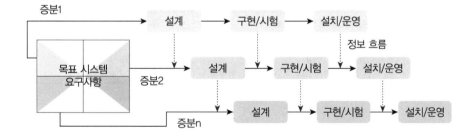

(6) 반복적 개발 모델 중 진화 개발 모델(Evolutionary development model)

① 시스템이 가지는 여러 구성요소의 핵심 부분을 개발한 후, 각 구성요소를 개선 발전시켜 나가는 방법으로서 반복적 개발 모델의 한 형태이다.

② 다음 단계로의 진화를 위해 전체 진화 과정에 대한 개요(outline)가 필요하다.

③ 시스템의 요구사항을 사전에 정의하기 어려운 경우 사용한다.

④ 프로토타입을 만들고, 이를 다시 분석함으로써 요구사항을 진화시키는 방법이다.

⑤ 요구사항 변경관리가 용이하며, 객체 지향 방법론 프로세스 적용한 모델이다.

⑥ **진화 개발 모델의 구축 절차**

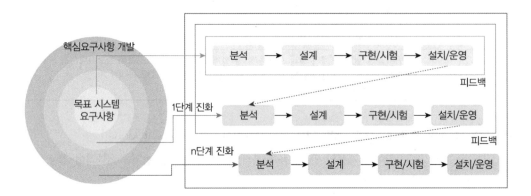

(7) 증분 개발 모델과 진화 개발 모델의 비교

항목	증분형 개발 모델	진화형 개발 모델
정의	폭포수 모델에 반복적 수행 개념을 결합	핵심 요구사항을 개발한 후 발전시켜 나가는 방법
특징	• 병렬 개발이 가능 • 요구사항이 명확할 경우 적합	• 요구사항이 개발 초기에 불분명한 경우 사용 • 전체 진화과정에 대한 Release 계획 필요
장점	• 새로운 시스템에 대한 충격 완화 • 후반 통합의 충격 완화	• 시스템의 완성도를 점진적으로 향상 • 불완전한 요구사항에 대응
단점	• 다수의 빌드 관리 부담 • 변경되는 요구사항에 효과적인 대응이 어려움	• 프로젝트 비용 및 일정 증가 • 다수의 버전 존재하여 릴리즈 버전관리 부담

6. RAD(Rapid Application Development) 모형

(1) RAD(Rapid Application Development)의 개념

① 아주 짧은 개발 주기 동안 소프트웨어를 개발하기 위한 선형 순차적 프로세스 모델이다.

② 사용자 요구사항 일부분, 제품 일부분을 반복적으로 개발하여 최종 제품을 완성하는 방법이다.

(2) RAD 모형의 특징

① 도구활용(CASE 도구, 재사용 Library 등) 및 컴포넌트 기반의 접근방법을 통해 빠른 개발이 가능하다.

② 시스템의 적절한 모듈화가 전제되어 있다.

③ 사용자의 적극적 참여가 있고 프로토타이핑을 사용한다.

④ 소요기간은 60일~90일 정도의 짧은 기간이다.

⑤ 기술적 위험이 적고 빠른 개발이 요구될 때 적합하다.

⑥ 컴포넌트를 사용해 빠르게 폭포수 모델에 적용이 가능하다.

(3) RAD 모형 적용이 적합하지 않은 경우

① 시스템이 적절하게 모듈화될 수 없는 경우 적절하지 않다.

② 고성능이 요구되고 부분적으로 시스템 성능이 조율되어야 하는 경우는 적절하지 않다.

(4) RAD 모형의 개발 절차

단계	수행내용
분석(JRP)	• Joint Requirement Planning, 비즈니스/데이터/프로세스 모델링 • 사용자와 함께 업무모델 작성 및 검토 반복을 통한 분석 작업 수행 • 워크샵 형태의 구조화된 회의(업무공간에서 떨어진 곳에서 집중력 있게 설계)
설계(JAD)	• 사용자 참여 공동 설계(Joint Application Design), 프로토타입 개발/수정/보완 반복을 통한 시스템 설계 • CASE 활용이 필수적인 단계
구축/운영	• CASE, RDB, 4GL 등 관련기술을 이용하여 시스템 구축 및 운영 • 운영에 필요한 지침서를 작성하고 현업부서로 이전

(5) RAD 모형의 장단점

장점	단점
• 검증된 컴포넌트가 존재하고, 시간적 제약사항 존재 시 접근 가능한 방법 • 요구사항의 완전한 이해와 명확한 프로젝트 설정 시 신속 개발 및 기능 구현 가능	• 책임감 있는 구성원이 없을 경우 위험 • 적절한 모듈화(컴포넌트) 가능성 전제 • 요구사항 변화가 심하고, 기술적 위험이 크고, 고성능이 요구되는 시스템은 부적합

03 프로젝트 관리

1. 프로젝트의 개념과 관리

(1) 프로젝트(Project)의 개념

① 주어진 목적을 달성하기 위해 해당 기간 내에 프로그램의 계획을 세우고, 최소의 대가로 사용자를 만족시킬 수 있는 시스템을 개발하는 작업 과정이다.

② 특정 목적을 위해 개발 계획을 수립하고, 프로그램의 분석과 구현 등의 작업을 수행한다.

③ 프로젝트 계획은 범위, 자원, 비용, 성능, 일정을 통해서 위험성을 최소화하는 작업이다.

(2) 프로젝트 관리의 특징

① 개발 계획의 수립, 분석, 설계, 구현 등의 작업과 생산 제품에 대한 관리를 수행한다.

② 소프트웨어 라이프 사이클(Life Cycle)의 전 과정을 수행한다.

③ 가장 대표적인 위험 요소는 사용자의 요구사항 변경이다.

④ 프로젝트의 관리 대상에는 비용 관리(최소 비용), 일정 관리, 품질 관리 등이 있다.

(3) 프로젝트 관리의 단계

① **1단계-프로젝트 계획 수립** : 범위, 자원, 비용 측정을 통하여 위험성(Risk)을 최소화한다.

② **2단계-프로젝트 시동** : 프로젝트의 작업 환경, 인적 교육 등을 통하여 계획을 수행한다.

③ **3단계-프로젝트 감시** : 프로젝트의 실행 기간 동안 프로젝트에 대한 상황표를 작성한다.

④ **4단계-프로젝트 종료** : 프로젝트의 사용 후 성과와 평가를 검토한다.

(4) 프로젝트 관리를 위한 3P

① **사람(People)** : 프로젝트를 효과적으로 관리하기 위한 인적 자원이다(프로그래머의 능력).

② **문제(Problem)** : 사용자 시스템의 문제 인식과 발생할 수 있는 문제를 고려한다.

③ **프로세스(Process)** : 소프트웨어 개발의 사용 방법과 전체 흐름 등의 작업 계획이다.

2. 프로젝트의 계획

(1) 프로젝트의 기본 계획

① 소프트웨어의 문제와 범위를 정의하고, 시스템 정의서(System Definition)를 작성한다.

② 프로젝트 계획 수립 시 가장 먼저 해야 할 작업은 프로젝트의 규모를 파악하는 것이다.

③ 프로젝트를 시작하기 전에 시간(기간), 노력, 인력 수 등을 조사해야 한다.

④ 소프트웨어 범위(Software Scope)의 결정 사항은 기능성(Function), 성능성(Performance), 신뢰성(Reliability)이다.

(2) 프로젝트의 타당성

① **경제적(Economic) 타당성** : 개발 비용, 신뢰성, 서비스, 투자 효율성 등의 시장성을 조사한다 (개발 후 수입과 개발 비용에 대한 결정).

② **법적(Legal) 타당성** : 시스템 개발 시 위반 사항, 책임 등의 법적 권한을 조사한다(시스템 개발에서 발생할 수 있는 법적 사항을 결정).

③ **기술적(Technical) 타당성** : 시스템 개발 시 연구, 모의 실험, 프로토타이핑의 검증 등을 조사한다(소프트웨어 개발에 필요한 기술성에 대한 결정).

(3) 프로젝트의 계획 수립

① **문제 정의(Problem Definition)** : 해결 문제와 그에 따른 적합성, 개발 과정, 현대적 프로그래밍 기술을 적용한다.

② **해결 전략(Solution Strategy)** : 최선의 해결책에 대한 타당성과 결과에 대한 명확한 기록을 유지한다.

③ **개발 공정(Developing Process)** : 소프트웨어 생명주기의 계획 및 수행과 도구, 인력, 비용, 개발 등의 사항을 기술한다.

ⓐ 프로젝트의 계획 수립 : 문제 정의 → 타당성 분석 → 일정 계획 수립 → 개발 비용 산정 → 조직 구성의 계획 수립 → 위험 분석 → 계획서 작성

ⓑ 프로젝트 일정 계획 : 프로젝트의 규모 산정 → 단계별 작업 분리 → 작업의 상호 의존도를 CPM Network로 표시 → 일정 계획을 차트로 표시

3. 프로젝트의 개발 조직

(1) 민주주의적 팀

① 각 구성원이 의사 결정에 참여하므로 복잡한 프로젝트에 적합하다.

② 의사 결정을 민주주의식으로 하며, 팀의 목표는 여론에 따라 결정된다.

③ 각 구성원끼리 서로의 일을 검토하며, 작업 결과에 대해서는 동일한 책임을 진다.

④ 구성원 간의 의사 교류를 활성화시키므로 팀원의 참여도와 만족도를 증대시킨다.

(2) 중앙 집중형 팀

① 팀장이 팀 구성원들에게 작업을 지시하는 형식이다.

② 한사람에 의해 통제할 수 있는 비교적 소규모 프로젝트에 적합하다.

③ 신속한 의사 결정과 기술 판단으로 문제를 해결할 수 있다.

ⓐ 책임 프로그래머(Chief Programmer) : 분석 및 설계, 기술적 판단, 작업 지시 및 배분을 담당하며, 소프트웨어의 개발 팀을 중앙 집중형으로 관리한다.

ⓛ 보조 프로그래머(Backup Programmer) : 기술적 문제에 대한 요구와 자문을 담당하며, 프로그램 리스트, 설계 문서, 검사 계획 등을 관리한다.

ⓒ 프로그래머(Programmer) : 원시 코드 작성, 검사, 디버깅, 문서 작성 등을 관리한다.

ⓔ 프로그램 사서(Program Librarian) : 프로그램 리스트, 테스트 계획, 설계 문서 등을 관리한다.

(3) 계층적 팀

① 민주주의적(분산) 팀과 중앙 집중형(책임 프로그래머) 팀의 중간에 해당한다.

② 의사 전달에 필요한 경로는 상호 교신할 필요가 있는 팀 구성원들에게만 허용한다.

③ 고급 프로그래머가 관리하며, 구성원의 수는 약 5~7명으로 구성된다.

4. 프로젝트의 일정 계획

(1) CPM(Critical Path Method)

① 작업 수행의 시간과 관계를 파악하는 임계 경로 방식으로 다른 일정 계획안을 시뮬레이션 할 수 있다.

② 프로젝트 작업 사이의 관계를 나타내며, 최장 경로를 파악할 수 있다.

③ CPM 네트워크를 효과적으로 사용하기 위해서는 필요한 시간을 정확히 예측해야 한다.

④ 병행 작업이 가능하도록 계획할 수 있으며, 이를 위한 자원 할당도 가능하다.

⑤ 원형 노드는 작업을 표시하고, 간선(화살표)은 작업 사이의 전후 의존 관계를 나타낸다.

⑥ 박스 노드는 중간 점검을 의미하는 이정표로 노드 위에서 예상 완료 시간을 표시한다.

⑦ 프로젝트 완성에 필요한 작업을 나열한 후 소요 기간을 예측하는 데 사용한다.

(2) PERT(Program Evaluation and Review Technique)

① 프로젝트를 평가하는 검토 기술로 예측치를 이용하여 불확실성을 고려한다.

② 프로젝트의 작업 일정을 네트워크로 기술하여 프로젝트의 지연을 방지한다.

③ 짧은 시간에 프로젝트의 완성을 목표로 한다.

> **더 알아보기⊕**
>
> CPM과 PERT의 공통점
> • 단시간에 계획을 완성하고, 프로젝트의 작업 일정을 네트워크로 표시한다.
> • 프로젝트의 지연을 방지하고, 계획대로 진행하기 위한 일정 계획 방법이다.
> • 대단위 계획의 조직적인 추진을 위해 자원의 제약 하에 비용을 적게 사용한다.

(3) 간트 차트(Gantt Chart)

① 타임 라인(Time Line) 차트라고도 하며, 프로젝트의 일정표를 표시한다.

② 프로젝트 일정, 작업 일정, 이정표, 작업 기간 등을 표시한다.

③ 각 단계별 시작과 종료를 파악할 수 있도록 막대로 표시하며, 수평 막대는 각 태스크의 기간을 나타낸다.

(4) 업무 분류 구조(WBS ; Work Breakdown Structure)

① 프로젝트의 단계별 작업을 세분화한 계층적 구조를 의미한다.

② 작은 작업 단위 일정을 통하여 전체 프로젝트의 일정을 계획할 수 있다.

기출 PLUS 프로젝트 일정 계획(CPM) `B등급`

〈표〉의 CPM(Critical Path Method) 소작업 리스트에서 작업 C의 가장 빠른 착수일(Earliest Start Time), 가장 늦은 착수일(Latest Start Time), 여유 기간(Slack Time)을 순서대로 나열한 것은?

12년 우정사업본부

〈CPM 소작업 리스트〉

소작업	선행 작업	소요 기간(일)
A	없음	15
B	없음	10
C	A, B	10
D	B	25
E	C	15

① 15일, 15일, 0일   ② 10일, 15일, 5일
③ 10일, 25일, 5일   ④ 15일, 25일, 0일

≫ CPM에서 CP(Critical Path)는 핵심 주요 구간(경로)으로 각 활동들을 연결했을 때 수행 기간이 가장 긴 경로를 의미한다. 이를 그림으로 표현하면

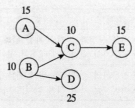

- 작업 C의 가장 빠른 착수일 : 15일(가장 긴 경로를 선택하므로 10일은 아님)
- 전체 시간(일) : 40일(A → C → E는 15 → 10 → 15이므로 모두 더하면 40일, 가장 긴 경로를 선택)
- 작업 C의 가장 늦은 착수일 : 15일(전체 시간 − (C 작업 시간 + E 작업 시간))이므로 40 − (10 + 15) = 15
- 여유 기간 : 0일(가장 늦은 착수일 − 가장 빠른 착수일이므로 15 − 15 = 0)

답 ①

04 소프트웨어 측정 방법

1. 소프트웨어의 비용

(1) 소프트웨어의 비용 결정 요소

① 소프트웨어 비용은 프로젝트의 일정 계획과 비용을 적절히 유지하기 위해 사용되지만 오류 (Error)가 많이 발생한다.

② 비용은 프로젝트의 시작 단계에서부터 종료 단계까지 연속적으로 소요된다.

③ 비용을 정확하게 예측하려면 경험적 모형, 분해 기법, 과거의 유사한 프로젝트를 이용한다.

    ㉠ 프로젝트 요소 : 제품의 복잡도와 크기, 요구되는 신뢰도, 시스템의 크기와 처리 능력

    ㉡ 자원 요소 : 인적 자원, 시스템 자원, 재사용이 가능한 자원

    ㉢ 생산성 요소 : 개발자의 능력, 개발 기간, 개발 비용, 개발 방법론, 팀의 의사 전달

    ㉣ 일반 요소 : 프로그래머의 능력, 가용 시간, 기술 수준

(2) 소프트웨어의 비용과 노력 측정을 위한 선택 사항

① 프로젝트의 정확한 특정을 위하여 충분한 시간을 갖고 측정을 한다.

② 하나 이상의 자동화 측정 도구를 이용한다.

③ 소프트웨어 비용과 노력에 대한 실험적 모델을 형성한다.

2. 소프트웨어의 비용 측정 방법

(1) 하향식(Top-Down)

① 총 비용을 전체 시스템에서 측정한 후 단계별로 세분화한다.

② 인력 비용은 작업한 프로젝트의 전체 비용을 확인한 후 결정한다.

③ 개발 단계에서 여러 가지의 기술적 요인을 빠뜨리기 쉽다.

종류	설명
전문가 감정법 (Expert Judgement)	• 비용 산정과 편견 배제를 위해 2명 이상의 전문가에게 요청한다. • 전문가의 의견이 지배적인 것이 단점이다.
델파이 산정법 (Delphi Assessment)	• 전문가의 중재자를 두어 전문가 감정법의 단점을 보완한다. • 여러 전문가의 의견 일치로 비용을 측정한다.

(2) 상향식(Bottom-Up)

① 비용을 단계별로 측정하여 마지막에 총 비용을 산출한다.

② 단계별 도표인 업무 분업 구조(WBS ; Work Breakdown Structure)로 비용을 측정한다.

③ 각 단계별 요소의 비용 산정에 따라 시스템 전체 차원의 비용을 결정할 수 있다.

종류	설명
원시 코드 라인 수 기법 (LOC ; Lines Of Code)	PERT(Project Evaluation and Review Technique)의 예측치를 이용한다.
개발 단계별 인-월수 기법 (PM ; Person Month)	• 각 기능에서 생명 주기 단계별로 필요한 노력(PM)을 인원수로 산정한다. • PERT의 예측치를 적용할 수 있으며, LOC 기법보다 정확하다.
수학적 산정 기법	• 소프트웨어의 개발비를 자동화로 산정한다. • Boehm의 COCOMO 모형, Putnam의 생명주기 모형, Albrecht의 기능 점수 모형 등이 있다.

(3) 소프트웨어의 비용 측정 계산

① **예측치** = [낙관치 + (4 × 기대치) + 비관치] / 6

② **생산성** = LOC / 인 월

③ **개발 기간** = 인 월 / 투입 인원

④ **월별 생산성** = KLOC(KDSI) / 노력(인 월)

⑤ **KLOC(Kilo Line Of Code)** : 개발 프로그램의 라인 수를 1,000라인으로 묶어서 표현한다.

3. 소프트웨어의 측정 모형

(1) COCOMO 모형

① 보헴(Boehm)이 제시한 개발비 산정 모델로 원시 프로그램의 규모(LOC)에 의한 비용 산정 기법이다.

② 비용 견적의 강도와 유연성이 높아 소프트웨어 개발비 견적을 측정할 때 많이 사용한다.

③ 소프트웨어의 종류에 따른 비용 방정식을 이용하며, 비용 추정 및 변수 적용의 구체화에 따라 분류한다.

④ 산정 결과는 프로젝트를 완성하는데 필요한 Man-Month로 나타낸다.

⑤ 프로젝트의 예상 크기와 유형에 관한 정보가 사용된다.

⑥ 동일한 규모의 프로그램이라도 성격에 따라 비용이 다르다.

⑦ 프로젝트 특성을 15개로 나누고, 각각에 대한 승수 값을 제시한다.

(2) COCOMO 모형의 유형(모드)

① **조직형(Organic Mode)** : 원시 코드에서 5만 라인 이하(50 KDSI 이하)의 소프트웨어를 개발하며 일괄 자료(사무) 처리, 과학 기술 계산, 비즈니스 자료 처리용 등에 사용된다.

② **반분리형(Semi-Detached Mode)** : 5만~30만 라인 이하(50~300 KDSI 이하)의 소프트웨어를 개발하며 트랜잭션 처리 시스템, 운영체제, 데이터베이스 관리 시스템, 컴파일러, 인터프리터, 개발 지원 도구 등에 사용된다(조직형과 내장형의 중간형).

③ **내장형(Embedded Mode)** : 300 KDSI 이상(최대형 규모)의 소프트웨어를 개발하며 시스템 소프트웨어, 신호기 제어 시스템, 대형 시스템 등에 사용된다.

(3) COCOMO 모형의 종류

① **기본형(Basic)** : 원시 코드 라인 수(LOC)에 나타난 프로그램의 크기로 소프트웨어 개발 노력과 비용을 측정하는 모형으로 소프트웨어의 크기와 개발 모드에 따라 산출이 결정된다.

> 개발 노력(PM) = $a \times (KLOC)^b$ (단, a와 b는 계수)

② **중간형(Intermediate)** : 기본형에 노력 조정 인수(EAF)를 포함하여 비용을 측정하는 모형으로 제품의 특성, 컴퓨터의 특성, 개발 요원의 특성, 프로젝트 특성에 따라 비용을 산정한다.

> 개발 노력(PM) = $a(KLOC)^b \times$ EAF(Effort Adjustment Factor)

③ **발전형(Detailed)** : 개발 단계의 마지막 부분에서 적용이 가능한 모형으로 중간 모형과 동일한 방식으로 구하며, 개발 공정별로 보다 자세하고 정확하게 노력을 산출하여 비용을 산정한다(중간형을 보완).

(4) 기능 점수 모형

① Albrecht가 제시한 모형으로 기능 점수(FP ; Function Point)를 이용하여 소프트웨어의 생산성을 측정한다(비즈니스의 자료 처리 분야에 이용).
② 시스템 개발에 필요한 기간과 투입 인력을 예측하는 데 적용시켜 응용 소프트웨어의 규모를 측정한다.
③ 소프트웨어 개발에 따른 복잡도, 난이도, 규모 등을 기능 점수로 표현한다.

(5) 생명주기 예측 모형

① Putnam이 제시한 모형으로 프로젝트 개발 전에 특정 분포를 가정하는 동적 모형이다.
② 프로젝트의 노력은 남은 개발 기간의 4제곱에 반비례하며, 시간에 따른 함수로 표현된다.

02

소프트웨어 설계와 객체 지향

01 요구사항과 구조적 분석

1. 요구사항 분석

(1) 요구사항 분석의 개념

① 사용자의 문제나 요구사항을 분석하여 수행 주체를 설정하는 것이다.

② 시스템의 환경을 고려하여 소프트웨어에 대한 정의를 기술한다.

③ 개발에 사용하는 처리 방법과 기능들에 대하여 정의한다.

④ 정보의 흐름, 정보의 내용, 정보의 구조를 각각의 계층 형태로 분할한다.

⑤ 절차는 사용자의 요구사항 → 요구 분석 → 요구 조건 → 요구 명세화 순이다.

(2) 요구사항 분석의 문제점

① 사용자의 문제 의식 부족으로 사용자와 개발자 사이에 의사소통이 원활하지 못하다.

② 개발자와 사용자 간의 지식이나 표현의 차이가 커서 상호 이해가 쉽지 않다.

③ 사용자의 요구 분석에 대한 인식이 부족하므로 요구사항이 변경될 수 있다.

④ 개발하고자 하는 시스템 자체가 복잡하다.

(3) 요구사항 분석의 문제점 해결

① 요구사항 분석 시 사용자를 최대한 참여시켜 요구를 수용하고, 업무 조직을 관리한다.

② 요구사항을 구체화하여 논리적 일치성, 요구의 타당성, 문제의 실현성 등을 고려한다.

③ 사용자 면접, 현재 사용 중인 각종 문서 검토, 설문 조사를 통한 의견 수렴 등을 이용한다.

④ 사용자의 요구는 예외가 거의 없어 열거와 구조화가 어렵지 않다.

⑤ 요구 분석은 사용자의 참여가 필요하므로 분석 시 특별한 기술이 적용되지 않도록 한다.

2. 구조적 분석 도구

(1) 자료 흐름도(DFD ; Data Flow Diagram)

① 유어든(Yourdon)이 제안한 설계 방법으로 시스템의 구성 요소와 연관 관계를 표현한다.

② 자료 흐름 그래프 또는 버블(Bubble) 차트라고도 하며, 각 변환(처리)에서는 개별적인 상세화가 가능하다.

③ 처리 공정과 이들 간의 자료 흐름을 그래프 형태로 도형화하여 표현한 것이다.

④ 시간이 경과함에 따라 발생하는 데이터 흐름을 나타내며, 구조적 분석 기법에 이용된다.

⑤ DFD 작성 시 정확한 이름을 사용하고, 자료 보존 법칙을 준수한다.

⑥ 설계 절차는 정보 흐름의 유형 설정 → 흐름의 경계 표시 → 프로그램 구조로 사상 → 제어 계층을 분해 → 경험적 방법으로 구체화하는 과정을 따른다.

(2) 자료 흐름도의 구성 요소

① **자료 흐름(Data Flow)** : 화살표로 표시하며, 자료가 이동되는 통로이다.

② **처리(Process)** : 원으로 표시하며, 출력 자료에 대한 입력 자료의 변형 과정이다.

③ **데이터 저장소(Data Store)** : 두 줄의 이중선으로 표시하며, 다음 처리로 자료가 직접 이동되지 않고, 다음에 사용될 목적으로 보관한다.

④ **단말, 종착지(Terminator)** : 직사각형으로 표시하며, 외부 입출력으로 분석 대상에서 제외되는 부분이다.

(3) 자료 흐름도의 작성 지침

① 자료는 처리를 거쳐 변환될 때마다 새로운 명칭을 부여해야 한다.

② 상위 단계의 처리와 하위 단계의 자료 흐름은 서로 일치되어야 한다.

③ 자료 흐름도의 최하위 처리(Process)는 소단위 명세서를 갖는다.

④ 한번에 한 개씩 버블이 세분화되어야 하며, 각 처리 과정은 페이지 단위로 작성한다.

⑤ 각 단계에서 작성되는 원은 6~7개가 적당하고, 변환(처리) 과정이 버블로 표현된다.

⑥ 자료 흐름은 자료의 도착 순서대로 처리되며, 자료 저장소에 있는 자료는 삭제되지 않는다.

⑦ 어떤 처리가 출력 자료를 산출하기 위해서는 필요한 자료가 반드시 입력되어야 한다.

(4) 자료 사전(DD ; Data Dictionary)

① 자료 흐름도, 프로세스 명세서 등에서 사용되는 자료 목록에 대한 기본 사항이다.

② 요구사항 분석 동안에 발견된 데이터 요소에 항목을 정의하기 위한 모델링 도구이다.

③ 수학적 표기법을 사용하며, 자료의 모호성과 중복성을 제거한다.

④ 자료 흐름도에 있는 자료를 정의한 것으로 데이터의 데이터를 메타(Meta) 데이터라고 한다.

(5) 자료 사전 작성 시 주의 사항

① 자료 흐름도나 미니 명세서에서 사용한 정보는 사용하지 않는다.

② 정의 방식이 명확해야 하며, 갱신 작업이 쉬워야 한다.

③ 자료 이름으로 정의를 쉽게 찾을 수 있도록 하며, 자료 이름을 중복시키지 않는다.

(6) 자료 사전의 표기 방법

예 고객명세는 고객성명, 고객번호, 고객주소로 구성되며, 고객성명과 고객번호는 둘 중 하나만 선택이 가능하다.

[표기] 고객명세 = [고객성명 | 고객번호] + 고객주소

기호	의미	기호	의미
=	자료 정의	[|]	자료 다중 선택
+	자료 연결	**	자료 주석
{ }	자료 반복	@	자료 키 항목
( )	자료 옵션, 생략	:, |	자료 나열

3. 기타 구조적 분석 도구

(1) 미니 명세서(Mini-Spec ; Mini Specification)

① 최소 단위의 처리에서 입력 데이터의 흐름이 출력 데이터의 흐름으로 변환되는 것으로 소단위 명세서라고도 한다.

② 자료 흐름도에서 반 페이지나 한 페이지 정도의 세분화된 모듈을 작성할 때 사용한다.

③ DFD에서 한 공정의 기능이 두 가지 이상이거나 더 세분화함으로써 소단위 명세서를 이해하기 쉬워진다면 더욱 세분화될 수도 있다.

④ 작성 도구에는 구조적 언어(Structured Language), 의사 결정 트리(Decision Tree), 의사 결정 표(Decision Table), 표(Table), 그래프(Graph), 서술 문장(Describe Composition) 등이 있다.

(2) 시스템 명세서의 유지 보수

① 명세서의 유지 보수란 명세서를 항상 최신의 상태로 만드는 것이다.

② 소프트웨어는 계속 보완되기 때문에 명세서도 보완되지 않으면 일관성을 유지하기 어렵다.

③ 최신의 명세서는 필요한 경우 즉시 사용자에게 배포해야 한다.

(3) 개체 관계도(ERD ; Entity-Relationship Diagram)

① 피터 첸(P. Chen)이 제안한 기법으로 데이터 구조와 그들 간의 관계를 그림으로 표현한다.

② 시스템의 저장 자료와 구조 간 관계를 추상화한 모델로 엔티티 세트에 따라 1 : 1 관계 또는 N : M 관계가 될 수 있다.

(4) ERD의 작성 순서

① 주요키를 포함하여 엔티티의 속성을 검색한다.

② 기본적 엔티티와 주요키 그리고 엔티티 사이의 관계를 정의한다.

③ 1 : M 관계를 단순화하기 위해 속성 엔티티를 추가하며, 연관 관계를 M : N 관계로 표현한다.

④ 각 엔티티를 정규화하고, 누락된 엔티티의 점검과 클래스 구조가 필요한지를 결정한다.

02 │ 소프트웨어 설계와 모듈화

1. 소프트웨어의 설계

(1) 소프트웨어 설계의 측면

① 소프트웨어 설계는 요구 조건을 수행할 수 있도록 작업의 정의 기술과 원리를 응용한다.

② 소프트웨어 요소 간 효과적 제어를 위해 설계에서 계층적 자료 조직이 제시되어야 한다.

③ 소프트웨어는 논리적으로 특별한 기능과 부 기능을 수행하는 요소들로 나누어야 한다.

④ 설계는 자료와 프로시저에 대하여 분명하고, 분리된 표현을 포함해야 한다.

(2) 소프트웨어 설계의 종류

① **기본 설계(Preliminary Design)** : 예비 설계, 개요 설계, 개략 설계라고도 하며, 구조와 자료에 대한 설계를 수행하는 것으로 제품의 프로세스 구조와 기능적 특징을 처리한다.

② **상세 설계(Detail Design)** : 개요(개략) 설계의 내용을 더욱 상세히 기술하는 것으로 알고리즘의 설계를 수행한다.

(3) 사용자 인터페이스 설계 시 오류 지침

① 메시지는 가능한 정확하고, 이해하기 쉬워야 한다.

② 오류로부터 회복을 위한 구체적인 설명이 제공되어야 한다.

③ 친절하고, 사용자 위주의 문구를 사용해야 한다.

④ 일관성 있는 시각 형태와 배열을 유지해야 한다.

⑤ 소리나 색 등을 이용하여 듣거나 보기 쉽게 의미 전달을 하도록 한다.

2. 소프트웨어의 자료 설계

(1) 자료 설계의 특징

① 연산이 모든 자료 구조에 대하여 구별되어야 한다.

② 자료 사전이 필요하며, 자료 구조에 관련된 라이브러리가 개발되어야 한다.

(2) 자료 설계의 종류

① **계층적 자료 구조** : 스칼라 항목과 순차적 벡터가 혼합한 형태이다.

② **연결 리스트** : 물리적으로 인접하지 않는 항목 처리가 가능하며, 포인터를 소유한다.

③ **순차적 벡터** : 배열(Array)을 의미한다.

④ **스칼라 항목** : 식별자에 주소를 매길 수 있는 단위로 가장 간단하다.

(3) 구조적 프로그래밍 설계

① 다익스트라가 제시한 설계 방법론으로 GOTO가 없는 프로그램이다.

② 신뢰성 증가로 프로그램에 대한 이해가 용이하며, 복잡성을 최소화한다.

종류	설명
순차(Sequence)	일련의 처리를 순서대로 실행하는 구조이다.
선택(Selection)	두 가지의 작업 중에서 하나를 선택하는 구조이다.
반복(Iteration)	해당 작업을 반복하는 구조이다.

(4) 좋은 소프트웨어 설계를 위한 기준

① 설계는 모듈적이어야 하고, 외부 환경의 연결과 복잡도를 감소시킬 수 있어야 한다.

② 설계는 자료와 프로시저에 대한 분명하고, 분리된 표현을 포함해야 한다.

③ 소프트웨어 요소들 간의 효과적 제어를 위해 설계에서 계층적 조직이 제시되어야 한다.

④ 독립적인 기능의 특성을 나타내는 모듈로 구성되어야 한다.

⑤ 논리적인 기능과 서브루틴 기능을 수행하는 요소들로 분할되어야 한다.

3. 소프트웨어의 설계 기법

(1) HIPO(Hierarchy plus Input Process Output)의 특징

① 시스템에서 문서화의 도구 및 설계 도구 방법을 제공하는 기법이다.

② 도식적인 프로그램 기능 구조에 대해 계층적으로 표시하며, 분석 및 설계 도구로 사용된다.

③ 시스템을 구조적 도구로 프로그래머에게 제공하며, 시각적으로 쉽게 표현한다.

④ 기본 시스템 모델은 입력, 처리, 출력이고, 전체 시스템 모델은 구조도, 개요 도표 집합, 상세 도표 집합으로 구성된다.

⑤ 소규모 시스템이나 보고서용으로 적합하며, 보기 쉽고 이해하기 쉽다.

⑥ 하향식(Top-Down)으로 개발 과정에서 문서화와 목적에 맞는 자료를 확인할 수 있다.

⑦ 기능과 자료의 의존 관계를 동시에 표현할 수 있지만 자료 구조 및 자료 간 관계는 표시할 수 없다(조건, 선택, 반복 구조 등을 표시할 수 없음).

(2) HIPO의 구성

① **가시적 도표**(Visual Table of Contents) : 전체적인 기능을 보여주는 계층(Tree) 구조로 전체 흐름의 도식 목차라고도 한다.

② **총체적 다이어그램**(Overview Diagram) : 주요 기능을 담당하는 부분의 입력, 출력, 처리를 기술하며, 프로그램을 구성하는 기능이 있다.

③ **세부적 다이어그램**(Detail Diagram) : 총체적 도표에 표시된 기능의 기본 요소들을 자세히 기술하며, 하위 수준의 여러 기능을 표시하는 데 사용한다.

(3) N-S(Nassi-Schneiderman) 차트의 특징

① 구조적 프로그램을 표현하기 위한 방법으로 논리 기술에 중점을 둔 도형식 그래픽 설계이다.

② 제어 이동(분기)이 불가능하며, 그림으로 표현하기 어렵다.

③ 원시 코드의 변환이 용이하며 중첩, 회귀 구조에 사용된다.

④ 조건이 복합되어 있는 곳의 처리를 시각적으로 식별하는 데 적합하다.

(4) N-S 차트의 논리 구조

① 그림 형태의 표현과 논리적 표현을 중심으로 한다.

② 연속 및 순차(Sequence), 선택 및 다중 선택(If~Then~Else, Select Case), 반복(Do~While, Repeat~Until, For~Next) 등의 제어 논리 구조로 표현한다.

(5) 기타 다이어그램

① **IPT** : 소프트웨어의 생산성을 높이기 위해 품질 관리 및 표준화를 위한 S/W 공학 기법으로 효율적이고 신뢰성 높은 프로그램을 개발하며 구조적 설계와 코딩, 상향식과 하향식 테스트, 문서화 지원(HIPO, PDL, N-S) 등이 해당한다.

② **Action Diagram** : 기본 설계 및 상세 설계에 적용할 수 있어 교육에 적합하며, 모듈은 대괄호로 표시한다(4세대 언어와 적용이 쉬움).

4. 모듈화(Modularity)

(1) 모듈화의 개념과 특징

① 모듈은 동일한 기능을 가진 명령어들의 집합으로 프로그램의 복잡도를 감소시킨다.

② 작업의 효율성을 위하여 프로그램을 독립된 기능 단위로 묶는 작업이다.

③ 문제의 이해와 프로그램의 크기를 고려하여 시스템 복잡도를 감소시키고, 메모리의 효과적 사용이 가능하도록 한다.

④ 모듈 수에 따라 모듈 접속을 위한 기술적 방법이 증가되므로 소프트웨어 개발 비용이 최소가 되도록 한다(소프트웨어의 유지 보수와 재사용성이 증가).

⑤ 변수 선언을 효율적으로 하여 기억장치의 올바른 사용과 자료의 추상화를 구현한다.

(2) 가장 바람직한 모듈화 설계 방안

① 결합도(Coupling)를 낮추고, 응집도(Cohesion)를 높이면 좋은 소프트웨어로 평가받는다.

② 결합도는 자료 결합도(Data Coupling)로 하고, 응집도는 기능적 응집도(Functional Cohesion)로 하는 것이 가장 바람직하다.

③ 제어도(Fan-Out)를 최소화하고, 깊이가 증가할수록 공유도(Fan-In)를 최대화한다.

④ 경제성, 융통성, 확장성을 가지고 복잡도와 중복성을 피하며, 모듈 기능을 예측 가능하도록 정의한다.

(3) 공유도와 제어도

① **공유도(Fan In)** : 주어진 한 모듈(Module)을 제어하는 상위 모듈 수로 얼마나 많은 모듈이 주어진 모듈을 호출하는가를 나타낸다.

② **제어도(Fan Out)** : 주어진 한 모듈(Module)을 제어하는 하위 모듈 수로 특정 모듈에 의하여 호출되는 모듈의 수를 나타낸다.

5. 모듈화의 독립성

(1) 응집도(Cohesion)의 특징

① 모듈 내의 각 구성 요소들이 공통의 목적을 달성하기 위하여 서로 얼마나 관련이 있는지의 기능적 연관 정도를 나타내는 것이다.

② 모듈이 독립적으로 잘 정의되어 있는 정도를 의미하며, 다른 모듈과의 상호 작용이 작다.

③ 단일 모듈 내부에서 요소(명령어, 호출문 등) 사이의 기능적 연관성을 나타낸다.

④ 응집도가 높음(가장 바람직) ← 기능적, 순차적, 교환적, 절차적, 시간적, 논리적, 우연적 → 응집도가 낮음(가장 바람직하지 않음)

(2) 응집도의 종류

① **기능적(Functional) 응집도** : 모듈 내부가 하나의 단일 기능으로 연관되어 수행된다.

② **순차적(Sequential) 응집도** : 모듈의 구성 요소가 하나의 활동에서 나온 출력 자료를 다음 활동의 입력 자료로 사용하는 경우로 재사용이 어렵다.

③ **교환적(Communicational) 응집도** : 동일한 입력과 출력을 사용하는 작은 작업들이 모인 모듈에서 확인한다.

④ **절차적(Procedural) 응집도** : 모듈 내의 명령 기능이 절차에 맞게 처리되는 것으로 기능 사이에 자료의 전달과 변환이 일어나지 않는다.

⑤ **시간적(Temporal) 응집도** : 특정 시기에 사용되는 몇 개의 기능을 모아 하나의 모듈로 작성하는 것으로 초기화 모듈이 해당된다.

⑥ **논리적(Logical) 응집도** : 유사한 성격을 갖거나 특정 형태로 분류되는 처리 요소들로 하나의 모듈이 형성되는 경우이다.

⑦ **우연적(Coincidental) 응집도** : 관련이 없는 모듈 내의 각 요소들로만 구성된다.

(3) 결합도(Coupling)의 특징

① 한 모듈과 다른 모듈 간의 상호 의존도 또는 두 모듈 사이의 연관 관계를 의미한다.

② 시스템을 설계할 때 필요한 설계 지침으로 모듈 분리가 자유롭다.

③ 낮은 결합도를 유지해야 좋은데 이를 유지하려면 불필요한 관련성을 제거하고, 인터페이스의 수를 줄인다.

④ 결합도가 낮음(가장 바람직) ← 자료, 구조, 제어, 외부, 공통, 내용 → 결합도가 높은(가장 바람직하지 않음)

(4) 결합도의 종류

① **자료(Data) 결합도** : 파라미터나 인수로 다른 모듈에게 데이터를 넘겨주고, 호출한 모듈은 데이터 처리 결과를 다시 돌려주는 것으로 단일 파일과 동종 테이블을 매개 변수로 한다.

② **구조(Stamp) 결합도** : 두 모듈이 동일한 자료 구조를 조회하는 경우로 공통의 데이터를 필요로 하는 모듈 사이에서만 공유하며, 자료 구조의 변화와 그것을 조회하는 모든 필드의 모듈까지도 영향을 준다.

③ **제어(Control) 결합도** : 서로 다른 모듈 간에 교환하는 매개 변수가 제어 정보로 되며, 다른 모듈의 수행 횟수와 수행 순서를 지시한다.

④ **외부(External) 결합도** : 어떤 모듈에서 외부로 선언한 변수를 다른 모듈에서 참조하는 것으로 I/O 장치, 통신 프로토콜을 이용한다.

⑤ **공통(Common) 결합도** : 공유되는 공통의 데이터 영역을 여러 모듈이 사용하는 것으로 전역 자료 영역을 공유할 때 생긴다.

⑥ **내용(Content) 결합도** : 한 모듈이 다른 모듈의 내부 기능과 내부 자료를 조회하는 경우로 특정 모듈이 국부적(Local)인 자료 값을 수정한다.

기출 PLUS 응집도와 결합도 [A등급]

〈보기〉는 모듈화를 중심으로 한 소프트웨어의 설계 방법에 대한 설명이다. 빈칸의 내용을 올바르게 나열한 것은?

12년 우정사업본부

| 보기 |

- 결합도(Coupling)와 응집도(Cohesion)는 모듈의 (㉠)을 판단하는 기준이다.
- 결합도란 모듈 (㉡)의 관련성을 의미하며, 응집도란 모듈 (㉢)의 관련성을 의미한다.
- 좋은 설계를 위해서 결합도는 (㉣), 응집도는 (㉤) 방향으로 설계해야 한다.

	㉠	㉡	㉢	㉣	㉤
①	독립성	사이	내부	작게	큰
②	독립성	내부	사이	크게	작은
③	추상성	사이	내부	작게	큰
④	추상성	내부	사이	크게	작은

≫ 응집도(Cohesion) : 모듈 내부의 각 구성 요소들이 공통의 목적을 달성하기 위하여 서로 얼마나 관련이 있는지의 기능적 연관 정도를 나타내는 것이다.

≫ 결합도(Coupling)의 특징 : 한 모듈과 다른 모듈 간의 상호 의존도 또는 두 모듈 사이의 연관 관계를 의미한다.

≫ 결합도(Coupling)를 낮추고, 응집도(Cohesion)를 높이면 좋은 소프트웨어로 평가받는다.

답 ①

03 **객체 지향 소프트웨어**

1. 객체 지향의 개념과 요소

(1) 객체 지향의 개념과 특징

① 객체(Object)라는 중심 개념을 도입하여 프로그램을 개발하는 것으로 클래스에 대한 개념을 처음 소개하였으며, 소프트웨어 위기(Software Crisis)를 극복하기 위해 등장하였다.

② 각각의 데이터를 처리하기 위한 절차로 프로그램 개발자는 객체를 통하여 소프트웨어를 완성할 수 있다.

③ 실세계(Real World)를 모델링하며, 대화식 프로그램에 적합하다.

④ 상향식 접근 방법으로 요구 단계 분석 이후의 작업이 손쉽게 이루어진다.

⑤ 객체 지향 기술은 S/W 재사용에 관련되며, 캡슐화가 되어 있는 객체들 간에도 정보 교환이 가능하다(추상화, 캡슐화, 다형성, 모듈화 등).

(2) 객체 지향의 구성 요소

① **객체(Object)** : 필요한 자료 구조와 이에 수행되는 함수를 가진 하나의 소프트웨어 모듈로 객체 간 상호 작용은 메시지를 통해 이루어지며, 오브젝트가 메시지를 받으면 메소드를 부른다(Invoke).

② **속성(Attribute)** : 객체 내에서 데이터의 현재 상태를 의미하는 것으로 오브젝트 상태를 알 수 있으며 성질(State), 행위(Behavior), 식별(Identity) 등이 해당된다.

③ **메소드(Method)** : 시작은 오브젝트로부터 메시지를 받을 때 객체가 메시지를 받아 실행할 구체적인 연산을 정의하며, 전통적 시스템 함수(Function) 또는 프로시저(Procedure)에 해당하는 객체의 연산 기능이다(하나의 객체는 하나 이상의 메소드를 정의할 수 있음).

④ **클래스(Class)** : 하나 이상의 유사한 객체들을 묶어 공통된 특성을 표현한 데이터의 추상화로 객체들이 갖는 속성과 적용 연산을 정의하는 툴(Tool)에 해당한다(객체 타입으로 공통된 성질의 객체들을 하나로 묶어 줌).

⑤ **메시지(Message)** : 연산을 위한 객체(Object) 간의 정보 교환 수단으로 메시지 전달은 오브젝트(Object)에서 오브젝트로 이루어진다.

⑥ **메타 클래스(Meta Class)** : 클래스 계층 트리의 최상단에 위치하고 있는 클래스이다.

⑦ **인스턴스(Instance)** : 클래스 객체의 모임으로 인스턴스화는 클래스에 새로운 객체를 생성하는 것이다.

2. 객체 지향의 주요 요소(언어)

(1) 추상화(Abstraction)

① 시스템에서 가장 중요한 부분을 정확하고, 간단하게 표현하는 것으로 다른 객체와 구분되는 속성이다(하위 객체의 공통된 특성을 묘사).

② 데이터(Data) 타입과 추상(Abstract) 데이터 타입으로 연산의 매개 변수를 지정한 자료 구조의 수학적 모델이다.

③ 현실 세계의 사실을 그대로 표현하기보다는 문제의 중요한 측면에 주목하여 상세 내역을 없애 나가는 과정이다.

종류	설명
개체(Entity) 추상화	객체가 문제 영역이나 해답 영역의 모델을 표시한다.
행위(Action) 추상화	객체가 같은 종류의 기능을 수행하는 오퍼레이션 집합을 표시한다.
가상 머신(Virtual Machine) 추상화	상위 연산이나 하위 연산에 사용되는 제어 연산을 그룹화하는 객체를 표시한다.
동시적(Coincidental) 추상화	서로 연관이 없는 오퍼레이션들의 집합을 표시한다.

(2) 캡슐화(Encapsulation)

① 객체를 이용하여 서로 관련 있는 데이터와 연산(함수)을 하나의 단위로 묶는 기법으로 프로그램의 컴포넌트를 재사용할 수 있다.

② 객체 지향 개념에서 연관 데이터와 함수를 묶어 외부와의 경계를 만들고, 필요한 인터페이스만을 밖으로 드러내는 과정이다(유지 보수가 용이).

③ 서로 다른 객체로부터 자신의 자료를 숨기고, 연산만을 통하여 접근을 허용한다.

④ 객체 지향의 기본 원리인 정보 은폐(Information Hiding)와 가장 밀접한 관계가 있다.

⑤ 다른 클래스에서 캡슐화된 기능을 사용하며, 결합도는 낮아지고 응집도는 높아진다.

⑥ 캡슐화된 객체 사이의 인터페이스를 단순화시킬 수 있으며, 소프트웨어 변경 시 파급 효과를 최소화한다.

(3) 정보 은폐(Information Hiding)

① 최우선의 목적은 고려되지 않은 영향(Side Effect)을 최소화하기 위하여 사용한다.

② 객체는 다른 객체로부터 자신의 자료를 숨기고, 자신의 연산만을 통하여 접근을 허용한다.

③ 한 모듈 내부에 포함된 절차와 자료 정보가 감추어져 다른 모듈이 접근하거나 변경하지 못하도록 한다.

④ 모듈을 독립적으로 수행할 수 있고, 하나의 모듈이 변경되더라도 다른 모듈에 영향을 주지 않으므로 수정, 시험, 유지 보수가 용이하다.

(4) 상속성(Inheritance)

① 상위 클래스의 메소드(연산)와 속성을 하위 클래스가 물려받는 것으로 클래스를 체계화할 수 있어 기존 클래스로부터 확장이 용이하다.

② 클래스와 오브젝트를 재사용할 수 있는 능력을 얻을 수 있다.

③ **단일(Single) 상속** : 하나의 클래스는 상위 클래스를 하나만 가지는데, 이때 상속은 하나의 상위 클래스로부터 이루어진다.

④ **다중(Multiple) 상속** : 하나의 클래스가 둘 이상의 상위 클래스로부터 자료 구조와 함수를 상속받는다.

(5) 다형성(Polymorphism)

① 메시지가 객체에 따라 다른 방법으로 응답할 수 있는 것으로 하나의 메시지가 여러 개의 함수나 메소드를 지칭한다.

② 상이한 일을 수행하기 위하여 동일한 메시지 형태를 이용하는 능력이다.

③ 상속을 통해 이루어지며, 부모의 속성과 메소드만 물려받는 것이 아니라 오버라이딩(Overriding)을 통해 확장(Extend)까지 가능하다.

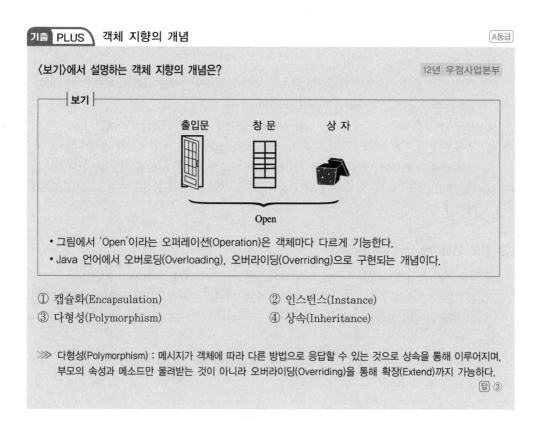

기출 PLUS 객체 지향의 개념 ［A등급］

〈보기〉에서 설명하는 객체 지향의 개념은? ［12년 우정사업본부］

| 보기 |

출입문　　창문　　상자

Open

• 그림에서 'Open'이라는 오퍼레이션(Operation)은 객체마다 다르게 기능한다.
• Java 언어에서 오버로딩(Overloading), 오버라이딩(Overriding)으로 구현되는 개념이다.

① 캡슐화(Encapsulation)　　② 인스턴스(Instance)
③ 다형성(Polymorphism)　　④ 상속(Inheritance)

≫ 다형성(Polymorphism) : 메시지가 객체에 따라 다른 방법으로 응답할 수 있는 것으로 상속을 통해 이루어지며, 부모의 속성과 메소드만 물려받는 것이 아니라 오버라이딩(Overriding)을 통해 확장(Extend)까지 가능하다.

답 ③

기출 PLUS 객체 지향 언어의 특징 [B등급]

다음 중 객체 지향 언어의 특징으로 알맞지 <u>않은</u> 것은? 08년 우정사업본부

① 상속성 ② 다형성
③ 구조화 ④ 추상화

≫ 구조화는 프로그래밍 언어의 특징이다.

≫ 객체 지향 언어의 특징으로는 상속성, 다형성, 캡슐화, 추상화 등이 있다. 답 ③

---

04 객체 지향 분석 설계

1. 객체 지향 분석의 개발 방법

(1) 객체 지향 분석(OOA ; Object Oriented Analysis)

① 모델링의 구성 요소인 클래스, 객체, 속성, 연산 등을 이용하여 문제를 모형화시키는 것이다.
② 모형화 표기법 관계에서 객체의 분류, 속성의 상속, 메시지의 통신 등을 결합한다.
③ 객체를 클래스로부터 인스턴스화 하거나 클래스를 식별하는 것이 주요 목적이다.
④ 고객의 요구사항, 요구사항별 객체와 클래스의 정의 및 분류, 각 객체에 대한 속성과 연산을 기술한다.
⑤ 분석 과정에는 객체 관계/행위 모형의 생성, 객체와 연관된 자료 구조의 표현 등이 있다.

(2) 객체 지향 설계(OOD ; Object Oriented Design)

① 객체의 속성과 자료 구조를 표현하며, 개발 속도의 향상으로 대규모 프로젝트에 적합하다.
② 시스템을 구성하는 개체, 속성, 연산을 통해 유지 보수가 용이하고, 재사용이 가능하다.
③ 시스템 설계는 성능 및 전략을 확정하고, 객체 설계는 자료 구조와 알고리즘을 상세화한다.
④ 문서화할 경우 객체와 부 객체의 계층적 구조를 보여주는 계층 차트를 그리면 유용하다.
⑤ 객체는 순차적으로(Sequentially) 또는 동시적으로(Concurrently) 구현될 수 있다.
⑥ 서브 클래스와 메시지 특성을 세분화하여 세부 사항을 정제화한다.
⑦ 사용자 중심, 대화식 프로그램 개발에 적합하며, 구체적인 절차를 표현한다.

(3) 객체 지향 프로그래밍(OOP ; Object Oriented Programming)

① 설계 모형을 특정 프로그램으로 번역하고, 객체 클래스 간에 상호 작용할 수 있다.

② 객체 모델의 주요 요소에는 추상화, 캡슐화, 모듈화, 계층 등이 있다.

③ 객체 지향 프로그래밍 언어에는 Smalltalk, C++ 등이 있다.

④ 설계 시 자료 사이에 가해지는 프로세스를 묶어 정의하고, 관계를 규명한다.

2. 객체 지향 분석의 종류

(1) 코드(Coad)와 요든(Yourdon)의 객체 지향 분석

① 객체와 클래스 사이의 관계를 상속과 집단화의 관계로 표현한다.

② E-R 다이어그램으로 객체를 모형화하며, 소규모 시스템 개발에 적합하다.

③ 모델링 표기법과 분석 모형이 간단하며, 하향식 방법으로 설계에 접근한다.

④ 객체에 대한 속성 및 관계 정의와 시스템의 수행 역할을 분석한다.

(2) 람바우(Rambaugh)의 객체 지향 분석

① OMT(Object Modeling Technical)의 3가지(객체 → 동적 → 기능) 모형을 개발한다.

② 코드에 대한 연결성이 높기 때문에 중규모 프로젝트에 적합하다.

③ 분석 설계, 시스템 설계, 객체-수준 설계 등 객체 모형화 시 그래픽 표기법을 사용한다.

④ 문제 정의, 모형 제작, 실세계의 특성을 나타내며, 분석 단계를 상세하게 표현한다.

모델링	설명
객체(Object) 모델링	객체와 클래스 식별, 클래스 속성, 연산 표현, 객체간 관계 정의 등을 처리하며, 객체 다이어그램 등이 해당된다.
동적(Dynamic) 모델링	객체들의 제어 흐름, 상호 반응 연산 순서를 표시하며 상태도, 시나리오, 메시지 추적 다이어그램 등이 해당된다.
기능(Functional) 모델링	입출력을 결정한 후 자료 흐름도를 작성하고, 기능 내용을 기술하며, 입출력 데이터 정의, 기능 정의 등이 해당된다.

(3) 보오치(Booch)의 객체 지향 분석

① 모든 설계가 이루어질 때까지 문제 정의, 비공식 전략 개발, 전략 공식화를 적용한다.

② 프로그램의 구성 요소는 명세 부분과 외부로부터 감추어진 사각 부분으로 표시한다.

③ 클래스와 객체를 구현한다.

(4) Jacobson의 객체 지향 분석

① Usecase를 사용하여 시스템 사용자에 대한 전체 책임을 파악한다.

② Usecase 모형을 검토한 후 객체 분석 모형을 작성한다.

3. 객체 지향 모델링 언어(UML)

(1) UML(Unified Modeling Language)의 특징

① 소프트웨어 생명주기 전 과정에서 적용되며, 시스템의 청사진을 제시한다.

② 시각적 모델링 언어를 제공함으로써 모델 개발과 교환이 가능하다.

③ 특정 개발 프로세스와 언어에 종속되지 않는다.

④ Booch, Rumbaugh(OMT), Jacobson 등의 객체 지향 분석 방법론을 통합하였다.

⑤ 객체 기술에 관한 국제표준화기구인 OMG(Object Management Group)에서 표준화하였다.

(2) UML 다이어그램

① **유스케이스 다이어그램(Usecase Diagram)** : 유스케이스(Usecase)는 컴퓨터 시스템과 사용자가 상호 작용하는 경우로 사용자 관점의 시스템 기능을 나타내기 위해 사용자의 요구를 추출하고 분석한다(외부에서 보는 시스템 기능에 초점을 둠). 유스케이스 다이어그램은 행위자(Actor)와 관계(Relationship)로 표현하며 시스템을 Usecase 단위로 분할하고, 기능적인 요구사항들을 기술한다.

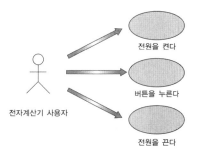

② **순서 다이어그램(Sequence Diagram)** : 객체 사이에 주고받는 메시지 순서를 표현하며, 시스템 동작을 정형화하고 객체들의 메시지 교환을 시각화하여 나타낸다.

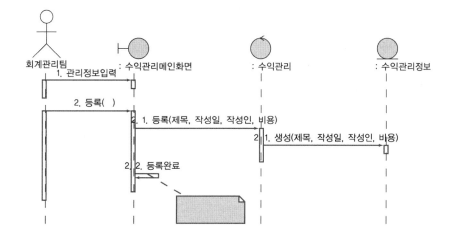

③ **클래스 다이어그램(Class Diagram)** : 시스템의 구조를 나타낼 때 사용하며, 클래스 간의 상속 관계, 연관 관계, 의존 관계 등을 표현한다.

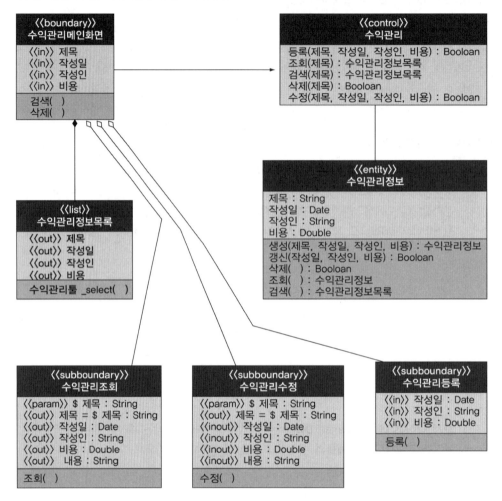

④ **상태 다이어그램(State Diagram)** : 객체의 상태 변화를 표현하며, 객체의 상태와 사건에 따라 순차적으로 발생한다(상태, 전이, 활동, 사건으로 구성).

⑤ **액티비티 다이어그램(Activity Diagram)** : 시스템을 오퍼레이션의 집합이 수행되는 상태로 표현하며 객체 간 행위, 조건, 분기 등의 상태를 표현한다.

기출 PLUS 〉 유스케이스 다이어그램 [C등급]

다음 그림은 전자계산기(Calculator)를 객체 지향적으로 분석한 다이어그램이다. 어떤 다이어그램인가?

08년 우정사업본부

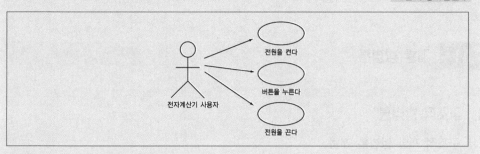

① Usecase Diagram ② Sequence Diagram
③ State Diagram ④ Class Diagram

≫ 유스케이스 다이어그램(Usecase Diagram)은 시스템 기능을 나타내기 위하여 사용자의 요구를 추출하고, 분석하는 데 사용되며 외부에서 보는 시스템의 기능에 초점을 두고 있다. **답** ①

기출 PLUS 〉 소프트웨어 개발 방법론 [B등급]

다음 〈보기〉는 소프트웨어 개발 방법론에 사용되는 분석, 설계 도구에 대한 설명이다. ㉠~㉢에 들어갈 내용을 옳게 나열한 것은?

14년 우정사업본부

|보기|

• 시스템 분석을 위하여 구조적 방법론에서는 (㉠) 다이어그램(Diagram)이, 객체 지향 방법론에서는 (㉡) 다이어그램이 널리 사용된다.
• 시스템 설계를 위하여 구조적 방법론에서는 구조도(Structured Chart), 객체 지향 방법론에서는 (㉢) 다이어그램 등이 널리 사용된다.

	㉠	㉡	㉢
①	시퀀스	데이터 흐름	유스케이스
②	시퀀스	유스케이스	데이터 흐름
③	데이터 흐름	시퀀스	유스케이스
④	데이터 흐름	유스케이스	시퀀스

≫

구분	구조적 방법론	객체 지향 방법론
시스템 분석 도구	자료 흐름도(DFD)	유스케이스 다이어그램
시스템 설계 도구	구조도	시퀀스 다이어그램

답 ④

03 개발 방법론과 요구사항 관리

01 개발 방법론

1. 구조적 방법론

(1) 구조적 개발 방법론 개념

① 정형화된 분석 절차에 따라 사용자 요구사항을 파악하여 문서화하는 체계적인 분석하는 방법론이다.

② 소프트웨어 모듈화의 활성화를 시작으로 기능적인 분할을 시도하여 탑다운(Top-Down) 프로그래밍을 수행하는 개발방법론이다.

③ 모듈의 분할과 정복(Divide & Conquer)에 의한 하향식(Top-Down) 설계방식을 갖는다.

④ 연속(Sequence), 조건(If-Then-Else), 반복(Repetition) 구조로 모든 로직을 처리하는 방법론이다.

⑤ 정형화된 분석 절차에 따라 요구사항을 파악하고 도형 중심의 다이어그램을 이용하여 문서화하는 방법론이다.

(2) 구조적 방법론 구성요소

구성요소	설명	Tool 및 산출물
구조적 분석	• 분할과 정복(Divide & Conquer) • 정형화(Normalization) • 구조적 조직화 • 하향식 기능분해(Top-Down)	• 자료 흐름도(DFD : Data Flow Diagram) • 개체 관계도(ERD : Entity Relationship Diagram) • 상태전이도(STD : State Transition Diagram) • 소단위 명세서(Multi-Spec) • 자료사전(DD : Data Dictionary)
구조적 설계	• 데이터 흐름 중심 • 모듈의 응집도와 결합도 • 재활용성	• Structure Chart, N-S Chart • 프로그램 명세서(절차 명세서) • Application 구조도 : 시스템을 서브시스템, 모듈, Program 으로 구조화 • Multi Level DFD • Database Table 기술서
프로그래밍	연속(Sequence), 조건(If-then-Else), 반복(Repetition) 3개의 논리구조로 프로그래밍	

(3) 구조적 방법론의 장단점

① 장점

㉠ 컨트롤 가능한 모듈화로 구성된다.

㉡ 구조적 분석/설계/프로그래밍을 통한 정형화/체계화가 가능하다.

② 단점

㉠ 기업 전반의 거시관점이 부족하다.

㉡ 단위 프로젝트 위주의 접근을 한다.

㉢ 데이터 모델링 방법이 미흡하다.

㉣ 명확한 방법론적인 지침이 미흡하다.

㉤ 프로그램 로직 중심의 개발이다.

(4) 구조적 방법론의 한계

① 기업 전반의 거시관점이 부족하고 단위 프로젝트 위주의 접근만을 한다.

② 설계와 개발 위주 관점을 갖고 있어 데이터 모델링 방법이 미흡하다.

③ 명확한 방법론적인 지침이 미흡하다.

④ 프로젝트 관리, 조직, 인력에 대한 고려가 미흡하다.

2. 정보공학 방법론

(1) 정보공학(Information Engineering) 방법론 개념

① 기업 전체, 또는 기업의 주요부분을 계획, 분석, 설계 및 구축에 정형화된 기법들을 상호 연관성 있게 통합, 적용하는 데이터 중심 방법론이다.

② 비즈니스 시스템, 즉 정보시스템 개발을 공학적으로 접근하기 위해 체계화시킨 개발 방법론 (Information Engineering)이다.

③ 기업중심, ISP(정보 전략 계획)중심, 데이터중심, 분할과 정복, 공학적 접근, 사용자 참여가 그 특징이다.

(2) 정보공학 방법론 단계

① **정보전략계획(ISP)** : 경영전략, 관련조직, 업무자료 거시적 분석, 현행시스템을 평가한다.

② **업무영역 분석(BAA)** : 데이터 모델링(ERD), 프로세스 모델링(DFD)을 한다.

③ **업무시스템 설계(BSD)** : 업무절차 정의, 프레젠테이션설계, 분산설계를 한다.

④ **시스템 구축(SC)** : 응용프로그램을 작성한다.

(3) 정보공학 방법론의 장단점

① 장점

  ㉠ 경쟁우위 확보의 전략적 기회 식별 및 방안을 제공한다.

  ㉡ 일관성 있고 통일된 정보시스템의 구축이 가능하다.

  ㉢ 시스템의 장기적인 진화와 발전을 허용한다.

  ㉣ 데이터 중심으로 업무절차 및 환경변화에 유연하다.

② 단점

  ㉠ 정보공학의 효과를 위해 장기간이 필요하다.

  ㉡ 소규모의 자동화 요구 사업영역에서는 시간이 오래 걸린다.

  ㉢ 특정 사업영역으로부터 독립된 시스템 개발에는 부적합하다.

(4) 정보공학 방법론의 한계점

① 생명주기에 따라 이전 단계의 완성을 토대로 다음 단계를 진행한다.

② 폭포수 모형의 특성처럼 잘못된 작업에 대해서는 거의 거스르기가 어려운 경직된 구조이다.

③ 현실적으로 복잡하고 종류가 많은 산출물과 절차를 따르기 어렵다.

④ 값비싼 Tool 도입과 까다로운 사용법을 숙지해야 한다.

3. 객체 지향 방법론

(1) 객체 지향 개발 방법론 개념

① SW의 요구사항 분석, 설계, 구축, 시험의 전 단계가 객체 지향 개념에 입각하여 일관된 모델을 가지고 소프트웨어를 개발하는 개발 방법론이다.

② 객체 지향 기법이 적용된 소프트웨어 개발 방법 및 절차, 객체 지향 개발 도구 등이 실무적인 관점에서 하나의 체계로 정의한 체계이다.

③ 객체 지향은 자료 중심의 모델이고 객체는 자료와 관련 함수의 결합으로 이루어진다.

④ 프로그램은 객체들의 집합으로 이루어진다.

(2) 개발 방법론의 종류

종류	설명	특징
OOSE	• Object Oriented SW Engineering • UseCase에 의한 접근방법으로 UseCase를 모든 모델의 근간으로 활용	• 분석, 설계, 구현단계로 구성 • 기능적 요구사항 중심의 시스템
OMT	• Object Modeling Technology • 객체 지향 분석/시스템 설계/오브젝트 설계/구현의 4단계로 구성 • 객체 모델링 : 시스템의 정적 구조 표현 • 동적 모델링 : 객체 제어흐름/상호반응 표현 • 기능 모델링 : 데이터 값 변화 과정 표현	• 복잡한 대형 프로젝트에 유용 • 기업 업무의 모델링 편리 및 사용자와 의사소통이 편리

Booch	• OOD(Object Oriented Design)로 Design부분만 존재 • 설계 문서화를 강조하여 다이어그램 중심으로 개발하는 방법론	• 분석과 설계 분리 안 됨 • 분석하는 데 이용된 객체 모델을 설계 시 적용

(3) 객체 지향(Object Oriented)의 특징

① 실세계 반영
  ○ 이해하기 쉽고, 유지 보수성이 향상된다.
  ○ 아키텍처 기반으로 소프트웨어 구축이 용이하다.
  ○ 문제영역에 대한 현실적 소프트웨어 분석과 설계가 가능하다.

② 하나의 패러다임
  ○ 객체 지향은 한 분야의 기술에만 적용되는 방식이 아닌 소프트웨어의 전 분야에 적용되는 하나의 패러다임이다.
  ○ 객체 지향은 비즈니스 분석부터 SW의 분석, 설계, 개발, 구현에 이르는 SW프로세스 측면 뿐 아니라 프로그래밍 언어, 미들웨어, 개발도구 체계에까지 하나의 주제로 통일된 체계를 형성하고 있다.
  ○ 분야에 따라 각기 다른 방식과 체계로 접근하는 불편함을 제거한다.

③ 재사용성
  ○ 상속과 캡슐화를 통해 기존 프로그램의 재사용 가능성을 극대화시킨 체계이다.
  ○ 정보은닉과 상속이라는 객체 지향만의 특징으로 재사용을 지원한다.
  ○ 기존 코드의 재사용을 통해 생산성 향상과 품질안정을 얻는다.

④ 높은 안정성
  ○ 소프트웨어 개발 중에 요구사항이 변경될 경우 기존 프로그램을 많이 변경하지 않아도 되므로 안정성이 높다.
  ○ 객체의 단위가 본질적으로 다른 객체에 대한 결합도가 낮은 독립성이 강한 단위이기 때문에 해당되는 몇몇 객체만을 선택하여 수정하면 다른 객체들은 영향을 받지 않는다.

4. 컴포넌트 기반 개발 방법론

(1) 컴포넌트 기반 개발 방법론(CBD ; Component Based Development) 개념

① 이미 개발된 소프트웨어 컴포넌트를 조립, 시스템을 개발하여 객체 지향의 단점인 소프트웨어 재사용성을 극대화한 개발 방법론이다.

② 재사용 가능한 컴포넌트의 개발 또는 상용 컴포넌트들을 조합하여 어플리케이션의 개발생산성과 품질을 높이고, 시스템 유지 보수비용을 최소화하는 혁신적 방법이다.

③ 컴포넌트(Component)는 특정 기능 수행을 위해 독립적으로 개발된 부품으로 잘 정의된 인터페이스를 가지며, 다른 부품과 조립되어 응용시스템 구축에 사용되는 소프트웨어 단위이다.

(2) CBD 방법론의 특징

구분	설명
생산성	• 부품 조립을 통한 시간 단축 • 어플리케이션 개발 시간 단축 • 개발자의 생산성 향상, 품질이 검증된 컴포넌트 사용
고품질	• 지속적인 품질 관리로 검증된 컴포넌트의 사용 • 품질을 고려한 컴포넌트 설계 및 구현
재사용과 대체성	• 실행 기반의 재사용 • 모델과 프레임워크 기반의 재사용
변경 용이성	• 요구사항의 변화와 수용에 안정적이고 신속한 변경 가능 • 업무 변경에 따른 위험 최소
기술 집약성	• 기술 숙련에 대한 집중 • 아키텍처, 프레임워크, 분산 객체 기술 등
관리용이성	• 독립적인 컴포넌트 단위의 관리로 복잡성 최소 • 제작주기에 대한 예측 가능 • 제품 외주화 및 구매에 대한 선택 기회 부여

(3) CBD 방법론 프로세스 요소

① **컴포넌트 개발(CD ; Componet Development)**

ⓞ 소프트웨어 개발에 필요한 부품을 만드는 과정이다.

ⓛ 재사용 목적상 해당 도메인에 대한 분석이 핵심사항이다.

② **컴포넌트 기반 개발(CBD ; Componet Based Development)**

ⓞ 컴포넌트들을 조립하여 새로운 응용 소프트웨어 제품 개발

ⓛ 반복적 개발 프로세스를 적용하여 혁신적인 생산성 향상

5. 최신 개발 방법론

(1) 애자일(Agile) 방법론

① 절차보다는 사람이 중심이 되어 변화에 유연하고 신속하게 적응하면서 효율적으로 시스템을 개발할 수 있는 방법론이다.

② 가변적 요구대응을 한다. Predictive하기 보다는 Adaptive하다.

③ 개발 후반부라도 요구사항의 변화를 적극 반영, 구동하는 소프트웨어를 고객에게 자주 전달하여 고객의 요구사항을 신속하게 적용한다.

④ 개발자에게 적합한 개발환경 구성, 개발자가 책임을 완수할 것으로 신뢰하여 개발자에게 동기를 부여한다.

⑤ 프로젝트 관리자에서 촉진자로 변경하고, 프로젝트 계획수립 및 통제의 책임을 팀원에게 이양한다.

⑥ 한 작업실에 5~8명의 작업자로 구성하고 핵심 사용자가 상주하여 개발자와 사용자 간의 중계역할과 신속한 피드백이 가능하다.

⑦ 중소형, 아키텍처 설계, 프로토타이핑에 적합하나 최근 대형 프로젝트에도 적용하고 있다.

(2) 애자일 방법론의 종류

종류	특징
XP	• 의사소통 개선, 즉각적인 피드백에 의해 단순하게 코딩하여 SW 품질을 높이기 위한 방법론 • 반복형 모델의 개발 주기를 극단적으로 짧게(1~3주간 반복)함으로써 프로그램 구현, 시험 활동을 전체 소프트웨어 개발기간에 걸쳐 조금씩 자주 실시하는 방법
SCRUM	• 짧은 개발기간으로 분리하여 반복적으로 수행 관리적인 측면을 강조(3가지 미팅 : 스프린트계획, 일일 스크럼, 스프린트 리뷰) • 3가지 구성원(Product owner, scrum master, scrum team) • 3가지 산출물(제품백로그, 스프린트백로그, 소멸차트) • 프로젝트 조직과 계획에 초점을 둠
RUP	• SW 개발공정으로 개발 조직 내 작업과 책임을 할당하기 위한 규칙 제시 • 4단계(Inception, Elaboration, Cunstruction, Transition) • 6개 Core disciplines(Business modeling, Requirements, Analysis & design, Iplementation, Test, Deployment) • 3개 Support Disciplines(Project Management, Configuration & Change Management, Enviroment) • Visual 모델링 도구 지원
Crystal	• 프로젝트 상황에 따라 알맞은 방법론을 적용할 수 있도록 다양한 방법론 제시 • 프로젝트 중요도와 크기에 따른 메소드 선택 방법 제시
ASD	• Adaptive Software Development • 폭포수 사이클을 일련의 추측, 협동, 학습단계로 대체 • 추측 : 적응적 주기 계획 세움 • 협동 : 공동의 사고와 협업을 통해 시너지효과 극대화 • 학습 : 프로젝트 수행결과를 검토하면서 배울점 강조, 향후 계획에 반영
DSDM	• Dynamic Systems Development Method • 통제된 프로젝트환경에서 점증적 프로토타이핑을 통해 빠듯한 시간제약조건 내에서 시스템을 개발 및 유지 보수하는 프레임워크 제공 • 2~6주 iteration 반복
FDD	• Feature Driven Development • 반복, 점진적인 소프트웨어 개발 방법론 • 산업계에서 알려진 best practice들을 응집력 있게 방법론에 적용 • 5단계 프로세스(전체모델 개발, 특성리스트 생성, 계획, 설계, 구축) • 2주 iteration
린	• LEAN Software Development • 개발조직 전반에 걸친 법칙과 실천과정을 다룸 • 필요한 시점에 필요한 만큼만 생산, 재고 비용 최소화 • 칸반(Kanban)이라는 작업지시서를 이용 Pull 방식의 생산시스템 구축 • 생산방식으로서의 LEAN을 SW 개발에 적용

02 요구사항 관리

1. 요구사항 관리 개요

(1) 요구사항 관리 개념

① 프로젝트와 관련된 이해 관계자들로부터 요구사항을 추출, 구성 및 문서화하고 변경에 대한 동의를 설정해 관리하는 시스템적 활동이다.

② 모든 요구공학 프로세스와 병행적으로 수행되면서 요구사항에 대한 변경을 제어한다.

③ 참여자들 사이에서 효과적인 의사소통 전략을 사용하여 충분한 합의와 협의를 통해 공통의 이해를 구축하고, 개발 생명주기의 전체 기간 동안 지속적인 관리를 제공한다.

(2) 요구사항 관리의 중요성

① 한정된 시간과 비용으로 결함을 최소화하고, 고객의 요구를 최대한 만족시키기 위한 방법이다.

② 참여자 간 효과적인 의사소통의 수단으로 요구사항 관리가 필요하다.

③ 초기 요구사항 관리로 프로젝트 비용 초과 및 일정 지연을 방지하여 비용을 줄일 수 있다.

④ 개발 생명주기 동안 요구사항의 변경 식별, 제어 수행, 추적, 영향분석을 위해 요구사항 관리가 필요하다.

(3) 요구사항 관리의 특징

① 한정된 자원을 고려한 요구사항들의 Trade-Off를 결정할 수 있는 우선순위를 선정한다.

② 검증 및 측정 가능한 조건들의 모임이다.

③ 라이프사이클을 통해 지속적으로 개선 및 관리할 수 있다.

(4) 요구사항 관리의 원칙

① 고객가치 기반의 요구 우선순위 부여, 이해관계자의 요구사항에 대한 동의를 획득해야 한다.

② 요구 시스템의 정확한 목표 식별(기대관리/범위관리)이 되어야 한다.

③ 요구사항 변경관리 위원회(CCB) 운영을 통한 요구 변경의 영향 분석 및 변경 단계별 관리가 필요하다.

(5) 요구사항 관리 프로세스

프로세스	내용
요구사항 협상	가용한 자원과 수용 가능한 위험 수준에서 구현 가능한 기능을 협상하기 위한 기법
요구사항 기준선	공식적으로 검토되고 합의된 요구사항 명세서
요구사항 변경관리	요구사항 기준선을 기반으로 모든 변경을 공식적으로 통제하기 위한 기법
요구사항 확인	구축된 시스템이 이해관계자가 기대한 요구사항에 부합되는지 확인하기 위한 방법

2. 요구공학

(1) 요구공학 개념

요구의 수집, 분석, 명세, 검증, 변경 관리 등의 원칙과 요구관리의 제반 활동에 대한 총체적인 접근 체계를 공학과 결합하여 만든 개념이다.

(2) 요구공학의 필요

① **요구사항 분석이 어렵다.**
　　㉠ 문제영역에 대한 이해가 부족한 이유가 있다.
　　㉡ 참여자 사이의 의사소통 문제가 발생한다.
　　㉢ 요구사항이 자주 변경된다.

② **요구와 기대사항 간에 차이가 발생한다.**
　　㉠ 감춰진 요구사항이 존재한다.
　　㉡ 기능적, 비기능적 요구사항이 따로 존재한다.
　　㉢ 해당 업무에 대한 지식에 차이가 있다.
　　㉣ 변경과 추적에 대한 어려움이 있다.

③ **공학적 접근이 필요하다.**
　　㉠ 이해관계자 입장의 요구사항 정의가 필요하다.
　　㉡ 시나리오 수립을 통한 확인이 필요하다.
　　㉢ 프로세스 및 단계별 기법 제시가 필요하다.

(3) 요구공학의 관리 공정

① **추출**

핵심요소	내용
추출 기법	인터뷰, 시나리오, 작업분석, BPR, 프로토타이핑
추출 프로세스	적용 도메인, 비즈니스 문제, 참여자 요구, 제약사항
요구사항 평가	요구사항 수집, 요구사항 정제, 요구사항 분류
고려사항	위험 평가, 우선순위 평가

② **분석**

핵심요소	내용
분석 기법	• 구조적 분석 : DFD, Data Dictionary, Mini Spec 등 • Use Case 기반 분석 : UML, 모델링

③ 정의 및 명세

핵심요소	내용
분석 활동	• 도메인 분석 : 문제영역 분석, 인터페이스 설정 • 요구사항 분석 : 목표분석, 요구사항 구조화, 구조 모델링 • 행위분석 : 인터페이스 조건에 대한 행위 정의/분석, 참여자들의 조건 및 행위 분석
분석 기준	• 시스템을 계층적이고 구조적으로 표현 • 외부 사용자/내부 시스템의 구성요소와의 인터페이스를 정확히 분석 • 분석단계 이후의 설계와 구현단계에 필요한 정보를 제공
명세 기술	ER 모델링, 유한상태 머신, 구조적 분석과 디자인 기술
명세 원리	명확성, 완전성, 검증가능성, 일관성, 수정용이성, 추적가능성, 개발 후 이용성
핵심 내용	• 시스템이 무엇(What)을 수행할 것인가를 기술 • 목표 달성을 위한 해결방법은 기술하지 않음

④ 검증

핵심요소	내용
검증 기법	• 검증(Verification) : SDLC의 각 단계의 산출물이 이전 단계에서 설정된 개발규격과 요구들을 충족시키는지의 여부를 판단하기 위한 활동 • 확인(Validation) : SDLC의 각 단계의 산출물이 최초 사용자 요구 또는 소프트웨어 요구에 적합한지를 입증하기 위한 활동
검증 근거	조직지식, 조직 표준, 요구사항 문서
주요 검증	타당성 검증, 명세구조 검증, 공통어휘 검증
승인 기준	문서화, 명확성, 간결성, 이해성, 시험성, 사용성, 추적성, 검증성
검증 결과	요구사항 문제 보고서

⑤ 관리

핵심요소	내용
주요 절차	• 협상 : 가용한 자원과 수용 가능한 위험 수준에서 구현 가능한 기능을 협상 • 기준선 : 공식적으로 검토되고 합의된 요구사항 명세서, 향후 개발의 기본(Baseline) • 변경관리 : 요구사항 기준선을 기반으로 모든 변경을 공식적으로 통제 • 확인 : 구축된 시스템이 이해관계자가 기대한 요구사항에 부합되는지 확인

소프트웨어 시험과 품질, 재공학

01 소프트웨어 시험(검사)

1. 소프트웨어 검사의 종류

(1) 화이트 박스(White Box) 검사

① 소프트웨어 테스트에 사용되는 방식으로 모듈의 논리적 구조를 체계적으로 점검하며, 프로그램 구조에 의거하여 검사한다.

② 원시 프로그램을 하나씩 검사하는 방법으로 모듈 안의 작동 상태를 자세히 관찰할 수 있다.

③ 검사 대상의 가능 경로는 어느 정도 통과하는지의 적용 범위성을 측정 기준으로 한다.

④ 검증 기준(Coverage)을 바탕으로 원시 코드의 모든 문장을 한 번 이상 수행한다.

⑤ 프로그램의 제어 구조에 따라 선택, 반복 등을 수행함으로써 논리적 경로를 제어한다.

⑥ Nassi-Shneiderman 도표를 사용하여 검정 기준을 작성할 수 있다.

⑦ 프로그램 원시 코드의 논리적 구조를 커버(Cover)하도록 테스트 케이스를 설계하는 프로그램 테스트 방법이다.

⑧ 화이트 박스 검사의 오류에는 세부적 오류, 논리 구조상의 오류, 반복문 오류, 수행 경로 오류 등이 있다.

(2) 화이트 박스 검사의 종류

① 검사 방법에는 기초 경로(Basic Path) 검사, 조건 기준(Condition Coverage) 검사, 구조(Structure) 검사, 루프(Roof) 검사, 논리 위주(Logic Driven) 검사, 데이터 흐름(Data Flow) 검사 등이 있다.

② 기초 경로 검사는 원시 코드로 흐름 도표와 복잡도를 구하고, 검사 대상을 결정한 후 검사를 수행한다.

③ 루프(반복문) 검사는 루프를 벗어나는 값 대입 → 루프를 한 번 수행하는 값 대입 → 루프를 두 번 수행하는 값 대입의 과정으로 구하며, 검사 형태에는 단순 루프, 중첩 루프, 접합 루프가 있다.

(3) 블랙 박스(Black Box) 검사

① 모듈의 구조보다 기능을 검사하는 방식으로 기능 검사라고도 한다.

② 소프트웨어 인터페이스에서 실시되는 검사로 설계된 모든 기능이 정상적으로 수행되는지 확인한다.

③ 기초적 모델 관점과 데이터 또는 입출력 위주의 검사 방법이다.

④ 제품이 수행할 특정 기능을 파악하기 위하여 각 기능이 작동되는 것을 입증한다.

⑤ 소프트웨어의 기능이 의도대로 작동하고 있는지, 입력은 적절하게 받아들였는지, 출력은 정확하게 생성되는지를 보여주는 데 사용된다.

⑥ 블랙 박스 검사의 오류에는 성능 오류, 부정확한 기능 오류, 인터페이스 오류, 자료 구조상의 오류, 초기화 오류, 종료 오류 등이 있다.

(4) 블랙 박스 검사의 종류

① 검사 방법에는 균등(동치) 분할(Equivalence Partitioning) 검사, 경계 값(Boundary Value Analysis) 검사, 오류 예측(Error Guessing) 검사, 원인-결과 그래프(Cause-Effect Graph) 검사, 비교(Comparison) 검사 등이 있다.

② 균등(동등) 분할 검사는 정상 자료와 오류 자료를 동일하게 입력하여 검사한다.

③ 경계(한계) 값 검사는 경계(한계)가 되는 값을 집중적으로 입력하여 검사한다.

④ 오류 예측 검사는 오류가 수행될 값을 입력하여 검사한다.

⑤ 원인-결과 그래프 검사는 테스트 케이스를 작성하고, 검사 경우를 입력하여 검사한다(원인과 결과를 결정하여 그래프를 작성).

2. 소프트웨어 검사의 단계

(1) 단위 검사(모듈 검사)

① 소프트웨어의 최소 구성 단위가 되는 모듈을 개별적으로 검사한다.

② 화이트 박스 검사를 이용하여 모듈 검증에 초점을 둔다.

③ 인터페이스 검사(모듈 간 매개 변수 검사), 수행 경로 검사(기초 경로 검사와 루프 검사), 경계 값 검사(한계 값 검사), 자료 구조 검사(데이터와 변수 검사)가 있다.

(2) 통합 검사(설계 검사)

① 단위 검사를 한 후 모듈을 결합하면서 오류를 찾는 검사로 가장 많은 오류를 발견한다.

② 시스템이 본래의 기능을 수행하는지, 모듈 사이의 인터페이스가 제대로 작동하는지를 검사한다.

③ 소프트웨어의 설계와 구축에 초점을 두며, 하향식 통합과 상향식 통합으로 분류된다.

종류	설명
하향식 (Top-Down)	• 상위 모듈에서 하위 모듈로 진행하면서 검색한다. • 독립된 구조이므로 일시적으로 필요한 조건만 사용한다. • 임시로 제공되는 시험용 모듈인 가짜 모듈(Stub)을 이용한다.
상향식 (Bottom-Up)	• 하위 모듈에서 상위 모듈로 진행하면서 통합한다. • 통합 시 클러스터를 실행할 수 있는 시험 가동기(Test Driver)가 필요하다. • 중요 모듈을 먼저 검사하며, 단위 모듈을 실행한다. • 낮은 수준의 모듈을 클러스터로 결합 → 드라이버의 제어 프로그램을 작성 → 클러스터 검사 → 드라이버를 제거하고, 클러스터를 상위로 결합한다.

(3) 시스템 검사(보안, 호환성 검사)

① 개발된 소프트웨어가 해당 시스템에서 정확하게 작동하는지를 검사한다.

② 소프트웨어와 다른 시스템 요소를 검사하고, 전체 시스템의 실행 능력을 확인한다.

③ 외부(Outside) 검사는 요구 분석서를 이용한 외부적 요소를 검사한다.

④ 내부(Inside) 검사는 요구 분석서를 이용한 세부적 절차를 검사한다.

⑤ 성능(Capacity) 검사는 처리량과 응답 시간을 검사한다.

(4) 인수 검사(승인, 검증, 사용자 참여 검사)

① 소프트웨어의 요구사항으로 설정된 내용이 맞는지를 추적하는 데 중점을 둔다.

② 개발된 소프트웨어를 완성 제품으로 보고, 사용자들이 제공하는 데이터를 가지고 검사한다.

③ 인수 검사의 문제점을 극복하기 위해서 알파 검사와 베타 검사가 있다.

종류	설명
알파(Alpha) 검사	• 시스템을 사용할 환경에서 사용자가 직접 데이터를 가지고 검사한다. • 소프트웨어 시스템을 사용자로부터 주문 받아 개발하는 경우 많이 사용한다. • 개발자의 장소에서 사용자가 시험을 하고, 개발자는 뒤에서 결과를 지켜본다.
베타(Beta) 검사	• 최종 사용자가 여러 사용자 앞에서 실제 업무를 직접 검사한다. • 실제 업무를 가지고 사용자가 직접 시험한다. • 사용자가 해당 소프트웨어를 사용하여 개발자가 발견하지 못한 결함을 찾는다.

(5) 설치 검사

① 하드웨어가 변경될 경우 목표 시스템에서 수행 능력을 검사한다.

② 개발된 소프트웨어를 사용자 컴퓨터에 설치하여 사용할 경우 오류를 찾는다.

소프트웨어 오류를 찾는 블랙 박스 시험의 종류로 옳지 <u>않은</u> 것은? · 14년 우정사업본부

① 비교 시험(Comparison Testing)
② 기초 경로 시험(Basic Path Testing)
③ 동치 분할 시험(Equivalence Partitioning Testing)
④ 원인-효과 그래프 시험(Cause-Effect Graph Testing)

≫ 화이트 박스 검사 방법 : 기초 경로(Basic Path) 검사, 조건 기준(Condition Coverage) 검사, 구조(Structure) 검사, 루프(Roof) 검사, 논리 위주(Logic Driven) 검사, 데이터 흐름(Data Flow) 검사 등이 있다.

≫ 블랙 박스 검사 방법 : 균등(동치) 분할(Equivalence Partitioning) 검사, 경계값(Boundary Value Analysis) 검사, 오류 예측(Error Guessing) 검사, 원인-결과 그래프(Cause-Effect Graph) 검사, 비교(Comparison) 검사 등이 있다. · 답 ②

02 소프트웨어 복잡도와 유지 보수

1. McCabe의 복잡도

(1) McCabe 소프트웨어 복잡성

① 복잡도는 흐름(Flow) 그래프의 영역 수 또는 프로그램 구조의 직선 경로 수와 일치한다.
② 영역 수는 경계 영역과 그래프 외부의 비경계 지역 수를 계산한다.
③ 영역은 그래프의 평면에서 둘러 쌓여진 부분으로 묘사될 수 있다.
④ V(G)는 영역의 수를 결정함으로써 계산되어진다.
⑤ 흐름 그래프가 있으면 모듈 크기의 실제 상한선은 존재한다.
⑥ 상세 설계가 완료된 다음 사용할 수 있으며, 그래프를 이용하여 순환적 복잡도를 측정한다.

(2) 복잡도에 따른 소프트웨어 평가 기준

① **복잡도가 5 이하인 경우** : 매우 간단한 프로그램이다.
② **복잡도가 5~10인 경우** : 매우 구조적이며, 안정된 프로그램이다.
③ **복잡도가 20 이상인 경우** : 문제가 매우 복잡하거나 구조가 필요 이상으로 복잡한 프로그램이다.
④ **복잡도가 50 이상인 경우** : 비구조적이며, 불안정한 프로그램이다.

(3) 순환적 복잡도

① **복잡도 1** : V(G) = 화살표 수(A) − 노드 수(N) + 2

② **복잡도 2** : V(G) = 서술 노드(P) + 1

2. 유지 보수(Maintenance)

(1) 유지 보수의 개념

① 소프트웨어를 개발한 후 최적의 상태를 유지하기 위해서 수행하는 작업이다.

② 소프트웨어의 생명 주기에서 가장 많은 시간과 비용을 차지하는 단계이다.

③ 유지 보수를 쉽게 하려면 시험 용이성, 이해성, 수정 용이성, 이식성 등이 고려되어야 한다.

④ 소프트웨어의 변경을 제어 관리하는 것을 형상 관리(Configuration Management)라고 한다.

⑤ 유지 보수 과정은 유지 보수 요구 → 시스템의 이해 → 수정 및 시험 순으로 반복한다.

(2) 유지 보수의 종류

① **수리 유지 보수(Corrective Maintenance)** : 수정 보수/교정 정비/하자 보수로 소프트웨어를 사용하면서 발견된 오류를 찾아 수정한다.

② **완전화 유지 보수(Perfective Maintenance)** : 기능 보수/기능 개선/완전 정비로 가장 큰 비중(업무량 및 비용)을 차지(비율 중 약 50%를 차지)하며 수행 중인 기능 수정, 새로운 기능 추가, 전반적인 기능을 개선한다.

③ **적응 유지 보수(Adaptive Maintenance)** : 조정 정비/환경 적응으로 S/W 수명 기간 중 발생하는 환경 변화를 기존의 S/W 산물에 반영한다.

④ **예방 유지 보수(Preventive Maintenance)** : 예방 보수/예방 정비/예방 조치로 고장이 발생하기 전에 고장의 원인을 점검하고, 앞으로의 유지 보수성이나 신뢰성을 향상시켜 품질을 개선한다.

(3) 유지 보수의 문제점과 부작용

① 다른 사람이 작성한 프로그램인 경우 이해가 곤란하다.

② 소프트웨어의 변경된 내용을 문서화하지 않을 경우 추적이 어렵다.

③ 코딩 부작용은 코딩(Cording) 내용의 변경으로 인하여 발생한다.

④ 자료 부작용은 자료 구조의 변경으로 인하여 발생한다.

⑤ 문서화 부작용은 자료 코드에 대한 변경이 설계 문서나 사용자의 매뉴얼에 적용되지 않을 때 발생한다.

(4) 유지 보수의 비용 측정

방법	설명
Belady-Lehman 방법	• $M = P + K^{(c-d)}$ ∴ 복잡도가 증가하면 유지 보수 비용도 증가 • M : 유지 보수를 위한 노력(인원/월) • P : 생산적 활동에 드는 비용 • K : 통계 값에서 구한 상수 • c : 복잡도 • d : 소프트웨어에 대한 지식의 정도
COCOMO 방법	• $M = ACT \times DE \times EAF$ • M : 유지 보수 노력 • ACT(Annual Change Traffic) : 유지 보수의 연평균 비율 • DE(Development) : 개발 노력(인원/월) • EAF(Effort Adjustment Factor) : 노력 조정 수치

03 소프트웨어 품질 보증과 신뢰도

1. 소프트웨어 품질 보증과 기본 요소

(1) 소프트웨어 품질 보증(QA ; Quality Assurance)

① 특정 소프트웨어의 기술적인 요구사항과 일치를 확인하는 데 필요한 체계적이고 계획적인 활동이다.

② 명확하게 정의된 소프트웨어의 특성으로 소프트웨어의 품질을 평가하는 기준 항목이다.

③ 소프트웨어 품질의 3가지 관점에는 소프트웨어 발주자 관점, 소프트웨어 사용자 관점, 소프트웨어 판매자 관점이 있다.

(2) 소프트웨어 품질 보증의 기본 요소

① **정확성(Correctness)** : 사용자의 요구사항을 만족시키는 정도로 사용자의 요구 기능을 정확하게 만족시켜야 한다.

② **시험 역량(Testability)** : 의도된 기능을 수행하도록 보장하기 위해 프로그램을 시험할 수 있는 정도이다.

③ **사용 용이성(Usability)** : 사용자가 쉽게 익히고, 사용할 수 있는 정도로 소프트웨어는 적절한 사용자 인터페이스와 문서를 가져야 한다.

④ **이식성(Portability)** : 다양한 하드웨어 환경에서도 운용이 가능하도록 쉽게 수정될 수 있는 정도이다.

⑤ **효율성(Efficiency)** : 최소의 시간과 기억 용량으로 요구 기능을 수행하는 정도로 소프트웨어가 자원을 쓸데없이 낭비하지 않아야 한다.

⑥ **유지 보수성(Maintainability)** : 발견된 오류를 쉽게 수정할 수 있는 정도로 기능 변경의 필요성을 만족시키기 위하여 소프트웨어의 진화가 가능해야 한다.

⑦ **유연성(Flexibility)** : 소프트웨어를 얼마만큼 쉽게 수정할 수 있는가의 정도로 새로운 기능 추가나 다른 환경에 적응하기 위해 수정이 용이해야 한다.

⑧ **신뢰성(Reliability)** : 요구된 기능을 수행할 수 있는 정도로 정확하고 일관된 결과를 위하여 요구 기능을 오류 없이 수행한다.

⑨ **재사용성(Reusability)** : S/W 부품에 적용되는 품질로 전체나 일부가 다른 목적으로 사용할 수 있는 정도로 과학 계산용 라이브러리와 같이 이미 만들어진 프로그램을 사용한다.

⑩ **상호 운용성(Interoperability)** : 다른 소프트웨어와 정보를 교환할 수 있는 정도이다.

⑪ **무결성(Integrity)** : 허용되지 않은 사용이나 자료의 변경을 제어하는 정도이다.

2. 소프트웨어 품질 보증 방법

(1) 워크 쓰루(Walk-Through)

① 소프트웨어에 대한 재검토 회의 방식으로 비용 절약의 품질 관리 활동을 한다.

② 소프트웨어 생명주기의 각 단계마다 산출된 명세서를 가지고 다음 단계로 넘어가기 전에 오류를 찾는다.

③ 시스템 명세, 설계 결과, 프로그램 코드 등을 여러 사람이 검토하여 내부에 포함된 오류를 검색한다.

④ 발견된 오류는 문서화하고, 검토를 위한 자료는 사전에 배포하여 검토한다.

⑤ 오류 검출에 초점을 두고 해결책은 나중으로 미룬다.

(2) 심사(Inspection)

① 소프트웨어 생명주기의 각 단계에서 산출된 결과물을 여러 사람이 검토한다.

② 팀 관리 조정자가 과정에서 얻은 출력을 일반 설정과 비교하여 오류가 제거되도록 한다.

(3) 정형 기술 검토(FTR ; Formal Technical Reviews)

① 소프트웨어 공학의 실무자에 의해 수행되는 소프트웨어 품질 보증 활동이다.

② 기능과 로직의 오류 발견, 사용자 요구사항의 확인, 프로젝트 관리의 편리성 등이 주목적이다.

③ 소프트웨어 분석, 설계, 구현을 위한 다양한 접근을 관찰할 수 있도록 한다.

④ 정형 기술 검토의 지침 사항에는 제작자가 아닌 제품 검토에 집중, 논쟁과 반박을 제한, 제기된 문제를 바로 해결하려고 하지 않음, 의제와 참가자 수를 제한하고, 사전 준비를 강조, 각 체크 리스트를 작성하고, 자원과 시간 일정을 할당, 검토 과정과 결과를 재검토 등이 있다.

3. 신뢰도와 가용성

(1) 신뢰도 측정

① 시스템이 주어진 환경에서 정확한 결과를 얻기 위해 주어진 시간 동안 오류 없이 작동할 확률이다.

② 소프트웨어의 신뢰도는 개발 시점의 자료를 이용하여 측정과 예측이 가능하다.

③ 소프트웨어의 간단한 신뢰도 측정은 MTBF로 가능하다.

④ 신뢰도의 측정 = MTBF / MTBF + MTTR로 계산한다.

종류	설명
MTBF (Mean Time Between Failure)	• 평균 고장 간격(MTTF + MTTR) • 고장과 고장 사이의 평균 시간 • MTBF = 작업한 시간의 총합 / 작업한 횟수
MTTR (Mean Time To Repair)	• 평균 수리 시간 • 고장 시점에서 수리가 될 때까지의 평균 시간 • MTTR = 수리한 시간의 총합 / 고장난 횟수
MTTF (Mean Time To Failure)	• 평균 가동 시간 • 임의의 시점에서 고장이 발생한 평균 시간

(2) 가용성(이용 가능성)

① 프로그램이 요구사항에 따라 운영되는 확률이다.

② 가능성(가용성)의 측정 = MTTF / (MTTF + MTTR) ×100%로 계산한다.

04 재공학

1. 소프트웨어 공학의 3R

(1) 소프트웨어 재사용(Reuse)

① 소프트웨어의 생산성을 향상시키기 위한 작업으로 해당 소프트웨어를 반복 사용한다.

② 소프트웨어 요소 중에서 클래스, 객체 등은 소프트웨어 재사용성을 향상시킨다.

③ 기능 및 품질을 인정받은 소프트웨어의 전체나 일부분을 재사용하여 새로운 소프트웨어의 질을 높인다(개발 시간과 비용을 감소시킴).

④ 모듈은 크기가 작을수록 재사용율이 높으며, 재사용 시 Source Code를 많이 사용한다.

⑤ 재사용 컴포넌트(Component)에서 모듈이 많아지면 체계적으로 분류하기가 어렵다.

⑥ 합성 중심(Composition-Based)과 생성 중심(Generation-Based) 방법으로 분류한다.

⑦ 프로젝트의 실패 위험을 줄이고, 소프트웨어의 품질과 신뢰도를 향상시킬 수 있다.

⑧ 시스템 구조에 대한 지식과 개발 방법이 용이하고, 프로그램 생성과 구축 방법에 대한 지식을 공유한다.

⑨ 재사용의 공유 대상이 많지 않아 재사용 대상을 선정하기가 어렵다.

⑩ 프로그램의 표준화와 재사용을 위한 관리가 미흡하다(시스템 간 재사용 여부가 불분명).

(2) 소프트웨어 재공학(Re-Engineering)

① 기존 소프트웨어를 파기하지 않고 변경된 사용자의 요구사항이나 수정된 환경으로 기존 소프트웨어를 보완하여 재구축하는 것이다.

② 소프트웨어의 위기를 극복하기 위해 유지 보수의 생산성으로 해결한다.

③ 데이터와 기능들의 개조 및 개선을 통하여 유지 보수의 용이성을 향상시킨다.

④ 유지 보수에 대한 장기적인 전략적 고려와 많은 비용, 시간, 자원을 요구한다.

⑤ 기존 시스템을 이용하여 보다 나은 시스템을 구축하고, 새로운 기능을 추가하여 소프트웨어의 성능을 향상시킨다.

⑥ 유지 보수성, 생산성, 품질 향상을 목적으로 하며, 형식의 변경과 재설계 과정을 포함한다.

⑦ 주요 활동으로는 분석, 개조, 재구성, 역공학, 이식 등이 있다.

⑧ 자동화된 도구를 사용하여 소프트웨어를 분석하고, 수정하는 과정을 포함한다.

(3) 소프트웨어 역공학(Reverse Engineering)

① 현재 프로그램으로부터 데이터, 아키텍처, 절차에 관한 분석 및 설계 정보를 추출하는 과정이다.

② 소프트웨어를 분석하여 소프트웨어 개발 과정과 데이터 처리 과정을 설명하는 분석 및 설계 정보를 재발견하거나 다시 만드는 작업이다.

③ 원시 코드를 분석하여 기존 시스템의 문서화를 다시 작성하거나 자료 사전, E-R 다이어그램 등의 설계 정보를 재생시킨다.

④ 기존 코드나 데이터로부터 설계 사양서나 요구 분석서를 복구시킨다.

2. CASE(Computer Aided Software Engineering) 도구

(1) CASE 도구의 개념

① 소프트웨어 개발과정 일부 또는 전체를 자동화하기 위한 도구이다.

② 계획 수립에서부터 요구분석, 설계, 개발, 유지 보수에 이르는 소프트웨어 생명주기의 모든 과정을 자동화할 수 있도록 지원하는 자동화 도구이다.

③ 소프트웨어 개발 작업을 자동화하는 것으로 소프트웨어 도구와 방법론의 결합이다.

④ 소프트웨어 생명 주기의 모든 단계(요구 분석, 설계, 구현, 검사, 디버깅)를 연결한다.

⑤ 개발 도구와 개발 발명품이 결합된 것으로 차세대 CASE 도구는 통합화, 지능화로 정의될 수 있다.

⑥ 소프트웨어의 개발 비용을 절약하고, 개발 과정의 속도를 향상시킨다.

⑦ 소프트웨어 부품의 재사용과 시각적인 프로그래밍이 가능하다.

⑧ 소프트웨어의 개발 기간을 단축하며, 프로그램의 유지 보수를 간단하게 수행할 수 있다.

⑨ 자동화 기법을 통하여 소프트웨어의 품질 향상과 프로젝트 관리가 용이하다.

⑩ 소프트웨어 시스템의 문서화 및 명세화를 위한 그래픽 기능을 제공한다.

⑪ 소프트웨어 개발의 표준화를 지향하고, 생산성 문제를 해결할 수 있다.

⑫ 소프트웨어 공학의 개념을 적용하고, 문서화의 용이성을 제공한다.

(2) CASE 도구의 등장배경

① 사용자의 요구사항과 실제 시스템 간의 차이 발생 극복이 필요했다.

② 시스템의 재사용성, 생산성 및 유지 보수의 어려움 극복이 필요했다.

③ 소프트웨어의 대규모화, 통합화, 다양화 및 복잡화에 따른 효율적인 관리가 필요했다.

(3) CASE 도구의 효과

① 표준화된 환경 구축 및 문서과정의 자동화, 표현성 확보효과가 있다.

② 소프트웨어 재사용성 확보 및 안정된 소프트웨어 품질 확보가 가능하다.

③ 전 과정의 신속성, 통합성을 제공한다.

(4) CASE 도구의 분류

① **상위(Upper) CASE** : 소프트웨어 생명주기 전반부인 계획 수립, 요구분석, 기본설계 단계를 지원하고 이를 다이어그램(Diagram)으로 표현한다.

② **중위(Middle) CASE** : 소프트웨어 생명주기 중반부인 상세 설계 작업을 지원하며 화면·출력 등의 작성을 지원한다.

③ **하위(Lower) CASE** : 소프트웨어 생명주기 후반부인 시험, 유지 보수 작업을 지원하며 소스코드(Source code)와 시스템 명세서를 획득한다.

④ **통합(Integrate) CASE** : 세 가지를 통합한 것으로 소프트웨어 생명주기 전 과정을 지원하고 국내에서는 Rational ROSE, COOL 등을 사용한다.

(5) CASE 도구 시스템의 구성

① **다이어그램(Diagram) 작성 도구** : 소프트웨어 명세서 정의, 설계결과를 표현한다.

② **설계 분석기** : 설계 명세서의 정확성, 일치성, 모호성에 대한 검사를 담당한다.

③ **코드 생성기** : 명세서로부터 프로그래밍 언어로 된 모듈의 코드를 생성한다.

④ **CASE 저장소(Repository)** : CASE 도구의 중심, 소프트웨어 생명주기 동안 정보를 저장한다.

⑤ **프로젝트 관리 지원도구** : 프로젝트 관리를 위한 도구를 지원한다.

⑥ **재공학 도구** : 기존시스템의 설계 명세서 작성을 지원한다.

⑦ **프로토타이핑 도구** : 초기 사용자의 인터페이스 작성을 지원한다.

(6) CASE 저장소

① 데이터, 프로세스, 다이어그램, 규칙 등에 관한 정보가 저장된다.

② 도구, 생명주기, 사용자, 응용 소프트웨어 사이의 통신과 소프트웨어 시스템의 정보를 공유한다.

③ 소프트웨어 시스템의 구성 요소와 시스템 정보가 정보 저장소에 의해 관리되므로 유지 보수가 용이하다.

④ 소프트웨어 시스템의 표준화, 소프트웨어 시스템 정보의 공유, 소프트웨어 재사용성 등의 기본이 된다.

디자인 패턴과 형상관리

01　디자인 패턴

1.　디자인 패턴의 개요

(1)　디자인 패턴(Design Pattern)의 정의

① 소프트웨어 설계에 있어 공통된 문제들에 대한 표준적인 해법
② 반복적으로 나타나는 문제들을 해결해 온 전문가들의 경험을 모아서 정리한 일관된 솔루션
③ 프로그램 개발에서 자주 나타나는 과제를 해결하기 위한 방법
④ 특정한 상황에서 구조적인 문제를 해결하는 방안

(2)　디자인 패턴의 목적

① 설계자로 하여금 재사용을 가능하도록 하는 설계를 선택하게 하고 재사용을 방해하는 설계는 배제하도록 한다. 즉, '올바른' 설계를 빨리 만들 수 있도록 도와주는 가이드 역할을 한다.
② 소프트웨어 설계/구현에 있어서 확장성, 재사용성, 유지 보수성이 좋은 소프트웨어를 설계한다.
③ 전문가들의 설계 노하우를 다른 개발자가 이해하고 적용할 수 있는 형태로 제공한다.
④ 안정적인 소프트웨어 개발을 위한 기법이다.

2　디자인 패턴의 구성요소와 원칙

(1)　디자인 패턴의 구성요소

구분	내용
패턴이름 (Pattern name)	• 한두 단어로 설계문제와 해법을 서술 • 설계의 의도를 표현 • 설계에 대한 생각을 쉽게 하고, 개발자들 간의 의사소통이 원활해짐
문제 (Problem)	• 언제 패턴을 사용하는가를 서술 • 해결할 문제와 그 배경을 설명 • '어떤 알고리즘을 객체로 만들까' 같은 문제 설명

해법 (Solution)	• 설계를 구성하는 요소들과 그 요소들 간의 관계, 책임, 협력관계를 서술 • 구체적이지 않은 추상적인 설명
결과 (Consequence)	• 디자인 패턴을 적용해서 얻는 결과와 장단점을 서술 • 시스템의 유연성, 확장성, 이식성에 영향을 줌 • 나중에 패턴들을 이해하거나 평가하는 데 도움

(2) 디자인 패턴의 원칙

원칙	내용
캡슐화	바뀌는 부분은 캡슐화
위임	상속보다는 위임을 활용
인터페이스	구현이 아닌 인터페이스에 맞춰서 프로그래밍
느슨한 결합	서로 상호작용을 하는 객체 사이에서는 가능하면 느슨하게 결합하는 디자인 사용
개방 & 폐쇄	클래스 확장에 대해서는 OPEN, 변경에 대해서는 CLOSE
의존관계	추상화된 클래스에 의존하고 구현, 클래스 의존은 배제

3. 고프(GoF)의 23가지 디자인 패턴

(1) 생성 패턴 유형

① 의미
  ㉠ 객체 생성 방식을 결정한다.
  ㉡ 클래스를 정의하고 객체 생성 방식을 구조화하며 캡슐화한다.

② 생성 패턴 유형 중 클래스 패턴
  ㉠ 팩토리 메소드(Factory method) : 어떤 한 클래스의 인스턴스를 만드는 작업을 서브클래스에서 결정하게 만드는 패턴이다.

③ 생성 패턴 유형 중 객체 패턴
  ㉠ 추상 팩토리(Abstract Factory) 패턴 : 구체적인 클래스를 지정하지 않고 관련성을 갖는 객체들의 집합을 생성하거나 서로 독립적인 객체들의 집합을 생성할 수 있는 인터페이스를 제공하는 패턴이다.
  ㉡ 빌더(Builder) 패턴 : 복잡한 객체를 생성하는 방법과 표현하는 방법을 정의하는 클래스를 별도로 분리해 서로 다른 표현이라도 이를 생성할 수 있는 동일한 구축 공정을 제공하는 패턴이다.
  ㉢ 프로토타입(ProtoType) 패턴 : 클래스로부터 원형이 되는(Prototypical) 인스턴스를 사용하여, 인스턴스를 복제해서 새로운 인스턴스를 생성하는 패턴이다.
  ㉣ 싱글톤(Singleton) 패턴 : 지정한 클래스의 인스턴스가 반드시 1개만 존재하도록 하는 패턴이다.

(2) 구조 패턴 유형

① 의미

⊙ 객체를 조직화하는 일반적인 방법을 제시한다.

ⓒ 별도의 클래스 라이브러리를 통합하는 데 유용하며 런타임 시에 객체가 구성된 구조를 변경 가능하다.

ⓒ 객체 구성에 유동성, 확장성이 추가 가능하다.

② 구조 패턴 유형 중 클래스 패턴

⊙ 어댑터(Adapter) 패턴 : 클래스의 재사용성을 높이기 위해 요구되는 특정 기능으로 변환/적용하여 클래스 간 호환성을 확보하는 패턴이다.

③ 구조패턴 유형 중 객체 패턴

⊙ 브릿지(Bridge) 패턴 : 기능 클래스 계층과 구현 클래스 계층 사이의 다리 역할을 수행하며, 위임 방법을 사용하는 패턴이다.

ⓒ 컴포지트(Composite) 패턴

- 클라이언트가 트리 구조(Tree Structures)를 형성하는 개별 객체들과 이들이 모여서 만들어진 구성체들을 동일하게 취급할 수 있는 패턴이다.
- 다양한 자식 클래스들을 마치 같은 종류의 클래스 다루듯이 동일시해서 사용하겠다는 패턴이다.

ⓒ 데코레이터(Decorator) 패턴 : 서브클래스를 만드는 것을 통해서 상속보다 디자인 유연성 면에서, 기능을 보다 유연하게 확장할 수 있는 방법을 제공하는 패턴이다.

ⓔ 포사드(Façade) 패턴

- 다수 객체들의 인터페이스 집합에 대해 일관된 인터페이스를 제공하는 패턴이다.
- 객체 지향프로그래밍 분야에서 자주 쓰이며, 클래스 라이브러리 같은 어떤 소프트웨어의 다른 커다란 코드 부분에 대한 간략화된 인터페이스를 제공하는 디자인 패턴이다.

ⓜ 플라이웨이트(Flyweight) 패턴 : 공유 가능한 정보와 그렇지 않은 정보를 분리하고 공유 가능한 정보를 객체 형태로 정의하여 정보 공유를 수행하는 형태의 설계 패턴이다.

ⓗ 프록시(Proxy) 패턴 : 접근 대상 객체와 동일한 인터페이스를 제공하는 대리인 객체를 이용해 타깃 객체 접근 전에 추가적인 작업의 기회를 제공하는 패턴이다.

(3) 행위 패턴 유형

① 의미

⊙ 객체의 행위를 조직화 관리, 연합한다.

ⓒ 객체나 클래스의 연동에 대한 유형을 제시하고자 할 때 사용한다.

ⓒ 런타임 시 복잡한 제어 흐름을 결정짓는 데 사용한다.

② 행위패턴 유형 중 클래스 패턴

⊙ 인터프리터(Interpreter) 패턴 : 언어의 다양한 해석, 구체적으로 구문을 나누고 그 분리된 구문의 해석을 맡은 클래스를 각각 작성하여 여러 형태의 언어구문을 해석할 수 있게 만드는 패턴이다.

ⓛ 템플릿 메소드(Template Method) 패턴
- 상위 클래스에서 처리의 흐름을 정하고 하위 클래스에서 구체적인 내용을 재정의하는 디자인 패턴이다.
- 오퍼레이션에 알고리즘의 기본 골격 구조를 정의하고 구체적인 단계는 서브클래스에서 정의하는 패턴이다.

③ **행위 패턴 유형 중 객체 패턴**
ⓐ 책임의 사실(Chain of Responsibility) 패턴 : 어떠한 요구가 발생했을 때 그 요구를 처리할 객체를 바로 결정할 수 없는 경우에는 다수의 객체를 사슬처럼 연결해 두고 객체의 사슬을 차례로 돌아다니면서 목적에 맞는 객체를 결정하는 패턴이다.
ⓛ 커멘드(Command) 패턴 : 동작이나 트랜잭션에 대한 요청을 객체를 통해 캡슐화함으로써 해당 요청을 저장하거나 로그에 기록하고 실행취소(undo), 재실행(redo) 등의 기능을 제공하고자 하는 패턴이다.
ⓒ 반복(Iterator) 패턴 : 집합 객체 요소들의 내부 표현 방식을 공개하지 않고, 순차적으로 접근하는 구조를 제공하는 디자인 패턴이다.
ⓔ 중재자(Mediator) 패턴
- 각 객체가 관련성을 갖는 다른 객체에 대한 참조 관계를 직접 정의하기보다 이를 독립된 다른 객체 한 곳(Mediator)으로 몰아서 관리를 용이하게 해주는 패턴이다.
- 객체들 간의 상호작용(참조관계)을 캡슐화하여 하나의 객체에 정의(중재자)하고 객체 간 관련성을 갖는 참조관계를 중재자가 관리하게 하는 패턴이다.
ⓜ 메멘토(Memento, 기념물) 패턴
- 어떤 시점에서의 객체의 상태를 저장해 두었다가 필요 시 객체를 그 시점의 상태로 되돌리는 패턴이다.
- 캡슐화를 위배하지 않으면서 다른 객체의 내부 상태를 파악하여 자신의 상태를 다시 복구할 수 있게 한다.
ⓗ 옵저버(Observer) 패턴 : 한 객체의 상태가 바뀌면 그 객체에 의존하는 다른 객체들에게 통지되고 필요 시 자동으로 내용이 갱신되는 패턴으로 일대다(One-to-many) 의존성 패턴이다.
ⓢ 상태(State) 패턴 : 객체의 내부 상태가 바뀜에 따라서 객체의 행동을 바꿀 수 있어 마치 객체의 클래스가 바뀌는 것과 같은 결과를 얻는 패턴이다.
ⓞ 전략(Strategy) 패턴 : 상황에 따라 알고리즘이 달라져야 할 필요가 있을 때, 각 알고리즘 클래스들을 공통된 인터페이스에 맞게 구현하여 다형성을 활용하는 패턴이다.
ⓩ 방문자(Visitor) 패턴 : 데이터 구조와 기능 처리를 분리하는 패턴으로 데이터 구조 안을 돌아다니는 주체인 '방문자'를 나타내는 클래스를 준비해서 그 클래스에게 처리(렌더링, 이벤트 처리, 탐색 등)를 맡기는 패턴이다.

02 | 형상관리

1. 형상관리의 개요

(1) 형상관리(Software Configuration Management)의 개념

① 소프트웨어 생명주기의 산출물을 체계적으로 관리하여 소프트웨어의 가시성, 추적성, 무결성을 부여하여 품질보증을 하고자 하는 관리 방법이다.

② 소프트웨어를 이루는 부품의 변경 통제 시점(Baseline)을 정하고 변경을 철저히 관리, 통제하는 활동이다.

(2) 형상관리의 필요성

문제원인	내용
가시성의 부재	소프트웨어는 무형의 산물이므로 가시성이 없음
통제의 불편	눈에 보이지 않는 소프트웨어 개발 통제가 현실적으로 어려움
추적 결핍	소프트웨어 개발 과정에 대한 추적의 어려움
감시의 부족	가시성 결핍 및 추적의 어려움으로 프로젝트 관리를 지속적으로 하기 어려움
상시 변경	무절제한 사용자의 요구사항으로 변경통제가 어려움

2. 형상관리의 구성요소, 활동, 효과

(1) 형상관리 구성요소

구성요소	내용
기준선 (Baseline)	각 형상 항목들의 기술적 통제시점, 모든 변화를 통제하는 시점의 기준
형상항목 (Configuration item)	소프트웨어 생명주기 중 공식적으로 정의되어 기술되는 기본 대상
형상물 (Configuration Product)	소프트웨어 개발 생명주기 중 공식적으로 구현되는 형체가 있는 실현된 형상관리의 대상으로 기술문서, 하드웨어 제품, 소프트웨어 제품이 있음
형상정보 (Configuration Information)	형상항목과 형상물을 나타냄

(2) 형상관리 활동

주요활동	수행내용	관리요소
형상식별	• 형상관리 대상 식별 • 관리 목록에 대한 관리번호 부여	Baseline 설정, 형상관리위원회
형상통제	• 식별된 형상관리 변경사항 통제 • 변경 요구관리, 변경 제어, 형상관리 조직의 운영 및 개발업체, 외주업체에 대한 형상 통제 지원	Access, Control, Version
형상감사	• 기준선(Baseline)의 무결성 평가 • 기준선 변경 시 요구사항과 일치 여부 검토	Verification, Validation
형상기록	• 형상 및 변경관리 기록, 보고 • 데이터베이스에 의한 관리	Repository

(3) 형상관리의 효과

① 개발 측면

㉠ 소프트웨어 변경에 따른 부작용 최소화, 관리가 용이하다.

㉡ 소프트웨어 품질보증 기법이다.

㉢ 소프트웨어의 적절한 변경에 대한 관리가 가능하다.

㉣ 유지 보수성을 향상시킨다.

② 관리 측면(운영 측면)

㉠ 프로젝트의 체계적이고 효율적인 관리의 기준을 제공한다.

㉡ 프로젝트의 원활한 통제가 가능하다.

㉢ 프로젝트의 가시성 확보와 추적성을 보장한다.

㉣ 품질 보증의 기준선을 제시한다.

06 멀티미디어

01 멀티미디어 시스템

1. 멀티미디어의 개념과 특징

(1) 멀티미디어의 개념

① 멀티(Multi)와 미디어(Media)가 결합된 것으로 다중 매체라고도 한다.

② 동영상 등의 미디어를 디지털 방식으로 변환하여 사용자에게 대화 형태로 제공하는 것이다.

③ 문자(Text), 그림(Image), 오디오(Audio), 비디오(Video), 애니메이션(Animation) 등의 정보를 통합하여 하나의 정보로 전달된다.

④ 멀티미디어의 발전 단계는 디자인 → 도구 선택 → 콘텐츠 생성 → 멀티미디어 저작 → 테스트 순이다.

⑤ 멀티미디어 타이틀 제작 과정은 분석 → 계획 → 설계 → 데이터 수집 → 데이터 작성 및 편집 → 저작 → 테스트 순이다.

(2) 멀티미디어의 특징

① **디지털화(Digitalization)** : 다양한 멀티미디어 데이터를 디지털 데이터 형식으로 변환한다.

② **쌍방향성(Interactive)** : 시간과 장소에 관계없이 정보 전달의 효과를 극대화한다.

③ **통합성(Integration)** : 문자, 그래픽, 사운드, 비디오, 오디오 등의 다양한 매체를 통합하여 전달한다.

④ **비선형성(Non-Linear)** : 문자, 숫자 데이터 외에 소리 등의 다양한 데이터를 처리한다.

(3) 멀티미디어의 조건

① 멀티미디어 정보는 용량이 큰 이유로 대부분 압축 기법을 사용한다.

② 멀티미디어 기술에는 데이터 압축, 디지털 데이터, 인터넷, 하드웨어 등이 있다.

③ 멀티미디어의 각 매체는 통합된 환경에서 운영되며, 상호 작용을 할 수 있어야 한다.

2. 멀티미디어의 주요 특성

① **문자** : 정보 전달 수단으로써 가장 효과적인 미디어이며, 정보를 경제적으로 전달하고자 할 경우 문자라는 미디어를 활용하는 것이 바람직하다.

② **이미지(그래픽)** : 문자만으로 표현하기 어려운 부분을 이해하기 쉽게 형상화하여 표현할 수 있을 뿐만 아니라 직관적으로 느낌을 전달할 수 있다(비트맵 방식과 벡터 방식).

③ **소리** : 문자나 그래픽과는 달리 청각을 통해 정보를 전달하는 것으로 유아나 장애인을 위해 사용되기도 한다.

④ **애니메이션과 동영상** : 애니메이션은 물체의 동작 원리 등을 설명할 때 효과적이고, 동영상은 움직이는 영상과 소리가 포함되기 때문에 정보 전달 효과와 현실감이 뛰어나다.

3. 멀티미디어의 구성요소

(1) 문자 자료(Text)

① 멀티미디어의 가장 기본 구성으로 컴퓨터로 의사를 표현하는 가장 단순한 수단이다.

② 문자 자료는 저장 공간을 적게 차지하면서도 많은 정보를 전달하고, 가장 많이 사용되는 자료 형식이다.

③ **txt** : 운영 체제에서 기본적으로 제공하는 문자 자료 편집기(메모장)를 사용하여 만들어진 파일 형식이다. 순수한 글자 코드와 줄 바꿈에 해당하는 CR 코드만으로 구성되어 있어 단순한 문자 자료 정보의 교환에 적합한 파일 포맷이다.

④ **doc** : 마이크로소프트 社의 MS 워드를 이용하여 작성된 문서를 저장하는 파일 포맷이다.

⑤ **hwp** : 한글 워드 프로세서를 이용하여 작성된 문서 포맷이다. 다른 윈도용 워드 프로세서들은 윈도의 완성형 체계를 따르지만 한글은 독자적인 조합형 체계를 따른다.

(2) 그림 자료(Image)

① 그림은 텍스트 다음으로 자주 사용되는 미디어로써, 정지되어 있는 영상이다. 그림 자료는 그래픽 프로그램을 이용하여 직접 그리거나 스캐너, 디지털 카메라 등을 통하여 만들 수 있다.

② **BMP** : BMP 파일은 윈도에서 기본적으로 지원하고 있는 파일 포맷이다. 데이터를 압축하지 않으므로 파일의 용량이 매우 크다.

③ **GIF(Graphic Interchange Format)** : 원본 그림을 손상시키지 않고 압축률이 우수하며, 256가지 이하의 색상을 지원한다. JPG 포맷과 함께 웹에서 사용되고 있으며, 애니메이션 출력에 많이 사용되고 있다.

④ **JPG** : JPEG(Joint Photographic Experts Group) 압축을 사용하며, 만들어질 때 압축 품질의 범위를 사용자가 선택할 수 있는 그래픽 이미지이다. 사진 압축에 가장 많이 사용되고 있으며, 특히 웹에서 표준으로 널리 사용된다.

(3) 소리 자료(Sound)

① 텍스트나 이미지는 모니터 화면으로 전달되는 데 비해, 소리는 스피커를 통해 들을 수 있는 정보를 제공하여 준다.

② 사운드는 주의력을 집중시키거나 오락의 현실감을 부여하여 주며, 음악을 재생, 편집, 합성하는 등의 방법으로 멀티미디어의 다양한 효과를 더해 줄 수 있다.

③ 우리가 듣는 소리는 아날로그 파형으로 컴퓨터와 마이크, 신디사이저 등의 장치를 이용하여 디지털 자료로 만들 수 있다.

(4) 애니메이션(Animation)

① 애니메이션은 낱장의 그림을 한 프레임씩 촬영하여 연속적으로 보여 주어 그림이 마치 움직이는 것처럼 보이도록 표현하는 것이다.

② 만화영화와 같이 어떤 형태의 움직임이나 모양의 특성을 강조하여 제작한 데이터를 애니메이션이라고 한다.

③ 애니메이션은 동영상 카메라로 촬영이 불가능한 경우 또는 물체의 동작 원리를 설명하고자 하는 경우 매우 효과적인 표현수단이다.

(5) 동영상

① 카메라를 사용하여 촬영한 연속적인 이미지이다.

② 비디오 카메라를 통해 얻어진 데이터를 디지털 자료로 만든 연속적인 이미지이다.

③ 동영상이 자연스럽게 보이기 위해서는 1초당 30개 이상의 프레임을 연속적으로 보여주어야 한다.

④ 동영상은 다른 미디어에 비해 매우 많은 메모리를 필요로 하기 때문에 정보를 보관하거나, 전송할 경우 데이터를 압축하였다가, 원래대로 복원하는 방법을 사용한다.

4. 멀티미디어 하드웨어

(1) 멀티미디어 PC

① 멀티미디어 데이터를 재생하고, 처리할 수 있는 PC를 의미한다.

② 멀티미디어 저작 시스템은 멀티미디어 콘텐츠를 통합하기 위한 시스템을 말한다.

③ MPC(Multimedia PC Marketing Council)는 멀티미디어 구현을 위한 최소한의 장비 규격으로 CD-ROM 드라이브, 사운드 카드, 그래픽 카드, 영상 보드 등 장비 간 호환성과 규격을 설정한다 (MPC-1, MPC-2, MPC-3 레벨까지 발전).

(2) CD-ROM(Compact Disc-Read Only Memory)

① 멀티미디어 PC의 핵심 장치로 음악, 동영상 등 650MB 이상의 데이터를 저장한다.

② 하드 디스크보다 접근 속도가 느리며, 데이터 전송률이 낮다.

③ 오디오 CD와는 달리 전송 속도를 높일 경우 처리 속도가 빨라질 수 있다.

종류	용도
CD-DA	디지털 음악을 저장한다(규격 : Red Book).
CD-I	TV와 연결하여 스크린 화면을 구현한다(규격 : Green Book).
CD-R	빈 공간으로 생산되어 단 한 번만 기록한다(규격 : Orange Book).
CD-RW	패킷 라이팅 기술을 이용하여 여러 번 기록/삭제한다(규격 : Orange Book).
CD-G	음악과 그래픽 화상을 저장한다(규격 : Blue Book).
CD-COMBO	CD-ROM, CD-RW, DVD 등의 모든 기능을 통합하여 사용한다.

(3) DVD(Digital Versatile Disc)

① CD-ROM과 동일한 크기로 디스크 단면에 4.7GB, 최대 양면에 17GB의 영상 및 음성 신호를 저장한다.
② MPEG-2의 압축 기술로 대용량을 구현하며, 초당 1,200KB의 전송 속도를 지원한다.
③ 오디오 CD나 비디오 CD도 재생이 가능하며, 최대 8개 국어를 지원한다.
④ 돌비 AC3 서라운드 입체 음향과 멀티 앵글을 지원한다.

(4) 사운드 카드(Sound Card)

① 각종 오디오 파일을 재생, 녹음, 편집할 수 있다.
② 8비트와 16비트 웨이브 테이블(Wave Table) 방식이 있으며, 비트 수가 높을수록 원음에 가깝다.
③ 음표로 저장된 미디 정보를 디지털 악기로 연주하여 재생하는 방식이다.
④ CD-ROM 드라이브에서 오디오 CD를 재생할 경우 아날로그 음을 그대로 들려준다.
⑤ 소리의 파형을 그대로 기록하여 재생하는 웨이브 방식으로 재생 방식에 따라 FM과 PCM 방식으로 구분한다.

신호 방식	설명
PAM	펄스 폭과 주기를 일정하게 하고, 진폭을 신호파에 따라서 변화하는 방식이다.
PCM	아날로그 데이터 신호의 진폭을 비트(Bit) 단위로 샘플링하여 디지털 신호로 변환하는 방식이다 (A/D 변환기 → D/A 변환기).
PPM	변조파의 진폭에 따라서 펄스의 위치를 변화시켜 변조하는 방식이다.
PWM	변조 신호의 크기에 따라 펄스 폭을 변화시켜 변조하는 방식이다.

(5) 비디오 카드(Video Card)

① 중앙처리장치의 그래픽 정보를 디지털 신호로 변환하여 모니터로 출력한다.
② 비디오 카드의 RAM 용량과 모니터의 성능에 따라 색상과 해상도가 결정된다.
③ 버스의 구조에 따라 ISA, VESA, PCI, AGP 등으로 분류된다.

④ 16컬러로 표시할 수 있는 색은 한계가 있으며, 하나의 픽셀을 표시하기 위해 8비트, 16비트, 24비트의 여러 가지 방식이 사용된다.

⑤ **초당 비디오 용량** : 가로 픽셀 수×세로 픽셀 수×픽셀 크기×프레임 수×초

(6) 영상 보드(Image Board)

① **TV 수신 보드** : TV 전파를 수신하여 모니터로 출력하는 장치이다.

② **MPEG 보드** : 동화상을 압축하여 화면에서 볼 수 있도록 하는 장치이다.

③ **비디오 오버레이 보드** : 외부 비디오 신호를 모니터에 맞게 변환하여 화면에 표시하는 장치로 TV나 비디오를 보면서 컴퓨터 작업이 가능하다.

④ **프레임 그래버 보드** : 동화상을 데이터 파일로 저장, 편집하는 장치이다.

⑤ **비디오 캡쳐 보드** : 동화상 데이터를 컴퓨터가 처리할 수 있는 데이터 파일로 변환하는 장치이다.

5. 멀티미디어 소프트웨어

(1) 2D 제작 도구

① 그림의 편집과 수정은 Photoshop, Paintshop Pro 등에서 한다.

② 그림의 드로잉과 페인팅 작업은 Illustrator, Painter, CorelDraw 등에서 한다.

(2) 3D 제작 도구

① 3D MAX, 3D Studio, 마야(MAYA) 등이 있다.

② 3D Studio MAX는 초기 Windows NT용으로 개발된 최초의 3D 소프트웨어이다.

(3) 사운드 제작 도구

① MIDI의 제작과 편집은 Cakewalk, Finale 등에서 한다.

② WAV의 제작과 편집은 Sound Edit, Encore, Wave Edit 등에서 한다.

③ 오디오와 비디오 파일의 재생은 Windows Media Player, Real Player 등에서 하고, 오디오 파일 변환은 Cool Edit에서 한다.

(4) 애니메이션 제작 도구

① 애니메이션의 제작과 편집은 Microsoft GIF Animator, Soft Image, Flash 등에서 한다.

② 웹 문서의 제작과 편집은 Front Page, Dream Weaver, 나모 웹 에디터 등에서 한다.

③ 비디오나 영화 편집은 Adobe Premiere, Media Studio 등에서 한다.

④ 플래시 애니메이션은 디지털 애니메이션의 일종으로 고차원적 애니메이션이다.

⑤ 셀 애니메이션은 셀이라는 투명한 비닐 위에 배경이나 주인공 등을 그려 색칠하는 기법이다.

⑥ 실루엣 애니메이션은 검은 종이를 접거나 오려서 캐릭터와 배경 형태를 만든 후 조명을 비추어 이것의 변화에 따라 순서대로 배열해서 촬영하는 기법이다.

⑦ 종이 애니메이션은 종이에 직접 캐릭터를 그리고 색칠하는 기법이다.

⑧ 인형 모델 애니메이션은 인형에 동작을 주고, 이를 단계적으로 고정시켜 동작 하나하나를 연속적으로 촬영하는 기법이다.

더 알아보기 ⊕

애니메이션 기법
- 로토스코핑(Rotoscoping) : 실제 장면을 촬영한 후 화면에 등장하는 캐릭터나 물체의 윤곽선을 추적하여 애니메이션의 기본형을 만들고, 여기에 수작업으로 컬러를 입히거나 형태를 변형시켜 사용하는 기법이다.
- 클레이메이션(Claymation) : 점토, 찰흙 등의 점성이 있는 소재를 이용하여 인형을 만들고, 소재의 점성을 이용하여 조금씩 변형된 형태를 만들어 촬영하는 기법이다.

---

(5) 멀티미디어 제작 도구

① 프레젠테이션, 전자 출판, 광고 등을 제작하는 데 사용되는 프로그램이다.

② 사용자 입력에 따라 요소의 제어 흐름을 조정하며, 다양한 미디어 파일과 장치를 연결한다.

③ 미디어 파일들 간의 동기화 정보를 통하여 요소들을 결합하여 실행한다.

④ 멀티미디어 저작 도구를 이용한 프로그램은 C나 HTML 같은 언어에 대한 전문 지식이 없어도 가능하다.

⑤ 디렉터(Director), 툴 북(Tool Book), 프리미어(Adobe Premiere), 하이퍼 카드(Hyper Card), 오소웨어(Authorware), 칵테일(Cocktail) 등이 있다.

　㉠ 페이지 방식 : 책을 보는 것과 같이 프로그램의 흐름을 각각의 페이지로 보여준다(대표적인 것은 툴 북).

　㉡ 문서 방식 : 문자가 중심이 되는 타이틀을 제작할 때 사용하며, 발전된 형태로 웹 저작 도구가 있다.

　㉢ 타임 라인 방식 : 시간의 진행에 따라 일련의 연속된 정보를 제공할 때 사용하며, 주로 애니메이션 제작과 비슷하다(대표적인 것은 매크로 미디어의 디렉터).

　㉣ 아이콘 방식 : 프로그램의 흐름을 아이콘을 이용하여 순서도 형태로 보여준다(대표적인 것은 매크로 미디어의 오소웨어).

기출 PLUS 비디오 용량

화소(Pixel)당 24비트 컬러를 사용하고 해상도가 352×240 화소인 TV 영상 프레임(Frame)을 초당 30개 전송할 때 필요한 통신 대역폭으로 가장 가까운 것은?

10년 우정사업본부

① 약 10Mbps

② 약 20Mbps

③ 약 30Mbps

④ 약 60Mbps

≫ 초당 비디오 용량 = 가로 픽셀 수×세로 픽셀 수×픽셀 크기×프레임 수×초이고, 동영상 비디오 용량을 계산하면 비디오 용량 = 가로 해상도×세로 해상도×픽셀 크기×프레임 수×초이다.
그러므로 352×240×24×30×1 = 60825600bps 따라서 약 60Mbps이다.

답 ④

02 멀티미디어 데이터

1. 그래픽 데이터

(1) 비트맵(Bitmap)

① 부드러운 이미지를 나타낼 때 사용하며, 점의 최소 단위인 픽셀(Pixel)로 구성한다.

② 글자나 그림을 확대하면 매끄럽지 않고, 계단 모양처럼 울퉁불퉁하다.

③ 고해상도를 표현하는 데 적합하며, 기억 공간을 많이 차지한다.

④ 영상에 대한 회전, 확대 축소 등의 독립적인 연산은 불가능하다.

⑤ 비트맵 방식의 그래픽 파일 확장자에는 BMP, PCX, GIF, JPG, TIF 등이 있다.

(2) 벡터(Vector)

① 그림 크기와 상관없이 원형을 그대로 유지하며, 점들의 좌표 값으로 구성한다.

② 특정 부분을 확대 또는 축소시켜도 화질의 손상이 거의 없다.

③ 이동과 회전의 변형이 쉽고, 도형 같은 단순한 개체 표현에 적합하다.

④ 수학적 공식으로 표현하며, 기본적으로 직선과 곡선을 이용한다.

⑤ 개체가 많아질 경우 그림을 표시하는 데 오랜 시간이 걸린다.

⑥ 벡터 방식의 그래픽 파일 확장자에는 CDR, CGM, DRW, WMF 등이 있다.

(3) 그래픽 데이터 파일

① **GIF** : 256컬러와 8비트 팔레트를 사용하여 Animation을 표현하므로 웹에서 널리 사용된다(인터넷 표준 그래픽 형식).

② **Animated GIF** : 웹 상에서 살아있는 것처럼 움직이는 그래픽 이미지로 적은 용량으로 애니메이션을 구현하며, 대부분의 브라우저에서 지원한다.

③ **JPEG(JPG)** : 인터넷(Internet)에서 그림 전송 시 사용되며, 다양한 색상(최대 1,600만 색)을 표현한다.

④ **BMP** : Windows 운영체제의 표준 형식으로 비트맵 정보를 압축하지 않고 저장한다(고해상도의 이미지를 표현).

⑤ **TIFF(TIF)** : 응용 프로그램 간 그래픽 데이터 교환을 위해 개발된 형식으로 트루컬러 표현이 가능하다.

⑥ **PCX** : Paintbrush에서 사용되는 파일로 압축 방식이 간단하다(스캐너, 팩스 등에서 지원).

⑦ **WMF** : Windows에서 기본적으로 사용하는 파일 형식이다.

⑧ **PNG** : GIF 대신 통신망에서 사용하는 웹 표준 그래픽 형식으로 다양한 특수 효과가 가능하다(선명한 그래픽(트루컬러)으로 투명색 지정이 가능).

⑨ **ASF** : Intel 사에서 개발한 멀티미디어 파일 형식으로 인터넷의 실시간 방송이 가능하며, 스트리밍 기술을 지원한다.

2. 오디오 데이터

(1) 웨이브(WAVE, WAV)

① 아날로그 형식의 소리를 디지털로 바꾸어 저장하는 방식으로 모든 형태의 소리를 표현할 수 있으나 음질이 떨어진다.

② 소리를 그대로 저장하였다가 사운드 카드를 통해 직접 재생($*$.WAV)한다.

③ 별도의 압축 과정이 필요하지 않으므로 MIDI보다 용량이 크다.

④ 음악, 음성, 효과음 등 다양한 형태의 소리를 저장할 수 있다.

⑤ 샘플링하여 이를 디지털화한 값을 저장하며, PCM 기법에 의해 생성된 디지털 데이터를 사용한다.

⑥ 파일의 크기 계산은 샘플링 주기(Hz) × 샘플링 크기(Byte) × 1(모노) 또는 2(스테레오)로 한다.

(2) 미디(MIDI)

① 전자 악기 간 디지털 신호에 의한 통신이나 컴퓨터와 전자 악기 간 통신 규약이다.

② 컴퓨터 사이에서 음정과 같은 연주 정보를 교환하기 위한 데이터 전송 규격으로 여러 가지 악기로 동시에 연주가 가능하다.

③ 음악 CD처럼 소리를 녹음하는 것이 아니라 정보만 저장하므로 자연음은 저장할 수 없다.

④ 음성이나 효과음은 저장이 불가능하고, 연주 정보만 저장되므로 WAV보다 크기가 작다.

⑤ 음악을 악보와 비슷한 하나의 순서(Sequence)로 저장한다.

⑥ 사운드 카드와 같은 MIDI 디바이스가 음악을 연주하는 방법을 알려준다.

⑦ 음의 높이와 길이, 음표, 빠르기 등과 같은 연주 방법에 대한 명령어가 저장되어 있다.

(3) MP3

① MPEG 레이어 3 압축 기술을 이용하여 만든 오디오 데이터의 디지털 파일 양식이다.

② 음질을 고밀도로 압축하는 기술(MPEG-1 Audio Player-3)이다.

③ RA나 WAV 파일보다 음질이 뛰어나고 최대 12 : 1의 압축을 할 수 있다.

더 알아보기 ⊕

사운드 디스크 공간 및 용량 공식
- 사운드 저장 시 디스크 공간의 크기 산출 : 샘플링 비율(Hz) × 양자화 크기(비트) / 8 × 1(모노) 또는 2(스테레오) × 지속 시간(S)
- 사운드 용량(Byte) = 샘플링 주파수 × 샘플링 비트 수 × 채널 수 × 초 / 8

---

3. 멀티미디어 데이터 관련 용어

(1) 샘플링(Sampling)

① 선형적인 데이터를 비선형적인 데이터로 취급할 수 있도록 디지털화하는 것이다.

② 아날로그 형태의 소리를 디지털 형태로 바꾸는 작업이다.

③ 샘플(Sample)은 소리 파형을 일정 시간 간격으로 추출한 것이다.

④ 샘플링 율(Sampling Rate)은 소리가 기록될 때 초(Second)당 음이 측정되는 횟수로 높으면 원음에 가깝다(단위 : Hertz).

⑤ 샘플링 주파수(Sampling Frequency)는 낮을수록 좋다.

⑥ 샘플링 비트(Sampling Bit) 수는 음질에 영향을 준다.

(2) 디지털 오디오 데이터

아날로그 오디오 신호를 디지털 오디오 데이터로 변환할 때 디지털 오디오 데이터 파일의 크기에 영향을 미치는 요소에는 샘플링 비율(헤르츠), 양자화 크기(비트), 지속 시간(초) 등이 있다.

(3) 그래픽 기술 용어

① **인터레이싱(Interlacing)** : 이미지의 대략적인 모습을 보여준 다음 점차 상세하게 보여주는 기법 이다.

② **안티앨리어싱(Anti-Aliasing)** : 화면 해상도가 낮아 사선이나 곡선이 매끄럽게 표현되지 않고, 톱니 모양과 같이 거칠게 표시되는 느낌을 감소시키는 기법이다(샘플링 이론을 기초로 제안).

③ **메조틴트(Mezzotint)** : 이미지에 무수히 많은 점을 찍은 듯한 효과를 나타내는 기법이다.

④ **솔러리제이션(Solarization)** : 필름에 빛이 들어가 나타나는 색채의 반전 효과를 주는 기법이다.

⑤ **디더링(Dithering)** : 팔레트에 없는 색상을 컬러 패턴으로 대체하여 가장 유사한 컬러로 표현하는 기법이다.

⑥ **필터링(Filtering)** : 이미지에 필터 기능을 이용하여 새로운 이미지로 바꾸는 기법이다.

⑦ **렌더링(Rendering)** : 3차원에 표시되는 각 면에 색깔과 음영 효과를 주어 입체감과 사실감을 나타내는 기법이다.

⑧ **모델링(Modeling)** : 렌더링 작업을 하기 전에 수행되는 기법이다.

⑨ **쉐이딩(Shading)** : 3차원 그래픽에서 화면에 표시된 물체에 적절한 색깔과 밝기를 표현하여 입체감을 나타내는 기법이다.

⑩ **모핑(Morphing)** : 두 이미지를 자연스럽게 연결하여 특정 모습을 다른 형상으로 변형하는 기법 이다.

⑪ **와핑(Warping)** : 이미지를 왜곡할 때 사용하며, 이미지를 유사 형태로 변형하는 기법이다.

4. 멀티미디어 압축 규약

(1) JPEG(Joint Photograph Experts Group)

① 풀 컬러(Full-Color)와 흑백 이미지의 압축을 위해 고안되었다.
② 정지 영상의 디지털 압축 기술로 손실 압축과 무손실 압축이 가능하다.
③ 사용자의 요구에 따라 압축 정도를 지정할 수 있다.
④ 화질에 따라 파일 크기가 다르며, 24Bit의 트루 컬러를 지원한다.

(2) MPEG(Moving Picture Experts Group)

① 동영상에 대한 압축 기술로 영상, 음성, 음향을 압축하는 표준화 규격이다.
② 프레임과 프레임 사이의 차이에 중점을 준 압축 기법이다.
③ 동영상 압축 기법에 대한 표준을 제정하는 단체와 표준 규격의 이름을 의미한다.
④ 영상의 중복성을 제거함으로써 압축률을 높일 수 있는 중복 제거 기법을 사용한다.
⑤ 압축 시에는 데이터가 손실되지만 사용 목적에는 지장이 없다.
⑥ 압축 속도는 느리지만 실시간 재생이 가능하다.

종류	설명
MPEG-1	고용량 매체에서 동영상을 재생하기 위한 것으로 비디오 CD, CD-I에서와 같이 CD 매체에 VHS 테이프의 동영상과 음향을 최대 1.5Mbps로 압축 저장한다.
MPEG-2	MPEG-Video, MPEG-Audio, MPEG-System으로 구성되고, 높은 화질과 음질을 지원하므로 디지털 TV 방송, 위성 방송, DVD 등에 사용된다(MPEG-1의 화질을 개선).
MPEG-3	고화질 TV의 높은 화질을 얻기 위한 영상 압축 기술이다.
MPEG-4	MPEG-2를 개선한 것으로 동영상 데이터의 전송이나 화상 회의 시스템의 양방향 전송을 사용하기 위해 개발되었다(대역폭이 적은 통신 매체에서도 전송이 가능).
MPEG-7	멀티미디어 정보 검색이 가능한 동영상, 데이터 검색 및 전자상거래 등에 사용하도록 개발되었다.
MPEG-21	디지털 콘텐츠의 제작, 유통, 보안 등 전 과정을 포괄적으로 관리할 수 있다.

(3) DVI(Digital Video Interactive)

① 재생 속도가 느리고 호환성이 없는 동영상 압축 기술이다.

② 디지털 TV를 만들 목적으로 Intel 사에서 멀티미디어 분야의 동영상 압축 기술로 발전되었다.

(4) DivX(Digital Video Express)

① MPEG-3과 MPEG-4를 재조합한 방식으로 기존 MPEG와는 다르게 비표준 동영상 파일 형식이다.

② 동영상을 압축하기 위해 사용하는 고화질 파일 형식이다.

③ 코덱을 이용하여 압축하므로 재생하려면 재생 프로그램과 사용된 코덱이 있어야 한다.

(5) AVI(Audio Visual Interleaved)

① Windows에서 동영상을 재생하기 위한 표준 파일 형식이다.

② 별도의 하드웨어 장치 없이 재생이 가능하다.

③ 오디오 정보와 비디오 정보를 디지털 오디오 방식으로 압축하므로 압축 속도가 빠르다.

(6) 퀵타임(QuickTime)

① Apple 사가 개발한 동화상 저장 및 재생 기술로 JPEG의 정지 화상을 기본으로 한 압축 방식이다(파일 확장자 : qt, mov 등).

② 특별한 하드웨어의 추가 없이 동영상을 재생할 수 있으며, MP3 음악을 지원한다.

③ 아날로그, 디지털 변환을 VC(Video Capture) 보드로 수행하며, Movie Toolbox, Image Compression Manager, Component Manager로 구성된다.

기출 PLUS 사운드 파일 용량   C등급

오디오 CD에 있는 100초 분량의 노래를 MP3 음질의 압축되지 않은 WAV 데이터로 변환하여 저장하고자 한다.
변환 시 WAV 파일의 크기는 대략 얼마인가?(단, MP3 음질은 샘플링율이 44.1 KHz, 샘플당 비트 수는 16
bit이고 스테레오이다. 1K = 1,000으로 계산함)   08년 우정사업본부

① 141.1KB   ② 8.8MB
③ 17.6MB   ④ 70.5MB

≫ 사운드 파일 용량 계산 : 사운드 용량(Byte) = 샘플링 주파수 × 샘플링 비트 수 × 채널 수 × 초 / 8(모노 채널 수
= 1, 스테레오 채널 수 = 2)이므로 공식에 따라 계산하면 WAV 용량 = 44,100 × 16 × 2 × 100 /8 = 17,640,000byte
= 17.6MB   답 ③

---

03   멀티미디어 환경과 용어

1. 멀티미디어 환경

(1) 하이퍼텍스트(Hypertext)

① 사용자의 선택에 따라 관련 있는 단어나 분야로 이동할 수 있도록 하이퍼링크로 연결된 조직화
된 정보이다(예 인터넷 문서, Windows 도움말).
② WWW의 발명을 이끈 주요 개념으로 여러 사용자가 다른 경로를 통해 접근할 수 있다.
③ 편집자의 의도보다는 독자의 의도에 따라 문서를 읽는 순서가 결정된다.
④ 문서와 문서를 연결하여 관련 정보를 쉽게 찾을 수 있는 비선형 구조를 갖는다.

(2) 하이퍼미디어(Hypermedia)

① 하이퍼텍스트에 소리, 동영상, 애니메이션 등의 멀티미디어 정보를 결합한 것이다.
② 미디어를 서로 연결하여 관련된 정보를 쉽게 찾아볼 수 있다.
③ 하이퍼텍스트 방식에 의해 여러 미디어들을 축적, 검색한다.

(3) 하이퍼링크(Hyperlink)

① 서로 관련 있는 문서(Node)와 문서를 연결하는 것으로 문서에서 다른 분야로 옮겨가는 하이퍼
텍스트 링크를 Named Anchor라 한다.
② 노드(Node)는 하이퍼텍스트나 하이퍼미디어에 연결된 페이지 또는 하이퍼미디어를 구성하는 각
문서에 연결된 페이지이다.
③ 앵커(Anchor)는 다른 노드로 넘어가게 해 주는 키워드이다.

2. 멀티미디어 활용 분야

① **화상 회의 시스템(VCS)** : 초고속 정보 통신망을 이용하여 원거리에 있는 사람들과 비디오와 오디오를 통해 회의할 수 있도록 하는 시스템이다.

② **주문형 비디오(VOD)** : 뉴스, 영화, 게임 등의 멀티미디어 데이터베이스를 구축하여 사용자의 요구에 따라 영상 정보를 원하는 시간에 볼 수 있도록 전송하는 양방향 서비스이다.

③ **전화 비디오(VDT)** : 전화선을 이용하여 홈쇼핑, 교육, 오락 등의 다양한 영상 정보를 이용할 수 있는 서비스이다.

④ **가상 현실(VR)** : 컴퓨터 그래픽과 시뮬레이션을 이용하여 가상 세계를 현실처럼 체험할 수 있는 기술이다.

⑤ **컴퓨터 이용 교육(CAI)** : 컴퓨터를 수업 매체로 활용하여 학습자에게 필요한 지식, 정보, 기술 등을 학습하는 시스템이다(학습 능력에 따라 학습 내용을 통신망으로 교육).

⑥ **의료 영상 정보 시스템(PACS)** : 초고속 통신망의 화상을 이용하여 가정에서 환자를 원격으로 진료할 수 있는 의료 시스템이다.

⑦ **키오스크(Kiosk)** : 백화점 쇼핑 안내, 서적 검색 등에 사용되는 무인 안내 시스템이다.

⑧ **폐쇄 회로(CCTV)** : 특정 시설물에 유선 TV를 사용하여 일부 수신자에게만 영상을 볼 수 있도록 하는 시스템이다.

⑨ **비디오텍스(Videotex)** : 전화, TV를 컴퓨터와 연결하여 각종 정보를 얻을 수 있는 쌍방향 뉴 미디어이다.

⑩ **텔레텍스트(Teletext)** : TV의 방송망을 이용하여 필요한 정보(일기 예보, 프로그램 안내, 교통 안내 등)를 얻을 수 있는 시스템으로 대량의 정보 전송이 가능하다.

⑪ **뉴 미디어(New Media)** : 기존의 TV, Radio, Video 등에 통신 기술을 적용하여 만든 새로운 미디어이다.

3. 멀티미디어 관련 용어

① **코덱(CODEC)** : 오디오, 비디오 등 아날로그 신호를 PCM을 사용하여 디지털 비트 스트림으로 압축/변환하고, 역으로 수신 측에서 디지털 신호를 아날로그 신호로 변환하는 장치이다.

② **FM(Frequency Modulation)** : 주파수 변조 신호에 따라 반송파의 진폭은 변하지 않고 주파수만이 변화하는 변조 방식이다.

③ **웨이브 테이블(Wavetable)** : 사운드 카드의 기본적인 악기 음 외에 필요한 소리를 기억시켜 놓고 악기 번호를 부여하는 방식이다.

④ **스트리밍(Streaming)** : 멀티미디어 데이터 파일의 크기 때문에 생겨난 기술로 웹 브라우저에서 멀티미디어(사운드, 오디오, 비디오) 데이터를 다운받아 재생시키는 기술이다(해당 파일을 다운로드하면서 동시에 재생).

⑤ **비디오 캡처(Video Capture)** : 비디오 신호를 그래픽 데이터로 입력받아 저장하는 기술이다.

⑥ **인디오(Indio)** : Intel 사가 개발한 영상 처리의 DVI를 발전시킨 새로운 동화상 압축, 복원 기술이다.

출제 비중 체크!

※ 계리직 전 8회 시험(2008~2021) 기출문제를 기준으로 정리하였습니다.

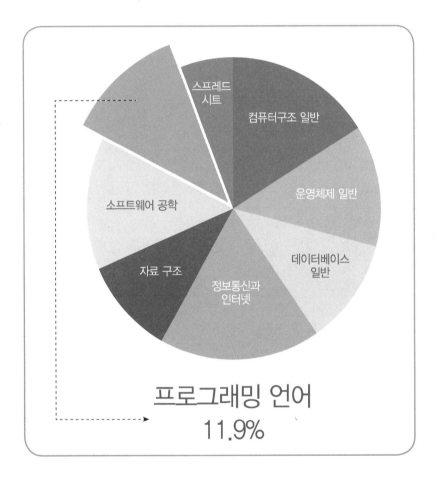

스프레드
시트

컴퓨터구조 일반

운영체제 일반

데이터베이스
일반

정보통신과
인터넷

자료 구조

소프트웨어 공학

프로그래밍 언어
11.9%

PART
07 | 프로그래밍 언어

I wish you the best of luck!

우정사업본부 지방우정청 9급 계리직

컴퓨터일반

프로그래밍 언어의 개요

01 프로그래밍 언어의 구분

1. 저급 언어

(1) 저급 언어의 개념

① 저급 언어는 컴퓨터 개발 초기에 사용되었던 프로그래밍 언어로 주로 시스템 프로그래밍에 사용되었다.

② 하드웨어 지향의 기계 중심 언어로 기계어와 어셈블리어가 있다.

(2) 기계어(Machine Language)

① 컴퓨터의 전기적 회로에 의해 직접적으로 해석되어 실행되는 언어로 초창기 프로그램은 기계어에 의해 작성되고 처리되었다.

② 컴퓨터를 효율적으로 활용하는 면에서는 유리하지만 언어 자체가 복잡하고 어렵기 때문에 프로그래밍 시간이 오래 걸린다.

③ 컴퓨터가 이해할 수 있는 기본적인 언어로 0과 1의 2진수로 작성한다.

(3) 어셈블리어(Assembly Language)

① 기계어의 명령들을 알기 쉬운 연상 기호로 표시하여 사용하는 언어로 기호는 기계어와 사용할 컴퓨터의 내부적 구성과 관련이 있다.

② 기계어와 마찬가지로 컴퓨터의 특성에 따라 다르고, 기계의 특성과 관련되어 설계되었다.

③ 모든 기계어와 일대일로 대응되도록 만들어진 언어로 프로그램 수행 시간이 빠르고, 주기억장치를 효율적으로 이용한다.

④ 프로그래머는 모든 명령어를 활용할 수 있어야 하며, 레코드의 필드, 문자 그리고 바이트, 비트 등의 개별 레코드를 쉽게 조작할 수 있어야 한다.

⑤ 다른 기종의 어셈블리어와 일치하지 않으므로 언어의 호환성이 부족하다(어느 특정 기종의 어셈블리어로 작성된 프로그램은 다른 기종에서 처리 불가능).

⑥ 고급 언어로 작성하는 경우보다 작성하는 방법과 읽고, 쓰고, 관리하는 면에서 어렵다.

2. 고급 언어

(1) 고급 언어의 개념

① 고급 언어로 작성된 프로그램은 실행되기 전에 컴파일러나 인터프리터를 이용해서 기계어로 변환한다.

② 일반적인 절차 지향 언어(Procedural Language)와 객체 지향 언어(OOL ; Object-Oriented Language)로 나눈다.

(2) 절차 지향 언어

① 초기 고급 언어는 절차 지향 언어로 프로그래머가 명령을 순서에 맞게 코드화하거나 순차적으로 명령을 실행하여 문제를 해결한다.

② 포트란(FORTRAN), 코볼(COBOL), 파스칼(PASCAL), C, 베이직(BASIC) 등이 있다.

종류	설명
FORTRAN	복잡한 수식 계산을 위해 개발된 과학 기술용 언어이다(가장 먼저 개발).
COBOL	사무 처리의 응용을 위해 개발된 프로그래밍 언어이다.
PASCAL	다양한 제어 구조와 데이터 형식을 가지는 실무용(교육용) 언어이다.
C	시스템 프로그램을 작성하는데 유용한 다목적 언어이다.
BASIC	언어가 간단하고 구현이 용이하여 대화형 프로그램 작성에 적합한 언어이다.
LISP	인공 지능 분야에서 발생하는 문제점을 해결하기 위한 언어이다.
ALGOL	과학 계산용으로 사용되는 논리 연산용 언어이다.

(3) 객체 지향 언어

① 절차 지향 언어와 비교하면 객체 · 클래스 · 추상화 · 상속 · 다형성이라는 개념을 기본으로 한다.

② 객체 지향 언어 프로그램은 데이터와 기능을 포함하는 객체들을 필요한 역할별로 이어가면서 프로그램을 완성하는 것이다.

③ 대표적인 객체 지향 언어에는 Smalltalk, C++, Java, C# 등이 있다.

3. 비절차 언어

① 비절차 언어를 제4세대 언어(4GL ; 4th Generation Language)라고 한다.

② 실행할 것에 초점이 맞추어진 것으로 많은 컴퓨터 프로그램의 지원과 처리 시간이 필요하다.

③ 기존의 데이터베이스에서 데이터를 액세스할 수 있도록 하며, 사용자가 질의어를 사용하여 데이터베이스에서 정보를 검색할 수 있다.

④ 데이터베이스에서 보고서와 그래픽을 만들고 데이터를 처리하는 원시 코드를 실제로 만드는 기능을 제공한다.

⑤ 대표적인 언어로는 SQL(Structured Query Language), QBE(Query By Example)가 있다.

4. 함수(논리) 언어

① 제5세대 언어(5GL)로 인공 지능의 구현이나 전문가 시스템을 만드는 데 사용된다.

② 함수 기반 언어인 LISP는 인공 지능 분야 연구에서 폭넓게 사용되고 있다.

③ 논리 기반 언어인 Prolog는 자연적이고, 논리적인 구성으로 되어 있어 각종 응용 프로그램을 작성할 수 있는 강력한 기능을 제공한다.

5. 비주얼 프로그래밍 언어(Visual Programming Language)

① 기호 아이콘으로 문자 기반 명령을 교체시키고, 기호 아이콘들은 각각의 객체나 공통적인 프로그래밍 함수를 표현한다.

② 대화 아이콘은 프로그램이 생성되는 동안 주어진 시간에 사용자에게 선택을 제공하고, 응답을 요구한다.

③ 표시 아이콘은 화면에 표시하게 되는데 이 경우 프로그래머가 표시될 이미지와 함께 표시의 지속 시간과 제시 방법을 지정한다.

④ 대표적인 언어로는 비주얼 베이직, 델파이, 파워빌더, 비주얼 C++ 등이 있다.

---

02 언어 번역 프로그램

1. 언어 번역 과정

① **원시 프로그램** : 사용자가 고급 언어로 작성한 프로그램이다.

② **목적 프로그램** : 언어 번역기를 통해 기계어로 번역한 프로그램이다.

③ **로드 모듈** : 링커에 의해 실행 가능한 형태로 만들어진 모듈이다.

④ **링커** : 목적 코드(Object Code)를 실행 가능한 모듈로 생성하는 프로그램이다.

⑤ **로더** : 모듈이 실행되도록 기억 공간을 할당하고, 메모리에 적재시켜 주는 프로그램으로 목적 프로그램을 주기억장치에 적재하여 실행한다(주기억장치에 빈 공간을 할당). 또한, 종속적인 모든 주소를 할당된 주기억장치 주소와 일치하도록 조정하고, 기계 명령어와 자료를 기억 장소에 물리적으로 배치한다.

⑥ 원시(Source) 프로그램 → 목적(Object) 프로그램 → 로드 모듈(Load Module) → 실행의 순이다.

2. 프로그래밍 순서

① **업무 분석** : 프로그램의 작성 업무에 대한 타당성을 분석한다.
② **입출력 설계 및 흐름도 작성** : 데이터의 입출력 방법과 업무 처리의 순서를 작성한다.
③ **코딩** : 프로그램 언어를 순서대로 작성한다.
④ **번역 및 오류 수정** : 프로그래밍 작성 과정 중에 생기는 오류를 수정한다.
⑤ **테스트** : 작성한 프로그래밍을 컴파일하여 검토한다.
⑥ **실행** : 데이터를 실행하여 원하는 결과가 출력되는지 확인한다.
⑦ **문서화** : 명확성을 유지하기 위해 프로그램 개발 등을 정리한다.

3. 언어 번역 프로그램의 종류

① **어셈블러(Assembler)** : 어셈블리어(기계어와 대응되는 기호나 문자로 작성)로 작성된 프로그램을 기계어로 번역하는 프로그램이다.
② **컴파일러(Compiler)** : 고급 언어로 작성된 원시 프로그램을 기계나 어셈블리어로 된 목적 프로그램(코드)으로 바꾸는 프로그램이다(CPU의 종류에 따라 다른 기계어를 생성하고, 자연어에 대한 컴파일러는 없음).
③ **인터프리터(Interpreter)** : 고급 언어에서 원시 프로그램을 한 문장씩 읽고, 기계어로 번역하는 프로그램이다(실행 속도가 느림).
④ **프리프로세서(Preprocessor)** : 고급 언어를 다른 고급 언어로 번역하는 프로그램이다.

03 최신 유행하는 다른 언어 소개

1. 파이썬

(1) 파이썬 언어의 개요

① 파이썬(Python)은 1990년 암스테르담의 귀도 반 로섬(Guido Van Rossum)이 개발한 인터프리터 언어이다.
② 구글에서 만들어진 소프트웨어의 50% 이상이 파이썬으로 만들어졌다고 알려졌다.
③ 파일 동기화 서비스인 드롭박스(Dropbox), 쉽고 빠르게 웹 개발을 할 수 있도록 도와주는 프레임워크인 장고(Django) 등이 파이썬으로 만들어졌다.

(2) 파이썬 언어의 활용 분야

① **시스템 유틸리티 제작** : 시스템 명령어들을 이용할 수 있는 각종 도구를 갖추고 있으므로 시스템 유틸리티를 만들 수 있다. C언어처럼 라이브러리를 통해 다른 여러 기능들을 종합할 수 있는 언어이다.

② **GUI 프로그래밍** : 파이썬으로 GUI 프로그램을 만드는 것은 다른 언어를 이용해 만드는 것보다 훨씬 쉽다. 소스 코드는 매우 간단하다.

③ **C/C++와의 결합** : C나 C++로 만든 프로그램을 파이썬에서 사용할 수 있으며, 파이썬으로 만든 프로그램 역시 C나 C++에서 사용할 수 있다.

④ **수치 연산 프로그래밍** : 파이썬에는 NumPy이라는 수치 연산 모듈이 제공된다. 이 모듈은 C로 작성되어 있어 수치 연산을 빠르게 할 수 있다.

⑤ **데이터베이스 프로그래밍**

　㉠ 오라클(Oracle), 사이베이스(Sybase), 인포믹스(Infomix), 마이에스큐엘(MySQL), 포스트그레스큐엘(PostgreSQL) 등의 DBMS에 접근할 수 있는 도구들을 제공한다.

　㉡ 피클(Pickle)이라는 모듈은 파이썬에서 사용되는 자료들을 변형 없이 그대로 파일에 저장하고 불러오는 일들을 맡아 한다.

⑥ **웹 프로그래밍**

　㉠ 파이썬은 웹 프로그램을 만들기에 매우 적합한 도구이며 실제로, 파이썬으로 제작된 웹사이트는 셀 수 없을 정도로 많다.

　㉡ 쉽게 Django(장고)를 활용하여 웹 프로그래밍이 가능하다.

⑦ **데이터 분석, 사물 인터넷**

　㉠ 파이썬으로 만들어진 판다스(Pandas)라는 모듈을 이용하여 데이터 분석을 더 쉽고 효과적으로 할 수 있다.

　㉡ 라즈베리파이(Raspberry Pi)는 리눅스 기반의 아주 작은 컴퓨터이다. 홈시어터나 아주 작은 게임기 등을 만들 때 파이썬은 라즈베리파이를 제어하는 도구로 사용된다.

(3) 파이썬으로 할 수 없는 일

① **시스템과 밀접한 프로그래밍 영역**

　㉠ 엄청난 횟수의 반복과 연산을 필요로 하는 프로그램 또는 데이터 압축 알고리즘 개발 프로그램 등을 만드는 것은 어렵다.

　㉡ 실시간 처리를 위한 대량의 서비스 지원 프로그램은 어렵다.

② **모바일 프로그래밍** : 안드로이드 앱(App)을 개발, 아이폰 앱을 개발하는 것은 파이썬으로는 할 수 없다.

2. 자바스크립트(Javascript)

(1) 자바스크립트 개요

① 1995년 12월 출시된 넷스케이프 2.0B3에서부터 공개, 채택되었다.

② 자바와 C언어와 크게 관련이 없다.

③ 웹 페이지 향상 언어이다.

④ ECMA스크립트에 대한 ECMA-262 표준의 기반이 되었으며, 1996년 11월 이후 세 번째 판까지 출판됐다.

⑤ 스크립트가 활용하는 표준으로 DOM은 사실 ECMA스크립트 표준의 일부가 아니며, 그것은 자체로 하나의 표준이고, XML에 기반을 둔다.

⑥ 개발하기 쉽고 활용하기 쉬우나 보안에 취약한 언어이다.

(2) 자바스크립트의 활용 및 JS의 종류

① **자바스크립트의 활용**

㉠ 웹 프로그래밍 동적 기능을 지원하는 데 활용할 수 있다.

㉡ 인공지능 언어로 활용할 수 있다.

㉢ 서버 사이드 처리에 활용할 수 있다. 서버에 접근하여 실제 처리에 활용할 수 있다.

㉣ 웹 애플리케이션 개발을 위한 프레임워크 등을 만들 수 있다.

㉤ 라이브러리로 제작되어 다른 언어와 쉽게 융합하여 활용할 수 있다.

② **자바스크립트 종류**

㉠ Jquery

• 자바스크립트 라이브러리이다.

• 자바스크립트 문법을 간단하게 하여 사용의 편의성을 제공한다.

• 버전에 따른 문법이 달라 하위버전과의 호환이 어려웠으나 최근 많은 개선이 있다.

㉡ 앵귤러JS

• 웹 애플리케이션 프레임워크로, 개발과 테스트 환경을 단순화시킨 기술이다.

• 구글이 직접 만들었다.

• 제이쿼리나 자바스크립트 UI 컴포넌트를 쉽게 재사용할 수 있게 한다.

• 양방향 데이터 바인딩을 통해 불필요한 코드를 제거해 향후 유지 보수를 쉽게 할 수 있다.

㉢ D3.JS

• Data Drivened Document(데이터 기반 문서)의 약자로, 자바스크립트 라이브러리다.

• 데이터와 이미지를 함께 묶어 표현해줘 데이터 시각화를 웹페이지에서 표현할 때 많이 사용된다.

② 노드JS
- 자바스크립트 엔진 'V8' 위에서 동작하는 이벤트 처리 I/O 프레임워크다.
- 서버 환경에서 자바스크립트로 애플리케이션을 작성할 수 있게 한다.
- 비동기 프로그래밍이 가능하여 결과값을 기다리지 않고 보다 다양한 요청을 처리할 수 있다.

⑩ 리액트JS
- 사용자 인터페이스를 만들기 위한 자바스크립트 라이브러리다.
- 페이스북이 만든 기술로, 2013년에 공개됐다.
- 커스텀 태그, 가상 DOM, 단방향 데이터 바인딩 기능을 제공해 주목을 받고 있다.

02 웹 저작 언어

01 웹 저작 언어의 종류

1. HTML 4.01

(1) HTML 4의 개념

① HTML(Hyper Text Markup Language)은 국제 표준 SGML에서 하이퍼텍스트를 강조하여 만들어진 웹 저작 언어이다.

② HTML 4는 네 번째 버전으로 1999년 표준안이 발표되었다.

③ 별도의 컴파일러가 필요하지 않으며, 웹 브라우저에서 해석이 가능하다.

④ 하이퍼텍스트 문서를 작성하는 언어로 문서의 표현 형식을 지정한다.

⑤ 이식성이 높고 사용이 용이하나, 고정 태그로 복잡한 문서 작성이 어렵다.

⑥ 태그(Tag)라는 코드로 구성되어 있으며, 확장명은 htm 또는 html이다.

⑦ HTML 4는 느슨한 규칙을 따르므로 웹 표준을 준수하지 않아도 실행이 가능하다.

(2) HTML 4의 기본구조

```
〈html〉
  〈head〉
   문서에 대한 정보 입력 공간
  〈/head〉
  〈body〉
   화면에 나타낼 내용 입력 공간
  〈/body〉
〈/html〉
```

(3) 주요 보완된 기능

① **스타일시트** : 글꼴, 배경, 글자 크기 다양한 디자인 기능을 추가할 수 있다.

② **스크립트** : 간단한 언어로 작성한 명령어들을 작성할 수 있다. 주로 JavaScript를 포함할 수 있다.

③ **프레임** : 브라우저 화면을 원하는 형태로 구역으로 분할하여 각자 개별의 구역으로 사용할 수 있게 한다.

④ **테이블** : 화면에 테이블 형태를 그리고 표현할 수 있다.

⑤ **폼** : 서버로 데이터를 전달하기 위해 사용한다.

2. HTML 5

(1) HTML 5의 개념

① HTML의 완전한 다섯 번째 버전으로 월드 와이드 웹(World Wide Web)의 핵심 마크업 언어이다.

② HTML 5는 HTML 4.01, XHTML 1.0, DOM 레벨 2 HTML에 대한 차기 표준 제안이다.

③ 비디오, 오디오 등 다양한 부가기능과 최신 멀티미디어 콘텐츠를 액티브X 없이 브라우저에서 쉽게 볼 수 있게 하는 것을 목적으로 한다.

(2) HTML 5의 기본구조

```
⟨! DOCTTYPE html⟩
⟨html⟩
    ⟨head⟩
    ⟨title⟩ 기본 페이지 ⟨/title⟩
    ⟨/head⟩
    ⟨body⟩
    본문내용
    ⟨/body⟩
⟨/html⟩
```

(3) HTML 5의 추가 기능 및 특징

① 차세대 웹 애플리케이션으로 연결된 API들을 갖는다.

② **새로운 엘리먼트 추가** : 시멘틱 마크업 요소들이 있다.

③ **상호운용성(Interoperability)** : 사용자 에이전트를 위한 교차 브라우징 규칙을 제공한다.

④ 보다 구조화되고 다양한 HTML 태그를 제공한다.

⑤ 비디오 오디오 지원 기능은 자체 자원을 통한 간략한 멀티미디어 기능을 제공한다.

⑥ SVG, 캔버스, WebGL 등을 이용한 다양한 2차원 및 3차원 그래픽 기능을 제공한다.

⑦ GPS, 카메라, 동작센서 등 디바이스 하드웨어 기능을 웹에서 직접제어할 수 있다.

⑧ 비동기 통신 다중 스레드 기능을 통한 웹에서의 처리 성능을 향상시켰다.

⑨ 클라이언트와 서버 간 효율적인 통신 기능을 제공하기 위한 웹 기반 커뮤니케이션 효율을 대폭 강화했다.

⑩ 기존 웹 문서의 변경과 성능 저하 없이 웹 애플리케이션 사용자 인터페이스(스타일과 효과)기능을 강화하였다.

(4) HTML 4와의 차이점

① 엘리먼트(요소) 추가

  ㉠ 구조적인 요소

- 구역을 나누는 블록 요소인 div 요소를 대신한다.
- header, nav, article, section, aside, footer

  ㉡ 멀티미디어 요소

- 플러그인 없이 멀티미디어를 재생할 수 있게 한다.
- audio, video, canvas, command, datalist, details, embed, figure, figcaption

② 엘리먼트(요소) 의미 변경

  ㉠ em : 상대적인 포인트 크기를 나타낸다. 배수로 표현한다.

  ㉡ hr : 수평 줄 태그

③ 문서 선언이 〈!DOCTYPE html〉으로 간소화되었다.

④ 제거된 엘리먼트(요소)

  ㉠ 다른 태그로 대체 가능한 태그들 : acronym, applet, dir, isindex

  ㉡ 디자인적인 기능 이상의 의미가 없어 삭제(CSS로 대체 가능한 태그) : basefont, big, center, font, strike, tt

⑤ **웹 접근성 향상을 위해 사용을 지양하는 태그** : frame, frameset, noframes

3. SGML

① SGML(Standard Generalized Markup Language)은 문서의 마크업 언어나 태그 셋을 정의하는 문서 표준이다.

② 문서 언어의 각 요소와 속성을 자신만의 태그(Tag)로 정의할 수 있는 메타 언어이다(메타 언어란 언어를 만드는 언어).

③ 문서의 논리 구조, 의미 구조를 간단한 마크로 기술한다.

④ 유연성이 좋고 독립적인 시스템 운용이 가능하나 기능이 복잡하다.

⑤ 멀티미디어 문서의 저장과 독립적인 문서를 처리하여 전자 출판에 이용된다.

4. XML

① XML(eXtensible Markup Language)는 인터넷상에서 문서나 데이터를 교환하거나 배포할 때 표준이 될 수 있는 중요한 마크업 언어이다.

② 구조화된 문서 제작용 언어로 HTML에 태그의 사용자 정의가 가능하다.

③ 태그(Tag)와 속성을 사용자가 정의할 수 있으며, 문서 내용과 이를 표현하는 방식이 독립적이다.

④ HTML의 단점을 보완하고, 다양한 형식의 문서로 쉽게 변환이 가능하다.

⑤ DTD(Document Type Definition)가 고정되어 있지 않으므로 논리적 구조를 표현할 수 있는 유연성을 가진다.

⑥ 데이터베이스 등의 구조화된 데이터를 지원하며 홈 페이지 구축, 검색 기능을 향상시킨다.

더 알아보기⊕

Ajax(Asynchronous Javascript and XML)
• 여러 기술을 모아 놓은 형태로 대화식 웹 개발에 사용된다.
• HTML과 동적 화면 출력 시 사용하며, 페이지 이동 없이 고속으로 화면 전환이 가능하다.
• 대화식 웹 애플리케이션을 개발하기 위해 사용되며, 서버 처리를 기다리지 않고 비동기 요청이 가능하다.
• Prototype, JQuery, Google Web Toolkit은 대표적인 Ajax 프레임워크이다.

5. VRML

① VRML(Virtual Reality Modeling Language)는 3차원 가상 공간을 표현하기 위한 언어로 웹에서 3차원 입체 이미지를 묘사한다.

② HTML을 기반으로 만들어졌으며 가상 쇼핑몰, 3차원 채팅 등에 이용된다.

③ 각종 운영체제에 독립적이며, 플러그 인(Plug-In)을 이용한다.

6. UML

① UML(Unified Modeling Language)는 요구 분석, 시스템 설계 및 구현 등의 시스템 개발과정에서 개발자 간 의사소통을 원활하게 하기 위하여 표준화한 통합 모델링 언어이다.

② 시스템 개발자가 구축하고자 하는 소프트웨어를 코딩하기에 앞서 표준화되고, 이해하기 쉬운 방법으로 소프트웨어를 설계한다.

③ **가시화 언어** : 개념 모델 작성 시 오류가 적고, 의사소통을 쉽게 하는 그래픽 언어이다.

④ **문서화 언어** : 시스템에 대한 평가, 통제, 의사소통의 문서화(요구사항, 아키텍처 설계, 소스코드, 프로젝트 계획, Test 등)가 가능하다.

⑤ **구현 언어** : 다양한 프로그래밍 언어와 연결 왕복 공학 기능(순공학/역공학), 실행 시스템의 예측이 가능하다.

⑥ **명세화 언어** : 정확한 모델 제시, 완전한 모델 작성, 분석, 설계의 결정을 표현한다.

기출 **PLUS** Ajax
B등급

웹 개발 기법의 하나인 Ajax(Asynchronous Javascript and XML)에 대한 설명으로 옳지 않은 것은?

10년 우정사업본부

① 대화식 웹 애플리케이션을 개발하기 위해 사용된다.
② 기술의 묶음이라기보다는 웹 개발을 위한 특정한 기술을 의미한다.
③ 서버 처리를 기다리지 않고, 비동기 요청이 가능하다.
④ Prototype, JQuery, Google Web Toolkit은 대표적인 Ajax 프레임워크이다.

≫ Ajax는 특정한 하나의 기술이 아니라 여러 기술을 모아놓은 형태로 대화식 웹 개발에 사용되고, HTML과 동적 화면 출력 시에 사용한다. 또한, 페이지 이동 없이 고속으로 화면 전환이 가능하며, 서버를 기다리지 않고 비동기 요청이 가능하다. Prototype, JQuery, Google Web Toolkit은 대표적인 Ajax 프레임워크이다. 답 ②

02 동적 페이지 작성 언어의 종류

1. 자바(Java)

① 웹상에서 멀티미디어 데이터를 유용하게 처리할 수 있는 객체 지향(Object-oriented)언어이다.
② 분산형 컴퓨팅 및 통신 환경에 알맞은 응용 프로그램을 개발하는데 적합하다.
③ 실시간 정보를 통해 애니메이션을 구현하며, 자체 통신 기능을 갖는다.
④ 하나의 자바 프로그램이 여러 작업을 할 수 있으며, 멀티쓰레드를 제공한다.
⑤ 다른 컴퓨터와의 호환성과 이식성이 뛰어나며, 가상 바이트 코드(Byte Code)를 사용한다.
⑥ C++ 언어를 기반으로 플랫폼에 독립적(Independence)이고, 보안에 강하다.
⑦ 인터넷 분산 환경에 적합하며 상속성(Inheritance), 캡슐화(Encapsulation), 오버로딩(Overloading), 다형성(Polymorphism) 등을 제공한다.

2. 자바스크립트(Javascript)

① HTML에 삽입되어 HTML을 확장하는 기능으로 HTML을 강력하고 편리하게 꾸밀 수 있다.
② 컴파일된 언어에 비해 처리 시간이 오래 걸리지만 짧은 프로그램들에는 유용하다.
③ 웹 문서에 소스 코드를 삽입하여 사용자 웹 브라우저에서 실행한다.
④ 클래스는 없으며, 변수 선언도 불필요하다.

3. 자바 애플릿(Java Applet)

① 컴파일된 .class 파일을 연결하여 웹 브라우저에서 실행한다.
② 클래스는 있으며, 변수 선언도 필요하다.
③ HTML 외에 별도로 존재한다.

4. CGI(Common Gateway Interface)

① HTTP 서버에서 외부 프로그램을 수행하기 위한 인터페이스로 사용자가 방명록, 카운터, 게시판 등을 HTML 문서와 연동하기 위해 사용한다.
② 프로그램에 사용되는 언어에는 C, C++, Java, Perl, ASP 등이 있다.

5. ASP(Active Server Page)

① CGI의 단점을 보완하기 위해 개발된 웹 문서의 작성 기술이다.
② 서버측 스크립트가 HTML 페이지를 만들어 모든 브라우저에서 사용할 수 있다.
③ Windows 계열에서만 수행한다.

6. JSP(Java Server Pages)

① 자바를 이용한 서버측 스크립트로 다양한 운영체제에서 사용이 가능하다.
② 데이터베이스와 연결이 쉽고, HTML 문서 내에서 〈% … %〉와 같은 형태로 작성된다.

7. 객체 지향 프로그래밍과 언어

(1) 객체 지향 프로그래밍

① 동작보다는 객체, 논리보다는 자료를 기준으로 구성된다.
② 소프트웨어 재사용성으로 프로그램 개발 시간을 단축할 수 있다.
③ 객체 지향적 프로그램 개발에 적합한 기법으로 상속성, 은폐성, 다형성, 캡슐화 등의 특징을 가진다.
④ Smalltalk, C++, Java 언어 등에서 객체 지향의 개념을 표현한다.

(2) 객체 지향 언어

① 객체 내부의 데이터 구조에서 데이터형뿐만 아니라 사용 함수까지 함께 정의한 것을 클래스(Class)라고 한다.
② 객체가 수행할 수 있는 특정한 작업을 메소드(Method)라고 한다.
③ 객체는 속성과 메소드의 상속뿐만 아니라 재사용이 가능하다.

03   홈 페이지 제작

1. 홈 페이지 제작 과정

기획 → 기본 구성 → 세부 구성 → 홈 페이지 작성 → 유지 보수 및 업그레이드

2. HTML의 특징

① HTML 문서는 텍스트 파일일 뿐 특별한 과정을 거쳐 다른 포맷으로 변환되지 않는다.
② 문서의 어느 부분을 클릭하면 다른 문서나 그림 파일로 이동할 수 있게 하는 하이퍼텍스트 (HyperText)에 의해 이루어진다.
③ HTML 문서와 일반 문서를 구분할 수 있는 것은 파일 확장자이다.
④ HTML 문서는 일반적인 문서에 특수한 동작을 하는 명령어 태그(Tag)를 사용한다.
⑤ 각각의 태그는 대소문자를 구분하지 않고, 동일한 결과를 출력한다.
⑥ HTML에서 한 칸 이상의 공백은 같은 결과를 출력한다.

3. HTML 문서의 기본 구조

① 〈TITLE〉 : 문서 제목, 〈BODY〉 : 문서 내용, 〈BR〉 : 줄 바꿈, 〈FONT〉 : 글꼴 설정, 〈IMG〉 : 이미지 삽입, 〈TABLE〉 : 표 작성, 〈FORM〉 : 양식 정의, 〈A〉 : 다른 문서 연결(링크) 등의 기본 태그를 사용한다.

```
〈HTML〉  ← HTML 문서의 시작을 알린다.
〈head〉  ← 머리말의 시작을 알린다.
머리말
〈/head〉← 머리말의 종료를 알린다.
〈body〉  ← 본문 내용의 시작을 알린다.
본문 내용
〈/body〉← 본문 내용의 끝을 알린다.
〈/HTML〉← HTML 문서의 종료를 알린다.
```

② 본문 중에 주로 제목을 표시할 때 사용하는 <Hn>은 제일 큰 글자인 H1~H6까지 있다.

③ 여러 줄의 문장을 입력할 때 줄을 바꾸려면
을 사용한다.

④ <PRE> 태그는 문서에 입력된 모습 그대로 웹 브라우저 화면에 표시된다.

⑤ 수평선을 그을 때 사용되는 <HR>은 Size, Width, Align 등과 함께 선의 굵기, 길이, 정렬 상태 등을 설정할 수 있다.

```
〈HTML〉
〈head〉
〈title〉문서 제목〈/title〉
〈/head〉
〈body〉
    ↑
이 곳이 본문의 내용을 꾸미는 곳이다.
    ↓
〈/body〉
〈/HTML〉
```

03 C 언어의 문법적 활용

01 C 언어의 기본

1. C 언어의 특징과 표준화

(1) C 언어의 특징

① 절차적 방식을 지원하며, 코드가 간결하다.
② 하드웨어 관련 프로그램을 작성하며 이식성, 효율성, 범용성이 좋다.
③ 함수를 사용한 구조적 프로그램 작성과 모듈화 단위로 개발하기 쉽다.
④ 운영체제 프로그램이나 컴파일러 등을 개발할 수 있는 강력한 언어이다.

(2) C 프로그래밍 작성 단계

① **요구사항을 정의한 요구 명세서** : 작업 내용에 대한 문제점을 파악하고, 해결책에 대한 정확한 요구사항 명세서를 작성한다.
② **문제 분석** : 입력 형태, 입력 매체, 출력 형태, 출력 매체, 제약 조건, 수식(공식), 기법, 도구 등을 준비한다.
③ **설계** : 문제를 해결할 알고리즘으로 설계 후 논리적으로 나열한다.
④ **구현** : 알고리즘을 C 프로그램 언어로 구현한다.
⑤ **시험 및 검증** : 사용자가 요구하는 사항에 만족하는지를 확인한다.
⑥ **문서화** : 프로그램을 유지·보수하기 쉽게 문서화한다.

(3) C 언어와 C++의 비교

구분	C언어	C++
구성	함수로 구성	클래스로 구성
프로그래밍 지향	구조적 프로그래밍	객체 지향 프로그래밍
프로그램 방식	Top-Down 방식	Bottom-Up 방식
프로그램 기본 단위	프로그램을 기능 단위로 세분	프로그램을 오브젝트 단위로 세분
규모	중형 프로그램	대형 프로그램

(4) 표준화 작업 내용

① 표준 라이브러리 함수를 규격화하고, 헤더 파일을 통일한다.

② 함수의 원형 선언 기능이 추가되어 컴파일러가 함수 호출부에서 타입 체크를 할 수 있다.

③ 정수, 실수, 상수의 타입을 지정할 수 있는 L, U, F 등의 접미어가 추가되었다.

④ enum, void형과 cost, volatile 제한자가 추가되었다.

⑤ 인접 문자열 상수를 합쳐 주고 확장열의 기능도 추가되었다.

⑥ 함수 내부에서 선언하는 지역 배열이나 구조체를 초기화할 수 있다.

⑦ 구조체끼리 대입할 경우 구조체 크기만큼 메모리를 복사한다.

2. C 언어 개발 원칙

① 프로그램을 실행한다는 의미로 반드시 main( ) 함수로부터 시작된다.

② main( ) 함수는 아래쪽으로 "{"로 시작하여 "}"로 종료된다(블록 단위로 묶음).

③ 하나의 문장이 끝날 때마다 반드시 세미콜론(;)을 입력한다(2개 이상의 문장이 한 줄에 기술 될 수도 있음).

④ 주석은 프로그램 실행과는 상관없이 프로그램을 설명하거나 참고 사항을 나타낸다.

⑤ 주석(설명문)은 /*와 */의 사이에 놓이며, 컴파일러는 이를 번역하지 않는다.

⑥ 대문자와 소문자를 구별하며, 선행 처리기는 항상 "#" 기호로 시작한다.

⑦ 문자열(String)은 두 개 이상의 단일 문자가 모인 집합으로 따옴표(" ") 안에 표시한다.

3. 프로그램의 기본 구조

```
#include 〈헤더 파일〉 #으로 시작하는 전처리기        : 표준 함수
사용할 함수의 함수 원형;                          : 사용할 함수 정보
int main( )                                    : 프로그램 시작
{
    선언문;
    함수 본체;
    return 0;
}
```

- #include 〈헤더 파일〉 : 표준 명령의 함수 원형이 선언되어 있는 헤더 파일을 첨부한다.
- 함수 원형 : 사용자가 만든 함수는 main( ) 함수 앞에 원형을 선언한다.
- 주프로그램 시작 : 모든 프로그램은 main( ) 함수부터 실행하며, 최소한 1개 이상은 있어야 한다.
- 중괄호({ }) : main( ) 함수는 "{"로 시작하여 "}"로 종료된다.
- 함수 구현 : 사용자가 만든 함수는 반드시 그 기능을 할 수 있도록 코드를 작성한다.

(1) 상수

① **정수/실수** : 수학적인 표기 방법과 동일하다.

② **문자** : 작은 따옴표(' ')에 넣는다.

③ **문자열** : 큰 따옴표(" ")에 넣는다.

(2) 변수

① 데이터를 저장하는 메모리 공간으로 데이터에 적합한 데이터 타입을 선언한 후 사용한다.

② 선언문으로 변수를 준비한 후 대입문(=) 또는 함수에서 변수를 사용한다.

③ 변수의 포인터(주소)는 변수명 앞에 주소 연산자(&)를 붙인다.

(3) 실수형

① 소수점 이하를 표현할 수 있는 수로 크기와 정밀도에 따라 세 가지가 있으며, 모두 부호를 표현할 수 있다(Float 타입은 크기가 4Byte, Double 타입은 크기가 8Byte, Decimal 타입은 크기가 16Byte).

② Float와 Double은 실수를 표현하는 국제 표준 포맷(IEEE 754) 규격을 따르므로 C언어, 자바 등의 언어와 크기, 범위, 정밀도가 같으며 내부적인 구조도 동일하다.

③ Float 타입은 소수점 이하 7자리까지 유효하고, Double 타입은 소수점 이하 15자리까지 유효하다(Decimal 타입은 소수점 28자리까지 유효하므로 매우 정확한 값을 표현).

④ 실수 상수는 별다른 지정이 없으면 Double 타입으로 취급된다.

(4) 정수형

① 소수점 이하가 없는 정수를 기억하는 타입이다. 예 2, 32

② 가장 흔히 사용되는 타입으로 크기와 부호의 유무에 따라 8가지 종류가 있다.

크기	부호 있음	부호 없음
1	sbyte(−128~127)	byte(0~255)
2	short(−32768~32767)	ushort(0~65535)
4	int($-2^{31} \sim 2^{31}-1$)	uint($0 \sim 2^{32}-1$)
8	long($-2^{63} \sim 2^{63}-1$)	ulong($0 \sim 2^{64}-1$)

③ 정수 형태의 상수는 아라비아 숫자로 0, 12, 42 등으로 표현하되 별다른 표기가 없으면 int 타입으로 한다.

4. 예약어와 변수

(1) #define

① 상숫값을 정의내리는 구성 요소이다.
② 프로그램에서 사용할 문자열을 치환할 때 사용한다.
③ "#define VALUE1 1"이라는 것은 숫자 1을 VALUE1로 정의한다는 뜻이다.

(2) #include

다른 파일에 선언되어 있는 함수나 데이터 형을 현재 프로그램에 포함시킬 때 사용한다.

(3) printf()문

① 표준 출력으로 데이터를 출력시킬 때 정해진 제어 형식으로 처리한다.
② 문자열만 출력하며, 문자열 외에 다른 데이터를 출력할 경우는 데이터를 문자열로 변환하기 위한 포맷 지정자(%로 시작)를 사용한다.
　　㉠ %c : (character) 문자
　　㉡ %d : (decimal integer) 10진 정수
　　㉢ %e : 지수형
　　㉣ %f : (floating-point number) 소수점 표기형
　　㉤ %o : (octal) 8진 정수
　　㉥ %s : (string) 문자열
　　㉦ %u : (unsigned integer) 부호 없는 10진 정수
　　㉧ %x : (hexadecimal) 16진 정수
③ printf문에서 %와 변환 문자 사이에 들어가는 기호는 다음과 같다.
　　㉠ - : 변환된 매개 변수를 왼쪽 끝에 맞춘다.
　　㉡ 최소 간격 지정 숫자 : 변환된 숫자가 출력될 때 최소 간격을 지정한다.
　　㉢ . : 필드 폭과 소수점 이하 자릿수를 분할한다.
　　㉣ 숫자 : 문자열이나 숫자가 인쇄될 자릿수를 지정한다.

(4) scanf()문

① 키보드에서 다양한 형식의 데이터를 입력할 때 사용한다.
② 저장할 변수의 주소를 사용하며, 변수명 앞에 & 기호를 붙여 사용한다.
③ 정수를 입력하려면 포맷 지정자 %d를 사용한다.

(5) 문자열 상수와 타입

① **변수(variable)** : 변수명을 그대로 작성한다. 예 int x;

② **문자(character)** : 문자처럼 작은 따옴표로 묶는다. 예 char ch='A';

③ **문자열(string)** : 문자열처럼 끝 따옴표로 묶는다. 예 char str[]="Love";

(6) 확장열 코드

① 역 슬러시(\) 바로 뒤에 하나의 문자가 붙는 것을 말한다.

② \n : 줄을 바꾼다(New Line).

③ \t : 가로 탭(Tab)

④ \v : 세로 탭(수직 탭)

⑤ \r : 현재 사용하고 있는 줄(Line)의 맨 처음으로 커서를 이동한다(개행).

⑥ \b : 앞의 한 문자를 지운다(Backspace).

⑦ \\ : 백 슬러시(Back Slash)

(7) 연산자

① 대입 연산자는 등호(=)로 표시하고, = 기호 왼쪽의 항목에 값을 대입한다.

② 형식은 변수명 = 데이터 값 또는 연산식;

명칭	연산자	설명
산술 연산자	+, -, *, /, %	산술 연산과 계산에 사용
관계 연산자	<, <=, ==, >, >=	크기를 비교
논리 연산자	!, &&, ‖	논리 부정, 논리곱, 논리합
비트 연산자	&, ‖	비트 처리
증가와 감소 연산자	++, --	1만큼 증가, 1만큼 감소
대입 연산자	=	연산 결과를 대입

02 C 언어의 활용

1. 제어문

(1) if문 문법

① 제어문은 기본적으로 한 개의 문장만 처리한다.

② 두 개 이상의 문장을 실행하려면 문장을 중괄호({}) 속에 넣어 한 블록으로 묶어준다.

③ **if문** : if (조건)문장1;

④ **if—else문** : if (조건)문장1;　　else 문장2;

⑤ **if—else if문** : if (조건1) 문장1;　　else if (조건2) 문장2;

　　　　　　　　else if (조건 n) 문장 n;　　else default 문장;

⑥ **실제 예**

　㉠ x가 2보다 작을 경우에는 y에 2를 더한다.

　　if (x<2) y=y+2;

　㉡ x가 2보다 작을 경우에는 y에 2를 더하고, 아니면 y에 3을 더한다.

　　if (x<2) y=y+2;　　else y=y+3;

(2) if문 활용 예제와 설명

① 단순 if문 예제와 설명

```
#include 〈stdio.h〉 // 라이브러리 삽입
int main() //int(반환값 정수)인 main함수 선언
{
  char a='b';
  char b='a';
    if(a>b) {
        printf("%c가 보다 크다  %c\n", a, b);
        }
      printf("%c값, %c값 여기는 if 결과 상관 없이 출력 \n", a, b);

  return 0; //정수 0 반환
}
```

⇩

```
b가 보다 크다 a
b값, a값 여기는 if 결과 상관 없이 출력

--------------------------------
Process exited after 0.01925 seconds with return value 0
계속하려면 아무 키나 누르십시오. . .
```

```
#include 〈stdio.h〉 // 라이브러리 삽입
int main() //int(반환값 정수)인 main함수 선언
{
   char a='a';
   char b='b';
     if(a>b) {
         printf("%c가 보다 크가  %c\n", a, b);
         }
      printf("%c값, %c값 여기는 if 결과 상관 없이 출력 \n", a, b);

   return 0; //정수 0 반환
}
```

⇩

```
b값, a값 여기는 if 결과 상관 없이 출력

--------------------------------
Process exited after 0.01864 seconds with return value 0
계속하려면 아무 키나 누르십시오. . .
```

⇩

```
#include 〈stdio.h〉 // 라이브러리 삽입
int main() //int(반환값 정수)인 main함수 선언
{
        int a, b; // 변수 선언
         /* scanf("%d %d", &a, &b); */
        scanf_s("%d %d", &a, &b); //키보드로 %d(숫자) 2개 받음
        if (a == b) //두 입력 값이 같으면
               printf("%d is equal to %d\n", a, b); // %d에 a값 is equal to %d에 b값 출력
        if (a 〉 b) //a가 b 보다 크면
               printf("%d is greater than %d\n", a, b);  // %d에 a값 is greater than %d에 b값
               출력
        if (a 〈 b) //b가 a 보다 크면
               printf("%d is less than %d\n", a, b); // %d에 a값 is less than %d에 b값 출력
        return 0; //정수 0 반환
}
```

⇩

```
30
30
30 is equal to 30

--------------------------------
Process exited after 8.253 seconds with return value 0
계속하려면 아무 키나 누르십시오. . .
```

```
40
30
40 is greater than to 30

--------------------------------
Process exited after 8.547 seconds with return value 0
계속하려면 아무 키나 누르십시오. . .
```

```
30
40
30 is less than to 40

--------------------------------
Process exited after 8.109 seconds with return value 0
계속하려면 아무 키나 누르십시오. . .
```

② if~else문 예제

```c
#include <stdio.h>
int main()
{
        int n;
        /* scanf("%d", &n); */
        scanf_s("%d", &n);
        if (n % 2) //입력 받은 n값이 2로 나눈 나머지가 0이 아니면 참(홀수)
                printf("%d is an odd number.\n", n);
        else //나머지가 0이면 거짓 (짝수)
                printf("%d is an even number.\n", n);
        return 0;
}
```

⇩

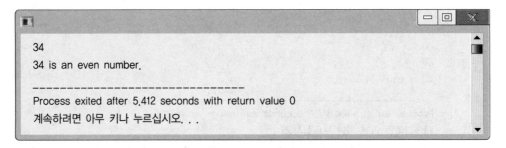

```
#include 〈stdio.h〉
int main()
{
        int a, b, min, max;
/*      scanf("%d %d", &a, &b); */
        scanf_s("%d %d", &a, &b); /* scanf */
        if (a 〈= b)
        {
                min = a;
                max = b;
        }
        else
        {
                min = b;
                max = a;
        }
        printf("a = %d, b = %d\n", a, b);
        printf("min = %d, max = %d\n", min, max);
        return 0;
}
```

⇩

```
23 76
a = 23, b = 76
min = 76, max = 23

--------------------------------
Process exited after 23.54 seconds with return value 0
계속하려면 아무 키나 누르십시오. . .
```

```c
#include <stdio.h>
int main()
{
        int x, y; /* 키보드에서 읽어올 두 좌표 */
        int left = 0, right = 100, top = 0, bottom = 200;
        int nRes = 0;
        int nArea;
        printf("Input x, y: "); // 출력
         /* scanf("%d %d", &x, &y); */
        scanf_s("%d %d", &x, &y); // 키보드 입력받기 숫자 2개

        // (left(0)이 첫 번째 입력받은 값(x)보다 크거나 같고 x가 right(100)보다 작거나 같고)
        // (top(0)이 두 번째 입력받은 값(y)보다 크거나 같고 y가 bottom(200)보다 작거나 같으면)
        if ((left <= x && x <= right)
                        && (top <= y && y <= bottom))
        {
                nRes = 1; //nRes에 1저장
                //nArea에 right와 left차와 bottom과 top의 차를 곱한다.
                nArea = (right - left) * (bottom - top);
        }
        if (nRes) // nRes의 값이 '0'이 아니면 참값이다.
        {
                printf("The Point(%d,%d) is in Rect(%d,%d,%d,%d)\n",
                        x, y, left, top, right, bottom);
                printf("nArea = %d\n", nArea);
        }
        else // nRes 값이 참이 아니면(0이면)
        {
                printf("The Point(%d,%d) is outside Rect(%d,%d,%d,%d)\n",
                        x, y, left, top, right, bottom);
        }
        return 0;
}
```

⇩

```
Input x, y: 45 65
The Point<45, 65> is in Rect<0, 0, 100, 200>
nArea = 20000

------------------------------
Process exited after 16.01 seconds with return value 0
계속하려면 아무 키나 누르십시오. . .
```

③ 다중 if문 예제

```c
#include <stdio.h>
int main()
{
        int nYear;
        int nLeap;
    /* scanf("%d", &nYear); */
        scanf_s("%d", &nYear); //연도를 입력받음
        if (nYear % 4 == 0) //4로 나눈 나머지가 0이면, 나누어 떨어짐
        {
                nLeap = 1; // nLeep에 1저장
                if (nYear % 100 == 0) //100으로 나눈 나머지가 0, 나누어 떨어짐
                {
                        nLeap = 0; // nLeep에 0을 저장
                        if (nYear % 400 == 0) // 400으로 나누어 떨어지면
                                        nLeap = 1; // nLeep에 1저장
                }
        }
        else  // 4로 나누어 떨어지지 않으면
                nLeap = 0; // nLeep에 0 담기

        if (nLeap == 1) // nLeep이 1이면 윤년
                printf("%d년은 윤년(Leap year)입니다.\n", nYear);
        else //그렇지 않으면 평년
                printf("%d년은 평년(Common year)입니다.\n", nYear);
        /*
          4로 나누어 떨어지고 100으로 나누어 떨어지는데 400으로 나누어 떨어지면
          윤년이다.
        */
        return 0;
}
```

⇩

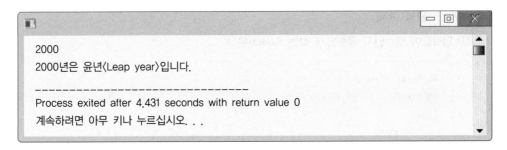

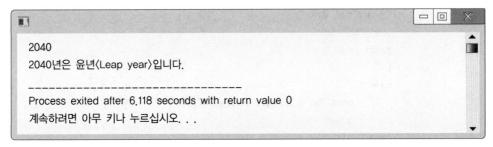

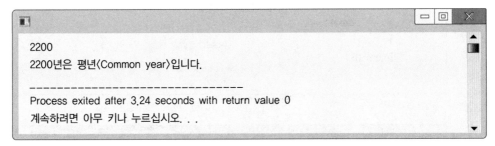

(3) switch문 문법

문자나 정수 타입의 데이터를 검사하여 여러 개인 경우 중에서 해당하는 경우를 실행한다.

```
switch(식) {
    case 레이블1:문장1;
        ....
        [break;]
        default: 문장 n+1;
    }
```

(4) switch 활용 예제

① 입력값이 짝수인지 홀수인지 찾는 Switch문

```c
#include <stdio.h>
int main()
{
        int n;
        printf("양의 정수 n을 입력하세요: ");
        /* scanf("%d", &n); */
        scanf("%d", &n);
        switch (n % 2)
        {
        case 0:
                printf("%d is an even number.\n", n);
                break;
        case 1:
                printf("%d is an odd number.\n", n);
                break;
        }
        return 0;
}
```

⇩

```
양의 정수 n을 입력하세요: 2279
2279 is an odd number.

--------------------------------
Process exited after 8.273 seconds with return value 0
계속하려면 아무 키나 누르십시오. . .
```

```
양의 정수 n을 입력하세요: 3450
3450 is an even number.

--------------------------------
Process exited after 8.243 seconds with return value 0
계속하려면 아무 키나 누르십시오. . .
```

② 두 수를 입력받고 연산하는 Switch

```c
#include <stdio.h>
int main()
{
        char op;
        int operand1, operand2, result;

        printf("정수 2개와 연산자(+, -, *, /, %%)를 입력하세요.\n");
        printf("operand1 operator operand2: ");
/*      scanf("%d %c %d", &operand1, &op, &operand2); */
        scanf_s("%d %c %d", &operand1, &op, 1, &operand2);

        switch (op)
        {
        case '+':
                result = operand1 + operand2;
                break;
        case '-':
                result = operand1 - operand2;
                break;
        case '*':
                result = operand1 * operand2;
                break;
        case '/':
                result = operand1 / operand2;
                break;
        case '%':
                result = operand1 % operand2;
                break;
        default:
                printf("잘못된 연산자를 입력했습니다!!!\n");
        }
        if (op == '+' || op == '-' || op == '*'
                || op == '/' || op == '%')
                printf("%d %c %d = %d\n", operand1, op, operand2, result);
        return 0;
}
```

⇩

```
정수 2개와 연산자(+, -, *, /, %)를 입력하세요.
operand1 operator operand2: 307 / 26
307 / 26 = 11

--------------------------------
Process exited after 21.92 seconds with return value 0
계속하려면 아무 키나 누르십시오. . .
```

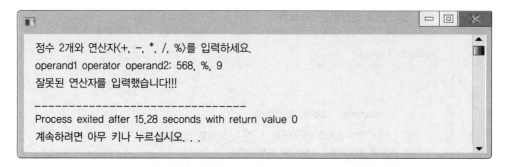

③ **문자를 입력받아서 소문자 a와 대문자 A를 찾는 switch문**

```c
#include <stdio.h>
int main()
{
        int ch;
        ch = getchar();
        switch (ch)
        {
        case 'a':
        case 'A':
                printf("a 또는 A를 입력했습니다.");
                break;
        default:
                printf("a, A 이외의 문자를 입력했습니다.");
        }
        return 0;
}
```

⇩

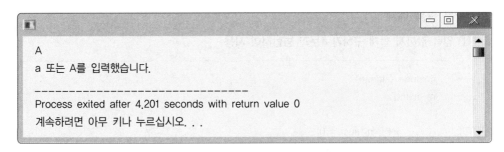

2. 반복문

(1) for문 문법

① 루프의 반복 횟수를 알고 있을 경우나 간단한 초기값 설정이 요구될 경우에 편리한 반복문이다.
② 반복 횟수가 명확한 경우에 사용한다.
③ 반복 처리문이 하나인 경우는 중괄호를 생략할 수 있다.

```
for(초기값; 조건; 변환값)
   {
      반복 처리문;
   }
```

(2) for문 활용 예제

① 입력 값까지 합계 구하기 if문과 병합하여 사용

```c
#include <stdio.h>
int main()
{
        int i, n, sum = 0;
        printf("10보다 큰 양의 정수 n을 입력하세요: ");
    /* scanf("%d", &n); */
    scanf_s("%d", &n); //
    if(n<10 || n<0)  //n의 값이 0보다 작거나 10보다 작은 값
        { printf("입력값이 잘못되었습니다.\n");
          return 0;
        }
        for (i = 1; i <= n; i++)
                sum += i;
        printf("i = %d\n", i);
        printf("The sum from 0 to %d is %d\n", n, sum);
        return 0;
}
```

⇩

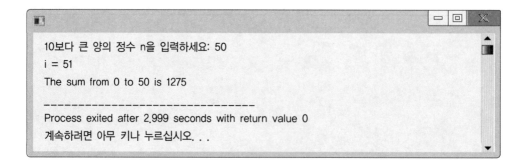

10보다 큰 양의 정수 n을 입력하세요: 5
입력값이 잘못되었습니다.

Process exited after 7.385 seconds with return value 0
계속하려면 아무 키나 누르십시오. . .

10보다 큰 양의 정수 n을 입력하세요: 50
i = 51
The sum from 0 to 50 is 1275

Process exited after 2.999 seconds with return value 0
계속하려면 아무 키나 누르십시오. . .

② **다중 for문에 의한 실행** : for문은 총 3번 반복하고 무한 반복

```c
#include <stdio.h>

int main(){
        // 정수형 변수 선언
        int i, sum, value;

        // 다음 복합문을 세번 반복하는 for문

        for(i = 0; i < 3; i++){

            // 변수를 초기화한다.
            sum = 0;
            printf("No.%d 입력한 숫자 더하기를 수행합니다.\n", i+1);

            // 무한 반복을 수행하는 for문
            for( ; ; ){
                printf("  숫자 0 이상의 값을 입력하세요->");
                scanf("%d", &value);      // 데이터를 입력받는다.

        // 내부 for문을 빠져나가는 종결 조건이다.  0 미만의 수를 입력했다면 for문을 빠져나온다.
                if(value >= 0) sum += value;
                else break;
            }
            printf("No.%d 입력한 숫자의 합은 %d입니다.\n\n", i+1, sum);
        }
}
```

⇩

```
No.1 입력한 숫자 더하기를 수행합니다.
숫자 0 이상의 값을 입력하세요->30
숫자 0 이상의 값을 입력하세요->234
숫자 0 이상의 값을 입력하세요->-1
No.1 입력한 숫자의 합은 264입니다.

No.2 입력한 숫자 더하기를 수행합니다.
숫자 0 이상의 값을 입력하세요->20
숫자 0 이상의 값을 입력하세요->1233
숫자 0 이상의 값을 입력하세요->-1
No.2 입력한 숫자의 합은 1253입니다.

No.3 입력한 숫자 더하기를 수행합니다.
숫자 0 이상의 값을 입력하세요->3222
```

```
숫자 0 이상의 값을 입력하세요->3548
숫자 0 이상의 값을 입력하세요->332
숫자 0 이상의 값을 입력하세요->78832
숫자 0 이상의 값을 입력하세요->-1
No.3 입력한 숫자의 합은 85934입니다.

--------------------------------
Process exited after 39.68 seconds with return value 0
계속하려면 아무 키나 누르십시오. . .
```

③ 다중 for문을 이용한 구구단 출력

```c
#include <stdio.h>
int main()
{
        int i, j;
        for (i = 1; i < 10; i++)
        {   printf("    %d단 출력\n",i);
                for (j = 1; j < 10; j++)
                {
                        printf("%2d x %2d = %2d \n", i, j, i * j);

                }
                printf("\n");
        }
        return 0;
}
```

⇩

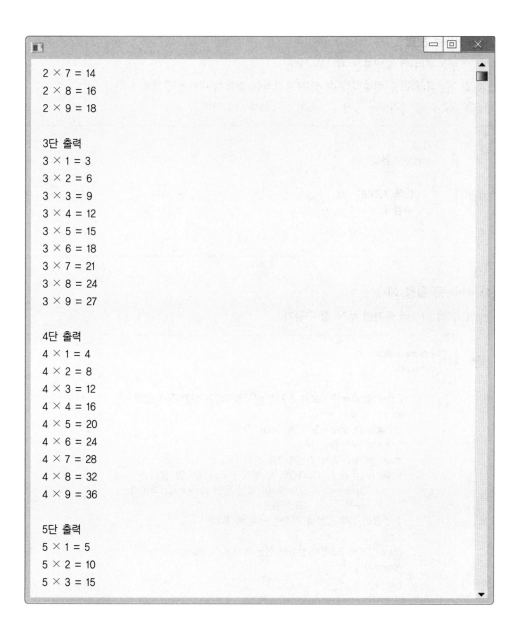

```
2 × 7 = 14
2 × 8 = 16
2 × 9 = 18

3단 출력
3 × 1 = 3
3 × 2 = 6
3 × 3 = 9
3 × 4 = 12
3 × 5 = 15
3 × 6 = 18
3 × 7 = 21
3 × 8 = 24
3 × 9 = 27

4단 출력
4 × 1 = 4
4 × 2 = 8
4 × 3 = 12
4 × 4 = 16
4 × 5 = 20
4 × 6 = 24
4 × 7 = 28
4 × 8 = 32
4 × 9 = 36

5단 출력
5 × 1 = 5
5 × 2 = 10
5 × 3 = 15
```

안심Touch

(3) while문 문법

① 반복 횟수가 불명확할 때 사용한다.

② 조건식의 값을 변경시킬 수 있는 증감식이 중괄호 내부에 존재해야 한다.

③ 조건식이 성립되는 동안 { } 속의 문장들을 반복한다.

```
초기식;
    while(조건식)
    {
        반복 처리문;
        증감식;
    }
```

(4) while문 활용 예제

① 입력 값 1씩 증가한 누적 값 구하기

```c
#include <stdio.h>
int main()
{
        //i는 1로 sum은 0으로 초기화 n은 입력받기 위한 정수 선언
        int i = 1, sum = 0, n;
        printf("양의 정수 n을 입력하세요: ");
        /* scanf("%d", &n); */
        scanf_s("%d", &n); //정수 1개 받기
        while (i <= n) { //입력값이 1(i)보다 크거나 같으면 참
                sum += i;    //while이 참인 동안 sum에 i값 더하기
                i++;         //i값 증가
        } //i값이 입력 값보다 커지면 블록 빠져나옴

        printf("1에서 %d까지 정수의 합은 %d\n", n, sum);
        return 0;
}
```

⇩

```
양의 정수 n을 입력하세요: 15
1에서 15까지 정수의 합은 120

--------------------------------
Process exited after 3.658 seconds with return value 0
계속하려면 아무 키나 누르십시오. . .
```

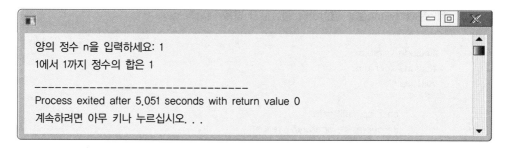

② 내부 함수를 이용하여 입력과 출력하고 while문 종료 시 까지 실행

```
#include 〈stdio.h〉
int main()
{
        int ch; //정수 ch 정의
        //EOF(−1)가 아닌 동안 실행하기
        while ((ch = getchar()) != EOF) //getchar() 호출
                putchar(ch); //출력함수 호출
        return 0;
} //종료를 위해 ctrl+z를 같이 누름
```

⇩

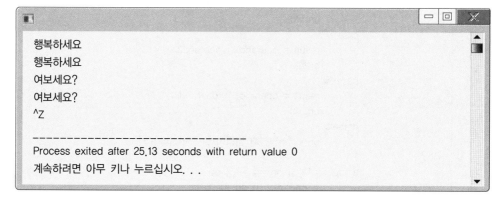

③ while문과 switch문을 결합하여 종료문자 받을 때까지 실행

```c
#include <stdio.h>
#include <conio.h>
void main()
{
        char op, quit = 'n';
        int operand1, operand2, result;

        while (quit != 'y' && quit != 'Y')
        {
                printf("\n정수 2개와 연산자(+, -, *, /, %%)를 입력하세요.\n");
                printf("operand1 operator operand2: ");
          /* scanf("%d %c %d", &operand1, &op, &operand2); */
                scanf_s("%d %c %d", &operand1, &op, 1, &operand2);
                switch (op)
                {
                case '+':
                        result = operand1 + operand2;
                        break;
                case '-':
                        result = operand1 - operand2;
                        break;
                case '*':
                        result = operand1 * operand2;
                        break;
                case '/':
                        result = operand1 / operand2;
                        break;
                case '%':
                        result = operand1 % operand2;
                        break;
                default:
                        printf("\n연산자 입력이 잘못되었습니다.!");
                }
                if (op == '+' || op == '-' || op == '*'
                        || op == '/' || op == '%')
                {
                        printf("\n%d %c %d = %d\n", operand1, op, operand2, result);
                }
                printf("\n프로그램을 종료하시겠습니까? ");
                quit = _getch();  /* getch() */
                /* quit = getchar(); */
        } /* while문 끝 */
}
```

⇩

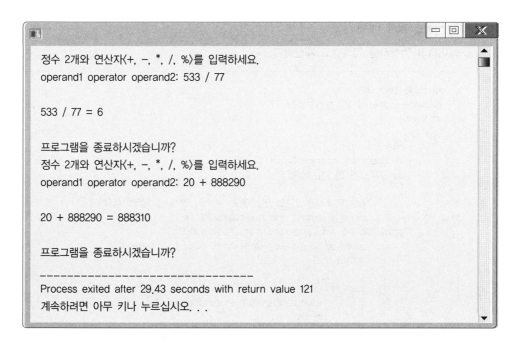

```
정수 2개와 연산자(+, -, *, /, %)를 입력하세요.
operand1 operator operand2: 533 / 77


533 / 77 = 6


프로그램을 종료하시겠습니까?
정수 2개와 연산자(+, -, *, /, %)를 입력하세요.
operand1 operator operand2: 20 + 888290


20 + 888290 = 888310


프로그램을 종료하시겠습니까?

--------------------------------
Process exited after 29.43 seconds with return value 121
계속하려면 아무 키나 누르십시오. . .
```

(5) do/while문 문법

① 반복 횟수가 불명확할 때 사용한다.

② 최소 한 번 이상 반복 처리문을 실행하며, 실행 후 조건식을 검사한다.

③ do/while문의 끝을 의미하는 세미콜론(;)을 붙여야 한다.

```
초기식;
   do
   {
      반복 처리문;
      증감식;
   } while(조건식);
```

(6) do/while문 활용 예제

① 데이터와 연산자를 입력받고 계산하기

```c
#include <stdio.h>
#include <conio.h> /* _getch() */
int main()
{
        char op, quit;
        int operand1, operand2, result;
        do //무조건 한 번은 실행
        {
                printf("\n정수 2개와 연산자(+, -, *, /, %%)를 입력하세요.\n");
                printf("operand1 operator operand2: ");
    /*scanf("%d %c %d", &operand1, &op, &operand2);*/
                scanf_s("%d %c %d", &operand1, &op, 1, &operand2);
                switch (op)
                {
                case '+':
                        result = operand1 + operand2;
                        break;
                case '-':
                        result = operand1 - operand2;
                        break;
                case '*':
                        result = operand1 * operand2;
                        break;
                case '/':
                        result = operand1 / operand2;
                        break;
                case '%':
                        result = operand1 % operand2;
                        break;
                default:
                        printf("\n잘못된 연산자를 입력하였습니다!!!\n");
                }
                if (op == '+' || op == '-' || op == '*' || op == '/' || op == '%')
                {
                        printf("%d %c %d = %d\n", operand1, op, operand2, result);
                }
                printf("\n프로그램을 종료하시겠습니까? ");
                quit = _getch(); /*  getch() */
        } while (quit != 'y' && quit != 'Y'); //거짓인 순간 반복문 종료
        return 0;
}
```

⇩

```
정수 2개와 연산자(+, -, *, /, %)를 입력하세요.
operand1 operator operand2: 555 * 440
555 * 44 = 24420

프로그램을 종료하시겠습니까?
정수 2개와 연산자(+, -, *, /, %)를 입력하세요.
operand1 operator operand2: 2133 % 88
2133 % 88 = 21

프로그램을 종료하시겠습니까?
--------------------------------
Process exited after 34.8 seconds with return value 0
계속하려면 아무 키나 누르십시오. . .
```

3. 함수

(1) 함수 문법

① 함수는 머리와 몸체로 구성되는데 머리는 리턴 타입, 함수명, 매개 변수로 구분하고, 몸체는 처리 동작에 관련된 코드들로 중괄호({}) 속에 넣어 하나의 블록을 만든다.

② 함수는 리턴 타입에 따라 void형과 void형이 아닌 함수로 나눈다.

```
리턴 타입 함수명(매개 변수, ...)
  {
     몸체;
     [return 식;]
  }
```

③ 함수 정의 부분에서 필요한 데이터를 함수 내부에서 입력받는 경우 매개 변수는 필요 없으므로 이런 경우는 함수명( )으로 표시한다(소괄호에 빈칸 또는 void를 넣음).

(2) 함수 선언과 함수 원형

① 함수 원형은 함수에 대한 정보를 알려주기 위해 다음 형식과 같이 선언한다.

```
함수 선언 : 리턴값의 타입 함수명(매개 변수, ...);
```

② 컴파일러는 함수 원형을 참조하여 함수를 정확하게 사용하였는지를 확인한다.

③ 컴파일러에서 제공하는 표준 라이브러리 함수는 함수 원형과 기호 상수, 각종 정보가 헤더 파일에 선언되어 있다. 이런 경우 코드 첫 줄에 #include문을 사용한다.

```
#include 〈헤더 파일〉
```

(3) 함수 호출

① 함수는 결과값이 필요한 것과 결과값이 필요 없는 방법으로 호출한다.

② void 함수는 함수명(인자);으로 호출한다.

③ 결과값을 필요로 하는 함수(void가 아닌 함수)는 수식으로 인식하므로 대입 연산자나 수식 또는 함수에 함수명(인자)으로 호출한다.

(4) 함수 활용 예제

① 간단한 함수 생성과 호출

```
#include 〈stdio.h〉

int Add(int a, int b) /* Add라는 함수 정의, 반환 값 정수 */
{
    //a, b는 함수의 인수(파라메터) 호출 시 전달되는 값
        return a + b; //함수 내부 작업
}

int main()
 {
        int sum;

        sum = Add(1, 2); //인수 1, 2를 넣고 함수 호출, 결과를 sum에 저장
        printf("Add(%d, %d) = %d\n", 1, 2, sum); //sum을 출력

        sum = Add(10, 20);//인수 10, 20을 넣고 함수 호출, 합이 sum에 저장
        printf("Add(%d, %d) = %d\n", 10, 20, sum);
        return 0;
}
```

⇩

```
Add(1, 2) = 3
Add(10, 20) = 30

--------------------------------
Process exited after 0.4042 seconds with return value 0
계속하려면 아무 키나 누르십시오. . .
```

② 함수 원형, 함수 호출 예제

```
#include <stdio.h>
/* int  Add(int, int); */
int Add(int a, int b); /* 함수 원형, 내용 정의 없음 */

int main()
{
        int sum;

        sum = Add(1, 2);
        printf("Add(%d, %d) = %d\n", 1, 2, sum);

        sum = Add(10, 20);
        printf("Add(%d, %d) = %d\n", 10, 20, sum);
        return 0;
}

int Add(int a, int b) /* 함수 정의 */
{
        return a + b;
}
```

⇩

```
Add(1, 2) = 3
Add(10, 20) = 30

--------------------------------
Process exited after 0.3673 seconds with return value 0
계속하려면 아무 키나 누르십시오. . .
```

③ **지역변수인 경우 각 함수 내에서만 적용**

```c
#include 〈stdio.h〉
void funcA(int a);

int main()
{
        int a = 10; //지역변수

        funcA(a); //함수 실행했으나 결과는 같음

        printf("After return from funcA, a = %d in main\n", a);
        return 0;
}
void funcA(int a)
{
        a = 20; //지역변수로, main함수에 영향 없음
}
```

⇩

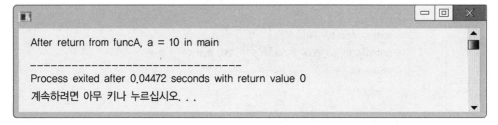

```
After return from funcA, a = 10 in main

---------------------------------
Process exited after 0.04472 seconds with return value 0
계속하려면 아무 키나 누르십시오. . .
```

④ 전역변수 활용한 함수 호출

```c
#include <stdio.h>

int num1 = 10;      // 전역변수 선언 및 값 초기화

void printGlobal()
{
    printf("호출된 함수: %d\n", num1);      // 20: main 함수에서 저장한 값이 계속 유지됨
}

int main()
{
    printf("main내부: %d\n", num1);      // 10: main 함수에서 전역변수 num1의 값 출력

    num1 = 20;      // 전역변수 num1에 20 저장

    printGlobal();      // 20: printGlobal 함수에서 전역변수 num1의 값 출력

    return 0;
}
```

⇩

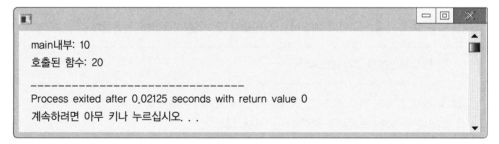

```
main내부: 10
호출된 함수: 20

------------------------------------
Process exited after 0.02125 seconds with return value 0
계속하려면 아무 키나 누르십시오. . .
```

4. 배열

(1) 배열의 형식

① 배열은 동일한 종류의 데이터 타입을 갖는 데이터들을 순차적으로 메모리에 저장하는 구조로 배열명[첨자]으로 표시한다.

② 배열의 시작은 배열[0]에서 시작하므로 0부터 넣으면 된다. 첨자는 양의 정수를 담고 있는 변수가 대신할 수 있다.

③ 일반 변수는 변수명으로 표기하며, 배열 선언 시 데이터를 저장할 수 있는 메모리 영역을 할당한다.

(2) 1차원 배열

① 데이터 타입 배열명[첨자];의 형식으로 선언한다.

② 일렬로 첨자 개수만큼 메모리 영역이 확보되므로 데이터를 첨자 개수만큼 저장한다.

③ 첨자는 배열 요소의 개수를 표시하며, 선언 후 배열명[첨자]에서 첨자는 배열의 (첨자 + 1)번째 요소를 표시한다. 예를 들어 str[0]이면 str의 1번째 요소이다.

④ int x [5] = {1, 3, 5, 7, 9};에서 int는 데이터 타입(정수형), x는 배열 이름(배열명), [5]는 첨자(배열 크기), {1, 3, 5, 7, 9}는 배열 요소의 초기값이다.

	0번 방	1번 방	2번 방	3번 방	4번 방
x	1	3	5	7	9

(3) 2차원 배열

① 배열 요소 자체가 하나의 배열이므로 대괄호 두 개를 사용하여 선언한다.

> 타입 배열명[행 크기][열 크기];

② 첫 번째 첨자는 배열 요소의 행 개수이고, 두 번째 첨자는 배열 요소의 열 수이다.

③ 초기화 할 때는 초기값을 중괄호({ }) 속에 넣는다.

> 타입 배열명[행 크기][열 크기] = {초기값1, 초기값2, ...};
> 타입 배열명[행 크기][열 크기] = {{초기값, ...}, {초기값, ...}};

④ int x[2][3]={{1, 3, 5}, {2, 4, 6}}는 2차원 2행 3열의 배열을 선언하고, 해당 배열에 초기값을 저장하는 예제이다.

(4) 배열의 활용 예제

① 1차원 배열 활용

```c
#include <stdio.h>

{   //1차원 배열 선언
    int x [5] = {1, 3, 5, 7, 9};
    int i; //첨자 선언
    for(i=0; i<5; i++){ //배열을 순차적으로 순회
      printf("%d \t",x[i]*20); //배열 내의 값에 20을 곱하여 출력
      }
    return 0;
}
```

⇩

```
20      60      100     140     180

-------------------------------
Process exited after 0.0278 seconds with return value 0
계속하려면 아무 키나 누르십시오. . .
```

② 2차원 배열 활용

```c
#include <stdio.h>

int main()
{   //2행 3열 배열 선언
    int x[2][3]={{1, 3, 5}, {2, 4, 6}};
    int i, j; //첨자 선언
    for(i=0; i<2; i++){ //행을 움직이는 for
        printf("%d행 : ",i+1); //행에 대한 설명 찍기
        for(j=0; j<3; j++){ //열을 움직이는 배열
                printf("%d \t", x[i][j]); //행에서 해당 열 출력
                }
                printf("\n");//행 출력이 모두 끝나면 줄바꿈
        }

    return 0;
}
```

⇩

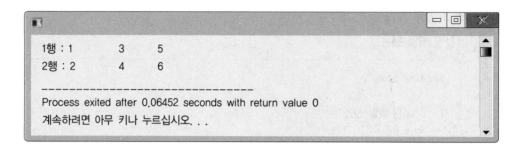

5. 포인터

(1) 포인터 형식과 문법

① 포인터는 가리키는 변수의 시작 주소를 기호화(&변수)한 것이다.

② 메모리의 특정 위치인 주소를 값으로 갖는 변수이다(=포인터 변수).

③ 포인터 변수는 변수명 앞에 간접 연산자(*)를 붙인다.

> 데이터 타입 *포인터 변수;

(2) 포인터의 배열 이름

① 배열에서 사용하는 배열명은 포인터 상수이므로 메모리 주소이다.

② 포인터 변수는 메모리이므로 값을 변경하여 다른 대상을 간접으로 처리한다.

③ 배열의 첫 번째 원소가 가장 적은 주소값 메모리에 저장되고, 마지막 원소가 가장 큰 주소값을 갖는 메모리 영역에 저장된다.

(3) 포인터 연산

① 포인터에 n값을 더하면 배열의 데이터 타입에 따라 포인터가 배열의 현재 위치부터 n만큼 이동한 곳을 가리킨다.

② 포인터를 감소하면 현재 위치에서 앞으로 이동한다.

③ 단항 증가 연산자(++)와 단항 감소 연산자(--)는 다음과 같이 사용한다.

> • 단항 증가 : 포인터 변수명++ 또는 ++포인터 변수명
> • 단항 감소 : 포인터 변수명-- 또는 --포인터 변수명

(4) 포인터 활용 예제

```
#include 〈stdio.h〉
void funcA(int *pA);
int main()
{
        int a = 10; //변수 a에 값 저장
        funcA(&a); //함수 호출 시 변수 a의 주소 전달
        //변수 a 출력
        printf("After return from funcA, a = %d in main\n", a);

        return 0;
}
void funcA(int *pA) /* int *pA = &a; a의 주소를 받음*/
{
        *pA = 20; //pA가 가리키는 주소에 20 넣기, a를 찾아가서 저장
}
```

⇩

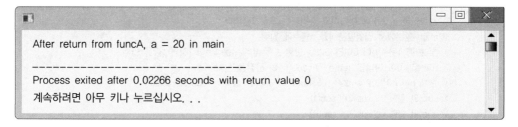

```
After return from funcA, a = 20 in main

--------------------------------
Process exited after 0.02266 seconds with return value 0
계속하려면 아무 키나 누르십시오. . .
```

기출 PLUS | C 프로그램 [A등급]

다음 C 프로그램의 실행 결과로 옳은 것은? 14년 우정사업본부

```
#include 〈stdio.h〉
int sub(int n)
{
        if(n==0) return 0;
        if(n==1) return 1;
        return (sub(n-1) + sub(n-2));
}
void main()
{
        int a = 0;

        a = sub(4);
        printf("%d", a);
}
```

① 0   ② 1
③ 2   ④ 3

≫ main( ) 함수부터 실행되며, a라는 변수에 0값을 초기화하고 위에 있는 sub(4) 함수를 호출하여 실행한 다음 그 결과값을 a 변수에 대입하고 출력하는 프로그램이다.

① main 함수에서 입력받은 4를 n변수에 입력

② 첫 번째 if문 : n이 0이면 0값을 반환 / 두 번째 if문 : n이 1이면 1값을 반환

③ n이 1과 0이 아니면 sub(n-1)+sub(n-2) 문장을 실행

④ 현재 n이 4이므로 sub(4-1)+sub(4-2) sub(4) 실행 → sub(3)+sub(2)

⑤ sub(3) 실행 → sub(2)+sub(1)

⑥ sub(2) 실행 → sub(1)+sub(0)

⑦ sub(1) : n이 1인 경우를 의미하므로 1값을 반환 / sub(0) : n이 0인 경우를 의미하므로 0값을 반환

(결론) sub(2)는 sub(1)+sub(0) → 1+0=1

sub(3)는 sub(2)+sub(1) → 1+1=2

sub(4)는 sub(3)+sub(2) → 2+1=3

⑧ a에 3을 반환하고 출력   답 ④

기출 PLUS　C 언어의 연산자　　　　　　　　　　　　　　　　　　　　　　　B등급

주어진 연도가 윤년인지를 판단하고자 한다. 연도가 400으로 나누어떨어지거나 4로 나누어떨어지면서 100으로 나누어떨어지지 않으면 윤년이다. C 언어에서 윤년을 계산하는 조건식으로 알맞은 것은?

08년 우정사업본부

① 연도%4!=0 && 연도%100==0 || 연도%400!=0
② 연도%4==0 && 연도%100!=0 || 연도%400==0
③ 연도%4!=0 && 연도%100==0 && 연도%400!=0
④ 연도%4==0 && 연도%100!=0 && 연도%400==0

≫ 연도가 4로 나누어떨어지고 100으로 나누어떨어지지 않거나 400으로 나누어떨어지는 경우의 조건식이다.
　• 연도가 400으로 나누어떨어지는 조건식은 "연도%400= =0"이다. %는 나누었을 때 나머지를 표현하고, = =는 같다는 표현이다.
　• 4로 나누어떨어지면서 100으로 나누어떨어지지 않는 조건식은 "연도%4= =0 && 연도%100!=0"이다. = =는 같다는 표현인데 반하여 !=은 같지 않다는 표현이다. &&은 "이고"라는 AND 연산자이다.
　• ||는 "또는"이라는 OR 연산자이다.　　　　　　　　　　　　　　　　　　　　　　　　답 ②

04 JAVA 언어의 문법과 활용

01 JAVA 언어 기본

1. JAVA 언어 개요

(1) 자바의 개념

① 썬마이크로시스템즈에서 최초 개발한 언어이다. 현재 오라클에서 인수하여 최신 버전에 대해서는 라이센스 비용을 받겠다고 발표했다.

② 자바는 자바가상머신(JVM ; Java Virtual Machine) 위에서 돌아가기 때문에 운영체제에 독립적으로 실행이 가능하여 이식성이 높은 언어이다.

③ 객체 지향 언어이다. 어떤 목적을 해결하기 위해 속성과 기능으로 추상화하여 클래스를 만들고 객체화하여 프로그래밍하는 언어이다.

④ 함수적 코딩 방식을 람다식이라고도 하는데 자바 언어는 함수적 스타일 코딩 방식을 취한다.

⑤ 메모리의 자동 관리기능이 있다. 가비지 컬렉터에 의해 사용하지 않는 객체의 공간은 자동 반납하는 형태를 취하고 있다.

⑥ 다양한 애플리케이션을 개발할 수 있는 환경을 제공한다.

> 예 Java SE(기본 에디션), Java EE(웹 애플리케이션), Java ME(임베디드, 모바일용 애플리케이션 개발용)

(2) 객체 지향 언어로써 JAVA의 특성

① **추상화** : 개별적이고 복잡한 개념, 모듈, 자료, 사물 등에서 서로 다른 핵심적인 특성과 관계 기능으로 추출하여 일반화시키는 과정이다. 이를 프로그래밍 관점에서 생각하면 데이터나 프로세스 등 비슷한 의미의 개념이나 표현으로 정의해 나가는 과정이다.

② **캡슐화** : 추상화된 개체의 속성과 기능을 묶는 논리를 말한다. 즉, 추상화하기 위해 개체에 대해 일반적인 속성을 추출하고 일반적인 기능을 추출하여 프로그램에 사용하기 위한 추상화 객체를 만든다고 했을 경우 속성과 기능을 묶어 놓는 것을 의미한다.

③ **정보은닉** : 캡슐화의 적용범위에서 가장 좁은 범위가 프라이빗(Private)이다. 이를 통해서 파생되는 개념이 정보은닉이다.

④ **상속** : 기존의 클래스를 수정하지 않고 새로운 클래스 또는 객체를 만드는 데 기존의 클래스의 속성과 기능을 모두 받아서 자신의 속성과 기능으로 사용할 수 있는 기법을 의미한다.

⑤ **다형성** : 하나의 모습을 하고 다양한 역할을 할 수 있는 개념이 다형성이다. '+'는 모습은 하나 이지만 이것이 컴퓨터상에서 쓰일 때 사칙연산의 덧셈의 역할을 하기도 하고, 문자열 연산에서 문자열과 문자열을 연결하는 연결자 역할을 하기도 하며 논리연산에서 'OR' 연산의 역할로 쓰이 기도 한다.

2. Java 언어 개발 원칙

(1) 프로그램 개발 원칙

① 프로그래밍 하고자 하는 문제에 대해 개발 방향을 설계한다. 각 처리 담당에 대한 추상화 과정을 거쳐 클래스를 만든다.

② 문제를 해결하기 위해 만들어진 클래스들은 인스턴스화하여 각 객체로 만들어지고 객체 간의 메시지 통신을 통해 상호 연결되어 문제를 해결한다.

③ 은행에서의 예금과 출금, 이체, 잔액 조회로 예를 들면 다음과 같다.

 ㉠ 고객의 계좌에 대한 정의가 필요하다.

 ㉡ 계좌는 계좌 주인, 잔액, 개인정보, 계좌번호 등의 속성을 갖고 있고, 입금하는 기능, 출금 하는 기능, 이체하는 기능, 잔액을 조회하는 기능을 갖고 있다.

 ㉢ 정의된 계좌는 각 사용자마다 인스턴스화되어 순이의 계좌, 철수의 계좌가 존재할 수 있다. 각 계좌는 객체가 된다.

 ㉣ 객체 간 상호 통신하여 서로 이체하거나 해당 클래스의 기능을 호출하여 기능을 수행할 수 있다.

(2) 클래스 개발 원칙

① class 키워드를 이용해서 클래스를 선언한다. 캡슐화 범위는 public, default protected, private는 생략할 수 있고, 생략하면 default로 여겨진다.

② 클래스는 속성(멤버 변수)과 기능(메소드)으로 이루어지고 클래스 전체에서 사용하는 변수, 즉 전역 변수처럼 사용되는 변수를 멤버 변수라고 한다.

③ 하나의 문장이 끝날 때마다 반드시 세미콜론(;)을 입력한다(2개 이상의 문장이 한 줄에 기술될 수도 있음).

④ 주석은 프로그램 실행과는 상관없이 프로그램을 설명하거나 참고 사항을 나타낸다.

⑤ 주석(설명문)은 /*와 */의 사이에 놓이거나 한 줄 주석을 할 때는 '//'를 사용하며, 컴파일러는 이를 번역하지 않는다.

⑥ 대문자와 소문자를 구별하며, 외부 패키지에 포함된 클래스는 import로 추가한다.

⑦ 문자열(String)은 두 개 이상의 단일 문자가 모인 집합으로 따옴표(" ") 안에 표시한다.

⑧ 하나의 클래스에서 콘솔로 입출력을 통해 연결하고 싶으면 public static void main(String[] args) 메소드를 사용한다.

⑨ 객체 지향 프로그래밍이므로 객체로 사용되기 위한 클래스를 생성해서 해당되는 기능을 사용해야 하는데 'new' 키워드를 통해 생성자를 호출하여 생성한다.

⑩ 자바프로그램은 클래스를 인스턴스화하여 객체로 만들어야 해당 객체의 속성과 기능을 사용할 수 있다. A a = new A();처럼 해당 클래스를 객체로 만들어야 한다. a라는 이름의 A객체가 만들어진다.

3. Java 프로그램 기본 개념 및 실행 방법

(1) 클래스

① 클래스 형식

```
[package p;] // 패키지 정의(서로 관련 있는 클래스들을 모아 놓는 폴더 개념

[public] class 클래스이름{   //전체 사용(public) 클래스 정의 키워드 class, 클래스 이름
 // 멤버 변수 정의
  int a, b;
// 멤버 메소스 정의
  [public] 반환 값 메소드 이름([인자 값]){
    [return 반환 값과 같은 타입]
    }
  }
```

② 실행하기 위한 클래스 형식

```
[package p;] // 패키지 정의(서로 관련 있는 클래스들을 모아 놓는 폴더 개념

[public] class HelloJava{   //전체 사용(public) 클래스 정의 키워드 class, 클래스 이름
 // 멤버 변수 정의

// 멤버 메소드 정의

  /* 클래스를 콘솔에서 실행하여 결과 확인할 수 있도록 돕는 메소드*/
  public static void main(String[] args){
   System.out.println("안녕하세요!!!")
   }
 }
```

(2) 멤버 메소드와 멤버 변수

① 클래스 내에 사용되는 전역 변수로 멤버 변수가 있고, 외부에서 접근을 못하게 private로 선언하는 경우가 많다.

② 클래스가 인스턴스화되어 객체가 되면 멤버 변수는 객체에서 사용되는 데이터를 저장하는 데 사용한다.

③ 멤버 메소드는 클래스 내에서 사용되는 기능을 정의한 것이다. 예를 들어 두 개의 값을 받아서 합을 구하는 기능이 필요하면 합을 구하는 메소드를 생성하면 된다.

④ 멤버 메소드는 일반적으로 클래스에서 외부와 연결하는 통로로 많이 사용되므로 접근제한자를 public으로 하는 경우가 많다.

⑤ 접근제한자란 현재 클래스 내부가 아닌 외부 클래스에서 접근할 수 있는 권한을 정의한다. 클래스, 멤버 변수, 멤버 메소드에 정의하여 사용할 수 있다.

  ㉠ public : 전체 공개, 모든 곳에서 접근이 가능
  ㉡ protected : 상속관계에 있는 경우 접근이 가능
  ㉢ default(아무것도 없는 경우) : 같은 폴더(package)에 저장된 경우 접근이 가능
  ㉣ private : 외부의 모든 접근을 막고 있어 정보은닉이 가능하다. 클래스 내부에서만 사용이 가능

(3) 추상클래스, 인터페이스

① 추상클래스

  ㉠ 추상클래스의 정의 : 일반클래스와 추상 메소드를 포함하고 있는 클래스로써 인스턴스화가 금지되는 클래스이고, 상속을 위해 사용되는 클래스이다. 추상클래스는 하위클래스 간의 다형성에 활용될 수 있다.

  ㉡ 일반 메소드 역할 : 상속되는 하위클래스에서 이미 정의된 기능을 사용할 수 있게 해주는 메소드로 하위클래스에서 모두 사용할 수 있게 해주는 메소드이다.

  ㉢ 추상클래스 역할 : 하위클래스에서 반드시 오버라이딩(재정의)을 통해서 그 기능을 정의하고 메소드의 이름을 통해서 다형성을 가능하게 한다.

ⓛ 추상클래스의 예

```
public abstract class Account {

 //멤버 속성(변수, 전역 변수)
 public String birthDay //생년월일
 public String accountNo //계좌번호
 public long balance //잔액
 public String accountOwner //예금주
 public String privateNo //고객의 개인번호(주민등록번호)

 //일반 메소드
 public long balance(){ //잔액 확인하는 기능
  return this.balance
 }

 public void receipt(long money) {//예금하는 기능의 함수
  balance += money
 }

 //추상 메소드
 public abstract long withdraw(long money);
 public abstract boolean transfer(long money);
}
```

② 인터페이스

ⓘ 인터페이스 정의 : 추상 메소드와 상수로만 이루어진 특수클래스로 정의어는 interface로 사용한다. 서로 다른 객체 간의 연결을 위해 사용하는 특수클래스이므로 그 이름이 인터페이스이다.

ⓛ 상수 : 상수란 수정이 없는 정해진 값을 의미하고 인터페이스에서 선언되는 상수는 정적으로 선언되어 단일로 선언되고 접근에 제한이 없다.

ⓒ 메소드 선언 : 인터페이스의 모든 메소드는 추상 메소드로 선언되나 abstract가 생략되어 있다. 하위클래스에서 상속한다(extends) 하지 않고 구현한다(implements)하고 모든 메소드를 구현하는 클래스에서 정의해야 한다.

ⓛ 인터페이스의 예

```
public interface MessageTransmit {
        String COMNAME = "시대고시기획" //상수
        void messageSend();  //추상 메소드
}
```

(4) 상속

① 상속을 하는 목적은 기존에 만들어진 클래스에 대해 독립적이면서 해당 클래스가 갖고 있는 속성과 기능을 모두 사용하고자 하는 것이다.

② 기존에 만들어진 클래스의 모든 기능과 속성을 그대로 사용하게 하기 위해 'extends'라는 키워드를 통해서 정의할 수 있다.

③ **상속의 형식**

```
class A {                          class B extends A{
    int va;                            int vb;
    void methodA(){                    void methodB(){
        }                                  }
    }                              }
```

④ 위에 선언된 'class B'는 'class A'를 상속받고 있어서 클래스 B를 생성하여 사용할 때 클래스 A의 속성인 va와 methodA를 사용할 수 있다.

(5) 다형성

① **다형성의 개념**

　㉠ 상속관계(extends) 또는 구현관계(implements)에 있거나 같은 클래스 내부에서 단일 이름에 서로 다른 기능을 정의하여 상황에 따라 하나의 메소드 이름 호출로 여러 기능을 수행할 수 있도록 하는 기능이다.

　㉡ 오버로딩과 오버라이딩 기능이 있는데 오버로딩은 반복호출의 개념, 오버라이딩은 재정의의 개념으로 사용한다.

② **오버로딩**

　㉠ 반환 값이 동일한 메소드에 사용되는 인자 값의 타입 종류와 개수에 따라 그 종류를 다르게 할 수 있고 같은 타입과 개수에 따라 호출할 수 있다.

　㉡ 예를 들어 int methodA(int a, String b){}, int methodA(String a, int b, int c){}는 같은 이름 methodA로 주어지고 서로 다른 인수 타입 순서와 개수로 다른 기능을 처리할 수 있다.

③ **오버라이딩**

　㉠ 상속관계 또는 구현관계에 있는 클래스 간에 추상 메소드로 구현된 메소드를 하위클래스에서 재정의하거나 또는 상위 클래스에서 정의되어 있는 기능을 하위클래스에서 재정의하여 사용하는 기능을 말한다.

　㉡ 오버라이딩 상속관계이거나 구현관계만 가능하다.

　㉢ 오버라이딩을 통해 구현된 메소드는 상위 클래스의 메소드 기능을 숨겨둔 채 하위클래스에서 정의한 기능으로 사용된다.

ㄹ 오버라이딩 사례

```java
public interface MessageTransmit {
    String COMNAME = "시대고시기획" //상수
      void messageSend();  //추상 메소드
}
```

```java
public class SMSTransmit implements MessageTransmit {
      String sender, receiver, subject, content;

      public SMSTransmit(String sender, String receiver,
                  String subject, String content) {
            this.sender = sender;
            this.receiver = receiver;
            this.subject = subject;
            this.content = content;
      }
      @Override //오버라이딩, 재정의
      public void messageSend() {
            System.out.println("*******SMS 전송********");
            System.out.println("보내는 사람: " + MessageTransmit.COMNAME);
            System.out.println("제목: "+ subject);
            System.out.println("내용: "+ content);
            System.out.println("받는 사람: " + receiver);
            //SMS 전송을 위한 데이터 베이스에 저장 후 전송 로직
      }
}
```

4. 예약어와 변수

(1) 예약어

① 자바 언어에서 사용하기 위해 이미 정의되어 있는 단어를 예약어라고 한다.

② class, public, protected, private, String, int 등 다양한 예약어가 존재한다. 예약어는 클래스 이름과 메소드 이름, 변수 이름으로 사용할 수 없다.

(2) 데이터 타입과 변수 그리고 상수

① 데이터 타입

㉠ 기본형 타입

타입	설명	예제
boolean	논리형 변수, 참(true)과 거짓(false)을 저장하는 타입 1byte를 차지한다.	boolean a= true;
byte	정수를 저장하는 타입, 1byte의 공간을 차지한다.	byte b = 200;
short	정수를 저장하는 타입, 2byte의 공간을 차지한다.	shoart balance = −1000;
int	정수를 저장하는 타입으로 4byte의 공간을 차지하고 기본적으로 자바 프로그래밍에서 정수 타입은 int로 여겨진다.	int balance = 67703; int age = 90;
long	정수를 저장하는 타입으로 8byte의 공간을 차지하는 타입이다.	long a= 234567890L; long b = −3456789L;
char	문자를 저장하는 타입으로 2byte를 저장할 수 있는 타입이다. 일반적으로 char타입도 int 안에 포함된다.	char c = 'A'; char 한글 = '가';
float	실수를 저장하는 타입으로 부동소수점을 사용하는 타입이다. 4byte의 저장 공간을 갖는다.	float f = 2.456789f; float var = −456.789457f;
double	실수를 저장하는 타입으로 부동소수점을 사용하는 타입이다. 8byte의 저장 공간을 갖는다. 자바프로그래밍에서 실수는 double이 기본이다.	double d = 3.567895678; double var = 4567.34567890;

㉡ 문자열(String) : 문자열은 기본형 타입이 아니다. 실제로는 레퍼런스 변수 타입이라 할 수 있으나 일반적으로 처음에 자바 프로그래밍을 하는 사람들은 문자열 타입으로 이해한다. String str = "안녕하세요! 자바 프로그래밍입니다."; 와 같이 저장할 수 있다.

② **변수** : 변하는 수를 의미하는데, 이것은 우리가 메모리에 일정한 크기의 값을 저장할 때 사용하는 기억공간이다. 첫 문자는 항상 소문자로 표현한다. 하나 이상의 단어가 합쳐질 때는 두 번째부터 오는 단어의 첫 문자들만 대문자로 표현한다. 이는 개발자들 간의 규칙이다.

③ **상수** : 고정된 값을 의미하는데 우리가 초등학교 때 원의 넓이를 계산할 때 사용했던 '3.14'와 같은 원주율을 상수라고 생각하면 된다. 모든 문자를 대문자로 만든다.

④ 변수의 예

```
1      package ex1.ch3;
2
3      class VarEx01{
4        public static void    main(String[] args){
5        int a, b, c; // 정수형 변수 지정, a와 b와 c는 4바이트 정수형
6        a = 20; //변수에 20인 데이터 담긴
7        b = 7;
8        c = a + b;
9        System.out.println("a+b    = "+c);
10       c = a - b;
11       System.out.println("a-b    = "+c);
12       c = a % b;
13       System.out.println("a%b    = "+c);
14       }
15     }
```

02 JAVA 언어의 활용

1. 제어문

(1) if문 문법

if(조건1) 조건1이 참일 때 처리
　　else if(조건2) 조건1은 거짓, 조건2는 참일 때 처리
　　　　else 조건1도 거짓, 조건2도 거짓일 때 처리

(2) if문 활용 예제

① 단순 if문 예제

```
package ex1.ch4;
class IfEx1 {
 public static void    main(String[] args) {
        int su1 = 51;
        String str =    "50 미만";
        if(su1 )= 50)
            str = "50 이상";
         System.out.println(str+"입니다.");
     }
 }
```

```
50 이상입니다.
```

② if~else문 예제

```
package ex1.ch4;
class IfEx2 {
     public static void    main(String[] args) {
            int su1 = 51;
            String str;
            if(su1 )= 50) //    su1이 50보다 크거나 같으면
                str = "50 이상";
            else // 그렇지 않으면 즉 작다면
                str = "50 미만";
            System.out.println(str+"입니다.");
        }
    }
```

```
50 이상입니다.
```

③ 다중 if문 예제

```
package ex1.ch4;
class IfEx3 {
    public static void    main(String[] args) {
        int su1 = 10;
        String res;
                //다중 if문 연습
        if(su1 >= 41) //    41 이상
        res = "고급";
        else if(su1 >= 11) //40~11
        res = "중급";
        else if(su1 >= 0) // 10~0
        res = "초급";
        else              // 0보다 작은 경우
        res = "음수";
        System.out.println(res+"입니다.");
        }
}
```

초급입니다.

```
package ex1.ch4;

class IfEx4 {
    public static void main(String[] args) {
        String data = args[0];
        String res;
        // String객체 내용을 비교할 때는 equals()메서드를 사용한다.
        if(data.equals("포도"))
            res = "달다.";
        else if(data.equals("수박"))
                res = "시원하다.";
            else if(data.equals("딸기"))
                    res = "맛있다.";
                else
                    res = "기타";
        System.out.println(res);
        }
    }
```

달다.

(3) switch문 문법

```
switch(값0 )
  { case 값1: 처리1; break;  //값0 == 값1일 때, break가 없으면 바로 아래로 계속 흐름
    case 값2: 처리2; break; // 값0 == 값2일 때
    · · · · · ·
    default : 나머지;  //
  }
```

(4) switch문 활용 예제

```
package ex1.ch4;

class SwitchEx1 {

public static void main(String[] args) {
int month = Integer.parseInt(args[0]);
String res;
switch(month)
  {
case 1:
case 3:
case 5:
case 7:
case 8:
case 10:
case 12:
res = "31"; break;
case 4:
case 6:
case 9:
case 11:
res = "30"; break;
case 2:
res = "29"; break;
default :
res = "몰라";
  }
 System.out.println(month+"월은 "+res+"일까지입니다.");
}
}
```

입력 값 : 3

```
3월은 31일까지입니다.
```

```
package ex1.ch4;
class SwitchEx3 {
    public static   void main(String args[]) {
        int num =   3;
        switch   (num) {
          case 1   :
            System.out.println("Good    Morning, Java");
              break;
          case 2   :
              System.out.println("Good Afternoon, Java");
              break;
          case 3   :
              System.out.println("Good Evening, Java");
              break;
          default   :
              System.out.println("Hello, Java");
              break;
        }
        System.out.println("Done.");
    }
}
```

```
Good Evening, Java
Done.
```

2. 반복문

(1) for문 문법

① 단일 for문

```
for(초기 값1; 조건1; 증가 값1){
    // 참인 동안 반복 실행
}
```

② 다중 for문

```
for(초기 값1; 조건1; 증가 값1){
    // 조건 1이 참인 동안 반복 실행
    for(초기 값2; 조건2 ; 증가 값2){
        //조건 1이 참이고 조건 2가 참인 동안 반복 실행
    }
}
```

(2) for문 활용 예제

① 단일 for문

```
1    package ex1.ch4;
2
3    class ForEx1 {
4        public static void    main(String[] args) {
5        for(int i = 1 ; i <= 5 ; i++){
6        System.out.println(i+"번째 수행");
7        }
8    }
9    }
```

```
1번째 수행
2번째 수행
3번째 수행
4번째 수행
5번째 수행
```

```
1    package ex1.ch4;
2    class ForEx2 {
3        public static void main(String args[]) {
4            for (int cnt = 0; cnt < 10; cnt++)
5                System.out.println(cnt);
6            System.out.println("Done.");
7        }
8    }
```

```
0
1
2
3
4
5
6
7
8
9
Done.
```

② 다중 for문

```
1    package ex1.ch4;
2
3    class MultiForEx1 {
4        public static void main(String[] args) {
5            char ch = 65;
6            for(int i = 0 ; i < 3 ; i++){
7                for(int j = 0 ; j < 5 ; j++)
8                        System.out.print(ch++ +"  ");
9                System.out.println();
10           }
11       }
12   }
```

```
A  B  C  D  E
F  G  H  I  J
K  L  M  N  O
```

(3) while문 문법

```
while(조건) {
    //조건이 참인 동안 실행
}
// 조건이 거짓이면 벗어난다.
```

(4) while문 활용 예제

```
1       package ex1.ch4;
2
3       class WhileEx1 {
4       public static void main(String[] args) {
5           int sum, su;
6           sum = su = 0;
7           while(su <= 100){
8               sum += su; //sum = sum+su;
9               su++;  //su=su+1;
10          }
11          System.out.println("1~100까지의 합 : "+sum);
12      }
```

```
1~100까지의 합 : 5050
```

(5) do/while문 문법

```
do {
    //처음 한 번 실행 후 조건이 참인 동안 실행
} while(조건)
//조건이 거짓이면 벗어난다.
```

(6) do/while문 활용 예제

```
1       package ex1.ch4;
2
3       class DoWhileEx1 {
4               public static void main(String[] args) {
5
6                       int su = 5;
7                       String str = "Java DoublePlus";
8
9                       do{
10                              System.out.println(str);
11                      }while(su-- > 10); //(주의) semicolon생략 시 오류!!
12              }
13      }
```

1~100까지의 합 : 5050

3. 배열

(1) 배열의 개념

① 자바의 배열과 C의 배열은 조금 다르게 정의된다. 자바에서 배열은 객체를 생성하여 해당 공간을 가리키는 형태이다.

② 1차원 배열 메모리 모습

③ 2차원 배열 메모리 모습

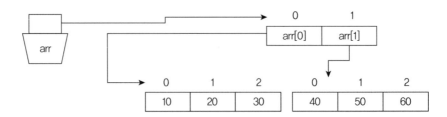

(2) 배열의 사례

① for와 1차원 배열 결합

```
1       package ex1.ch4;
2       class ForEx6 {
3           public static void main(String args[]) {
4               int arr[] = { 10, 20, 30, 40, 50 };
5               for (int num : arr) { //확장형 for문 arr값이 하나씩 num에 들어감
6                   System.out.println(num);
7               }
8               System.out.println("Done.");
9           }
10      }
```

```
10
20
30
40
50
Done.
```

② for문과 결합한 2차원 배열

```
1       package ex1.ch4;
2       class ForEx7 {
3           public static void main(String args[]) {
4               int arr[][] = {{ 10, 20, 30, 40, 50 },
5                               {11, 12, 13, 14, 15}};
6               for (int i=0; i< arr.length i++) {
7               for(int j=0; j< arr[i].length j++){
8                       System.out.print(arr[i][j]+"   ");
9                   }
10              System.out.println();
11              }
12              System.out.println("Done.");
13          }
14      }
```

```
10    20    30    40    50
11    12    13    14    15
Done.
```

출제 비중 체크!

※ 계리직 전 8회 시험(2008~2021) 기출문제를 기준으로 정리하였습니다.

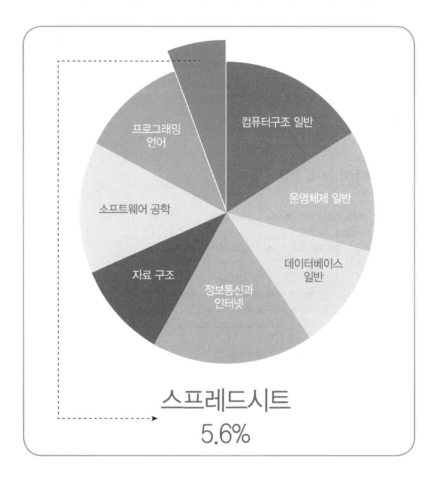

컴퓨터구조 일반

운영체제 일반

데이터베이스
일반

정보통신과
인터넷

자료 구조

소프트웨어 공학

프로그래밍
언어

스프레드시트
5.6%

I wish you the best of luck!

우정사업본부 지방우정청 9급 계리직
컴퓨터일반

잠깐!

혼자 공부하기 힘드시다면 방법이 있습니다.
시대에듀의 동영상강의를 이용하시면 됩니다.
www.sdedu.co.kr → 회원가입(로그인) → 강의 살펴보기

스프레드시트 일반

01 워크시트의 기본

1. 워크시트의 기본 지식

(1) 스프레드시트의 개념

① 각종 계산 업무 및 데이터 통계, 분석 등의 작업을 편리하게 할 수 있는 자동 계산 프로그램이다.

② 수치 계산, 데이터 관리, 문서 작성, 차트 작성, 매크로 등의 다양한 기능이 있다.

③ 종류에는 엑셀(Excel), 로터스(Lotus) 1 - 2 - 3, 쿼트로(Quattro), 하나 스프레드시트 등이 있다.

(2) 엑셀 용어

① **메뉴(Menu)** : 각종 기능을 수행하는 기본 메뉴

② **행(Row)** : 엑셀 프로그램에서 세로 방향의 1, 2, 3 … 으로 구분된 줄

③ **열(Columm)** : 엑셀 프로그램에서 가로 방향의 A, B, C … 로 구분된 줄

④ **셀(Cell)** : 행과 열이 만나는 1개의 사각형 부분

⑤ **셀 주소(Cell Pointer)** : 현재 위치한 지점을 표시하기 위해 행의 문자와 열의 번호로 구성된 주소

(3) 엑셀의 화면 구성 요소

① **제목 표시줄** : 현재 열려 있는 통합 문서의 제목, 파일명 등을 표시한다.

② **빠른 실행 도구 모음** : 자주 사용하는 명령들을 추가하여 수시로 사용할 수 있다.

③ **리본 메뉴** : 프로그램 메뉴와 도구 모음을 모아놓은 곳으로 작업에 필요한 명령을 빠르게 사용할 수 있다.

④ **탭** : 일반적으로 사용하는 메뉴 화면으로 컨트롤과 여러 그룹으로 구성된다.

⑤ **그룹** : 각 탭마다 관련된 하위 메뉴와 여러 가지의 명령 단추로 구성된다.

⑥ **대화 상자 관리자** : 해당 그룹에서 보다 많은 옵션이 있는 관련 대화 상자를 불러온다.

⑦ **열 머리글** : 워크시트의 세로 열을 나타낸다(최대 16,384개의 열).

⑧ **행 머리글** : 워크시트의 가로 행을 나타낸다(최대 1,048,576개의 행).

⑨ **셀 포인터** : 워크시트에서 이동되는 사각형으로 작업 중인 현재 셀을 나타낸다.

⑩ **워크시트** : 데이터의 모든 작업이 이루어지는 작업 영역으로 여러 개의 셀로 구성된다.

⑪ **탭 이동 단추** : 시트 탭이 여러 개일 경우 다른 시트 탭을 표시한다.

⑫ **시트 탭** : 현재 통합 문서에 포함된 워크시트의 이름을 표시한다.

⑬ **보기 단추** : 워크시트 화면을 기본, 페이지 레이아웃, 페이지 나누기 미리 보기의 세 가지 형태로 나타낸다.

⑭ **상태 표시줄** : 현재의 작업 상태나 선택 명령에 대한 기본 정보를 표시한다.

2. 데이터 입력과 수정

(1) 문자 입력

① 한글, 영문, 숫자, 특수 문자 등이 혼합된 데이터로 셀의 왼쪽에 정렬된다.

② 셀에는 최대 255자까지 입력할 수 있으며, 두 줄로 데이터를 입력하려면 Alt + Enter↵ 키를 누른다.

③ 수치 데이터를 문자 데이터로 인식하려면 수치 데이터 앞에 접두어(')를 입력한다.

④ 문자 데이터가 셀 폭보다 긴 경우 오른쪽 셀이 비어 있으면 오른쪽 셀까지 표시된다.

⑤ 문자 데이터가 셀 폭보다 긴 경우 오른쪽 셀에 데이터가 있으면 일부 데이터만 셀에 표시되고, 나머지는 셀에 가려 표시되지 않는다.

(2) 수치 입력

① 숫자, 소수점, 쉼표(,), 통화 스타일(₩, $), 지수(E) 등의 데이터로 셀의 오른쪽에 정렬된다.

② 데이터 중간에 공백이나 특수 문자는 사용할 수 없다.

③ 입력한 수치 데이터가 셀 폭보다 긴 경우 지수로 표현된다.

④ 음수 데이터는 직접 입력하거나 데이터를 괄호로 묶어 표시한다.

⑤ 분수는 먼저 0을 입력한 후 한 칸의 공백을 삽입하고, 나머지 분수를 입력한다.

(3) 날짜 및 시간 입력

① 날짜는 '년, 월, 일' 또는 '월, 일' 형태로 입력하고, '년, 월, 일' 사이는 '/'나 '−'로 구분한다.

② 시간은 '시, 분, 초' 또는 '시, 분' 형태로 입력하고, '시, 분, 초' 사이는 콜론(:)으로 구분한다.

③ 시간은 24시각제로 표시하되, 12시각제로 표시할 경우는 시간 뒤에 PM(P)이나 AM(A)을 입력한다.

④ 동일 셀에서는 날짜와 시간을 공백으로 구분한다.

⑤ 수식에 날짜와 시간을 사용할 때는 큰 따옴표(" ")로 묶어준다.

⑥ 현재 날짜 입력은 Ctrl + ; 키를, 현재 시간 입력은 Ctrl + Shift + ; 키를 누른다.

(4) 한자 입력

① 한자로 변경할 한글을 입력한 후 [한자] 키 또는 오른쪽 Ctrl 키를 누르면 해당 한자목록이 나타난다.

② 단어를 한자로 변경할 때는 해당 단어 앞이나 뒤에 커서를 놓고, [한자] 키 또는 오른쪽 Ctrl 키를 누르면 [한글/한자 변환] 대화 상자가 나타난다.

(5) 특수 문자 입력

① 특수 문자를 입력할 곳에서 한글 자음(ㄱ, ㄴ, ㄷ, …)을 입력한 후 [한자] 키 또는 오른쪽 Ctrl 키를 누르면 해당 특수 문자 목록이 나타난다.

② 각각의 한글 자음에 따라서 화면 하단에 표시되는 특수 문자가 다르다.

(6) 데이터 수정

① **셀에서 수정** : 수정할 셀을 선택한 후 새로운 데이터를 입력하면 기존에 입력된 데이터가 지워지면서 새로운 데이터가 입력된다. 데이터 일부를 수정하려면 해당 셀을 더블 클릭하거나 F2 키를 눌러 수정한다.

② **수식 입력 줄에서 수정** : 수식 입력 줄을 클릭하여 커서가 나타나면 데이터를 수정한다.

③ **여러 데이터 동시 수정** : 변경할 데이터를 범위 지정한 후 활성 셀에서 데이터를 수정하고 Ctrl + Enter↵ 키를 누른다.

(7) 데이터 삭제

① 해당 범위를 지정하고, Delete(Delete) 키를 누르면 지정된 모든 데이터가 삭제된다.

② 해당 범위를 지정하고, ←(= Back Space ; BackSpace) 키를 누르면 활성 셀의 데이터만 삭제된다.

③ [홈] 탭의 [편집] 그룹에서 지우기( ) 단추를 클릭하면 모두 지우기, 서식 지우기, 내용 지우기, 메모 지우기를 사용할 수 있다.

3. 메모와 윗주

(1) 메모

① 입력 데이터에 보충 설명이나 참고 사항을 추가하는 기능으로 문자, 숫자, 특수 문자도 표현이 가능하다(메모를 삽입하면 셀의 우측 상단에 빨간색 삼각형이 나타남).

② 수정, 삭제, 편집할 수 있으며, 해당 데이터를 지우더라도 메모는 삭제되지 않는다.

③ 메모가 입력된 셀 데이터를 다른 곳으로 복사하면 메모도 같이 복사된다.

④ 통합 문서에 포함된 메모를 시트에 표시한 대로 인쇄하거나 시트 끝에 인쇄할 수 있다.

⑤ 마우스 포인터를 메모가 입력된 셀에 위치시키면 해당 메모가 표시된다.

⑥ [검토] 탭의 [메모] 그룹에서 새 메모( ) 단추를 클릭하거나 해당 셀의 바로 가기 메뉴에서 [메모 삽입]을 선택한다(Shift + F2 키).

(2) 윗주

① 입력 데이터 위쪽에 주석문을 추가하는 기능으로 문자열 데이터에서만 가능하다.
② 해당 셀의 데이터를 지우면 윗주도 함께 삭제된다.
③ 메모와 달리 윗주를 입력한 후에는 아무런 표시가 나타나지 않는다.
④ 삽입한 윗주의 높이만큼 행 높이가 자동으로 변경된다.
⑤ 윗주 자체의 맞춤, 글꼴, 글꼴 스타일, 크기 등을 설정할 수 있다.
⑥ [홈] 탭의 [글꼴] 그룹에서 윗주 필드 표시/숨기기( ) 단추를 클릭한다.

4. 셀 범위 선택과 이동

(1) 연속된 셀 범위 선택

① 첫 번째 셀을 클릭한 후 마지막 셀까지 마우스로 드래그한다.
② 첫 번째 셀을 클릭한 후 마지막 셀을 Shift 키를 누른 상태로 클릭한다.
③ 첫 번째 셀을 클릭한 후 Shift 키를 누른 상태에서 해당 셀까지 방향키를 누른다.
④ 첫 번째 셀을 클릭한 후 F8 키를 누르고, 해당 셀까지 방향키를 누른다.

(2) 떨어진 셀 범위 선택

① 첫 번째 셀을 클릭한 후 Ctrl 키를 누른 상태에서 마우스를 클릭하거나 드래그한다.
② 첫 번째 셀을 클릭한 후 Shift + F8 키를 누르고, 범위 설정할 셀로 이동한 다음 Shift 키를 누른 상태에서 방향키를 누른다.

(3) 행/열 전체 셀 범위 선택

① 행 전체를 선택할 때는 행 머리글을, 열 전체를 선택할 때는 열 머리글을 클릭한다.
② Shift 나 Ctrl 키를 누른 상태에서 여러 행이나 열 전체를 범위 지정할 수 있다.
③ Shift + Space Bar 키는 행 전체를 선택하고, Ctrl + Space Bar 키는 열 전체를 선택한다.

(4) 워크시트 전체 범위 선택

① 행 머리글과 열 머리글의 교차 부분에 있는 [모두 선택] 단추를 클릭한다.

② 하나의 열이 선택되어 있는 상태에서 Shift + Space Bar 키를 누른다.

③ Ctrl + A 키 또는 Ctrl + Shift + Space Bar 키를 누른다.

(5) 셀 포인터 이동

① 수식 입력줄의 이름 상자에 이동할 셀 주소를 입력하고, Enter↵ 키를 누른다.

② [홈] 탭의 [편집] 그룹에서 찾기 및 선택( ) 단추를 클릭하고, [이동]을 선택한다.

바로 가기 키	기능
↑, ↓, ←, →	현재 위치에서 상, 하, 좌, 우로 이동한다.
Ctrl + Home	첫 번째 셀(A1)로 이동한다.
Ctrl + End	데이터의 가장 오른쪽 아래 셀로 이동한다.
⇥(Tab)	한 셀씩 오른쪽으로 이동한다.
Shift + ⇥	한 셀씩 왼쪽으로 이동한다.
Shift + Enter↵	한 셀씩 위쪽으로 이동한다.
Home(Home)	현재 행에서 첫 번째 열로 이동한다.
Ctrl + →	• 현재 행의 마지막 열로 이동한다. • 데이터가 입력된 경우 가장 오른쪽 셀로 이동한다.
Ctrl + ←	• 현재 행의 첫 번째 열로 이동한다. • 데이터가 입력된 경우 가장 왼쪽 셀로 이동한다.
Ctrl + ↑	• 현재 열의 첫 번째 행으로 이동한다. • 데이터가 입력된 경우, 가장 위쪽 셀로 이동한다.
Ctrl + ↓	• 해당 열의 마지막 행으로 이동한다. • 데이터가 입력된 경우, 가장 아래쪽 셀로 이동한다.
Page Up, Page Down (Page Up, Page Down)	한 화면 위 또는 아래로 이동한다.
Alt + Page Up, Page Down (Page Up, Page Down)	한 화면 왼쪽(오른쪽)으로 이동한다.

5. 데이터 편집

(1) 자동 채우기

① 일정하게 증가하거나 감소하는 데이터(숫자, 날짜, 시간)를 연속적으로 입력한다.

② 채우기 핸들은 셀 포인터 우측 아래에 있는 작은 사각형으로 마우스 포인터를 채우기 핸들에 위치시키면 십자가(+) 모양으로 변경된다.

(2) 문자 데이터 채우기

① 문자나 숫자 데이터를 [자동 채우기] 하면 다른 셀에 그대로 복사된다.

② 문자와 숫자가 혼합된 데이터의 경우 문자 데이터는 복사되고, 숫자 데이터는 증가 또는 감소된다.

③ 숫자가 두 군데 이상 있는 데이터의 경우 뒤에 있는 숫자만 증가 또는 감소된다.

(3) 수치 데이터 채우기

① 두 개의 셀에 수치 데이터가 입력되어 있을 경우 두 셀을 범위 지정하여 채우기 핸들을 드래그 하면 두 값의 차이만큼 증가 또는 감소한다.

② 수치 데이터가 입력된 셀에서 Ctrl 키를 누른 상태로 채우기 핸들을 드래그하면 1씩 증가 또는 감소된다.

(4) 날짜 및 시간 채우기

① 날짜 및 시간 데이터를 자동 채우기 하면 '일'과 '시' 단위로 데이터가 채워진다.

② 마우스 오른쪽 버튼으로 날짜 데이터를 드래그하면 일 단위 채우기, 평일 단위 채우기, 월 단위 채우기, 연 단위 채우기를 선택할 수 있다.

(5) 사용자 지정 목록 채우기

① [Office] 단추 – [Excel 옵션] 단추를 클릭한 후 [기본 설정] 탭에서 [사용자 지정 목록 편집] 단추를 클릭한다.

② [사용자 지정 목록] 대화 상자에서 연속 데이터를 확인할 수 있으며, 사용자 필요에 따라 새로운 목록을 추가하거나 삭제할 수 있다.

(6) 자동 완성 기능

① 처음 셀에 입력한 문자가 동일한 열에서 기존 데이터와 같으면 자동적으로 해당 데이터가 채워지는 기능으로 문자나 문자/숫자가 결합된 데이터에서만 적용된다.

② 동일한 열에 목록이 많을 경우 사용자 임의로 자동 완성 목록에서 데이터를 선택한다.

③ 데이터를 입력할 셀의 바로 가기 메뉴에서 [드롭다운 목록에서 선택]을 선택하거나 Alt + ↓ 키를 눌러 나타난 목록에서 원하는 데이터를 선택한다.

02 워크시트의 편집 및 관리

1. 셀 편집

(1) 행 높이 조절

① [홈] 탭의 [셀] 그룹에서 서식(서식 ▾) 단추를 클릭하고, [행 높이]를 선택하거나 행 머리글의 바로 가기 메뉴에서 [행 높이]를 선택한다.

② 행 머리글과 머리글 사이의 경계선을 드래그한다.

③ 여러 개의 행을 선택하고 높이를 조절하면 범위 지정된 행의 높이가 동일하게 조절된다.

④ [행 높이] 대화 상자에서 행 높이는 0~409까지 지정할 수 있으며, 행 높이를 0으로 지정하면 행을 숨긴 것과 동일하다.

⑤ [행 높이 자동 맞춤]을 선택하거나 행 머리글의 경계선을 더블 클릭하면 해당 행에서 가장 큰 글꼴 높이에 맞추어 행 높이가 자동으로 조절된다.

(2) 열 너비 조절

① [홈] 탭의 [셀] 그룹에서 서식(서식 ▾) 단추를 클릭하고, [열 너비]를 선택하거나 열 머리글의 바로 가기 메뉴에서 [열 너비]를 선택한다.

② 열 머리글과 머리글 사이의 경계선을 드래그한다.

③ 여러 개의 열을 선택하고 너비를 조절하면 범위 지정된 열의 너비가 동일하게 조절된다.

④ [열 너비] 대화 상자에서 열 너비는 0~255까지 지정할 수 있으며, 열 너비를 0으로 지정하면 열을 숨긴 것과 동일하다.

⑤ [열 너비 자동 맞춤]을 선택하거나 열 머리글의 경계선을 더블 클릭하면 해당 열에서 가장 긴 텍스트 길이에 맞추어 열 너비가 자동으로 조절된다.

(3) 행/열 숨기기

① 행/열을 숨기면 화면뿐만 아니라 인쇄 시에도 용지에 나타나지 않는다.

② 숨겨진 행/열의 셀 범위를 복사하거나 잘라내어 다른 셀에 붙이면 숨겨진 행/열의 데이터가 나타난다.

③ [홈] 탭의 [셀] 그룹에서 서식(서식 ▾) 단추를 클릭하고, [숨기기 및 숨기기 취소] – [행/열 숨기기]를 선택한다.

④ 숨길 행/열의 머리글 선택한 후 바로 가기 메뉴에서 [숨기기]를 선택한다.

(4) 행/열 숨기기 취소

① 숨겨진 행의 위/아래 행을 범위 지정한 후 서식(서식 ▾) 단추를 클릭하고, [숨기기 및 숨기기 취소] – [행 숨기기 취소]를 선택하거나 바로 가기 메뉴에서 [숨기기 취소]를 선택한다.

② 숨겨진 열의 왼쪽/오른쪽 열을 범위 지정한 후 서식(🔲 서식 ▾) 단추를 클릭하고, [숨기기 및 숨기기 취소] − [열 숨기기 취소]를 선택하거나 바로 가기 메뉴에서 [숨기기 취소]를 선택한다.

③ 첫 번째 행/열을 숨긴 경우는 워크시트 전체를 범위 지정한 후 서식(🔲 서식 ▾) 단추를 클릭하고, [숨기기 및 숨기기 취소] − [행/열 숨기기 취소]를 선택한다.

2. 워크시트 편집

(1) 시트 삽입

① 하나의 통합 문서에는 기본적으로 3개의 워크시트가 있으며, 최대 255개까지 시트를 삽입할 수 있다(여러 개의 시트를 한꺼번에 삽입할 수도 있음).

② 선택한 시트 왼쪽에 새로운 시트가 삽입되며, 시트 이름은 자동으로 Sheet4, Sheet5, …으로 지정된다.

③ [홈] 탭의 [셀] 그룹에서 삽입(🔳 삽입 ▾) 단추를 클릭하고, [시트 삽입]을 선택하거나 시트 탭의 바로 가기 메뉴에서 [삽입]을 선택한다(= Shift + F11 키).

(2) 시트 삭제

① 여러 개의 시트를 선택하여 동시에 삭제할 수 있다.

② 시트를 삭제하면 실행 취소 명령(Ctrl + Z 키)으로 되살릴 수 없다.

③ [홈] 탭의 [셀] 그룹에서 삭제(🔳 삭제 ▾) 단추를 클릭하고, [시트 삭제]를 선택하거나 시트 탭의 바로 가기 메뉴에서 [삭제]를 선택한다.

(3) 시트 이름 바꾸기

① 시트 이름은 기본적으로 'Sheet1', 'Sheet2', …로 지정되어 있다.

② 시트 이름은 공백을 포함하여 최대 31자까지 지정할 수 있지만 [, ?, *, /, ₩, : 등은 사용할 수 없다(하나의 통합 문서에 동일한 이름의 시트를 만들 수 없음).

③ [홈] 탭의 [셀] 그룹에서 서식(🔲 서식 ▾) 단추를 클릭하고, [시트 이름 바꾸기]를 선택하거나 시트 탭의 바로 가기 메뉴에서 [이름 바꾸기]를 선택한다.

④ 시트 탭을 마우스로 더블 클릭한 후 새로운 시트 이름을 입력한다.

(4) 시트 보호

① 입력한 데이터나 차트, 시나리오, 그래픽 개체 등이 변경되지 않도록 보호한다.

② 행과 열의 삽입/삭제, 서식 지정, 잠긴 셀 내용 변경, 커서를 잠긴 셀 또는 잠기지 않은 셀로 이동하는 것을 막을 수 있다.

③ 특정 시트만 보호하는 것으로 지정된 범위에서는 사용자 수정을 허용할 수도 있다.

④ 암호 지정 시 대소문자가 구분되며, 255자까지 지정할 수 있다.

⑤ [홈] 탭의 [셀] 그룹에서 서식( 서식 ▾) 단추를 클릭하고, [시트 보호]를 선택한다.

(5) 통합 문서 보호

① 시트의 이동, 삭제, 숨기기, 숨기기 해제, 이름 바꾸기, 창 이동, 창 크기 조절 등을 할 수 없도록 통합 문서를 보호한다.

② 암호 지정 시 대소문자가 구분되며, 255자까지 지정할 수 있다.

③ [검토] 탭의 [변경 내용] 그룹에서 통합 문서 보호(통합 문서 보호) 단추를 클릭하고, [구조 및 창 보호]를 선택한다.

(6) 틀 고정

① 데이터의 양이 많은 경우 특정 범위의 열 또는 행을 고정시켜 셀 포인터의 이동과 상관없이 화면에 항상 표시할 수 있도록 하는 기능이다.

② 틀 고정을 수행하면 셀 포인터의 왼쪽과 위쪽으로 틀 고정선이 표시된다.

③ 제목 행/열로 설정된 행/열은 셀 포인터를 아래쪽/오른쪽으로 이동시켜도 항상 화면에 표시된다 (화면에 틀이 고정되어 있어도 인쇄에는 적용되지 않음).

④ 고정시킬 행의 아래쪽 또는 열의 오른쪽 셀을 선택한 후 [보기] 탭의 [창] 그룹에서 틀 고정 (틀 고정 ▾) 단추를 클릭하고, [틀 고정]을 선택한다.

(7) 창 나누기

① 워크시트를 여러 개의 창으로 분리하는 기능으로 최대 4개까지 분할할 수 있다.

② 특정 셀에서 창 나누기를 실행하면 선택된 셀의 왼쪽과 위쪽을 기준으로 분할된다.

③ 창 경계선을 드래그하면 분할된 창의 크기를 변경할 수 있다.

④ [보기] 탭의 [창] 그룹에서 나누기(나누기) 단추를 클릭한다.

(8) 창 정렬

① 여러 개의 통합 문서를 배열한 후 서로 비교하면서 작업할 수 있다.

② 열려 있는 모든 창들을 화면에 나타내어 해당 파일로 쉽게 이동할 수 있다.

③ [보기] 탭의 [창] 그룹에서 모두 정렬(모두 정렬) 단추를 클릭한 후 [창 정렬] 대화 상자에서 정렬 방식(바둑판식, 가로, 세로, 계단식)을 지정한다.

3. 통합 문서 관리

(1) 통합 문서 저장

① 이전에 저장된 파일을 다시 저장하면 동일한 이름으로 저장되므로 [다른 이름으로 저장] 대화 상자는 나타나지 않는다.

② 문서가 기본적으로 저장되는 위치는 '내 문서(My Documents)' 폴더이다.

③ [일반 옵션]을 이용하면 통합 문서를 저장할 때 백업 파일을 위한 옵션을 설정하거나 열기/쓰기 암호를 설정할 수 있다.

④ [Office] 단추를 클릭하고, [저장]을 선택하거나 빠른 실행 도구 모음에서 저장(🖫) 단추를 클릭한다(Ctrl+S 키).

(2) 다른 이름으로 저장

① **Excel 통합 문서** : Excel 2007의 기본 파일로 저장한다(확장자 : xlsx).

② **Excel 매크로 사용 통합 문서** : 매크로가 포함된 통합 문서로 저장한다(확장자 : xlsm).

③ **Excel 97 - 2003 통합 문서** : 이전 버전의 엑셀에서 저장한다(확장자 : xls).

④ **Excel 서식 파일** : 자주 사용하는 특정 양식의 폼으로 저장한다(확장자 : xltx).

⑤ **웹 페이지** : 웹(WWW) 페이지에서 볼 수 있도록 저장한다(확장자 : htm, html).

⑥ **텍스트(탭으로 분리)** : 탭으로 분리된 텍스트 파일로 저장한다(확장자 : txt).

⑦ **텍스트(공백으로 분리)** : 공백으로 분리된 텍스트 파일로 저장한다(확장자 : prn).

⑧ **CSV(쉼표로 분리)** : 워크시트만 쉼표로 분리된 텍스트 파일로 저장한다(확장자 : csv).

⑨ **Data Interchange Format** : 현재 워크시트의 텍스트, 값, 수식만 저장한다(확장자 : dif).

⑩ **로터스 1-2-3 4.0** : 로터스 1-2-3 4.0 버전으로 저장한다(확장자 : wk4).

(3) 통합 문서 공유

① 하나의 통합 문서를 네트워크상에서 여러 사용자가 동시에 사용할 수 있다.

② 공유 통합 문서를 열어 작업한 후 저장하면 다른 사용자가 변경된 내용을 확인할 수 있다.

③ 공유 통합 문서의 변경 내용을 추적하여 변경 내용을 새 시트에 작성할 수 있다.

④ 공유 통합 문서를 네트워크 위치에 복사하면 다른 통합 문서나 문서의 연결이 유지된다.

⑤ 공유 통합 문서의 워크시트에서 전체 행과 열은 삽입하거나 삭제할 수 있다.

⑥ 공유 통합 문서를 열면 창의 제목 표시줄에 [공유]가 표시된다.

⑦ 통합 문서를 공유하기 위해서는 [검토] 탭의 [변경 내용] 그룹에서 통합 문서 공유(🗔) 단추를 클릭한다.

4. 워크시트 인쇄

(1) [페이지 설정] – [페이지] 탭

① **용지 방향** : 용지의 인쇄 방향(세로, 가로)을 설정한다.

② **배율** : 워크시트의 확대/축소 배율(10~400%)을 설정하거나 데이터의 양에 관계없이 지정 페이지 수에 맞게 인쇄하도록 자동 설정한다.

③ **용지 크기** : 인쇄할 용지의 크기를 설정한다.

④ **인쇄 품질** : 프린터의 해상도를 설정한다.

⑤ **시작 페이지 번호** : 인쇄를 시작할 페이지를 설정한다(기본값은 1페이지부터 인쇄).

⑥ **옵션** : [프린터 등록 정보] 대화 상자를 표시한다.

(2) [페이지 설정] – [여백] 탭

① **여백** : 위쪽, 아래쪽, 왼쪽, 오른쪽, 머리글, 바닥글의 여백을 지정한다.

② **페이지 가운데 맞춤** : 워크시트 내용이 인쇄용지의 가운데에 위치하도록 맞춘다.

(3) [페이지 설정] – [머리글/바닥글] 탭

① 워크시트에서 작업한 내용을 인쇄할 때 매 페이지의 상단과 하단에 특정 텍스트(페이지 번호, 문서의 제목, 작성자, 작성 날짜 등)를 표시할 수 있다.

② 머리글과 바닥글은 다시 입력하기 전까지 계속 유지되며, 인쇄 시 용지에만 나타난다.

③ 머리글/바닥글의 편집 상태에서 문자열은 " " 따옴표를 사용하지 않으며, 연결 기호는 &를 사용한다(-&[페이지 번호]&- : -1- 형태의 페이지 번호, &[페이지 번호]페이지 : 1페이지 형태의 페이지 수).

(4) [페이지 설정] – [시트] 탭

① **인쇄 영역** : 특정 부분만 인쇄할 수 있도록 해당 범위를 설정한다.

② **인쇄 제목** : 인쇄할 매 페이지마다 반복할 행/열을 제목으로 설정한다.

③ **눈금선** : 워크시트에서 셀 눈금선의 인쇄 여부를 설정한다.

④ **흑백으로** : 컬러로 지정된 데이터를 흑백으로 출력한다.

⑤ **간단하게 인쇄** : 워크시트에 삽입된 그래픽 개체를 제외하고 텍스트만 빠르게 인쇄한다.

⑥ **행/열 머리글** : 행/열의 위치를 나타내는 머리글을 문서에 포함하여 인쇄한다.

⑦ **메모** : 해당 시트에 입력된 메모의 인쇄 위치를 설정한다.

⑧ **셀 오류 표시** : 셀 오류의 표시 방법을 지정한다.

⑨ **페이지 순서** : 한 페이지에 문서 전체를 인쇄할 수 없을 때 인쇄 방향(행/열)을 설정한다.

5. 표시 형식

(1) [셀 서식] – [표시 형식] 탭

① **일반** : 설정된 모든 표시 형식을 기본값으로 복원한다.

② **숫자** : 소수점 자릿수, 1,000 단위 구분 기호(,) 사용, 음수 표기 형식을 설정한다.

③ **통화** : 소수점 자릿수, 통화 기호(₩, $ 등), 음수 표시 형식 등을 설정한다.

④ **회계** : 소수점 자릿수, 통화 기호(₩, $ 등)를 설정한다(입력값이 0일 경우 '-'으로 표시).

⑤ **날짜** : 날짜 표시 형식을 설정한다.

⑥ **시간** : 시간 표시 형식을 설정한다.

⑦ **백분율** : 셀 값에 100을 곱한 후 백분율 기호와 함께 표시한다(소수점 이하 자릿수 지정 가능).

⑧ **분수** : 소수를 분수 형식으로 표시한다.

⑨ **지수** : 숫자를 지수 형식으로 표시한다(소수점 이하 자릿수 지정 가능).

⑩ **텍스트** : 수치 데이터를 문자 데이터 형태로 표시한다(셀의 왼쪽 정렬).

⑪ **기타** : 숫자를 우편번호, 전화번호, 주민등록번호 형식으로 표시한다.

⑫ **사용자 지정** : 사용자가 직접 필요한 표시 형식을 설정한다.

(2) 사용자 지정 표시 형식

① 서식 코드에서는 4개의 구역까지 지정할 수 있다.

② 각 구역은 세미콜론(;)으로 구분하며, 구역을 생략할 경우 해당 구역에 세미콜론만 입력한다.

③ 조건이 없을 경우 양수, 음수, 0 서식, 텍스트 순으로 서식을 정의하지만 조건이 있을 경우는 지정된 순서대로 나타낸다.

④ 조건이나 글꼴 색을 지정할 경우 대괄호([ ]) 안에 입력한다.

> #,### ; [파랑](#,###) ; 0.00 ; @"님"
> 양수 서식 ; 음수 서식 ; 0 서식 ; @"텍스트"

⑤ #의 자릿수에 콜론이(,) 포함되어 있을 경우 천 단위마다 쉼표(,)를 삽입하고 자릿값이 없을 경우에는 0을 출력하라는 의미이며, 소수부가 존재하는 경우 5이상이면 반올림되어 정수로 표시한다.

> • **데이터** : 1234.567
> • **표시 형식** : #,##0
> • **변환 방법** : 천 단위마다 쉼표(,)를 삽입하고 자릿값이 없을 경우에는 0을 출력하라는 의미이며, 소수부가 존재하는 경우 5이상이면 반올림
> • **출력값** : 1,235

> - **데이터** : 1234.567
> - **표시 형식** : #,##0.00
> - **변환 방법** : 천 단위마다 쉼표(,)를 삽입하고 소수 두 번째 자리까지 표시하며, 자릿값이 없을 경우에는 0을 출력하라는 의미이며, 소수부가 존재하는 경우 5이상이면 반올림
> - **출력값** : 1,234.57

(3) 주요 서식 코드

① **#** : 유효 자릿수만 표시하며, 무효의 0은 표시하지 않는다.

② **?** : 무효의 0 대신 공백을 추가하여 소수점을 맞춘다.

③ **0** : 무효의 0을 포함하여 숫자의 자릿수를 표시한다.

④ **,** : 천 단위 구분자로 콤마를 삽입한다.

⑤ **;;;** : 셀에 입력한 자료를 숨길 때 사용한다.

⑥ **[색상]** : 서식 구역의 첫 부분에 색을 지정한다.

⑦ **[조건]** : 조건에 일치하는 경우에만 해당 서식을 적용한다.

⑧ **y** : yy(연도를 2자리로), yyyy(연도를 4자리로) 표시한다.

⑨ **m** : m(월을 1~12로), mm(월을 01~12로), mmm(월을 Jan~Dec로), mmmm(월을 January~December로) 표시한다.

⑩ **d** : d(일을 1~31일로), dd(일을 01~31일로), ddd(요일을 Sun~Sat로), dddd(요일을 Sunday~Saturday로) 표시한다.

⑪ **h** : h(시간을 0~23으로), hh(시간을 00~23으로) 표시한다.

⑫ **m** : m(분을 0~59로), mm(분을 00~59로) 표시한다.

⑬ **s** : s(초를 0~59로), ss(초를 00~59로) 표시한다.

⑭ **@** : 문자 데이터의 위치를 표시한다.

⑮ ***** : 특정 문자를 셀의 너비만큼 반복하여 표시한다.

⑯ **[DBNum]** : 숫자를 한자, 한자+숫자, 한글 등으로 표시한다([DBNum1]~[DBNum4]).

기출 PLUS 사용자 지정 표시 형식 코드   B등급

엑셀 시트를 이용해 수식을 실행한 결과, 값이 나머지와 <u>다른</u> 것은?

19년 우정사업본부

> 입력 데이터 : 1234.5
>
> 표시 형식 코드 : #,##0

① 1,234   ② 1,235
③ 1,234.5   ④ 1,234.50

≫ #,##0은 천 단위마다 쉼표를 삽입하고 자릿값이 없을 경우에는 0을 출력하라는 의미이며, 소수부가 존재하는
   경우 5이상이면 반올림되어 정수로 표시한다.

	데이터		1234.5
형식	#,##0.0	결과	1,234.5
	#,##0.00		1,234.50

답 ②

6. 조건부 서식

① 조건에 따라 데이터의 막대, 색조, 아이콘 집합을 사용하여 주요 셀이나 예외적인 값을 강조하고,
   데이터를 시각적으로 표시한다.
② 특정 조건이나 기준에 따라 셀 범위의 모양을 변경하며, 범위 지정한 셀에서 특정 조건을 만족할
   경우 설정된 서식을 적용한다.
③ 기존의 셀 서식에 우선하며, 규칙에는 제한이 없다.
④ 규칙 유형을 '수식을 사용하여 서식을 지정할 셀 결정'으로 선택하면 함수를 사용한다.
⑤ 조건을 수식으로 입력할 경우 수식 앞에 반드시 등호(=)를 입력한다.
⑥ 여러 조건 중에서 참인 조건이 여러 개일 경우 첫 번째 참 조건의 서식만 적용된다.
⑦ 규칙별로 서로 다른 서식을 적용하거나 고유 및 중복값에 대해서만 서식을 지정한다.
⑧ 조건으로 설정된 셀 값들이 변경되어 조건을 만족하지 않을 경우 적용된 서식이 해제된다.
⑨ 통합 문서를 공유하기 전에 적용된 조건부 서식은 공유 통합 문서에 적용되지만 기존의 조건부
   서식을 고치거나 새로운 서식을 적용할 수는 없다.
⑩ 조건부 서식을 만들 때 동일한 워크시트의 다른 셀은 참조할 수 있으나 동일한 통합 문서의 다른
   워크시트에 있는 셀 참조나 다른 통합 문서에 대한 외부 참조는 사용할 수 없다.
⑪ [홈] 탭의 [스타일] 그룹에서 조건부 서식( ) 단추를 클릭하고, [새 규칙]을 선택한다.

엑셀 함수

01 수식과 함수의 활용

1. 수식과 함수의 기본

(1) 수식의 개념

① 수식은 항상 등호(=)나 플러스(+) 기호로 시작한다.

② 수식은 수식 기호, 함수, 셀 참조, 연산자, 상수, 괄호 등으로 구성된다.

③ 상수로 텍스트가 사용될 때는 따옴표(" ")로 묶어 주어야 한다.

(2) 함수의 개념

① 함수 이름 앞에는 항상 등호(=)를 먼저 입력해야 한다.

② 숫자, 텍스트, 논리값, 배열, 셀 참조 등을 인수로 지정할 수 있다.

③ 인수 범위는 콜론(:)으로 표시하고, 구분은 쉼표(,)로 한다.

④ 텍스트를 인수로 사용할 경우 인용 부호(" ")로 묶는다.

⑤ 인수는 사용 함수에 따라 생략할 수 있지만 괄호는 생략할 수 없다.

(3) 연산자

① 괄호가 있을 경우 항상 괄호부터 연산하며, 우선순위가 동일할 경우는 왼쪽에서 오른쪽으로 연산을 실행한다.

② 참조 연산자 → 음수 부호(−) → 백분율(%) → 지수(^) → 곱하기(*), 나누기(/) → 더하기(+), 빼기(−) → 텍스트 결합(&) → 비교 연산자 순이다.

연산자	수식	참조 범위
: (콜론)	= A1:D2	[A1] 셀에서 [D2] 셀까지 참조한다.
, (콤마)	= A1, D2	A1] 셀과 [D2] 셀만 참조한다.
공백	= A1:D2 B1:E2	셀 범위 중 공통되는 셀을 참조한다([B1] 셀에서 [D2] 셀까지 참조).

2. 셀 참조와 이름 정의

(1) 동일한 워크시트의 셀 참조

① 현재 작업 중인 워크시트의 특정 셀을 참조하는 것이다.

② 해당 셀 주소를 직접 입력하거나 키보드/마우스를 이용해 참조할 셀의 범위를 지정한다.

예 = SUM(A1 : C2)는 [A1] 셀부터 [C2] 셀까지의 합계를 구한다.

(2) 다른 워크시트의 셀 참조

① 다른 워크시트에 있는 특정 셀을 참조하는 경우 "시트 이름! 셀 주소" 형식으로 사용한다.

② 참조하는 워크시트 이름 뒤에 느낌표(!) 표시를 한 후 셀 범위를 지정한다.

③ 참조하는 워크시트 이름에 공백이 포함되어 있을 경우 시트 이름을 따옴표(' ')로 묶는다.

예 = Sheet2!A1*4는 Sheet2의 [A1] 셀 값에 4를 곱한 결과를 구한다.

(3) 외부 참조

① 다른 통합 문서를 열어 특정 셀을 현재 작업 중인 시트에 참조한다.

② 외부 참조일 경우에는 통합 문서의 이름을 대괄호([ ])로 묶는다.

예 = '[실적현황.xlsx]3월'!A1/2는 '실적현황.xlsx'의 '3월' 시트에서 [A1] 셀 값을 2로 나눈 결과를 구한다.

(4) 상대 참조

① 기본적인 참조 방식으로 '$' 표시 없이 행 머리글과 열 머리글로만 셀 주소가 구성된다. 예 A2

② 상대 참조 주소를 복사하면 현재 셀 위치에 맞게 자동으로 참조되는 셀 주소가 변경된다.

(5) 절대 참조

① 행 머리글과 열 머리글 앞에 '$' 표시가 적용된다. 예 A2

② 절대 참조 주소를 복사하면 참조되는 셀 주소는 항상 고정된다.

(6) 혼합 참조

① 상대 참조와 절대 참조가 혼합된 것이다.

② 행이나 열 머리글 중 한쪽에만 '$' 표시가 붙는다. 예 $A2, A$2

③ 혼합 참조 주소를 복사하면 현재 셀 위치에 맞게 상대 참조 주소만 변경된다.

(7) 이름 작성(정의) 규칙

① 최대 255자까지 지정할 수 있으며, 대소문자는 구별하지 않는다.

② 문자나 밑줄(_) 또는 역슬래시(\)로 시작해야 하며, 이를 제외한 특수 문자는 사용할 수 없다 (상수나 수식을 이름으로 지정할 수 있음).

③ 통합 문서에 동일한 이름을 2개 이상 지정할 수 없다.

④ [A1] 셀이나 [B1] 셀과 같은 엑셀의 일반 주소 형식으로는 지정할 수 없다.

⑤ 셀 주소 대신에 직접 셀 이름을 입력하여 수식에 적용할 수 있다.

⑥ 이름 정의는 기본적으로 절대 참조로 대상 범위를 참조한다.

⑦ 이름표가 숫자로 시작되거나 중간에 공백이 있으면 밑줄(_)로 표시된다.

⑧ 수치 데이터인 경우 이름을 만들 수 없지만 날짜 데이터인 경우에는 이름을 만들 수 있다.

(8) 오류값

① **#DIV/0!** : 수식에서 특정 값을 0 또는 빈 셀로 나눌 경우 발생한다.

② **#VALUE!** : 잘못된 인수나 피연산자를 사용했을 경우 발생한다.

③ **#NAME?** : 함수 명을 잘못 사용하거나 수식에 인용 부호 없이 텍스트를 입력한 경우 발생한다.

④ **#N/A** : 부적당한 인수를 사용하거나 사용할 수 없는 값을 지정할 경우 발생한다.

⑤ **#NUM!** : 숫자 인수가 필요한 함수에 다른 인수를 지정한 경우 또는 잘못된 숫자값을 사용한 경우 발생한다.

⑥ **#REF!** : 수식에서 셀 참조가 유효하지 않았을 때 발생한다.

⑦ **#NULL!** : 공통부분이 없는 두 영역의 부분을 지정했을 경우 발생한다.

⑧ **#######** : 숫자 데이터의 길이가 셀보다 클 경우 발생한다.

기출 PLUS **셀의 참조 방식**　　　　　　　　　　　　　　　　　　　　　　　　　A등급

MS Excel의 워크시트에서 사원별 수주량과 판매금액, 그리고 수주량과 판매금액의 합계가 입력되어 있다. 이때, C 열에는 전체 수주량 대비 각 사원 수주량의 비율을, E 열에는 전체 판매금액 대비 각 사원 판매금액의 비율을 보이고자 한다. 이를 위해 [C2] 셀에 수식을 입력한 다음 이를 C 열과 E 열의 나머지 셀에 복사하여 사용하고자 한다. [C2] 셀에 입력할 내용으로 옳은 것은?　　　　　　10년 우정사업본부

	A	B	C	D	E
1	사원	수주량	비율	판매금액	비율
2	김철수	78		8,000,000	
3	홍길동	56		7,500,000	
4	김민호	93		13,000,000	
5	나영철	34		10,000,000	
6	최건	80		8,000,000	
7	합계	341		46,500,000	

① = B2 / B7 * 100　　　　　　　　　　② = \$B\$2 / B7 * 100

③ = B2 / \$B\$7 * 100　　　　　　　　　④ = B2 / B\$7 * 100

≫ 각 사원의 수주량 비율은 각 사원 수주량/수주량 합계(B7), 각 사원의 판매금액은 각 사원 판매금액/판매금액의 합계(D7)이므로 수주량의 합계를 판매금액의 합계에서 복사하여 사용하게 되면 수주량의 합계는 혼합 참조에 의해 행 고정(B\$7)이 필요하다.　　　　　　　　　　　　　　　　　　　　　　　답 ④

3. 함수의 종류

(1) 통계 함수

함수 이름	표시 형식	함수 내용
AVERAGE	AVERAGE(인수1, 인수2, …, 인수30)	범위 지정한 인수의 평균을 구하고, 인수로는 숫자, 이름, 배열, 참조 영역 등을 지정할 수 있다.
AVERAGEA	AVERAGEA(인수1, 인수2, …)	수치가 아닌 셀을 포함하는 인수의 평균을 구한다.
AVERAGEIF	AVERAGEIF(셀 범위, 조건, 평균 범위)	범위 지정 목록에서 조건에 맞는 셀들의 평균을 구한다.
COUNT	COUNT(인수1, 인수2, …)	범위 지정 목록에서 숫자 데이터가 있는 셀의 개수를 구하며, 날짜와 숫자 텍스트는 개수에 포함되지만 논리값, 오류값은 제외된다.
COUNTA	COUNTA(인수1, 인수2, …)	범위 지정 목록에서 공백이 아닌 데이터가 입력된 모든 셀의 개수를 구하며 논리값, 오류값, 텍스트 등의 모든 값이 개수에 포함된다.
COUNTBLANK	COUNTBLANK(셀 범위)	범위 지정 목록에서 데이터가 입력되지 않은 빈 셀의 개수를 구한다.
COUNTIF	COUNTIF(셀 범위, 찾을 조건)	범위 지정 목록에서 찾을 조건과 일치하는 셀의 개수를 구하며, 비교 연산자를 사용할 경우에는 큰 따옴표(" ")로 묶는다.
COUNTIFS	COUNTIFS(셀 범위, 조건, 셀 범위, 조건)	범위 내에서 주어진 조건에 맞는 셀의 개수나 여러 조건에 맞는 셀의 개수를 구한다.
RANK	RANK(순위를 구하려는 수, 대상 범위, 순위 결정)	범위 지정 목록에서 인수의 순위를 구하며, 순위를 구할 때는 해당 범위를 절대 참조로 지정해야 한다(0을 입력하거나 생략하면 내림차순이고, 그 외에는 오름차순으로 구함).
MAX	MAX(인수1, 인수2, …)	범위 지정 목록에서 논리값과 텍스트를 제외한 최대값을 구한다.
MIN	MIN(인수1, 인수2, …)	범위 지정 목록에서 논리값과 텍스트를 제외한 최소값을 구한다.
LARGE	LARGE(셀 범위, k)	범위 지정 목록에서 k번째로 큰 값을 구하며, 범위를 입력하지 않거나 k가 0 이하이면 오류값(#NUM!)이 나타난다.
SMALL	SMALL(셀 범위, k)	범위 지정 목록에서 k번째로 작은 값을 구하며, 범위를 입력하지 않거나 k가 0 이하이면 오류값(#NUM!)이 나타난다.
MEDIAN	MEDIAN(셀 범위)	범위 지정 목록에서 중간값을 구하며, 수의 개수가 짝수이면 가운데에 있는 두 수의 평균을 구한다(텍스트, 논리값, 빈 셀 등은 무시하지만 0값을 가진 셀은 포함).

(2) 수학/삼각 함수

함수 이름	표시 형식	함수 내용
ABS	ABS(인수)	인수에 대한 절대값(부호가 없는 숫자)을 구한다.
FACT	FACT(인수)	인수에 대한 계승값($1 \times 2 \times 3 \times \ldots \times$인수)을 구하며, 수치가 정수가 아니면 소수점 이하는 무시한다.
INT	INT(인수)	인수의 소수점 아래를 버리고, 가장 가까운 정수로 내림한다.

MOD	MOD(인수, 나눌값)	나눗셈의 나머지 값을 구하며, 결과는 나눌 값과 동일한 부호를 갖는다. 이때, 나눌 값이 0이면 오류값(#DIV/0!)이 나타난다.
ROUND	ROUND(인수, 자릿수)	인수를 지정한 자릿수로 반올림한다. 이때, 자릿수가 0보다 크면 지정한 소수 자릿수로 반올림, 자릿수가 0이면 가장 가까운 정수로 반올림, 자릿수가 0보다 작으면 소수점 왼쪽에서 반올림한다.
ROUNDDOWN	ROUNDDOWN(인수, 자릿수)	인수를 지정한 자릿수로 내림한다. 이때, 자릿수가 양수이면 지정한 소수점 아래 자리에서 내림, 자릿수가 0이거나 생략되면 소수점 아래를 버리고 정수, 자릿수가 음수이면 지정한 소수점 왼쪽에서 내림한다.
ROUNDUP	ROUNDUP(인수, 자릿수)	인수를 지정한 자릿수로 올림한다. 이때, 자릿수가 양수이면 지정한 소수점 아래 자리에서 올림, 자릿수가 0이거나 생략되면 소수점 아래를 올림하여 정수, 자릿수가 음수이면 지정한 소수점 왼쪽에서 올림한다.
POWER	POWER(인수, 제곱값)	인수에 거듭 제곱한 결과를 구한다.
PRODUCT	PRODUCT(인수1, 인수2, …)	수치나 범위 지정된 인수를 모두 곱한다.
SUM	SUM(인수1, 인수2, …)	범위를 지정한 목록에서 인수의 합을 구한다.
SUMIF	SUMIF(셀 범위, 찾을 조건, 합을 구할 셀 범위)	조건에 맞는 셀들의 합을 구하며, 합을 구할 셀 범위를 생략하면 처음 지정한 셀 범위의 합을 구한다.
SUMIFS	SUMIFS(셀 범위, 조건1 범위, 조건1, 조건2 범위, 조건2, …)	여러 조건에 맞는 셀들의 합을 구한다.
GCD	GCD(인수1, 인수2, …)	범위 지정 목록에서 정수의 최대공약수를 구한다.
LCM	LCM(인수1, 인수2, …)	범위 지정 목록에서 정수의 최소공배수를 구한다.

(3) 논리 함수

함수 이름	표시 형식	함수 내용
NOT	NOT(인수)	인수의 반대값(FALSE → TRUE, TRUE → FALSE)을 표시하며, 값이 특정 값과 같지 않은지 확인할 때 사용한다.
AND	AND(인수1, 인수2)	인수가 참일 경우에만 'TRUE'를 표시하고, 그렇지 않으면 'FALSE'를 표시한다. 이때, 참조 영역 인수에 텍스트나 빈 셀이 있으면 그 값은 무시된다.
OR	OR(인수1, 인수2)	인수가 하나라도 참이면 'TRUE'를 표시하고, 그렇지 않으면 'FLASE'를 표시한다. 이때, 참조 영역 인수에 텍스트나 빈 셀이 있으면 그 값은 무시된다.
TRUE( )/FALSE( )	TRUE( )/FALSE( )	논리값 TRUE/FALSE를 구한다.
IF	IF(조건식, 인수1, 인수2)	조건식이 참이면 인수1을 표시하고, 그렇지 않으면 인수2를 표시한다(인수와 함께 최대 7개까지 중첩하여 사용).
IFERROR	IFERROR(인수1, 인수2)	인수1이 오류이면 인수2를 표시하고, 그렇지 않으면 인수1을 표시한다.

(4) 날짜/시간 함수

함수 이름	표시 형식	함수 내용
NOW	NOW( )	현재 컴퓨터에 지정된 날짜와 시간을 표시한다.
TODAY	TODAY( )	현재 컴퓨터에 지정된 날짜를 표시한다.
DATE	DATE(년, 월, 일)	지정한 년, 월, 일을 사용하여 날짜를 표시한다.
TIME	TIME(시, 분, 초)	지정한 시, 분, 초를 사용하여 시간을 표시한다.
YEAR	YEAR(날짜)	날짜 일련번호로부터 년 단위(1900년부터 9999년까지)를 구한다.
MONTH	MONTH(날짜)	날짜 일련번호로부터 월 단위(1월부터 12월까지)를 구한다.
DAY	DAY(날짜)	날짜 일련번호로부터 일 단위(1일부터 31일까지)를 구한다.
HOUR	HOUR(시간)	날짜 일련번호로부터 시 단위(0시부터 23시까지)를 구한다.
MINUTE	MINUTE(시간)	날짜 일련번호로부터 분 단위(0분부터 59분까지)를 구한다.
SECOND	SECOND(시간)	날짜 일련번호로부터 초 단위(0초부터 59초까지)를 구한다.
WEEKDA	WEEKDAY(날짜, 반환값)	날짜 일련번호로부터 요일 번호(1부터 7까지)를 구한다. 이때, 반환값이 1이거나 생략할 경우 1(일요일)에서 7(토요일)까지의 정수로, 반환값이 2일 경우 1(월요일)에서 7(일요일)까지의 정수로, 반환값이 3일 경우 0(월요일)에서 6(일요일)까지의 정수로 나타낸다.
DAYS360	DAYS360(날짜1, 날짜2)	1년을 360일(30일 기준의 12개월)로 두 날짜 사이의 날짜 수를 구하며, 회계 체계가 12달 30일을 기준으로 할 때 임금을 계산할 수 있다.

(5) 텍스트 함수

함수 이름	표시 형식	함수 내용
CONCATENATE	CONCATENATE(텍스트1, 텍스트2)	여러 텍스트를 하나의 텍스트로 조인하여 표시하거나 텍스트를 서로 결합하여 나열한다.
EXACT	EXACT(텍스트1, 텍스트2)	두 텍스트를 비교하여 값이 일치하면 'TRUE'를 그렇지 않으면 'FALSE'를 표시한다. 이때, 영문의 대소문자는 구별된다.
FIXED	FIXED(인수, 자릿수)	수를 고정 소수점 형식의 텍스트로 변경하며, 자릿수를 생략할 경우 소수점 2자리로 간주하여 반올림, 자릿수가 양수인 경우 소수점 오른쪽에서 반올림, 자릿수가 음수인 경우 소수점 왼쪽에서 반올림한다.
LEFT	LEFT(텍스트, 수치)	텍스트의 왼쪽부터 지정한 개수만큼의 문자를 표시하며, 텍스트 길이보다 수치가 크면 모두 표시된다.
RIGHT	RIGHT(텍스트, 수치)	텍스트의 오른쪽으로부터 지정한 개수만큼의 문자를 표시하며, 텍스트 길이보다 수치가 크면 모두 표시된다.
MID	MID(텍스트, 수치1, 수치2)	문자열의 지정 위치에서 문자를 지정한 개수만큼 구하며, 수치의 위치가 전체 텍스트의 길이보다 길면 빈 텍스트(' ')를 표시한다.
LEN	LEN(텍스트)	텍스트 문자열 내의 문자 개수를 구하며, 공백을 포함한 텍스트를 대상으로 한다.
PROPER	PROPER(텍스트)	텍스트에 있는 각 단어의 첫 글자만 대문자로 변환하고, 나머지는 소문자로 변환한다.

TRIM	TRIM(텍스트)	텍스트의 양쪽 끝 공백을 삭제한다. 이때, 텍스트 사이에 한 칸의 공백을 제외하고, 모든 공백을 삭제한다.
LOWER	LOWER(텍스트)	텍스트에 있는 대문자를 모두 소문자로 변환한다.
UPPER	UPPER(텍스트)	텍스트에 있는 소문자를 모두 대문자로 변환한다.
TEXT	TEXT(인수, 형식)	인수를 지정된 형식의 텍스트로 바꾼다.
REPT	REPT(텍스트, 개수)	텍스트를 개수만큼 표시한다.
REPLACE	REPLACE(텍스트1, 변경할 위치, 텍스트 수, 텍스트2)	지정한 위치에서 텍스트 수만큼 텍스트1의 일부를 텍스트2로 바꾼다.
SEARCH	SEARCH(텍스트1, 텍스트2, 시작 위치)	텍스트2에서 시작 위치부터 텍스트1을 찾아 위치를 표시하되 대소문자를 구분하지 않는다.
FIND	FIND(텍스트1, 텍스트2, 시작 위치)	텍스트2의 시작 위치부터 텍스트1을 찾아 위치를 표시하되 대소문자를 구분한다.

(6) 찾기/참조 함수

함수 이름	표시 형식	함수 내용
CHOOSE	CHOOSE(번호, 인수1, 인수2)	인수 목록 중 번호에 해당하는 인수를 구한다(인수 목록 중 하나를 골라 선택).
INDEX	INDEX(배열, 행 번호, 열 번호)	표 또는 범위에서 지정된 행이나 열에 해당하는 값을 구하며, 해당 범위 내에 값이나 참조 영역을 구한다.
MATCH	MATCH(검색값, 배열 또는 범위, 검색 방법)	지정한 순서와 조건에 맞는 배열에서 항목의 상대 위치값을 찾는다. 이때, 검색 방법이 '1'이면 검색값보다 작거나 같은 값 중 최대값을 찾고(오름차순 정렬), 검색 방법이 '0'이면 검색값보다 크거나 같은 값 중 최소값을 찾는다(내림차순 정렬).
OFFSET	OFFSET(영역, 행 수, 열 수, 행 높이, 열 너비)	기본 참조 영역으로부터 지정한 만큼 떨어진 위치의 참조 영역을 구하며, 특정 높이와 너비의 참조 영역을 표시한다.
VLOOKUP	VLOOKUP(찾을 값, 범위, 열 번호, 찾는 방법)	배열 첫 열에서 값을 검색한 후 지정한 열의 같은 행에서 데이터를 추출하며, 첫 번째 열의 값은 항상 오름차순으로 정렬되어야 한다. 이때, 찾는 방법이 TRUE이거나 생략된 경우 첫째 열에서 정확하게 일치하는 값이 없으면 찾을 값보다 작은 값 중에서 최대값을 찾고, 찾는 방법이 FALSE인 경우 첫째 열에서 정확하게 일치하는 값을 찾는다(값이 없을 경우 오류값(#N/A) 표시).
HLOOKUP	HLOOKUP(찾을 값, 범위, 행 번호, 찾는 방법)	배열 첫 행에서 값을 검색한 후 지정한 행의 같은 열에서 데이터를 추출하며, 첫 번째 행 값은 항상 오름차순으로 정렬되어야 한다. 이때, 찾는 방법이 TRUE이거나 생략된 경우 첫째 행에서 정확하게 일치하는 값이 없으면 찾을 값보다 작은 값 중에서 가장 큰 값을 찾고, 찾는 방법이 FALSE인 경우 첫째 행에서 정확하게 일치하는 값을 찾는다(값이 없을 경우 오류값(#N/A) 표시).

(7) 데이터베이스 함수

함수 이름	표시 형식	함수 내용
DSUM	DSUM(범위, 열 번호, 찾을 조건)	지정한 조건에 맞는 데이터베이스에서 필드(열)의 합을 구한다.
DAVERAGE	DAVERAGE(범위, 열 번호, 찾을 조건)	지정한 조건에 맞는 데이터베이스에서 필드(열)의 평균을 구한다.
DCOUNT	DCOUNT(범위, 열 번호, 찾을 조건)	지정한 조건에 맞는 데이터베이스에서 숫자를 포함한 셀의 개수를 구한다.
DCOUNTA	DCOUNTA(범위, 열 번호, 찾을 조건)	지정한 조건에 맞는 데이터베이스에서 비어 있지 않은 셀의 개수를 구한다.
DMAX	DMAX(범위, 열 번호, 찾을 조건)	지정한 조건에 맞는 데이터베이스의 필드(열) 값 중에서 가장 큰 값을 구한다.
DMIN	DMIN(범위, 열 번호, 찾을 조건)	지정한 조건에 맞는 데이터베이스의 필드(열) 값 중에서 가장 작은 값을 구한다.
DPRODUCT	DPRODUCT(범위, 열 번호, 찾을 조건)	지정한 조건에 맞는 데이터베이스의 필드(열)에서 데이터들을 모두 곱한 값을 구한다.

기출 PLUS 〉 찾기/참조 함수   A등급

다음과 같은 데이터가 입력되어 있는 엑셀 시트에서 수식 = HLOOKUP(INDEX(A2 : C5, 2, 2), B7 : E9, 2)를 계산한 결과는?   14년 우정사업본부

	A	B	C	D	E
1	학번	과목번호	성적		
2	100	C413	D		
3	200	C123	F		
4	300	C324	C		
5	400	C312	C		
6					
7	과목번호	C123	C312	C324	C413
8	과목이름	알고리즘	자료구조	운영체제	반도체
9	수강인원	90명	80명	75명	70명

① 80명   ② 75명
③ 반도체   ④ 알고리즘

≫ INDEX(배열, 행 번호, 열 번호) : 표 또는 범위에서 지정된 행이나 열에 해당하는 값을 구하므로 = INDEX(A2 : C5, 2, 2) → [A2 : C5] 영역에서 2행 2열에 있는 값을 의미한다.

100	C413	D
200	C123	F
300	C324	C
400	C312	C

>>> HLOOKUP(찾을 값, 범위, 행 번호, 찾는 방법) : 배열 첫 행에서 값을 검색한 후 지정한 행의 같은 열에서 데이터를 추출하므로 = HLOOKUP(C123, B7 : E9, 2) → [B7 : E9] 영역에서 2번째 행에 있는 C123의 해당 값을 구한다. 따라서 알고리즘이 답이 된다.

C123	C312	C324	C413
알고리즘	자료 구조	운영체제	반도체
90명	80명	75명	70명

답 ④

기출 PLUS 수학/삼각 함수 　　　　　　　　　　　　　　　　　　　　B등급

엑셀 시트를 이용해 수식을 실행한 결과, 값이 나머지와 다른 것은? 　　　　19년 우정사업본부

	A
1	3
2	7
3	5
4	3
5	0
6	1

① = GCD(A1, A6) 　　　　　　　　　② = MEDIAN(A1:A6)
③ = MODE(A1:A6) 　　　　　　　　　④ = POWER(A1, A6)

>>> ① 해당 문제는 최대공약수를 구하는 문제이다.
　　→ = GCD(A1, A6) = GCD(3, 1) = 최대 공약수는 1
　② 중간값 구하기
　　→ = MEDIAN(A1 : A6) 0 1 3 3 5 7 이므로 중간값은 3 + 3 = 6 → 6/2 = 3
　③ 최빈값(가장 많이 나오는값) 구하기
　　→ = MODE(A1:A6) 3 7 5 3 0 1 이므로 3
　④ 거듭 제곱 구하기
　　→ = POWER(3,1) 3의 1승은 3

답 ①

기출 PLUS 텍스트 함수 　　　　　　　　　　　　　　　　　　　　　　B등급

MS Excel의 워크시트에서 [D4] 셀에 = RIGHT(C4, LEN(C4) − 4)&"**"을 입력했을 때 결과값으로 알맞은 것은?** 　　　　08년 우정사업본부

	A	B	C
1	이름	학번	연락처
2	김철수	208-4101	010-2109-8765
3	이영희	208-4102	011-3456-7890
4	홍길동	208-4103	019-2119-9019

① ****2119-9019 　　　　　　　　　② 019-2119-****
③ 019-****-9019 　　　　　　　　　④ 2119-9019****

> ≫ RIGHT(문자열, 개수) : 문자열의 오른쪽에서부터 개수만큼의 문자를 구한다.
>   = RIGHT(019 – 2119 – 9019, 9) = 2119 – 9019

> ≫ LEN(문자열) : 문자열의 개수를 구한다.
>   = LEN(C4) = 13
>   = RIGHT(C4, LEN(C4) – 4) = RIGHT(C4, 9) = 2119 – 9019 = 2119 – 9019&"****" = 2119 – 9019****

目 ④

---

02 차트(그래프) 작성

1. 차트의 기본

(1) 차트의 특징

① 워크시트의 데이터를 막대, 선, 도형 등을 이용하여 시각적으로 표현한 것이다.

② 작성된 차트를 이용해 데이터를 비교, 분석, 예측할 수 있다.

③ 워크시트 데이터와 연결되어 있어 원본 데이터를 바꾸면 자동적으로 차트 모양도 변경된다.

④ 2차원 차트와 3차원 차트로 구분할 수 있으며, 차트만 별도로 표시할 수 있는 차트 시트를 만들 수 있다.

⑤ 현재 워크시트 내의 데이터, 다른 워크시트나 통합 문서 내의 데이터, 피벗 테이블 또는 부분합 등으로 요약된 데이터로 차트를 만들 수 있다.

⑥ 엑셀의 기본 차트인 세로 막대형 차트를 바로 작성하려면 원하는 데이터를 범위 지정한 후 F11 키를 누른다.

(2) 차트의 사용 목적

① 데이터의 경향이나 추세를 쉽게 분석하기 위해서 사용한다.

② 특정 항목의 구성 비율을 살펴보고자 할 때 사용한다.

③ 데이터의 상호 관계를 살펴보고자 할 때 사용한다.

(3) 차트의 크기 조절 및 이동

① 차트 영역을 클릭한 후 차트의 조절점을 드래그한다.

② 차트 전체를 다른 곳으로 이동하려면 차트 영역을 이동할 곳으로 드래그한다.

③ Alt 키를 누른 상태에서 차트 크기를 조절하면 차트가 셀에 맞춰서 크기가 조절된다.

④ 그림 영역이나 범례도 조절점을 이용하여 크기를 조절할 수 있다.

⑤ 차트 제목이나 가로/세로 축 제목의 경우 이동은 가능하지만 크기 조절은 할 수 없다.

(4) 차트의 삭제

① 차트 영역을 클릭한 후 **Delete**(Delete) 키를 누른다.

② 차트 시트는 시트 탭의 바로 가기 메뉴에서 [삭제]를 선택한다.

③ 특정 데이터 계열만 삭제할 때는 해당 계열을 선택하고, **Delete**(Delete) 키를 누른다.

2. 차트의 편집

(1) [디자인] 탭의 [종류] 그룹

① **차트 종류 변경** : 차트의 종류를 변경할 수 있다(데이터 계열 중 특정 계열만 차트 종류를 변경할 수 있음).

② **서식 파일로 저장** : 차트의 서식과 레이아웃을 추후 차트에 적용할 수 있는 서식 파일로 저장한다.

(2) [디자인] 탭의 [데이터] 그룹

① **행/열 전환** : 축의 데이터를 서로 변경한다(X축 → Y축, Y축 → X축).

② **데이터 선택** : 차트에 포함된 데이터 범위를 변경한다(데이터를 시트에 입력하지 않고, 데이터 범위를 추가할 수 있음).

③ 범례 항목에서 [제거] 단추를 클릭하면 기존 계열을 모두 삭제하고, 새로운 데이터 계열을 추가한다.

④ 숨겨진 셀을 차트에 표시할 경우 [숨겨진 셀/빈 셀] 단추를 클릭하고, '숨겨진 행 및 열에 데이터 표시'를 선택한다.

(3) [디자인] 탭의 [위치] 그룹

① 차트를 통합 문서의 다른 시트나 탭으로 이동한다.

② **새 시트** : 'Chart1'이라는 차트 시트에 차트를 삽입한다.

③ **워크시트에 삽입** : 현재 작업 중인 워크시트에 차트를 삽입한다.

(4) [레이아웃] 탭의 [현재 선택 영역] 그룹

① **차트 요소** : 특정 서식을 지정할 수 있도록 차트 요소를 선택한다.

② **선택 영역 서식** : 선택한 차트 요소의 서식을 조정할 수 있도록 [서식] 대화 상자가 나타난다.

③ **스타일에 맞게 다시 설정** : 선택한 차트 요소의 사용자 지정 서식을 지우고, 차트에 적용된 전체 표시 스타일로 되돌린다(선택한 차트 요소가 문서의 전체 테마와 일치).

(5) [레이아웃] 탭의 [레이블] 그룹

① **차트 제목** : 차트 제목을 추가하거나 제거할 수 있으며, 위치를 지정할 수도 있다.

② **축 제목** : 각 축의 제목을 입력하는데 필요한 텍스트를 추가하거나 제거할 수 있으며, 위치를 지정할 수도 있다.

③ **범례** : 범례를 추가하거나 제거할 수 있으며, 위치를 지정할 수도 있다(차트와 겹치지 않게 표시).

④ **데이터 레이블** : 차트의 데이터 레이블을 추가하거나 제거할 수 있으며, 위치를 지정할 수도 있다(차트 요소의 레이블을 실제 데이터값으로 지정).

⑤ **데이터 표** : 차트에 데이터 표를 추가한다.

(6) [레이아웃] 탭의 [축] 그룹

① **축** : 각 축의 서식과 레이아웃을 변경한다(데이터를 비교하기 위한 참조 영역으로 데이터값은 세로값(Y) 축에 나타내고, 항목은 가로 항목(X) 축에 나타남).

② **눈금선** : 차트의 눈금선을 설정하거나 해제한다(데이터를 추가하는 선으로 눈금값은 차트 항목, 값, 계열 등을 정의하며, 차트 작성 시 워크시트 원본에서 생성).

(7) [레이아웃] 탭의 [분석] 그룹

① **추세선** : 차트에 추세선을 추가한다.

② **선** : 차트에 하강선이나 최고/최저값 연결선 등 다른 선을 추가한다(영역형 또는 꺾은선형 차트에서만 가능).

③ **양선/음선** : 차트에 양선/음선을 추가한다(영역형 또는 꺾은선형 차트에서만 가능).

④ **오차 막대** : 차트에 오류 표시줄을 추가한다.

3. 차트의 서식 설정

(1) [차트 영역 서식] 대화 상자

① 차트 영역에 대하여 채우기, 테두리 색, 테두리 스타일, 그림자, 3차원 서식 등을 지정한다.

② [테두리 스타일] 탭에서 '둥근 모서리'를 선택하면 차트 테두리를 둥글게 변경할 수 있다.

(2) [차트 제목 서식] 대화 상자

① 차트 제목에 대하여 채우기, 테두리 색, 테두리 스타일, 그림자, 3차원 서식, 맞춤 등을 지정한다.

② 차트 영역, 그림 영역, 차트 제목, 범례에 대하여 그림자를 설정할 경우 [그림자] 탭에서 [미리 설정] 단추를 클릭한다.

(3) [데이터 계열 서식] 대화 상자

① 차트의 데이터 계열에 대하여 계열 옵션, 채우기, 테두리 색, 테두리 스타일, 그림자, 3차원 서식 등을 지정한다.

② 계열 겹치기에서 수치를 음수로 지정하면 데이터 계열 사이가 벌어지고, 양수로 지정하면 데이터 계열이 서로 겹쳐진다.

③ 간격 너비는 차트에서 데이터 계열 간격을 넓게 또는 좁게 지정한다(숫자를 늘리면 막대 너비는 좁아지고, 숫자를 줄이면 막대 너비는 넓어짐).

④ 완만한 선은 꺾은선형 차트에서 데이터 계열의 선을 완만한 굴곡으로 지정한다.

(4) [데이터 레이블 서식] 대화 상자

① 차트의 데이터 레이블에 대하여 레이블 옵션, 표시 형식, 채우기, 테두리 색, 테두리 스타일, 그림자, 3차원 서식, 맞춤 등을 지정한다.

② 각각의 데이터 요소나 데이터 계열 전체에 적용할 수 있다.

③ 데이터 요소는 하나의 값을 나타내며, 데이터 요소가 모여 하나의 데이터 계열을 이룬다.

4. 차트의 분석과 종류

(1) 추세선

① 데이터의 추세를 나타내는 선으로 데이터 예상이나 표본을 미리 확인할 수 있다.

② 하나의 데이터 계열에 두 개 이상의 추세선을 사용할 수 있다.

③ **추세선을 추가할 수 있는 차트** : 누적되지 않은 2차원 영역형, 가로 막대형, 세로 막대형, 꺾은선형, 주식형, 분산형, 거품형 차트 등이 있다.

④ **추세선을 추가할 수 없는 차트** : 3차원, 방사형, 원형, 표면형, 도넛형 차트 등이 있다.

(2) 오차 막대

① 데이터 계열에 있는 각 데이터 요소의 잠재 오차량이나 불확실도를 나타낸 것이다.

② 3차원 차트의 데이터 계열에는 오차 막대를 추가할 수 없다.

③ 분산형과 거품형 차트에는 X값, Y값, XY값 모두에 대한 오차 막대를 나타낼 수 있다.

(3) 차트의 종류

① **세로 막대형** : 여러 항목간의 값을 비교 및 분석할 수 있으며, 일정 기간의 데이터 변화와 시간에 따른 변화를 강조한다.

② **가로 막대형** : 특정 기간 값의 변화를 강조하거나 특정 시점의 항목 간 크기를 비교할 때 사용한다(항목은 수직으로 값은 수평으로 구성).

③ **원형** : 하나의 데이터 계열로 중요 요소를 강조할 때 사용하며, 전체 항목에 대한 각 항목의 크기 비율을 나타낸다.

④ **꺾은선형** : 일정 기간 동안 변화되는 데이터 추세를 나타내며, 시간 흐름에 따른 데이터의 변화율을 강조한다(원본 데이터값 중 빈 셀(Null값)이 있으면 해당 부분은 단절).

⑤ **영역형** : 시간에 따른 변동의 크기를 강조하며, 합계값을 추세와 함께 표시할 수 있다(누적 가로/세로 막대형과 같이 전체에 대한 각 항목의 관계도 볼 수 있음).

⑥ **분산형** : 값을 점으로 비교하여 데이터의 불규칙한 간격이나 묶음을 보여주고, 두 개의 숫자 그룹을 XY 좌표로 이루어진 하나의 계열로 나타낸다(주로 과학 데이터나 공학용 데이터 분석에 많이 사용).

⑦ **주식형** : 주식의 가격 동향을 나타내거나 온도 변화와 같은 과학 데이터를 표현하는데 사용한다.

⑧ **표면형** : 데이터 양이 많거나 두 개의 데이터 집합에서 최적의 조합을 찾을 때 사용한다(차트에 표현된 색과 무늬는 동일한 범위에 있는 항목을 나타냄).

⑨ **도넛형** : 원형 차트를 개선한 것으로 전체 항목에 대한 각 항목의 비율을 나타내며, 차트를 이루는 각각의 원은 하나의 데이터 계열을 표시한다(다중 계열을 가질 수 있으며, 3차원 차트로는 나타낼 수 없음).

⑩ **거품형** : 다른 차트와 혼합할 수 없으며, 데이터 표식의 크기를 통해 계열 간 항목을 비교할 수 있다(데이터 표식의 크기는 원본 데이터의 세 번째 열 값을 나타냄).

⑪ **방사형** : 많은 데이터 계열의 집계값을 비교할 때 사용하며, 각 항목마다 자체의 값 축을 갖고 있다(같은 계열은 하나의 선으로 연결).

⑫ **이중 축 차트** : 작성된 차트에 또 하나의 값 축을 추가하여 이중으로 값을 표시할 때 사용하며, 특정 데이터 계열값의 범위가 다른 데이터 계열과 현저하게 차이가 날 때 사용한다.

(4) 혼합형 차트

① 여러 개의 데이터 계열로 이루어진 차트에서 특정 데이터 계열만 선택하여 다른 차트로 나타낼 때 사용한다.

② 두 개 이상의 차트를 사용하여 차트에 포함된 특정 데이터 계열을 강조할 수 있다.

③ 특정 데이터 계열의 값이 다른 데이터 계열값과 차이가 많을 경우 이중 축 차트와 함께 사용한다.

④ 서로 다른 단위의 데이터를 사용할 경우에도 이중 축 혼합형 차트로 나타낼 수 있다.

⑤ 2차원 차트끼리는 혼합형 차트를 만들 수 있지만 2차원과 3차원 차트를 혼합할 수는 없다.

⑥ 3차원 효과의 가로 막대형, 3차원 효과의 세로 막대형, 꺾은선형, 원형, 영역형, 표면형, 거품형, 주식형, 원통형, 원뿔형, 피라미드형은 서로 혼합할 수 없다.

03 데이터 관리와 분석

1. 데이터 정렬

① 데이터의 선택한 행이나 정보를 기준으로 데이터를 재배열하는 것이다.

② 하나 이상의 열에서 텍스트, 숫자, 날짜 및 시간을 기준으로 데이터를 정렬할 수 있다.

③ 정렬 기준은 최대 64개까지 지정할 수 있으며, 기본적으로 위에서 아래로 행 단위로 정렬한다.

④ 숨겨진 행/열은 정렬 시 이동되지 않으므로 데이터를 정렬하기 전에 표시한다.

⑤ 입력 데이터 중 특정 범위만 정렬하고자 할 때는 해당 부분을 범위 지정한 후 정렬한다.

⑥ 선택한 데이터 범위의 첫 행을 머리글 행으로 지정할 수 있다.

⑦ 열 단위 정렬은 데이터 목록에 있는 행 머리글을 인식하지 못하기 때문에 행 머리글을 제외한 데이터 목록을 범위로 지정한다.

⑧ **오름차순 정렬** : 숫자 → 공백 문자 → 특수 문자 → 영문자(소문자 → 대문자) → 한글 → 논리값 (False → True) → 오류값 → 빈 셀의 순이다.

⑨ **내림차순 정렬** : 오류값 → 논리값(True → False) → 한글 → 영문자(대문자 → 소문자) → 특수 문자 → 공백 문자 → 숫자 → 빈 셀의 순이다.

2. 자동 필터

① 필터는 목록에서 사용자가 지정한 조건에 맞는 레코드만을 추출하는 기능이다.

② 자동 필터를 사용하려면 목록에 반드시 열 레이블이 있어야 한다.

③ 필터를 이용하여 추출한 데이터는 항상 레코드(행 단위)로 표시된다.

④ 자동 필터 목록 단추에서 선택된 값을 포함하지 않는 모든 행은 숨기고, 조건에 맞는 데이터만 표시된다.

⑤ 하나의 조건에 해당되는 데이터를 검색한 후 다른 필터의 목록 단추를 이용하여 다른 조건을 선택하면 두 개의 조건에 해당하는 데이터만 표시된다.

⑥ 두 개의 찾을 조건을 AND(그리고)와 OR(또는)로 지정할 수 있다.

⑦ 만능 문자(* , ?)나 비교 연산자(=, >, ≥, <, ≤)를 이용하여 데이터를 추출할 수 있다.

3. 고급 필터

① 복잡한 조건이나 여러 조건을 만족하는 레코드를 추출할 때 사용한다.
② 지정한 조건 범위에 일치하는 행만 나타내며, 필터 결과를 다른 위치에 표시할 수 있다.
③ 워크시트의 목록에는 찾을 조건으로 사용할 수 있는 열 레이블이 있어야 한다.
④ 특정 문자나 만능 문자를 사용하여 레코드를 검색할 수 있다.
⑤ 목록 범위, 조건 범위, 복사 위치를 지정해주어야 한다.
⑥ 열 제목을 입력한 후 필터링할 조건을 열 제목 아래에 입력한다.
⑦ 필터링 조건을 하나의 행에 입력하면 입력한 조건에 모두 만족(AND 조건)하는 데이터가 필터링 되고, 조건을 서로 다른 행에 입력하면 입력한 조건 중 하나라도 만족(OR 조건)하는 데이터가 필터링 된다.

4. 데이터 유효성

① 데이터를 정확하게 입력할 수 있도록 적용되는 제한 사항을 정의하는 기능이다.
② 유효하지 않은 데이터를 사용자가 입력할 수 없도록 데이터 유효성 검사를 구성한다.
③ 사용자가 데이터를 입력할 때 경고 메시지가 표시되도록 할 수 있다.
④ 목록의 원본으로 정의된 이름 범위를 사용하려면 등호(=)와 범위 이름을 입력한다.
⑤ 드롭다운 목록의 너비는 데이터 유효성 설정이 있는 셀 너비에 의해 결정된다.
⑥ 목록값을 입력하여 원본을 설정하려면 쉼표(,)로 구분하여 입력한다.

5. 부분합

① 데이터 열에 대한 요약 함수(합계, 개수, 평균, 최대값, 최소값, 곱, 표준 편차, 표본 분산 등)를 계산하는 기능이다.
② 계산에 사용할 요약 함수를 두 개 이상 사용하려면 함수의 종류 수만큼 부분합을 반복 실행한다.
③ 특정 영역에 대해서만 부분합을 실행할 경우 해당 영역을 셀 범위로 설정한다.
④ 첫 행에는 열 이름표가 있어야 하며, 부분합을 구하려는 항목을 기준으로 먼저 정렬한다.
⑤ 특정 데이터만 표시된 상태에서 차트를 작성하면 표시된 데이터에 대해서만 차트가 작성된다.
⑥ 데이터 아래에 요약을 표시할 수 있으며, 그룹 사이에 페이지를 나눌 수도 있다.
⑦ 부분합을 제거하면 부분합과 함께 표에 삽입된 윤곽 및 페이지 나누기도 제거된다.
⑧ 윤곽 기호를 사용하여 워크시트의 요약 부분에 머리글을 나타내는 행/열을 표시하거나 요약 행 또는 열과 인접한 하위 수준 데이터 등을 표시할 수 있다.
⑨ 부분합이 실행되면 윤곽 기호가 표시되므로 각 수준의 데이터를 편리하게 볼 수 있다.

6. 피벗 테이블

① 원본 데이터의 행이나 열 위치를 사용자 임의로 변경하여 데이터를 표시할 수 있는 기능으로 많은 양의 데이터를 손쉽게 요약할 수 있다.

② 각 필드에 다양한 조건을 지정할 수 있으며, 일정한 그룹별로 데이터 집계가 가능하다.

③ 사용할 수 있는 함수로는 합계, 개수, 평균, 최대값, 최소값, 곱, 수치 개수, 표본 표준 편차, 표준 편차, 표본 분산, 분산 등이 있다.

④ 피벗 테이블의 보고서 필터, 행 레이블, 열 레이블, 값을 추가 또는 삭제할 수 있다.

⑤ 피벗 테이블 작성 후 사용자가 새로운 수식을 추가로 표시할 수 있다.

⑥ 원본 데이터가 변경되면 데이터 새로 고침 기능을 이용하여 피벗 테이블 데이터도 변경할 수 있다.

⑦ 피벗 테이블 보고서에서는 값 영역에 표시된 데이터를 삭제하거나 수정할 수 없다.

7. 데이터 통합

① 여러 개의 데이터를 하나의 데이터 파일로 합치는 기능이다.

② 여러 시트에 있는 데이터나 다른 통합 문서에 입력된 데이터를 통합할 수 있다.

③ 각 워크시트에 입력된 데이터의 위치나 항목에 의해서 이루어진다.

④ 원본 영역에 있는 항목 레이블이 워크시트마다 다른 경우에도 가능하다.

⑤ 위치를 기준으로 통합할 수도 있고, 영역 이름을 정의하여 통합할 수도 있다.

⑥ 다른 원본 영역의 레이블과 일치하지 않는 레이블이 있는 경우 통합하면 별도의 행/열이 만들어진다.

⑦ 통합에 사용할 수 있는 함수는 합계, 개수, 평균, 최대값, 최소값, 곱, 숫자 개수, 표본 표준 편차, 표준 편차, 표본 분산, 분산 등이 있다.

8. 데이터 표

① 특정 값의 변화에 따른 결과값의 변화 과정을 표 형태로 표시하는 기능이다.

② 입력값과 설정 수식으로부터 표를 만들어 수식값의 변경된 결과를 확인할 수 있다.

③ 워크시트에서 특정 값을 변경할 경우 수식 결과의 변화 내용을 볼 수 있다.

9. 목표값 찾기

① 수식 결과만 알고 결과를 계산하기 위한 입력값을 모르는 경우 사용하는 기능이다.

② 특정 결과를 얻기 위해 데이터가 어떻게 변하는지 확인할 수 있다.

③ 사용자가 원하는 데이터를 입력해야 하지만 데이터의 셀 주소를 입력할 필요는 없다.

④ 특정 셀을 참조하는 수식이 원하는 값을 찾을 때까지 셀 값을 계속 변경한다.

10. 시나리오

① 결과를 예측하기 어려운 경우 다양한 가상 상황에 따른 결과값을 비교 분석할 수 있는 기능이다.

② 워크시트 데이터를 자동으로 바꿀 수 있는 값의 집합으로 워크시트 모델의 결과를 예측할 수 있다.

③ 값의 서로 다른 그룹을 만들어 워크시트에 저장한 후 다른 결과를 얻기 위해 새로운 시나리오로 전환할 수 있다.

④ 여러 시나리오를 비교하기 위해 시나리오를 한 페이지의 피벗 테이블로 요약할 수 있다.

⑤ 보고서 관리자 추가 기능을 사용하여 시나리오 등을 보고서에 결합하여 인쇄할 수 있다.

⑥ 시나리오, 요약 보고서를 만들 때는 결과 셀이 없어도 되지만 시나리오 피벗 테이블 보고서에는 결과 셀을 반드시 지정해야 한다.

출제 비중 체크!

※ 계리직 전 8회 시험(2008~2021) 기출문제를 기준으로 정리하였습니다.

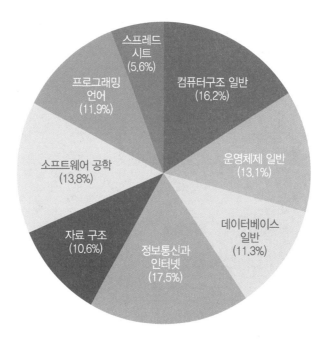

PART

09 | 컴퓨터일반 적중예상문제

I wish you the best of luck!

우정사업본부 지방우정청 9급 계리직

컴퓨터일반

컴퓨터구조 일반

 01
B등급

다음 중 컴퓨터의 중앙처리장치(CPU)에 포함되는 구성 요소로 옳지 <u>않은</u> 것은?

① 레지스터(Register)
② 산술장치
③ 논리장치
④ 모뎀(MODEM)

> **해설** 중앙처리장치(CPU)는 주기억장치, 제어장치, 연산(산술/논리)장치로 구성된다. 모뎀은 주변장치에 해당하며, 통신을 위해 사용한다.
>
> 답 ④

 02
B등급

다음 중 컴퓨터에서 사용하는 펌웨어에 대한 설명으로 옳지 <u>않은</u> 것은?

① 하드웨어와 소프트웨어의 중간적 성격을 지닌다.
② 특정 하드웨어 장치에 포함된 소프트웨어로 디지털 시스템에서 사용된다.
③ 하드웨어를 읽어 실행하거나 수정하는 것이 가능하다.
④ ROM(EEPROM)에 저장되는 마이크로컴퓨터 프로그램이 해당된다.

> **해설** 펌웨어(Firmware)는 소프트웨어를 읽어 실행하거나 수정하는 것이 가능하며, 필요 시 하드웨어의 성능 향상을 위해 업그레이드 할 수 있다.
>
> 답 ③

03
C등급

다음 중 프로그램이 컴퓨터의 기종에 관계없이 수행될 수 있는 특성을 의미하는 것은?

① 호환성
② 가용성
③ 신뢰성
④ 안정성

호환성은 다른 컴퓨터나 매체에서 작성한 데이터도 공유하여 처리할 수 있다. 프로그램은 컴퓨터의 기종에 관계없이 여러 컴퓨터에서 사용 가능하기 때문이다.

04 다음 중 컴퓨터 시스템이 단위 시간에 얼마나 많은 자료를 처리할 수 있는가를 표시하는 용어는?

A등급

① Access Time　　　　　　　　　　② Throughput
③ MIPS　　　　　　　　　　　　　④ FLOPS

 단위 시간에 처리할 수 있는 작업의 양을 표시하는 것은 처리 능력(Throughput)이다.
- 접근 시간(Access Time) : 위치 설정 시간(Seek Time) + 회전 대기 시간(Latency Time) + 데이터 전송 시간(Data Transfer Time)
- MIPS(Million Instruction Per Second) : 초당 실행 가능한 명령어의 개수를 백만 단위로 표시한다.
- FLOPS(FLoating point Operation Per Second) : 초당 부동 소수점 연산의 명령 실행 횟수이다.

05 다음 중 컴퓨터의 처리 시간 단위가 빠른 것에서 느린 순서로 바르게 나열된 것은?

C등급

① ps − as − fs − ns − ms − μs　　　　② as − fs − ps − ns − μs − ms
③ ms − μs − ns − ps − fs − as　　　　④ fs − ns − ps − μs − as − ms

 (느림)　　　　　　　　　　　　　처리 속도　　　　　　　　　　　　(빠름)
$ms(10^{-3}sec) \rightarrow \mu s(10^{-6}sec) \rightarrow ns(10^{-9}sec) \rightarrow ps(10^{-12}sec) \rightarrow fs(10^{-15}sec) \rightarrow as(10^{-18}sec)$

06 다음 중 RISC 마이크로프로세서에 대한 설명으로 옳지 <u>않은</u> 것은?

A등급

① CISC 방식에 비해 다양한 명령어들을 지원한다.
② 속도가 빠른 그래픽 응용 분야에 적합하다.
③ 복잡한 프로그램이 요구될 수 있다.
④ 향상된 속도를 제공한다.

RISC는 적은 수의 명령어를 지원하며, 복잡한 연산을 수행하려면 제공하는 명령어들을 반복 수행해야 하므로 프로그램이 복잡해진다. 또한 속도가 빠른 그래픽 응용 분야에 적합하므로 워크스테이션에 주로 사용된다.

답 ①

07
B등급

다음 중 CISC(Complex Instruction Set Computer)의 특징으로 옳지 <u>않은</u> 것은?

① 많은 수의 명령어
② 다양한 주소 지정 방식
③ 가변 길이의 명령어 형식
④ 단일 사이클의 명령어 실행

 CISC는 필요한 명령어 셋을 갖춘 프로세서로 가장 효율적인 방법으로 요구 능력을 제공한다. 가변 길이의 명령어 형식은 CISC의 특징이고, 단일 사이클의 명령어 실행은 RISC의 특징이다.

답 ④

08
B등급

다음 〈보기〉에서 ( ) 안에 들어갈 내용이 순서대로 짝지어진 것은?

 CPU는 ( )에 저장된 명령어의 주소를 읽어 주기억장치로부터 해당 명령어를 명령어 레지스터로 가져오고 ( )에 의해 명령어의 해독과 실행이 이루어진다.

① MBR, 연산장치
② 프로그램 카운터, 제어장치
③ 제어장치, 연산장치
④ 연산장치, MBR

• 메모리 버퍼 레지스터(MBR) : 기억장치의 읽거나 저장할 데이터를 일시적으로 기억하는 레지스터이다.
• 프로그램 카운터(PC) : CPU에서 다음에 실행될 명령어의 주소를 기억하는 레지스터이다.
• 연산장치 : 누산기, 가산기, 보수기, 시프터, 데이터 레지스터, 상태 레지스터, 인덱스 레지스터, 주소 레지스터로 구성된다.
• 제어장치 : 주기억장치에서 읽어 들인 명령어를 해독하여 해당 장치에 제어 신호를 보내고 정확하게 수행하도록 지시한다. 프로그램 카운터와 명령 레지스터를 이용하여 명령어의 처리 순서를 제어한다.

답 ②

09
C등급

다음 중 컴퓨터의 제어장치에 해당하지 않는 것은?

① 프로그램 카운터(PC)
② 가산기(Adder)
③ 명령 레지스터(IR)
④ 부호기(Encoder)

> 해설
> - 제어장치 : 프로그램 카운터, 명령 레지스터, 명령 해독기, 번지 해독기, 부호기, 메모리 주소 레지스터, 메모리 버퍼 레지스터 등이 있다.
> - 연산장치 : 누산기, 가산기, 보수기, 시프터, 데이터 레지스터, 상태 레지스터, 기억 레지스터, 인덱스 레지스터, 주소 레지스터 등이 있다.
>
> 답 ②

10
B등급

다음 중 레지스터에 대한 설명으로 옳지 않은 것은?

① 데이터를 처리하는 동안 중간 결과를 일시적으로 저장해 두는 CPU 내의 고속 기억장치를 의미한다.
② 다음에 수행하려는 명령어의 주소를 기억하는 레지스터를 프로그램 카운터(PC)라고 한다.
③ 산술 및 논리 연산의 결과를 일시적으로 기억하는 레지스터를 기억 레지스터라고 한다.
④ 레지스터의 수는 CPU의 성능을 결정하는 요인 중 하나이다.

> 해설
> ③ 누산기(ACC)에 대한 설명이다.
>
> 답 ③

11
B등급

다음 중 불 대수의 기본 법칙으로 옳지 않은 것은?

① $A + \overline{A} \cdot B = A + B$
② $A \cdot (\overline{A} + B) = A \cdot B$
③ $A + A \cdot B = A$
④ $A + A = 1$

> 해설
> ④ $A + A = 1 \rightarrow A + A = A$이다.
>
> 답 ④

12 다음 중 A · (A · B + C) 식을 간략화한 결과로 옳은 것은?

A등급

① A

② B + C

③ C

④ A(B + C)

> **해설** A(AB + C) = A(AB) + AC = (AA)B + AC = AB + AC = A(B + C)
>
> 답 ④

13 다음 중 Y = (A+B)$(\overline{A \cdot B})$와 같은 논리식으로 올바른 것은?

B등급

① Y = $\overline{A}$A · B$\overline{B}$

② Y = AB · $\overline{AB}$

③ Y = $\overline{A}$B + $\overline{AB}$

④ Y = $\overline{A}$B + A$\overline{B}$

> **해설** Y = (A+B)$(\overline{A \cdot B})$ = (A+B)$(\overline{A}+\overline{B})$ = A$\overline{A}$+A$\overline{B}$+$\overline{A}$B+B$\overline{B}$ = A$\overline{B}$+$\overline{A}$B
>
> 답 ④

14 다음 그림의 논리 게이트는 어느 회로인가?

B등급

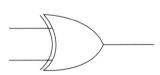

① Exclusive – AND

② Exclusive – NOR

③ Exclusive – OR

④ OR

> **해설** 그림은 입력되는 값이 같으면 0, 다르면 1이 출력되는 XOR(Exclusive – OR) 게이트이다.
>
> 답 ③

15
<u>B등급</u>

다음 그림과 같은 논리 회로에서 A의 값이 1010, B의 값이 1110일 때 출력 Y의 값은?

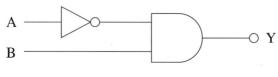

① 1010

② 1111

③ 0100

④ 1001

해설

논리 회로를 논리식으로 바꾸면 A'·B이다. 이때, A의 값이 1010이면, A'은 각 자릿수가 반대로 변환하여 출력되므로 0101이다. A'(0101)과 B(1110)의 AND는 그대로 풀이하면 입력 신호가 모두 1일 때만 1이 출력되므로 각 자릿수끼리 대응시키면 A'·B는 0100이다. 즉, 0101 AND 1110 = 0100이다.

답 ③

16
<u>A등급</u>

다음 논리 회로에서 출력되는 f의 값은?

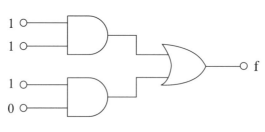

① 1

② 2

③ 1/2

④ 0

해설

1 AND 1 = 1이고, 1 AND 0 = 0이다. 따라서 1 OR 0 = 1이다.

답 ①

17 다음 중 전가산기(Full Adder)의 구성으로 옳은 것은?

B등급

① 2개의 반가산기와 1개의 OR 게이트 회로

② 1개의 AND 게이트 회로와 1개의 Exclusive OR 회로

③ 2개의 반감산기만으로 구성

④ 1개의 반가산기와 2개의 OR 게이트 회로

> 해설 전가산기는 자리 올림수(Carry)까지 처리할 수 있도록 한 회로로, 반가산기 2개와 OR 게이트로 구성된다.
>
> 답 ①

18 다음과 같은 논리식으로 구성되는 회로는?(단, S는 합(Sum), C는 자리올림(Carry))

A등급

$$S = \overline{A}B + A\overline{B}$$
$$C = AB$$

① 반가산기(Half Adder) ② 전가산기(Full Adder)

③ 전감산기(Full Subtracter) ④ 부호기(Encoder)

> 해설 반가산기는 두 개의 비트를 더해 합(S)과 자리 올림수(C)를 구하는 회로로, 하나의 AND 회로와 하나의 XOR 회로로 구성된다.
>
> 답 ①

19 다음 중 JK 플립플롭에서 J에 1, K에 1이 입력되면 동작 상태는 어떻게 되는가?

B등급

① 변화 없음 ② Clear 상태

③ Set 상태 ④ 반전

> 해설 JK 플립플롭은 RS 플립플롭(R=1, S=1일 때 부정)의 단점을 개선한 플립플롭으로 J=K=1일 때 반전된다.
>
> 답 ④

20
C등급

다음 중 토글 또는 보수 플립플롭으로서 JK 플립플롭의 J와 K를 묶어서 입력이 구성되며, 입력이 0일 경우에는 상태가 불변이고, 입력이 1인 경우에는 보수가 출력되는 것은?

① D 플립플롭 ② RS 플립플롭
③ P 플립플롭 ④ T 플립플롭

> 해설
> T(Toggle) 플립플롭은 JK 플립플롭의 두 입력선 J, K를 묶어서 한 개의 입력선 T로 구성하고, 원 상태와 보수 상태의 2가지 상태로만 전환이 되므로 누를 때마다 ON, OFF가 교차되는 스위치를 만들고자 할 때 사용한다.
>
> 답 ④

21
A등급

다음 중 2진수 0.1101을 10진수로 변환할 경우 결과값은?

① $(0.8125)_{10}$ ② $(0.875)_{10}$
③ $(0.9375)_{10}$ ④ $(0.975)_{10}$

> 해설
> • 2진수를 10진수로 변환하려면 해당 진수의 자릿값을 곱하여 계산한다. 즉, 정수부와 소수부를 나누어 각 자릿수의 역지수승 만큼 각 진수를 곱한 후 값을 더한다.
> • $0.1101_{(2)} = 2^{-1} \times 1 + 2^{-2} \times 1 + 2^{-3} \times 0 + 2^{-4} \times 1 = 0.5 + 0.25 + 0 + 0.0625 = 0.8125$
>
> 답 ①

22
B등급

다음 중 8진수(Octal Number) 474를 2진수(Binary Number)로 변환하면?

① 010 001 110 ② 101 111 101
③ 011 110 011 ④ 100 111 100

> 해설
> • 8진수를 2진수로 변환할 때는 8진수의 각 자리를 2진수 3자리로 나타낸다.
> • 100 111 100 = 1×4+0×2+0×1 1×4+1×2+1×1 1×4+0×2+0×1 = 4 7 4
>
> 답 ④

23
B등급

다음 중 16진수 FF를 10진수로 나타낸 것은?

① 256

② 265

③ 255

④ 245

• 16진수를 10진수로 변환하려면 정수부와 소수부를 나누어 각 자릿수의 역지수승 만큼 각 진수를 곱한 후 값을 더한다.
• FF = $16^0 \times F + 16^1 \times F = 16^0 \times 15 + 16^1 \times 15 = 255$

답 ③

24
A등급

다음 중 2진수 11001000의 2의 보수(Complement)는 무엇인가?

① 11001000

② 00111000

③ 11001001

④ 00110111

• 2의 보수는 1의 보수를 먼저 구한 다음 가장 오른쪽 자리에서 1을 더한다.
• 11001000의 1의 보수(0→1, 1→0)는 00110111이고, 여기에 1을 더하면 00110111 + 1 = 00111000이다.

답 ②

25
C등급

8Bit 컴퓨터에서 부호화 절대치 방식으로 수치 자료를 표현했을 때 기억된 값은?

1	0	0	0	1	0	1	1

① −11

② −12

③ 11

④ 12

• 부호화 절대치 방식은 왼쪽 첫 번째 비트가 부호 비트이다(가장 왼쪽 비트가 1이면 음수, 0이면 양수).
• 1011 = $1 \times 8 + 0 \times 4 + 1 \times 2 + 1 \times 1$ = 8+0+2+1 = 11이고, 부호 비트가 1이므로 −11이 된다.

답 ①

26

B등급

다음 중 ASCII 코드에 대한 설명으로 옳지 <u>않은</u> 것은?

① 미국 정보 교환 표준 코드로 데이터 통신 및 마이크로컴퓨터에서 주로 사용된다.

② 7비트로 구성되며, 2^7(128)가지의 문자를 표현할 수 있다.

③ 7비트 중 왼쪽 3비트는 존 비트, 나머지 4비트는 디지트 비트로 구성된다.

④ 확장 이진화 10진 코드라고도 한다.

> 해설
>
> 확장 이진화 10진 코드라고 불리는 EBCDIC 코드는 주로 범용 컴퓨터에서 정보 처리 부호로 사용된다. 8비트로 구성되며, 2^8(256)가지의 문자를 표현할 수 있다.
>
> 답 ④

27

B등급

다음 중 에러를 검출하고 검출된 에러를 교정하기 위하여 사용되는 코드는?

① ASCII 코드

② BCD 코드

③ 8421 코드

④ Hamming 코드

> 해설
>
> 해밍 코드(Hamming Code)는 오류를 스스로 검출할 수 있을 뿐만 아니라 오류를 수정(교정)할 수 있는 코드이다. 그러나 1Bit의 오류는 검출할 수 있지만 2개 이상의 오류는 검출할 수 없다.
>
> 답 ④

28

A등급

다음 중 각 코드에 대한 설명으로 옳지 <u>않은</u> 것은?

① BCD 코드 : 10진수 1자리의 수를 2진수 4비트(Bit)로 표현하는 2진화 10진 코드이다.

② Excess-3 코드 : 대표적인 자기 보수 코드로 연산에 용이하다.

③ Gray 코드 : 주로 범용 컴퓨터에서 정보 처리 부호로 사용되며, 확장 이진화 10진 코드라고도 한다.

④ Uni 코드 : 전 세계 언어의 문자와 특수 기호에 대하여 코드 값을 부여하므로 기억 공간을 많이 차지한다.

29

A등급

다음 중 마이크로 연산(Micro Operation)에 대한 설명으로 옳지 않은 것은?

① CPU에서 발생시키는 한 개의 클럭 펄스(Clock Pulse) 동안 실행되는 기본 동작이다.
② 여러 개의 명령어는 한 개의 마이크로 연산이 동작되어 실행된다.
③ CPU에서 발생시키는 제어 신호에 따라 마이크로 연산이 순서적으로 일어난다.
④ 명령어(Instruction)를 수행하기 위해 CPU에 있는 레지스터와 플래그가 상태 변환을 하도록 동작한다.

해설 마이크로 연산에서 한 개의 명령어는 여러 개의 마이크로 연산이 동작되어 실행되며, 연산은 레지스터에 저장된 데이터에 의해 이루어진다.

답 ②

30

B등급

다음 마이크로 사이클에 대한 내용 중 가장 옳지 않은 것은?

① 한 개의 마이크로 오퍼레이션을 수행하는 데 걸리는 시간을 마이크로 사이클 타임(Micro Cycle Time)이라고 한다.
② 마이크로 오퍼레이션 중 수행 시간이 가장 긴 것을 정의한 방식이 동기 고정식이다.
③ 마이크로 오퍼레이션에 따라서 수행 시간을 다르게 하는 것을 동기 가변식이라 한다.
④ 동기 고정식은 마이크로 오퍼레이션의 동작 시간이 현저한 차이가 날 때 유리하다.

해설 동기 고정은 모든 마이크로 오퍼레이션 중에서 수행 시간이 가장 긴 동작 시간을 Micro Cycle Time으로 정하며, 모든 마이크로 오퍼레이션의 동작 시간이 비슷할 때 유리한 방식이다.

답 ④

31
B등급

다음 중 인스트럭션 수행 시 유효 주소를 구하기 위한 메이저 상태를 무엇이라 하는가?

① FETCH 메이저 상태

② EXECUTE 메이저 상태

③ INDIRECT 메이저 상태

④ INTERRUPT 메이저 상태

해설

간접 사이클(Indirect Cycle)은 인출 단계에서 해석된 명령의 주소부가 간접 주소인 경우 기억장치로부터 유효 주소를 읽어오는 메이저 상태로, 간접 주소가 아닌 경우에는 명령어에 따라서 실행 사이클 또는 인출 사이클로 이동할지를 판단한다.

 답 ③

32
B등급

다음은 어떤 사이클에 대한 동작을 의미하는가?

MAR ← MBR[AD]	MBR ← M[MAR]
AC ← AC+MBR	F ← 0 또는 R ← 1

① Fetch Cycle

② Indirect Cycle

③ Execute Cycle

④ Interrupt Cycle

해설

실행 사이클(Execute Cycle)은 인출 단계에서 인출하여 해석한 명령을 실행하는 사이클로 플래그 레지스터의 상태 변화를 검사하여 인터럽트 단계로 변천할 것인지를 판단한다.

 답 ③

33
A등급

다음의 마이크로 연산이 나타내는 동작은?

> MAR ← MBR[AD]　　　MBR ← M[MAR], AC ← 0　　　AC ← AC+MBR

① ADD to AC
② OR to AC
③ STORE to AC
④ LOAD to AC

해설

- LDA(Load to AC) : AC ← M[AD]는 메모리 내용을 누산기(AC)에 저장하는 명령인 LDA(Load AC)을 실행한다.
- MAR ← MBR(AD) : MBR에 있는 명령어의 번지 부분을 MAR에 전송한다.
- MBR ← M(MAR), AC ← 0 : 메모리에서 MAR이 지정하는 위치의 값을 MBR에 전송하고, AC에 0을 전송하여 초기화한다.
- AC ← AC+MBR : 메모리에서 가져온 MBR과 AC를 더해 AC로 전송한다.

 답 ④

34
C등급

다음 중 DRAM과 SRAM을 설명한 것으로 옳은 것은?

① SRAM은 재충전(Refresh)이 필요 없는 메모리이다.
② DRAM은 SRAM에 비해 속도가 빠르다.
③ SRAM의 소비 전력이 DRAM보다 낮다.
④ DRAM은 가격이 비싸고, 플립플롭(Fiip-Flop)으로 구성되어 있다.

해설

DRAM과 SRAM의 비교

종류	특징
DRAM (동적램)	• 주기적인 재충전(Refresh)이 필요하며, CPU에 적합 • 소비 전력이 낮은 반면, 구성 회로가 간단하여 집적도가 높음 • 가격이 저렴하고, 콘덴서에서 사용
SRAM (정적램)	• 재충전이 필요 없고, 액세스 속도가 빨라 캐시(Cache) 메모리에 적합 • 소비 전력이 높은 반면, 구성 회로가 복잡하여 집적도가 낮음 • 가격이 비싸고, 플립플롭(Flip-Flop)으로 구성

 답 ①

안심Touch

35
A등급

기억장치에서 데이터를 꺼내거나 주변 기기에서 데이터를 얻는데 걸리는 시간으로 데이터를 요구하는 명령을 실행한 순간부터 데이터가 지정한 장소에 넣는 순간까지 소요되는 시간은?

① 사이클(Cycle) 시간
② 접근(Access) 시간
③ 메모리(Memory) 시간
④ 탐구(Seek) 시간

 해설
접근 시간(Access Time)은 정보를 기억장치에 기억시키거나 읽어내는 명령을 한 후부터 실제 정보를 기억 또는 읽기 시작할 때까지 소요되는 시간이다.

 답 ②

36
B등급

다음 중 Access Time이 빠른 순서로 나열된 것은?

ⓐ Cache Memory
ⓑ Register
ⓒ Main Memory
ⓓ Magnetic Disk

① ⓐ - ⓑ - ⓒ - ⓓ
② ⓑ - ⓐ - ⓒ - ⓓ
③ ⓒ - ⓐ - ⓑ - ⓓ
④ ⓒ - ⓑ - ⓐ - ⓓ

 해설
기억장치의 처리 속도(고속 → 저속)
레지스터 → 캐시 메모리 → 연관 기억장치 → 주기억장치(RAM → ROM → 자기 코어) → 보조기억장치(HDD → DVD → CD-ROM → FDD)

 답 ②

37
B등급

다음 중 CPU와 주기억장치 사이에서 정보 교환을 위하여 주기억장치의 정보를 일시적으로 저장하는 고속 기억장치는?

① 연관기억장치
② 보조기억장치
③ 가상기억장치
④ 캐시기억장치

 캐시기억장치(Cache Memory)는 중앙처리장치(CPU)와 주기억장치의 속도 차이를 극복하기 위해 CPU와 주기억장치 사이에 설치한 메모리로 미리 데이터를 옮겨 놓고 버퍼(Buffer) 개념으로 사용하는 기억장치이다.

답 ④

38 다음 중 컴퓨터에서 사용하는 캐시(Cache) 메모리에 대한 설명으로 옳은 것은?
A등급

① 캐시 메모리에 있는 데이터와 메인 메모리에 있는 데이터가 항상 일치하지는 않는다.
② 주기억장치와 하드 디스크의 속도 차이를 극복하기 위하여 사용한다.
③ 주기억장치보다 큰 프로그램을 불러와 실행할 때 유용하다.
④ 캐시 메모리는 접근 속도가 빠른 동적 램(DRAM)을 사용한다.

 캐시 메모리는 CPU와 주기억장치 사이의 속도 차이를 줄이기 위한 고속 메모리로 주기억장치보다 소용량으로 구성되며, 주로 SRAM을 사용한다.

답 ①

39 다음 중 주기억장치로부터 캐시 메모리로 데이터를 전송하는 매핑 프로세스 방법이 <u>아닌</u> 것은?
B등급

① 연관 매핑   ② 직접 매핑
③ 세트-연관 매핑   ④ Buffer 매핑

• 연관 사상(Associative Mapping) : 주기억장치의 임의의 블록들이 어떠한 슬롯으로든 사상될 수 있는 방식으로 가장 빠르고 융통성 있는 구조 방식으로 직접 사상의 단점을 극복한다.
• 직접 사상(Direct Mapping) : 주기억장치의 임의의 블록들이 특정한 슬롯으로 사상되는 방식으로 캐시 메모리에서 한 개의 페이지만 존재하도록 하는 경우로 1 : 1 매핑에 해당한다.
• 세트-연관 사상(Set-Associative Mapping, 집합-연관 사상) : 직접 사상과 연관 사상의 장점을 혼합한 방식이다.

답 ④

40
B등급

다음 중 연관 사상(Associative Mapping) 방식에 대한 설명으로 옳은 것은?

① 주기억장치의 임의의 블록들이 특정한 슬롯으로 사상되는 방식이다.
② 캐시 메모리에서 한 개의 페이지만 존재하도록 하는 경우로 1 : 1 매핑에 해당한다.
③ 기억시킬 캐시 블록의 결정 함수는 주기억장치의 블록 번호를 캐시 전체의 블록 수로 나눈 나머지로 결정한다.
④ 주기억장치의 임의의 블록들이 어떠한 슬롯으로든 사상될 수 있는 방식이다.

 연관 사상 방식은 가장 빠르고 융통성 있는 구조 방식으로 직접 사상의 단점을 극복한다.
①・②・③ 직접 사상(Direct Mapping) 방식에 대한 설명이다.

답 ④

41
A등급

다음 중 RAID(Redundant Array of Independent Disks)에 대한 설명으로 옳지 <u>않은</u> 것은?

① 하드 디스크, CD-ROM, 스캐너 등을 연결해 주는 기술
② 단순히 하드 디스크의 모음뿐만 아니라 자동으로 복제해 백업 정책을 구현해 주는 기술
③ 서버(Server)에서 대용량의 하드 디스크를 이용하는 경우에 필요로 하는 기술
④ 여러 개의 하드 디스크를 모아서 하나의 하드 디스크처럼 보이게 하는 기술

 RAID는 여러 대의 하드 디스크가 있을 때 동일한 데이터를 다른 위치에 중복해서 저장하는 기술로, 하드 디스크의 모음뿐만 아니라 자동으로 복제해 백업 정책을 구현한다.

답 ①

42
A등급

다음 RAID의 종류 중 디스크 미러링(Disk Mirroring) 방식으로 높은 신뢰도를 갖는 것은?

① RAID-1　　　　　　　　　　　② RAID-2
③ RAID-3　　　　　　　　　　　④ RAID-4

• RAID-2 : 해밍이라는 오류 정정 코드를 사용하는 방식으로 현재는 거의 쓰이지 않는다.
• RAID-3 : 데이터를 비트(Bit) 단위로 여러 디스크에 분할하여 저장하며, 별도의 패리티 디스크를 사용한다.
• RAID-4 : 데이터를 블록(Block) 단위로 여러 디스크에 분할하여 저장하며, 별도의 패리티 디스크를 사용한다.

답 ①

43

B등급

다음 중 사이클 스틸(Cycle Steal)에 대한 설명으로 <u>틀린</u> 것은?

① DMA가 기억장치 버스를 점유하여 CPU의 기억장치 액세스를 잠시 중지시키는 기능이다.
② CPU가 메이저 사이클을 반복하고 있는 상태에서 DMA 제어기가 하나의 워드(Word) 전송을 위해 일시적으로 CPU 사이클을 훔쳐서 사용하는 것이다.
③ 기억장치와 입출력 장치 사이에서 직접적인 전송이 이루어진다.
④ 사이클 스틸은 CPU의 상태를 보존할 필요가 없지만 인터럽트는 CPU의 상태를 보존해야 한다.

③ DMA에 대한 설명으로 DMA가 메모리 접근을 하기 위해서는 사이클 스틸(Cycle Steal)을 해야 한다.

답 ③

44

A등급

다음 중 한 개의 채널에 여러 개의 입출력 장치를 연결하여 시분할 공유(Time Share) 방식으로 입출력하는 채널은?

① 셀렉터 채널(Selector Channel)
② 바이트 멀티플렉서 채널(Byte Multiplexor Channel)
③ 블록 멀티플렉서 채널(Block Multiplexor Channel)
④ 입력 채널(Input Channel)

• 셀렉터 채널 : 하나의 채널을 입출력 장치가 독점해서 사용하는 방식으로 고속 전송에 적합한 채널이다.
• 블록 멀티플렉서 채널 : 셀렉터 채널과 멀티플렉서 채널을 결합한 방식으로 융통성 있는 운용을 할 수 있다.

답 ②

45
C등급

다음 중 연산 작업을 할 때 연산의 중간 결과나 데이터 저장 시 레지스터(Register)를 사용하는 주된 이유는 무엇인가?

① 인터럽트 요청을 방지하기 위하여
② 연산 속도 향상을 위하여
③ 기억 장소를 절약하기 위하여
④ 연산의 정확성을 위하여

> **해설**
>
> 레지스터는 중앙처리장치(CPU)에서 처리할 명령어나 연산의 중간 결과값, 주소(위치) 등을 일시적으로 기억하는 장소로서 연산 속도를 향상시키기 위해 사용되며, 메모리 중에서 속도가 가장 빠르다.
>
> 답 ②

46
A등급

다음 중 입출력 조작의 종료 및 입출력의 착오에 의해서 발생되는 인터럽트(Interrupt)의 종류는?

① 내부 인터럽트
② 입출력 인터럽트
③ 프로그램 검사 인터럽트
④ 기계 착오 인터럽트

> **해설**
>
> • 내부 인터럽트 : 잘못된 명령이나 데이터를 사용할 때 발생하며, 트랩(Trap)이라고도 부른다.
> • 프로그램 검사 인터럽트 : 오버플로우(Overflow), 언더플로우(Underflow), 0으로 나누는 연산, 접근 금지 공간에 접근했을 때 발생한다.
> • 기계 착오 인터럽트 : CPU의 기능적인 오류 동작이나 고장 시 발생한다.
>
> 답 ②

47
A등급

인터럽트의 요청 판별 방법에 관한 내용 중 가장 옳지 <u>않은</u> 것은?

① 소프트웨어에 의한 판별 방법은 폴링에 의한 방법이라고도 한다.
② 하드웨어에 의한 판별 방법은 장치 번호 버스를 이용한다.
③ 소프트웨어에 의한 판별 방법은 인터럽트 처리 루틴이 수행된다.
④ 하드웨어에 의한 판별 방법은 소프트웨어에 의한 판별 방법보다 속도가 느리다.

하드웨어적 판별 방법은 CPU와 인터럽트를 요청할 수 있는 장치 사이에 해당 버스를 병렬이나 직렬로 연결하여 요청 장치의 번호를 CPU에 알리는 방법으로 장치 판별 과정이 간단해서 응답 속도가 빠르다.

답 ④

48
B등급

다음 중 인터럽트의 요청 신호 플래그를 차례로 검사하여 인터럽트의 원인을 판별하는 방식은?

① 스트로브 방식　　　　　　　　　② 데이지 체인 방식
③ 폴링 방식　　　　　　　　　　　④ 하드웨어 방식

 소프트웨어적인 판별 방식을 폴링(Polling)이라고 하며, 이는 인터럽트 요청 신호 플래그를 차례로 검사하여 인터럽트의 원인을 판별한다(인터럽트 처리 루틴이 수행).

답 ③

49
A등급

다음 중 인터럽트 처리 동작의 수행 순서를 올바르게 나열한 것은?

ㄱ 현재 수행 중인 명령을 완료하고, 상태를 기억
ㄴ 인터럽트 요청 신호 발생
ㄷ 보존한 프로그램 상태를 복귀
ㄹ 인터럽트 취급 루틴을 수행
ㅁ 어느 장치가 인터럽트를 요청했는지를 판별

① ㄴ → ㅁ → ㄱ → ㄹ → ㄷ
② ㄴ → ㄱ → ㄹ → ㅁ → ㄷ
③ ㄴ → ㄱ → ㅁ → ㄹ → ㄷ
④ ㄴ → ㄹ → ㄱ → ㅁ → ㄷ

 인터럽트의 처리 순서
인터럽트 요청 신호 발생 → 프로그램 실행 중단 → 현재 프로그램 상태 보존 → 인터럽트 처리 루틴 실행 → 인터럽트 서비스 루틴 실행 → 상태 복구 → 중단된 프로그램 실행 재개

답 ③

01 다음 중 운영체제(OS)의 역할에 대한 설명으로 옳지 <u>않은</u> 것은?

B등급

① 컴퓨터와 사용자 사이에서 시스템을 효율적으로 운영할 수 있도록 인터페이스 역할을 담당한다.
② 사용자가 시스템에 있는 응용 프로그램을 편리하게 사용할 수 있다.
③ 하드웨어의 성능을 최적화할 수 있도록 한다.
④ 운영체제의 기능에는 제어기능, 기억기능, 연산기능 등이 있다.

> **해설** 운영체제의 기능에는 프로세스 관리, 메모리 관리, 기억장치 관리, 파일 관리, 입출력 관리, 리소스 관리 등이 있다.
>
> 답 ④

02 사용자와 하드웨어 사이에서 중재자 역할을 수행하며, 하드웨어 자원을 관리하고 시스템 및 응용

B등급 프로그램의 실행에 도움을 제공하는 것은?

① 컴파일러 　　　　　　　　　　② 운영체제
③ 인터프리터 　　　　　　　　　　④ 어셈블러

> **해설**
> • 컴파일러 : 고급 언어로 작성된 원시 프로그램을 기계어나 어셈블리어로 된 목적 프로그램(코드)으로 바꾸는 프로그램이다.
> • 인터프리터 : 고급 언어에서 원시 프로그램을 한 문장씩 읽고, 기계어로 번역하는 프로그램이다.
> • 어셈블러 : 기계어와 대응되는 기호나 문자로 작성된 프로그램을 기계어로 번역하는 프로그램이다.
>
> 답 ②

03 A등급

다음 중 운영체제의 기능으로 거리가 먼 것은?

① 자원을 효율적으로 사용하기 위하여 자원의 스케줄링 기능을 제공한다.

② 사용자와 시스템 간의 편리한 인터페이스를 제공한다.

③ 데이터를 관리하고 데이터 및 자원의 공유 기능을 제공한다.

④ 두 개 이상의 목적 프로그램을 합쳐서 실행 가능한 프로그램으로 만든다.

> 해설 두 개 이상의 목적 프로그램을 합쳐서 실행 가능한 프로그램으로 만드는 것은 링커(Linker)이다.
>
> 답 ④

 04 B등급

다음 중 운영체제의 발전 과정으로 올바른 것은?

① 다중 처리 → 일괄 처리 → 분산 처리

② 일괄 처리 → 다중 처리 → 분산 처리

③ 다중 처리 → 분산 처리 → 일괄 처리

④ 일괄 처리 → 분산 처리 → 다중 처리

> 해설 운영체제의 발전 과정
> 일괄 처리 시스템(제1세대) → 실시간 처리 시스템(제2세대) → 다중 모드 시스템(제3세대) → 분산 처리 시스템(제4세대)의 순이다.
>
> 답 ②

 05 C등급

다음 중 분산 운영체제의 목적으로 거리가 먼 것은?

① 자원 공유   ② 연산 속도 향상

③ 신뢰성 증대   ④ 보안성 향상

> 해설 분산 운영체제는 각 호스트에 고유한 운영체제가 있는 것이 아니라 전체 네트워크에 공통적으로 운영체제가 실행되는 시스템으로 자원 공유, 연산 속도 향상, 신뢰도 향상, 컴퓨터 통신 등을 목적으로 한다.
>
> 답 ④

06 다음 중 하나의 시스템을 여러 사용자가 공유하여 동시에 대화식으로 작업을 수행할 수 있으며, 시스
___
A등급 템은 일정 시간 단위로 CPU 사용을 한 사용자에서 다음 사용자로 신속하게 전환함으로써 각 사용자
들은 자신만이 컴퓨터를 사용하고 있는 것처럼 보이는 처리 방식의 시스템은?

① 오프라인 시스템(Off-Line System)

② 일괄 처리 시스템(Batch Processing System)

③ 시분할 시스템(Time Sharing System)

④ 분산 시스템(Distributed System)

- 오프라인 시스템은 컴퓨터가 통신 회선 없이 사람을 통하여 자료를 처리하는 시스템이다.
- 일괄 처리 시스템은 데이터를 일정량 또는 일정 기간 모아서 한꺼번에 처리하는 시스템이다.
- 분산 시스템은 여러 대의 컴퓨터를 통신망으로 연결하여 작업과 자원을 분산시켜 처리하는 시스템이다.

    답 ③

07 다음 중 하나의 CPU와 주기억장치를 이용하여 여러 개의 프로그램을 동시에 처리하는 시스템은?
___
B등급

① 다중 프로그래밍(Multi Programming) 시스템

② 다중 처리(Multi Processing) 시스템

③ 다중 모드 처리(Multi Mode Processing) 시스템

④ 실시간 처리(Real Time Processing) 시스템

- 다중 처리 시스템 : 여러 개의 CPU와 하나의 주기억장치를 이용하여 여러 개의 프로그램을 동시에 처리하는
시스템이다.
- 다중 모드 처리 시스템 : 일괄 처리 시스템, 시분할 시스템, 다중 처리 시스템, 실시간 처리 시스템을 한 시스
템에서 모두 제공하는 시스템이다.

    답 ①

08 다음 중 온라인 실시간 시스템의 조회 방식에 가장 적합한 업무는?

A등급

① 객관식 채점 업무
② 좌석 예약 업무
③ 봉급 계산 업무
④ 성적 처리 업무

> 해설
> 실시간 처리(Real Time Processing) 시스템이란 자료가 수신되는 즉시 처리하여 사용자 입력에 즉시 응답할
> 수 있는 시스템으로 좌석 예약, 은행 업무 등이 해당된다.
> ①·③·④ 일괄 처리 시스템에 적합한 업무이다.
>
> 답 ②

09 다음 중 운영체제의 성능 평가 기준으로 옳지 <u>않은</u> 것은?

B등급

① 처리 능력 증대
② 사용 가능도 증대
③ 신뢰도 향상
④ 응답 시간 지연

> 해설
> 운영체제의 성능 평가 기준은 처리 능력 향상, 사용 가능도 향상, 신뢰도 향상, 반환(응답) 시간 단축이다.
>
> 답 ④

10 다음 중 시스템 성능을 극대화하기 위한 운영체제의 목적으로 옳지 <u>않은</u> 것은?

A등급

① 처리량(Throughput)은 일정한 단위 시간 내에 얼마나 많은 작업량을 처리할 수 있는가의 기준이다.
② 반환 시간(Turnaround Time)은 요청한 작업에 대하여 해당 결과를 사용자에게 되돌려 줄 때까지 걸리는 시간을 말한다.
③ 신뢰도(Reliability)는 작업의 결과가 얼마나 정확하고, 믿을 수 있는가를 나타내는 척도이다.
④ 사용 가능도(Availability)는 전체 시간에 대해 주어진 자원이 실제로 사용되는 시간의 백분율로 나타낸다.

> 해설
> 사용 가능도(Availability)는 컴퓨터 시스템 내의 한정된 자원을 여러 사용자가 요구할 때 어느 정도 신속하고
> 충분하게 지원해 줄 수 있는 정도를 말한다.
>
> 답 ④

11

운영체제의 목적 중 다음 설명에 해당하는 것은?

> 시스템 내의 한정된 각종 자원을 여러 사용자가 요구할 때 어느 정도 신속하고 충분히 지원해 줄 수 있는지의 정도이다. 사용 가능한 하드웨어 자원의 수나 다중 프로그래밍 정도 등의 요소가 좌우하는 것으로 같은 종류의 시스템 자원수가 많을 경우 높아질 수 있다.

① Reliability ② Throughput
③ Turn-around Time ④ Availability

> 해설
> • Reliability : 시스템이 어떤 일정 기간 오류 없이 정확하게 동작을 수행할 확률이다.
> • Throughput : 컴퓨터 등이 어떤 일정 시간 또는 단위 시간당 처리할 수 있는 처리량이다.
> • Turn-around Time : 작업을 제출하고 나서 완전한 출력이 반송될 때까지의 경과 시간이다.
>
> 답 ④

12

다음 중 제어 프로그램이 제공하는 기능이 아닌 것은?

① 시스템 전체의 동작 상태 감독 ② 데이터베이스의 검색
③ 프로그램 실행의 스케줄링 ④ 기억장치의 관리

> 해설
> 제어 프로그램(Control Program)은 시스템 전체의 작동 상태 감시, 작업의 순서 지정, 기억장치 관리, 데이터 관리, 프로그램 실행의 스케줄링 등의 역할을 수행하는 프로그램으로 운영체제에서 가장 기초적인 시스템 기능을 담당한다.
>
> 답 ②

13

다음 중 로더(Loader)가 수행하는 기능으로 옳지 않은 것은?

① 재배치가 가능한 주소들을 할당된 기억장치에 맞게 변환한다.
② 로드 모듈은 주기억장치로 읽어 들인다.
③ 프로그램의 수행 순서를 결정한다.
④ 프로그램을 적재할 주기억장치 내의 공간을 할당한다.

프로그램의 수행 순서는 프로그램 속에 들어 있는 명령 코드에 따라 결정된다.

답 ③

14
B등급

분산 운영체제 시스템에서 서로 다른 컴퓨터 간에 많은 양의 파일을 처리하기 위하여 액세스하려고 할 때 가장 적절한 이주 방법은?

① 프로세스 이주(Process Migration) ② 제어 이주(Control Migration)
③ 데이터 이주(Data Migration) ④ 연산 이주(Computation Migration)

• 프로세스 이주 : 프로세스의 일부 또는 모두가 다른 컴퓨터에서 수행되거나 프로세스를 실행할 때 다른 노드에서도 연산을 수행한다.
• 데이터 이주 : 서로 다른 사이트에 있는 데이터에 접근할 때 시스템의 전송 방안을 모색하며, 한 노드의 사용자가 다른 노드에 접근할 때 데이터의 전체나 일부분을 전송한다.

답 ④

15
A등급

분산 운영체제 구조 중 다음의 특징을 갖는 것은?

> • 모든 사이트는 하나의 호스트에 직접 연결
> • 중앙 컴퓨터 장애 시 모든 사이트 간 통신 불가
> • 통신 시 최대 두 개의 링크만 필요하고, 통신 비용 저렴

① 링 연결 구조 ② 다중 접근 버스 연결 구조
③ 계층 연결 구조 ④ 성형 연결 구조

• 링 연결 구조 : 인접하는 다른 두 사이트하고만 직접 연결된 구조로 특정 사이트가 고장 나면 통신이 불가능하고, 새로운 노드를 추가하려면 통신 회선을 절단해야 한다.
• 다중 접근 버스 연결 구조 : 시스템 내의 모든 사이트들이 공유 버스에 연결된 구조로 사이트의 추가와 삭제가 용이하지만 버스의 고장은 전체 시스템에 영향을 준다.
• 계층 연결 구조 : 각 사이트가 트리 형태로 연결된 구조로 부모 사이트가 고장 나면 자식 사이트들은 통신이 불가능하다.

답 ④

16
A등급

분산 운영체제의 구조 중 다음 설명에 해당하는 것은?

> • 각 사이트는 정확히 다른 두 사이트와 물리적으로 연결되어 있다.
> • 정보 전달 방향은 단방향 또는 양방향일 수 있다.
> • 기본비용은 사이트의 수에 비례한다.
> • 메시지가 링을 순환할 경우 통신비용은 증가한다.

① Ring Connection
② Hierarchy Connection
③ Star Connection
④ Partially Connection

 링형 연결(Ring Connection)은 근거리 네트워크(LAN) 구조로 가장 많이 사용되며, 노드와의 연결이 고장 나면 우회할 수 있고, 새로운 노드를 추가할 경우 통신 회선을 절단해야 한다. 또한, 각 노드가 공평한 서비스를 받으며, 전송 매체와 노드의 고장 발견이 쉽다.

답 ①

17
B등급

분산 운영체제의 구조 중 완전 연결(Fully Connection)에 대한 설명으로 옳지 <u>않은</u> 것은?

① 모든 사이트는 시스템 안의 다른 모든 사이트와 직접 연결된다.
② 사이트들 간의 메시지 전달이 매우 빠르다.
③ 기본비용이 적게 든다.
④ 사이트 간의 연결은 여러 회선이 존재하므로 신뢰성이 높다.

 완전 연결은 모든 사이트들 간에 서로 직접 연결되는 구조로 하나의 링크가 고장 나도 다른 링크를 이용할 수 있으므로 신뢰성이 높고, 링크가 다수이므로 기본비용이 많이 드는 반면 통신비용은 적게 든다.

 답 ③

18
C등급

다음 중 프로세스의 정의와 관련이 <u>적은</u> 것은?

① 실행 중인 프로그램
② PCB를 가진 프로그램
③ CPU가 할당되는 실체
④ 디스크에 저장된 프로그램

프로세스(Process)는 현재 실행 중인 프로그램을 의미하며, 프로세서가 할당된 개체(Entity)로 프로세스 제어 블록(PCB)에 명백히 존재한다(비동기적 행위를 일으키는 주체).

답 ④

19
B등급 다음 중 프로세스의 상태 전이에 있어서 실행 상태에 있던 프로세스가 할당 시간 종료로 인하여 바뀌어 지는 상태는?

① 보류 상태   ② 종료 상태
③ 준비 상태   ④ 서스펜드 상태

 준비(Ready) 상태는 프로세스가 중앙처리장치를 사용하다가 주어진 시간 내에 작업이 끝나지 않으면 타이머 인터럽트를 발생시켜 운영체제로 하여금 할당된 프로세서(CPU)를 회수하고 해당 프로세스는 다시 준비 상태로 전이된다.

답 ③

20
C등급 다음 중 프로세스 제어 블록(PCB)에 대한 설명으로 옳지 <u>않은</u> 것은?

① 프로세스에 할당된 자원에 대한 정보를 갖고 있다.
② 프로세스의 우선순위에 대한 정보를 갖고 있다.
③ 부모 프로세스와 자식 프로세스는 PCB를 공유한다.
④ 프로세스의 현재 상태를 알 수 있다.

 프로세스 제어 블록(Process Control Block)은 운영체제가 프로세스에 대한 유용한 정보를 저장해 놓는 장소로 프로세스의 현재 상태, 프로세스의 고유한 식별자, 프로세스의 우선순위, 프로세스가 적재된 기억장치 부분을 가리키는 포인터, 프로세스에 할당된 자원을 가리키는 포인터, 레지스터 내용을 저장하는 장소 등에 관한 정보를 갖는다.
③ 부모와 자식 프로세스는 각기 다른 PCB를 사용한다.

답 ③

21

B등급

다음 중 임계 구역의 원칙으로 가장 옳지 <u>않은</u> 것은?

① 두 개 이상의 프로세스가 동시에 사용할 수 없다.
② 인터럽트가 가능한 상태로 만들어야 한다.
③ 사용 중에 중단되거나 무한 루프에 빠지지 않도록 주의해야 한다.
④ 하나의 프로세스가 독점하여 사용할 수 없고, 한 프로세스가 임계 구역에 대한 진입을 요청하면 일정 시간 내에 허락하여야 한다.

> **해설**
> 인터럽트가 불가능한 상태로 만들어야 한다.
>
> 임계 구역(Critical Section)의 원칙
> • 두 개 이상의 프로세스가 동시에 사용할 수 없다.
> • 순서를 지키며 신속하게 사용한다.
> • 하나의 프로세스가 독점하여 사용할 수 없고, 한 프로세스가 임계 구역에 대한 진입을 요청하면 일정 시간 내에 허락하여야 한다.
> • 사용 중에 중단되거나 무한 루프(반복)에 빠지지 않도록 주의해야 한다.
> • 인터럽트가 불가능한 상태로 만들어야 한다.
>
> 답 ②

22
A등급

다음의 〈보기〉에서 스레드(Thread)의 특징을 알맞게 표현한 것은?

> **보기**
> ㉠ 시스템의 여러 자원을 할당받아 실행하는 프로그램의 단위이다.
> ㉡ 프로세스의 자원과 메모리를 공유한다.
> ㉢ 실행 환경을 공유시켜 기억 장소의 낭비를 줄인다.
> ㉣ 응답 시간을 감소시킬 수 있다.

① ㉠
② ㉡, ㉢
③ ㉠, ㉢, ㉣
④ ㉠, ㉡, ㉢, ㉣

> **해설**
> 스레드는 ㉠, ㉡, ㉢, ㉣ 외에 자신만의 스택(Stack)과 레지스터(Register)로 독립된 제어 흐름을 유지하며, 각각의 스레드가 서로 다른 프로세서 상에서 병렬로 작동하는 것이 가능하다.
>
> 답 ④

23
B등급

다음 중 공유 자원을 어느 시점에서 단지 한 개의 프로세스만이 사용할 수 있도록 하며, 다른 프로세스가 공유 자원에 대하여 접근하는 것을 금지하는 것은?

① Mutual Exclusion
② Critical Section
③ Deadlock
④ Scatter Loading

> 해설
> 상호 배제(Mutual Exclusion)란 프로세스들이 필요로 하는 자원에 대해 배타적인 통제권을 요구하는 것으로 한 프로세스가 사용 중이면 다른 프로세스는 반드시 기다려야 하는 경우이다.
>
> 답 ①

24
A등급

다음 중 교착 상태 발생의 필수 조건이 <u>아닌</u> 것은?

① 선점(Preemption)
② 환형 대기(Circular Wait)
③ 점유와 대기(Hold And Wait)
④ 상호 배제(Mutual Exclusion)

> 해설
> 교착 상태의 필수 발생 요건은 상호 배제(Mutual Exclusion), 점유와 대기(Hold and Wait), 비선점(Non-Preemption), 환형(순환) 대기(Circular Wait)이다.
>
> 답 ①

25
B등급

교착 상태는 순환 대기(Circular Wait) 상황을 허용하지 않음으로써 해결할 수 있다. 이에 대한 설명 중 옳지 <u>않은</u> 것은?

① 모든 자원들을 선형 순서(Linear Order)로 분류한다.
② 프로세스는 자신이 가지고 있는 자원보다 앞의 순서에 있는 자원들만을 요청하게 한다.
③ 프로세스는 자신이 가지고 있는 자원보다 뒤의 순서에 있는 자원들만을 요청하게 한다.
④ 프로세스는 자신이 가지고 있는 자원의 앞 또는 뒤의 순서에 있는 자원들을 자유롭게 요청하게 한다.

> 해설
> 환형 대기 부정은 자원을 선형 순서로 분류하여 고유 번호를 할당하고, 각 프로세스는 현재 점유한 자원의 고유 번호보다 앞뒤 어느 한 쪽 방향으로만 자원을 요구한다.
>
> 답 ④

26

A등급

다음의 교착 상태 발생 조건 중 프로세스에 할당된 자원은 사용이 끝날 때까지 강제로 빼앗을 수 없음을 의미하는 것은?

① Mutual Exclusion
② Hold and Wait
③ Circular Wait
④ Non-Preemption

> **해설**
> • 상호 배제(Mutual Exclusion) : 한 프로세스가 사용 중이면 다른 프로세스가 기다리는 경우로 프로세스에게 필요한 자원의 배타적 통제권을 요구한다.
> • 점유와 대기(Hold and Wait) : 프로세스들은 할당된 자원을 가진 상태에서 다른 자원을 기다린다.
> • 환형 대기(Circular Wait) : 각 프로세스는 순환적으로 다음 프로세스가 요구하는 자원을 가지고 있다.
>
> 답 ④

27

C등급

프로세스가 자원을 요구할 때 시스템이 안전 상태를 유지할 수 있는 프로세스의 자원 요구만을 할당하여 주는 은행원(Banker's) 알고리즘의 교착 상태 해결 방식은?

① Prevention
② Avoidance
③ Detection & Recovery
④ Non-Preemption

> **해설**
> 교착 상태의 회피(Avoidance) 방안에서는 Dijkstra가 제안한 은행원(Banker's) 알고리즘이 가장 대표적이다. 은행원 알고리즘은 자원의 양과 사용자의 수가 일정해야 하며, 모든 요구를 정해진 시간 안에 할당할 것을 보장한다.
>
> 답 ②

28

B등급

운영체제의 스케줄링 기법 중 선점(Preemptive) 스케줄링에 해당하는 것은?

① SRT
② SJF
③ FIFO
④ HRN

> **해설**
> • 선점 방식 : RR, SRT, MQ, MFQ 등이 있다.
> • 비선점 방식 : FIFO(FCFS), SJF, HRN, 우선순위, 기한부 등이 있다.
>
> 답 ①

29

A등급

다음 중 한 작업이 CPU를 할당받으면 그 작업이 종료될 때까지 다른 작업에게 CPU를 할당하지 못하는 스케줄링 기법에 해당하는 것으로만 짝지어진 것은?

① SRT, SJF
② SRT, HRN
③ Round Robin, FIFO
④ FIFO, SJF

해설

비선점(Non-Preemptive) 방식
한 프로세스가 CPU를 할당받으면 다른 프로세스는 이전 프로세스가 CPU를 반환할 때까지 CPU를 점유하지 못하는 방식으로 일괄 처리 방식에 적합하다.

답 ④

30

B등급

FIFO 스케줄링에서 3개의 작업 도착 시간과 CPU 사용 시간(Burst Time)이 다음 표와 같다. 이때 모든 작업들의 평균 반환 시간(Turn Around Time)은?(단, 소수점 이하는 반올림 처리한다)

작업	도착 시간	CPU 사용 시간(Burst Time)
JOB1	0	13
JOB2	3	35
JOB3	8	2

① 33
② 20
③ 17
④ 16

해설

- FIFO는 복수의 신호나 잡(Job)이 처리 대기로 있을 때 처리의 우선순위를 붙이지 않고, 먼저 도착한 순서대로 처리하는 방식이다.
- JOB1에 먼저 도착하여 13시간 동안 CPU를 사용하면 JOB1이 끝나므로 JOB1의 반환 시간은 13이다. JOB2는 3시간에 도착하여 JOB1의 13시간 후에 작업을 시작하여 35시간 동안 CPU를 사용하면 48시간 후 작업이 끝나므로 JOB2의 반환 시간은 48-3=45이다. JOB3은 8시간에 도착하여 48시간을 기다리고 2시간 동안 CPU를 사용하면 50시간 후 작업이 끝나므로 JOB3의 반환 시간은 50-8=42이다. FIFO의 평균 반환 시간은 (13+45+42)/3=33.33…이고, 반올림하여 소수점 이하를 버리면 33이 된다.

답 ①

31
C등급

기억장치 관리 전략 중 새로 반입된 프로그램을 주기억장치의 어디에 위치시킬 것인가를 결정하는 전략은?

① 요구 반입(Demand Fetch) 전략　　　② 예상 반입(Anticipatory Fetch) 전략
③ 배치(Placement) 전략　　　　　　　④ 교체(Replacement) 전략

해설
• 배치 전략(Placement Strategy) : 프로그램이나 데이터를 주기억장치 내의 가용 공간 중 어디에(Where) 둘 것인지를 결정하는 전략이다.
• 교체(Replacement) 전략 : 들어갈 장소를 위해 어떤 프로그램을 제거할 것인가를 결정하는 전략이다.

 답 ③

32
A등급

다음 중 새로 들어온 프로그램과 데이터를 주기억장치 내의 어디에 놓을 것인가를 결정하기 위한 주기억장치 배치 전략에 해당하지 <u>않는</u> 것은?

① Best-Fit　　　　　　　　　　　　② Worst-Fit
③ First-Fit　　　　　　　　　　　　④ Last-Fit

해설
배치 전략에는 최초 적합(First Fit), 최적 적합(Best Fit), 최악 적합(Worst Fit)가 있다.

 답 ④

33
B등급

기억장치 할당 기법 중에서 프로그램을 주기억장치 내의 공백 중에서 가장 큰 공백에 배치하는 기법?

① 최악 적합(Worst Fit)　　　　　　②최적 적합(Best Fit)
③ 다음 적합(Next Fit)　　　　　　　④ 최초 적합(First Fit)

해설
• 최악 적합(Worst Fit) : 기억할 수 있는 공간 중 가장 큰 단편화를 남기는 부분에 할당한다.
• 최적 적합(Best Fit) : 기억할 수 있는 공간 중 가장 알맞은 공간에 할당한다.
• 최초 적합(First Fit) : 기억할 수 있는 공간 중 가장 먼저 발견된 비어 있는 공간에 할당한다.

 답 ①

34 주기억장치의 관리 기법인 First-Fit, Best-Fit, Worst-Fit 방법을 각각 적용할 경우 9K의 프로그램
A등급 이 할당될 영역이 순서대로 옳게 짝지어진 것은?

영역 1	9K
2	15K
3	10K
4	30K

① 1, 1, 4   ② 1, 4, 2

③ 4, 3, 4   ④ 4, 3, 2

> 해설
> 9K의 프로그램이므로 최초 적합의 경우와 최적 적합의 경우 모두 9K인 영역 1에 할당되고, 최악 적합인 경우
> 는 30K로 메모리가 가장 큰 영역 4에 할당된다.
>
> 답 ①

35 주기억장치 배치 전략 기법으로 최적 적합을 사용할 때 다음과 같은 기억 장소 리스트에서 10K 크기
A등급 의 작업은 어느 기억 공간에 할당되는가?

영역 기호	운영체제
A	사용 중
B	5K
C	사용 중
D	15K
E	사용 중
F	25K

① B   ② C

③ D   ④ F

> 해설
> 최적 적합은 사용 가능한 공간들 중에서 가장 적합한 또는 작은 공간에 할당하므로 10K 이상의 공간을 가진
> 기억 장소 중 남은 공간이 가장 작은 곳을 찾으면 D에 할당된다.
>
> 답 ③

36 A등급

3개의 페이지를 수용할 수 있는 주기억장치가 있으며, 초기에는 모두 비어 있다고 가정한다. 다음의 순서로 페이지 참조가 발생할 때 FIFO 페이지 교체 알고리즘을 사용할 경우 몇 번의 페이지 결함이 발생하는가?

> 페이지 참조 순서 : 1, 2, 3, 1, 2, 4, 1, 2, 5

① 4 ② 5

③ 6 ④ 7

해설

FIFO는 대기 행렬에서 복수의 신호 혹은 잡(Job)이 처리 대기로 있을 경우 처리의 우선순위를 붙이지 않고, 먼저 도착한 순서대로 처리하는 방식으로 1, 2, 3, 1, 2, 4, 1, 2, 5 참조 시 그림과 같은 순서로 처리된다.

1	1	1	1	1	4	4	4	5
	2	2	2	2	2	1	1	1
		3	3	3	3	3	2	2

이 중 네 번째 1, 다섯 번째 2는 페이지 프레임에 적재 시 이미 같은 번호가 있어 다른 프레임에 삽입되지 않는다. 이 둘 외에는 부재가 발생하여 프레임에 삽입되므로 총 9개 중 2개를 뺀 7번의 부재가 발생한다.

답 ④

37 B등급

여덟 개의 페이지(0~7페이지)로 구성된 프로세스에 네 개의 페이지 프레임이 할당되어 있고, 프로세스의 페이지 참조 순서는 〈보기〉와 같다. 이 경우 LRU 페이지 교체 알고리즘을 적용할 때 페이지 적중률(Hit Ratio)은 얼마인가?(단, 〈보기〉의 숫자는 참조하는 페이지 번호이고, 최초의 페이지 프레임은 모두 비어있다고 가정한다)

> 보기
>
> 1, 0, 2, 2, 2, 1, 7, 6, 7, 0, 1, 2

① $\dfrac{5}{12}$ ② $\dfrac{6}{12}$

③ $\dfrac{7}{12}$ ④ $\dfrac{8}{12}$

- 여덟 개의 페이지이지만 네 개의 페이지 프레임이 할당되어 있으므로 실제로 비어있는 페이지 프레임은 4개이다.
- 참조한 페이지 번호 순서

1, 0, 2, 2, 2, 1, 7, 6, 7, 0, 1, 2

1	1	1	1	1	1	1	1	1	1	1	1
	0	0	0	0	0	0	6	6	6	6	2
		2	2	2	2	2	2	2	0	0	0
						7	7	7	7	7	7

O O O X X X O O X O X O
1 2 3 4 5 6 7 8 9 10 11 12
교체 교체 교체

- 참조할 페이지가 있는지를 먼저 확인하고, 없으면 페이지 삽입을 한다. 즉, 12번의 페이지 참조 중 7번의 페이지 부재가 발생하고, 5번의 페이지 적중이 되었으므로 적중률 = 5/12, 부재율 = 7/12가 된다.

 ①

38

A등급

다음 중 세그먼테이션 기법에 대한 설명으로 옳지 <u>않은</u> 것은?

① 각 세그먼트는 고유한 이름과 크기를 갖는다.
② 세그먼트 맵 테이블이 필요하다.
③ 프로그램을 일정한 크기로 나눈 단위를 세그먼트라고 한다.
④ 기억장치 보호키가 필요하다.

③ 프로그램을 일정한 크기로 나눈 단위는 페이지(Page)이다.

세그먼테이션(Segmentation)
다양한 크기의 논리적인 단위로 나눈 후 주기억장치에 적재시켜 실행시키는 기법으로 프로그램을 배열이나 함수 등의 논리적 크기로 나눈 단위를 말한다. 각 세그먼트는 고유한 이름과 크기를 가지며, 주소 변환을 위해 세그먼트의 위치 정보를 가지는 세그먼트 맵 테이블(Segment Map Table)이 필요하다. 세그먼트가 주기억장치에 적재될 때 다른 세그먼트에게 할당된 영역을 침범할 수 없으며, 이를 위해 기억장치 보호키(Storage Protection Key)가 필요하다.

 ③

39
A등급

하나의 프로세스가 작업 수행 과정 중 수행하는 기억장치 접근에서 지나치게 페이지 폴트가 발생하여 프로세스 수행에 소요되는 시간보다 페이지 이동에 소요되는 시간이 더 커지는 현상은?

① 스래싱(Thrashing)
② 위킹 셋(Working set)
③ 세마포어(Semaphore)
④ 교환(Swapping)

 스래싱(Thrashing)이란 다중 프로그래밍이나 가상 메모리에서 페이지 교환이 자주 일어나는 현상으로, 너무 잦은 페이지 교체 현상이 있어 특정 프로세스에서 계속적으로 페이지 부재가 발생한다. 또한, 프로그램 수행의 소요 시간보다 페이지 이동(교체)의 소요 시간이 더 큰 경우 발생하며, 프로세스간 메모리 경쟁으로 페이지 폴트가 발생하여 전체 시스템의 성능이 저하된다.

 답 ①

40
A등급

초기 헤드 위치가 50이며, 트랙을 0 방향으로 이동 중이다. 디스크 대기 큐에 다음과 같은 순서의 액세스 요청이 대기 중일 때 모든 처리를 완료하기 위한 헤드의 총 이동 거리가 370일 경우 사용된 디스크 스케줄링 기법은?(단, 가장 안쪽 트랙은 0, 가장 바깥쪽 트랙은 200이다)

> 대기 큐 : 100, 180, 40, 120, 0, 130, 70, 80, 150, 200

① SCAN
② SSTF
③ FIFO
④ C-SCAN

 SSTF(Shortest Seek Time First)는 탐색 거리가 가장 짧은 트랙에 대한 요청을 먼저 처리하는 기법으로 현재 헤드 위치에서 가장 가까운 거리에 있는 트랙으로 헤드를 이동한다. 즉, 50에서 시작하여 0으로 이동하므로 50 → 40 → 70 → 80 → 100 → 120 → 130 → 150 → 180 → 200 → 0 순으로 이동한다.
여기에서 이동 거리는 10+30+10+20+20+10+20+30+20+200=370이다.

답 ②

41 다음 중 SSTF 스케줄링 알고리즘을 이용할 경우 보기의 요구 큐에 있는 트랙은 어떻게 이동하게 되는가?

> • 요구 큐 : 98, 183, 37, 122, 14, 124, 65, 67
> • Head 시작 위치 : 57

① 98, 183, 37, 122, 14, 124, 65, 67
② 65, 67, 37, 14, 98, 122, 124, 183
③ 37, 14, 65, 67, 98, 122, 124, 183
④ 65, 67, 98, 122, 124, 183, 14, 37

해설
SSTF 스케줄링은 방향에 관계없이 짧은 거리의 트랙으로 이동하는 기법이다. 즉, 현재 위치는 57이고, 제일 안쪽이 1번, 바깥쪽이 200번 트랙이므로 헤드의 이동 순서는 65 → 67 → 37 → 14 → 98 → 122 → 124 → 183이다.

 답 ②

42 다음 중 SCAN 디스크 스케줄링 기법의 특징이 <u>아닌</u> 것은?

① SSTF(Shortest Seek Time First)의 개선 기법이다.
② 도착 순서에 따라 실행 순서가 고정된다는 점에서 공평하다.
③ 진행 방향 상의 가장 짧은 거리에 있는 요청을 먼저 수행한다.
④ 실린더 지향 전략이다.

해설
SCAN은 입출력 헤드가 디스크의 한 끝에서 다른 끝으로, 다른 한 쪽 끝에 도달하였을 때는 역방향으로 이동하면서 요청된 트랙에 대한 처리를 해나가는 디스크 스케줄링 기법이다.

 답 ②

43

B등급

디스크 스케줄링 기법 중에서 현재 헤드 위치의 가까운 곳에 있는 모든 요구를 먼 곳보다 먼저 처리하도록 하는 기법은?

① FCFS
② C-SCAN
③ LOCK
④ SSTF

해설

SSTF(Shortest Seek Time First)는 현재의 헤드 위치에서 가장 가까운 요구(탐색 시간이 가장 적은 것)를 먼저 처리하는 방식이다.

답 ④

44

B등급

다음 설명에 해당하는 디스크 스케줄링 기법은?

입출력 헤드가 디스크의 양쪽 끝을 왕복하면서 동작시키지만 움직이고 있는 방향 쪽으로 더 이상의 트랙 요청이 있는가를 검사하여 그 방향으로 더 이상의 트랙 요청이 없으면 그 쪽 끝까지 가지 않고, 그 자리에서 방향을 바꾸어 다른 한쪽으로 움직여 나가게 된다.

① SLTF
② Eschenbach
③ LOOK
④ SSTF

해설

- LOOK : SCAN 기법을 사용하되 진행 방향의 마지막 요청을 서비스한 후 그 방향의 끝으로 이동하는 것이 아니라 방향을 바꾸어 역방향으로 진행하는 기법이다.
- SLTF(Shortest Latency Time First) : 섹터 큐잉(Sector Queuing)이라고 하며, 회전 시간의 최적화를 위해 구현된 기법으로 디스크 대기 큐에 있는 여러 요청을 섹터 위치에 따라 재정렬하고, 가장 가까운 섹터를 먼저 서비스한다.
- Eschenbach : 탐색 시간과 회전 지연 시간을 최적화하기 위한 최초의 기법으로 부하가 매우 큰 항공 예약 시스템을 위해 개발되었다.
- SSTF(Shortest Seek Time First) : 탐색 거리가 가장 짧은 요청이 있을 시 큐의 제일 앞에 있지 않더라도 먼저 서비스를 받으며, 특정 요청들을 차별하는 경향이 있다.

답 ③

45

B등급

다음 파일에 대한 설명 중 옳지 않은 것은?

① 순차 파일(Sequential File)은 생성되는 순서에 따라 레코드를 순차적으로 저장하므로 저장 매체의 효율이 가장 높다.

② 직접 파일(Direct File)은 특정 레코드에 접근하기 위해서 디스크의 물리적인 주소로 변환할 수 있는 함수를 사용한다.

③ 색인 순차 파일(Indexed sequential File)은 순차 및 직접 접근 형태를 모두 지원할 수 있으나 기억 장소의 낭비를 초래한다.

④ VSAM 파일(Virtual Storage Access Method File)은 검색 속도를 빠르게 하기 위하여 기본 데이터 구역과 오버플로 구역을 구분한다.

> **해설**
> VSAM 파일(Virtual Storage Access Method File)은 오버플로 구역을 두지 않고 미리 예비 구역(Virtual Storage)을 두어 삽입이 일어나게 되면 예비 구역(Virtual Storage)을 사용하는 방식이다.
>
> ④

46

A등급

다음 중 파일의 접근 방식에 대한 설명으로 옳은 것은?

① 순차 접근은 디스크를 모형으로 한 것이다.

② 순차 접근에서 기록은 파일의 임의 위치에서 가능하다.

③ 직접 접근 파일에서 파일을 구성하는 어떠한 블록도 직접 접근할 수 있어서 판독이나 기록의 순서에는 제약이 없다.

④ 직접 접근 파일에서 파일을 구성하는 블록의 번호는 절대 블록 번호이어야 사용자가 자신의 파일이 아닌 부분을 접근하는 것을 운영체제가 방지할 수 있다.

> **해설**
> 직접 파일(Direct File)은 레코드 접근 시 레코드에 보관되어 있는 주소를 직접 접근하는 형태로 어떤 블록도 직접 접근할 수 있으며, 판독이나 기록 순서에 제약이 없다.
>
> ③

47 다음 중 파일 시스템(File System)에 대한 설명으로 옳지 <u>않은</u> 것은?

C등급

① 사용자가 파일을 생성하고 수정하며 제거할 수 있도록 한다.
② 한 파일을 여러 사용자가 공동으로 사용할 수 있도록 한다.
③ 사용자가 적합한 구조로 파일을 구성할 수 없도록 제한한다.
④ 사용자와 보조기억장치 사이에서 인터페이스를 제공한다.

해설

파일 시스템은 데이터를 읽고, 쓰고, 찾기 위한 준비 규칙을 정리해 놓은 것으로 파일에 이름을 붙이고, 저장이나 검색을 위해 파일을 어디에 위치시킬 것인지를 결정한다. 또한 백업과 복구 기능을 제공하며, 사용자가 적합한 구조로 파일을 구성하도록 도와준다.

 답 ③

48 다음 중 순차 파일(Sequential File)을 사용했을 때 얻을 수 있는 장점으로 가장 적합한 것은?

A등급

① 원하는 레코드에 대한 순차 및 직접 접근 형태를 모두 지원할 수 있다.
② 레코드들이 많이 삽입되면 주기적으로 블록 재구성이 필요하다.
③ 저장 매체의 효율이 매우 높다.
④ 한 번 파일을 개방하면 읽기나 쓰기를 자유롭게 할 수 있다.

해설

순차 파일(Sequential File)은 입력 데이터의 논리적 순서에 따라 연속적인 물리적 위치에 기록하는 파일 방식으로 주로 순차 접근이 가능한 자기 테이프에서 사용하지만 정보의 구현이 쉽기 때문에 어떤 매체라도 쉽게 사용할 수 있다.

 답 ③

49 일반적으로 많이 사용되는 파일 조직 방법 중에서 키 값에 따라 순차적으로 정렬된 데이터를 저장하는 데이터 지역(Data Area)과 이 지역에 대한 포인터를 가진 색인 지역(Index Area)으로 구성된 파일은?

A등급

① 링 파일(Ring File)
② 직접 파일(Direct File)
③ 순차 파일(Sequential File)
④ 색인 순차 파일(Indexed Sequential File)

해설
색인 순차 파일(ISAM)은 순차 처리와 랜덤 처리가 모두 가능하도록 레코드들을 키 값 순서로 정렬시켜 기록하고, 레코드의 키 항목만을 모은 색인(Index)을 구성하여 편성한다.

답 ④

50 다음 순차 파일의 인덱스 영역 중 〈보기〉의 설명에 해당하는 것은?

B등급

보기
인덱스 영역의 첫 번째 테이블로서 실린더 인덱스 정보가 많을 때 그것을 효율적으로 탐색하기 위하여 만든 인덱스 순차 파일에서 최상위 인덱스로 일정 크기의 블록으로 블록화 하여 처리하는 데이터 레코드가 어느 실린더 인덱스 영역에 기록되어 있는지를 나타낸다.

① 기본 데이터 영역　　　　　　　　② 트랙 인덱스 영역
③ 실린더 인덱스 영역　　　　　　　④ 마스터 인덱스 영역

해설
① 파일의 레코드가 들어 있는 영역으로 파일이 처음 만들어지거나 재구성될 때 모든 레코드들은 이 구역에 들어가며, 구역 내에 있는 레코드들은 기본 키에 의해 순차적으로 배열된다.
② 각 실린더마다 하나씩 만들어지며, 각 트랙에 기록된 레코드 키값 중 최대값과 주소 정보가 기록되는 영역이다.
③ 각 파일 당 하나씩 만들어지며, 각 트랙 색인의 최대값들로 구성된 영역이다.

답 ④

51 다음 중 색인 순차 파일(Indexed Sequential File)에 대한 설명으로 옳지 않은 것은?

C등급

① 색인 영역은 트랙 색인 영역, 실린더 색인 영역, 오버플로 색인 영역으로 구분할 수 있다.
② 랜덤(Random) 및 순차(Sequence) 처리가 모두 가능하다.
③ 레코드의 삽입과 삭제가 용이하다.
④ 색인 및 오버플로를 위한 공간이 필요하다.

해설
색인 영역은 트랙(Track) 색인 영역, 실린더(Cylinder) 색인 영역, 마스터(Master) 색인 영역으로 구분한다.

답 ①

52
C등급

다음 오버플로 영역(Overflow Area) 중 더 이상 오버플로 된 데이터를 기록할 수 없을 때 사용하는 공간은 무엇인가?

① 기본 오버플로 영역
② 실린더 오버플로 영역
③ 독립 오버플로 영역
④ 색인 오버플로 영역

> 해설
> • 실린더 오버플로 영역 : 각 실린더마다 만들어지는 오버플로 영역으로 해당 실린더의 기본 영역에서 오버플로 된 데이터를 기록한다.
> • 독립 오버플로 영역 : 실린더 오버플로 영역에 더 이상 오버플로 된 데이터를 기록할 수 없을 때 사용하는 예비 공간으로 실린더 오버플로 구역과는 별도로 만들어진다.
>
> 답 ③

53
B등급

다음 중 레코드가 직접 액세스 기억장치의 물리적 주소를 통해 직접 액세스되는 파일 구조는?

① Sequential File
② Indexed Sequential File
③ Direct File
④ Partitioned File

> 해설
> 직접 접근 방식(Direct Access File)은 파일을 구성하는 레코드를 임의의 물리적 저장 공간에 직접 기록하는 파일 방식으로 데이터 내의 키 필드를 해싱 사상 함수에 의해 물리적인 주소로 변환하여 데이터를 기록하거나 검색한다. 또한, 키에 일정 함수를 적용하여 상대의 레코드 주소를 얻고, 그 주소를 레코드에 저장한다.
>
> 답 ③

54
B등급

다음 중 약결합(Loosely-Coupled) 시스템의 특성이 아닌 것은?

① 기억장치 공유
② 통신망 사용
③ 시스템마다 독자적 운영체제 보유
④ 프로세스 간 통신

> 해설
> 약결합 시스템(Loosely-Coupled)은 각 프로세서가 자신만의 지역 메모리를 가지는 분산 기억장치 방식으로 각 시스템이 별도의 운영체제를 가지며, 둘 이상의 독립된 시스템을 통신 링크로 연결한다. 또한, 프로세스 간의 통신은 메시지나 원격 프로시저 호출을 통해 전달한다.
>
> 답 ①

55
A등급

다중 처리기 구조 중 강결합 시스템에 대한 설명으로 옳지 <u>않은</u> 것은?

① 프로세서 간 통신은 공유 메모리를 통하여 이루어진다.

② 각 시스템은 자신만의 독자적인 운영체제와 주기억장치를 가진다.

③ 다중 처리 시스템이라고도 한다.

④ 공유 메모리를 차지하려는 프로세서 간의 경쟁을 최소화해야 한다.

> **해설**
> 강결합 시스템(Tightly-Coupled)은 모든 프로세서가 기억장치를 공유하는 공유 기억장치 방식으로 하나의 운영체제가 모든 프로세서와 하드웨어를 제어한다.
>
> **답** ②

56
B등급

다음의 〈보기〉에서 설명하는 처리기로 올바른 것은?

> **보기**
> • 주프로세서는 입출력과 연산 작업을 수행한다.
> • 종프로세서는 입출력 발생 시 주프로세서에게 서비스를 요청한다.

① Master/Slave 처리기   ② 분리 수행 처리기

③ 대칭적 처리기   ④ 다중 처리기

> **해설**
> • 분리 수행 처리기 : Master/Slave 처리기의 비대칭성 구조를 보완한 방식으로 한 프로세서의 장애는 전체 시스템에 영향을 주지 못한다.
> • 대칭적 처리기 : 분리 수행 처리기의 구조 문제를 보완한 방식으로 여러 프로세서들이 하나의 운영체제를 공유한다.
> • 다중 처리기 : 여러 프로세서가 한 운영체제에서 하나의 공유 메모리를 사용하는 방식으로 여러 개의 처리기를 사용하므로 처리 속도가 빠르다.
>
> **답** ①

57
A등급

다음 중 UNIX에 대한 설명으로 가장 옳지 <u>않은</u> 것은?

① 상당 부분 C 언어를 사용하여 작성되었으며, 이식성이 우수하다.

② 사용자는 하나 이상의 작업을 백그라운드에서 수행할 수 있어 여러 개의 작업을 병행 처리할 수 있다.

③ 셸(Shell)은 프로세스 관리, 기억장치 관리, 입출력 관리 등의 기능을 수행한다.

④ 두 사람 이상의 사용자가 동시에 시스템을 사용할 수 있어 정보와 유틸리티들을 공유하는 편리한 작업 환경을 제공한다.

해설

- 프로세스 관리, 기억장치 관리, 입출력 관리 등의 기능을 수행하는 것은 커널(Kernel)이다.
- 유닉스에서 셸은 사용자와 커널을 연결 시켜주는 기능을 수행하는 특별한 프로그램이다.

 답 ③

58
A등급

다음 중 UNIX 명령의 실행 상태에 대한 설명으로 옳은 것은?

> $ ls -l
> -rwxr-xr-x aaa bbb 98 Aug 7 19:16 ccc

① 파일 aaa에 대하여 소유자는 읽기, 쓰기, 실행이 모두 가능하다.

② 파일 aaa에 대하여 소유자는 bbb이고, 그룹은 ccc이다.

③ 파일 bbb에 대하여 소유자는 aaa이고, 그룹은 ccc이다.

④ 파일 ccc에 대하여 소유자는 aaa이고, 그룹은 bbb이다.

해설

소유자 aaa는 (rwx) 읽기, 쓰기, 실행이 가능하고, 그룹 bbb와 기타 사용자는 (r-x)읽기 실행만 가능하며, 파일 이름은 ccc이다.

 답 ④

59

B등급

다음 중 유닉스의 셸(Shell)에 관한 설명으로 옳지 <u>않은</u> 것은?

① 사용자와 커널 사이에서 중계자 역할을 한다.

② 문서 편집기, 컴파일러, 언어 번역 프로그램, 정렬 프로그램 등이 있다.

③ 여러 가지의 내장 명령어를 가지고 있다.

④ 항상 보조기억장치에 상주하지만 주기억장치로 교체되어 실행된다.

해설 셸(Shell)은 도스의 COMMAND.COM과 같은 역할을 수행하며, 사용자가 로그인(Login)할 때 가장 먼저 수행된다. 단말 장치로부터 받은 명령을 커널로 보내거나 해당 프로그램을 작동시킨다.
② 유틸리티(Utility)에 대한 설명이다.

답 ②

데이터베이스 일반

01 다음 중 자료(Data)와 정보(Information)에 대한 설명으로 가장 적절한 것은?
C등급

① 정보란 자료를 처리해서 얻을 수 있는 결과이다.
② 자료란 적절한 의사 결정의 수단으로 사용할 수 있는 시작이다.
③ 정보란 현실 세계에 존재하는 가능하지 않은 그대로의 모습을 의미한다.
④ 자료와 정보는 같은 의미이다.

• 자료(Data) : 현실 세계에서 어떤 측정을 통해 얻은 단순한 값이나 현실 세계에 대한 관찰을 통해 얻은 사실이다(가공 처리되지 않은 데이터).
• 정보(Information) : 자료를 가공 처리하여 어떤 의사 결정에 필요한 지식을 추출한다.

 답 ①

02 다음 중 데이터베이스의 특성이 <u>아닌</u> 것은?
A등급

① 실시간 접근성(Real-Time Accessibility)
② 내용에 의한 참조(Content Reference)
③ 동시 공유(Concurrent Sharing)
④ 이산적 변화(Discrete Evolution)

데이터베이스의 특성
• 실시간 접근성(Real-Time Accessibility)
• 내용에 의한 참조(Content Reference)
• 동시 공유(Concurrent Sharing)
• 계속적 변화(Continuous Evolution)

 답 ④

03 다음 중 DBMS(Data Base Management System)의 설명으로 옳지 <u>않은</u> 것은?
B등급

① 현실 세계의 자료 구조를 컴퓨터 세계의 자료 구조로 기술하는 시스템이다.

② 기존 파일 시스템이 갖는 데이터의 종속성과 중복성 문제를 해결하기 위해 제안된 시스템이다.

③ 응용 프로그램과 데이터의 중재자로서 모든 응용 프로그램들이 데이터베이스를 공유할 수 있도록 관리한다.

④ 데이터베이스의 구성, 접근 방법, 유지 관리에 대한 모든 책임을 진다.

> 해설
> DBMS는 사용자와 데이터베이스 사이에서 사용자의 요구에 따라 정보를 생성해 주고, 데이터베이스를 관리해 주는 소프트웨어이다(데이터베이스를 운용하는 소프트웨어).
> ① 데이터 모델에 대한 설명이다.
>
> 답 ①

04 데이터베이스 관리 시스템의 필수 기능 중 다양한 응용 프로그램과 데이터베이스가 서로 인터페이
A등급 스를 할 수 있는 방법을 제공하는 기능은?

① 정의 기능　　　　　　　　　　② 조작 기능

③ 제어 기능　　　　　　　　　　④ 저장 기능

> 해설
> • 조작 기능 : 사용자의 요구에 따라 검색, 갱신, 삽입, 삭제 등의 인터페이스를 지원한다.
> • 제어 기능 : 데이터베이스의 내용을 항상 정확하고, 안전하게 유지한다.
>
> 답 ①

05 데이터베이스 관리 시스템(DBMS)의 필수 기능 중 제어 기능에 대한 설명으로 거리가 먼 것은?

B등급

① 데이터베이스를 접근하는 갱신, 삽입, 삭제 작업이 정확하게 수행되어 데이터의 무결성이 유지되도록 제어한다.

② 데이터의 논리적 구조와 물리적 구조 사이에 변환이 가능하도록 두 구조 사이의 사상(Mapping)을 명시한다.

③ 정당한 사용자가 허가된 데이터만 접근할 수 있도록 보안(Security)을 유지하고, 권한(Authority)을 검사할 수 있어야 한다.

④ 여러 사용자가 데이터베이스를 동시에 접근하여 데이터를 처리할 때 결과가 항상 정확성을 유지하도록 병행 제어(Concurrency Control)를 할 수 있다.

해설 데이터의 논리적 구조와 물기적 구조 사이에 변환이 가능토록 두 구조 간 사상을 명시하는 것은 정의 기능(Definition Facility)에 대한 설명이다.

 ②

06 다음 중 스키마(Schema)에 대한 설명으로 옳지 않은 것은?

B등급

① 데이터베이스를 운용하는 소프트웨어이다.

② 데이터 사전(Data Dictionary)에 저장된다.

③ 다른 이름으로 메타 데이터(Meta-Data)라고도 한다.

④ 데이터베이스의 구조(개체, 속성, 관계)에 대한 정의이다.

해설 스키마는 시간에 따라 불변하고 데이터베이스에 대한 구조를 설명한 데이터로 소프트웨어는 아니다.

 ①

07 다음 중 개념 스키마(Conceptual Schema)에 대한 설명으로 옳지 <u>않은</u> 것은?

A등급

① 단순히 스키마(Schema)라고도 한다.

② 범기관적 입장에서 데이터베이스를 정의한 것이다.

③ 모든 응용 시스템과 사용자가 필요로 하는 데이터를 통합한 조직 전체의 데이터베이스로 하나만 존재한다.

④ 개개 사용자나 응용 프로그래머가 접근하는 데이터베이스를 정의한 것이다.

> **해설** 개개 사용자나 응용 프로그래머가 접근하는 데이터베이스를 정의한 것은 외부 스키마에 대한 설명이다.
>
> 답 ④

08 3단계 데이터베이스 구성에서 모든 응용에 관하여 전체적으로 통합된 데이터 구조로서 접근 권한,

A등급 보안 정책, 무결성 규칙을 영세한 것은?

① Internal Schema ② External Schema

③ Auto Schema ④ Conceptual Schema

> **해설** 개념 스키마(Conceptual Schema)는 모든 응용 시스템과 사용자가 필요로 하는 데이터를 통합한 조직 전체의 데이터베이스로 하나만 존재한다. 또한, 개체 간의 관계와 제약 조건을 나타내고, 데이터베이스의 접근 권한, 보안 및 무결성 규칙에 관한 명세를 정의하거나 기관, 조직체의 범기관적 관점에서 데이터베이스를 정의한다.
>
> 답 ④

09 다음 중 내부 스키마(Internal Schema)에 대한 설명으로 옳지 <u>않은</u> 것은?

B등급

① 물리적 저장 장치의 입장에서 본 데이터베이스 구조로 물리적 스키마(Physical Schema)라고도 한다.

② 실제로 데이터베이스에 저장될 레코드의 형식을 정의하고, 저장 데이터 항목의 표현 방법과 내부 레코드의 물리적 순서 등을 나타낸다.

③ 시스템 프로그래머나 시스템 설계자가 보는 관점의 스키마이다.

④ 같은 데이터베이스에 대해서도 서로 다른 관점을 정의할 수 있도록 허용한다.

같은 데이터베이스에 대해서도 서로 다른 관점을 정의할 수 있도록 허용하는 것은 외부 스키마(External Schema)에 대한 설명이다.

답 ④

10
B등급

다음 중 데이터 제어어(DCL)의 역할이 <u>아닌</u> 것은?

① 불법적인 사용자로부터 데이터를 보호하기 위한 데이터 보안(Security)
② 데이터 정확성을 위한 무결성(Integrity)
③ 시스템 장애에 대비한 데이터 회복과 병행 수행
④ 데이터의 검색, 삽입, 삭제, 변경

 데이터 제어어(DCL)는 불법적인 사용자로부터 데이터를 보호하기 위한 데이터 보안 제어, 데이터 정확성을 위한 데이터 무결성(Integrity) 제어, 시스템 장애에 대비한 데이터 회복(복구)과 병행 수행 제어를 관리한다.
④ 데이터 조작어(DML)에 대한 설명이다.

답 ④

11
A등급

데이터베이스 관리 시스템에서 데이터 언어(Data-Language)에 대한 설명으로 옳지 <u>않은</u> 것은?

① 데이터 정의어(DDL)는 데이터베이스를 정의하거나 그 정의를 수정할 목적으로 사용하는 언어이다.
② 데이터베이스를 정의하고 접근하기 위해서 시스템과의 통신 수단이 데이터 언어이다.
③ 데이터 조작어(DML)는 대표적으로 질의어(SQL)가 있으며, 질의어는 터미널에서 주로 이용하는 비절차적(Non Procedural) 데이터 언어이다.
④ 데이터 제어어(DCL)는 주로 응용 프로그래머와 일반 사용자가 사용하는 언어이다.

 데이터 제어어(DCL)는 데이터를 보호하고 데이터를 관리하는 목적으로 사용되며, 데이터베이스를 공용하기 위한 데이터 제어를 정의하고 기술하는 언어이다.

답 ④

12 다음 중 개체(Entity)에 대한 설명으로 옳은 것은?

B등급

① 컴퓨터가 취급하는 파일의 레코드에 대응된다.
② 하나의 개체는 하나의 속성만을 가진다.
③ 한 속성이 취할 수 있는 모든 값을 의미한다.
④ 개체는 단독으로는 존재하지 못한다.

> ② 하나의 개체는 보통 여러 개의 속성을 갖는다.
> ③ 데이터베이스가 표현하는 유형과 무형의 정보 객체로 서로 연관된 몇 개의 속성들로 구성된다.
> ④ 단독으로 존재할 수 있으며, 정보로서의 역할을 수행한다.

 ①

13 다음 중 속성(Attribute)에 대한 설명으로 틀린 것은?

C등급

① 데이터의 가장 작은 논리적 단위로 파일 구조상의 데이터 항목 또는 데이터 필드에 해당된다.
② 개체(Entity)를 구성하는 항목으로 데이터베이스를 구성하는 최초의 논리적 단위이다.
③ 하나의 개체는 한 개 이상의 속성으로 구성되고, 각 속성은 개체의 특성을 기술한다.
④ 데이터베이스가 표현하려고 하는 유형의 정보 대상 또는 무형의 정보 대상으로 존재하면서 서로 구별될 수 있는 것이다.

> 개체는 데이터베이스에 표현하는 것으로 사람이 생각하는 개념이나 정보 단위 같은 현실 세계의 대상체를 의미한다.
> ④ 개체(Entity)에 대한 설명이다.

 ④

14 다음 중 개체-관계 모델(E-R Model)에 관한 설명으로 옳지 않은 것은?

A등급

① E-R 모델의 기본적인 아이디어를 시각적으로 가장 잘 표현한 것이 E-R 다이어그램이다.
② E-R 다이어그램에서 개체 타입은 다이아몬드, 관계 타입은 사각형, 속성은 타원으로 표시한다.
③ 개체, 속성, 그들 간의 관계를 이용하여 개념 세계의 정보 구조를 표현한다.
④ 1976년 P. Chen이 제안하였다.

> **해설** E-R 다이어그램에서 개체 타입은 사각형, 관계 타입은 다이아몬드형, 속성 타입은 타원형으로 표시한다.
>
> 답 ②

15

A등급

다음 중 개체 관계(Entity Relationship) 모델링에 관한 것으로 옳지 않은 것은?

① 기본적으로 개체 타입(Entity Type)과 이들 간의 관계 타입(Relationship Type)을 이용해서 현실 세계를 개념적으로 표현하는 방법이다.

② 개체와 개체 간의 관계를 기본 요소로 하여 현실 세계를 개념적인 논리 데이터로 표현하는 방법이다.

③ E-R 다이어그램의 개체 타입은 사각형, 관계 타입은 다이아몬드, 속성은 타원, 그리고 이들을 연결하는 링크로 구성된다.

④ 개체(Entity)는 가상의 객체나 개념을 의미하고, 속성(Attribute)은 개체를 묘사하는 특성을 의미한다.

> **해설**
> • 개체(Entity) : 데이터베이스에 표현하려는 것으로 사람이 생각하는 개념이나 정보 단위 같은 현실 세계의 대상체를 가리킨다.
> • 속성(Attribute) : 개체(Entity)를 구성하는 항목으로 데이터베이스를 구성하는 최초의 논리적 단위이다.
>
> 답 ④

16

A등급

다음의 논리적인 데이터 모델에서 데이터간의 관계를 기본키(Primary Key)와 이를 참조하는 외래키(Foreign Key)로 표현하는 데이터 모델은?

① 관계형 데이터 모델
② 네트워크 데이터 모델
③ 계층적 모델
④ 객체 지향 데이터 모델

> **해설**
> 관계형 데이터 모델은 계층 모델과 망 모델의 복잡한 구조를 단순화시킨 모델로, 데이터와 데이터간의 관계가 릴레이션이라는 테이블(Table) 집합으로 표현되는데 데이터 간의 관계를 기본 키(Primary Key)와 이를 참조하는 외래 키(Foreign Key)로 표현한다.
>
> 답 ①

17

A등급

다음 중 데이터베이스의 설계 순서로 옳은 것은?

① 요구 조건 분석 → 개념적 설계 → 논리적 설계 → 물리적 설계 → 구현
② 요구 조건 분석 → 논리적 설계 → 개념적 설계 → 물리적 설계 → 구현
③ 요구 조건 분석 → 논리적 설계 → 물리적 설계 → 개념적 설계 → 구현
④ 요구 조건 분석 → 개념적 설계 → 물리적 설계 → 논리적 설계 → 구현

해설

데이터베이스의 설계 단계
• 요구 조건 분석 : 데이터베이스 범위, 요구 조건 명세서, 데이터 활용에 대한 정보 수집과 변환을 하는 단계이다.
• 개념적 설계 : 개념 스키마, 트랜잭션 모델링, E-R 모델 등을 수행하는 단계이다.
• 논리적 설계 : 목표 DBMS에 맞는(종속적인) 스키마를 설계하는 단계이다.
• 물리적 설계 : 목표 DBMS에 맞는 물리적 구조의 데이터로 변환하는 단계이다.
• 구현 : 목표 DBMS의 DDL로 데이터베이스를 생성하는 단계이다.

 답 ①

18

A등급

다음 중 논리적 설계(데이터 모델링)에 대한 설명으로 틀린 것은?

① 요구 분석 단계에서 나온 결과(요구 조건 명세)를 DBMS에 독립적인 E-R 다이어그램으로 작성한다.
② 개념 세계의 데이터를 필드로 기술된 데이터 타입과 데이터 타입들 간의 관계로 표현되는 논리적 구조의 데이터로 모델화한다.
③ 개념 스키마를 평가 및 정제하고, DBMS에 따라 서로 다른 논리적 스키마를 설계하는 단계이다.
④ 트랜잭션(Transaction, 작업 단위)의 인터페이스를 설계한다.

해설

요구 분석 단계에서 나온 결과를 DBMS에 독립적인 E-R 다이어그램으로 작성하는 것은 개념적 설계에 대한 설명이다.

 답 ①

19
B등급

데이터베이스 설계 단계 중 저장 레코드 양식 설계, 레코드 집중의 분석 및 설계, 접근 경로 설계와 관계되는 것은?

① 논리적 설계　　　　　　　　② 요구 조건 분석
③ 물리적 설계　　　　　　　　④ 개념적 설계

 해설

물리적 설계(데이터 구조화)는 데이터베이스 파일의 저장 구조, 레코드 형식, 접근 경로와 같은 정보를 사용하여 데이터가 컴퓨터에 저장되는 방법을 묘사하며, 반드시 포함되어야 할 것은 저장 레코드의 양식 설계, 레코드 집중(Record Clustering)의 분석 및 설계, 접근 경로 설계 등이다.

 답 ③

20
A등급

다음 중 릴레이션의 특징으로 옳은 내용을 모두 나열한 것은?

ⓝ 모든 튜플은 서로 다른 값을 갖는다.
ⓛ 각 속성은 릴레이션 내에서 유일한 이름을 가진다.
ⓒ 하나의 릴레이션에서 튜플의 순서는 존재한다.
ⓔ 모든 속성 값은 원자 값이다.

① ㉠, ㉢　　　　　　　　　② ㉠, ㉡, ㉣
③ ㉡, ㉢, ㉣　　　　　　　　④ ㉠, ㉡, ㉢, ㉣

 해설

릴레이션의 특징
• 릴레이션 스키마를 구성하는 속성의 순서와 릴레이션에 포함된 각 튜플의 순서는 의미가 없다.
• 속성의 명칭은 유일해야 하고, 속성에 해당하는 값은 중복될 수 있다.
• 튜플을 식별하기 위해서 기본 키(PK)를 이용한다.
• 속성은 더 이상 세분화 할 수 없는 값을 저장하며, 모든 애트리뷰트(속성)는 원자값이다.
• 한 릴레이션을 구성하는 애트리뷰트 사이에는 순서가 없다.

답 ②

21
B등급

다음의 그림에서 속성(Attribute)의 개수는?

학번	이름	학과	성별	학년
001	김영수	경영	남	2
002	박철수	경영	남	2
003	홍길동	경제	남	3
004	김나라	법학	여	4

① 2

② 3

③ 4

④ 5

 속성(Attribute)은 하나의 릴레이션에서 열(Column)의 이름을 의미하므로 속성(학번, 이름, 학과, 성별, 학년)의 개수는 5개이다.

답 ④

22
A등급

다음 중 후보 키에 대한 설명으로 옳지 <u>않은</u> 것은?

① 릴레이션의 기본 키와 대응되어 릴레이션 간의 참조 무결성 제약 조건을 표현하는데 사용되는 중요한 도구이다.

② 릴레이션의 후보 키는 유일성과 최소성을 모두 만족해야 한다.

③ 하나의 릴레이션에 속하는 모든 튜플들은 중복된 값을 가질 수 없으므로 모든 릴레이션은 반드시 하나 이상의 후보 키를 갖는다.

④ 릴레이션에서 튜플을 유일하게 구별해 주는 속성 또는 속성들의 조합을 의미한다.

 • 후보 키 : 릴레이션의 튜플(Tuple)들을 구별할 수 있는 최소한의 속성 집합으로 모든 릴레이션은 최소한 하나의 후보 키를 갖는다.
• 후보 키의 조건 : 유일성은 해당 열(속성)에는 중복 값이 없어야 한다(각 셀은 원자값이어야 함).
최소성은 유일한 식별을 하기 위해 꼭 필요한 속성으로만 구성한다(단일 키여야함).

답 ①

23 다음은 학생이라는 개체의 속성을 나타내고 있다. 여기에서 밑줄 친 '성명'을 기본 키로 사용하기
A등급 곤란한 이유가 가장 타당한 것은?

> 학생(성명, 학번, 전공, 주소, 우편번호)

① 동일한 성명을 가진 학생이 두 명 이상 존재할 수 있다.
② 성명은 기억하기 어렵다.
③ 성명을 정렬하는데 많은 시간이 소요된다.
④ 성명은 기억 공간을 많이 필요로 한다.

해설
기본 키로 선택된 속성은 중복되면 안 되고, 정의되지 않은 값(NULL)이 있어서도 안 된다. 그러므로 '성명'을
기본 키로 하게 되면 동명이인이 존재하는 경우 동일 값이 존재할 수 없는 기본 키의 전제를 어기게 된다.

답 ①

24 다음 중 다른 테이블을 참조하는 외래 키에 대한 설명으로 옳은 것은?
B등급

① 외래 키 필드의 값은 유일해야 하므로 중복된 값이 입력될 수 없다.
② 외래 키 필드의 값은 Null 값일 수 없으므로 값이 반드시 입력되어야 한다.
③ 한 테이블에서 특정 레코드를 유일하게 구별할 수 있는 속성이다.
④ 하나의 테이블에는 여러 개의 외래 키가 존재할 수 있다.

해설
① 외래 키 필드에는 중복된 값이 입력되는 것이 가능하다.
② 외래 키 필드의 값은 Null 값일 수 있다.
③ 한 테이블에서 특정 레코드를 유일하게 구별 가능한 것은 기본 키이다.

답 ④

25 기본 키에 속해 있는 애트리뷰트는 항상 널(Null) 값을 가질 수 없는 제약을 무엇이라고 하는가?

A등급

① 개체 무결성   ② 참조 무결성

③ 키 무결성   ④ 널 무결성

> **해설** 개체 무결성(Entity Integrity)은 한 릴레이션의 기본 키를 구성하는 어떠한 속성 값도 널(NULL) 값이나 중복 값을 가질 수 없다(정확성 유지). 또한, 하나의 릴레이션으로 삽입되거나 변경되는 튜플들에 대하여 정확한 값을 유지하는 성질로 하나의 릴레이션에 있는 튜플은 중복된 튜플이 있어서는 안 된다.
>
> 답 ①

26 릴레이션 R1에 저장된 튜플이 릴레이션 R2에 있는 튜플을 참조하려면 참조되는 튜플이 반드시 R2에

A등급 존재해야 한다는 무결성 규칙은?

① 개체 무결성 규칙(Entity Integrity Rule)

② 참조 무결성 규칙(Reference Integrity Rule)

③ 영역 무결성 규칙(Domain Integrity Rule)

④ 트리거 규칙(Trigger Rule)

> **해설**
> • 개체 무결성 규칙 : 고유 키(유일 키) 개념과 관련된 개체 무결성은 모든 테이블이 기본 키(Primary Key)이어야 하며, 기본 키로 선택된 열은 고유하고, 빈값은 허용하지 않음을 규정한다.
> • 영역(범위) 무결성 규칙 : 정의된 범위에서 관계형 데이터베이스의 모든 열이 선언되도록 규정한다.
> • 트리거 규칙 : 데이터베이스가 미리 정해 놓은 조건을 만족하거나 어떤 동작이 자동적으로 수행되는 동작으로 트리거는 데이터베이스에서 데이터의 유효성 조건과 무결성 조건을 기술하는데 유용하다.
>
> 답 ②

27 다음 중 정규화의 목적으로 가장 옳지 <u>않은</u> 것은?

B등급

① 어떠한 릴레이션이라도 데이터베이스 내에서 표현 가능하게 만든다.

② 데이터 삽입 시 릴레이션을 재구성할 필요성을 줄인다.

③ 중복을 배제하여 삽입, 삭제, 갱신 이상의 발생을 도모한다.

④ 효과적인 검색 알고리즘을 생성할 수 있다.

정규화는 릴레이션에서 데이터의 삽입, 삭제, 갱신 시 발생하는 이상 현상이 발생하지 않도록 릴레이션을 보다 작은 릴레이션으로 표현하는 과정이다.

 답 ③

28 다음 중 정규형에 대한 설명으로 옳지 않은 것은?
B등급

① 제2정규형은 반드시 제1정규형을 만족해야 한다.
② 제1정규형은 릴레이션에 속한 모든 도메인이 원자값만으로 되어 있는 릴레이션이다.
③ 정규화하는 것은 테이블을 결합하여 종속성을 제거하는 것이다.
④ BCNF는 강한 제3정규형이라고도 한다.

 정규화는 테이블을 결합하는 것이 아니라 분해해 가면서 종속성을 제거해 가는 것이다.

 답 ③

29 다음 중 데이터베이스 설계 시 정규화(Normalization)에 대한 설명으로 옳지 않은 것은?
A등급

① 데이터의 이상(Anomaly) 현상이 발생하지 않도록 하는 것이다.
② 정규형에는 제1정규형에서부터 제5정규형까지 있다.
③ 릴레이션 속성들 사이의 종속성 개념에 기반을 두고 이들 종속성을 제거하는 과정이다.
④ 정규화는 데이터베이스의 물리적 설계 단계에서 수행된다.

 정규화는 데이터베이스의 물리적 설계 단계가 아닌 논리적 설계 단계에서 수행된다.

 답 ④

30

C등급

어떤 릴레이션에 속한 모든 도메인이 원자값(Atomic Value)만으로 되어 있는 릴레이션을 무엇이라고 하는가?

① 제1정규형(1NF) ② 제2정규형(2NF)
③ BCNF ④ 제4정규형(4NF)

> 해설
> 제1정규형(1NF)은 모든 도메인이 원자 값만으로 된 릴레이션으로 모든 속성값은 도메인에 해당된다. 또한, 기본 키에서 부분 함수가 종속된 속성이 존재하므로 이상 현상이 발생할 수 있으며, 이상 현상을 해결하기 위해서는 프로젝션에 의해 릴레이션을 분리해야 한다.
>
> 답 ①

31

B등급

다음 중 키가 아닌 모든 속성이 기본 키(Primary Key)에 충분한 함수적 종속을 만족하는 정규형은?

① 1NF ② 2NF
③ 3NF ④ 4NF

> 해설
> 제2정규형(2NF)은 어떤 릴레이션 R이 1NF이고, 또 키가 아닌 모든 속성들이 기본 키(Primary Key)에 충분한 함수적 종속일 때 이 릴레이션 R은 제2정규형에 속한다.
>
> 답 ②

32

A등급

다음 정규화 과정에서 A → B이고, B → C일 때 A → C인 관계를 제거하는 관계는?

① 1NF → 2NF ② 2NF → 3NF
③ 3NF → BCNF ④ BCNF → 4NF

> 해설
> 3정규화(3NF)은 1정규형, 2정규형을 만족하고, 이행 함수적 종속(A → B, B → C, A → C)을 제거한다.
>
> 답 ②

안심Touch

33
A등급

어떤 릴레이션 R이 2NF를 만족하면서 키에 속하지 않는 모든 애트리뷰트가 기본 키에 대하여 이행적 함수 종속이 아니면 어떤 정규형에 해당하는가?

① 제1정규형　　　　　　　　　　② 제2정규형
③ 제3정규형　　　　　　　　　　④ 제1, 2, 3정규형

해설

제3정규형(3NF)은 어떤 릴레이션 R이 2NF이고, 키가 아닌 모든 속성들이 비이행적으로 기본키에 종속되어 있을 때 릴레이션은 제3정규형에 속한다(이행적 함수 종속이 제거).

 답 ③

34
A등급

다음 중 데이터 정의어(DDL)에 해당하는 SQL 명령은?

① UPDATE　　　　　　　　　　② CREATE
③ INSERT　　　　　　　　　　　④ SELECT

해설

데이터 정의어(DDL)로는 CREATE, ALTER, DROP 등이 있다.

 답 ②

35
A등급

다음 중 테이블을 삭제하기 위한 SQL 명령은?

① DROP　　　　　　　　　　　　② DELETE
③ CREATE　　　　　　　　　　　④ ALTER

해설

• DROP : 스키마, 도메인, 테이블, 뷰, 인덱스의 전체 제거 시 사용한다.
• DELETE : 테이블 내의 레코드를 삭제한다.

 답 ①

36
A등급

다음의 SQL 명령에서 DISTINCT의 의미를 가장 잘 설명한 것은?

SELECT DISTINCT 학과명 FROM 학생 WHERE 총점 > 80;

① 학과명이 중복되지 않게 검색한다.
② 중복된 학과명만 검색한다.
③ 동일한 총점을 가진 학생만 검사한다.
④ 학과명만 제외하고 검색한다.

 SELECT문에 DISTINCT를 입력하면 검색 결과가 중복되는 레코드는 한 번만 표시된다.

 답 ①

37
C등급

SQL 언어의 질의 기능에 대한 설명 중 옳지 <u>않은</u> 것은?

① Select 절은 질의 결과에 포함될 데이터 행들을 기술하며, 이는 데이터베이스로부터 데이터 행 또는 계산 행이 될 수 있다.
② From 절은 질의에 의해 검색될 데이터들을 포함하는 테이블을 기술한다.
③ 복잡한 탐색 조건을 구성하기 위하여 단순 탐색 조건들을 And, Or, Not으로 결합할 수 있다.
④ Order By 절은 질의 결과가 한 개 또는 그 이상의 열 값을 기준으로 오름차순 또는 내림차순으로 정렬될 수 있도록 기술된다.

 SELECT 절은 질의 결과에 포함될 데이터 열 또는 계산 열들을 기술한다.

 답 ①

38 다음 SQL 검색문의 기본적인 구조로 옳게 짝지어진 것은?

> SELECT (1)
> FROM   (2)
> WHERE (3)

① (1) 릴레이션 (2) 속성 (3) 조건
② (1) 조건 (2) 릴레이션 (3) 튜플
③ (1) 튜플 (2) 릴레이션 (3) 조건
④ (1) 속성 (2) 릴레이션 (3) 조건

 SELECT [ALL/DISTINCT] 속성 FROM 테이블명(릴레이션) [WHERE] 조건식

 답 ④

39 회원(회원번호, 이름, 나이, 주소) 테이블에서 주소가 '인천'인 회원의 이름, 나이 필드만 검색하되 나이가 많은 순으로 검색하는 질의문으로 옳은 것은?

① SELECT 이름, 나이 FROM 회원 ORDER BY 나이 WHERE 주소='인천'
② SELECT 이름, 나이 FROM 회원 WHERE 주소='인천' ORDER BY 나이 ASC
③ SELECT 이름, 나이 FROM 회원 WHERE 주소='인천' ORDER BY 나이 DESC
④ SELECT 이름, 나이 FROM 회원 ORDER BY 나이 DESC WHERE 주소='인천'

- SELECT 이름, 나이 : 이름과 나이를 검색한다.
- FROM 회원 : 회원 테이블에서 검색한다.
- WHERE 주소='인천' : 주소가 인천인 레코드를 검색한다.
- ORDER BY 나이 DESC : 나이가 많은 순으로 검색한다.

 답 ③

40
B등급

입교 지원현황을 조회하고자 할 때 다음 SQL 구문으로 알 수 **없는** 것은?

> SELECT 지원, 지원학과, 전화번호 FROM 지원자
> WHERE 점수> 59 ORDER BY 지원학과, 점수 DESC

① 지원자 테이블을 검색한다.
② 점수가 60점 이상인 지원자만을 검색한다.
③ 지원자 전체에 대해 점수순(내림차순)으로 정렬된다.
④ 지원학과별 점수 순위를 알 수 있다.

점수가 59점보다 큰 경우만 지원학과별 점수를 내림차순으로 정렬하라는 의미로 '지원자 전체'에 대해서가 아니라 '지원학과' 별로 점수를 정렬한다.

 답 ③

41
C등급

다음 표와 같은 성적 테이블을 읽어 학생별 점수 평균을 얻고자 한다. 이때, 가장 알맞은 SQL 구문은?

〈성적 테이블〉

성명	과목	점수
김유신	국어	80
김유신	영어	68
김유신	수학	97
유관순	국어	58
유관순	영어	97
유관순	수학	65

① SELECT 성명, SUM(점수) FROM 성적 ORDER BY 성명
② SELECT 성명, AVG(점수) FROM 성적 ORDER BY 성명
③ SELECT 성명, SUM(점수) FROM 성적 GROUP BY 성명
④ SELECT 성명, AVG(점수) FROM 성적 GROUP BY 성명

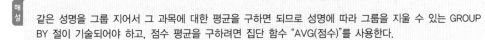
같은 성명을 그룹 지어서 그 과목에 대한 평균을 구하면 되므로 성명에 따라 그룹을 지을 수 있는 GROUP BY 절이 기술되어야 하고, 점수 평균을 구하려면 집단 함수 "AVG(점수)"를 사용한다.

 답 ④

42

C등급

다음 중 SQL 문장의 WHERE 절에 대한 설명으로 옳지 <u>않은</u> 것은?

① WHERE 부서 = '영업부' : 부서 필드의 값이 '영업부'인 레코드들이 검색됨
② WHERE 나이 BETWEEN 28 IN 40 : 나이 필드의 값이 29에서 39 사이인 레코드들이 검색됨
③ WHERE 생일 = #1996-5-10# : 생일 필드의 값이 1996-5-10인 레코드들이 검색됨
④ WHERE 입사년도 = 1994 : 입사년도 필드의 값이 1994인 레코드들이 검색됨

> 해설
>
> BETWEEN 연산자는 필드의 값이 BETWEEN 연산자의 범위로 지정된 값 이내에 포함되는 레코드만 검색하는 연산자이다. 또한, WHERE절에 사용된 BETWEEN 연산자는 "BETWEEN 값1 AND 값2"와 같은 형식으로 사용해야 한다.
>
> ②

43

A등급

다음 SQL문에 대한 설명으로 가장 옳지 <u>않은</u> 것은?

> DELETE * FROM 회원 WHERE 회원번호 = 300 COMMIT

① [회원] 테이블에서 회원번호가 300인 레코드를 삭제한다.
② WHERE절 이하 부분이 없으면 아무 레코드도 삭제하지 않는다.
③ 레코드를 삭제한 다음에는 삭제한 내용은 되돌릴 수 없다.
④ 질의문을 실행하는 경우 레코드 수에는 변화가 있을 수 있지만 필드 수에는 변화가 없다.

> 해설
>
> • WHERE절 이하에 조건을 지정하지 않거나 아무런 내용이 없는 경우에는 모든 레코드가 삭제된다.
> • DELETE * : 레코드를 삭제한다.
> • FROM 회원 : '회원' 테이블을 검색한다.
> • WHERE 회원번호 = 300 : 회원번호가 300인 레코드를 대상으로 한다.
> • COMMIT : 모든 데이터 변경사항을 데이터베이스에 영구히 반영시킨다.
>
> ②

44 SQL은 사용 용도에 따라 DDL, DML, DCL로 구분할 수 있다. 다음 중 성격이 <u>다른</u> 하나는?

B등급

① UPDATE

② ALTER

③ DROP

④ CREATE

- 데이터 정의어(DDL) : CREATE, DROP, ALTER, RENAME, TRUNCATE
- 데이터 조작어(DML) : UPDATE, INSERT, SELECT, DELETE
- 데이터 제어어(DCL) : GRANT, REVOKE, CASCADE, RESTRICTED

답 ①

45 다음 관계 데이터베이스에 있어서 관계 대수의 연산이 <u>아닌</u> 것은?

B등급

① 디비전(Division)

② 프로젝션(Projection)

③ 조인(Join)

④ 포크(Fork)

순수 관계 연산자
셀렉트(Select), 조인(Join), 프로젝트(Project), 디비전(Division)

답 ④

46 조건을 만족하는 릴레이션의 수평적 부분 집합으로 구성하며, 연산자의 기호는 그리스 문자 시그마
(σ)를 사용하는 관계 대수 연산자는?

B등급

① Select 연산자

② Project 연산자

③ Join 연산자

④ Division 연산자

- 프로젝션(Projection) : 릴레이션의 수직적 부분 집합으로 중복 값(튜플)을 제거한다(기호 : π).
- 조인(Join) : 두 개 이상의 릴레이션에서 튜플이나 애트리뷰트를 조합한 새로운 릴레이션을 생성한다(기호 : $\bowtie$).
- 디비전(Division) : 단항 릴레이션에 있는 모든 값과 이항 릴레이션 속성의 모든 값으로 구성된 릴레이션을
  생성한다(기호 : $\div$).

답 ①

47
A등급

트랜잭션은 자기의 연산에 대하여 전부(All) 또는 전무(Nothing) 실행만이 존재하며, 일부 실행으로는 트랜잭션의 기능을 가질 수 없다는 트랜잭션의 특성은?

① Consistency ② Atomicity

③ Isolation ④ Durability

해설
원자성(Atomicity)은 트랜잭션의 연산을 데이터베이스에 모두 반영하든지 아니면 전혀 반영되지 않아야 한다 (All or Nothing). 또한 트랜잭션은 일부만 수행된 상태로 종료되어서는 안 된다.

 답 ②

48
A등급

다음 트랜잭션의 특성 중 〈보기〉 내용에 해당되는 것은?

보기
시스템이 가지고 있는 고정 요소는 트랜잭션 수행 전과 트랜잭션 수행 완료 후에 같아야 한다는 특성

① 원자성(Atomicity) ② 일관성(Consistency)

③ 격리성(Isolation) ④ 영속성(Durability)

해설
일관성(Consistency)은 트랜잭션이 실행을 성공적으로 완료하면 언제나 일관성 있는 데이터베이스 상태로 변환한다.

 답 ②

49
A등급

하나의 트랜잭션 실행 중에 다른 트랜잭션의 연산이 끼어들 수 없음을 의미하는 트랜잭션의 특징은?

① Atomicity ② Consistency

③ Durability ④ Isolation

해설
Isolation(분리성, 격리성)은 트랜잭션이 완료될 때까지는 그 실행 결과를 다른 트랜잭션이 이용할 수 없게 하는 것으로 트랜잭션이 가져야 하는 성질이다.

 답 ④

50 분산 데이터베이스의 불법적인 접근을 차단하기 위하여 데이터 암호화가 필요하다. DES 알고리즘
C등급　에서는 평문을 (㉠) 비트로 블록화를 하고, 실제 키의 길이는 (㉡) 비트를 이용한다. 괄호의 내용
　　　으로 옳은 것은?

① ㉠ 64, ㉡ 56　　　　　　　　　　② ㉠ 64, ㉡ 32
③ ㉠ 32, ㉡ 16　　　　　　　　　　④ ㉠ 32, ㉡ 8

> 해설
> DES(Data Encryption Standard)는 암호키와 해독키가 같은 암호화 방법으로, DES 알고리즘에서는 평문을
> 64비트로 블록화를 하고, 실제 키 길이는 56비트를 이용한다.
>
> 답 ①

51 다음 중 데이터를 암호화하는 데 사용되는 RSA 기법에 대한 설명으로 옳지 <u>않은</u> 것은?
B등급

① 암호화키와 해독키를 별도로 사용한다.
② 암호화키를 일반적으로 공중키라고도 한다.
③ 해독키는 반드시 비밀로 보호되어야 한다.
④ 암호화키를 사용하여 해독키를 유도하는 것은 가능하다.

> 해설
> RSA(Rivest, Shamir, Adleman)는 암호키와 해독키가 서로 다른 방법으로 암호키는 공개하고, 해독키는 비밀
> 로 하여 데이터의 송수신 시 보안을 유지한다. 암호화키를 사용하여 해독키를 유도하는 것은 불가능하다.
>
> 답 ④

52 다음 중 병행 수행(Concurrency)의 문제점이 <u>아닌</u> 것은?
B등급

① 갱신 분실 문제(Lost Update Problem)
② 비완료 의존성 문제(Uncommitted Dependency Problem)
③ 불일치 분석 문제(Inconsistent Analysis Problem)
④ 로그 관리 문제(Log Management Problem)

병행 수행의 문제점
- 갱신 분실(Lost Update)
- 모순성(Inconsistency, 불일치성)
- 연쇄 복귀(Cascading Rollback)
- 비완료 의존성(Uncommitted Dependency)

답 ④

53
B등급

다음 중 병행 제어 기법 중 로킹에 대한 설명으로 옳지 <u>않은</u> 것은?

① 로킹의 대상이 되는 객체의 크기를 로킹 단위라고 한다.
② 데이터베이스, 파일, 레코드 등은 로킹 단위가 될 수 있다.
③ 로킹의 단위가 작아지면 로킹 오버헤드가 증가한다.
④ 로킹의 단위가 커지면 데이터베이스 공유도가 증가한다.

 로킹 단위(Locking Granularity)는 잠금(Locking) 연산의 대상으로 전체 데이터베이스로부터 데이터베이스를 구성하는 최소 단위 속성(필드)까지 다양하다. 로킹의 단위가 작을수록 구현이 복잡(로킹 오버헤드가 증가)한 반면, 강력한 동시성(병행성, 공유도 증가)이 이루어진다.

답 ④

54
A등급

다음 중 로킹(Locking) 단위에 대한 설명으로 옳은 것은?

① 로킹 단위가 크면 병행성 수준이 낮아진다.
② 로킹 단위가 크면 병생 제어 기법이 복잡해진다.
③ 로킹 단위가 작으면 로크(Lock)의 수가 적어진다.
④ 로킹은 파일 단위로 이루어지며, 레코드 또는 필드는 로킹 단위가 될 수 없다.

 • 로킹 단위가 작을수록 병행 수준은 뛰어나지만 관리가 어렵고, 로크(Lock)의 수가 많아진다.
• 로킹 단위가 클수록 병행 수준은 낮아지지만 관리가 쉽고, 로크(Lock)의 수가 적어진다.

답 ①

55
B등급

다음 분산 데이터베이스 시스템의 장점으로 거리가 <u>먼</u> 것은?

① 사이트 간의 데이터들이 서로 오류가 발생할 가능성이 줄어든다.

② 데이터베이스 구축 이후에 점차적으로 새로운 사이트를 추가할 수 있다.

③ 특정한 사이트에서 장애가 발생하더라도 다른 사이트는 계속 운용할 수 있다.

④ 해당 지역에 필요한 데이터를 지역적으로 관리할 수 있다.

 사이트 간의 데이터들이 서로 오류가 발생할 가능성은 증가한다.
② 점진적 증가
③ 신뢰성
④ 자치성

56
A등급

다음 중 분산 DBMS의 4대 목표에 대한 설명으로 거리가 <u>먼</u> 것은?

① 위치 투명성(Location Transparency) : 사용자는 논리적인 입장에서 데이터가 자신의 사이트에 있는 것처럼 처리한다.

② 중복 투명성(Replication Transparency) : 트랜잭션이 데이터의 중복 개수나 중복 사실을 모르면 데이터 처리가 불가능하다.

③ 병행 투명성(Concurrency Transparency) : 분산 데이터베이스와 관련된 다수의 트랜잭션들이 동시에 실현되더라도 그 트랜잭션의 결과는 영향을 받지 않는다.

④ 장애 투명성(Failure Transparency) : 트랜잭션, DBMS, 네트워크, 컴퓨터 장애에도 불구하고 트랜잭션을 정확하게 처리한다.

 중복 투명성(Replication Transparency)
데이터의 개체는 서로 다른 사이트에 중복될 수 있으며, 중복 데이터의 일관성 유지는 사용자와는 관계없이 시스템에 의해 수행된다. 트랜잭션이 데이터의 중복 개수나 중복 사실을 모르고도 데이터 처리가 가능하다.

57
A등급

다음 중 분산 데이터베이스 시스템에 대한 설명으로 옳지 <u>않은</u> 것은?

① 사용자나 응용 프로그램이 접근하려는 데이터나 사이트의 위치를 알아야 한다.

② 중앙의 컴퓨터에 장애가 발생하더라도 전체 시스템에 영향을 끼치지 않는다.

③ 중앙 집중 시스템보다 구현하는데 복잡하고, 처리 비용이 증가한다.

④ 중앙 집중 시스템보다 시스템 확장이 용이하다.

> 해설 분산 데이터베이스의 무관성 중 위치 무관성으로 사용자는 데이터의 위치에 관하여 알 필요가 없다.
>
> 답 ①

정보통신과 인터넷

 01
C등급

다음 중 정보통신의 의미를 가장 잘 표현한 것은?

① 컴퓨터와 통신 회선의 결합으로 전송 기능에 통신 처리 기능이 추가된 데이터 통신
② 컴퓨터와 통신 기술의 결합에 의하여 통신 처리 기능과 정보 처리 기능에 정보의 변환, 저장 과정이 추가된 형태의 통신
③ 정보통신망을 이용하여 체계적인 정보의 전송을 위한 통신
④ 멀티미디어에 의한 복합적인 통신

해설

정보통신이란 컴퓨터에 설치된 모뎀이나 LAN 카드에 전화선이나 전용선을 연결하여 정보를 서로 주고받는 것으로 통신 회선을 통해 정보의 수집, 가공, 처리, 분배 등의 기능을 수행하는 기계와 기계간의 통신이다.

 답 ②

 02
C등급

다음 중 데이터 통신의 특징으로 옳지 않은 것은?

① 고속 통신에 적합하며, 거리와 시간상의 제약을 극복할 수 있다.
② 대형 시스템과 대용량 파일의 공동 이용이 가능하다.
③ 광대역 전송과 다방향 전달 체계를 갖는다.
④ 시간과 횟수에 제한을 받으며, 같은 내용을 한 번만 전송할 수 있다.

해설

데이터 통신은 고도의 에러 제어 기능으로 신뢰성이 높고, 응용 범위가 넓다.
④ 시간과 횟수에 관계없이 같은 내용을 여러 번 반복하여 전송할 수 있다.

 답 ④

03 B등급

다음 중 통신을 구성하는 요소가 <u>아닌</u> 것은?

① 정보를 보내는 장소(Source)
② 전송 매체(통신 회선)
③ 정보를 수신하는 장소(Destination)
④ 정보를 저장하는 장소(Storage)

> 해설 데이터 통신의 3요소
> 정보원(Data Source, 송신지), 전송 매체(Medium), 정보 처리원(Destination, 수신지)
>
> 답 ④

 04 B등급

다음 중 데이터 전송계에 해당하지 <u>않는</u> 것은?

① 데이터 단말 장치(DTE)　　　　② 통신 제어 프로그램
③ 데이터 회선 종단 장치(DCE)　　④ 전송 제어장치(TCU)

> 해설
> • 데이터 전송계 : 데이터 단말 장치(DTE), 데이터 회선 종단 장치(DCE), 통신 회선(Communication Line), 통신 제어장치(CCU), 전송 제어장치(TCU)
> • 데이터 처리계 : 중앙처리장치, 주변 장치, 통신 제어 프로그램
>
> 답 ②

 05 B등급

다음 중 통신 회선을 통하여 데이터 통신 시스템에 접속된 데이터의 입출력을 위해 사용하는 장치는 무엇인가?

① 데이터 단말 장치　　　　　② 데이터 회선 종단 장치
③ 중앙처리장치　　　　　　　④ 전송 제어장치

> 해설
> 데이터 단말 장치(DTE)는 통신 회선을 통하여 데이터 통신 시스템에 접속된 데이터의 입출력을 위해 사용하는 장치로 단말 장치나 통신 제어장치를 의미한다.
>
> 답 ①

06 **다음 중 통신 제어장치(CCU)의 기능 설명 중 옳지 <u>않은</u> 것은?**
A등급

① 데이터 축적, 검색, 통신 시스템의 관리
② 통신의 시작과 종료 제어, 송신권 제어, 교환, 분기
③ 동기 제어, 오류 제어, 흐름 제어, 응답 제어
④ 제어 정보의 식별, 기밀 보호, 관리 기능

> 해설
>
> 통신 제어장치(CCU)는 전송 회선과 컴퓨터의 전기적 결합으로 전송 문자를 조립, 분해하는 장치로 통신의 시작과 종료 제어, 송신권 제어, 동기 제어, 오류 제어, 흐름 제어, 응답 제어, 오류 복구, 제어 정보의 식별, 기밀 보호, 관리 기능 등을 담당한다.
>
> 답 ①

07 **다음의 〈보기〉에서 설명하는 장치는 무엇인가?**
B등급

> 보기
>
> 데이터 통신 회선의 종단에 위치하여 데이터 전송로에 적합한 신호로 변환하는 장치로 아날로그 회선의 MODEM(변복조기)과 디지털 회선의 DSU(Digital Service Unit) 등이 있다.

① 통신 제어장치
② 데이터 회선 종단 장치
③ 통신 회선
④ 전송 제어장치

> 해설
>
> • 통신 회선(Communication Line) : 데이터 통신에서 단말 장치와 단말 장치 사이를 연결하는 물리적인 통로로 전화선, 동축 케이블, 광섬유 케이블 등이 있다.
> • 전송 제어장치(TCU) : 단말 장치에서 하나의 회선을 제어하고, 오류 검출 및 수정을 담당하는 장치로 입출력 제어 기능, 동기 제어 기능, 송수신 제어 기능, 에러 제어 기능이 있다.
>
> 답 ②

08 둘 또는 그 이상의 시스템 간에 서로 통신하는 경우 이러한 통신을 제어하는 OS 수준의 프로그램을
C등급 무엇이라고 하는가?

① 회선 제어 프로그램

② 네트워크 프로그램

③ 시스템 소프트웨어

④ 통신 제어 프로그램

 통신 제어 프로그램은 대형 컴퓨터와 개인용 컴퓨터 또는 개인용 컴퓨터끼리 접속하여 데이터를 교환할 수
있도록 도와주는 프로그램으로 시스템 소프트웨어와 응용 소프트웨어가 있다.

답 ④

09 다음 중 아날로그 전송에 대한 설명으로 옳지 <u>않은</u> 것은?
B등급

① 전압, 전류 등의 연속적인 물리량을 처리한다.

② 모뎀을 이용하여 디지털 신호를 아날로그 신호로 변환할 수 있다.

③ 일정 거리에서 신호가 감쇠되면 증폭기(Amplifier)를 이용하여 신호 세기를 증폭시킨다.

④ 장거리 전송 시에는 리피터(Repeater)를 사용한다.

 디지털 전송에서 장거리 전송 시 데이터의 감쇠 및 왜곡 현상을 방지하기 위해서 리피터(Repeater)를 사용한다.

답 ④

10 다음 중 디지털 전송의 특징으로 옳은 것은?
A등급

① 신호에 포함된 잡음도 증폭기에서 같이 증폭되므로 왜곡 현상이 심하다.

② 아날로그 전송보다 훨씬 적은 대역폭을 필요로 한다.

③ 아날로그 전송과 비교하여 유지 비용이 훨씬 더 요구된다.

④ 아날로그나 디지털 정보의 암호화를 구현할 수 있다.

 ① 중계기를 사용함으로써 신호의 왜곡과 잡음 등을 줄일 수 있다.
② 아날로그 전송보다 많은 대역폭을 필요로 한다.
③ 가격이 점차 저렴화되고 있다.

답 ④

11
A등급

다음 중 디지털 전송(Digital Transmission)의 특징이 아닌 것은?

① 전송 용량을 다중화 함으로써 효율성이 높다.
② 고속, 고품질의 전송이 가능하다.
③ 암호화 작업이 불가능하며, 안정성이 없다.
④ 디지털 기술의 발전으로 전송 장비의 소형화가 가능하다.

> **해설** 디지털 전송은 디지털 신호 변환에 의해 아날로그나 디지털 정보의 암호화 구현이 가능하다.
>
> 답 ③

12
A등급

다음 중 흐름 제어에서 한 번에 여러 개의 프레임을 나누어 전송할 경우 효율적인 기법은?

① 정지 및 대기   ② 슬라이딩 윈도우
③ 다중 전송   ④ 적응성 ARQ

> **해설** 슬라이딩 윈도우(Sliding Window)는 수신측에서 응답 메시지가 없어도 약속된 윈도우의 크기만큼 전송할 수 있는 방식으로 송신측의 윈도우는 응답 신호를 수신하지 않은 상태에서 전송할 수 있는 데이터 개수의 범위를 의미한다.
>
> 답 ②

13
C등급

다음 중 직렬 전송(Serial Transmission)에 대한 설명으로 틀린 것은?

① 한 문자를 이루는 각 비트들이 하나의 전송 선로를 통하여 차례대로 전송된다.
② 통신 설치 비용이 저렴하고, 원거리 전송에 적합하지만 전송 속도가 느리다.
③ 대부분의 데이터 통신에 이용된다.
④ 송수신기가 복잡하지 않지만 전송 거리에 따라 전송로의 비용이 커진다.

> **해설** 병렬 전송(Parallel Transmission)은 한 문자를 이루는 각 비트들이 각각의 전송 선로를 통해 동시에 전송되는 방식으로 전송 속도가 빠르며, 컴퓨터와 주변 장치간의 통신에 주로 이용된다.
> ④ 병렬 전송에 대한 설명이다.
>
> 답 ④

14 **다음 중 동기식 전송의 설명으로 옳지 <u>않은</u> 것은?**

A등급

① 정하여진 숫자만큼의 문자열을 묶어 일시에 전송한다.
② HDLC, SDLC 등의 프로토콜에서 이용된다.
③ 수신측은 처음 0의 상태인 Start bit를 감시하므로 송신 개시를 알 수 있다.
④ 전송 효율과 전송 속도가 높다.

해설 ③ Start-Stop(시작-정지) 방식에 대한 설명으로 비동기식 전송 방식이다.

 답 ③

15 **다음 중 비동기식 전송 방식과 관련이 <u>없는</u> 것은?**

B등급

① 스타트 비트와 스톱 비트를 사용한다.
② 저속의 통신 시스템에 주로 사용한다.
③ 비트 열이 전송되지 않을 때는 휴지 상태가 된다.
④ 송신 신호 클록에 의하여 타임 슬롯의 간격으로 비트를 식별한다.

해설 ④ 동기식 전송 방식에 대한 설명이다.

 답 ④

16 **다음 데이터 전송 방식 중 동기식 전송 방식과 <u>다른</u> 것은?**

A등급

① 동기 문자들 삽입하여 데이터 송신 전 동기화하고, 유휴 시간에 동기화 한다.
② 제어가 가능한 특정 문자를 삽입하여 문자열 동기화 한다.
③ 시작과 끝 부분에 플래그(Flag) 신호를 삽입하여 동기화한다.
④ 제어 신호 비트에 의한 동기 방식으로 비트별 동기화 한다.

해설 비트 열이 전송되지 않을 때 각 문자 사이에 유휴 시간(Idle Time)이 있는 것은 비동기식 전송 방식이다.

 답 ①

17 다중화(Multiplexing)를 함으로써 얻어지는 가장 좋은 점은?

B등급

① 에러 정정이 쉽고 간단해 진다.
② 송수신 시스템이 간단해 진다.
③ 전송 효율을 높일 수 있다.
④ 전송 속도가 매우 빨라진다.

해설

다중화는 효율적인 전송을 위하여 넓은 대역폭(혹은 고속 전송 속도)을 가진 전송 링크를 통해 여러 신호(혹은 데이터)를 동시에 보내는 기술로 하나의 통신 채널을 이용하여 다수의 단말기가 동시에 데이터를 전송할 수 있다.

답 ③

18 다음은 다중화 기능에 대한 설명이다. 옳지 <u>않은</u> 것은?

A등급

① 음성과 영상 데이터를 안전하고, 신속하게 서비스할 수 있도록 한다.
② 시스템 사이의 전송 선로에서 자동 우회 기능을 수행하므로 전송 효율이 높다.
③ 전송 데이터를 현재 상태로 분리시켜 보다 많은 수의 통신 채널로 전송한다.
④ 멀티 드롭(Multi-Drop) 기능을 수행한다.

해설

다중화는 전송된 데이터를 원래 상태로 분리시켜 보다 작은 수의 통신 채널로 전송하므로 비용이 절감된다.

답 ③

19 다음 중 FDM과 관련이 <u>없는</u> 것은?

B등급

① 주파수 분할   ② 다중화 기법
③ 케이블 텔레비전   ④ DS-3

해설

주파수 분할 다중화기(FDM)는 위성, Radio, TV, CATV와 같은 실시간 아날로그 전송에 쓰이며, 높은 주파수 대역폭을 낮은 대역폭으로 나누어 사용한다.

답 ④

20 여러 개의 통신 채널이 존재하는 FDM(주파수 분할 다중화 방식)의 특징 설명 중 옳지 <u>않은</u> 것은?

A등급

① 전송에 있어 시간의 지연 없이 실시간 전송을 한다.
② 채널간의 상호 간섭을 막기 위해 완충 지역으로 보호 대역이 필요하다.
③ 주파수 분할은 모뎀의 역할을 겸하므로 별도의 모뎀을 필요로 하지 않는다.
④ 동기 전송에서 사용된다.

해설
주파수 분할 다중화 방식은 저속의 데이터를 서로 다른 주파수에 변조하여 전송 선로를 보내는 방식으로 비동기 전송에 이용된다.

 답 ④

21 다음 중 누화(Crosstalk) 및 상호 변조 잡음(Intermodulation Noise)과 관계있는 멀티플렉싱은?

A등급

① TDM
② FDM
③ DM
④ STDM

해설
누화 및 상호 변조 잡음은 하나의 주파수 대역폭을 나누어 사용하는 채널들이 겹치면서 생기는 오류로 주파수 분할 다중화기(FDM)에 해당된다.

 답 ②

22 다중화 방식 중 실제로 전송할 데이터가 있는 단말 장치에만 타임 슬롯을 할당함으로써 전송 효율을 높이는 특징을 가진 것은?

A등급

① 동기식 STDM
② FDM
③ 비동기식 TDM
④ MODEM

해설
시분할 다중화기(TDM)는 여러 데이터를 일정한 시간으로 분할하여 전송하고, 하나의 회선을 복수 채널로 다중화하는 방식으로 한 전송로의 데이터 전송 시간을 일정한 시간 폭(Time Slot)으로 나누어 각 부 채널에 차례대로 분배한다.

 답 ③

23 다음의 〈보기〉에서 TDM의 특징만을 올바르게 고른 것은?

A등급

> 보기
> ㉠ 다중화기와 단말 기기의 속도 차로 인하여 버퍼(Buffer)가 필요하다.
> ㉡ 멀티 포인트 방식에서 주로 이용되며, 구조가 간단하고 가격이 저렴하다.
> ㉢ 포인트 투 포인트 방식에서 주로 이용되며, 고속의 디지털 전송이 가능하다.
> ㉣ 저속도(1,200BPS 이하)의 아날로그 전송에 적합하다.

① ㉠　　　　　　　　　　　　　② ㉠, ㉡, ㉢
③ ㉠, ㉢　　　　　　　　　　　④ ㉡, ㉢, ㉣

해설 보기에서 ㉡, ㉣은 주파수 분할 다중화기(FDM)에 대한 특징이다.

답 ③

24 다음 중 STDM에 대한 설명으로 가장 옳지 않은 것은?

A등급

① 고정된 타임 슬롯을 모든 이용자에게 규칙적으로 할당한다.
② 주소 제어 회로, 흐름 제어, 오류 제어 등의 기능이 필요하다.
③ 데이터 전송률이 디지털 신호의 데이터 전송을 능가할 때 사용한다.
④ 전송 회선의 대역폭을 일정 시간 단위로 나누어 각 채널에 할당한다.

해설 동기식 시분할 다중화(STDM)는 전송할 데이터가 없는 단말 장치에도 타임 슬롯을 고정적으로 할당하므로 링크의 총 용량이 낭비된다.
② 비동기식 시분할 다중화(ATDM)에 대한 설명이다.

답 ②

25

C등급

다음 중 통계적 시분할 다중화기에 대한 설명으로 <u>틀린</u> 것은?

① 동기식 다중화기보다 낮은 전송 효율을 가진다.
② 다중화 된 회선의 데이터 전송율보다 접속 장치들의 데이터 전송율의 합이 크다.
③ 동시에 데이터를 보낼 수 있는 터미널의 수가 동적으로 변할 수 있다.
④ 낭비되는 슬롯을 전송하지 않기 때문에 채널의 낭비를 줄인다.

해설

통계적 시분할 다중화기는 전송 데이터가 있는 동안에만 시간 슬롯을 할당하는 다중화 방식으로 같은 속도일 경우 동기식 다중화기 보다 더 많은 수의 터미널에 접속할 수 있어 동기식 다중화기보다 높은 전송 효율을 가진다.

 답 ①

26

B등급

다음 중 역 다중화기의 특징을 설명한 것이 <u>아닌</u> 것은?

① 비용을 절감할 수 있다.
② 회선 경로 변경이 어렵다.
③ 광대역 통신 속도를 얻을 수 있다.
④ 전용 회선의 고장 시 DDD(Direct Distance Dial) 망을 이용할 수 있다.

해설

역 다중화기는 두 개의 음성 대역폭을 이용하여 광대역의 통신 속도를 얻을 수 있는 방식으로 통신 회선 고장 시 회선 경로 변경에 융통성을 줄 수 있다.

 답 ②

27

B등급

다음 중 원래의 신호를 다른 주파수 대역으로 변조하지 않고 전송하는 방식은?

① 베이스 밴드 방식
② 압축 밴드 방식
③ 광대역 방식
④ 협대역 방식

해설

베이스 밴드 방식은 변조되기 이전 단말 장치의 출력 신호인 기저 대역 신호(직류 신호)를 통신 회선을 통하여 변조하지 않고 그대로 전송하는 방식으로 원거리 전송에 적합하지 않다.

 답 ①

28
A등급

다음 중 베이스 밴드 전송(Baseband Transmission)에 대한 설명으로 가장 옳지 <u>않은</u> 것은?

① 전송하는 데이터 양이 많아 회로가 복잡하다.
② 변조되기 전의 디지털 펄스 형태로 전송한다.
③ 잡음의 영향을 받기 쉽고, 정보 손실이 크지만 전송 품질은 우수하다.
④ 정보를 0과 1로 표시하고, 이를 바탕으로 직류의 전기 신호를 전송한다.

> 해설
>
> 광대역 전송(Broadband Transmission)은 데이터 전송 등 여러 개의 변조 신호를 서로 다른 주파수 대역에서 동시에 보내는 방식으로 기저 대역 전송보다 보내는 데이터 양이 많으므로 회로가 복잡하다.
>
> 답 ①

29
B등급

다음 중 전송 매체를 통하여 데이터를 원격지로 전송하는 경우 거리가 멀어질수록 전자 신호의 세기가 점차 약해지는 현상을 무엇이라 하는가?

① 감쇠 현상   ② 잡 음
③ 노이즈 현상   ④ 지연 왜곡

> 해설
>
> 감쇠 현상(Attenuation)은 감쇠 왜곡 현상으로 특정 주파수의 아날로그 신호에서 심각한 문제가 발생할 수 있으며, 아날로그 신호는 고주파일수록 감쇠가 커지므로 증폭기를 이용하여 신호 강도를 회복시킨다.
>
> 답 ①

30
A등급

주로 하드와이어 전송 매체에서 발생되며, 전송 매체를 통한 신호 전달이 주파수에 따라 그 속도를 달리 함으로써 유발되는 신호 손상을 무엇이라 하는가?

① 감쇠 현상   ② 잡 음
③ 지연 왜곡   ④ 누화 잡음

> 해설
>
> 지연 왜곡(Delay Distortion)은 일정한 신호 세력으로 여러 종류의 주파수를 동일 선로에 전송할 때 수신측에 도착하는 시간차로 인하여 신호 모양이 찌그러지는 현상으로 전송 매체를 통한 신호 전달이 주파수에 따라 속도를 달리함으로써 유발되는 신호 손상이다.
>
> 답 ③

31 서로 다른 주파수들이 똑같은 전송 매체를 공유할 때 이 주파수들이 서로의 합과 차의 신호를 발생

함으로써 발생되는 잡음을 무엇이라 하는가?

① 상호 변조 잡음   ② 열 잡음

③ 누화 잡음   ④ 충격 잡음

> **해설** 상호 변조 잡음(Inter Modulation Noise)은 서로 다른 주파수가 동일한 전송 매체를 공유할 때 주파수 합과
> 차의 신호로 인하여 생기는 잡음으로 동일 전송 매체를 공유하는 각각의 주파수를 갖는 신호에서 발생한다.
>
> 답 ①

32 다음 중 잡음에 대한 설명으로 옳지 <u>않은</u> 것은?

① 위상 지터 잡음(Phase Jitter Noise) : 전송 시스템의 반송파에 잡음이 들어오면 전송 신호의
위상이 일그러지면서 생기는 잡음이다.

② 위상 히트 잡음(Phase Hit Noise) : 통신 회선에서 잡음, 누화, 중계기 등으로 신호 위상이 불
연속으로 변하면서 생기는 잡음이다.

③ 백색 잡음(White Noise) : 도체 내부의 열 운동에 의해 발생되는 잡음이다.

④ 충격성 잡음(Impulse Noise) : 여러 전화 회선에서 한 전화 회선의 통화 전류가 다른 전화 회선
으로 새 나가면서 생기는 잡음이다.

> **해설** 충격성 잡음(Impulse Noise)은 회로나 입출력 장비로부터 비연속적이고, 불규칙하게 일어나는 높은 진폭의
> 잡음으로 외부의 전자기적 충격이나 기계적인 통신 시스템의 결함에 의해 발생한다.
> ④ 누화 잡음(Cross Talk Noise)에 대한 설명이다.
>
> 답 ④

33 전송 채널 상에서 발생하는 왜곡(Distortion) 중 채널에서 언제든지 발생할 수 있는 시스템 적인
왜곡(Systematic Distortion)은?

① 손실   ② 하모닉 왜곡

③ 주파수 왜곡   ④ 잡음

② 신호의 감쇠가 신호의 진폭에 따라 달라지는 잡음이다.
③ 전송 채널에 보내지는 원 신호의 주파수가 변형되는 잡음이다.
④ 전송 시스템에 의한 다양한 왜곡의 변형된 형태로 정보 전송 중 추가된 불필요한 신호이다.

답 ①

34
C등급

다음 중 패리티 검사(Parity Check)에 대한 설명으로 틀린 것은?

① 기수(홀수) 패리티 검사와 우수(짝수) 패리티 검사가 있다.
② 동기식 전송에 적합하다.
③ 짝수 개의 비트에서 동시에 에러가 발생하면 검출 자체가 불가능하다.
④ 오류 발생 확률이 낮고, 정보의 비트 수가 적은 경우에 사용한다.

패리티 검사는 비동기식 전송에 적합하며, 7~8개의 비트로 구성된 전송 문자에 패리티 비트를 부가한다.

답 ②

35
C등급

다음 중 홀수 패리티 비트를 사용하여 문자를 전송할 경우 에러가 일어나는 경우는?

① 11100011
② 11101111
③ 10101011
④ 11100111

④ 1의 개수가 짝수(6개)이므로 홀수 패리티 검사에서 에러가 발생한다.
①・②・③ 1의 개수가 홀수(5개, 7개, 5개)이다.

패리티 비트
• 기수(홀수, Odd) : 수신측에 수신된 패리티 비트는 부호화된 문자에 대한 1의 개수가 홀수 인지의 여부를 검사하여 오류를 검출하는 방식이다.
• 우수(짝수, Even) : 수신측에 수신된 패리티 비트는 부호화된 문자에 대한 1의 개수가 짝수 인지의 여부를 검사하여 오류를 검출하는 방식이다.

답 ④

36

C등급

다음 중 데이터 프레임의 마지막 데이터를 함께 전송하고, 수신한 데이터 프레임의 블록합 문자와 비교하여 에러의 발생 여부를 판단하는 것은?

① 순환 잉여 검사
② 패리티 검사
③ 해밍 코드 검사
④ 블록합 검사

> **해설**
> 블록합 검사(Block Sum Check)는 각 문자 당 패리티 체크 비트와 데이터 프레임의 모든 문자열에 대한 에러 체크의 블록합 검사 문자를 함께 전송하는 방식으로 블록합 검사 문자는 데이터 문자의 각 비트에 대해서 동일한 위치에 있는 비트들로 패리티를 구한다.
>
> 답 ④

37

B등급

다음 중 전진 에러 수정(FEC ; Forward Error Correction) 방식에서 에러를 수정하기 위해 사용하는 방식은?

① 해밍 코드(Hamming Code)의 사용
② 압축(Compression)방식 사용
③ 패리티 비트(Parity Bit)의 사용
④ Huffman Coding 방식 사용

> **해설**
> 전진 에러 수정(FEC)
> 송신측에서 정보 비트에 오류 정정을 위한 제어 비트를 추가하여 전송하면 수신측에서 해당 비트를 사용하여 에러를 검출하고 수정하는 방식으로 해밍 코드(Hamming Code)와 상승 코드 등의 알고리즘이 해당된다.
>
> 답 ①

38

A등급

통신 경로에서 오류 발생 시 수신측은 오류의 발생을 송신측에 통보하고, 송신측은 오류가 발생한 프레임을 재전송하는 오류 제어 방식은?

① 순방향 오류 수정(FEC)
② 역방향 오류 수정(BEC)
③ 에코 점검
④ ARQ(Automatic Repeat request)

> **해설**
> 자동 반복 요청(ARQ)은 가장 널리 사용되는 에러 제어 방식으로 에러 검출 후 송신측에 에러가 발생한 데이터 블록을 다시 재전송해 주도록 요청함으로써 에러를 정정한다. 또한, 송신측에서 긍정 응답 신호가 도착하지 않으면 데이터를 수신측으로 재전송한다.
>
> 답 ④

39
B등급

다음 중 순환 잉여 검사(CRC)에 대한 설명으로 옳지 <u>않은</u> 것은?

① 여러 비트에서 발생하는 집단 에러(다항식 코드)도 검출한다.
② 에러 검출 코드인 FCS(Frame Check Sequence)를 정보에 추가하여 전송한다.
③ FCS는 프레임의 에러 검출을 위한 비트 열로 송신 시 특정 알고리즘의 정보 프레임과 함께 전송된다.
④ 데이터 블록마다 ASCII 코드를 추가하며, 비동기식 전송에서 주로 사용된다.

> **해설**
> 순환 잉여 검사(CRC)는 오류가 많이 발생하는 블록합 검사의 단점과 집단 오류를 해결하기 위한 방식으로 데이터 블록마다 CRC 코드를 추가하며, 동기식 전송에서 주로 사용된다.
>
> 답 ④

40
A등급

다음 중 정지 대기(Stop-and-Wait) ARQ에 대한 설명으로 옳지 <u>않은</u> 것은?

① 송신측에서 하나의 블록을 전송하면 수신측에서 에러 발생을 점검한 후 에러 발생 유무 신호를 보내올 때까지 기다린다.
② 한 개의 프레임을 전송하고 수신측으로부터 ACK 및 NAK 신호를 수신할 때까지 정보 전송을 중지하고 기다린다.
③ 수신측의 에러 점검 후 제어 신호를 보내올 때까지 오버헤드(Overhead)의 부담이 크다.
④ 송신측은 여러 개의 블록을 연속적으로 전송한 후 블록 번호를 신호로 전달한다.

> **해설**
> 연속적(Continuous) ARQ 방식은 정지 대기 ARQ의 오버헤드를 줄이기 위하여 연속적으로 데이터 블록을 전송하는 방식이다.
> ④ 연속적(Continuous) ARQ 방식에 대한 설명이다.
>
> 답 ④

41
A등급

다음 에러 검출 기법 중 에러가 발생한 블록 이후의 모든 블록을 다시 재전송하는 방식은?

① Stop-and-Wait ARQ
② Go-Back-N ARQ
③ Selective ARQ
④ Adaptive ARQ

> **해설**
> Go-Back-N ARQ은 송신측에서 데이터 프레임을 연속적으로 전송하다가 NAK를 수신하면 에러가 발생한 프레임을 포함하여 그 이후에 전송된 모든 데이터 프레임을 재전송하는 방식으로 송신측은 데이터 프레임마다 일련번호를 붙여서 전송하고, 수신측은 오류 검출 시 NAK에 데이터 프레임의 순서를 전송한다.
>
> 답 ②

42
B등급

다음 중 선택적(Selective) ARQ에 대한 설명으로 가장 옳지 않은 것은?

① 송신측에서 블록을 연속적으로 보낸 후 에러가 발생한 블록만 다시 재전송한다.
② 수신측은 오류가 발생한 데이터 프레임의 재전송을 순서에 따라 배열한다.
③ 전송 효율이 가장 높으나 제어 회로가 복잡하여 거의 사용되지 않는다.
④ Go-back-N ARQ보다 재전송의 블록 수가 적지만 수신측의 블록들을 기존 순서대로 재조립한다.

> **해설**
> 적응적(Adaptive) ARQ은 전송 효율을 최대로 하기 위하여 프레임 블록 길이를 채널 상태에 따라 변경하는 방식으로 수신측은 채널의 잡음과 전송률을 감지하며, 해당 정보를 다시 송신측에 전송하여 가장 적절한 데이터 블록의 크기를 결정한다.
> ③ 적응적(Adaptive) ARQ에 대한 설명이다.
>
> 답 ③

43
C등급

다음 중 광섬유 케이블(Optical Fiber Cable)에 대한 설명으로 틀린 것은?

① 부호화된 광 신호를 내부 반사에 의해 전송하므로 전송 손실이 매우 낮다.
② 코어(Core), 클래딩(Cladding), 자킷(Jacket)의 3개 동심 부분으로 구성된다.
③ 매우 가늘고 구부러지기 쉬운 성질을 가지며, 빛의 펄스 형태로 데이터를 전송한다.
④ 좁은 리피터의 설치 간격으로 VAN 등에 이용된다.

> **해설**
> 광섬유 케이블은 전기적인 잡음에 영향을 받지 않으므로 기존의 전력선과 설치가 가능하고, 넓은 리피터의 설치 간격으로 가입자 회선 및 근거리 통신망(LAN) 등에 이용된다.
>
> 답 ④

44
B등급

다음 중 위성 마이크로파(Satellite Microwave)에 대한 특징으로 틀린 것은?

① 통신 위성은 어떤 주파수 대역을 수신(Uplink)하여 이를 증폭하거나 반복하여 다른 주파수로 송신(Downlink)한다.
② 위성 통신은 거리에 관계없이 일정하기 때문에 비용이 절감된다.
③ 장거리 통신 방식으로 TV 분배, 장거리 전화, 사설 기업 망 등에 사용된다.
④ 장거리 전송을 위해 마이크로파 중계 탑을 여러 개 사용한다.

 지상 마이크로파(Terrestrial Microwave)는 안테나간 거리를 확장하고, 그 사이의 장애물을 넘기 위해 고지대에 위치하는 매체로 동축 케이블보다 훨씬 작은 증폭기나 리피터가 필요하지만 가시거리 내의 전송으로 마이크로파의 손실은 거리의 제곱에 비례한다.
④ 지상 마이크로파(Terrestrial Microwave)에 대한 설명이다.

 답 ④

45
A등급

다음 중 전이중(Full-Duplex) 통신 방식의 특징은?

① 한 방향만 정보의 전송이 가능한 전송 방식이다.
② 휴대용 무전기의 통신 방식이다.
③ 전송량이 많고 통신 회선의 용량이 클 때 사용된다.
④ 라디오 방송이 이에 해당한다.

 전이중 통신(Full Duplex)은 양방향으로 동시에 정보 전송이 가능한 방식으로 반이중 통신에 비해 전송 효율은 좋으나 회선 비용이 많이 소요된다. 또한, 전화기처럼 전송량이 많고, 통신 회선의 용량이 클 때 사용된다.

 답 ③

46
A등급

다음 중 정보의 전송 제어 절차의 단계를 올바르게 나타낸 것은?

① 회선 접속 → 데이터 링크의 확립 → 데이터 전송 → 데이터 링크의 해제 통보 → 회선 절단
② 회선 접속 → 데이터 전송 → 데이터 링크의 확립 → 데이터 링크의 해제 통보 → 회선 절단
③ 회선 접속 → 데이터 링크의 확립 → 데이터 링크의 해제 통보 → 데이터 전송 → 회선 절단
④ 회선 접속 → 데이터 링크의 확립 → 데이터 전송 → 회선 절단 → 데이터 링크의 해제 통보

해설

회선 제어 절차
회선 접속(연결) → 데이터 링크의 확립 → 데이터 전송(메시지 전달) → 데이터 링크의 해제(단절) 통보 → 회선 절단

답 ①

47
A등급

접속된 통신 회선 상에서 송신측과 수신측 간의 확실한 데이터 전송을 수행하기 위해 논리적 경로를 구성하는 단계는?

① 회선 연결
② 데이터 링크 확립
③ 데이터 전송
④ 회선 절단

해설

데이터 링크 확립은 접속된 통신 회선에서 송신측과 수신측 간의 데이터 전송을 위한 논리적 경로를 구성하는 단계로 회선이나 단말 장치가 상대방과 전송이 가능한지를 확인하며, 데이터 전송을 시작하기 전에 이루어지므로 모든 기능을 포함한다.

답 ②

48
A등급

다음 중 회선 경쟁(Contention) 방식에 대한 설명으로 옳지 <u>않은</u> 것은?

① 회선에 접근하기 위해 서로 경쟁하는 방식이다.
② 송신측이 전송할 메시지가 있을 경우 사용 가능한 회선이 있을 때까지 기다려야 한다.
③ ALOHA 방식이 대표적인 예이다.
④ 트래픽이 많은 멀티 포인트 회선 네트워크에서 효율적인 방식이다.

> **해설** 멀티 포인트 회선에서 회선 경쟁 제어를 하면 여러 회선이 한 분기점에서 분리되므로 트래픽이 많은 멀티 포인트 회선 네트워크에서는 비효율적이다.
>
> **답 ④**

49
A등급

다음 중 송신 요구를 먼저 한쪽이 송신권을 갖는 방식을 무엇이라 하는가?

① Contention 방식   ② Polling 방식
③ Selection 방식   ④ Routing 방식

> **해설** 회선 경쟁(Contention)은 데이터 전송을 하는 모든 단말 장치에 서로 대등한 입장으로 송신 요구를 먼저 한쪽이 송신권을 갖는 방식으로 송신측이 전송할 메시지가 있을 경우 사용 가능한 회선이 있을 때까지 기다려야 한다.
>
> **답 ①**

50
B등급

다음 중 여러 개의 단말 장치에 대한 순차적 송신 요구의 유무를 문의하는 방식은 무엇인가?

① 회선 경쟁   ② 폴링 시스템
③ 셀렉션 시스템   ④ 베어러 시스템

> **해설** 폴링 시스템(Polling System)은 주국으로 데이터를 보내기 위한 시스템으로 '송신할 데이터가 있는가?'라는 문의를 하는 방식으로 요구가 있으면 단말 장치에 송신을 시작하도록 하고, 없을 때는 다음 단말 장치에 대하여 문의한다.
>
> **답 ②**

51
C등급

다음 중 Hub-Go-Ahead Polling 방식에 대한 설명으로 가장 옳은 것은?

① 회선에 접근하기 위해 서로 경쟁하는 방식이다.
② 데이터 통신은 컨트롤러의 제어에 따라 이루어진다.
③ 미리 정해진 순서대로 폴링 메시지를 전달하며, 일정 순서에 따라 각 보조국에게 전송할 데이터의 유무를 문의한다.
④ 원거리에 가장 먼저 폴링 메시지를 전달하여 차례로 Host에게 이동하며, Roll-Call Polling의 단점을 보완한다.

> 해설
> ① 회선 경쟁(Contention)에 대한 설명이다.
> ② 멀티 포인트(Multi-Point)에 대한 설명이다.
> ③ Roll-Call Polling에 대한 설명이다.
>
> 답 ④

52
B등급

다음 중 데이터 전송 속도의 척도를 나타내는 것이 아닌 것은?

① 변조 속도
② 데이터 신호 속도
③ 반송파 주파수 속도
④ 베어러(Bearer) 속도

> 해설
> 데이터 전송 속도의 척도에는 암호화와 형식 변환의 데이터 신호 속도(bps), 변조 속도(Baud), 데이터 전송 속도(cps, cpm), 베어러 속도가 있다.
>
> 답 ③

53
A등급

데이터 통신망에서 사용되는 일반적인 전송 속도 단위로서 1초간 운반할 수 있는 데이터의 비트 수를 무엇이라 하는가?

① bps
② baud
③ byte
④ throughput

> 해설
> BPS(Bit Per Second)는 매 초당 전송되는 비트의 수로 데이터의 전송 속도를 측정한다.
>
> 답 ①

54
A등급

데이터 통신 속도에서 보(baud)의 설명 중 옳지 <u>않은</u> 것은?

① 통신 속도의 단위

② 단위 시간당 변조율

③ 1초당 보내지는 코드의 개수

④ 단점 주파수의 1/4배

> 해설
>
> 보(Baud)는 초당 몇 개의 신호 변환, 즉 0과 1의 상태 변환이 발생했는지를 나타내는 변조 속도의 단위(B = 1/T, T : 최단 펄스의 길이)로 사용하는 통신 장비에 따라 다르다(초당 보내지는 코드의 개수, 초당 최단 펄스의 수, 단위 시간당 변조율).
>
> 답 ④

55
B등급

다음 중 보(baud)의 속도가 2,400보이고, 디비트(Dibit)를 사용하면 전송 속도는 얼마인가?

① 2,400

② 4,800

③ 7,200

④ 9,600

> 해설
>
> 디비트(Dibit)인 경우 bps = baud × 비트 수이고, 디비트(Dibit) = 2bit이다.
> 따라서 BPS = 2,400baud × 2bit = 4,800bps이다.
>
> 답 ②

56
B등급

쿼드 비트를 사용하여 1,600[baud]의 변조 속도를 지니는 데이터 신호가 있다. 이때, 데이터 신호 속도[bps]는?

① 2,400

② 3,200

③ 4,800

④ 6,400

> 해설
>
> 쿼드 비트(Quad bit) = 4bit이므로 ∴ BPS = 1,600[baud] × 4[bit] = 6,400[bps]가 된다.
>
> 답 ④

57
B등급

다음 중 통신 속도가 1,200보(baud)일 때 한 개의 신호 단위를 전송하는 데 필요한 시간은?

① 1,200[sec]
② 1,200[msec]
③ 1 / 1,200[msec]
④ 1 / 1,200[sec]

해설

한 bit가 한 개의 신호 단위인 경우는 baud와 bps는 같게 되므로 1,200[baud]는 1,200[bps]가 된다. 그런데 1,200bps는 초당 1,200개의 신호를 전송하므로 한 개의 신호를 전송하기 위한 시간은 T = 1 / B = 1 / 1,200[sec]가 된다.

 답 ④

58
B등급

모뎀을 이용하여 단말기간 통신 시 단말기와 모뎀 사이의 신호 중 RTS는 무엇을 뜻하는가?

① 송신할 데이터가 없다.
② 수신할 데이터가 없다.
③ 송신할 데이터가 있다.
④ 수신할 데이터가 있다.

 해설

송신 요구(RTS ; Request To Send)는 모뎀을 이용하여 단말기간의 통신 시 단말기와 모뎀 사이의 신호로 '송신할 데이터가 있다.'라는 의미로 DTE에서 DCE로 보내지며, DCE의 전송 방향을 제어하는 역할을 한다.

 답 ③

59
A등급

다음 중 DSU(Digital Service Unit)의 특징에 대한 설명으로 옳지 않은 것은?

① 여러 개의 저속 데이터 흐름을 동시에 전송할 수 있다.
② DTE에서 출력되는 디지털 신호를 디지털 회선망에 적합한 신호 형식으로 변환한다.
③ 전송 선로의 양쪽 끝에 설치되어 디지털 신호를 전송로에 전송할 수 있다.
④ 직렬 단극형(Unipolar) 신호를 변형된 양극형(Bipolar) 신호로 바꾸어 준다.

 해설

DSU(Digital Service Unit)는 단말 장치와 디지털 데이터 망 사이에 접속하여 디지털 신호를 변조하지 않고, 디지털 전송로를 이용하여 고속의 데이터 전송에 사용되는 회선 종단 장치로 회로의 구성이 간단하고, 직류 전송을 하기 때문에 모뎀에 비해 경제적이다.
① 군 대역(Group Band) 모뎀에 대한 설명으로 음성 대역이 다중화 된 넓은 대역폭을 사용한다.

 답 ①

60
 B등급

다음 중 반송파로 사용하는 정현파의 위상에 정보를 전송하고, 정보에 따라 위상을 변환시키는 방식은?

① 진폭 편이 변조

② 주파수 편이 변조

③ 위상 편이 변조

④ 진폭 위상 편이 변조

> 해설
>
> 위상 편이 변조(PSK)는 한 번의 변조로 여러 비트의 전송이 가능하고, 잡음에 강하여 효율적이다. 또한, 2,400bps 이상의 중고속 동기식 변복조기에 이용된다.
>
> 답 ③

61
 C등급

다음 중 프로토콜의 전송 방식이 <u>아닌</u> 것은?

① 비트(Bit) 방식

② 바이트(Byte) 방식

③ 문자(Character) 방식

④ 워드(Word) 방식

> 해설
>
> ① 비트(Bit) 방식 : 전송 데이터의 처음과 끝에 특수한 플래그 문자를 포함시켜 비트 메시지를 구성하는 방식이다.
> ② 바이트(Byte) 방식 : 전송 데이터의 헤더에 데이터 문자수, 메시지 수신 상태 등의 제어 정보를 포함시켜 전송하는 방식이다.
> ③ 문자(Character) 방식 : 전송 데이터의 처음과 끝에 동기를 위한 전송 제어 문자를 포함시켜 전송하는 방식이다.
>
> 답 ④

62
 A등급

다음 중 프로토콜의 개발 요소가 <u>아닌</u> 것은?

① 인터페이스

② 구문

③ 의미

④ 타이밍

> 해설
>
> 프로토콜의 기본 구성 요소
> 구문(Syntax), 의미(Semantic), 타이밍(Timing, 순서)
>
> 답 ①

63
A등급

다음의 라우팅 프로토콜 중 여러 자율 시스템(Autonomous System)간에 라우팅 정보를 교환하는 라우팅 프로토콜은?

① BGP(Border Gateway Protocol)
② RIP(Routing Information Protocol)
③ OSPF(Open Shortest Path First)
④ IGP(Interior Gateway Protocol)

해설
② 경유하는 라우터의 대수(Hop의 수량)에 따라 최단 경로를 동적으로 결정하는 프로토콜이다.
③ 라우터 간의 연결 속도를 중심으로 가중치를 두며, 대표적인 링크 상태의 프로토콜이다.
④ 하나의 자율 시스템 내에서 라우팅 정보를 교환하기 위한 프로토콜이다.

 답 ①

64
B등급

다음 중 HDLC 데이터 전송 모드의 동작 모드가 <u>아닌</u> 것은?

① 정규 응답 모드(Normal Response Mode)
② 동기 응답 모드(Synchronous Response Mode)
③ 비동기 응답 모드(Asynchronous Response Mode)
④ 비동기 평형 모드(Asynchronous Balanced Mode)

해설
• 정상 응답(NRM) : 보조국(Secondary Station)은 전송 전에 주국(Primary Station)으로부터 허가를 받아야 한다.
• 비동기 응답(ARM) : 보조국은 주국으로부터 명시적인 허가를 수신하지 않고도 전송이 허가되며, 데이터 전송을 위한 절차가 필요 없다.
• 비동기 균형(ABM) : 혼합형 스테이션을 사용하며, 주국으로부터 송신 허가를 받지 않은 상태에서 전송이 가능하다.

 답 ②

65
B등급

다음 중 전송 효율과 신뢰성이 높고, 정보 전송 단위가 프레임인 전송 제어 방식은?

① BSC
② SDLC
③ HDLC
④ 비동기

해설
• BSC : 문자 위주의 동기 전송 방식의 프로토콜로 캐릭터 동기식 전송 방식이다.
• SDLC : BSC의 단점을 보완한 프로토콜로 Point-to-Point, Multipoint, Loop 접속 방법을 사용한다.

 답 ③

66
B등급

인접하여 뒤따르는 제한된 수의 문자나 의미를 바꾸는 통신 제어 문자로서 데이터 통신 네트워크에서 보조적인 제어의 목적으로만 사용되는 것은?

① SOH

② ETX

③ EOT

④ DLE

 DLE(Data Link Escape)는 연속된 글자의 의미를 변환하거나 데이터 전송 제어 기능을 제공하며, 데이터의 투과성(Data Transparent)을 위해 삽입한다(제어 문자 앞에서 이들 문자와 조합하여 의미를 변환).

답 ④

67
A등급

다음 데이터 링크 제어 문자 중 수신측에서 송신측으로 부정 응답으로 보내는 문자는?

① NAK(Negative AcKnowledge)

② ACK(ACKnowledge)

③ STX(Start of TeXt)

④ SOH(Start Of Heading)

• ACK(ACKnowledge) : 수신 정보 메시지에 대한 긍정 응답 신호이다.
• STX(Start of TeXt) : 본문의 개시 및 정보 메시지 헤더의 종료를 표시하거나 실제 전송 데이터 집합의 시작이다.
• SOH(Start Of Heading) : 헤딩의 시작과 정보 메시지 헤더의 첫 문자로 사용한다.

답 ①

68
A등급

다음 OSI 모델의 7계층 구조 중 4계층에서부터 7계층까지를 순서대로 바르게 나열한 것은?

① Session - Transport - Presentation - Application

② Presentation - Session - Transport - Application

③ Presentation - Transport - Session - Application

④ Transport - Session - Presentation - Application

OSI 7계층
물리 계층(Physical Layer) → 데이터 링크 계층(Data Link Layer) → 네트워크 계층(Network Layer) → 트랜스포트 계층(Transport Layer) → 세션 계층(Session Layer) → 표현 계층(Presentation Layer) → 응용 계층(Application Layer)

답 ④

69
B등급

다음 중 네트워크 계층에 해당하는 프로토콜로 옳은 것은?

① RS-232C, X.21
② HDLC, BSC, PPP
③ ARP, RARP IGMP, ICMP
④ TCP, UDP

해설
• RS-232C, X.21 : 물리 계층에 해당한다.
• HDLC, BSC, PPP : 데이터 링크 계층에 해당한다.
• TCP, UDP : 전송 계층에 해당한다.

답 ③

70
B등급

다음 중 물리 계층(Physical Layer)에 대한 설명으로 틀린 것은?

① 장치와 전송 매체 간 인터페이스의 특성과 전송 매체의 유형을 규정한다.
② 전송로의 연결, 유지, 해제를 담당한다.
③ 시스템간 정보 교환을 위한 물리적인 통신 매체로 광케이블 등의 특성을 관리한다.
④ 회선 연결을 확립, 유지, 단절하기 위한 기계적, 전기적, 기능적, 절차적 특성을 정의한다.

해설
물리 계층은 통신 회선, 채널 등과 같이 시스템 간에 정보 교환을 위한 전기적인 통신 매체로 전화선이나 동축 케이블 등의 물리적 특성을 관리한다.

답 ③

71
C등급

2개의 인접한 호스트(Host) 간에 데이터의 전송을 수행하고, 전송 에러를 제어하는 기능을 가진 계층(Layer)은?

① Transport Layer
② Network Layer
③ Data Link Layer
④ Physical Layer

해설
데이터 링크 계층(Data Link Layer)은 두 시스템(노드)의 전송 링크에서 데이터 단위를 물리적 링크를 통하여 안전성 있게 전송하는 계층으로 에러 제어, 전송 제어, 흐름 제어 등의 기능을 수행한다.

답 ③

72 종점 간(End-to-End)에 오류 수정과 흐름 제어를 수행하여 신뢰성 있고, 투명한 데이터 전송을
B등급 제공하는 것은 OSI 7계층 중 어느 계층인가?

① 물리 계층
② 데이터 링크 계층
③ 네트워크 계층
④ 트랜스포트 계층

> 해설
> 전송 계층(Transport Layer)은 네트워크들의 종점간(End-To-End) 신뢰성이 투명한 데이터 전송이 기본적으로 제공되며, 전송 데이터의 다중화, 중복 데이터의 검출, 누락 데이터의 재전송 등의 기능을 담당한다.
>
> 답 ④

73 다음 OSI 7계층 중 보안을 위한 데이터 암호화와 해독화를 수행하고, 효율적인 전송을 위해 압축과
B등급 전개를 이용하는 계층은?

① 데이터 링크 계층
② 응용 계층
③ 물리 계층
④ 표현 계층

> 해설
> 표현 계층(Presentation Layer)은 데이터 구문(Syntax) 내에서 인식이 가능한 표준 형식(코드 변환, 구문 검색 등)으로 재구성하는 계층으로 응용 계층에서 받은 데이터를 세션 계층이 다룰 수 있는 형태로 부호화하고, 세션 계층에서 받은 데이터를 응용 계층이 이해할 수 있는 형태로 변경한다.
>
> 답 ④

74 다음 중 회선 교환 방식에 대한 설명으로 옳지 <u>않은</u> 것은?
A등급

① 데이터 전송 전에 먼저 통신망을 통한 연결이 필요하다.
② 일정한 데이터 전송률을 제공하므로 두 가입자가 동일한 전송 속도로 운영된다.
③ 전송된 데이터에 있어서의 에러 제어나 흐름 제어는 사용자에 의해 수행되어야 한다.
④ 송수신자 간의 실시간 데이터 전송에 적합하지 않다.

> 해설
> 회선 교환(Circuit Switching) 방식은 전송 데이터의 에러 제어나 흐름 제어는 사용자가 수행하며, 데이터 전송률은 동일한 전송 속도로 운영된다.
> ④ 경로가 확보되면 지속적인 데이터 전송을 할 수 있어 지연 시간이 거의 없는 실시간 응용에 적합하다.
>
> 답 ④

75 다음 중 패킷 교환 방식을 사용하는 목적이 <u>아닌</u> 것은?

A등급

① 채널과 포트의 통계적 다중화 기능을 제공하기 위해서이다.
② 다수의 사용자 간에 비대칭적 데이터 전송을 원활하게 하기 위해서이다.
③ 자원의 독점을 하기 위해서이다.
④ 모든 사용자 간에 빠른 응답 시간을 제공하기 위해서이다.

> 해설
> 패킷 교환(Packet Switching) 방식은 회선 교환 방식과 메시지 교환 방식의 장점을 결합한 것으로 모든 사용자 간 빠른 응답 시간을 제공한다. 또한, 자원의 독점이 아닌 자원의 공유를 위해서 사용한다.
>
> 답 ③

 76 다음 중 버스형(Bus Topology)에 대한 설명으로 옳지 <u>않은</u> 것은?

A등급

① 가장 간단한 형태로 모든 네트워크 노드가 같은 선으로 연결되어 있다.
② 각 노드는 고유한 노드를 나타내는 할당 주소를 표시한다.
③ 설치가 용이하여 LAN의 대부분이 버스형 구조를 갖는다.
④ 양방향 통신이 가능하지만 신뢰성과 확장성이 어렵다.

> 해설
> 버스형은 단방향 통신이 가능하고, 단순한 구조 형태이지만 신뢰성과 확장성이 편리하다. 또한 오류의 발생 위치를 찾기 힘들며, 버스 회선이 고장 나면 전체 통신이 두절된다.
>
> 답 ④

 77 다음 중 통신 선로가 가장 짧아 제어 및 관리, 확장이 용이하며, 분산 처리 시스템이 가능한 형태는?

A등급

① 버스형   ② 계층형
③ 성형   ④ 망형

> 해설
> 계층형(Tree Topology)은 분산 형태의 구조를 가지며, 데이지 체인(Daisy Chain)으로 연결된 여러 개의 선형 버스들로 구성된다(단말기 제어기에 연결하고, 사설 교환기에 이용). 또한 하나의 선형 버스로 연결된 허브는 두 개 이상의 버스로 분리한다.
>
> 답 ②

78 다음의 〈보기〉에서 설명하는 토폴로지(Topology) 형태는?
A등급

> 보
> 기
> • 중앙 컴퓨터 고장 시 전체 시스템에 문제가 발생한다.
> • 네트워크의 확장이 용이하며, 회선 교환 방식에 적합하다.

① Tree Topology   ② Mesh Topology

③ Star Topology   ④ Bus Topology

해설
성형(Star Topology)은 모든 스테이션이 중앙 스위치에 연결된 형태로 두 스테이션은 회선 교환에 의해 통신을 한다. 또한, 각 노드는 별도의 전선으로 중앙 시스템에 일 대 일로 연결된다(중앙 집중식 형태).

 답 ③

79 다음 중 25개의 구간을 망형으로 연결하면 필요한 회선의 수는 몇 회선인가?
B등급

① 250   ② 300

③ 350   ④ 500

해설

망형(Mesh) 통신 회선(링크)의 수 $= \dfrac{N(N-1)}{2} = \dfrac{25 \times 24}{2} = 300$ 이다.

 답 ②

80 다음 중 LAN(Local Area Network)의 특징으로 옳지 <u>않은</u> 것은?
A등급

① 오류 발생율이 낮다.   ② 통신 거리에 제한이 없다.

③ 경로 선택이 필요하지 않다.   ④ 망에 포함된 자원을 공유한다.

해설

근거리 통신망(LAN)은 건물, 기업, 학교 등 비교적 가까운 거리에 있는 컴퓨터들끼리 연결하는 통신망으로 전송 거리가 짧아 전송로의 비용이 부담되지 않고 수 Km 범위 이내의 지역으로 한정되므로 거리에 제한이 있다.

 답 ②

81
A등급

다음 중 종합 정보통신망(ISDN)에 대한 설명으로 <u>부적당한</u> 것은?

① 음성 및 비음성 서비스를 포함한 광범위한 서비스를 제공한다.

② 기본 통신 계층, 네트워크 계층, 통신 처리 계층, 정보 처리 계층으로 분류된다.

③ 64Kbps의 디지털 기본 접속 기능을 제공한다.

④ OSI 참조 모델에 정의된 계층화된 프로토콜 구조가 적용된다.

> 해설
>
> 종합 정보통신망(ISDN)은 디지털 전송에 의한 통신망으로 전화, 데이터, 화상, 팩시밀리 등 전기 통신 서비스를 통합적으로 제공하는 디지털 통신망으로 전화 교환망에 디지털 기능을 추가하여 새로운 통신 서비스를 제공한다.
>
> 답 ②

82
A등급

최근 고속 인터넷 통신을 위해 각광 받는 기술로 양쪽 방향의 전송 속도가 서로 다른 특징을 가지고, 데이터 통신과 일반 전화를 동시에 이용하는 통신 기술은?

① ADSL ② ISDN

③ CATV ④ Frame Relay

> 해설
>
> 비대칭 디지털 가입자 회선(ADSL)은 전화 회선을 통해 높은 대역폭의 디지털 정보를 전송하는 기술로 전화국과 각 가정이 1:1로 연결되어 있어 고속 데이터 통신이 가능하다. 또한, 전화국에서 사용자까지의 하향 신호는 고속 통신이고, 사용자에서 전화국까지의 상향 신호는 저속 통신이다.
>
> 답 ①

83
B등급

다음 IP Address의 설명 중 옳지 <u>않은</u> 것은?

① IP Address는 32bit 크기로 8bit 씩 4개의 필드로 분리 표기된다.

② IP Address는 32bit로 표시되므로 총 32개가 된다.

③ A 등급인 경우 연결 가능 호스트 수는 256 × 256 × 256이다.

④ C 등급의 연결 가능 호스트 수는 256이다.

> 해설
>
> IP Address는 32bit로 표시되므로 총 2^{32}개가 된다.
>
> 답 ②

84

A등급

TCP/IP 네트워크를 구성하기 위해 1개의 C 클래스 주소를 할당받았다. C 클래스 주소를 이용하여 네트워크상의 호스트들에게 실제로 할당할 수 있는 최대 IP 주소의 개수는?

① 253개　　　　　　　　　　　　　　② 254개

③ 255개　　　　　　　　　　　　　　④ 256개

 C 클래스로 할당받은 IP 주소가 203.121.212.0~203.121.212.255 일 때 하나의 네트워크 안에 주소를 부여할 수 있는 개수는 256개이다. 0번과 255번은 시스템 어드레스라 하여 실제 사용되지 않으므로 실제 할당할 수 있는 최대 IP 주소의 개수는 254개이다.

답 ②

85

A등급

다음 중 인터넷에서 사용하는 표준 프로토콜인 TCP/IP에 대한 설명으로 옳지 않은 것은?

① TCP/IP를 이용하면 컴퓨터 기종에 관계없이 인터넷 환경에서의 정보 교환이 가능하다.

② TCP는 전송 데이터의 흐름을 제어하고 데이터의 에러 유무를 검사한다.

③ IP는 패킷 주소를 해석하고 복격지로 전송하는 역할을 한다.

④ OSI 계층 구조에서는 총 5개의 계층으로 이루어진다.

 TCP/IP는 OSI 계층 구조에서 총 4개의 계층(링크 계층, 인터넷 계층, 전송 계층, 응용 계층)으로 이루어진다.

답 ④

86

A등급

다음 중 TCP 프로토콜에 대한 설명으로 잘못된 것은?

① 메시지나 파일을 작은 패킷으로 나누어 전송하거나 수신된 패킷을 원래의 메시지로 재조립한다.

② 신뢰성과 보안성이 우수하며, 연결형 프로토콜 방식을 사용한다.

③ 접속형(Connection-Oriented) 서비스, 전이중(Full-Duplex) 서비스 등을 제공한다.

④ OSI 7계층 중 네트워크 계층(Network Layer)에 해당한다.

 • TCP 프로토콜은 OSI 7계층 중 전송 계층(Transport Layer)에 해당한다.
• IP 프로토콜은 OSI 7계층 중 네트워크 계층(Network Layer)에 해당한다.

답 ④

87 다음 중 인터넷 서비스에 대한 설명으로 옳지 <u>않은</u> 것은?

C등급

① Archie는 전 세계 인터넷의 익명 FTP 사이트 정보를 쉽게 검색할 수 있는 서비스이다.

② FTP는 국내 PC 통신의 토론 광장과 유사한 형태로 일정한 주제를 놓고 여러 사람이 토론을 벌이는 인터넷 서비스이다.

③ Telnet은 멀리 떨어져 있는 컴퓨터에 접속하여 마치 자신의 컴퓨터처럼 사용할 수 있도록 해주는 서비스이다.

④ Gopher는 메뉴 방식의 정보 검색 서비스이다.

해설 파일 전송(FTP ; File Transfer Protocol)은 인터넷을 통하여 파일을 송수신할 수 있는 서비스이다.

답 ②

88 다음 중 〈보기〉의 (　) 안에 들어갈 용어가 순서대로 나열된 것은?

B등급

> 보기
> (　)는/은 기업 내의 사설 네트워크로 회사의 정보나 컴퓨팅 자원을 직원들 간에 공유하게 하는데 그 목적이 있으며, 이의 확장 개념인 (　)는/은 (　)을/를 통해 고객, 협력사 그리고 회사 외부의 인가된 사람에게까지 일부 정보를 공유할 수 있게 해줄 수 있기에 (　)이/가 요구된다.

① 인터넷, 인트라넷, VPN(가상 사설망), 전자 서명

② 인트라넷, 엑스트라넷, VPN(가상 사설망), 보안

③ 인트라넷, 인터넷, 라우터, 암호화

④ 인트라넷, 인터넷, 라우터, 전자 서명

해설
• 인트라넷 : 기업 내부의 정보망을 인터넷에 흡수하여 경영의 합리화와 효율성 증대를 추구한다.
• 엑스트라넷 : 인트라넷의 적용 범위를 확대해서 기업 대 기업을 대상으로 하는 정보 시스템이다.
• 가상 사설망 : 인터넷과 같은 공중망을 마치 전용선으로 사설망을 구축한 것처럼 사용하는 방식이다.

답 ②

89 C등급 다음 중 웹 브라우저에 지원하지 않은 서비스는?

① 전자 우편 서비스
② FTP 서비스
③ HTTP 서비스
④ SNMP 서비스

 간이망 관리 프로토콜(SNMP)
요구와 응답의 2가지 기능을 사용하여 망 관리 정보를 수집, 관리하는 프로토콜이다(망 관리 정보 베이스(MIB)의 총칭).

답 ④

90 C등급 다음 중 웹 사이트의 방문 기록을 남겨 사용자와 웹 사이트를 연결시켜 주는 인터넷 서비스는?

① 풀(Pull)
② 푸시(Push)
③ 쿠키(Cookie)
④ 캐싱(Caching)

• 풀(Pull) : 브라우저가 웹 서버로부터 요청하여 받은 웹 페이지를 화면에 보여주는 방식이다.
• 푸시(Push) : 요청하지 않은 정보를 웹 서버가 보내주며, 사용자는 이런 기술을 지원 받기 위해서 별도의 플러그인 소프트웨어가 필요하다.
• 캐싱(Caching) : 자주 사용하는 사이트를 하드 디스크에 저장하고, 해당 자료에 접근하면 미리 저장한 하드 디스크의 자료를 빠르게 보여준다.

답 ③

91 C등급 다음 중 뉴스나 블로그 등과 같이 콘텐츠가 자주 업데이트 되는 사이트들의 정보를 자동적으로 사용자들에게 알려 주기 위한 웹 서비스 기술은?

① RSS(Really Simple Syndication)
② VoIP(Voice over Internet Protocol)
③ IPSec(Internet Protocol Security)
④ ESP(Encapsulating Security Payload)

• VoIP : 네트워크상에서 음성 데이터를 IP 데이터 패킷으로 변환하여 음성 통화를 가능하게 하는 기술이다.
• IPSec : 인터넷 프로토콜에서 보안성을 제공해 주는 표준화된 기술이다.

답 ①

92
B등급

다음 중 프로토콜이 전혀 다른 네트워크 사이를 결합하는 것은?

① 리피터(Repeater)
② 브리지(Bridge)
③ 라우터(Router)
④ 게이트웨이(Gateway)

> 해설
>
> 게이트웨이는 서로 다른 형태의 네트워크를 상호 접속하는 장치로 필요한 경우 형식, 주소, 프로토콜의 변환을
> 수행한다(LAN과 외부 네트워크를 연결).
>
> 답 ④

93
A등급

다음 중 적절한 전송 경로를 선택하고, 이 경로로 데이터를 전달하는 인터넷 워킹(Internetworking) 장비는?

① 리피터(Repeater)
② 브리지(Bridge)
③ 라우터(Router)
④ 허브(Hub)

> 해설
>
> 라우터(Router)는 LAN을 연결하여 정보를 주고받을 때 가장 효율적인 경로를 선택하여 패킷을 전송하는 장치
> 이다(수신된 패킷에 의해 네트워크 노드를 결정).
>
> 답 ③

94
C등급

다음 중 NCSC(미국 국립 컴퓨터 보안센터)에서 규정한 보안 등급 순서를 높은 수준부터 낮은 수준 순으로 올바르게 나열한 것은?

① A1 - B1 - B2 - B3 - C1 - C2 - D1
② D1 - C2 - C1 - B3 - B2 - B1 - A1
③ A1 - B3 - B2 - B1 - C2 - C1 - D1
④ D1 - C1 - C2 - B1 - B2 - B3 - A1

> 해설
>
> NCSC(미국 국립 컴퓨터 보안센터)에서 규정한 보안 등급은 보안 정책, 접근 방식, 인증 정도에 따라 (낮음)
> D1 → C1 → C2 → B1 → B2 → B3 → A1 (높음)으로 구분한다.
>
> 답 ③

95
A등급

다음의 〈보기〉에서 설명하는 내용에 맞는 것은?

보기
- 인터넷과 같은 공개된 네트워크상에서 전자상거래를 위한 신용 카드 거래를 안전하게 하기 위한 표준 프로토콜이다.
- RSA 암호화 기술에 기초를 두고 있다.
- 이용 고객, 전자 상점 및 금융 기관 모드가 암호화 통신을 하므로 고객 신용 정보가 노출될 우려가 없다.

① SSL
② SET
③ SSH
④ SMTP

해설
① 웹 브라우저와 서버를 위한 보안 방법으로 비대칭형 암호 시스템을 사용한다.
③ 암호 통신을 이용해서 다른 컴퓨터에 접속한 후 명령을 실행하거나 파일을 조작하는 규약이다.
④ 전자 우편의 송신을 담당하는 프로토콜이다.

 ②

96
A등급

다음 중 인터넷상에서 보안을 위협하는 유형에 대한 설명으로 옳지 않은 것은?

① 스파이웨어(Spyware) : 사용자 동의 없이 사용자 정보를 수집하는 프로그램이다.
② 분산 서비스 거부 공격(DDoS) : 데이터 패킷을 범람시켜 시스템의 성능을 저하시킨다.
③ 스푸핑(Spoofing) : 신뢰성 있는 사람이 데이터를 보낸 것처럼 데이터를 위변조하여 접속을 시도한다.
④ 스니핑(Sniffing) : 악성 코드인 것처럼 가장하여 행동하는 프로그램이다.

해설
스니핑(Sniffing)은 네트워크 주변의 모든 패킷을 엿보면서 계정(Account)과 암호(Password)를 알아내는 행위로 1회용 암호를 사용하거나 지정된 암호를 자주 변경한다.

답 ④

97
B등급

컴퓨터 시스템의 보안 예방책을 침입하여 시스템에 무단 접근하기 위해 사용되는 일종의 비상구를 무엇이라고 하는가?

① 클리퍼 칩
② 백 도어
③ 부인 봉쇄
④ 스트리핑

 해설
- 부인 봉쇄(부인 방지) : 메시지의 수신, 발신 자체를 부인하는 것을 막을 수 있는 방법이다.
- 스트리핑(Striping) : 동일 데이터를 여러 대의 디스크에 분산 저장함으로써 입출력을 가능하게 하는 기술이다.

 답 ②

98
C등급

해킹의 한 유형으로 악성 프로그램(Malicious Program)을 이용하는 방법이 있다. 다음 중 이 방법과 가장 거리가 먼 것은?

① 백 도어(Back Door)를 이용하는 방법
② 전자 서명을 이용하는 방법
③ 웜(Worm)을 이용하는 방법
④ 트로이 목마를 이용하는 방법

 해설
①, ③, ④ 보안의 위협 요소이고, 전자 서명은 문서나 메시지를 보낸 사람의 신원이 사실임을 증명하는 것이다.

 답 ②

99
A등급

다음 중 자기 복제 기능은 없지만 정상적인 프로그램으로 위장하고 있다가 프로그램이 실행되면 시스템에 손상을 주는 악의적인 루틴은 무엇인가?

① 트로이 목마(Trojan Horse)
② 트랩 도어(Trap Door)
③ 피싱(Phishing)
④ 침입 방지 시스템(IPS)

 해설
- 트랩 도어 : 응용 프로그램이나 운영체제 개발 시 프로그램 오류를 쉽게 발견하기 위해 코드 중간에 중단 부분을 만들어 놓는 행위이다.
- 피싱 : 불특정 다수에게 메일을 발송해 위장된 홈 페이지로 접속하도록 한 후 인터넷 이용자들의 금융 정보 등을 빼내는 신종 사기 수법이다.
- 침입 방지 시스템 : 공격자가 특정 공격을 시도하기 전에 공격을 미리 차단하는 시스템이다.

 답 ①

100 인가된 사용자 혹은 외부의 침입자에 의해 컴퓨터 시스템의 허가되지 않은 사용이나 오용 또는 악용과
같은 침입을 알아내기 위한 시스템을 무엇이라고 하는가?

A등급

① 침입 탐지 시스템(Intrusion Detection System)
② 전자 인증 시스템(Electronic Authentication System)
③ 암호화 시스템(Encryption System)
④ 방화벽 시스템(Firewall System)

 침입 탐지 시스템(IDS)은 네트워크 장비나 방화벽 시스템에서 모든 포트의 동작을 감시하고, 침입이 의심되는
패턴을 찾는다. 또한, 각종 해킹 기법을 자체적으로 내장하여 실시간으로 감지 및 제어할 수 있도록 한다.

답 ①

101 다음의 〈보기〉가 설명하고 있는 보안 위협 요소는 무엇인가?

A등급

 • 여러 대의 컴퓨터를 일제히 동작하게 하여 특정 사이트를 공격하는 해킹 방식이다.
• 서비스 거부 공격이라는 해킹 수법의 하나로 한 명 또는 그 이상의 사용자가 시스템의 리소스를
독점하거나 파괴함으로써 시스템이 더 이상 정상적인 서비스를 할 수 없도록 만드는 공격 방법이다.

① DDoS   ② Syn Flooding
③ Sniffing   ④ Spoofing

 • 분산 서비스 거부 공격(DDoS) : 많은 호스트에 패킷을 범람시킬 수 있는 공격용 프로그램을 분산 설치하여
표적 시스템의 성능을 저하시키거나 마비시키는 공격 방법이다.
• Syn Flooding : TCP 프로토콜의 신뢰성을 역으로 이용하는 공격 기법이다.

답 ①

102
A등급

다음 중 서비스 거부 공격(DoS)에 대한 설명으로 옳지 <u>않은</u> 것은?

① 라우터의 필터링 기능과 협정 접속률(CAR) 기능을 이용하여 차단한다.

② 접속 트래픽과 DoS 공격 패킷을 구분해야 하는데 이를 위해 모니터링 툴과 침입 방지 시스템을 적절히 이용한다.

③ 다량의 패킷을 목적지 서버로 전송하거나 서비스 대기중인 포트에 특정 메시지를 대량으로 전송하여 서비스를 불가능하게 한다.

④ 로컬 호스트의 프로세서를 과도하게 사용함으로서 서비스에 장애를 준다.

> 서비스 거부 공격(DoS)은 네트워크나 호스트에 많은 양의 트래픽을 증가시켜 통신을 방해하는 공격 방식으로 시스템이 다운되거나 시스템 자원을 사용할 수 없게 한다.
> ① 분산 서비스 거부 공격(DDoS)에 대한 설명이다.
>
> 답

103
A등급

다음 중 시스템의 보안 취약점을 활용한 공격 방법에 대한 설명으로 옳지 <u>않은</u> 것은?

① Sniffing 공격은 네트워크상에서 자신이 아닌 다른 상대방의 패킷을 엿보는 공격이다.

② Exploit 공격은 공격자가 패킷을 전송할 때 출발지와 목적지의 IP 주소를 같게 하여 공격 대상 시스템에 전송하는 공격이다.

③ SQL Injection 공격은 웹 서비스가 예외적인 문자열을 적절히 필터링하지 못하도록 SQL문을 변경하거나 조작하는 공격이다.

④ XSS(Cross Site Scripting) 공격은 공격자에 의해 작성된 악의적인 스크립트가 게시물을 열람하는 다른 사용자에게 전달되어 실행되는 취약점을 이용한 공격이다.

> • Exploit(취약점) 공격 : 컴퓨터의 소프트웨어나 하드웨어 및 컴퓨터 관련 전자 제품의 버그, 보안 취약점 등 설계상 결함을 이용해 공격자의 의도된 동작을 수행하도록 만들어진 절차나 일련의 명령, 스크립트, 프로그램 또는 특정한 데이터 조각을 말하며, 이러한 것들을 사용한 공격 행위를 이르기도 한다.
> • SQL Injection : 데이터베이스를 비정상적으로 조작하는 공격 방법이다.
> • XSS : 공격자가 웹 서버에 게시물을 통해 악성 스크립트를 업로드하고, 사용자는 해당 게시물을 클릭했을 때 악성 스크립트가 실행되는 기법이다.
>
> 답

104
B등급

다음 중 네트워크상에서 중요한 거래가 이루어지는 경우에 보장되어야 할 사항이 <u>아닌</u> 것은?

① 비밀 유지(Confidentiality)　　　② 무결성(Integrity)
③ 인증(Authentication)　　　　　④ 부인 가능(Repudiation)

> **해설**
> 네트워크상에서의 보안 요건으로는 기밀성, 무결성, 가용성, 인증, 부인 방지가 있다.
>
> 답 ④

105
A등급

다음 중 암호화(Encryption)에 관한 설명으로 옳지 <u>않은</u> 것은?

① 자기 자신만이 쓸 수 있는 비밀키는 암호화와 복호화 모두에 쓰인다.
② 전자 서명은 비대칭형 암호 방식에 기반을 두고 있다.
③ 비밀키는 지정된 인정 기관에 의해 제공받는다.
④ 대칭형 암호 방식에 DES가 있다.

> **해설**
> 비밀키는 암호 작성 및 해독 기법에서 암호화 및 복호화를 위해 비밀 메시지를 교환하는 당사자만이 알고 있는 키이다.
>
> 답 ③

106
B등급

다음 중 암호화 기술에 대한 설명으로 옳지 <u>않은</u> 것은?

① 암호화 기술은 공개키 방식과 비밀키 방식이 있다.
② 암호문을 평문으로 바꾸는 것을 복호화라 한다.
③ 암호화 알고리즘은 수학의 정수론을 많이 활용한다.
④ 대표적 암호화 알고리즘은 IRC와 SET가 있다.

> **해설**
> • IRC : 인터넷 상에서 사용자들이 서로 채팅을 할 수 있는 서비스이다.
> • SET : 신용카드나 금융거래 안전을 위한 보안 접근 방법이다.
>
> 답 ④

107
B등급

다음 중 네트워크 보안 취약성을 극복하기 위해 시스템 내에 구현해야 할 보안 기능에 대한 설명으로 옳지 <u>않은</u> 것은?

① 접근 통제(Access Control) : 시스템의 자원 이용에 대한 불법적인 접근을 방지하는 과정을 말하며, 크래커의 침입으로부터 보호한다.
② 무결성(Integrity) : 정보 전달 도중 데이터를 보호하여 항상 올바른 데이터를 유지한다.
③ 부인 방지(Non-Repudiation) : 송신자의 송신 여부와 수신자의 수신 여부를 확인하는 기능으로 송수신자측이 송수신 사실을 부인하는 것을 방지한다.
④ 인증(Authentication) : 전달 데이터를 제3자가 읽지 못하도록 비밀성을 유지하는 기능을 말한다.

해설

인증성(Authentication)은 정보를 보내는 사람의 신원을 확인하는 것으로 사용자 접근 권한 및 작업 수행을 조사한다. 또한, 네트워크 보안 유지 수단의 하나로 네트워크에 접속하는 사용자 ID 등을 검사하여 거짓 인증으로부터 시스템과 정보를 보호한다.

 답 ④

108
B등급

컴퓨터 이용의 확산과 함께 정보 보호를 위해서는 시스템을 안전하게 보호하는 것이 매우 중요하다. 다음의 보안 방법에 대한 설명 중 <u>잘못된</u> 것은?

① 개인의 지문을 통해 사용자 인증을 할 수 있다.
② 방화벽을 설치하여 외부에서 들어오는 좋지 않은 정보들의 불법 침입을 막는다.
③ 비밀키 암호화 기법은 키의 크기가 크고 알고리즘이 복잡하여 효율성이 떨어지는 단점이 있다.
④ 워터마킹을 통해 디지털 콘텐츠에 저작원의 정보를 삽입하여 불법 복제를 막는다.

해설

개인키/비밀키
• 암호키와 복호키 값이 동일하고, 암호문 작성과 해독 과정에서 개인키를 사용한다.
• 알고리즘이 간단하여 암호화 속도가 빠르고, 파일의 크기가 작아 경제적이다.

 답 ③

109

A등급

다음 중 공개키를 이용한 암호화 기법에서 암호화키와 해독키에 대한 설명으로 옳은 것은?

① 암호키와 해독키를 모두 공개한다.
② 암호키와 해독키를 모두 비공개한다.
③ 암호키는 비공개하고, 해독키는 공개한다.
④ 암호키는 공개하고, 해독키는 비공개한다.

데이터를 암호화할 때 사용하는 키(암호키, 공개키)는 공개하고, 복호화할 때 키(해독키, 비밀키)는 비공개한다.

 답 ④

110

A등급

다음 중 공개키 암호화 기법에 대한 설명으로 옳지 <u>않은</u> 것은?

① 데이터 암호화 표준으로 IBM에서 처음으로 개발하였다.
② 공개키로 암호화한 것은 비밀키로, 비밀키로 암호화한 것은 공개키로 복호화한다.
③ 실행 속도가 대칭키 암호화 기법에 비해 느리다.
④ RSA가 대표적이며, 전자 서명 등에 사용된다.

공개키 암호화 기법은 RSA가 가장 대표적이며, 이는 Ron Rivest, Adi Shamir, Leonard Adleman라는 세 사람이 개발하였다.

답 ①

111

A등급

다음 중 암호화 기법인 RSA의 특징에 해당하지 <u>않는</u> 것은?

① 암호키와 복호키 값이 서로 다르다.
② 키의 크기가 작고 알고리즘이 간단하여 경제적이다.
③ 적은 수의 키만으로 보안 유지가 가능하다.
④ 데이터 통신 시 암호키를 전송할 필요가 없고, 메시지 부인 방지 기능이 있다.

DES(대칭키)
• 암호키와 복호키 값이 서로 동일하며, 암호문 작성과 해독 과정에서 개인키를 사용한다.
• 여러 사람과 정보 교환 시 다수의 키를 유지하며, 사용자 증가에 따른 키의 수가 많다.
• 알고리즘이 간단하여 암호화 속도가 빠르고, 파일의 크기가 작아 경제적이다.

 답 ②

05 자료 구조

 01
C등급

효율적인 프로그램을 작성할 때 우선적으로 고려해야 할 사항은 저장 공간의 효율성과 실행 시간의 신속성이다. 이때, 자료 구조에 관한 설명으로 거리가 <u>먼</u> 것은?

① 자료 구조는 자료의 표현과 그것과 관련된 연산이다.
② 자료 구조는 일련의 자료들을 조직하고 구조화하는 것이다.
③ 어떠한 자료 구조에서도 필요한 모든 연산들을 처리하는 것이 가능하다.
④ 처리할 문제가 주어지면 평소에 주로 사용하던 자료 구조를 적용하는 것이 좋다.

> 해설 처리할 문제가 주어지면 평소에 사용하던 자료 구조를 사용하는 것이 아니라 주어진 문제에 가장 적합하고, 효율적인 자료 구조를 사용해야 한다.
>
> 답 ④

 02
A등급

다음 중 스택의 응용 분야와 거리가 <u>먼</u> 것은?

① 운영체제의 작업 스케줄링
② 함수 호출의 순서 제어
③ 인터럽트의 처리
④ 수식의 계산

> 해설 스택(Stack)의 응용 분야에는 부프로그램 호출과 복귀, 함수 호출, 서브루틴 복귀 번지 저장, 인터럽트 처리, 산술식 표현, 되부름(Recursion, 순환 호출), 수식 계산 등이 있다.
> ① 큐(Queue)의 응용 분야에 해당한다.
>
> 답 ①

03 다음 중 비선형 구조와 선형 구조가 옳게 짝지어진 것은?

A등급

> ㉠ 스택(Stack)   ㉡ 큐(Queue)   ㉢ 트리(Tree)
> ㉣ 연결 리스트(Linked List)   ㉤ 그래프(Graph)

① 비선형 구조 : ㉠, ㉡, ㉤   선형 구조 : ㉢, ㉣
② 비선형 구조 : ㉢, ㉤   선형 구조 : ㉠, ㉡, ㉣
③ 비선형 구조 : ㉠, ㉡, ㉢   선형 구조 : ㉣, ㉤
④ 비선형 구조 : ㉢   선형 구조 : ㉠, ㉡, ㉣, ㉤

> 해설
> • 선형 구조 : 연접 리스트(Densed List), 연결 리스트(Doubly Linked List), 스택(Stack), 배열(Array), 큐(Queue), 데크(Deque)
> • 비선형 구조 : 트리(Tree), 이진 트리(Binary Tree), 그래프(Graph)
>
> 답 ②

04 다음의 스택 알고리즘에서 T가 스택 포인터이고, M이 스택의 길이일 때 서브루틴 AA가 처리해야

C등급 하는 것은?

> T ← T+1
> if T > m then goto AA else X(T) ← Y

① 오버플로 처리   ② 언더플로 처리
③ 입력 처리   ④ 출력 처리

> 해설
> 스택 포인터 T를 증가시킨 결과가 스택의 길이인 m보다 크다는 것은 스택에 Overflow의 발생을 의미한다.
>
> 답 ①

05 다음 중 순서가 A, B, C, D로 정해진 입력 자료를 스택에 입력하였다가 출력한 결과로 가능한 것이
C등급 <u>아닌</u> 것은?

① B, A, D, C

② D, A, B, C

③ B, C, D, A

④ C, B, A, D

해설 PUSH는 스택에 자료를 입력하고, POP은 스택에서 자료를 출력하는 명령이다. D 출력 후에 A를 출력해야
하는데 C와 B를 출력하지 않으면 A는 출력이 불가능하므로 ②의 구현은 불가능하다.
① A, B를 넣고 B 먼저 뺀 다음 A를 빼고, C와 D를 투입하여 D와 C 순으로 빼면 구현이 가능하다.
③ A와 B를 넣고 B를 뺀 다음 C를 넣었다 빼고 D를 넣었다 뺀 뒤 A를 마지막으로 빼면 구현이 가능하다.
④ A, B, C를 넣고 C, B, A 순으로 뺀 다음 마지막으로 D를 넣었다 빼면 구현이 가능하다.

답 ②

06 다음 설명이 의미하는 것은?
A등급

- 삽입과 삭제가 리스트의 양쪽 끝에서 발생할 수 있는 형태이다.
- 입력이 한쪽에서만 발생하고 출력은 양쪽에서 일어날 수 있는 입력 제한과 입력은 양쪽에서 일어
  나고 출력은 한곳에서만 이루어지는 출력 제한이 있다.

① 스택

② 큐

③ 다중 스택

④ 데크

해설 • 입력 제한 데크 : 입력이 한쪽 끝에서만 수행되는 형태로 스크롤(Scroll)이라 한다.
• 출력 제한 데크 : 출력이 한쪽 끝에서만 수행되는 형태로 셀프(Shelf)라 한다.

답 ④

07 다음 중 데크(Deque)에 관한 설명으로 옳지 <u>않은</u> 것은?
B등급

① 삽입과 삭제가 양쪽 끝에서 일어난다.

② 스택과 큐를 복합한 형태이다.

③ 사용하는 포인터는 한 개다.

④ 입력 제한 데크를 Scroll이라고 한다.

해설 데크는 선형 구조 중 가장 일반적인 형태로 LEFT와 RIGHT의 2개의 포인터가 있다.

 답 ③

08 다음 중 배열(Array)에 대한 설명으로 틀린 것은?
C등급

① 가장 간단한 구조로 각 요소들은 동일 데이터 타입의 인덱스 값을 표현한다.
② 동일 자료의 집합으로 첨자(Subscript)를 이용하여 각 원소를 구분한다.
③ 삽입과 삭제가 용이하고, 기록 밀도가 1에 해당한다.
④ 같은 크기의 기억 장소를 연속적 공간에 놓고 원하는 데이터를 기록하거나 액세스한다.

해설 배열은 삽입과 삭제가 어렵고, 메모리에 종속적인 것이 단점이다. 또한, 배열을 이루는 각 자료들을 배열 요소라 하고, 배열된 순서대로 위치를 지정한다.

답 ③

09 다음 중 선형 리스트의 특징이 아닌 것은?
B등급

① 가장 간단한 데이터 구조 중 하나이다.
② 배열과 같이 연속되는 기억 장소에 저장되는 리스트를 말한다.
③ 기억 장소 효율을 나타내는 메모리 밀도가 1이다.
④ 데이터 항목을 추가하거나 삭제하는 것이 용이하다.

해설 선형 리스트는 배열(Array) 구조로 액세스 속도가 빠르고, 메모리에 종속적이지만 데이터 항목의 삽입 및 삭제는 어렵다.

 답 ④

10
B등급

다음 중 연결 리스트(Linked List)에 대한 설명으로 거리가 먼 것은?

① 노드의 삽입이나 삭제가 쉽다.

② 노드들이 포인터로 연결되어 검색이 빠르다.

③ 연결을 해주는 포인터(Pointer)를 위한 추가 공간이 필요하다.

④ 연결 리스트 중에는 중간 노드 연결이 끊어지면 그 다음 노드를 찾기 힘들다.

해설

연결 리스트는 자료를 구성할 때 포인터 자료를 포함해서 하나의 자료를 구성하는 형태로 포인터를 이용하여 현재 자료와 관련이 있는 자료를 연결한다(포인터를 위한 추가 공간이 필요). 이때, 포인터로 연결되기 때문에 액세스 속도가 느리며, 링크 포인터만큼 기억 공간을 소모한다.

11
A등급

다음과 같은 트리(Tree) 구조에서 용어의 설명이 옳은 것은?

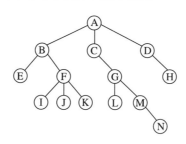

① Node는 10개이다.

② Node의 차수(Degree of Node)는 4이다.

③ 레벨(Level)은 5이다.

④ 근(Root) Node는 N이다.

해설

① 노드(Node)는 트리를 구성하는 요소로 Node는 모두 14개이다.
② 차수는 주어진 포인터에서 퍼지는 노드 개수로 Node의 차수(Degree of Node)는 3이다.
④ 근노드(Root Node)는 제일 상위 레벨에 있는 노드로 근(Root) Node는 A이다.

12
B등급

다음 중 포인터를 사용하여 리스트를 나타냈을 때 옳지 <u>않은</u> 것은?

① 새로운 노드의 삽입이 쉽다.
② 기억 공간이 많이 소요된다.
③ 한 리스트를 여러 개의 리스트로 분리하기 쉽다.
④ 노드를 리스트에서 삭제하기 어렵다.

> **해설**
> 링크 리스트(포인터를 사용한 리스트)는 노드의 삽입과 삭제가 용이하며, 메모리의 단편화를 방지할 수 있다 (Garbage Collection). 또한 연결 리스트 중에 중간 노드 연결이 끊어지면 그 다음 노드를 찾기가 힘들다.
>
> 답 ④

13
A등급

다음의 그림에서 트리의 차수(Degree)를 구하면?

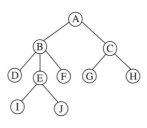

① 2   ② 3
③ 4   ④ 5

> **해설**
> 차수(Degree)는 트리 전체에서 노드의 차수(Degree)가 가장 큰 것을 말한다. A의 차수는 2, B의 차수는 3, C의 차수는 2, E의 차수는 2, G의 차수는 0이므로 차수가 가장 큰 것은 B의 차수인 3이다.
>
> 답 ②

14 다음 트리(Tree)에서 Degree와 터미널 노드의 수는?

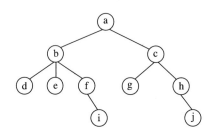

① Degree : 2, 터미널 노드 : 4
② Degree : 3, 터미널 노드 : 5
③ Degree : 4, 터미널 노드 : 2
④ Degree : 4, 터미널 노드 : 10

 • 차수(Degree) : 노드의 차수가 가장 큰 b의 차수는 3이다.
• 터미널 노드(Leaf) : 노드의 차수가 0인 노드 또는 자식이 없는 노드는 d e i g j이므로 5이다.

답 ②

15 다음의 트리 구조에 대하여 Preorder 순서로 처리한 결과가 옳은 것은?

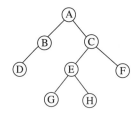

① a→b→d→c→e→g→h→f
② d→b→g→h→e→f→c→a
③ a→b→c→d→e→f→g→h
④ a→b→d→g→e→h→c→f

 전위 운행(Preorder Traversal)은 '근 → 좌측 → 우측(Root → Left → Right)' 순으로 운행하는 방법으로, 먼저 근노드를 운행하고 좌측 서브 트리를 운행한 후 우측 서브 트리를 운행한다. 즉, Root → Left → Right 순서에 따라 근노드, 좌측, 우측 순서로 운행하면 a→b→d→c→e→g→h→f가 된다.

답 ①

16

A등급

다음 그림의 이진 트리를 Preorder로 운행하고자 한다. 트리의 각 노드를 방문한 순서로 옳게 나열한 것은?

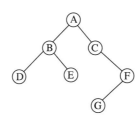

① A – B – D – E – C – F – G
② D – B – E – A – C – G – F
③ D – E – B – G – F – C – A
④ A – B – C – D – E – F – G

해설

• 1단계 : 근(A) – 좌측(B, D, E) – 우측(C, F, G)이므로 첫 번째는 A를 운행한다.
• 2단계 : 1단계의 B, D, E 노드에서 근(B) – 좌측(D) – 우측(E)에 따라 운행하면 두 번째는 B, 세 번째는 D, 네 번째는 E를 운행한다.
• 3단계 : 1단계에서 우측으로 가면 C, F, G 노드가 있는데 근(C) – 좌측(없음) – 우측(F, G)에 따라 운행하면 C를 운행한다.
• 4단계 : 3단계에서 우측으로 가면 F, G 노드가 있는데 근(F) – 좌측(G) – 우측(없음)에 따라 운행하면 근을 운행하므로 F이고, 마지막으로 좌측을 운행하면 G를 운행한다.

답 ①

17

A등급

다음 트리에 대한 Inorder 운행 결과는?

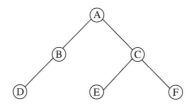

① A, B, D, C, E, F   ② D, B, A, E, C, F
③ D, B, E, C, F, A   ④ A, B, C, D, E, F

 해설

중위 운행(Inorder Traversal)은 '좌측 → 근 → 우측(Left → Root → Right)' 순으로 운행하는 방법으로, 먼저 좌측 서브 트리를 운행한 후 근노드를 운행하고, 우측 서브 트리를 운행한다. 즉, Left → Root → Right 순서에 따라 좌측, 근노드, 우측 순서로 운행하면 D → B → A → E → C → F가 된다.

답 ②

18 다음과 같은 이진 트리를 후위 순서로 순회할 때 네 번째로 방문하는 노드는?

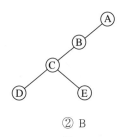

① A

② B

③ C

④ D

 후위 운행(Postorder Traversal)은 '좌측 → 우측 → 근(Left → Right → Root)' 순으로 운행하는 방법으로 먼저 좌측 서브 트리를 운행한 후 우측 서브 트리를 운행하고, 마지막으로 근노드를 운행한다. 즉, Left → Right → Root 순서에 따라 좌측, 우측, 근노드 순서로 운행하면 D → E → C → B → A가 되므로 네 번째는 B이다.

 답 ②

19 다음 중 기억 공간의 낭비 원인이 되는 널 링크 부분을 트리 순회 시 이용되도록 구성한 트리는 무엇인가?

① 신장 트리(Spanning Tree)

② 스레드 이진 트리(Thread Binary Tree)

③ 완전 이진 트리(Complete Binary Tree)

④ 경사 트리(Skewed Tree)

 스레드 이진(Thread Binary) 트리는 구조상 자노드를 가리키는 포인터와 스레드 포인터가 구별되지 않아 태그(Tag)로 구분하며, Perlis, Thornton에 의해 널 링크를 이용하는 방법이 고안되고, 스택의 도움 없이 트리를 순회할 수 있다.

 답 ②

20

C등급

다음 중 비순환적인 이진 트리 운행 알고리즘에서 스택을 사용하지 않고, 낭비되는 널(NULL) 연결 필드를 활용하여 운영하도록 고안된 이진 트리는?

① 전이진 트리

② B+ 트리

③ 사향 이진 트리

④ 스레드 이진 트리

스레드(Thread) 이진 트리는 트리를 운행할 때 스택을 이용해서 알고리즘을 운행하는 것이 불편하므로 각 운행 방법 중 적당한 운행 순서에 따라 각 노드의 영(NULL) 링크를 이용하여 전후 노드의 시작 주소를 대입하여 포인터로 추적 가능하도록 고안된 트리이다.

답 ④

21

B등급

다음 중 너비 우선 탐색(BFS)에 대한 설명으로 옳지 <u>않은</u> 것은?

① 시작 정점 V에서 시작하여 V를 방문한 것으로 표시 후 V에 인접한 모든 정점들을 다음에 방문한다.

② 정점들에 인접되어 있으면서 방문하지 않은 정점들을 계속 방문한다.

③ 각 정점을 방문할 때마다 정점은 큐에 저장된다.

④ 방문한 어떤 정점으로부터 방문되지 않은 정점에 도달할 수 없을 때 탐색이 종료된다.

해설
④ 깊이 우선 탐색(DFS)에 대한 설명으로 시작 정점 V를 기점으로 하여 V에 인접하면서 방문하지 않은 정점 W를 선택하고, W를 시작점으로 하여 깊이 우선 탐색을 다시 시작한다(스택을 사용).

답 ④

22

A등급

다음 산술문의 중위 표기(Infix)에서 후위 표기(Postfix)로 옳게 변환된 것은?

A/B＊＊C＋D＊E−A＊C

① ABC＊＊/DE＋＊AC−＊

② ABC＊＊/DE＊＋AC＊−

③ ＊＊/ABC＊＋DE＊−AC

④ ＊＊/ABC＋＊DE−＊AC

중위식(Infix)의 후위식(Postfix)으로의 변환
- 중위식에 대하여 연산 우선순위에 따라 괄호로 묶는다.
- 모든 연산자들을 그와 대응하는 오른쪽 괄호 위치로 옮긴다.
- 괄호를 제거한다.

A/B ** C+D * E−A * C = [{(A/(B ** C))+(D * E)}−(A * C)] = [{(A/(BC **))+(DE *)}−(AC *)]
　　　　　　　　　　　= [{(ABC ** /)+(DE *)}−(AC *)] = [{(ABC ** /DE * +)−(AC *)}]
　　　　　　　　　　　= ABC ** /DE * +AC * −

23 다음과 같이 주어진 후위 표기 방식의 수식을 중위 표기 방식으로 나타낸 것은?
B등급

> ABC − / DEF+ * +

① A / (B−C)+F * E+D
② A / (B−C)+D * (E+F)
③ A / (B−C)+D+E * F
④ A / (B−C) * D+E+F

중위 표기법(Infix Notation)은 연산자가 피연산자 사이에 있는 표기법으로 연산자가 중간에 놓인다(오퍼랜드 − 연산자 − 오퍼랜드).
ABC− / DEF+ * + = A/−BC+D * +E F = A/(B−C) + D * (E+F)

24 다음과 같은 중위식(Infix)을 후위식(Postfix)으로 올바르게 표현한 것은?
A등급

> A / B * (C+D)+E

① + * / AB+CDE
② CD+AB / * E+
③ AB / (CD+) * / E+
④ AB / CD + * E+

후위 표기법(Postfix Notation)은 피연산자 뒤에 연산자가 표기되는 표기법으로 연산자가 맨 뒤에 놓인다(오퍼랜드 – 오퍼랜드 – 연산자).

A / B * (C+D)+E

= AB / * (CD)++E

= AB / CD + * E +

답 ④

25
A등급

다음의 Infix로 표현된 수식을 Postfix 표기로 옳게 변환한 것은?

A = (B−C) * D+E

① ABC−D * E+ =   ② = + ABC−D * E

③ ABCDE + − = *   ④ ABC−D * +E =

중위식을 후위식으로 변환하려면 순번에 따라 (대상, 연산자, 대상)을 (대상, 대상, 연산자)로 바꾸어 표현한다.
즉, 순번을 매기면서 괄호로 묶은 후 연산자를 오른쪽으로 보낸다.

A = [{(B−C) * D}+E] → A = [{(BC−) * D}+E] → A = [{(BC−)D * }+E] → A = [{(BC−)D * }E+]
→ A[{(BC−)D * }E+]= 여기에서 괄호를 제거하면 ABC−D * E+ = 가 된다.

답 ①

26
C등급

다음 중 내부 정렬(Internal Sort)을 수행하는 것으로 옳지 **않은** 것은?

① 삽입 정렬(Insertion Sort)   ② 기수 정렬(Radix Sort)

③ 선택 정렬(Selection Sort)   ④ 균형 병합 정렬(Balanced Merge Sort)

내부 정렬(Internal Sort)의 종류
• 삽입(Insertion)법 : 삽입 정렬(Insertion Sort), 셸 정렬(Shell Sort)
• 교환(Swap)법 : 선택 정렬(Selection Sort), 버블 정렬(Bubble Sort), 퀵 정렬(Quick Sort)
• 선택(Selection)법 : 힙 정렬(Heap Sort)
• 분배(Distribution)법 : 기수 정렬(Radix Sort, = 버킷 정렬)
• 병합(Merge)법 : 2진 병합 정렬(2 – Way Merge Sort)

답 ④

27

B등급

다음 중 정렬의 수행 시간 복잡도가 <u>다른</u> 하나는?(단, 평균 시간 복잡도를 기준으로 한다)

① 선택 정렬 　　　　　　　　　② 힙 정렬
③ 버블 정렬 　　　　　　　　　④ 삽입 정렬

> **해설**
> 정렬의 수행 시간 복잡도
> • 선택, 버블, 삽입 정렬 : $O(n^2)$
> • 병합 정렬 : $O(n\log_2 n)$
> • 셸 정렬 : $O(n^{1.5})$
> • 기수 정렬 : $O(k(n+q))$ (k = 반복 횟수, q = 스택이나 큐의 수)
> • 퀵 정렬 : 평균 = $O(n\log_2 n)$, 최악 = $O(n^2)$
> • 힙 정렬 : 평균 = $O(n\log_2 n)$, 최악 = $O(n\log_2 n)$
>
> 답 ②

28

B등급

다음의 〈보기〉가 설명하고 있는 정렬 방법은 무엇인가?

> **보기**
> • 주어진 입력 파일을 크기가 2인 서브 파일로 모두 나누어서 각 서브 파일들을 정렬하는 방법
> • 두 개의 키들을 한 쌍으로 하여 각 쌍에 대하여 순서를 정하고 나서 순서대로 정렬된 각 쌍의 키들을 병합하여 하나의 정렬된 서브 리스트로 만들어 최종적으로 하나의 정렬된 파일이 될 때까지 반복한다.

① 이진 병합 정렬 　　　　　　　② 셸 정렬
③ 기수 정렬 　　　　　　　　　④ 버블 정렬

> **해설**
> 이진 병합 정렬(2 – Way Merge Sort)은 주어진 입력 파일을 크기가 2인 서브 파일로 모두 나누어서 각 서브 파일들을 정렬하는 방법으로 두 개의 키들을 한 쌍으로 하여 각 쌍에 대하여 순서를 정하고 나서 순서대로 정렬된 각 쌍의 키들을 병합하여 하나의 정렬된 서브 리스트로 만들어 최종적으로 하나의 정렬된 파일이 될 때까지 반복한다.
>
> 답 ①

29

A등급

다음 중 이진 트리 검색(Binary Tree Search)의 특징으로 가장 옳지 <u>않은</u> 것은?

① 데이터의 값에 따라 자리가 정해져, 자료의 탐색·삽입·삭제가 효율적이다.

② 데이터가 입력되는 순서에 따라 첫 번째 데이터가 근노드가 된다.

③ 데이터는 근노드와 비교하여 값이 작으면 우측으로 연결하고, 값이 크면 좌측으로 연결하여 이진 검색 트리로 구성한다.

④ 정렬이 완료된 데이터를 이진 검색 트리로 구성할 경우 사향 이진 트리가 되어 비교 횟수가 선형 검색과 동일해 진다.

 이진 트리 검색의 특징

• 데이터의 값에 따라 자리가 정해져, 자료의 탐색·삽입·삭제가 효율적이다.
• 데이터가 입력되는 순서에 따라 첫 번째 데이터가 근노드가 된다.
• 다음 데이터는 근노드와 비교하여 값이 작으면 좌측으로 연결하고, 값이 크면 우측으로 연결하여 이진 검색 트리로 구성한다.
• 정렬이 완료된 데이터를 이진 검색 트리로 구성할 경우 사향 이진 트리가 되어 비교 횟수가 선형 검색과 동일해 진다.

 답 ③

30

A등급

다음 중 순차 검색(Sequential Search)에 대한 설명으로 가장 옳지 <u>않은</u> 것은?

① 대상 데이터를 순서대로 하나씩 비교하면서 원하는 데이터를 찾는 검색 방식이다.

② 자료가 정렬되어 있지 않아도 검색이 가능하지만, 대상 자료의 범위를 모르면 검색이 불가능하다.

③ 상대적으로 검색 속도가 느리다.

④ 총 비교 횟수는 (n+1)/2이다.

 순차 검색(Sequential Search)

• 대상 데이터를 순서대로 하나씩 비교하면서 원하는 데이터를 찾는 검색 방식이다.
• 대상 자료의 범위를 몰라도 검색이 가능하며, 자료가 정렬되어 있지 않아도 검색이 가능하다.
• 상대적으로 검색 속도가 느리다.
• 총 비교 횟수 : (n+1)/2
• 복잡도 : O(n)

 답 ②

31 검색 방법 중 속도는 가장 빠르지만 충돌 현상 시 오버플로 해결의 부담이 과중 되며, 많은 기억 공간을 요구하는 탐색 방법은?

① 해싱 ② 블록 탐색
③ 순차 탐색 ④ 이진 탐색

해설 해싱(Hashing)은 레코드의 참조 없이 어떤 키 변환에 의해 원하는 레코드에 직접 접근할 수 있도록 구성한 것으로 키 변환 값이 같은 경우 오버플로우가 발생하지만 찾는 레코드의 키 값을 주소 변환에 의해 해당 위치를 검색하므로 조사 횟수가 적다.

 답 ①

32 다음 파일 중 해시(Hash) 함수가 필요한 것은?

① ISAM 파일 ② VSAM 파일
③ DAM 파일 ④ 링 파일

해설 직접 파일(DAM ; Direct Access Method)은 레코드에서 임의의 키 필드를 정해서 해싱(Hashing) 함수에 의해 주소로 변환하고, 해당 위치에 레코드를 저장하는 방법으로 만들어진 파일이다.

 답 ③

33 다음 중 버킷(Bucket)과 가장 관련이 깊은 것은?

① SAM ② ISAM
③ B-Tree ④ Hashing

해설 버킷(Bucket)은 해싱(Hashing)에서 해싱 함수에 의해 계산되는 홈 주소(Home Address)에 의해 만들어지는 해시 테이블 내의 공간을 의미한다.

 답 ④

34

C등급

다음 중 해싱 함수의 값을 구한 결과 키 K1, K2가 같은 값을 가질 때 이들 키 K1, K2의 집합을 무엇이라 하는가?

① Mapping　　　　　　　　　　② Folding
③ Synonym　　　　　　　　　　④ Chaining

> 해설
> 동의어(Synonyms)는 같은 홈 주소를 갖는 레코드의 집합이다(=동거자).
>
> 답 ③

35

A등급

다음 중 레코드의 키(Key) 값을 임의의 소수로 나누어 그 나머지 값을 해시 값으로 사용하는 해싱함수의 기법은?

① 제산법　　　　　　　　　　② 접지법
③ 기수 변환법　　　　　　　　④ 무작위법

> 해설
> 제산법(Division Method)은 레코드의 키(Key) 값을 임의의 소수(배열의 크기)로 나누어 그 나머지 값을 해시
> 값으로 사용하는 방법이다(h(k) = k mod q(mod – 나머지)로 표현).
>
> 답 ①

36
C등급

다음의 해싱 함수 기법 중 레코드의 키 값을 임의의 다른 기수 값으로 변환하여 그 값을 홈 주소로 이용하는 방법은 무엇인가?

① 체인법(Chain Method)
② 기수 변환법(Radix Conversion Method)
③ 무작위법(Random Method)
④ 중간 제곱법(Mid–Square Method)

> 해설
> • 무작위법(Random Method) : 난수 생성 프로그램을 이용하여 각 키의 홈 주소를 얻는 방법이다.
> • 중간 제곱법(Mid–Square Method) : 값을 제곱하여 결과 값 중 중간 자리수를 선택하여 그 값을 홈 주소로
> 　이용하는 방법이다.
>
> 답 ②

37
C등급

다음 오버플로 처리 방법 중에서 여러 개의 해싱 함수를 준비하였다가 충돌 발생 시 새로운 해싱 함수를 적용하여 새로운 해시표를 생성하는 방법은?

① 개방 주소 방법

② 이차 검색 방법

③ 재해싱 방법

④ 체인 방법

 재해싱(Rehashing) 방식은 여러 개의 해싱 함수를 준비한 후 충돌이 발생하면 새로운 해싱 함수를 이용하여 새로운 홈 주소를 구하는 방식이다.

 답 ③

38
B등급

오버플로(Overflow) 처리 방식 중 충돌 후 다음 버킷을 차례로 검색하여 처음에 나오는 빈 버킷에 데이터를 넣는 방식은 무엇인가?

① 개방 주소(Open Addressing) 방식

② 폐쇄 주소(Close Addressing) 방식

③ 재해싱(Rehashing) 방식

④ 삽입(Insert) 방식

- 개방 주소(Open Addressing) 방식 : 충돌이 일어난 자리에서 그 다음 버킷을 차례로 검색하여 처음 나오는 빈 버킷에 데이터를 넣는 방식이다(=선형 방식).
- 폐쇄 주소(Close Addressing) 방식 : 해시 테이블에서 서로 다른 킷값의 데이터가 해시 함수에 의해 같은 버킷에 배치되어 충돌이 발생할 경우 포인터를 이용하여 같은 해시 함수 값을 갖는 레코드를 연결 리스트로 연결하는 방식이다(연결 처리법, 오버플로 공간 처리법 등).

 답 ①

소프트웨어 공학

 01
C등급

다음 중 소프트웨어 공학의 개념 설명으로 옳지 <u>않은</u> 것은?

① 소프트웨어의 체계적 관리를 위한 필요성과 위기 극복을 위해 개발된 학문이다.
② 가장 경제적으로 신뢰도 높은 소프트웨어를 만들기 위한 방법, 도구, 절차의 체계이다.
③ 논리성, 개발성, 유연성, 타당성, 견고성, 생산성, 상품성, 적시성 등의 성질을 포함한다.
④ 소프트웨어의 문서(Document) 표준화가 되면 프로그램의 공유와 유지 보수가 까다롭다.

해설

• 소프트웨어 공학 : 소프트웨어의 비용 증가, 품질 향상, 생산성 재고, 특정인에 의존한 시스템 개발 등의 이유로 사용되며, 신뢰도 높은 소프트웨어의 생산성과 작업의 만족도를 증대시킨다.
• 소프트웨어의 문서(Document) 표준화가 되면 프로그램의 확장과 유지 보수가 용이하다.

답 ④

 02
B등급

다음 중 소프트웨어 공학의 기본 원칙이라고 볼 수 <u>없는</u> 것은?

① 현대적인 프로그래밍 기술 적용
② 지속적인 검증 시행
③ 결과에 대한 명확한 기록 유지
④ 최소한의 인력 투입

해설

④ 소프트웨어의 기술적인 구축 방법과 자원, 도구들을 제공하고, 인력을 적절히 투입한다.

소프트웨어 공학의 기본 원칙
• 소프트웨어(프로그래밍)의 기술을 계속적으로 유지한다.
• 소프트웨어가 최상의 품질을 갖출 수 있도록 지속적인 검증을 실시한다.
• 소프트웨어의 관련 사항을 문서화하여 결과에 대한 명확성을 유지한다.
• 소프트웨어의 개발 비용을 최소화하고, 합리적으로 개발한다.
• 소프트웨어의 기술적인 구축 방법과 자원, 도구들을 제공하고, 인력을 적절히 투입한다.

답 ④

03 컴퓨터의 발달 과정에서 소프트웨어 개발 속도가 하드웨어의 개발 속도를 따라가지 못해 사용자들의
A등급   요구 사항을 감당할 수 없는 문제가 발생함을 의미하는 것은?

① 소프트웨어의 위기(Crisis) 　　② 소프트웨어의 오류(Error)

③ 소프트웨어의 버그(Bug) 　　④ 소프트웨어의 유지 보수(Maintenance)

> 해설　소프트웨어 위기(Software Crisis)는 수요를 따르지 못하는 생산성에 대한 심각한 문제로 요구되는 소프트웨
> 어 제품이 많은 것에 비해 요구된 소프트웨어를 개발할 방법론이나 개발 인력이 부족한 상태이다.
>
> 답 ①

04 다음 중 소프트웨어 생명 주기의 역할로 거리가 먼 것은?
B등급

① 프로젝트의 비용 산정과 개발 계획을 수립할 수 있는 기본 골격이 된다.

② 단계별 종료 시점을 명확하게 한다.

③ 용어의 표준화를 가능하게 한다.

④ 문서화가 충실한 프로젝트 관리를 가능하게 한다.

> 해설　단계별 종료 시점을 명확하게 하는 것은 생명 주기 모형 중 폭포수 모형의 특징에 대한 설명이다.
>
> 답 ②

 05 폭포수 모델(Waterfall Model)에 대한 설명으로 가장 옳지 <u>않은</u> 것은?
A등급

① 단계적 정의가 분명하고, 전체 공조의 이해가 용이하다.

② 요구 분석 단계에서 프로토타입을 사용하는 것이 특징이다.

③ 제품의 일부가 될 매뉴얼을 작성해야 한다.

④ 각 단계가 끝난 후 결과물이 명확히 나와야 한다.

> 해설　프로토타입을 사용하는 것은 요구 분석 중심의 프로토타이핑(Prototyping) 모형이다.
>
> 답 ②

06 ·A등급·

다음 중 폭포수 모델에 대한 설명으로 옳지 <u>않은</u> 것은?

① 소프트웨어 개발 과정의 각 단계가 순차적으로 진행된다.
② 앞 단계에서 발견하지 못한 오류를 다음 단계에서 발견했을 때 오류 수정이 용이하다.
③ 두 개 이상의 과정이 병행 수행되거나 이전 단계로 넘어 가는 경우가 없다.
④ 개발 과정 중에 발생하는 새로운 요구나 경험을 설계에 반영하기 힘들다.

> **해설**
> 폭포수 모델은 앞 단계가 끝나야만 다음 단계로 넘어갈 수 있으며, 현실적으로 오류 없이 다음 단계로 진행하기 어렵다.
> ② 오류 수정이 용이하다. → 오류 수정이 어렵다.
>
> 답 ②

07 ·B등급·

전통적인 소프트웨어 개발 방법론인 폭포수형(Waterfall) 모델에서 개발 순서가 옳은 것은?

① 타당성 검토 – 계획 – 분석 – 구현 – 설계
② 타당성 검토 – 분석 – 계획 – 설계 – 구현
③ 타당성 검토 – 계획 – 분석 – 설계 – 구현
④ 타당성 검토 – 분석 – 계획 – 구현 – 설계

> **해설** 폭포수 모델의 개발 순서
> 타당성 검토 단계 → 계획과 요구 분석 단계 → 기본 설계(개략 설계) → 상세 설계 → 구현 → 통합 시험 → 시행 → 유비 보수 순이다.
>
> 답 ③

08 ·A등급·

프로토타입 모델 개발 방법이 가장 적절하게 적용될 수 있는 경우는?

① 테스트 작업이 중요하지 않을 경우
② 고객이 빠른 시간 내에 개발의 완료를 요구할 경우
③ 구축하고자 하는 시스템의 요구 사항이 불명확한 경우
④ 고객이 개발 과정에는 참여하지 않고자 하는 경우

해설 프로토타입 모델은 가장 적절하게 적용될 수 있는 경우는 구축하고자 하는 소프트웨어에 대하여 사용자 요구 사항이 불분명할 경우에 효과적이다.

답 ③

09
A등급
시스템의 일부 혹은 시스템의 모형을 만드는 과정으로서 요구된 소프트웨어의 일부를 구현하여 추후 구현 단계서 사용될 골격 코드가 되는 모형은?

① 폭포수 모형　　　　　　　　　② 점층적 모형
③ 프로토타이핑 모형　　　　　　　④ 계획 수립 모형

해설 프로토타이핑(Prototyping) 모형은 요구 분석의 어려움을 해결하기 위해 실제 개발될 소프트웨어의 일부분을 미리 만들어서 의사소통의 도구로 삼기 위한 모형이다.

답 ③

10
B등급
소프트웨어 개발을 위한 프로그래밍 언어의 선정 기준으로 거리가 <u>먼</u> 것은?

① 개발 담당자의 경험과 지식　　　② 대상 업무의 성격
③ 과거의 개발 실적　　　　　　　④ 4세대 언어 여부

해설 프로그래밍 언어의 선정 기준
• 개발 담당자의 경험과 지식
• 대상 업무의 성격
• 과거의 개발 실적
• 프로그램 언어의 응용 영역
• 알고리즘의 계산상 난이도
• 소프트웨어가 실행되는 환경
• 자료 구조의 난이도

답 ④

11

_{A등급}

다음 중 프로토타이핑 모형(Prototyping Model)에 대한 설명으로 **틀린** 것은?

① 최종 결과물이 만들어지기 전에 의뢰자가 최종 결과물의 일부 또는 모형을 볼 수 있다.
② 개발 단계에서 오류 수정이 불가능하므로 유지 보수 비용이 많이 발생한다.
③ 프로토타입은 발주자나 개발자 모두에게 공동의 참조 모델을 제공한다.
④ 프로토타입은 구현 단계의 구현 골격이 될 수 있다.

> **해설**
> 프로토타이핑은 계속 정제되면서 사용자의 요구에 맞게 변경되거나 오류가 수정된다.
>
> **답** ②

12

_{B등급}

다음은 프로토타이핑(원형) 모형의 개발에 필요한 작업을 기술한 것이다. 작업 순서대로 옳게 나열한 것은?

가. 빠른 설계	나. 프로토타입 구축
다. 프로토타입 조정	라. 요구 수집
마. 구현	바. 고객 평가

① 라 - 나 - 가 - 다 - 바 - 마   ② 라 - 가 - 나 - 마 - 바 - 다
③ 가 - 나 - 다 - 라 - 마 - 바   ④ 라 - 가 - 나 - 바 - 다 - 마

> **해설** 개발에 필요한 작업 단계
> 요구 수집 → 빠른 설계 → 프로토타입 구축 → 고객 평가 → 프로토타입 조정 → 구현
>
> **답** ④

13

_{B등급}

다음 중 나선형 모형(Spiral Model)의 특징으로 옳지 **않은** 것은?

① 비용이 많이 들거나 시간이 많이 소요되는 대규모 프로젝트에 유리하다.
② 보헴(Boehm)이 제안한 것으로 사용자의 요구 사항에 있는 위험 요소들을 해결한다.
③ 단계별 개발이 진행되면서 발생하는 위험에 개발자와 사용자가 적절히 대응할 수 있다.
④ 계층적 개발 과정과 한 번의 작업을 수행함으로써 정밀성이 높다.

나선형 모형은 폭포수(Waterfall) 모형과 프로토타입(Prototype) 모형의 장점만을 적용한 가장 바람직한 모형으로 점증적 개발 과정과 반복적인 작업을 수행함으로써 정밀성이 높다.

답 ④

14 다음 중 소프트웨어 개발 방법론에서 구현(Implementation)에 대한 설명으로 가장 적절한 것은?

C등급

① 요구 사항 분석 과정 중 모아진 요구 사항을 옮기는 것
② 시스템이 무슨 기능을 수행하는지에 대한 시스템의 목표 기술
③ 프로그래밍 또는 코딩이라고 불리며, 설계 명세서의 컴퓨터가 알 수 있는 모습으로 변환되는 과정
④ 시스템이나 소프트웨어 요구 사항을 정의하는 과정

 소프트웨어 구현(Implementation)은 요구 분석 단계와 설계 단계에서 분석한 소프트웨어의 특징 및 기능의 표현들을 컴퓨터가 이해할 수 있는 형태로 프로그램 언어를 이용하여 변환하는 과정을 말한다.

 답 ③

15 다음 소프트웨어 수명 주기 모형 중 나선형(Spiral) 모형의 단계와 순서가 올바르게 구성된 것은?

B등급

① Planning – Requirement Analysis – Development – Maintenance
② Planning – Risk Analysis – Engineering – Customer Evaluation
③ Requirement Analysis – Planning – Design – Maintenance
④ Requirement Analysis – Risk Analysis – Development – Maintenance

 나선형(Spiral, 점증적) 모형의 단계
계획 수립(Planning) → 위험 분석(Risk Analysis) → 개발(Engineering) → 고객 평가(Customer Evaluation)

 답 ②

16

B등급

다음 중 프로젝트 관리의 대상으로 거리가 <u>먼</u> 것은?

① 비용 관리   ② 일정 관리
③ 고객 관리   ④ 품질 관리

> **해설**
>
> 프로젝트 관리의 대상으로는 비용 관리(최소의 비용), 일정 관리, 품질 관리가 있다.
>
> 답 ③

17

B등급

다음 중 소프트웨어 프로젝트 관리에 대한 설명으로 가장 옳은 것은?

① 주어진 기간 내에 최소의 비용으로 사용자를 만족시키는 시스템을 개발
② 주어진 기간은 연장하되 최소의 비용으로 시스템을 개발
③ 소요 인력은 최소한으로 하되 정책 결정은 신속하게 처리
④ 개발에 따른 산출물 관리

> **해설**
>
> 소프트웨어 프로젝트 관리(Project Management)는 소프트웨어 생명 주기의 전 과정에 걸쳐 진행되며, 주어진 기간 내에 최소의 비용으로 사용자를 만족시키는 시스템을 개발하기 위한 활동이다.
>
> 답 ①

18

B등급

프로젝트 계획 수립을 시작할 때 제일 먼저 해야 하는 작업은?

① 개발 완료 날짜 파악   ② 과거의 데이터를 분석하는 일
③ 개발 비용 산정   ④ 프로젝트의 규모 파악

> **해설**
>
> 프로젝트 일정 계획
> 프로젝트의 규모 산정 → 단계별 작업 분리 → 작업의 상호 의존도를 CPM Network로 표시 → 일정 계획을 차트로 표시
>
> 답 ④

19 다음 민주주의적 팀 구성에 대한 설명으로 <u>잘못된</u> 것은?

A등급

① 각 구성원이 의사 결정에 참여하므로 복잡한 프로젝트에 적합하다.

② 의사 결정을 민주주의식으로 하며, 팀의 목표는 여론에 따라 결정된다.

③ 각 구성원들끼리는 불편을 감소하기 위해 각자 일을 검토하며, 작업 결과에 대해서도 각자 책임을 진다.

④ 구성원간의 의사 교류를 활성화시키므로 팀원의 참여도와 만족도를 증대시킨다.

> 해설 민주주의적 팀 구성에서 각 구성원끼리 서로의 일을 검토하며, 작업 결과에 대해서는 동일한 책임을 진다.
>
> 답 ③

20 다음 중 계층적 팀 구성의 특징으로 옳지 <u>않은</u> 것은?

B등급

① 민주주의적(분산) 팀과 중앙 집중형(책임 프로그래머) 팀의 중간에 해당한다.

② 의사 전달에 필요한 경로는 상호 교신할 필요가 있는 팀 구성원들에게만 허용한다.

③ 고급 프로그래머가 관리하며, 구성원의 수는 약 5~7명으로 구성된다.

④ 신속한 의사 결정과 기술 판단으로 문제를 해결할 수 있다.

> 해설 신속한 의사 결정과 기술 판단으로 문제를 해결하는 것은 중앙 집중형 팀 구성에 대한 설명이다.
>
> 답 ④

21 다음 중 CPM(Critical Path Method)에 대한 설명으로 옳지 <u>않은</u> 것은?

A등급

① 노드에서 작업을 표시하고, 간선은 작업 사이의 전후 의존 관계를 나타낸다.

② 프로젝트의 완성에 필요한 작업을 나열하고, 작업에 필요한 소요 기간을 예측하는데 사용한다.

③ 박스 노드는 프로젝트의 중간 점검을 뜻하는 이정표로 이 노드 위에서 예상 완료 시간을 표시한다.

④ 한 이정표에서 다른 이정표에 도달하기 전의 작업은 모두 완료되지 않아도 다음 작업을 진행할 수 있다.

 CPM(Critical Path Method)은 주 공정(Critical Path)에 비중을 두기 때문에 주 공정을 나타내는 경로(굵은 화살표)의 흐름이 지연되면 다른 공정도 모두 지연되므로 주 공정이 완전히 해소될 때 진행한다.

답 ④

22
A등급

프로젝트의 지연을 방지하고, 계획대로 진행하기 위한 일정 계획의 방법으로 대단위 계획의 조직적인 추진을 위해 자원의 제약 하에 비용을 적게 사용하면서 초 단시간 내 계획 완성을 위한 프로젝트 일정 방법은?

① PRO/SIM(PROtyping and SIMulation)
② SLIM
③ COCOMO(COnstructive COst MOdel)
④ PERT/CPM(Program Evaluation and ReView Technique/Critical Path Method)

 CPM과 PERT의 공통점
• 단시간에 계획을 완성하고, 프로젝트의 작업 일정을 네트워크로 표시한다.
• 프로젝트의 지연을 방지하고, 계획대로 진행하기 위한 일정 계획 방법이다.
• 대단위 계획의 조직적인 추진을 위해 자원의 제약 하에 비용을 적게 사용한다.

답 ④

23
B등급

다음 중 PERT(Program Evaluation and Review Technique)에 대한 설명으로 가장 옳지 <u>않은</u> 것은?

① 프로젝트를 평가하는 검토 기술로 예측치를 이용하여 불확실성을 고려한다.
② 프로젝트의 작업 일정을 네트워크로 기술하여 프로젝트의 지연을 방지한다.
③ 짧은 시간에 프로젝트의 완성을 목표로 한다.
④ 프로젝트 작업 사이의 관계를 나타내며, 최장 경로를 파악할 수 있다.

 프로젝트 작업 사이의 관계를 나타내며, 최장 경로를 파악할 수 있는 것은 CPM(Critical Path Method)에 대한 설명이다.

답 ④

24
C등급

다음 중 업무 분류 구조(WBS)에 대한 설명으로 맞는 것은?

① 프로젝트의 일정표를 표시한다.
② 작은 작업 단위 일정을 통하여 전체 프로젝트의 일정을 계획할 수 있다.
③ 각 단계별 시작과 종료를 파악할 수 있도록 막대로 표시한다.
④ 병행 작업이 가능하도록 계획할 수 있다.

해설

업무 분류 구조(WBS ; Work Breakdown Structure) : 프로젝트의 단계별 작업을 세분화한 계층적 구조이다.
① · ③ 간트 차트(Gantt Chart)에 대한 설명이다.
④ CPM(Critical Path Method)에 대한 설명이다.

 답 ②

25
A등급

다음 중 프로젝트 일정 계획과 관련이 가장 <u>적은</u> 것은?

① CPM   ② WBS
③ PERT   ④ KLOC

해설

KLOC(Kilo Line of Code)은 원시 코드 라인 수를 나타내는 단위로 프로젝트 비용 산정에 주로 이용한다.

 답 ④

26
B등급

다음 소프트웨어의 비용 측정 방법 중 하향식(Top – Down)에 대한 설명으로 옳지 <u>않은</u> 것은?

① 총 비용을 전체 시스템에서 측정한 후 단계별로 세분화한다.
② 인력 비용은 작업한 프로젝트의 전체 비용을 확인한 후 결정한다.
③ 개발 단계에서 여러 가지의 기술적 요인을 빠뜨리기 쉽다.
④ 업무 분업 구조(WBS ; Work Breakdown Structure)로 비용을 측정한다.

해설

상향식(Bottom – Up)측정 방법은 비용을 단계별로 측정하여 마지막에 총 비용을 산출하는 방법으로 각 단계별
요소의 비용 산정에 따라 시스템 전체 차원의 비용을 결정할 수 있다.
④ 상향식(Bottom – Up)에 대한 설명이다.

답 ④

27 LOC 기법에 의하여 예측된 총 라인 수가 25,000 라인일 경우 개발에 투입될 프로그래머의 수가 5명이고, 프로그래머들의 평균 생산성이 월 당 500 라인일 때 개발에 소요되는 시간은?

① 8개월   ② 9개월
③ 10개월   ④ 11개월

> • 생산성 = LOC / 인 월 → 500 = 25,000 / 인 월 ∴ 인 월 = 50
> • 개발 기간 = 인 월 / 투입 인원 → 개발 기간 = 50 / 5 ∴ 개발 기간은 = 10개월
>
> 답

28 다음 두 명의 개발자가 5개월에 걸쳐 10,000 라인의 코드를 개발하였을 때 월별 생산성 측정을 위한 계산 방식으로 가장 적합한 것은?

① 10,000 / 2   ② 10,000 / 5
③ 10,000 / (5 × 2)   ④ (2 × 10,000) / 5

> 월별 생산성 = KLOC / 노력(인 월) → 월별 생산성 = 10,000 / (5 × 2)
> ∴ 월별 생산성 = 1,000
>
> 답

29 다음 중 소프트웨어의 추정 모형(Estimation Models)이 아닌 것은?

① COCOMO   ② Putnam
③ Function-Point   ④ PERT

> • COCOMO(COnstructive COst Model) 모형 : Boehm의 모형 계층이다.
> • 생명 주기 예측 모형 : Putnam의 측정 모형이다.
> • 기능 점수(Function-Point) 모형 : Albrecht에 의해 기능 점수(FP)를 구하는 것이다.
> • PERT/CPM : 프로젝트 일정 계획을 나타내는 도표이다.
>
> 답

30 다음 중 요구 사항 분석에 대한 설명으로 옳지 <u>않은</u> 것은?

C등급

① 사용자의 문제나 요구 사항을 분석하여 수행 주체를 설정하는 것이다.
② 시스템 환경을 고려하여 하드웨어에 대한 정의를 기술한다.
③ 개발에 사용하는 처리 방법과 기능들에 대하여 정의한다.
④ 정보의 흐름, 정보의 내용, 정보의 구조를 각각의 계층 형태로 분할한다.

 해설

> 요구 사항 분석
> 시스템 환경을 고려하여 소프트웨어에 대한 정의를 기술하는 것으로 절차는 사용자의 요구 사항 → 요구 분석
> → 요구 조건 → 요구 명세화
>
> 답 ②

31 다음 중 구조적 분석 도구와 거리가 <u>먼</u> 것은?

B등급

① 자료 사전   ② 자료 흐름도
③ 구조도   ④ 소단위 명세서

 해설

> 구조도(Structure Chart)는 구조적 설계용 도구로 구조적 분석 도구와는 관계가 없다.
>
> 답 ③

32 다음 중 기본 DFD의 특성이라고 볼 수 <u>없는</u> 것은?

B등급

① 시스템 내의 모든 자료 흐름은 4가지의 기본 기호로 표시된다.
② 각각의 변환(처리) 대하여 개별적인 상세화가 가능하다.
③ 변환(처리) 과정이 버블로 표현된다.
④ 배경도는 단 하나의 원으로 구성되어 Level 1을 의미한다.

 해설

> 배경도는 자료 흐름도를 그리는 것이 아니고 문제의 추상적이고 대략적인 그림만 그린다.
>
> 답 ④

33
A등급

다음 중 자료 흐름도(DFD)의 구성 요소가 <u>아닌</u> 것은?

① 처리(Process) ② 자료 흐름(Data Flow)
③ 단말(Terminal) ④ 기수(Cardinality)

> 해설
>
> 자료 흐름도(DFD)의 구성 요소
> 자료 흐름(Data Flow), 처리(Process), 데이터 저장소(Data Store), 단말(Terminal), 종착지(Terminator)
>
> 답 ④

34
B등급

다음 중 자료 사전(Data Dictionary)에 사용되는 기호의 의미를 올바르게 나타낸 것으로 짝지어진 것은?

① { } : 자료의 생략 가능, ( ) : 자료의 선택
② ( ) : 자료의 설명, ** : 자료의 선택
③ = : 자료의 설명, ** : 자료의 정의
④ + : 자료의 연결, ( ) : 자료의 생략 가능

> 해설
>
> { } : 자료 반복, ** : 자료 주석, = : 자료 정의
>
> 답 ④

35
A등급

다음 중 자료 흐름도의 구성 요소와 표시 기호의 연결이 옳지 <u>않은</u> 것은?

① 종착지(Terminator) : 사각형 ② 자료 흐름(Data Flow) : 화살표
③ 처리 공정(Process) : 원 ④ 자료 저장소(Data Store) : 밑줄

> 해설
>
> 자료 저장소(Data Store)는 두 줄의 이중선으로 표시하며, 다음 처리로 자료가 직접 이동되지 않고, 다음에 사용될 목적으로 보관한다.
>
> 답 ④

36 다음 중 미니 명세서(Mini-Spec)의 작성 도구에 해당되지 <u>않는</u> 것은?

① 구조적 언어(Structured Language)　　② 의사 결정 트리(Decision Tree)

③ 그래프(Graph)　　④ 정보(Information)

> 해설
> 작성 도구에는 구조적 언어(Structured Language), 의사 결정 트리(Decision Tree), 의사 결정표(Decision Table), 표(Table), 그래프(Graph), 서술 문장(Describe Composition) 등이 있다.
>
> 답 ④

37 다음 중 구조적 프로그래밍 설계에 대한 설명으로 <u>잘못된</u> 것은?

① Dijkstra가 제시한 설계 방법론이다.

② 신뢰성 증가로 프로그램에 대한 이해가 용이하며, 복잡성을 최소화한다.

③ GOTO가 없는 프로그램이다.

④ 종류로는 순차(Sequence), 정렬(Sort), 선택(Selection)이 있다.

> 해설
> 구조적 프로그래밍 설계의 종류
> • 순차(Sequence) : 일련의 처리를 순서대로 실행하는 구조이다.
> • 선택(Selection) : 두 가지의 작업 중에서 하나를 선택하는 구조이다.
> • 반복(Iteration) : 해당 작업을 반복하는 구조이다.
>
> 답 ④

38 데이터 모델링에 있어서 ERD(Entity Relationship Diagram)는 무엇을 표현하고자 하는가?

① 데이터 흐름　　② 데이터 구조

③ 데이터 구조들과 그들 간의 관계　　④ 데이터 사전을 표현

> 해설
> ERD(Entity Relationship Diagram)는 개체 집합의 표현은 직사각형, 관계 집합은 마름모, 속성은 타원, 링크는 직선, 사상 원소 수는 레이블을 사용하여 데이터 구조와 그들 간의 관계를 표현한다.
>
> 답 ③

39
A등급

설계 품질을 평가하기 위해서는 반드시 좋은 설계에 대한 기준을 세워야 한다. 다음 중 좋은 기준이라고 할 수 <u>없는</u> 것은?

① 설계는 모듈적이어야 한다.
② 설계는 자료와 프로시저에 대한 분명하고, 분리된 표현을 포함해야 한다.
③ 소프트웨어 요소들 간의 효과적 제어를 위해 설계에서 계층적 조직이 제시되어야 한다.
④ 설계는 서브루틴이나 프로시저가 전체적이고, 통합적이 될 수 있도록 유도되어야 한다.

> 해설
> 설계는 논리적으로 특정한 기능과 부(서브루틴) 기능을 수행하는 요소들로 분할되어야 한다.
>
> 답 ④

40
A등급

다음 중 HIPO(Hierarchy Input Process Output)에 대한 설명으로 틀린 것은?

① 상향식 소프트웨어 개발을 위한 문서화 도구이다.
② 구조도, 개요 도표 집합, 상세 도표 집합으로 구성된다.
③ 기능과 자료의 의존 관계를 동시에 표현할 수 있다.
④ 보기 쉽고 이해하기 쉽다.

> 해설
> HIPO는 하향식(Top-Down)으로 개발 과정에서 문서화와 목적에 맞은 자료를 확인할 수 있다.
>
> 답 ①

41
A등급

다음 중 N-S(Nassi-Schneiderman) Chart에 대한 설명으로 거리가 <u>먼</u> 것은?

① 논리의 기술에 중점을 둔 도형식 표현 방법이다.
② 연속, 선택 및 다중 선택, 반복 등의 제어 논리 구조로 표현한다.
③ 주로 화살표를 사용하여 논리적인 제어 구조로 흐름을 표현한다.
④ 조건이 복합되어 있는 곳의 처리를 시각적으로 명확히 식별하는 데 적합하다.

> 해설
> N-S(나씨-슈나이더만) 도표는 화살표를 사용하지 않고 박스(Box)로 논리 흐름을 표현한다.
>
> 답 ③

42 다음 중 모듈화(Modularity)의 특징으로 가장 옳지 <u>않은</u> 것은?

B등급

① 모듈은 동일한 기능을 가진 명령어들의 집합이다.
② 변수 선언을 효율적으로 하여 기억장치의 올바른 사용과 자료의 추상화를 구현한다.
③ 문제의 이해와 프로그램 크기를 고려하여 시스템 복잡도를 증가시킨다.
④ 모듈 수에 따라 모듈 접속을 위한 기술적 방법이 증가되므로 소프트웨어 개발 비용이 최소가 되도록 한다.

> 해설
> 모듈화(Modularity)는 작업의 효율성을 위하여 프로그램을 독립된 기능 단위로 묶는 작업으로 문제의 이해와 프로그램의 크기를 고려하여 시스템 복잡도를 감소시킨다.
>
> 답 ③

43 다음 데이터 설계에 있어서 응집력(Cohesion)의 의미로 가장 적절한 것은?

A등급

① 데이터 구조들이 시스템 전반에 얼마나 연관 관계를 가지고 있는가 하는 정도
② 모듈이 개발 단계별로 얼마나 잘 정의되어 있는가 하는 정도
③ 모듈이 독립적인 기능으로 잘 정의되어 있는 정도
④ 모듈들 간의 상호 연관성의 정도

> 해설
> 응집도(Cohesion)는 모듈 내의 각 구성 요소들이 공통의 목적을 달성하기 위하여 서로 얼마나 관련이 있는지의 기능적 연관 정도를 나타내는 것으로 모듈이 독립적으로 잘 정의되어 있는 정도를 의미하며, 다른 모듈과의 상호 작용이 작다.
>
> 답 ③

44 다음 중 프로그램 구조에서 Fan – In은 무엇을 의미하는가?

A등급

① 얼마나 많은 모듈이 주어진 모듈을 호출하는가를 나타냄
② 주어진 모듈이 호출하는 모듈의 개수를 나타냄
③ 같은 등급(Level)의 모듈 수를 나타냄
④ 최상위 모듈에서 주어진 모듈까지의 깊이를 나타냄

공유도(Fan – In)는 얼마나 많은 모듈이 주어진 모듈을 호출하는가의 척도로 구조적 시스템 설계에서 한 모듈에 대해 모듈을 직접 호출하는 상위 모듈의 수를 의미한다.

답 ①

45
A등급

다음 중 응집력이 강한 것부터 약한 순서로 옳게 나열된 것은?

① Sequential → Functional → Procedural → Coincidental → Logical
② Procedural → Coincidental → Functional → Sequential → Logical
③ Functional → Sequential → Procedural → Logical → Coincidental
④ Logical → Coincidental → Functional → Sequential → Procedural

 응집력
(강함)　기능적(Functional) > 순차적(Sequential) > 통신적(Communication) > 절차적(Procedural) > 시간적(Temporal) > 논리적(Logical) > 우연적(Coincidental) (약함)

답 ③

46
A등급

다음 중 모듈을 설계하기 위해서 바람직한 응집도(Cohesion)와 결합도(Coupling)의 관계는?

① 응집도는 약하고, 결합도는 강해야 한다.
② 응집도는 강하고, 결합도는 약해야 한다.
③ 응집도도 약하고, 결합도도 약해야 한다.
④ 응집도도 강하고, 결합도도 강해야 한다.

 올바른 모듈 설계는 결합도는 낮을수록 모듈 간 독립성이 강조되고, 응집도는 높을수록 모듈 내 기능성이 강조되므로 설계 시 결합도는 약하고, 응집도는 강해야 한다.

답 ②

47

A등급

한 모듈이 다른 모듈의 내부 기능 및 그 내부 자료를 조회하는 경우의 결합도에 해당하는 것은?

① 자료 결합(Data Coupling)
② 스탬프 결합(Stamp Coupling)
③ 공용 결합(Common Coupling)
④ 내용 결합(Content Coupling)

> 해설
> ① 두 모듈 간의 인터페이스가 자료 요소만으로 구성된 결합이다.
> ② 모듈 간의 인터페이스가 배열이나 레코드 등의 자료 구조가 전달된 경우의 결합이다.
> ③ 한 모듈은 기억 장소를 공유하며, 결합된 관계로 Call By Reference 형태로 결합된다.
>
> 답

48
C등급

다음 중 객체 지향 기술에 대한 설명으로 옳지 <u>않은</u> 것은?

① 소프트웨어 위기(Software Crisis)를 극복하기 위해 등장하였다.
② 각각의 데이터를 처리하기 위한 절차로 프로그램 사용자는 모듈을 통하여 소프트웨어를 완성할 수 있다.
③ 실세계(Real World)를 모델링하며, 대화식 프로그램에 적합하다.
④ 상향식 접근 방법으로 요구 단계 분석 이후의 작업이 손쉽게 이루어진다.

> 해설
> 객체 지향 기술은 각각의 데이터를 처리하기 위한 절차로 프로그램 개발자는 객체를 통하여 소프트웨어를 완성할 수 있다. 또한, S/W 재사용에 관련되며, 캡슐화가 되어 있는 객체들 간에도 정보 교환이 가능하다.
>
> 답

49

C등급

객체 지향 개념 중 하나 이상의 유사한 객체들을 묶어 공통된 특성을 표현한 데이터 추상화를 의미하는 것은?

① 메소드(Method)
② 클래스(Class)
③ 상속성(Inheritance)
④ 추상화(Abstraction)

> 해설
> 클래스(Class)는 하나 이상의 유사한 객체들을 묶어 공통된 특성을 표현한 데이터의 추상화로 객체들이 갖는 속성과 적용 연산을 정의하는 툴(Tool)에 해당한다(객체 타입으로 공통된 성질의 객체들을 하나로 묶어 줌).
>
> 답

50

B등급

다음 중 추상화(Abstraction)에 대한 설명으로 옳지 <u>않은</u> 것은?

① 시스템에서 가장 중요한 부분을 정확하고, 간단하게 표현하는 것이다.

② 데이터(Data) 타입과 추상(Abstract) 데이터 타입으로 연산의 매개 변수를 지정한 자료 구조의 수학적 모델이다.

③ 현실 세계의 사실을 그대로 표현하기보다는 문제의 중요한 측면에 주목하여 상세 내역을 없애 나가는 과정이다.

④ 클래스 객체의 모임으로 클래스에 새로운 객체를 생성하는 것이다.

> 해설
>
> 추상화(Abstraction)는 다른 객체와 구분되는 속성으로 하위 객체의 공통된 특성을 묘사한다.
> ④ 인스턴스(Instance)에 대한 설명이다.
>
> 답 ④

51

B등급

다음 객체 지향 기법에서 상속(Inheritance)의 결과로서 얻을 수 있는 가장 중요한 이점은?

① 모듈 라이브러리의 재이용

② 객체 지향 DB를 사용할 수 있는 능력

③ 클래스와 오브젝트들을 재사용할 수 있는 능력

④ 프로젝트들을 보다 효과적으로 관리할 수 있는 능력

> 해설
>
> 상속성(Inheritance)은 상위 클래스의 메소드(연산)와 속성을 하위 클래스가 물려받는 것으로 클래스를 체계화할 수 있어 기존 클래스로부터 확장이 용이하며, 클래스와 오브젝트를 재사용할 수 있는 능력을 얻을 수 있다.
>
> 답 ③

52

B등급

다음 중 객체를 이용하여 데이터와 연산들을 하나의 단위로 묶는 기법은?

① Instance

② Polymorphism

③ Inheritance

④ Encapsulation

> 해설
>
> 캡슐화(Encapsulation)는 객체를 이용하여 서로 관련 있는 데이터와 연산(함수)을 하나의 단위로 묶는 기법으로 프로그램의 컴포넌트를 재사용할 수 있다.
>
> 답 ④

53 다음 중 객체 지향 분석(OOA)에 대한 설명으로 옳지 <u>않은</u> 것은?

B등급

① 모델링의 구성 요소인 클래스, 객체, 속성, 연산 등을 이용하여 문제를 모형화 시킨다.

② 모형화 표기법 관계에서 속성의 분류, 인스턴스의 상속, 메시지의 통신 등을 결합한다.

③ 객체를 클래스로부터 인스턴스화 하거나 클래스를 식별하는 것이 주요 목적이다.

④ 분석 과정에는 객체 관계/행위 모형의 생성, 객체와 연관된 자료 구조의 표현 등이 있다.

> **해설** 객체 지향 분석(OOA)은 고객의 요구 사항, 요구 사항별 객체와 클래스의 정의 및 분류, 각 객체에 대한 속성과 연산을 기술하며 모형화 표기법 관계에서 객체의 분류, 속성의 상속, 메시지의 통신 등을 결합한다.
>
> ②

54 객체 지향 프로그래밍(Object-Oriented Programming ; OOP) 개발 기법에 대한 설명으로 옳지

C등급 <u>않은</u> 것은?

① 절차 중심 프로그래밍 기법이다.

② 객체 지향 프로그래밍 언어에는 Smalltalk, C++ 등이 있다.

③ 객체 모델의 주요 요소는 추상화, 캡슐화, 모듈화, 계층 등이다.

④ 설계 시 자료와 자료에 가해지는 프로세스를 묶어 정의하고 관계를 규명한다.

> **해설** 객체 지향 프로그래밍(OOP)은 객체 지향적, 상호 작용적, 비절차적, 추상적 개발 기법으로 설계 모형을 특정 프로그램으로 번역하고, 객체 클래스 간에 상호 작용할 수 있다.
>
> ①

55 다음 중 Rumbaugh의 모델링에서 상태도와 자료 흐름도는 각각 어느 모델링과 관련이 있는가?

B등급

① 상태도 – 기능 모델링, 자료 흐름도 – 동적 모델링

② 상태도 – 객체 모델링, 자료 흐름도 – 기능 모델링

③ 상태도 – 객체 모델링, 자료 흐름도 – 동적 모델링

④ 상태도 – 동적 모델링, 자료 흐름도 – 기능 모델링

- 객체 모델링(Object Modeling) : 객체와 클래스 식별, 클래스의 속성, 연산 표현
- 동적 모델링(Dynamic Modeling) : 상태도, 시나리오, 메시지 추적 다이어그램
- 기능 모델링(Functional Modeling) : 자료 흐름도(DFD) 이용, 입출력 데이터 정의, 기능의 정의

 ④

56
C등급

다음 중 객체 사이에 주고받는 메시지 순서를 표현하면서 시스템 동작을 정형화하고 객체들의 메시지 교환을 시각화하는 다이어그램은?

① 상태 다이어그램(State Diagram)
② 순서 다이어그램(Sequence Diagram)
③ 클래스 다이어그램(Class Diagram)
④ 액티비티 다이어그램(Activity Diagram)

- 상태 다이어그램 : 객체의 상태 변화를 표현하며, 객체의 상태와 사건에 따라 순차적으로 발생한다.
- 클래스 다이어그램 : 시스템의 구조를 나타낼 때 사용하며, 클래스 간의 상속 관계, 연관 관계, 의존 관계 등을 표현한다.
- 액티비티 다이어그램 : 시스템을 오퍼레이션의 집합이 수행되는 상태로 표현하며 객체 간 행위, 조건, 분기 등의 상태를 표현한다.

 ②

57
A등급

다음 중 화이트 박스 검사(White Box Testing)에 대한 설명으로 옳지 <u>않은</u> 것은?

① 프로그램의 제어 구조에 따라 선택, 반복 등의 부분들을 수행함으로써 논리적 경로를 제어한다.
② 모듈 안의 작동을 직접 관찰할 수 있다.
③ 소프트웨어 산물의 각 기능별로 적절한 정보 영역을 정하여 적합한 입력에 대한 출력의 정확성을 점검한다.
④ 원시 코드의 모든 문장을 한 번 이상 수행함으로써 수행된다.

소프트웨어 산물의 각 기능별로 적절한 정보 영역을 정하여 적합한 입력에 대한 출력의 정확성을 점검하는 것은 블랙 박스(Black Box) 검사에 대한 설명이다.

 ③

58
C등급

다음 중 소프트웨어의 검사 단계를 올바른 순서로 나열한 것은?

> ㉠ 설계 검사 ㉡ 요구 사항 검사
> ㉢ 코드 검사 ㉣ 시스템 검사

① ㉠ - ㉡ - ㉢ - ㉣ ② ㉢ - ㉠ - ㉡ - ㉣
③ ㉡ - ㉢ - ㉣ - ㉠ ④ ㉡ - ㉣ - ㉠ - ㉢

해설 소프트웨어 검사 단계
코드(단위) → 설계(통합) → 요구 사항(검증) → 시스템

답 ②

59
C등급

다음 중 단위 검사에서 기초 경로 검사와 루프 검사를 수행하는 것은?

① 인터페이스 검사 ② 수행 경로 검사
③ 경계 값 검사 ④ 자료 구조 검사

해설 단위(모듈) 검사는 소프트웨어의 최소 구성단위가 되는 모듈을 개별적으로 검사하는 것으로 인터페이스 검사
(모듈 간 매개 변수 검사), 수행 경로 검사(기초 경로 검사와 루프 검사), 경계 값 검사(한계 값 검사), 자료
구조 검사(데이터와 변수 검사)가 있다.

답 ②

60
A등급

소프트웨어 시험의 목적은 오류를 찾아내는데 있다. 이의 종류로는 단위 시험, 통합 시험, 검증 시험, 시스템 시험이 있는데, 이중에서 소프트웨어가 요구 사항에 맞는지를 추적하는데 중점을 두고 있는 시험 방법은?

① 단위 시험 ② 통합 시험
③ 검증 시험 ④ 시스템 시험

해설 검증 시험은 정당성(Validation) 검사로 개발된 소프트웨어가 요구 사항과 맞는지를 시험하는 것으로 소프트웨
어 요구 사항의 일부로 설정된 요구 사항이 구축된 소프트웨어와 일치하는가를 확인한다.

답 ③

61
A등급

다음 중 검증 시험을 하는 데 있어 알파 테스트란?

① 사용자의 장소에서 개발자가 직접 시험을 한다.
② 사용자의 장소에서 개발자와 사용자가 실데이터를 가지고 공동으로 시험한다.
③ 개발자의 장소에서 개발자가 시험을 하고, 사용자는 지켜본다.
④ 개발자의 장소에서 사용자가 시험을 하고, 개발자는 뒤에서 결과를 지켜본다.

 알파 테스트(Alpha Test)는 사용자를 제한된 환경에서 프로그램을 수행하게 하고, 개발자는 사용자가 어떻게 수행하는가를 지켜보며 오류를 찾는 검사이다.

답 ④

62
B등급

다음 중 검증 시험(Validation Test)을 하는 데 있어 Beta Test에 대한 설명으로 옳은 것은?

① 사용 부서에서 개발 담당자가 시험한다.
② 개발 부서와 사용 부서가 공동으로 시험한다.
③ 개발 부서에서 개발자가 시험을 한다.
④ 실 업무를 가지고 사용자가 직접 시험한다.

 베타 테스트(Beta Test)는 다수의 사용자를 제한되지 않은 환경에서 프로그램을 사용하게 하고 오류가 발견이 되면 개발자에게 통보하는 검사이다.

답 ④

63
A등급

다음 중 McCabe에 의해 제안된 소프트웨어의 복잡성 측정에 대한 설명으로 옳지 <u>않은</u> 것은?

① 영역은 그래프의 평면에서 둘러싸여진 부분으로 묘사될 수 있다.
② 영역의 수는 경계된 영역들과 그래프 외부의 비경계 지역의 수를 계산한다.
③ 모듈 크기의 실제 상한선은 존재하지 않는다.
④ V(G)는 영역의 수를 결정함으로써 계산된다.

 복잡도는 흐름(Flow) 그래프의 영역 수 또는 프로그램 구조의 직선 경로 수와 일치한다.
③ 흐름 그래프가 있으면 모듈 크기(라인 수)의 실제 상한선은 존재한다.

답 ③

64

소프트웨어 공학에 적용되는 품질 목표 항목 중 가장 거리가 먼 것은?

① 최적화(Optimizing) ② 이식성(Portability)

③ 신뢰성(Reliability) ④ 유지 보수성(Maintainability)

> 해설
> 최적화(Optimizing)는 프로그램의 불필요한 요소를 제거하고, 고급 언어를 번역하는 단계 중 하나이다.
>
> 답 ①

65

다음 중 소프트웨어 유지 보수에 대한 설명으로 옳지 않은 것은?

① 소프트웨어 유지 보수 비용은 개발 비용보다 일반적으로 적다.

② 소프트웨어 유지 보수를 용이하게 하려면 시험 용이성, 이해성, 수정 용이성, 이식성이 고려되어야 한다.

③ 소프트웨어 유지 보수의 과정은 유지 보수 요구, 현 시스템에 대한 이해, 수정 및 시험 순을 반복하여 일어난다.

④ 소프트웨어 유지 보수는 기능 개선, 하자 보수, 환경 적응, 예방 조치를 목적으로 소프트웨어의 수명을 연장시키는 작업이다.

> 해설
> 소프트웨어 비용 중 유지 보수 비용은 전 과정의 약 60% 이상을 차지하므로 개발 비용보다 많다.
>
> 답 ①

66

다음 중 소프트웨어 유지 보수의 유형에 해당하지 않는 것은?

① 수정 보수(Corrective Maintenance)

② 기능 보수(Functional Maintenance)

③ 완전화 보수(Perfective Maintenance)

④ 예방 보수(Preventive Maintenance)

> 해설
> 유지 보수(Maintenance)의 유형
> 수정 보수(Corrective Maintenance), 완전 보수(Perfective Maintenance), 환경 보수(Adaptive Maintenance), 예방 보수(Preventive Maintenance)가 있다.
>
> 답 ②

67

A등급

다음 소프트웨어의 품질 목표 중 허용되지 않는 사용이나 자료의 변경을 제어하는 정도를 나타낸 것은?

① 무결성(Integrity)
② 신뢰성(Reliability)
③ 사용 용이성(Usability)
④ 유연성(Flexibility)

> 해설
> • 신뢰성 : 정확하고 일관된 결과를 얻기 위해 요구된 기능을 수행하는 정도이다.
> • 사용 용이성 : 쉽게 배울 수 있고, 사용할 수 있는 정도이다.
> • 유연성 : 새로운 기능의 추가나 다른 환경에 적용하기 쉽게 수정될 수 있는 정도이다.
>
> 답 ①

68

A등급

다음 중 워크 쓰루(Walk – Through)의 특징으로 거리가 먼 것은?

① 발견된 오류는 문서화한다.
② 오류 검출에 초점을 두고 해결책은 나중으로 미룬다.
③ 검토를 위한 자료를 사전에 배포하여 검토하도록 한다.
④ 정해진 기간과 비용으로 프로젝트를 완성시키기 위한 대책을 수립한다.

> 해설
> 워크 쓰루(Walk-Through)는 소프트웨어에 대한 재검토 회의 방식으로 비용 절약의 품질 관리 활동을 한다.
> ④ 소프트웨어 계획 수립에 대한 설명이다.
>
> 답 ④

69

B등급

다음 중 소프트웨어 품질 보증을 위한 정형 기술 검토의 지침 사항으로 옳지 않은 것은?

① 논쟁과 반박의 제한성
② 의제의 무제한성
③ 제품 검토의 집중성
④ 참가 인원의 제한성

> 해설
> 정형 기술 검토의 지침 사항에는 제작자가 아닌 제품 검토에 집중, 논쟁과 반박을 제한, 제기된 문제를 바로 해결하려고 하지 않음, 의제와 참가자 수를 제한하고, 사전 준비를 강조, 각 체크 리스트를 작성하고, 자원과 시간 일정을 할당, 검토 과정과 결과의 재검토 등이 있다.
>
> 답 ②

70
B등급

다음 중 정형 기술 검토(FTR)에 대한 설명으로 옳지 <u>않은</u> 것은?

① 소프트웨어 공학의 실무자에 의해 수행되는 소프트웨어 품질 보증 활동이다.
② 기능과 로직의 오류 발견, 사용자 요구 사항의 확인, 프로젝트 관리의 편리성 등이 주목적이다.
③ 소프트웨어 분석, 설계, 구현을 위한 다양한 접근을 관찰할 수 있도록 한다.
④ 소프트웨어 생명 주기의 각 단계에서 산출된 결과물을 여러 사람이 검토한다.

해설

심사(Inspection)는 팀 관리 조정자가 과정에서 얻은 출력을 일반 설정과 비교하여 오류가 제거되도록 한다.
④ 심사(Inspection)에 대한 설명이다.

답 ④

71
B등급

다음 중 소프트웨어의 신뢰성에 대한 설명으로 옳지 <u>않은</u> 것은?

① 시스템이 주어진 환경에서 정확한 결과를 얻기 위해 주어진 시간 동안 오류 없이 작동할 확률이다.
② 개발 시점의 자료를 이용하여 측정과 예측이 가능하다.
③ 간단한 신뢰도 측정은 MTBF로 가능하다.
④ 프로그램이 요구 사항에 따라 운영되는 확률이다.

해설

프로그램이 요구 사항에 따라 운영되는 확률은 가용성(이용 가능성)에 대한 설명이다.

답 ④

72
C등급

다음 중 가용성의 측정 공식으로 올바른 것은?

① MTTF / (MTTF + MTTR) × 100%
② 작업한 시간의 총합 / 작업한 횟수
③ 수리한 시간의 총합 / 고장난 횟수
④ MTBF + MTTR

해설

② MTBF에 대한 공식이다.
③ MTTR에 대한 공식이다.
④ MTTF에 대한 공식이다.

답 ①

73 재사용 컴포넌트(Component)들이 많이 있어도 그들을 찾아내는 것이 어려울 경우, 가장 주된 원인은
B등급 무엇인가?

① 프로그램 언어의 차이   ② 분류(Classification)의 문제
③ 통합성의 문제   ④ 객체 지향 방법과 전통적인 방법의 상충

> 해설 재사용 컴포넌트(Component)는 독립성을 갖고 있는 규모가 큰 모듈로 재사용의 모듈(컴포넌트)이 많아지면
> 체계적으로 분류(Classification)하여 사용하기가 어렵다.
>
> 답 ②

74 다음 중 소프트웨어 재공학(Re – Engineering)에 대한 설명으로 틀린 것은?
C등급

① 기존 시스템을 이용하여 보다 나은 시스템을 구축하고, 새로운 기능을 추가하여 소프트웨어의
성능을 향상시킨다.
② 유지 보수성, 생산성, 품질 향상을 목적으로 한다.
③ 데이터와 기능들의 개조 및 개선을 통하여 유지 보수의 용이성을 향상시킨다.
④ 유지 보수에 대한 단시간의 고려와 적은 비용, 인력, 자원 등을 요구한다.

> 해설 소프트웨어 재공학은 자동화된 도구를 사용하여 소프트웨어를 분석하고, 수정하는 과정을 포함하는 것으로
> 유지 보수에 대한 장기적인 전략적 고려와 많은 비용, 시간, 자원을 요구한다.
>
> 답 ④

75 현재 프로그램으로부터 데이터, 아키텍처 그리고 절차에 관한 분석 및 설계 정보를 추출하는 과정은?
A등급

① 재공학(Re – Engineering)   ② 역공학(Reverse Engineering)
③ 순공학(Forward Engineering)   ④ 재사용(Reuse)

> 해설 소프트웨어 역공학(Reverse Engineering)은 현재 프로그램으로부터 데이터, 아키텍처, 절차에 관한 분석 및
> 설계 정보를 추출하는 과정으로 소프트웨어를 분석하여 소프트웨어 개발 과정과 데이터 처리 과정을 설명하는
> 분석 및 설계 정보를 재발견하거나 다시 만드는 작업이다.
>
> 답 ②

76
B등급

다음 중 CASE(Computer – Aided Software Engineering)에 대한 설명으로 가장 옳지 <u>않은</u> 것은?

① 소프트웨어 개발의 작업들을 자동화하는 것이다.
② 소프트웨어 도구와 방법론의 결합이다.
③ 소프트웨어의 생산성 문제를 해결할 수 있다.
④ 개발 과정이 빠른 대신 재사용성이 떨어진다.

해설

CASE를 이용하면 개발 과정이 빠르기 때문에 생산성을 높일 수 있고, 수정이 용이하므로 다른 프로젝트에 일부 혹은 전부를 삽입하여 재사용하는 데 효과적이다.

 답 ④

77
A등급

다음 중 CASE 도구의 정보 저장소(Repository)에 대한 설명으로 거리가 <u>먼</u> 것은?

① 정보 저장소는 도구들과 생명 주기 활동, 사용자들, 응용 소프트웨어들 사이의 통신과 소프트웨어 시스템 정보의 공유를 향상시킨다.
② 오늘날 소프트웨어 개발에 관련된 정보 저장소의 역할은 응용 프로그램이 담당한다.
③ 정보 저장소는 도구들의 통합, 소프트웨어 시스템의 표준화, 소프트웨어 시스템 정보의 공유, 소프트웨어 재사용성의 기본이 된다.
④ 소프트웨어 시스템 구성 요소들과 시스템 정보가 정보 저장소에 의해 관리되므로 소프트웨어 시스템의 유지 보수가 용이해진다.

해설

정보 저장소(Repository)는 CASE 시스템의 전반부와 후반부를 연결시켜 주는 요소로 소프트웨어 생명 주기 동안 모든 시스템 정보가 관리되고 저장되는 곳이며, 서로 다른 팀 구성원에 의한 시스템 작업이 결합, 분석되어 하나의 완전한 시스템으로 표현된다.

 답 ②

78 다음 중 멀티미디어(Multimedia)에 대한 설명으로 옳지 <u>않은</u> 것은?

_{B등급}

① Multi와 Media가 결합된 것으로 다중 매체라고도 한다.
② 동영상 등의 미디어를 디지털 방식으로 변환하여 사용자에게 대화 형태로 제공한다.
③ 문자(Text), 그림(Image), 오디오(Audio), 비디오(Video), 애니메이션(Animation) 등의 정보를 통합하여 하나의 정보로 전달된다.
④ 멀티미디어의 발전 단계는 분석 → 계획 → 설계 → 데이터 수집 → 데이터 작성 및 편집 → 저작 → 테스트 순이다.

> **해설**
> 멀티미디어의 발전 단계는 디자인 → 도구 선택 → 콘텐츠 생성 → 멀티미디어 저작 → 테스트 순이다.
> ④ 멀티미디어 타이틀 제작 과정이다.
>
> 답 ④

79 다음 중 멀티미디어 기술의 발전을 뒷받침할 수 있는 배경과 거리가 <u>먼</u> 것은?

_{A등급}

① 데이터 압축 기술의 발전　　② 아날로그 데이터 기술의 발전
③ 인터넷 기술의 발전　　④ 하드웨어 기술의 발전

> **해설**
> 멀티미디어는 멀티(Multi)와 미디어(Media)가 결합된 것으로 디지털(Digital) 데이터 기술의 발전이 되어야 한다.
>
> 답 ②

80 다음 중 멀티미디어 기술이 발전하게 된 원인과 가장 거리가 <u>먼</u> 것은?

_{B등급}

① 컴퓨터 보안 기술의 향상
② 컴퓨터 성능의 향상
③ 인터넷 통신 속도의 향상
④ 정지 영상, 동영상, 오디오 압축 기술의 향상

> **해설**
> 멀티미디어는 문자, 그림, 오디오, 비디오, 애니메이션 등의 정보를 통합하여 하나의 정보로 전달하는 것으로 컴퓨터 보안 기술과는 상관이 없다.
>
> 답 ①

81
A등급

다음 중 멀티미디어의 특징에 대한 설명으로 올바르지 않은 것은?

① 디지털화 : 멀티미디어 정보를 컴퓨터로 처리하기 위해서 디지털 방식으로 변환
② 쌍방향성 : 사용자 간에 서로 연결되어 정보 전달을 최소화하는 효과
③ 비선형성 : 사용자의 선택에 따라 다양한 데이터로 처리하는 비선형 구조
④ 통합성 : 텍스트, 그래픽, 오디오, 비디오, 애니메이션 등 여러 매체를 광범위하게 통합

> 해설
> 쌍방향성(Interactive)은 시간과 장소에 관계없이 정보 전달의 효과를 극대화한다.
>
> 답 ②

 82
B등급

다음 중 멀티미디어의 기본 조건과 가장 거리가 먼 것은?

① 텍스트, 이미지, 음성, 영상 등 다양한 정보를 동시에 표현할 수 있어야 한다.
② 상호 작용을 할 수 있는 기능이 있어야 한다.
③ 각 매체가 분산된 환경에서 운영되어야 한다.
④ 디지털 정보를 제공할 수 있어야 한다.

> 해설
> 멀티미디어의 각 매체는 분산된 환경이 아닌 통합된 환경에서 운영되어야 한다.
>
> 답 ③

 83
B등급

동영상 처리를 위한 장치 중 하나로 영상을 컴퓨터 화면과 함께 표시할 수 있도록 하는 장치를 무엇이라 하는가?

① 프레임 그래버(Frame Grabber)　　　② 스캐너(Scanner)
③ DSP(Digital Signal Processor)　　　④ 비디오 오버레이(Video Overlay)

> 해설
> ① 동화상을 데이터 파일로 저장, 편집하는 장치이다.
> ② 그림이나 사진 등을 그래픽 정보로 바꾸어 입력하는 장치이다.
> ③ 디지털 신호를 하드웨어적으로 처리할 수 있는 집적 회로이다.
>
> 답 ④

84

C등급

다음의 미디어 편집 소프트웨어 중 사운드 편집 도구로 옳지 않은 것은?

① Encore
② Cool Edit
③ Wave Edit
④ Quark Xpress

> **해설** Quark XPress는 전자 출판에서 사용하는 페이지 레이아웃용 소프트웨어이다.
>
> 답 ④

85

C등급

다음 중 응용 소프트웨어에 대한 설명으로 옳지 않은 것은?

① Oracle, MySQL은 데이터베이스 관리 시스템이다.
② PhotoShop, CoreDraw는 그래픽 소프트웨어다.
③ Dreamweaver, FrontPage는 압축 프로그램이다.
④ WinAMP, RealPlayer는 음악 파일 재생 프로그램이다.

> **해설** Dreamweaver, FrontPage는 웹 문서를 제작하고, 편집할 수 있는 프로그램이다.
>
> 답 ③

86

C등급

실제 장면을 촬영한 후 화면에서 등장하는 캐릭터나 물체의 윤곽선을 추적하여 애니메이션의 기본형을 만들고, 여기에 수작업으로 컬러를 입히거나 형태를 변형시켜 사용하는 애니메이션 기법을 무엇이라고 하는가?

① 모핑(Morphing)
② 로토스코핑(Rotoscoping)
③ 포깅(Fogging)
④ 클레이메이션(Claymation)

> **해설**
> • 로토스코핑 : 실제 장면을 촬영한 후 화면에서 등장하는 캐릭터나 물체의 윤곽선을 추적하여 애니메이션의 기본형을 만들고, 여기에 수작업으로 컬러를 입히거나 형태를 변형시켜 사용하는 애니메이션 기법이다.
> • 모핑 : 두 이미지를 자연스럽게 연결하는 것으로 특정 모습을 다른 형상으로 변화시키는 기법이다.
> • 클레이메이션 : 점토, 찰흙 등의 점성이 있는 소재를 이용하여 인형을 만들고, 소재의 점성을 이용하여 조금씩 변형된 형태를 만들어 촬영하는 기법이다.
>
> 답 ②

87
C등급

다음 중 멀티미디어 저작 도구에 대한 설명으로 옳지 않은 것은?

① 사용자의 입력에 따라 요소들의 제어 흐름을 조정할 수 있는 기능이 있다.

② 미디어 파일들 간의 동기화 정보를 통하여 요소들을 결합하여 실행하는 기능이 있다.

③ 저작 도구 사용 시 멀티미디어 요소를 결합하기 위해 대부분 C나 C++ 등의 프로그래밍 언어를 이용한다.

④ 다양한 미디어 파일이나 미디어 장치를 유연하게 연결할 수 있다.

> 해설 멀티미디어 저작 도구를 이용한 프로그램은 C 언어나 HTML 같은 언어에 대한 전문적인 지식이 없어도 가능하다.
>
> 답 ③

88
A등급

다음 중 비트맵 표현 방식의 파일에 대한 설명으로 옳지 않은 것은?

① Pixel 단위로 표현하는 방법이다.

② 벡터 방식에 비해 기억 공간을 적게 차지한다.

③ 화면에 보여주는 속도가 빠르다.

④ BMP, PCX, JPG 등의 파일 형식을 가진다.

> 해설 비트맵(Bitmap)은 점의 최소 단위인 픽셀(Pixel)로 구성되고, 부드러운 이미지를 나타낼 때 사용하는 것으로 기억 공간을 많이 차지한다.
>
> 답 ②

89
A등급

다음 중 벡터 이미지(Vector Image)에 대한 설명으로 옳지 않은 것은?

① 이동과 회전 등의 변형이 쉽고, 좌표 개념을 도입하였다.

② 확대, 축소 시에 화질의 손상이 거의 없다.

③ 파일의 형식에는 CDR, CGM, DRW, WMF 등이 있다.

④ 점(Dot)들을 픽셀(Pixel)의 형태로 나타낸다.

> 해설 벡터 이미지는 점과 점을 연결하는 직선이나 곡선을 이용하여 이미지를 표현하며, 좌표 개념을 도입하였다.
> ④ 비트맵(Bitmap)에 대한 설명이다.
>
> 답 ④

90
A등급

다음 중 그래픽 데이터 형식의 설명으로 옳지 <u>않은</u> 것은?

① BMP : Windows 운영체제의 표준 비트맵 파일 형식으로 압축하여 저장하므로 파일의 크기가 작은 편이다.

② GIF : 인터넷 표준 그래픽 형식으로 8비트 컬러를 사용하여 최대 256 색상까지만 표현 할 수 있으나 애니메이션 표현이 가능하다.

③ JPEG : 사진과 같은 선명한 정지 영상 압축 기술에 대한 국제 표준으로 주로 인터넷에서 그림 전송에 사용된다.

④ PNG : 선명한 그래픽(트루 컬러)으로 투명색 지정이 가능하다.

> **해설**
> BMP은 Windows 운영체제의 표준 이미지 형식으로 비트맵 정보를 압축하지 않고 저장하므로 파일 크기가 크다.
>
> ①

91
A등급

다음에서 설명하는 그래픽 데이터 파일 형식으로만 짝지은 것은?

> • 픽셀로 화면을 표시하는 방식으로 래스터(Raster) 이미지라고도 한다.
> • 이미지를 확대하면 테두리가 계단 모양으로 거칠게 나타나며 사진과 같은 사실적인 이미지를 표현할 수 있다.

① DOC, PDF, DXF   ② WMF, AI, CDR

③ GIF, JPG, PNG   ④ MP3, PCX, BMP

> **해설**
> • GIF : 256 컬러를 사용하여 Animation을 표현하므로 웹에서 널리 사용(8비트 팔레트 사용)된다.
> • JPG : 인터넷 상에서 그림 전송 시 사용되며, 다양한 색상(최대 1,600만 색)을 표현한다.
> • PNG : GIF 대신 통신망에서 사용하는 웹 표준 그래픽 형식으로 다양한 특수 효과가 가능하다.
>
> 답 ③

92 다음 중 MIDI 파일에 대한 설명으로 옳지 <u>않은</u> 것은?

① MIDI는 Musical Instrument Digital Interface의 약자이다.
② MIDI 파일은 사운드 카드와 같은 MIDI 디바이스가 음악을 연주하는 방법을 알려주는 명령어를 포함한다.
③ MIDI 파일에는 음표, 음악의 빠르기 및 음악의 특성들을 나타내는 명령어가 들어 있다.
④ MIDI 디바이스 역할을 도와주는 사운드 카드는 여러 가지 악기를 동시에 연주할 수 없다.

> 해설
> 미디(MIDI)는 전자 악기 간의 디지털 신호를 상호 교환할 수 있도록 정해놓은 규약으로 MIDI를 이용하면 여러 악기를 동시에 연주하거나 작곡, 편곡 등이 가능하다.
>
> 답 ④

93 다음 중 멀티미디어 데이터 형식에 대한 설명으로 옳지 <u>않은</u> 것은?

① MIDI - 소리를 직접 저장한다.
② JPEG - 정지 영상 압축의 국제 표준 규격이다.
③ WAVE - 소리의 원음을 샘플링하여 저장하는 형식이다.
④ MPEG - 동영상 압축의 국제 표준이다.

> 해설
> 미디(MIDI)는 컴퓨터로 전자 악기를 연주하고 전자 악기의 모든 기능들을 제어할 수 있는 디지털 신호 체계를 위한 규격이다.
>
> 답 ①

94 다음 중 샘플링에 대한 설명으로 옳지 <u>않은</u> 것은?

① 소리 파형을 일정 시간 간격으로 추출한 것을 샘플이라고 한다.
② 샘플링 율(Sampling Rate)이 높으면 높을수록 원음에 보다 가깝다.
③ 샘플링 주파수(Sampling Frequency)는 높으면 높을수록 좋고, 기억 용량도 작아진다.
④ 샘플링 비트(Sampling Bit) 수는 음질에 영향을 미친다.

> 해설
> 샘플링 주파수(Sampling Frequency)는 낮을수록 좋다.
>
> 답 ③

95 다음 중 신호 처리에 사용되는 샘플링(Sampling) 기법의 목적으로 옳은 것은?

A등급

① 아날로그 방식의 데이터가 변경될 수 없도록 데이터를 보호하는 것이다.
② 선형적인 데이터를 비선형적 데이터로 취급할 수 있도록 디지털화하는 것이다.
③ 디지털 방식의 비선형적인 특성을 파악하기 위해 몇 개를 선택하는 것이다.
④ 아날로그와 디지털 방식의 상호 변환이 불가능하도록 데이터 특성을 고정하는 것이다.

해설 샘플링은 아날로그 데이터를 디지털 데이터로 변환 전송 시에 대푯값을 찾는 단계로 아날로그 형태의 소리를 디지털 형태로 바꾸는 작업이다.

답 ②

96 다음 중 아날로그 오디오 신호를 디지털 오디오 데이터로 변환할 때 디지털 오디오 데이터 파일의 크기에 영향을 미치는 요소와 거리가 가장 먼 것은?

B등급

① 샘플링 비율(헤르츠)　　　　　② 저장 매체의 크기(바이트)
③ 양자화 크기(비트)　　　　　　④ 지속 시간(초)

해설 아날로그 오디오 신호를 디지털 오디오 데이터로 변환할 때 디지털 오디오 데이터 파일의 크기에 영향을 미치는 요소에는 샘플링 비율(헤르츠), 양자화 크기(비트), 지속 시간(초) 등이 있다.

답 ②

97 그림 파일을 표시하는 데 있어서 이미지의 대략적인 모습을 먼저 보여준 다음 점차 자세한 모습을 보여주는 기법을 무엇이라 하는가?

A등급

① 인터레이싱(Interlacing)　　　　② 샘플링(Sampling)
③ 솔러리제이션(Solarization)　　　④ 로토스코핑(Rotoscoping)

해설
• 솔러리제이션(Solarization) : 필름에 빛이 들어가 나타나는 색채의 반전 효과를 주는 기법이다.
• 로토스코핑(Rotoscoping) : 실제 장면을 촬영한 후 캐릭터나 물체의 윤곽선을 추적하여 애니메이션의 기본 형을 만들고, 여기에 수작업으로 컬러를 입히거나 형태를 변형시키는 기법이다.

답 ①

98
B등급

다음의 〈보기〉에서 설명하는 기법은 무엇인가?

> 보기
> 컴퓨터 그래픽에서 사용하는 평활화 기법으로 래스터식 디스플레이에서는 실세계의 연속적인 도형을 화소의 집합으로 표현하기 때문에 본래 매끄러운 직선이 거칠게 보이므로 이를 평활하게 하여야 한다.

① 페인팅(Painting)
② 안티 앨리어싱(Anti-aliasing)
③ 리터칭(Retouching)
④ 렌더링(Rendering)

해설
안티 앨리어싱(Anti-Aliasing)은 화면 해상도가 낮아 사선이나 곡선이 매끄럽게 표현되지 않고, 톱니 모양과 같이 거칠게 표시되는 느낌을 감소시키는 기법이다(샘플링 이론을 기초로 제안).

 답 ②

99
A등급

다음은 무엇을 설명한 것인가?

> 팔레트를 사용하는 것과 같이 제한된 색상을 사용해야 할 경우 그 제한된 색상들을 섞어서 다양한 색상을 만들어 내는 방법이다. 즉, 현재 팔레트에 존재하지 않는 컬러를 컬러 패턴으로 대체하여 가장 유사한 컬러로 표현하는 기법이다.

① 디더링
② 안티 앨리어싱
③ 모핑
④ 와핑

해설
② 안티 앨리어싱 : 화소의 배열에 따라 직선이 우둘투둘하게 되는 것을 교정하여 더 나은 영상을 얻는 기법이다.
③ 모핑 : 영화나 광고에서 영상을 자유자재로 천천히 변화시키는 기법이다.
④ 와핑 : 이미지를 왜곡하여 유사 형태로 변형하는 기법이다.

 답 ①

100
A등급

압축은 본래의 자료를 다른 형태의 축소된 코드로 변환하는 것이다. 다음 중 〈보기〉의 설명에 해당하는 것으로 옳은 것은?

- 영상, 음성, 음향을 압축하는 표준화 규격이다.
- 프레임과 프레임 사이의 차이에 중점을 준 압축 기법이다.
- 압축 속도는 느리지만 실시간 재생이 가능하다.

① MPEG   ② JPEG
③ DVI   ④ AVI

해설

② 정지 영상의 디지털 압축 기술로 손실 압축과 무손실 압축이 가능하다.
③ 재생 속도가 느리고 호환성이 없는 영상 압축 기술이다.
④ Windows에서 동영상을 재생하기 위한 파일 형식이다.

 답 ①

101
A등급

다음 중 MPEG에 대한 설명으로 옳지 <u>않은</u> 것은?

① 손실 기법과 무손실 기법을 수학적으로 구현하여 흑백이나 컬러 이미지를 압축 저장하거나 재생이 가능하다.
② 영상의 중복성을 제거함으로써 압축률을 높일 수 있는 중복 제거 기법을 사용한다.
③ 동영상 압축 기법에 대한 표준을 제정하는 단체와 표준 규격의 이름을 의미한다.
④ MPEG-4는 MPEG-2를 개선한 것으로 동영상 데이터 전송이나 전화선을 이용한 화상 회의 시스템을 사용하기 위해 개발되었다.

해설

손실 기법과 무손실 기법을 수학적으로 구현하여 흑백이나 컬러 이미지를 압축 저장하거나 재생이 가능한 것은 JPEG에 대한 설명이다.

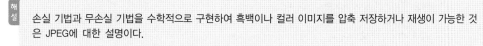 답 ①

102 다음 중 MPEG에 대한 설명으로 옳지 <u>않은</u> 것은?

B등급

① 동영상 압축 기술이다.
② MPEG-2는 HDTV 수준의 품질을 제공한다.
③ 동영상과 음성의 실시간 압축이 불가능하다.
④ MPEG-21은 디지털 콘텐츠의 제작, 유통, 보안 등 전 과정을 포괄적으로 관리할 수 있는 기술
이다.

MPEG는 동영상과 음성의 실시간 압축이 가능하다.

답 ③

103 다음 중 MPEG-4 기술을 기반으로 긴 영상도 원본 품질에 가까우면서도 작은 크기로 압축시켜주는

B등급 기능을 갖는 것은?

① WMV
② AVI
③ DivX
④ QuickTime

DivX(Digital Video Express)는 MPEG-3과 MPEG-4를 재조합한 방식으로 기존 MPEG와는 다르게 비표준
동영상 파일 형식이다.

답 ③

104 다음 중 대역폭이 적은 통신 매체에서도 전송이 가능하고, 양방향 멀티미디어를 구현할 수 있는

B등급 동영상 압축 기술은?

① MPEG2
② MOV
③ MPEG4
④ DIV

• MPEG2 : 높은 화질과 음질 그리고 MPEG-Video, MPEG-Audio, MPEG-System으로 구성되며, 디지털 TV
  방송, DVD 등에 사용되는 기술이다.
• MPEG4 : MPEG-2를 개선한 것으로 동영상 데이터 전송이나 전화선을 이용한 화상 회의 시스템을 사용하기
  위해 개발된 기술이다.

 답 ③

105

다음 중 MPEG에 대한 설명으로 가장 옳지 <u>않은</u> 것은?

① MPEG-1 : 고용량 매체에서 동영상을 재생하기 위한 것으로 CD나 CD-I에서 사용한다.
② MPEG-2 : MPEG-1의 화질 개선을 위한 것으로 HDTV, 위성 방송, DVD 등에서 사용한다.
③ MPEG-4 : MPEG-2를 개선하고, 대역폭이 적은 통신 매체에서는 전송이 불가능하다.
④ MPEG-7 : 멀티미디어 정보 검색이 가능한 동영상, 데이터 검색 및 전자상거래 등에 사용하도록 개발되었다.

> MPEG-4는 MPEG-2를 개선한 것으로 동영상 데이터의 전송이나 화상 회의 시스템의 양방향 전송을 사용하기 위해 개발되었으며, 대역폭이 적은 통신 매체에서도 전송이 가능하다.
>
> 답 ③

106

다음의 압축 방식 중에서 QuickTime의 설명으로 옳지 <u>않은</u> 것은?

① JPEG를 기본으로 한 압축 방식이다.
② 아날로그, 디지털 변환을 VC(Video Capture) 보드로 수행한다.
③ QuickTime은 Movie Toolbox, Image Compression Manager, Component Manager로 구성된다.
④ 정지 화상만을 압축하는 방식이다.

> 퀵타임(QuickTime)은 Apple 사가 개발한 동화상 저장 및 재생 기술(정지 화상뿐만 아니라 동화상까지 압축)이다.
>
> 답 ④

107

다음 중 하이퍼텍스트에 관한 설명으로 적절하지 <u>못한</u> 것은?

① 편집자의 의도보다는 독자의 의도에 따라 문서를 읽는 순서가 결정되도록 구성한 문서를 의미한다.
② 문서와 문서를 연결하여 관련된 정보를 쉽게 찾아 볼 수 있도록 그물처럼 연결된 비선형 구조를 갖는 문서이다.
③ 하이퍼텍스트에서 가장 중요한 요소는 하이퍼링크이다.
④ 멀티미디어로만 작성된 정보 묶음들이 서로 링크된 형태이다.

멀티미디어로만 작성된 정보 묶음들이 서로 링크된 형태는 하이퍼미디어의 특징에 해당한다.

 ④

---

108 다음 중 하이퍼텍스트(Hypertext)에 대한 설명으로 옳지 <u>않은</u> 것은?

B등급

① 하이퍼텍스트는 사용자의 선택에 따라 관련 있는 쪽으로 옮겨갈 수 있도록 조직화된 정보를 말한다.

② 월드와이드웹의 발명을 이끈 주요 개념이 되었다.

③ 여러 명의 사용자가 서로 다른 경로를 통해 접근할 수 있다.

④ 하이퍼텍스트는 선형 구조를 가진다.

해설 하이퍼텍스트(Hypertext)는 비선형 구조를 가진다.

 ④

---

109 다음은 멀티미디어 활용에 대한 설명이다. ⓐ, ⓑ의 괄호 안에 들어갈 용어를 순서대로 나열한 것은?

B등급

(ⓐ)는 TV의 방송망을 이용하여 필요한 정보를 얻을 수 있는 시스템으로 대량의 정보 전송이 가능하여 일방적으로 수신하는 형태이며, (ⓑ)는 전화와 TV를 컴퓨터와 연결하여 각종 정보를 얻을 수 있는 쌍방향 미디어 시스템이다.

① ⓐ 비디오텍스(Videotex), ⓑ 텔레텍스트(Teletext)

② ⓐ 텔레텍스트(Teletext), ⓑ 주문형 비디오(VOD)

③ ⓐ 비디오텍스(Videotex), ⓑ 스트리밍(Streaming)

④ ⓐ 텔레텍스트(Teletext), ⓑ 비디오텍스(Videotex)

 텔레텍스트(Teletext)는 TV의 방송망을 이용하여 필요한 정보(일기 예보, 프로그램 안내, 교통 안내 등)를 얻을 수 있는 시스템으로 대량의 정보 전송이 가능하다.

 ④

110
C등급

다음 중 각각의 용어에 대한 개념 및 특징을 올바르게 설명한 것은?

① 앵커 : 두 개의 노드가 연결된 상태
② 노드 : 하이퍼미디어를 구성하는 각 문서에 연결된 페이지
③ 하이퍼링크 : 문서 안의 특정 문자를 선택하면 그와 연결된 문서로 이동하는 문서 형식
④ 하이퍼텍스트 : 하이퍼와 미디어를 합한 개념

 ① 다른 노드로 넘어가게 해주는 키워드이다.
③ 서로 관련 있는 문서(Node)와 문서를 연결하는 것이다.
④ 사용자에 따라 관련 있는 분야로 이동할 수 있도록 하이퍼링크로 연결된 조직화된 정보이다.

 ②

111
B등급

다음 중 멀티미디어 활용 분야에 대한 설명으로 옳지 <u>않은</u> 것은?

① Kiosk : 백화점, 서점 등에서 사용하는 무인 안내 시스템
② VR : 컴퓨터 그래픽과 시뮬레이션 기능을 이용하여 실제로 존재하지 않는 가상의 세계를 체험
③ VCS : 전화, TV를 컴퓨터와 연결해 이미지를 3차원 입체영상으로 보여주는 뉴 미디어
④ VOD : 사용자가 원하는 영상 정보를 원하는 시간에 볼 수 있도록 전송

 화상 회의 시스템(VCS)는 초고속 정보통신망을 이용하여 원거리에 있는 사람들과 비디오와 오디오를 통해 회의할 수 있도록 하는 시스템이다.

 ③

112
B등급

다음 중 아날로그 신호를 PCM을 사용하여 디지털 비트 스트림으로 압축 및 변환하는 장치는?

① CODEC
② VDT
③ PACS
④ Indio

 코덱(CODEC)은 오디오, 비디오 등 아날로그 신호를 PCM을 사용하여 디지털 비트 스트림으로 압축/변환하고, 역으로 수신 측에서 디지털 신호를 아날로그 신호로 변환하는 장치이다.

 ①

113

B등급

다음 중 음성이나 비디오 등의 아날로그 데이터를 PCM 기술을 사용하여 전송에 적합한 디지털 형태로 변환시키고, 다시 이 디지털 형태를 아날로그 데이터로 복구시켜 주는 장치를 무엇이라고 하는가?

① 리피터(Repeater)
② 코덱(CODEC)
③ DSU
④ DTU

해설

② 부호-해독기(COder-DECoder)의 약어로 한 장치 내에서 전송을 서로 다른 방향으로 하면서 신호를 부호화하고 해독하는 장치이다.
① 두 개 이상의 동일한 LAN 사이를 연결하면서 전송 신호를 증폭시켜 준다.
③ 데이터 통신에서 디지털 신호를 다른 디지털 신호로 변환해 주는 장치이다.

 답 ②

114

A등급

다음 중 웹 브라우저에서 사운드, 비디오와 같은 멀티미디어 요소들을 다운로드받아서 재생해 주는 기술을 무엇이라 하는가?

① Striping
② Streaming
③ Caching
④ Watermarking

해설

① 성능 향상을 위해 단일 파일과 같은 논리적으로 연속된 데이터 세그먼트를 물리적인 여러 장치에 나누어 기록하는 기술이다.
③ 사용 빈도가 높은 명령이나 데이터를 캐시 기억장치에 저장하는 기술이다.
④ 불법적인 복제를 방지하기 위해 개발된 기술이다.

 답 ②

프로그래밍 언어

01 다음 중 가장 먼저 개발된 프로그래밍 언어는?

C등급

① FORTRAN
② BASIC
③ C
④ JAVA

> **해설** FORTRAN은 복잡한 수식 계산을 위해 개발된 과학 기술용 언어이다.
>
> 답 ①

02 다음 중 목적 프로그램을 주기억장치에 적재하여 실행 가능하도록 해주는 로더의 기능을 설명한
것으로 거리가 **먼** 것은?

A등급

① 주기억장치 안에 빈 공간을 할당한다.
② 소스 프로그램을 기계어로 번역하여 목적 프로그램을 생성한다.
③ 종속적인 모든 주소를 할당된 주기억장치 주소와 일치하도록 조정한다.
④ 기계 명령어와 자료를 기억 장소에 물리적으로 배치한다.

> **해설**
> • 로더(Loader) : 모듈이 실행되도록 기억 공간을 할당하고, 메모리에 적재시켜 주는 프로그램이다.
> • 목적 프로그램 : 언어 번역기를 통해 소스 프로그램을 기계어로 번역한 프로그램이다.
>
> 답 ②

03 다음 중 언어 번역 프로그램(Language Translator)에 해당하지 **않는** 것은?

B등급

① 로더
② 어셈블러
③ 인터프리터
④ 컴파일러

> **해설** 로더는 모듈이 실행되도록 기억 공간을 할당하고, 메모리에 적재시켜 주는 프로그램이다.
>
> 답 ①

04 다음의 언어 번역 프로그램 중 인터프리터를 사용하는 것은?

A등급

① Assembly 언어   ② COBOL 언어

③ BASIC 언어   ④ PASCAL 언어

> 해설
>
> 인터프리터는 BASIC, LISP 등으로 작성된 원시 프로그램을 기계어로 번역하는 프로그램이다.
>
> 답 ③

 05 다음의 언어 번역 프로그램 중 인터프리터(Interpreter)에 대한 설명으로 옳지 않은 것은?

B등급

① 고급 언어에서 사용

② 목적 코드(Object Code)를 생성

③ 원시 프로그램을 한 문장씩 읽어 번역하고 바로 실행

④ 느린 실행 속도

> 해설
>
> 목적 코드를 생성하는 것은 컴파일러에 대한 설명이다.
>
> 답 ②

 06 다음 중 언어 번역기에 의해 생성된 목적 프로그램을 실행 가능한 형태로 주기억장치에 올려주는 프로그램은 무엇인가?

A등급

① 링커(Linker)   ② 인터프리터(Interpreter)

③ 로더(Loader)   ④ 코프로세서(Coprocessor)

> 해설
>
> ① 목적 코드(Object Code)를 실행 가능한 모듈로 생성하는 프로그램이다.
> ② 대화식 언어를 한 줄씩 번역하여 기계어로 번역하는 프로그램이다.
> ④ 시스템의 계산 능력을 높이고, CPU를 보조하기 위한 목적으로 사용된다.
>
> 답 ③

07
B등급

다음 중 인터넷 문서를 작성할 때 사용되는 언어 중에서 HTML에 관한 설명으로 옳은 것은?

① 인터넷용 하이퍼텍스트 문서 제작에 사용된다.
② 구조화된 문서를 제작하기 위한 언어로 태그의 사용자 정의가 가능하다.
③ 서버 측에서 동적으로 처리되는 페이지를 만들기 위한 언어이다.
④ 웹상에서 3차원 가상 공간을 표현하기 위한 언어이다.

해설
HTML은 하이퍼텍스트 문서를 작성하는 언어로 문서의 표현 형식을 지정하며, 이식성이 높고 사용이 용이하나 고정 태그로 복잡한 문서 작성이 어렵다.

답 ①

08
C등급

다음 중 HTML(HyperText Markup Language)에 대한 설명으로 틀린 것은?

① 하이퍼텍스트 문서를 작성하는 언어로 문서의 표현 형식을 지정한다.
② 별도의 컴파일러가 필요하며, 웹 브라우저에서는 부분적으로 해석이 가능하다.
③ 태그(Tag)라는 코드로 구성되어 있으며, 확장명은 htm 또는 html이다.
④ 이식성이 높고 사용이 용이하나 고정 태그로 복잡한 문서 작성이 어렵다.

해설
HTML은 별도의 컴파일러가 필요하지 않으며, 웹 브라우저에서만 해석이 가능하다.

답 ②

09
B등급

다음 중 SGML(Standard Generalized Markup Language)에 대한 설명으로 옳지 않은 것은?

① 문서의 마크업 언어나 태그 셋을 정의하는 문서 표준이다.
② 문서 언어의 각 요소와 속성을 자신만의 태그(Tag)로 정의할 수 있는 메타 언어이다.
③ 문서의 논리 구조, 의미 구조를 간단한 마크로 기술한다.
④ 유연성이 좋고 구조적인 시스템 운용이 가능하며, 기능이 간단하다.

해설
SGML은 유연성이 좋고 독립적인 시스템 운용이 가능하나 기능이 복잡하다.

답 ④

10
A등급

다음 중 XML(eXtensible Markup Language)에 대한 설명으로 거리가 <u>먼</u> 것은?

① 태그(Tag)와 속성을 사용자가 정의할 수 있으며, 문서의 내용과 이를 표현하는 방식이 독립적이다.

② HTML과는 달리 DTD(Document Type Definition)가 고정되어 있지 않으므로 논리적 구조를 표현할 수 있는 유연성을 가진다.

③ XML은 HTML에 사용자가 새로운 태그(Tag)를 정의할 수 있는 기능이 추가되었다.

④ 확장성 생성 언어라는 뜻으로 기존의 HTML의 단점을 보완하여 비구조화 문서를 기술하기 위한 국제 표준 규격이다.

> 해설
> XML은 구조화된 문서 제작용 언어로 HTML의 단점을 보완하고 웹에서 구조화된 다양한 문서들을 상호 교환한다.
>
> 답 ④

11
A등급

다음 중 3차원 가상 공간을 표현하고, 조작할 수 있게 하는 웹 저작 언어는?

① VRML

② SGML

③ PHP

④ C++

> 해설
> VRML(Virtual Reality Modeling Language)는 3차원 가상 공간을 표현하기 위한 언어로 웹에서 3차원 입체 이미지를 묘사한다.
>
> 답 ①

12
C등급

다음 중 VRML에 대한 설명으로 옳지 <u>않은</u> 것은?

① Virtual Reality Modeling Language의 약자이다.

② SGML을 기반으로 만들어졌으며 온라인 쇼핑몰, 단체 채팅 등에 이용된다.

③ 각종 운영체제에 독립적이며, 플러그 인(Plug-In)을 이용한다.

④ 웹에서 3차원 입체 이미지를 묘사한다.

> 해설
> VRML은 HTML을 기반으로 만들어졌으며 가상 쇼핑몰, 3차원 채팅 등에 이용된다.
>
> 답 ②

13 다음은 어떤 언어에 대한 설명인가?

> • 객체 지향 언어로 플랫폼에 관계없이 독립적으로 동작한다.
> • 바이트 코드(Byte Code)를 생성한다.

① Ada   ② JAVA
③ C++   ④ Lisp

> **해설** 자바(Java)는 웹상에서 멀티미디어 데이터를 유용하게 처리할 수 있는 객체 지향(Object-oriented) 언어로 네트워크 환경에서 분산 작업이 가능하도록 설계되었다.
>
> **답** ②

14 다음 중 JAVA의 특징과 거리가 <u>먼</u> 것은?

① 보안에 강하며 이식성이 높다.   ② 객체 지향적이다.
③ 플랫폼에 종속적이다.   ④ 분산 환경에 적합하다.

> **해설** 자바는 C++ 언어를 기반으로 플랫폼에 독립적(Independence)이고, 보안에 강하다.
>
> **답** ③

15 다음 중 인터넷 프로그래밍 언어인 자바(JAVA)에 대한 설명으로 <u>틀린</u> 것은?

① 3차원 가상 공간과 입체 이미지들을 묘사하기 위한 언어이다.
② 자체 통신 기능을 가지며, 다양한 응용 프로그램을 만들 수 있다.
③ 실시간 정보를 통해 애니메이션을 구현한다.
④ 분산 네트워크상에서의 프로그램 작성이 용이하다.

> **해설** 3차원 가상 공간과 입체 이미지들을 묘사하기 위한 언어는 VRML(Virtual Reality Modeling Language)에 대한 설명이다.
>
> **답** ①

16

A등급

다음 중 Java 언어에 대한 설명으로 옳지 <u>않은</u> 것은?

① 객체 지향 언어로 추상화, 상속, 다형성과 같은 특징을 가진다.

② 인터프리터를 이용한 프로그래밍 언어로 특히 인공 지능 분야에서 널리 사용되고 있다.

③ 네트워크 환경에서 분산 작업이 가능하도록 설계되었다.

④ 특정 컴퓨터 구조와 무관한 가상 바이트 머신 코드를 사용하므로 플랫폼이 독립적이다.

해설

인공 지능 분야에 널리 사용되는 언어는 LISP이다.

 답 ②

17

B등급

다음 중 컴퓨터에서 사용하는 JAVA 언어가 플랫폼 독립적인 프로그래밍 언어로 불리우는 이유로 옳은 것은?

① 객체 지향 언어이기 때문이다.

② 멀티 스레드를 지원하기 때문이다.

③ 가상 바이트 머신 코드를 사용하기 때문이다.

④ 가비지 컬렉션을 하기 때문이다.

해설

- Java 언어는 객체 지향 언어로 추상화, 상속화, 다형성과 같은 특징을 가지며, 특정 컴퓨터 구조와 무관한 가상 바이트 머신 코드를 사용하므로 플랫폼이 독립적이다.
- 가상 바이트 머신 코드 : 바이트 코드를 해석하여 실행하는 소프트웨어를 자바 가상 머신이라고 하며, 이러한 소프트웨어가 설치된 경우 운영체제와 상관없이 자바 프로그램의 실행이 가능하다.

 답 ③

18

B등급

다음 중 〈보기〉와 같은 특성을 갖는 웹 프로그래밍 언어로 옳은 것은?

보기

- 클래스가 존재하지 않으며, 변수 선언도 필요 없다.
- 소스 코드가 HTML 문서에 포함되어 있다.
- 사용자의 웹 브라우저에서 직접 번역되고 실행된다.

① CGI ② XML

③ ASP ④ Javascript

자바스크립트(Javascript)는 HTML에 삽입되어 HTML을 확장하는 기능으로 HTML을 강력하고 편리하게 꾸밀
수 있다.

 답 ④

19

B등급

다음 중 자바 애플릿(Java Applet)에 대한 설명으로 잘못된 것은?

① 컴파일된 .class 파일을 연결하여 웹 브라우저에서 실행한다.

② 클래스는 있으며, 변수 선언도 필요하다.

③ HTML 외에 별도로 존재한다.

④ 웹 문서에 소스 코드를 삽입하여 사용자 웹 브라우저에서 실행한다.

웹 문서에 소스 코드를 삽입하여 사용자 웹 브라우저에 실행하는 것은 자바스크립트(Javascript)에 대한 설명
이다.

답 ④

20

A등급

다음 프로그래밍 언어들에 대한 설명 중 올바르지 않은 설명은 어느 것인가?

① ASP는 Active Server Page라고 하며 서버 측 스크립트 언어로 마이크로소프트사(MS 사)에서
제공한 웹 언어이다.

② PHP는 서버 측 스크립트 언어로서 Linux, Unix, Windows 운영체제에서 사용 가능하다.

③ JSP 스크립트는 JSP 페이지에서 자바를 삽입할 수 있으며, JSP 페이지에 실질적인 영향을 주
는 프로그래밍을 할 수 있다.

④ XML 문서들은 SGML 문서 형식을 따르고 있으며, SGML은 XML의 부분 집합이라고도 할 수
있기 때문에 응용판 또는 축약된 형식의 XML이라고 볼 수 있다.

• XML : 웹에서 애플리케이션에 데이터 교환이 가능하도록 하는 표준 언어로 HTML과 SGML의 장점을 결합하
여 만든 언어이다.
• SGML : 다양한 형태의 멀티미디어 문서들을 원활하게 교환할 수 있도록 제정한 국제 표준 언어이다.

 답 ④

21
C등급

다음 중 CGI(Common Gateway Interface)에 대한 설명으로 <u>틀린</u> 것은?

① HTTP 서버에서 외부 프로그램을 수행하기 위한 인터페이스이다.

② 프로그램에 사용되는 언어에는 C, C++, Java, Perl, ASP 등이 있다.

③ 사용자가 방명록, 카운터, 게시판 등을 HTML 문서와 연동하기 위해 사용한다.

④ 서버 측 스크립트가 HTML 페이지를 만들어 모든 브라우저에서 사용할 수 있다.

 서버 측 스크립트가 HTML 페이지를 만들어 모든 브라우저에 사용할 수 있는 것은 ASP(Active Server Page)에 대한 설명이다.

 답 ④

22
B등급

다음 프로그래밍 언어 중 유닉스(UNIX) 기반에서 웹 사이트를 구축하는 경우에 적절하지 <u>않은</u> 것은?

① HTML   ② PERL

③ PHP   ④ ASP

 ASP(Active Server Page)는 Windows 계열에서만 수행한다.

 답 ④

23
B등급

다음 중 자바를 이용한 서버 측 스크립트이며, 다양한 운영체제에서 사용 가능한 웹 프로그래밍 언어는?

① ASP   ② JSP

③ PHP   ④ DHTML

해설 JSP는 Java Server Pages로 다이나믹 HTML을 생성하기 위한 자바 언어이다.

답 ②

24

A등급

다음 중 웹 프로그래밍 언어에 대한 설명으로 옳지 <u>않은</u> 것은?

① ASP : 클라이언트 측에서 동적으로 수행되는 페이지를 만드는 언어이다.
② JSP : 자바를 기반으로 하고, 서버 측에서 동적으로 수행하는 페이지를 만드는 언어이다.
③ PHP : Linux, Unix, Windows 등의 다양한 운영체제에서 사용 가능하다.
④ XML : 기존 HTML 단점을 보완하여 문서의 구조적인 특성들을 고려하고, 문서들을 상호 교환
할 수 있도록 설계된 프로그래밍 언어이다.

> **해설**
> ASP는 CGI의 단점을 보완하기 위해 개발된 웹 문서의 작성 기술로 서버 측 스크립트가 HTML 페이지를 만들
> 어 모든 브라우저에서 사용할 수 있다.
>
> 답 ①

25

C등급

다음 중 프로그래밍 언어에 대한 설명이 옳지 <u>않은</u> 것은?

① C언어로 작성된 원시 프로그램은 기계어로 번역하기 위해 컴파일러의 도움을 받는다.
② 어셈블리어로 작성된 원시 프로그램은 어셈블러에 의해 번역하여 기계어로 만든다.
③ 고급언어는 자연어 형태의 언어체계로 만들어진 프로그래밍 언어이다.
④ 저급언어는 기계가 이해하기 위해 기계어로만 구성된 프로그래밍 언어이다.

> **해설**
> 저급언어는 기계가 이해하기 위한 언어로 기계어와 어셈블리어가 있다. 어셈블리어는 기계어와 1대1의 관계로
> 정의된 니모닉 구조의 언어이다.
>
> 답 ④

26

A등급

다음 중 객체 지향 프로그래밍의 특성으로 옳지 <u>않은</u> 것은?

① 소프트웨어 재사용성으로 프로그램 개발 시간이 단축할 수 있다.
② 상속성, 은폐성, 다형성, 캡슐화 등의 특징을 가진다.
③ 절차적 프로그램 개발에 적합한 기법이다.
④ Smalltalk, C++, Java 언어 등에서 객체 지향이 개념을 잘 표현하고 있다.

> **해설**
> 객체 지향 프로그래밍은 동작보다는 객체, 논리보다는 자료를 기준으로 구성하는 기법이다.
>
> 답 ③

27
A등급

다음 중 객체 지향 프로그래밍 언어로만 짝지어진 것은?

① C++, C#, JAVA

② C, COBOL, BASIC

③ FORTRAN, C++, XML

④ JAVA, C, XML

> 해설
>
> 객체 지향 프로그래밍은 절차적 프로그램 개발에 적합한 기법으로 Smalltalk, C++, Java 언어 등에서 객체 지향의 개념을 표현한다.
>
> 답 ①

28 다음 중 컴퓨터 언어와 관련하여 객체 지향 언어(Object Oriented Language)에 관한 설명으로
B등급 옳지 <u>않은</u> 것은?

① 객체 내부의 데이터 구조에 데이터의 형(Type) 뿐만 아니라 사용되는 함수까지 함께 정의한 것을 클래스(Class)라고 한다.

② 객체는 속성과 메소드의 상속 뿐만 아니라 재사용이 가능하다.

③ 객체는 GOTO 문을 사용하여 순서, 선택, 반복의 3가지 물리적 구조에 의해서 프로그래밍된다.

④ 객체가 수행할 수 있는 특정한 작업을 메소드(Method)라고 한다.

> 해설
>
> 객체(Object)는 데이터와 데이터를 처리하는 프로시저로 필요한 자료 구조와 이에 수행되는 함수들을 가진 하나의 소프트웨어 모듈이다.
> ③ 순서, 선택, 반복의 3가지는 구조적 프로그래밍에서 사용하는 기본적인 제어 구조이다.
>
> 답 ③

29 다음 중 HTML에서 사용할 수 있는 Tag에 대한 설명으로 옳지 <u>않은</u> 것은?
B등급

① 〈br〉 : 줄을 바꾼다.

② 〈font〉 : 글자의 크기, 모양, 색상을 설정한다.

③ 〈form〉 : 그림의 모양을 설정한다.

④ 〈table〉 : 표를 생성한다.

> 해설
>
> 〈form〉은 양식 방법을 정의한다.
>
> 답 ③

30 다음 중 프로그래밍 언어에 대한 설명으로 옳지 <u>않은</u> 것은?

B등급

① 고급 언어는 인간이 이해하기 쉬운 문자로 구성된 인간 중심의 언어이다.
② 어셈블리어는 기계어와 대응되는 기호나 문자로 작성하는 언어이다.
③ 기계어는 2진수로 표현된 컴퓨터가 이해할 수 있는 저급 언어이다.
④ C++는 C 언어를 기반으로 하는 구조적인 개념을 도입한 절차 언어이다.

> 해설
> C 언어는 절차 지향 언어이고, C++ 언어는 객체 지향 언어이다.
>
> 답 ④

31 다음 중 컴파일러에 대한 설명으로 옳지 <u>않은</u> 것은?

B등급

① CPU의 종류에 따라 같은 C 컴파일러라 하더라도 다른 기계어를 만들어 낸다.
② C 프로그램은 반드시 컴파일러가 있어야 실행될 수 있다.
③ 프로그램 개발 단계에는 인터프리터보다 컴파일러가 유리하다.
④ 자연어에 대한 컴파일러는 아직 존재하지 않는다.

> 해설
> 프로그램 개발 단계에서는 단계별 결과를 바로 확인해야 하는 프로그램 테스트 작업이 자주 수행되므로 컴파일러보다는 결과 확인에 시간이 적게 소요되는 인터프리터가 유리하다.
>
> 답 ③

32 컴파일러(Compiler)와 인터프리터(Interpreter) 언어의 차이점에 대한 설명으로 옳지 <u>않은</u> 것은?

A등급

① 인터프리터 언어가 컴파일러 언어보다 일반적으로 실행 속도가 빠르다.
② 인터프리터 언어는 대화식 처리가 가능하나 컴파일러 언어는 일반적으로 불가능하다.
③ 컴파일러 언어는 목적 프로그램이 있는 반면, 인터프리터 언어는 일반적으로 없다.
④ 인터프리터는 번역 과정을 따로 거치지 않고, 각 명령문에 대한 디코딩(Decoding)을 거쳐 직접 처리한다.

> 해설
> 컴파일러는 원시 프로그램을 목적 프로그램으로 한꺼번에 번역하지만 인터프리터는 명령을 하나씩 번역하여 직접 실행하기 때문에 인터프리터의 실행 속도가 다소 느리다.
>
> 답 ①

33 다음의 항목을 프로그램의 처리 순서에 맞게 나열한 것은?

B등급

> a. 원시 프로그램 b. 로더
> c. 실행 가능한 프로그램 d. 컴파일러
> e. 목적 프로그램

① a - d - e - c - b ② a - b - c - d - e
③ b - a - d - e - c ④ d - a - e - b - c

 프로그램의 처리 순서
원시(Source) 프로그램 → 목적(Object) 프로그램 → 로드 모듈(Load Module) → 실행

답 ①

34 다음 C 프로그램의 기본 사항 중 옳지 <u>않은</u> 것은?

B등급

① 프로그램을 실행한다는 의미로 반드시 main() 함수로부터 시작된다.
② main() 함수는 아래쪽으로 "["로 시작하여 "]"로 종료된다.
③ 하나의 문장이 끝날 때마다 반드시 세미콜론(;)을 입력한다.
④ 주석(설명문)은 /*와 */의 사이에 놓이며, 컴파일러는 이를 번역하지 않는다.

 main() 함수는 아래쪽으로 "{"로 시작하여 "}"로 종료된다(블록 단위로 묶음).

답 ②

35 다음 중 C 프로그램에서 사용할 문자열을 치환할 때 사용하는 것은?

A등급

① #define ② #include
③ #main ④ #inside

• #define : 상수 값을 정의내리는 구성 요소로 프로그램에서 사용할 문자열을 치환할 때 사용한다.
• #include : 다른 파일에 선언되어 있는 함수나 데이터 형을 현재 프로그램에 포함시킬 때 사용한다.

답 ①

36 B등급 다음 중 프로그래밍 과정에서 문자열만을 출력하는 것은?

① return()문   ② printf()문

③ main()문   ④ scanf()문

 printf()문은 문자열만 출력하며, 문자열 외에 다른 데이터를 출력할 경우는 데이터를 문자열로 변환하기 위한 포맷 지정자(%로 시작)를 사용한다.

답 ②

37 C등급 다음 중 반복문에 해당하지 <u>않는</u> 것은?

① for문   ② while문

③ switch문   ④ do/while문

 switch문은 문자나 정수 타입의 데이터를 검사하여 여러 개인 경우 중에서 해당하는 경우를 실행하는 것으로 제어문에 해당한다.

답 ③

38 C등급 다음 중 JavaScript 언어에 대한 설명으로 옳지 <u>않은</u> 것은?

① 변수의 형(Type)이 실행 시에 동적으로 바뀔 수 있다.

② 별도의 컴파일 과정을 필요로 하지 않는 인터프리터형 언어이다.

③ 클라이언트(웹 브라우저)에서 해석되어 실행되므로 서버의 부담을 줄일 수 있다.

④ 클래스와 상속의 개념을 갖는다.

 Javascript는 클래스를 지원하지 않는다.

답 ④

39 다음 중 함수의 형식에 대한 설명으로 옳지 <u>않은</u> 것은?

B등급

① 함수의 머리 부분은 리턴 타입, 함수명, 매개 변수로 구분한다.

② 처리 동작에 관련된 코드는 중괄호({ }) 속에 넣어 하나의 블록을 만든다.

③ 리턴 타입에 따라 void형과 void형이 아닌 함수로 나눈다.

④ 함수 정의 부분에서 필요한 데이터를 함수 내부에서 입력받는 경우 매개 변수가 필요하다.

해설

함수 정의 부분에서 필요한 데이터를 함수 내부에서 입력받는 경우 매개 변수는 필요 없으므로 이런 경우는 함수명()으로 표시한다.

답 ④

40 다음 중 배열 형식에 대한 설명으로 <u>잘못된</u> 것은?

C등급

① 배열명[첨자]로 표시한다.

② 배열의 첨자는 반드시 알파벳 a부터 시작한다.

③ 배열 선언 시 데이터를 저장할 수 있는 메모리 영역을 할당한다.

④ 일반 변수는 변수명으로 표기한다.

해설

배열의 첨자는 반드시 0부터 시작하며, 변수를 사용할 수 없다.

답 ②

41
A등급

다음 C 프로그램의 실행 결과로 옳은 것은?

```c
void main()
{
    int a[4] = {10, 20, 30};
    int *p = a;

    p++;
    *p++ = 100;
    *++p = 200;
    printf("a[0] = %d a[1] = %d a[2] = %d\n",
            a[0], a[1], a[2]);
}
```

① a[0]=10 a[1]=20 a[2]=30

② a[0]=10 a[1]=20 a[2]=200

③ a[0]=10 a[1]=100 a[2]=30

④ a[0]=10 a[1]=100 a[2]=200

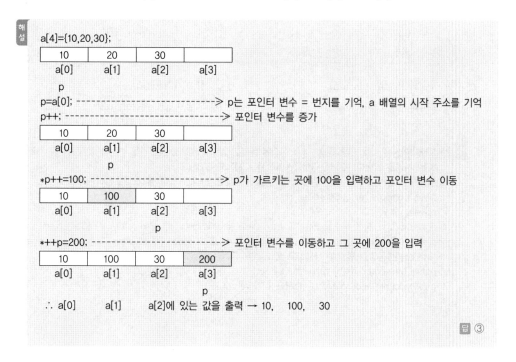

42
B등급

다음의 Java 프로그램에서 사용되지 <u>않은</u> 기법은?

```java
class Adder {
    public int add(int a, int b) { return a + b;}
    public double add(double a, double b) { return a + b;}
}
class Computer extends Adder {
    private int x;
    public int calc(int a, int b, int c) { if (a == 1) return add(b, c);          else return x;}
    Computer() { x = 0;}
}

public class Adder_Main {
    public static void main(String args[]) {
        Computer c = new Computer();
        System.out.println("100 + 200 = " + c.calc(1, 100, 200));
        System.out.println("5.7 + 9.8 = " + c.add(5.7, 9.8));
    }
}
```

① 캡슐화(Encapsulation)
② 상속(Inheritance)
③ 오버라이딩(Overriding)
④ 오버로딩(Overloading)

 해설

- 오버라이딩은 서로 다른 클래스에서 정의된 동일한 함수의 형태를 우선권을 부여하여 한 함수를 가리고 사용하는 기법을 말한다. 주어진 자바 언어에서는 사용되지 않았다.
- 캡슐화는 멤버 변수와 상관 관계에 있는 멤버 함수를 하나로 묶어 클래스로 정의한 것으로
  class Computer extends Adder {
  private int x;
  public int calc(int a, int b, int c) { if (a == 1) return add(b, c); else return x;} Computer() { x = 0;}
- 상속은 하위 클래스 Computer가 상위 클래스 Adder를 포함하는 것으로 class Computer extends Adder
- 오버로딩은 동일한 함수를 사용하고 있고, 인수의 타입과 개수가 서로 다른 형태이므로
  public int add(int a, int b) { return a+b;}
  public double add(double a, double b) { return a+b;}

 답 ③

43

A등급

다음 C 프로그램의 실행 결과로 옳은 것은?

```c
#define VALUE1    1
#define VALUE2    2
main()
{
    float i;
    int j,k,m;
    i = 100/300;
    j = VALUE1 & VALUE2;
    k = VALUE1 | VALUE2;

    if (j && k || i) m = i + j;
    else m = j + k;
    printf("i = %.1f  j = %d  k = %d  m = %03d\n", i,j,k,m);
}
```

① i = 0.0 j = 0 k = 3 m = 003
② i = 0.3 j = 0 k = 3 m = 000
③ i = 0.0 j = 1 k = 1 m = 001
④ i = 0.3 j = 1 k = 1 m = 001

해설

i = 100/300의 실수 변수는 0.0 / j= VALUE1 & VALUE2는 비트 연산 AND이므로

```
         0001
AND      0010      따라서 j=0
         0000
```

k = VALUE1 | VALUE2는 비트 연산 OR이다.

```
         0001
OR       0010
         0011    (이진수) = 3(십진수)      k= 3
```

j = 0   k = 3
if (j && k || i) m = i + j;
else m = j + k;
→ j와 k의 논리 연산 AND의 결과와 i와의 논리 연산 OR의 결과가 참이면 m = i + j를 실행하고, 거짓이면 m = j + k를 실행한다. 우선 j&&k(0&&3이 되면 그 결과는 0)이 되고 0 | | i의 결과는 0이므로 거짓이다. 따라서 m = j + k를 실행하게 되며 m은 3이 된다.
printf("i = %.1f j = %d k = %d m = %03d\n", i,j,k,m);
→ i는 소수 이하 첫 번째 자리까지 j, k는 10진수를 출력, m은 세 자리를 확보하여 값을 오른쪽 정렬하여 출력하는데 빈칸은 0으로 채우라는 뜻이므로 m은 0030이 출력된다.

답 ①

44
B등급

그림의 순서도를 표현하는 문장 형식으로 알맞은 것은?

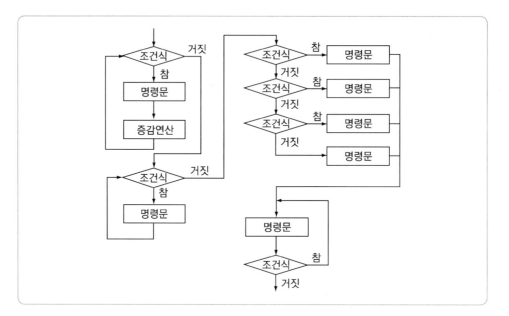

① for문 − while문 − case문 − do~while문
② do~while문 − for문 − 중첩조건문 − 조건문
③ for문 − do~while문 − 중첩조건문 − 조건문
④ do~while문 − 조건문 − case문 − while문

 해설 주어진 순서도를 보면 처음에 조건을 판단하고(for문) 참이면 다음 단계인 명령문을 실행하며(while문) 각 경우에 따른 참, 거짓을 연속적으로 판별하며(case문) 명령어를 수행하고 조건을 판별 반복한다(do while문).

답 ①

45 다음 Java 프로그램의 실행 결과는?

B등급

```
public class C {
    private int a;
    public void set(int a) {this.a = a;}
    public void add(int d) {a+ = d;}
    public void print() {System.out.println(a);}
    public static void main(String args[]) {
        C p = new C();
        C q;
        p.set(10);
        q = p;
        p.add(10);
        q.set(30);
        p.print();
    }
}
```

① 10   ② 20

③ 30   ④ 40

 객체 C는 q와 p로 접근하게 된다. p와 q가 같고, q는 30이다. 따라서 처리되는 a의 값은 30이다.

public	접근 제한자, 내부 및 외부 어디서든 참조할 수 있는 가장 넓은 범위를 지님
static	자바는 main 메소드로 시작하므로 main 메소드는 인스턴스의 생성과 상관없이 JVM에 의해 호출되므로 main 메소드 앞에 Static을 붙여야 함(Static은 메모리에 제일 먼저 로딩)
void	리턴(반환) 값을 의미하며 main 메소드는 리턴해야 하는 값이 없으므로 void를 표기
main	메소드 이름인데 반드시 main이라는 이름을 사용해야 함(프로그램이 시작되면 JVM이 가장 먼저 호출되는 것이 main 메소드이기 때문에 main이라는 메소드가 존재해야 함)
String[ ] args	메인 메소드로 시작할 때 메소드에서 인자 값으로 배열을 받을 수 있다는 의미(args : 배열 이름)
Private	외부 클래스에서 사용 시 정보 보호를 위해 쓰이며, private 접근자는 같은 클래스 내부에서는 접근이 가능(메소드를 통해 private의 변수를 매개 변수로 받아 저장하고, 메소드 값을 public으로 지정함으로써 메서드 접근을 가능하게 하여 return값을 통해 전달되는 값을 받음)

 ③

46
B등급

다음의 C++ 프로그램에서 다음과 같이 변수를 선언하였을 때 실행 가능하지 <u>않은</u> 것은?

> int *a, **b, *(c[5]), d[5];

① a = d;
② b = &a;
③ c = d;
④ b = c;

실행 시에 c는 (int**) 형태이고 d;는 (int*) 형태로 적용되므로, c와 d;는 같지 않다. 참고로 a는 (int*), b는 (int**), &a;는 (int**), c;는 (int**) 형태로 적용된다.

답 ③

47
B등급

다음 C++ 프로그램에서 수식 a = ++b*c;와 같은 의미인 것은?

① b = b + 1;
　 a = b * c;
② a = b * c;
　 b = b + 1;
③ a = b * c;
　 a = b + 1;
④ a = b + 1;
　 a = b * c;

수식에서 ++b가 전위형 연산자이므로 증감 연산을 먼저 수행한 후 사용해야 한다. 증가 후에는 c와 곱셈 연산을 수행한 후 그 결과를 a에 저장하여야 한다.

답 ①

48 다음 C 프로그램의 실행 결과로 옳은 것은?

B등급

```
#include 〈stdio.h〉
int main()
{
    char ch = 'A';
    printf("%c\n", ch);
    printf("%d%c\n", ch, ch);
    printf("%c\n", 'B');
}
```

① A, 65 A, B

② B, 65 B, A

③ A, 64 B, A

④ B, 65 A, B

 문자 정수 int의 타입과 char 타입으로 저장할 수 있다. int 타입에서는 아스키 코드 65가 저장되고, char 타입에서는 65가 문자 A로 인식된다.

 ①

49 다음은 C++ 프로그램의 일부이다. 실행 결과는?

C등급

```
#define POWER(x)   x * x

...
printf("%d\n", POWER(1 + 2 + 3));
```

① 6

② 11

③ 12

④ 36

 define의 정의대로 POWER(1+2+3)을 적용하면 '1 + 2 + 3 * 1 + 2 + 3'이므로 실행 결과가 11이 된다.

 ②

50 다음 C 프로그램의 실행 결과로 옳은 것은?

A등급

```c
#include <stdio.h>
int main()
{
    int sum = 0;
    int x;
    for(x = 1;x < = 100;x++)
        sum+=x;
    printf("1 + 2 + ... + 100 = %d\n", sum);
        return 0;
}
```

① 5010
② 5020
③ 5040
④ 5050

 1부터 100까지의 값은 변수 x에 저장한다. 1, 2, 3, ...에서 초기값은 1이고, 최종값은 100이며, 증분값은 1씩 증가시키면 된다. 즉, 1부터 100까지를 덧셈하려면 99단계를 반복 수행해야 하므로 결과는 5050이 된다.

답 ④

51 다음 C 프로그램의 실행 결과로 옳은 것은?

A등급

```c
#include <stdio.h>
int main()
{
    int sum = 95;
    sum += 3;
    printf("95 + 3 = %d\n", sum);
        return 0;
}
```

① 98
② 92
③ 0
④ 95

프로그램에서 대입 연산자 sum = sum + 3;은 sum + = 3;으로 표현하므로 같은 결과가 나타난다. 즉, 95 + 3 = 98이다.

답 ①

52 다음 C 프로그램의 실행 결과에서 p의 값으로 옳은 것은?

B등급

```
#include 〈stdio.h〉
int main()
{
    int x, y, p;
    x = 3;
    y = x++;
    printf("x = %d  y = %d\n", x, y);
    x = 10;
    y = ++x;
    printf("x = %d  y = %d\n", x, y);
    p = ++x+y++;
    printf("x = %d  y = %d\n", x, y);
    printf("p = %d\n", p);
    return 0;
}
```

① p = 22
② p = 23
③ p = 24
④ p = 25

 x 값을 1 증가하여 x에 저장하고, 변경된 x 값과 y 값을 덧셈한 결과를 p에 저장한 후 y 값을 1 증가하여 y에 저장한다. 즉, x = 10 + 1 = 11, y = x + 1 = 12 → p = x + y = 23이다.

답 ②

스프레드시트

 01
C등급

다음 중 엑셀에서 날짜 및 시간 데이터 입력에 대한 설명으로 옳지 않은 것은?

① 날짜 입력에는 '/'(Slash)나 '-'(Hyphen)을 이용하여 연, 월, 일을 구분한다.

② 날짜와 시간을 같은 셀에 입력할 때는 날짜 뒤에 한 칸 띄우고 시간을 입력한다.

③ 현재 시간 입력은 〈Shift〉+〈Ctrl〉+〈;〉 키를, 오늘 날짜 입력은 〈Ctrl〉+〈;〉 키를 사용한다.

④ 시간 입력은 24시간 기준으로만 시간이 입력되어 오전(am)/오후(pm)로 표시할 수 없다.

> 해설
> 시간은 24시각제로 표시되지만 12시각제로 표시할 경우는 시간 뒤에 PM(또는 P)이나 AM(또는 A)을 입력한다.
>
> 답 ④

 02
B등급

다음 중 엑셀 2007에서 데이터 입력에 대한 설명으로 옳지 않은 것은?

① 숫자와 문자 데이터를 혼합해서 입력하면 모두 문자 데이터로 간주하여 자동으로 왼쪽 정렬을 한다.

② 0 5/7로 입력하면 분수로 5/7로 입력하면 날짜형으로 표시된다.

③ 입력된 문자열이 셀보다 긴 경우 수식 입력 중에는 모든 문자열이 표시되지만 해당 셀에서는 오른쪽 셀의 상태와 무관하게 잘려서 표시된다.

④ 연도를 두 가지로 입력하는 경우 연도가 30 이상이면 1900년대로 인식하고 년도가 29 이하면 2000년대로 인식한다.

> 해설
> • 입력된 문자열이 긴 경우 오른쪽 셀에 데이터가 없으면 오른쪽 셀에 연속해서 문자열이 표시된다.
> • 입력된 문자열이 긴 경우 오른쪽 셀에 데이터가 있으면 셀의 너비만큼만 문자열이 표시된다.
>
> 답 ③

03 다음 중 여러 데이터를 동시에 수정할 수 있는 키는 무엇인가?

C등급

① 〈F2〉   ② 〈Alt〉+〈Esc〉

③ 〈Shift〉+〈Enter〉   ④ 〈Ctrl〉+〈Enter〉

> **해설** 여러 데이터 동시 수정할 때에는 변경할 데이터를 범위 지정한 후 활성 셀에서 데이터를 수정하고 〈Ctrl〉+〈Enter〉 키를 누른다.
>
> 답 ④

04 다음의 시트에서 [C2:C5] 영역을 선택하고, 선택된 셀들의 내용을 모두 지우려고 할 경우 결과가

C등급 다르게 나타나는 것은?

	A	B	C	D	E	
1	성명	출석	과제	실기	총점	
2	박경수	20	20	55	95	
3	이정수	15	10	60	85	
4	경동식	20	14	50	84	
5	김미경	5	11	45	61	
6						

① 키보드의 〈Back Space〉 키를 누른다.

② 마우스 오른쪽 버튼을 눌러서 나온 바로 가기 메뉴에서 [내용 지우기]를 선택한다.

③ [홈] – [편집] – [지우기] 메뉴에서 [내용 지우기]를 선택한다.

④ 키보드의 〈Delete〉 키를 누른다.

> **해설** ①의 경우 범위 지정된 영역에서 첫 번째 셀인 [C2] 내용만 지워진다.
>
> 답 ①

05 다음 중 셀 포인터를 이동시키는 방법으로 옳지 <u>않은</u> 것은?

B등급

① 셀에 데이터를 입력하고 [Ctrl]+방향 키(←)를 누르면 데이터 범위의 제일 왼쪽 셀로 셀 포인터를 이동시킨다.
② 셀에 데이터를 입력하고 [Ctrl]+[Home] 키를 누르면 [A1] 셀의 위치로 셀 포인터를 이동시킨다.
③ 셀에 데이터를 입력하고 [Tab] 키를 누르면 입력되던 셀의 오른쪽으로 셀 포인터를 이동시킨다.
④ 셀에 데이터를 입력하고 [Alt] 키를 누른 상태에서 [Enter] 키를 누르면 셀의 왼쪽으로 셀 포인터를 이동시킨다.

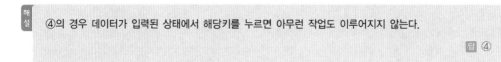

해설 ④의 경우 데이터가 입력된 상태에서 해당키를 누르면 아무런 작업도 이루어지지 않는다.

답 ④

06 다음 중 열 너비에 대한 설명으로 옳지 <u>않은</u> 것은?

C등급

① [셀] – [서식] – [열 너비 자동 맞춤]을 실행하면 현재 선택한 셀에 입력된 길이의 문자열에 맞추어 현재 열의 너비를 조절할 수 있다.
② 열 너비를 조정하려면 열 머리글의 너비 경계선에서 원하는 너비가 될 때까지 마우스를 이용하여 조절할 수 있다.
③ 열 너비를 조정하려면 [셀] – [서식] – [열 너비]를 선택한 후 [열 너비] 상자에 원하는 값을 입력한다.
④ 해당 열 너비를 크게 하면 글자의 크기도 같이 조정된다.

해설 해당 열 너비를 크게 조절해도 글자 크기는 그대로이다.

답 ④

07 다음 중 워크시트 작업 및 관리에 대한 설명으로 옳지 <u>않은</u> 것은?

C등급

① 시트 삭제 작업은 실행을 취소할 수 없다.
② 〈Shift〉+〈F10〉 키를 누르면 현재 시트의 뒤에 새 워크시트가 삽입된다.
③ 그룹화 된 시트에서 데이터 입력 및 편집 등의 작업을 실행하면 그룹 내 시트에 동일한 작업이 실행된다.
④ 연속된 시트의 선택은 〈Shift〉 키를 사용하면 편리하다.

해설
〈Shift〉+〈F11〉 키를 누르면 현재 시트의 앞에 새 워크시트가 삽입된다.

답 ②

08 다음 중 시트 관리에 대한 설명으로 옳지 <u>않은</u> 것은?

B등급

① 〈Shift〉 키를 이용하여 시트 그룹을 설정할 수 있다.
② 여러 개의 워크시트를 선택한 후 〈Ctrl〉 키를 누른 채 시트 탭을 드래그하면 선택된 시트들이 복사된다.
③ 시트 이름에는 공백을 사용할 수 없으며, 최대 31자까지 지정할 수 있다.
④ 시트 보호를 설정해도 시트의 이름 바꾸기 및 숨기기 작업을 수행할 수 있다.

해설
시트 이름은 공백을 포함하여 최대 31자까지 지정할 수 있지만 [, ?, *, /, ₩, : 등은 사용할 수 없다.

답 ③

09 다음 중 엑셀에서 작성 가능한 파일 형식과 그에 대한 설명으로 옳지 <u>않은</u> 것은?

B등급

① XLK : 백업 파일
② XLTX : 서식 파일
③ HTM : 웹 페이지
④ WK4 : 작업 영역 파일

해설
WK4는 Lotus 1-2-3의 파일 형식이다.

답 ④

10 페이지 번호를 삽입하여 인쇄하려고 한다. 다음 중 입력 내용으로 옳은 것은?

B등급

① ![페이지 번호] ② &[PAGE]

③ &[페이지 번호] ④ ![PAGE]

 페이지 번호를 삽입하는 경우 머리글/바닥글에서 삽입하는데 &[페이지 번호]의 형태로 삽입된다.

답 ③

11 다음은 셀 서식의 표시 형식에 대한 설명이다. <u>잘못된</u> 것은?

B등급

① 0의 값은 회계 표시 형식을 이용하면 −로 표시할 수 있다.

② dddd 표식 형식은 요일을 Saturday와 같은 형태로 표시한다.

③ 통화 서식에서는 음수의 표시 형식을 설정할 수 없다.

④ yyyy.mmm 표시 형식은 2003.Jul과 같은 형태로 표시한다.

 통화 서식에서도 음수의 표시 형식을 설정할 수 있다.

답 ③

12 다음 중 사용자 지정 셀 서식에 사용하는 기호에 대한 설명으로 <u>틀린</u> 것은?

B등급

① ? : ? 기호 다음에 있는 특정 문자를 셀의 너비만큼 반복하여 채운다.

② dddd : 요일을 영문자로 표시한다.

③ # : 유효한 자릿수만 표시하고, 유효하지 않은 0은 표시하지 않는다.

④ % : 입력된 숫자에 100을 곱한 후 % 기호를 붙인다.

 • ? : 무효의 0 대신 공백을 추가하여 소수점을 맞출 수 있고, 빈 자릿수를 '0'으로 표시하지 않는다.
• 특정 문자를 셀의 너비만큼 반복하여 채울 때 사용하는 기호는 '*'이다.

답 ①

13
B등급

다음 중 셀에 '20 – 12 – 25'를 입력한 후 결과가 'December 25, 2020'로 표시되도록 하기 위한 사용자 정의 표시 형식으로 옳은 것은?

① mm dd, yyyy

② mmm dd, yyyy

③ mmmmm dd, yyyy

④ mmmm dd, yyyy

해설

mmmm은 월을 January~December로 표시하고, dd은 일을 01~31로 표시하며, yyyy은 연도를 네 자리로 표시하므로 December – mmmm, 25 – dd, 2020 – yyyy로 표시되는 것을 알 수 있다.

 답 ④

14
B등급

사용자 지정 서식 중 시간 서식에서 입력 데이터 → 표시 형식 → 적용 결과가 바르게 짝지어지지 않은 것은?

① 15 : 05 : 20 → h : m : s AM/PM → 15 : 05 : 20 PM

② 20 : 30 → hh : mm AM/PM → 08 : 30 PM

③ 0.5 → hh : mm → 12 : 00

④ 35 : 30 → [h] : mm → 35 : 30

해설

• 15 : 05 : 20 → h : m : s AM/PM → 3 : 05 : 20 PM
• AM/PM의 경우 오전/오후의 뜻이므로, 12시간제로 표시한다.

 답 ①

15
B등급

다음은 입력 데이터, 표시 형식, 결과 순으로 표시한 것이다. 결과가 잘못 표현된 것은?

① 12345 – #,##0 – 12,345

② 그림 – @자 – 그림자

③ 0.4 – ?/? – 2/5

④ 5 – ##.0 – 5.00

해설

④는 표시 형식에서 소수점 아래 1자리만 지정하였기 때문에 입력 데이터(5) – 표시 형식(##.0) – 결과(5.0)이 된다.

답 ④

16 다음 중 조건부 서식에 대한 설명으로 옳지 않은 것은?

B등급

① 조건부 서식에서 사용하는 수식은 등호(=)로 시작해야 한다.

② 규칙에 맞는 셀 범위는 해당 규칙에 따라 서식이 지정되고, 규칙에 맞지 않는 셀 범위는 서식이 지정되지 않는다.

③ 조건부 서식이 적용된 후 셀 값이 바뀌어 규칙과 일치하지 않아도 셀 서식 설정은 해제되지 않는다.

④ 고유 또는 중복 값에 대해서만 서식을 지정할 수도 있다.

> **해설** 조건으로 설정된 해당 셀 값들이 변경되어 조건을 만족하지 않을 경우 적용된 서식이 해제된다.
>
> 답 ③

17 다음 중 조건부 서식에서 설정할 수 없는 셀 서식은 어느 것인가?

B등급

① 맞춤   ② 글꼴

③ 테두리   ④ 채우기

> **해설** [새 서식 규칙] 대화 상자에서 [서식] 단추를 클릭하면 [셀 서식] 대화 상자가 나타나며, 여기에서는 [표시 형식], [글꼴], [테두리], [채우기] 탭만 존재한다.
>
> 답 ①

18 다음 중 조건부 서식에 대한 설명으로 옳지 않은 것은?

B등급

① 특정한 조건을 만족하는 셀에 대해서 정해진 서식이 자동으로 표시되도록 지정한다.

② 조건부 서식의 조건에 함수는 사용할 수 없다.

③ 조건을 추가하려면 [조건부 서식 규칙 관리자] 대화 상자에서 [새 규칙] 단추를 클릭하여 새로운 조건을 지정하면 된다.

④ 특정 조건이나 기준에 따라 셀 범위의 모양을 변경한다.

> **해설** 조건부 서식은 조건별로 다른 서식을 적용할 수 있으며, 수식으로 지정 시 함수를 사용할 수 있다.
>
> 답 ②

19 다음 중 셀에 수식을 입력하는 방법에 대한 설명으로 옳지 <u>않은</u> 것은?
<small>B등급</small>

① 수식을 입력할 경우에는 =, + 또는 - 기호를 먼저 입력한다.
② 수식을 입력한 셀에는 수식의 결과 값이 표시되며, 수식 입력 줄에는 입력한 수식이 표시된다.
③ 수식에 셀 주소를 사용하면 해당 주소에 입력된 데이터가 연산의 대상이 된다.
④ 일반적인 사칙 연산 기호 이외에 기타 다른 연산자는 사용할 수 없다.

>
> 수식에는 사칙 연산 외에 산술 연산자, 비교 연산자, 참조 연산자 등을 사용할 수 있다.
>
> 답 ④

20 다음 수식에 나타난 '출석부'의 의미로 옳은 것은?
<small>A등급</small>

> = SUM(Sheet3!C9:E12, [수업.xlsx]출석부!B$7:C$10)

① 엑셀 파일의 이름　　　　　　　② 워크시트의 이름
③ 셀의 이름　　　　　　　　　　④ 지정된 범위 셀의 이름

> • [수업.xlsx] : 통합 문서(엑셀 문서), 출석부 : 워드시트 이름
> • 외부 참조일 경우 통합 문서의 이름을 대괄호([ ])로 묶으며, 다른 워크시트에 있는 특정 셀을 참조할 경우 "시트 이름!셀 주소" 형식으로 사용한다.
>
> 답 ②

21 다음 중 이름 관리자에서 정의된 이름을 지정하는 규칙에 대한 설명으로 옳지 <u>않은</u> 것은?
<small>B등급</small>

① 첫 글자는 문자 또는 밑줄(_)이어야 한다.
② 이름 중간에 공란이 포함되어서는 안 된다.
③ 소문자만 사용하여야 한다.
④ 숫자만을 단독으로 사용하거나 셀 주소 형식으로는 사용할 수 없다.

> ③ 대소문자는 구별하지 않아도 된다.
>
> 답 ③

22
A등급

다음 = SUM(E4 : E7, Sheet2!C6 : E12)의 수식에 대한 설명으로 옳은 것은?

① 셀 주소 [E4], [F7], [C6], [E12]를 더한다.
② 셀 주소 [E4]에서 [F7]까지, [C6]에서 [E12]까지를 더한다.
③ 현재 시트의 셀 주소 [E4], [F7], Sheet2의 [C6], Sheet2의 [E12]를 더한다.
④ 현재 시트의 셀 주소 [E4]에서 [F7]까지, Sheet2의 [C6]에서 [E12]까지를 더한다.

> 해설
> • = SUM(인수1, 인수2, …) : 범위 지정한 목록에서 인수의 합을 구한다.
> • 다른 워크시트에 있는 특정 셀을 참조할 경우 "시트 이름!셀 주소"로 참조하는 워크시트 이름 뒤에 느낌표(!) 표시를 한 후 셀 범위를 지정한다.
>
> 답 ④

23
A등급

다음 워크시트에서 [D10] 셀에 '서울' 지점 금액의 평균을 계산하는 수식으로 옳지 <u>않은</u> 것은?

	A	B	C	D
1	지점명	수량	단가	금액
2	서울	100	800	80,000
3	부산	120	750	90,000
4	대구	130	450	58,500
5	대전	140	660	92,400
6	서울	100	990	99,000
7	부산	90	450	40,500
8	광주	140	760	106,400
9				
10	서울 지점 금액의 평균			
11				

① = AVERAGEIF(A2 : A8, A2, D2 : D8)
② = AVERAGE(D2, D6)
③ = DAVERAGE(A1 : D8, D1, A2)
④ = SUMIF(A2 : A8, A2, D2 : D8) / COUNTIF(A2 : A8, A2)

> 해설
> DAVERAGE(범위, 열 번호, 찾을 조건)는 지정한 조건에 맞는 데이터베이스에서 필드(열)의 평균을 구하므로, ③의 결과값은 #VALUE!이다.
> ① · ② · ④ 결과값은 89,500이다.
>
> 답 ③

24

B등급

다음 중 셀 참조에 대한 설명으로 옳지 <u>않은</u> 것은?

① 같은 통합 문서 내의 다른 시트의 셀은 참조할 수 있으나 다른 통합 문서의 셀은 참조할 수 없다.

② 나누는 수가 빈 셀을 참조하고 있을 때는 #DIV/0!라는 오류값이 표시된다.

③ 자주 사용하는 셀이나 셀 범위에 이름을 지정하여 수식이나 함수에 활용할 수 있다.

④ 절대 참조 방식은 참조하는 셀 위치에 상관없이 참조되는 셀 위치가 고정되어 있다.

> 해설
>
> 다른 통합 문서를 열어 특정 셀을 현재 작업 중인 시트에 참조할 수 있으며, 외부 참조일 경우에는 통합 문서의 이름을 대괄호([ ])로 묶는다.

답 ①

25

A등급

다음 시트에서 'O' 한 개당 20점으로 시험 점수를 계산하여 점수 필드에 표시하려고 할 때 [H2] 셀에 들어갈 수식으로 옳은 것은?

	A	B	C	D	E	F	G	H
1	수험번호	성명	문항1	문항2	문항3	문항4	문항5	점수
2	2001001	구대환	○	○	X	○	○	
3	2001002	김금지	X	○	○	○	X	
4	2001003	김은주	○	○	○	○	○	
5								

① = COUNT(C2 : G2, "○") * 20

② = COUNTIF(C2 : G2, "○") * 20

③ = SUM(C2 : G2, "○") * 20

④ = SUMIF(C2 : G2, "○") * 20

> 해설
>
> COUNTIF(셀 범위, 찾을 조건)은 범위 지정한 목록에서 찾을 조건과 일치하는 셀의 개수를 구한다.

답 ②

26 다음 중 오류 값의 표시 내용에 대한 설명으로 옳지 않은 것은?

B등급

① #NUM! : 수식이나 함수에 잘못된 숫자 값을 사용할 때 발생한다.
② #VALUE : 셀에 입력된 숫자 값이 너무 커서 셀 안에 나타낼 수 없음을 의미한다.
③ #REF! : 유효하지 않은 셀 참조를 지정할 때 발생한다.
④ #NAME : 수식의 텍스트를 인식하지 못할 때 발생한다.

해설
- #VALUE! : 잘못된 인수나 피연산자를 사용했을 경우 발생한다.
- ####### : 숫자 데이터의 길이가 셀보다 클 경우 발생한다.

 답 ②

27 다음 중 인수 목록에서 공백이 아닌 문자열이나 숫자가 입력된 셀의 개수를 계산하는 함수는?

B등급

① COUNT 함수 ② COUNTA 함수
③ COUNTIF 함수 ④ COUNTBLANK 함수

해설
① 범위 지정 목록에서 숫자 데이터가 있는 셀의 개수를 구한다.
③ 범위 지정 목록에서 찾을 조건과 일치하는 셀의 개수를 구한다.
④ 범위 지정 목록에서 데이터가 입력되지 않은 빈 셀의 개수를 구한다.

 답 ②

28 [A1] 셀에 금액 56780이 입력되어 있다. 십의 자리에서 내림하여 100 단위 이상의 금액(56700)을

B등급 [B1] 셀에 표시하고자 한다. 수식 표현으로 옳은 것은?

① = ROUND(A1, 2) ② = ROUND(A1, -2)
③ = ROUNDDOWN(A1, 2) ④ = ROUNDDOWN(A1, -2)

해설
= ROUNDDOWN은 인수를 지정한 자릿수로 내림한 값을 구하는 함수로 자릿수가 음수일 경우 지정한 소수점 왼쪽에서 내림한다.

 답 ④

29 다음 시트는 평균[D2:D6]을 이용하여 순위[E2:E6]를 계산한 것이다. [E2] 셀에 수식을 입력하고 자동
A등급 채우기 핸들을 이용하여 [E6] 셀까지 드래그할 때 [E2] 셀에 들어갈 수식으로 옳은 것은?

	A	B	C	D	E
1	수험번호	엑셀	DB	평균	순위
2	30403	89	86	87.5	2
3	30402	78	70	74	3
4	30405	92	90	91	1
5	30410	56	42	49	5
6	30404	60	62	61	4

① = RANK(D2 : D6, D2, 0)

② = RANK(D2 : D6, D2, 1)

③ = RANK(D2, D2 : D6, 0)

④ = RANK(D2, D2 : D6, 1)

> **해설** RANK(순위를 구하려는 수, 대상 범위, 순위 결정)은 해당 범위에서 인수의 순위를 구하는 함수로 순위를 구할
> 때는 범위를 절대 참조로 지정하며, 0을 입력하거나 생략하면 내림차순이고, 그 외에는 오름차순으로 구한다.
>
> 답 ③

30 다음 시트에서 [A1 : A2] 영역은 '범위1', [B1 : B2] 영역은 '범위2'로 이름을 정의하였다. 다음 시트
A등급 를 이용하여 연산을 수행하였을 때 수식과 결과가 옳지 않은 것은?

	A	B	C
1	1	2	
2	3	4	
3			

① = COUNT(범위1, 범위2) → 4

② = AVERAGE(범위1, 범위2) → 2.5

③ = 범위1 + 범위2 → 10

④ = SUMPRODUCT(범위1, 범위2) → 14

> **해설** = 범위1 + 범위2의 결과는 잘못된 인수나 피연산자를 사용하므로 #VALUE!가 나타난다.
>
> 답 ③

31
C등급

다음 중 함수식에 대한 설명으로 옳은 것은?

① LARGE - 인수 중에서 가장 큰 값을 구한다.
② SMALL - 인수 중에서 가장 작은 값을 구한다.
③ COUNTA - 인수 중에서 공백이 아닌 셀의 개수를 구한다.
④ COUNTIF - 인수 중에서 숫자 데이터의 개수를 구한다.

> 해설
> • LARGE(셀 범위, k) : 범위 지정 목록에서 k번째로 큰 값을 구한다.
> • SMALL(셀 범위, k) : 범위 지정 목록에서 k번째로 작은 값을 구한다.
> • COUNTIF(셀 범위, 찾을 조건) : 범위 지정 목록에서 찾을 조건과 일치하는 셀의 개수를 구한다.
>
> 답 ③

32
A등급

다음 시트에서 아이디별로 총 주문금액을 계산할 때 [E2] 셀에 들어갈 수식으로 옳은 것은?

	A	B	C	D	E
1	아이디	주문금액		집계	
2	kkk00	1,000		kkk00	2,500
3	aaa01	2,000			
4	kkk00	1,500			
5	app02	2,000			
6					

① = SUMIF(A : A, D2, B : B)   ② = SUM(A : B)
③ = IF(kkk00 = 2500, A, B)   ④ = COUNTIF(A : A, D2)

> 해설
> SUMIF(셀 범위, 찾을 조건, 합을 구할 셀 범위)는 조건에 맞는 셀들의 합을 구하며, 합을 구할 셀 범위를 생략하면 처음 지정한 셀 범위의 합을 구한다.
>
> 답 ①

33
다음 중 함수식의 실행 결과가 옳지 <u>않은</u> 것은?

① = MOD(17, −5) → 2   ② = PRODUCT(7, 2, 2) → 28

③ = INT(−5.2) → −6   ④ = ROUND(6.29, 0) → 6

해설
• = MOD(17, −5) → −3
• MOD(인수, 나눌 값) : 나눗셈의 나머지 값을 구하며, 결과는 나눌 값과 동일한 부호를 갖는다.

 답 ①

34
다음의 표에서 주어진 함수식에 대한 결과값이 옳지 <u>않은</u> 것은?

번호	함수식	결과값
A	= SQRT(49)	7
B	= NOT(4 > 5)	FALSE
C	= MODE(5, 10, 15, 10)	10
D	= ROUND(13200, −3)	13000

① A   ② B

③ C   ④ D

해설
NOT 함수는 인수의 반대값을 표시하는 함수로 = NOT(4〉5)의 결과값은 TRUE이다.

 답 ②

35
다음 중 인수를 사용하지 <u>않는</u> 함수는?

① SUM   ② NOW

③ HLOOKUP   ④ MAX

해설
NOW는 현재 컴퓨터에 지정된 날짜와 시간을 표시하는 함수로 인수가 필요 없다.

답 ②

36 다음 시트에서 1행의 데이터에 따라 2행처럼 표시하려고 할 때 [A2] 셀에 입력된 함수식으로 옳은
 것은?

	A	B
1	1	-1
2	양	음
3		

① = IF(A1>=0, "양", "음")

② = IF(A1>=0, THEN "양" ELSE "음")

③ = IF(A1 IS POSITIVE THEN "양" ELSE "음")

④ = IF(A1>=0 THEN "양", "음")

> 해설 IF(조건식, 참값, 거짓값)은 조건식이 참이면 참에 해당하는 값을 표시하고, 그렇지 않으면 거짓에 해당하는
> 값을 표시한다.
>
>

37 다음 중 수식의 결과값이 옳지 <u>않은</u> 것은?

① = RIGHT("Computer", 5) → puter

② = SQRT(25) → 5

③ = TRUNC(5.96) → 5

④ = AND(6<5, 7>5) → TRUE

> 해설 AND(인수1, 인수2)는 인수가 참일 경우에만 'TRUE'를 표시하고, 그렇지 않으면 'FALSE'를 표시한다. 그러므
> 로 = AND(6<5, 7>5)의 결과값은 FALSE이다.
>
>

38

A등급

다음 중 입사일이 2017년 7월 10일인 직원의 오늘 현재까지의 근속 일수를 구하려고 할 때 가장 적당한 함수 사용법은?

① = TODAY( ) − DAY(2017, 7, 10)

② = TODAY( ) − DATE(2017, 7, 10)

③ = DATE(2017, 7, 10) − TODAY( )

④ = DAY(2017, 7, 10) − TODAY( )

해설

- TODAY( ) : 현재 컴퓨터에 지정된 날짜를 표시한다.
- DATE(년, 월, 일) : 인수에 해당하는 날짜 데이터를 표시한다.

답 ②

39

A등급

다음 워크시트는 '수량'과 '상품코드'별 단가를 이용하여 금액을 산출한 것이다. 다음 중 [D2] 셀에 사용된 함수식으로 옳은 것은?(금액 = 수량 × 단가)

	A	B	C	D
1	매장명	상품코드	수량	금액
2	강북	AA-10	15	45,000
3	강남	BB-20	25	125,000
4	강서	AA-10	30	90,000
5	강동	CC-30	35	245,000
6				
7		상품코드	단가	
8		AA-10	3000	
9		BB-20	7000	
10		CC-30	5000	
11				

① = C2 * VLOOKUP(B2, B8 : C10, 1, 1)

② = B2 * HLOOKUP(C2, B8 : C10, 2, 0)

③ = C2 * VLOOKUP(B2, B8 : C10, 2, 0)

④ = C2 * HLOOKUP(B8 : C10, 2, B2)

해설

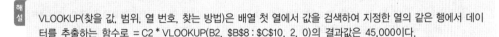

VLOOKUP(찾을 값, 범위, 열 번호, 찾는 방법)은 배열 첫 열에서 값을 검색하여 지정한 열의 같은 행에서 데이터를 추출하는 함수로 = C2 * VLOOKUP(B2, B8 : C10, 2, 0)의 결과값은 45,000이다.

답 ③

40 어떤 시트의 [D2] 셀에 문자열 '123456-1234567'이 입력되어 있을 때 수식의 결과가 <u>다른</u> 하나는
무엇인가?

① = IF(MOD(MID(D2, 8, 1), 2)=1, "남", "여")

② = IF(OR(MID(D2, 8, 1)="2", MID(D2, 8, 1)="4"), "여", "남")

③ = IF(AND(MID(D2, 8, 1)=1, MID(D2, 8, 1)=3), "남", "여")

④ = CHOOSE(MID(D2, 8, 1), "남", "여", "남", "여")

해설
③의 결과는 '여'이고, ①, ②, ④의 결과는 '남'이다.

답 ③

41 다음의 워크시트를 이용한 수식과 결과가 옳지 <u>않은</u> 것은?

	A	B	C	
1	지역코드	1사분기	2사분기	
2	A1	10	30	
3	B3	20	40	
4	A1	30	50	
5	B3	40	60	
6	A2	50	70	
7				
8	홍	길동		
9				

① = A8& B8 → 홍길동

② = DSUM(A1 : C6, 2, A1 : A2) → 40

③ = VLOOKUP("A2", A1 : C6, 3) → 70

④ = SUM(B5 : INDEX(A1 : C6, 6, 2)) → 90

해설
VLOOKUP(찾을 값, 범위, 열 번호, 찾는 방법)은 배열 첫 열에서 값을 검색하여 지정한 열의 같은 행에서 데이
터를 추출하는 함수로 = VLOOKUP("A2", A1 : C6, 3) → 30이다.

 답 ③

42 다음 워크시트에서 강동매장의 수량합계를 구하여 [B8] 셀에 표시하는 함수식으로 옳은 것은?

A등급

	A	B	C	D
1	품목명	매장명	단가	수량
2	투피스	강동	20497	80
3	원피스	강북	19870	134
4	셔츠	강동	9880	240
5	스커트	강북	14589	170
6				
7	매장명	강동매장의 수량합계		
8	강동			
9				

① = DSUM(A2 : D5, 4, A7 : A8) ② = DSUM(A1 : D5, 4, A7 : A8)

③ = DSUM(D1 : D5, 3, A7 : A8) ④ = SUM(A1 : D5, A7 : A8, 4)

해설
DSUM(범위, 열 번호, 찾을 조건)은 지정한 조건에 맞는 데이터베이스에서 필드(열)의 합을 구하는 함수이며
= DSUM(A1 : D5, 4, A7 : A8)의 결과값은 '320'이다.

  답 ②

43 다음에서 설명하는 엑셀의 기능으로 옳은 것은?

C등급

특정 항목의 구성 비율을 살펴보기 위하여 워크시트에 입력된 수치 값들을 막대나 선, 도형, 그림
등을 사용하여 시각적으로 표현한 것으로 데이터의 상호 관계나 경향 또는 추세를 쉽게 분석할 수
있다.

① 피벗 테이블 ② 시나리오

③ 차트 ④ 매크로

해설
① 원본 데이터의 행이나 열 위치를 사용자 임의로 변경하여 데이터를 표시할 수 있는 기능이다.
② 결과를 예측하기 어려운 경우 다양한 가상 상황에 따른 결과값을 비교 분석할 수 있는 기능이다.
④ 특정 작업 내용을 바로 가기 키나 명령 단추로 기록하여 작업을 빠르게 실행할 수 있는 기능이다.

  답 ③

44
B등급

다음 중 차트에 관한 설명으로 옳지 않은 것은?

① 차트는 차트 영역, 그림 영역, 계열, 항목 축, 값 축, 범례, 제목 등으로 구성되어 있다.

② 〈F11〉 키를 누르면 자동적으로 만들어지는 기본형 차트는 2차원 가로 막대형 차트이다.

③ 이중 축 혼합형 차트는 세로 막대와 꺾은선 그래프를 함께 표시할 수 있다.

④ 계열의 단위가 다르거나 숫자의 크기가 현저하게 다를 경우에는 이중 축 혼합형 차트를 작성하는 것이 좋다.

> **해설** 〈F11〉 키를 누르면 자동적으로 만들어지는 기본형 차트는 2차원 세로 막대형 차트이다.
>
> 답 ②

 45
B등급

다음 중 차트의 크기 조절 및 이동에 대한 설명으로 옳지 않은 것은?

① 차트 영역을 클릭한 후 차트의 조절점을 드래그한다.

② 그림 영역이나 범례도 조절점을 이용하여 크기를 조절할 수 있다.

③ 〈Ctrl〉 키를 누른 상태에서 차트 크기를 조절하면 차트가 셀에 맞춰서 크기가 조절된다.

④ 차트 전체를 다른 곳으로 이동하려면 차트 영역을 이동할 곳으로 드래그한다.

> **해설** 〈Alt〉 키를 누른 상태에서 차트 크기를 조절하면 차트가 셀에 맞춰서 크기가 조절된다.
>
> 답 ③

 46
C등급

다음 중 차트 편집에 관한 설명으로 옳지 않은 것은?

① 만들어진 차트를 마우스로 클릭한 다음 크기를 조절할 수 있다.

② 만들어진 차트를 마우스로 클릭한 다음 위치를 이동할 수 있다.

③ 차트 크기를 조절할 때는 차트의 조절점을 드래그한다.

④ 차트 위치를 이동할 때는 차트가 선택된 상태에서 차트 바깥쪽을 드래그한다.

> **해설** 차트의 위치를 이동하려면 차트가 선택된 상태에서 차트의 바깥쪽이 아닌 안쪽을 드래그해야 한다.
>
> 답 ④

47 다음의 차트에서 계열을 클릭하여 데이터 계열 서식에서 변경할 수 <u>없는</u> 것은?

B등급

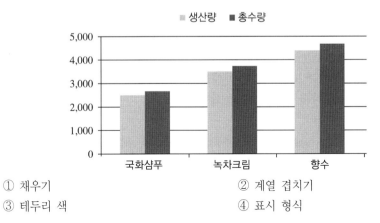

① 채우기
② 계열 겹치기
③ 테두리 색
④ 표시 형식

해설 표시 형식은 [축 서식]과 [데이터 레이블 서식] 등에서 변경한다.

답 ④

48 [데이터 계열 서식] 메뉴를 이용하여 수정하고자 할 때 다음 중 설명이 옳지 <u>않은</u> 것은?

B등급

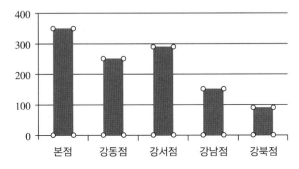

① [계열 겹치기]는 −100%에서 100%까지 조절할 수 있다.
② [간격 너비]는 0%에서 500%까지이다.
③ [요소마다 다른 색 사용]에 체크 표시를 하면 막대의 색깔이 각각 달라진다.
④ [간격 너비]의 숫자를 늘리면 각 막대의 너비가 커진다.

해설 [간격 너비]의 숫자를 늘리면 각 막대의 너비는 작아진다.

답 ④

49

A등급

다음 중 차트에서 추세선에 대한 설명으로 옳지 <u>않은</u> 것은?

① 추세선은 데이터 추세를 그래픽으로 표시하여 데이터를 분석하고 예측하는데 사용된다.
② 누적되지 않은 2차원 영역형, 가로 막대형, 세로 막대형, 꺾은선형 차트 등의 데이터 계열에는 추세선을 추가할 수 있다.
③ 방사형, 원형, 표면형, 도넛형, 3차원 차트에는 한 가지 계열에 대해서만 추세선 설정이 가능하다.
④ 추세선에 사용된 수식을 추세선과 함께 나타나게 할 수 있다.

> **해설**
> • 추세선을 추가할 수 있는 차트 : 누적되지 않은 2차원 영역형, 가로 막대형, 세로 막대형, 꺾은선형, 주식형, 분산형, 거품형 차트 등이 있다.
> • 추세선을 추가할 수 없는 차트 : 3차원, 방사형, 원형, 표면형, 도넛형 차트 등이 있다.
>
> 답 ③

50
B등급

다음은 차트의 오차 막대에 관한 설명이다. 옳지 <u>않은</u> 것은?

① 차트를 작성하고 난 후에는 차트 제목이나 축 제목을 삽입할 수 있다.
② 고정값, 백분율, 표준 편차, 표준 오차 등으로 설정할 수 있다.
③ 분산형과 거품형 차트에는 X 값, Y 값, XY 값 모두에 대한 오차 막대를 나타낼 수 있다.
④ 2차원 영역형, 가로 막대형, 세로 막대형에는 오차 막대를 추가할 수 없다.

> **해설**
> 2차원 영역형, 가로 막대형, 세로 막대형, 꺾은선형, 분산형, 거품형 차트의 데이터 계열에는 오차 막대를 추가할 수 있지만 3차원 차트에는 추가할 수 없다.
>
> 답 ④

51

B등급

다음 중 엑셀에서 작성할 수 있는 차트의 종류가 <u>아닌</u> 것은?

① 도식형
② 도넛형
③ 원뿔형
④ 방사형

> **해설**
> 엑셀에서 작성할 수 있는 차트 중 도식형은 존재하지 않는다.
>
> 답 ①

52
A등급

다음 중 원형 차트에 대한 설명으로 옳지 않은 것은?

① 각 항목의 값을 전체에 대한 백분율로 전환하여 차트를 생성하므로 항목별 기여도를 비교하고자 할 때 사용한다.

② 값 축 및 항목 축을 가지지 않으며, 3차원 차트로 작성할 수 있다.

③ 원형 차트를 구성하는 각 조각을 분리할 수 있고, 첫 번째 조각의 각을 조정할 수 있다.

④ 여러 계열을 데이터 범위로 지정하면 항목별 계열의 합이 산출되어 차트에 표시된다.

 원형 차트는 중요 요소를 강조하거나 각 항목의 구성 비율과 기여도를 확인할 때 사용하는 차트로 각 항목 합계에 대한 크기 비율로 표시하며, 데이터 계열은 하나만 표시할 수 있다.

답 ④

53
B등급

다음 중 데이터 분석을 쉽게 하기 위해 수행하는 정렬에 대한 설명으로 옳지 않은 것은?

① 정렬 조건을 최대 64개까지 지정할 수 있어 다양한 기준으로 정렬할 수 있다.

② 색상별 정렬이 가능하여 글꼴 색 또는 셀 색을 기준으로 정렬할 수도 있다.

③ 정렬 옵션을 이용하면 데이터를 열 방향 또는 행 방향으로 선택하여 정렬할 수 있다.

④ 표에 병합된 셀이 포함되어 있어도 정렬할 수 있으며, 병합된 셀은 맨 아래에 정렬된다.

 표에 병합된 셀이 포함된 범위를 정렬할 경우 오류 메시지가 나타날 수 있다.

답 ④

54
B등급

다음 중 정렬과 필터에 관한 설명 중 옳지 않은 것은?

① 데이터 정렬은 [기준 추가] 단추를 이용하여 여러 개의 기준을 가지고 정렬할 수 있다.

② 고급 필터에서는 조건 범위와 복사 위치가 반드시 필요하다.

③ 데이터 정렬 시 숨겨진 행이나 열에 있는 데이터는 정렬 대상에서 제외된다.

④ 고급 필터는 추출된 결과를 원본 데이터의 다른 위치에 표시할 수 있다.

 • 데이터 정렬 시 숨겨진 행이나 열에 있는 데이터는 정렬 대상에 포함된다.
• 머리글 행에 위치한 필드 명은 정렬 대상에서 제외할 수 있다.

답 ③

55 B등급 다음 중 엑셀에서 영문 대/소문자를 구분하도록 설정했을 때 오름차순 정렬의 순서가 옳은 것은?

① A - a - @ - 5 - 3 　　　　② 3 - 5 - @ - a - A

③ a - A - @ - 5 - 3 　　　　④ 3 - 5 - @ - A - a

해설

오름차순 정렬
숫자 → 공백 문자 → 특수 문자 → 한글 → 영문자(소문자 → 대문자) → 논리값(False → True) → 오류값 → 빈 셀

 답 ②

56 B등급 다음 중 고급 필터 기능에 대한 설명으로 옳지 않은 것은?

① 수식이 포함된 논리식을 이용하여 레코드를 검색한다.
② 동일 시트 내 필터 조건을 별도로 지정하여 조건에 맞는 레코드를 검색할 수 있다.
③ 필터한 행을 다른 위치에 복사할 때 포함할 열을 지정할 수 있다.
④ 기준 범위에 쓰인 필드 이름은 목록에 있는 필드 이름과 반드시 일치할 필요는 없다.

해설

기준 범위에 있는 필드 이름과 목록에 있는 필드 이름은 서로 일치하여야만 필터링할 수 있다.

 답 ④

57 A등급 다음 중 [데이터] 탭의 [정렬 및 필터] 그룹에서 조건 설정에 관한 설명으로 옳지 않은 것은?

① 문자열 데이터의 경우 와일드카드 문자(*, ?)를 사용하여 조건을 설정할 수 있다.
② 고급 필터에서 다른 필드와의 결합을 OR 조건으로 지정하려면 조건을 모두 같은 행에 입력한다.
③ 자동 필터는 항목이나 백분율로 지정한 범위 안에 들어가는 행을 표시할 수 있다.
④ 고급 필터는 다양한 조건을 사용자가 직접 설정하여 추출할 수 있다.

해설

고급 필터는 해당 조건을 직접 입력하여 추출하는 기능으로 조건이 같은 행에 있는 경우는 AND, 다른 행에 있는 경우 OR이다.

 답 ②

58 다음 중 부분합에 관한 설명으로 옳지 **않은** 것은?

B등급

① [부분합] 대화 상자에서 그룹화 할 항목은 부분합의 기준이 되는 그룹이 있는 열 레이블을 지정한다.

② 특정한 영역에 대하여만 부분합을 실행할 때는 해당 영역을 셀 범위로 설정하면 된다.

③ 부분합 작성 후 윤곽 기호를 눌러 특정한 데이터가 표시된 상태에서 차트를 작성하면 모든 데이터가 차트에 표시된다.

④ 부분합의 그룹은 합계, 평균, 최대값, 최소값 등의 함수 계산을 할 수 있다.

> 해설
> 부분합은 많은 양의 데이터에서 그룹으로 묶은 데이터들의 계산(합계, 평균, 최대값, 최소값 등)을 수행하는 기능으로 부분합을 만들기 위해서는 반드시 정렬을 수행해야 하며 그룹별로 표시를 하거나 숨길 수 있는 윤곽 기호가 표시되며 윤곽 기호를 눌러 특정 데이터를 표시한 상태에서 차트를 작성하면 특정 데이터만 이용한 차트를 작성할 수 있다.

 ③

59 다음 중 피벗 테이블 보고서에 관한 설명으로 가장 옳지 **않은** 것은?

B등급

① 피벗 테이블 보고서를 작성한 후에 사용자가 새로운 수식을 추가하여 표시할 수 있다.

② 원본 데이터가 변경되는 즉시 피벗 테이블 보고서의 데이터도 자동으로 변경된다.

③ 피벗 테이블 보고서는 현재 작업 중인 워크시트나 새로운 워크시트에 작성할 수 있다.

④ 피벗 테이블을 삭제하더라도 피벗 테이블과 연결된 피벗 차트는 삭제되지 않고 일반 차트로 변경된다.

> 해설
> 원본 데이터가 변경되더라도 데이터 새로고침 기능을 이용하여야 피벗 테이블 데이터를 변경할 수 있다.

 ②

60 다음 중 데이터 통합에 관한 설명으로 옳지 <u>않은</u> 것은?

A등급

① 여러 시트에 있는 데이터나 다른 통합 문서에 입력되어 있는 데이터를 통합할 수 있다.

② 통합은 위치를 기준으로 통합할 수도 있고, 영역 이름을 정의하여 통합할 수도 있다.

③ [데이터] 탭의 [데이터 도구] 그룹에서 [통합] 단추를 이용한다.

④ 위치를 기준으로 데이터를 통합하면 원본 영역의 항목 레이블과 데이터가 대상 영역으로 복사된다.

 ④의 위치를 기준으로 데이터를 통합하면 데이터만 대상 영역으로 복사된다.

답 ④

61 다음 중 수식으로 계산된 결과 값은 알고 있지만 그 결과 값을 계산하기 위해 수식에 사용된 입력

B등급

값을 모를 경우 사용하는 기능으로 옳은 것은?

① 목표값 찾기   ② 피벗 테이블

③ 시나리오   ④ 레코드 관리

 ② 원본 데이터의 행이나 열 위치를 사용자 임의로 변경하여 데이터를 표시할 수 있는 기능이다.
③ 결과를 예측하기 어려운 경우 다양한 가상 상황에 따른 결과 값을 비교 분석할 수 있는 기능이다.
④ 데이터를 검색, 추가, 삭제, 수정할 수 있는 데이터베이스 관리 기능이다.

답 ①

62 다음 중 시나리오에 대한 설명으로 옳지 <u>않은</u> 것은?

B등급

① 시나리오는 입력된 자료에 대해 가상 상황을 만들어 결과를 분석하고 예측하는 기능이다.
② 시나리오 보고서의 종류는 '시나리오 요약'과 '시나리오 피벗 테이블 보고서'가 있다.
③ 시나리오 보고서는 현재 작업하는 시트에 만들어진다.
④ 시나리오 병합을 통해 다른 통합 문서나 워크시트에 저장된 시나리오를 가져올 수 있다.

해설 시나리오 보고서는 현재 작업하는 시트가 아닌 경우에도 작성할 수 있다.

 ③

계리직
컴퓨터일반

출제 비중 체크!

※ 계리직 전 8회 시험(2008~2021) 기출문제를 기준으로 정리하였습니다.

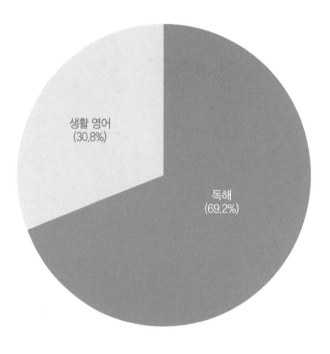

PART

10 | 기초영어
적중예상문제

I wish you the best of luck!

우정사업본부 지방우정청 9급 계리직

컴퓨터일반

잠깐!

혼자 공부하기 힘드시다면 방법이 있습니다.
시대에듀의 동영상강의를 이용하시면 됩니다.
www.sdedu.co.kr → 회원가입(로그인) → 강의 살펴보기

01

생활영어

01 밑줄 친 부분에 가장 적절한 것을 고르시오.

> A : Officer, I'd like to report a theft.
> B : Yes, what was stolen?
> A : I was robbed of my wallet in front of the hotel.
> B : Okay, _____.

① you need to fill this form out.
② I've already read the instructions.
③ the facts I reported were correct.
④ I'd like to be examined as soon as possible.

해설
② 저는 이미 이 설명서를 읽었어요.
③ 제가 보고한 사실들은 정확해요.
④ 되도록 빨리 검사(조사)받고 싶어요.

[해석]
A : 경찰관님, 절도 사건을 신고하고 싶습니다.
B : 네, 무엇이 없어졌나요?
A : 호텔 앞에서 지갑이 없어졌어요.
B : 알겠습니다. 이 신고서를 작성해주세요.

[어휘]
• rob : (사람, 장소를) 털다, 도둑질하다
• fill out : 신청서에 (필요한 사항을) 기입하다

 답 ①

02 다음 대화 중 밑줄 친 부분의 표현이 가장 적절하지 <u>않은</u> 것은?

① A : It is over midnight already. I can't believe it!

　B : We've been studying English for 6 hours!

　A : Shall we continue or stop here?

　B : <u>Let's call it a day</u>.

② A : My parents say I can't color my hair. It's unfair.

　B : <u>Look on the bright side</u>. You still look good without colored hair.

③ A : Hey, shake a leg! The train to Busan always arrives on time. You won't make it if you linger like that.

　B : I know. I know. <u>Just step on your toes</u>.

④ A : Excuse me. Is it OK if I help you cross the street?

　B : Sure, thanks. It's very nice of you to help me.

　A : <u>Don't mention it</u>. I'm glad to.

　B : In fact, I'm afraid of crossing the street.

 해설

① A : 벌써 자정이 넘었다니 믿을 수가 없어!

　B : 우리가 6시간이나 영어를 공부했어요!

　A : 계속할까 아니면 그만할까?

　B : <u>그만해요</u>.

② A : 우리 부모님은 내가 머리염색을 하지 못하게 하셔. 불공평해.

　B : <u>긍정적으로 생각해봐</u>. 넌 염색 안 해도 여전히 보기 좋아.

③ A : 어이, 빨리 움직여! 부산행 기차는 항상 정시에 도착해. 그렇게 꾸물거리다가는 제시간에 맞출 수 없을 거야.

　B : 알아요. <u>제가 당신의 감정을 상하게 했군요</u>.

④ A : 실례합니다. 제가 길을 건너는 걸 도와드려도 괜찮을까요?

　B : 고맙습니다. 도와주셔서 감사해요.

　A : <u>별말씀을요</u>. 제가 좋아서 하는 거예요.

　B : 사실, 길 건너기가 두려웠거든요.

어휘

• let's call it a day : 오늘은 그만하자
• look on the bright side : 밝은 면을 보다, 긍정적으로 생각하다
• linger : 꾸물거리다
• step on one's toe : ~의 발을 밟다, 심기를 불편하게 하다

 답 ③

03 다음 문장에서 밑줄 친 부분의 의미와 가장 가까운 것은?

> A : Can you show me how to send an e-mail?
>
> B : Sure. First, open the e-mail program. Then, click the "New Mail" button on the upper side. <u>Are you following me?</u>

① Could you help me?

② Anything else?

③ Are you with me?

④ I don't understand.

③ 잘 따라오고 있니?

① 나 좀 도와줄래?

② 다른 건 없니?

④ 이해가 안 돼.

[해석]

A : 내게 이메일 보내는 방법 좀 보여줄래(알려줄래)?

B : 그래. 우선, 이메일 프로그램을 열어. 그 다음에 상단에 있는 "새로운 메일"을 클릭해. <u>잘 따라오고 있지(잘 이해하고 있지)</u>?

답

04 다음 A, B의 대화가 어울리지 <u>않는</u> 것은?

① A : I am really nervous because of the presentation this afternoon.

  B : Take it easy. I'll keep my fingers crossed for you.

② A : Do you mind if I open the window?

  B : Of course not. Go ahead.

③ A : I'd like to invite you to my birthday party.

  B : Sure, I'd like to. I have a previous engagement.

④ A : Guess what? I passed the exam with the top score.

  B : Good for you! You deserve it.

해설

③ A : 내 생일에 당신을 초대하고 싶습니다.
  B : 물론입니다. 나도 그렇습니다. 나는 약속이 있습니다.
① A : 나는 오늘 오후 발표 때문에 사실 초조합니다.
  B : 마음 편히 가지세요. 당신의 행운을 빌겠습니다.
② A : 제가 창문을 여는 게 언짢으실까요(내가 창문을 열어도 괜찮겠습니까)?
  B : 물론입니다. 그렇게 하세요.
④ A : 있잖아? 내가 최고점수로 시험에 합격했어.
  B : 잘했다. 너는 그럴 자격이 있어.

어휘
• presentation : 발표
• keep one's fingers crossed : 행운을 빌다
• engagement : 참여
• deserve : ~할 자격이 있다

답 ③

05 밑줄 친 부분에 들어갈 말로 가장 적절한 것을 고르시오.

> A : Hello? Hi, Stephanie. I'm on my way to the office. Do you need anything?
> B : Hi, Luke. Can you please pick up extra paper for the printer?
> A : What did you say? Did you say to pick up ink for the printer?
>   Sorry, _____.
> B : Can you hear me now? I said I need more paper for the printer.
> A : Can you repeat that, please?
> B : Never mind. I'll text you.
> A : Okay. Thanks, Stephanie. See you soon.

① my phone has really bad reception here.

② I couldn't pick up more paper.

③ think I've dialed the wrong number.

④ I'll buy each item separately this time.

 해설

대화에서 A가 B의 말을 잘 듣지 못하고 뭐라고 말했는지 재차 묻고 있기 때문에, 밑줄 친 부분엔 A가 B에게 자신의 전화기 수신 상태가 나쁘다고 말하는 내용이 들어가는 것이 적절하다. 따라서 정답은 ① my phone has really bad reception here(내 전화 수신 상태가 좋지 않아)이다.

② 난 더 많은 종이를 줍지 못했어.
③ 전화를 잘못 건 것 같아요.
④ 이번에는 낱개로 살게요.

[해석]

A : 여보세요? 안녕, Stephanie. 나 지금 사무실에 가는 길이야. 뭐 필요한 거 있어?
B : 안녕, Luke. 혹시 프린터에 쓸 추가 용지를 좀 가져다줄 수 있어?
A : 뭐라고 했지? 프린터에 쓸 잉크를 좀 가져다 달라고 말한거야?
    미안, 내 전화 수신 상태가 좋지 않아.
B : 이제 내 말 들려? 프린터에 쓸 용지가 좀 더 필요하다고 말했어.
A : 다시 한 번 말해줄 수 있을까?
B : 괜찮아. 내가 너한테 문자로 보낼게.
A : 그래. 고마워, Stephanie. 곧 보자.

[어휘]
• on one's way to : ~로 가는 중
• pick up : ~을 찾아오다
• dial the wrong number : 전화를 잘못 걸다
• separately : 개별적으로, 각각

답 ①

06 밑줄 친 부분에 들어갈 말로 가장 적절한 것을 고르시오.

> John : Would you buy a luxurious sedan if you were a billionaire?
> Mary : _____

① Let me check your reservation.

② I offer my deepest condolence.

③ Yes, I would! I would love to use luxurious sedation and enjoy my life.

④ No, I don't think I would. That is not my cup of tea.

① 당신의 예약을 확인해 보겠습니다.
② 깊은 조의를 표합니다.
③ 그래. 나는 고급 진정제를 사용해서 내 삶을 즐기고 싶어.

[해석]
John : 만약 네가 억만장자라면, 고급 세단을 살 것 같아?
Mary : 아니. 난 그러지 않을 거야. 그런 건 내 스타일이 아니야.

[어휘]
• billionaire : 억만장자, 갑부
• condolence : 애도, 조의
• sedation : 진정제 투여, 진정
• That's not my cup of tea : 내 스타일이 아니다

답 ④

07 다음 A, B의 대화 중 가장 적절하지 <u>않은</u> 것을 고르시오.

① A : I'm afraid I'm coming down with something.

　B : You should make up your mind.

② A : You despise Harry, don't you?

　B : On the contrary! I look up to him.

③ A : Do you agree or disagree with him?

　B : I'm on his side.

④ A : Do you mind if I stop by your house?

　B : No, not at all. Be my guest!

해설

① A : 나 무슨 병에 걸린 것 같아 걱정돼.

　B : 너 결정을 내려야 돼.

② A : 너는 Harry를 경멸해, 그렇지?

　B : 그와 반대야. 나는 그를 존경해.

③ A : 너는 그에게 동의하니 아니면 동의하지 않니?

　B : 난 그의 편이야.

④ A : 내가 너의 집에 들르면 언짢니(들러도 되니)?

　B : 아니 전혀요. 그렇게 하세요(들러도 됩니다).

[어휘]
- come down with : (별로 심각하지 않은 병에) 걸리다
- make up one's mind : 마음을 정하다, 결정하다
- despise : 경멸하다
- on the contrary : 그와는 반대로
- look up to : ~을 존경하다
- be my guest : (상대방의 부탁을 들어주며 하는 말로) 그러세요

답 ①

08 밑줄 친 부분에 들어갈 말로 가장 적절한 것을 고르시오.

> A : May I help you?
> B : I bought this dress two days ago, but it's a bit big for me.
> A : _____
> B : Then I'd like to get a refund.
> A : May I see your receipt, please?
> B : Here you are.

① I'm sorry, but there's no smaller size.
② I feel like it fits you perfectly, though.
③ That dress sells really well in our store.
④ I'm sorry, but this purchase can't be refunded.

밑줄 친 부분 뒤에 B가 환불을 받고 싶다는 말을 언급한 것으로 보아 B가 원하는 사이즈가 없었다는 것을 알 수 있다. 따라서 밑줄 친 부분에 적절한 대답은 ① '죄송하지만 더 작은 사이즈가 없어요'가 된다.
② 그렇지만 제 느낌에는 그것이 당신에게 완벽하게 맞는 것 같은데요.
③ 그 드레스는 우리 가게에서 정말로 잘 팔려요.
④ 죄송하지만, 이 상품은 환불할 수 없습니다.

[해석]
A : 제가 도와드릴까요?
B : 제가 이 드레스를 이틀 전에 샀어요. 그런데 저에게 약간 큽니다.
A : 죄송하지만 더 작은 사이즈가 없어요.
B : 그러면 저는 환불을 받고 싶어요.
A : 영수증을 볼 수 있을까요?
B : 여기 있어요.

[어휘]
• get a refund : 환불을 받다
• a bit : 조금, 다소, 약간
• receipt : 영수증

 답 ①

독해

01 다음 문장이 들어갈 위치로 가장 적절한 것은?

> We can in consequence establish relations with almost all sorts of them.

> Reptiles and fish may no doubt be found in swarms and shoals; they have been hatched in quantities and similar conditions have kept them together. In the case of social and gregarious mammals, the association arises not simply from a community of external forces but is sustained by an inner impulse. They are not merely like one another and so found in the same places at the same times; they like one another and so they keep together. This difference between the reptile world and the world of our human minds is one our sympathies seem unable to pass. (A) We cannot conceive in ourselves the swift uncomplicated urgency of a reptile's instinctive motives, its appetites, fears and hates. (B) We cannot understand them in their simplicity because all our motives are complicated; ours are balances and resultants and not simply urgencies. (C) But the mammals and birds have self-restraint and consideration for other individuals, a social appeal, a self-control that is, at its lower level, after our own fashion. (D) When they suffer they utter cries and make movements that rouse our feelings. We can make pets of them with a mutual recognition. They can be tamed to self-restraint towards us, domesticated and taught.

① A
② B
③ C
④ D

 해설 파충류와 물고기에 대한 이야기가 먼저 언급되고 포유동물에 대한 설명이 나온다. 포유동물과 우리 인간과의 공통점이 나온 후에 관계를 형성할 수 있다는 문장이 나오는 것이 올바르다.

[해석]
파충류와 물고기가 무리 또는 떼로 발견되는 것에 아마 의심이 없을 것이다. 그들은 다량으로 부화하고, 여러 비슷한 조건이 그들을 계속 같이 있도록 한다. 사회적이며 군집성을 지닌 포유동물들의 경우, 연계는 단순하게 외부사회의 압박으로부터 발생하는 것이 아니라 내부 충동에 의해서 지속된다. 그들은 그저 서로가 같은 장소, 같은 시간에서 발견되는 것이 아니다. 그들은 서로를 좋아하고 그래서 그들은 계속 같이 있다. 파충류 세계와 인간 마음의 세계 사이의 차이점은 우리가 공감하기에 불가능해 보인다. 우리는 우리 스스로 파충류의 본능적인 동기, 그것의 식욕, 두려움과 증오에서 나오는 빠르고 복잡하지 않은 긴박함을 받아들일 수 없다. 우리는 그들의 단순함을 이해할 수 없는데 왜냐하면 우리의 모든 동기는 복잡하기 때문이다. 우리들의 것(동기)은 균

형과 결과로 생긴 단순히 충동에 의한 것이 아니다. 하지만 포유동물과 새들은 자제력, 다른 개체에 대한 배려, 사회적 호소, 가장 낮은 단계에서는 우리의 방식처럼 자기 조절능력이 있다. <u>우리는 결과적으로 모든 종류의 그것들과 함께 관계를 형성할 수 있다.</u> 그들이 고통스러울 때 그들은 우는 소리를 내고 우리의 감정을 불러일으키는 행동을 한다. 우리는 상호적인 인식을 가지고 그들을 애완동물로 기를 수 있다. 그들은 우리에 대한 자제력에 길들여지고, 가축화되고, 배울 수도 있다.

어휘
- reptile : 파충류
- swarm : 무리, 떼
- shoal : 물고기 떼
- hatch : 부화하다
- in quantities : 다량으로
- gregarious : 군집의
- association : 협회, 연계
- appetite : 식욕
- resultant : (앞에 언급한) 그 결과로 생긴
- self-restrain : 자제력
- utter : 완전한, (말을) 하다
- rouse : (어떤 감정을) 불러일으키다
- be tamed : 길들여지다

답 ④

02 George Stephenson에 관한 다음 글의 내용과 일치하지 <u>않는</u> 것은?

George Stephenson gained a reputation for working with the primitive steam engines employed in mines in the northeast of England and in Scotland. In 1814, Stephenson made his first locomotive, 'Blucher.' In 1821, Stephenson was appointed engineer for the construction of the Stockton and Darlington railway. It opened in 1825 and was the first public railway. In October 1829, the railway's owners staged a competition to find the best kind of locomotive to pull heavy loads over long distances. Stephenson's locomotive 'Rocket' was the winner, achieving a record speed of 36 miles per hour. The opening of the Stockton and Darlington railway and the success of 'Rocket' stimulated the laying of railway lines and the construction of locomotives all over the country. Stephenson became engineer on a number of these projects and also participated in the development of railways in Belgium and Spain.

① 탄광에 사용된 초기 증기 기관과 관련된 일을 하여 명성을 얻었다.
② 1814년에 그의 첫 번째 기관차를 만들었다.
③ 시속 36마일의 기관차를 개발하여 기관차 대회에서 준우승했다.
④ 벨기에와 스페인의 철도 개발에도 참여했다

 해설

③ 준우승이 아닌 우승을 차지하였다.
　→ 네 번째 문장에서 대회에서 우승했다고 나와 있으므로 본문의 내용과 일치하지 않는다.
① 첫 문장에서 확인할 수 있다.
② 두 번째 문장에서 확인할 수 있다.
④ 마지막 문장에서 확인할 수 있다.

[해석]
George Stephenson는 영국의 북쪽과 스코틀랜드의 탄광에서 사용된 초기의 증기 기관을 작동한 것으로 명성을 얻었다. 1814년 Stephenson은 그의 첫 번째 기관차인 'Blucher'를 만들었다. 1821년 Stephenson는 스톡턴과 달링턴 철도 건설을 위한 기술자로 임명이 되었다. 그것은 1825년에 개통하였고, 첫 번째 공공 철도였다. 1829년 10월, 철도의 소유자들은 무거운 짐을 싣고 먼 거리를 가기 위한 가장 최고의 기관차를 찾기 위해서 대회를 개최했다. Stephenson의 기관차인 'Rocket'이 한 시간에 36마일의 속도의 기록을 달성하며 승리하였다. 스톡턴과 달링턴 철로의 개통과 'Rocket'의 성공은 모든 나라들이 철도를 놓는 것과 기관차를 건설하도록 자극하였다. Stephenson은 이러한 많은 기획에서 기술자가 되었고, 또한 벨기에와 스페인의 철도 개발에도 참여하였다.

[어휘]
• primitive : 원시적인, 초기의
• locomotive : 기관차

 답 ③

03 다음 글의 내용과 일치하지 <u>않는</u> 것을 고르시오.

Although every forensic case is different, each case goes through many of same phases. Each phase requires its own procedures and expertise. Throughout each phase, the chain of evidence must remain intact. The first phase is usually the discovery of the case. More likely than not, discovery is made by accident. The second phase is recovery of the remains and evidence. This and future phases require professional help. Next, laboratory analysis and research on the remains and evidence proceed. At some point, all of the data from the different labs and investigators comes together and is synthesized into the case report. Although changes may be made, this synthesis is the formal interpretation of the data and provides the most logical explanation or reconstruction of the events and the identification of the remains.

① 포렌식의 두 번째 단계는 전문적인 도움을 필요로 한다.
② 포렌식의 각 단계에서 일련의 증거들은 훼손되지 않아야 한다.
③ 포렌식을 통해 만들어진 종합 보고서는 자료에 대한 공식적인 해석이다.
④ 증거에 대한 실험실 분석과 조사가 진행된 후 증거 복원 절차가 진행된다.

 증거 복원 절차가 진행된 후 실험실 분석과 조사가 진행되므로 정답은 ④이다.

[해석]
비록 모든 법의학적 사건이 다를지라도, 각 사건은 동일한 단계를 거친다. 각 단계는 절차와 전문성을 필요로 한다. 매 단계 내내 일련의 증거들은 훼손되지 않고 남아있어야 한다. 첫 단계는 보통 사건의 발견이다. 종종 이 발견은 우연히 일어난다. 두 번째 단계는 시신 수습과 증거물의 복원이다. 이 단계와 이후의 단계는 전문적인 도움을 필요로 한다. 그 다음으로 시신과 증거에 대해 실험실 분석과 조사가 진행된다. 어느 시점에서 다른 실험실과 조사관들로부터 온 모든 자료들은 사건보고서로 종합된다. 변동이 있을 수는 있지만 이렇게 종합된 것은 자료의 공식적인 해석이며 사건들에 대한 가장 논리적 설명 또는 재구성과 시신에 대한 신원확인을 제공해준다.

[어휘]
• forensic : 법의학적인, 범죄과학수사의
• go through : 통과되다, ~을 거치다
• expertise : 전문지식(기술)
• intact : 온전한, 손상되지 않는
• remains : 잔해, 유해
• laboratory : 실험실
• synthesis : 종합, 합성
• reconstruction : 재구성

 답 ④

04 다음 글의 내용을 가장 잘 나타낸 속담은?

> The boss was preparing the room for the presentation. He started to set out the chairs for the expected audience of about five hundred. The chairs were heavy and he felt a little tired after five minutes of moving the chairs. Then, his colleague John appeared and offered to help. A few minutes later, Tom also appeared and joined the process of moving the chairs. Soon the whole room was ready.

① 사공이 많으면 배가 산으로 간다.
② 백지장도 맞들면 낫다.
③ 호미로 막을 것을 가래로 막는다.
④ 소 잃고 외양간 고친다.

해설

상사가 혼자서 의자를 옮기다가 지쳤는데, 동료인 John과 Tom이 의자 옮기는 것을 도와주어 곧 방 전체에 의자를 설치하였다는 내용이다. 선택지에서 글의 내용을 가장 잘 나타낸 속담은 '쉬운 일이라도 협력한다면 훨씬 쉽다.'는 의미를 가진 '백지장도 맞들면 낫다.'이다.

[해석]
상사가 발표 공간을 준비하고 있었다. 그는 대략 500명 정도로 예상된 청중들의 의자를 설치하기 시작했다. 의자는 무거웠고, 그는 5분 정도 의자를 옮기다가 약간 지쳤다. 그때, 그의 동료인 John이 나타나 도움을 주었다. 몇 분 뒤에 Tom이 나타났고 의자를 옮기는 과정에 합류했다. 곧 공간이 준비되었다.

[어휘]
• expect : 예상하다, 기대하다
• audience : 청중, 관중
• colleague : 동료
• process : 절차, 과정

답 ②

05 다음 글의 내용과 일치하는 것으로 가장 적절한 것은?

> Colors also have different meanings in different cultures. A color may represent good feelings in one culture but bad feelings in another. For instance, in the United States, white represents goodness and holy things. It is usually the color of bride's wedding dress. However, in India, China and Japan, white can mean death. Green is the color of dollar bills in the United States, so green may make Americans think of money. But in China, green can represent a loss of respect.

① 녹색은 미국인들에게 돈을 연상시키는 색상이다.
② 하얀색은 미국에서 죽음을 의미하는 부정적인 색상이다.
③ 모든 나라마다 통일된 의미를 가지고 있는 색상이 있다.
④ 중국에서 존경을 표시할 때 사용하는 색상이다.

해석

색은 문화에 있어서 서로 다른 의미를 지닌다. 어떤 색은 한 문화권에서 좋은 느낌을 나타내지만 다른 문화권에서는 좋지 않은 느낌을 나타낼 수 있다. 가령 미국에서 흰색은 선과 신성한 것을 나타낸다. 이것은 종종 신부의 웨딩드레스 색이다. 그러나 인도, 중국 그리고 일본에서 흰색은 죽음을 의미한다. 녹색은 미국에서는 달러 지폐의 색이다. 그래서 초록은 미국인들이 돈을 생각하도록 만들 수 있다. 그러나 중국에서는 녹색은 존경심을 잃는 것을 의미한다.

어휘
• represent : 나타내다
• goodness : 선(善)
• loss : 손실, 상실

 답 ①

06 다음 빈칸에 들어갈 말로 가장 적절한 것은?

When you watch a chase scene in an action movie, your heart races as well—you may be a little bit scared, or excited. Your body and mind may react like the experience is real, as though it is happening to you. That's what happens when you visualize: You ask for the experience and your mind believes that it is real, which creates the attraction for you to receive in your life. This technique is favored by many of the world's great coaches as they encourage athletes to visualize the actual race or contest ahead of time. Every stroke, step, and muscle exertion is vividly imagined. The idea is, when you see it in your mind, your body will surely follow. And, when the big day comes, mind and body are so well trained to act in unison that (   ) is virtually assured.

① group cooperation

② ultimate performance

③ public reputation

④ visual observation

 ② 최상의 성적
① 단체 협력
③ 대중의 평판
④ 시각적 관찰

[해석]
액션영화에서 추격 장면을 볼 때, 당신의 심장도 역시 요동친다. 당신은 약간 두려워하거나 흥분할지도 모른다. 당신의 신체와 정신은 마치 그것이 당신에게 일어나는 것처럼 마치 그 경험이 실제인 것과 같이 반응할지 모른다. 그것은 당신이 마음 속에 그려볼 때 일어난다. 즉 당신은 경험에 요구할 것이고 당신의 정신은 그것이 진짜라고 믿는데 이것은 매력적인 것을 창출해서 당신의 인생에 받아들이게끔 한다. 이 방법은 그들이 선수들에게 실제 경기나 대회를 미리 상상하도록 격려하는 것으로서 세계의 뛰어난 코치들에 의해 선호되었다. 모든 타격, 보폭, 근육운동이 생생하게 상상되어진다. 이 생각은 당신이 그것을 마음 속에 그려 볼 때, 당신의 몸도 당연히 따라갈 것이라는 것이다. 그리고 중요한 날이 다가오면, 신체와 정신은 협조하여 작용하도록 잘 훈련되어서 <u>최상의 성적</u>을 내는 것이 거의 확실할 것이다.

[어휘]
• chase : 뒤쫓다
• visualize : 마음속에 그려보다, 상상하다
• stroke : 타격, 치기, 일격
• exertion : 노력, 분투, 행사
• vividly : 생생하게
• assure : 확신하다

 답 ②

07 글의 요지로 가장 적절한 것은?

> How do you describe the times we live in, so connected and yet fractured? Linda Stone, a former Microsoft techie, characterizes ours as an era of continuous partial attention. At the extreme end are teenagers instant-messaging while they are talking on the cell phone, downloading music and doing homework. But adults too live with all systems go, interrupted and distracted, scanning everything, multi-technological-tasking everywhere. We suffer from the illusion, Stone says, that we can expand our personal bandwidth, connecting to more and more. Instead, we end up overstimulated, overwhelmed and, she adds, unfulfilled.

① Modern technology helps us to enrich our lives.
② We live in an age characterized by lack of full attention.
③ Family bond starts to weaken as a result of smart phone development.
④ The older generation can be as technologically smart as the younger one.

해설 제시문의 내용을 요약해보면, 지금 우리는 한 번에 여러 가지 것들을 처리하며 살아가는 "부분적 관심(partial attention)의 지속 시대"를 살아가고 있다고 말하고 있다. 따라서 이로 인해 우리는 한 번에 처리할 수 있는 정보 처리량, 즉 "대역폭"이 넓어질 수는 있으나 대신 너무 많은 자극에 노출되고 압도당해, 결국 욕구를 만족시키지 못하게 될 것이라 결론짓고 있다. 따라서 제시문의 요지는 ② We live in an age characterized by lack of full attention(우리는 온전한 관심이 부족한 시대를 살아가고 있다)고 볼 수 있다.
① 현대 기술은 우리가 우리의 삶을 풍족하게 만들 수 있도록 도와준다.
③ 가족 유대가 스마트폰의 발전으로 인해 결과적으로 약해지기 시작했다.
④ 나이 든 세대들은 젊은 세대들만큼 기술적으로 영리해질 수 있다.

[해석]
당신은 긴밀하게 연결되어 있으면서도 균열되어 있는 우리가 살고 있는 시대를 어떻게 묘사할 것인가? 전직 Microsoft 사의 기술 전문가인 Linda Stone 씨는 우리의 시대를 부분적 관심의 지속 시대라고 묘사한다. 이것의 최극단에 있는 것이 바로 십대들이 휴대전화로 통화하며 음악을 다운로드 받고, 숙제를 하면서 메신저를 주고받는 것이다. 하지만 성인들 역시 모든 것들을 훑어보고 모든 곳에서 다중 기술 작업을 처리하면서 방해받거나 산만해지며 이 모든 시스템들이 움직이는 대로 살아간다. 우리는 환상으로부터 고통받고 있으며, Stone 씨가 말하는 그 환상은 우리가 점점 더 많은 것들에 접속하면서 각 개인의 대역폭을 확장할 수 있다는 것이다. 대신 우리는 지나치게 자극되고, 압도당하며, 이에 덧붙여 욕구가 제대로 충족되지 못하는 상태에 이르게 된다.

[어휘]
• fractured : 분열된, 골절된, 금이 간
• instant-messaging : 메신저를 주고받는 것
• distracted : 산만(산란)해진
• bandwidth : 대역폭
• enrich : 질을 높이다, 풍요롭게 하다
• family bond : 가족 유대

 답 ②

08 글의 내용과 일치하지 <u>않는</u> 것을 고르시오.

> The invention of the ski has contributed greatly to society. Unlike today, early skis were not used for fun but for transportation. They were made of wood and were not designed for speed. They were simply used to help a person to walk on the snow. However, it is not clear when they were invented. The world's oldest ski was discovered in Sweden in 1924. It is 80 inches long and 6 inches wide, that is, a little longer than and twice as wide as modern skis.

① Early skis were used for transportation.
② Early skis were made of wood.
③ Early skis were invented in 1924.
④ The oldest ski is a little longer than modern skis.

 스키가 언제 발명되었는지는 불확실하다. 다만 1924년 스웨덴에서 가장 오래된 스키가 발견되었다.

[해석]
스키의 발명은 사회에 크게 기여해 왔다. 오늘날과는 달리 초창기 스키들은 재미로 이용된 것이 아니라 수송을 위해서 이용되었다. 그들은 나무로 만들어졌으며 속도를 위해 설계되지도 않았다. 그들은 단순히 사람이 눈 위에서 걸을 수 있도록 하기 위해 사용되어졌다. 그렇지만 그들이 발명된 시기는 분명하지 않다. 세계에서 제일 오래된 스키는 1924년에 스웨덴에서 발견되었다. 그것은 길이가 80인치이고 넓이가 60인치, 즉 현대 스키보다 조금 더 길고 넓이는 두 배 정도였다.

[어휘]
• transportation : 수송
• contribute to : 기여하다
• design : 설계하다
• invent : 발명하다
• discover : 발견하다

답 ③

09 다음 글의 빈칸에 들어갈 말로 가장 적절한 것은?

Numerous experiments show that speakers do have strong feelings about certain sounds, and they agree about these feelings with remarkable consistency. In the earliest experiment designed to test (㉠), an influential researcher made up two words, mal and mil. He told five hundred subjects that one word meant "large table", the other "small table" - and then asked the subjects to tell which word referred to which size table. By the laws of chance, the subjects should have chosen one word or the other in approximately equal numbers; (㉡), 80 percent of them agreed that mal meant "large table" and mil meant "small table." Since the two words differ solely in their vowels, the subjects apparently felt that a conveys largeness and I smallness.

	㉠	㉡
①	attitudes about sound symbolism	moreover
②	attitudes about sound symbolism	instead
③	perceptions on the speed of sound	moreover
④	perceptions on the speed of sound	instead

 해설

제시문에 등장하는 실험은 제시문의 첫 문장과 마지막 문장을 통해 소리가 나타내는 의미에 대한 감정, 즉 태도를 실험할 목적을 띠고 있음이 분명하다. 소리의 속도 차에 따른 인식 차이를 실험하는 것은 결코 아니므로 ③, ④는 정답이 될 수 없다. ㉡ 앞에서는 확률의 법칙에 따른다면, mal이라는 단어와 mil이라는 단어에 대한 구체적인 언급이 없었으므로 "큰 테이블"과 "작은 테이블"에 대한 선택은 거의 비슷한 숫자의 의견으로 갈라졌어야 했다고 언급하였지만 그 뒤에서는 압도적인 80퍼센트가 하나의 의견을 선택했다고 언급하였으므로 전혀 다른 결과를 유도하는 연결어구인 'instead'가 정답이다.

[해석]
수많은 실험은 화자들이 특정 소리에 강한 감정을 실제로 가진다는 것과 그들이 이러한 감정들에 놀라운 일관성을 가지고 동의한다는 것을 보여준다. (소리의 상징성에 대한 태도)를 시험하기 위해 설계된 가장 초기의 실험에서 어떤 영향력 있는 연구자가 mal과 mil이라는 두 개의 단어들을 만들어냈다. 그는 500명의 피실험자들에게 한 단어는 "큰 테이블"을 의미하고 나머지 한 단어는 "작은 테이블"을 의미한다고 말하고 나서, 그들에게 어떤 단어가 어떤 크기의 테이블을 의미하는지 말해보라고 하였다. 가능성의 법칙(확률)에 따른다면, 피실험자들은 이 단어 혹은 다른 단어를 대략 동등한 숫자로 선택했어야 했다. (그 대신에) 그들 중 80퍼센트가 mal이 "큰 테이블"을 그리고 mil이 "작은 테이블"을 의미한다는 것에 동의하였다. 그 두 단어는 단지 모음만 다르므로, 피실험자들은 a가 큼을 그리고 i는 작음을 전달한다고 분명히 느꼈다(모음의 소리가 크면 '큰 테이블'이 될 거라고 예상하였다).

[어휘]
• consistency : 일관성
• refer to : ~을 나타내다, 언급하다, 참고하다
• solely : 오로지
• convey : 옮기다, 전달하다
• design : 고안하다, 설계하다
• approximately : 대략
• vowel : 모음(↔ consonant)

 답 ②

10 다음 ㉠, ㉡에 들어갈 말로 가장 적절한 것은?

Often, much of the instruction necessary for engaging in a game or activity in an educational CD-ROM is presented in the form of verbal instructions that are spoken by a narrator or onscreen character. (㉠), as some experts observed, the situation is different for interactive materials delivered online. Online sound files can take considerable amounts of time to download, which can discourage use of the materials. For this reason, rather than relying heavily on spoken dialogue, designers of online materials often rely much more heavily on written text to deliver instructions and information. (㉡), the ability to read can be a stronger prerequisite for the use of online materials than for a CD-ROM.

	㉠	㉡
①	In other words	However
②	Yet	Thus
③	In other words	Therefore
④	Yet	Similarly

해설

㉠의 앞부분은 교육적 CD-ROM에 대한 설명, 뒷부분은 온라인 자료와의 비교이므로 'Yet'(그러나)이 적절하다. ㉡ 뒤의 내용은 결론인 'CD-ROM보다 온라인 자료의 사용에서 읽는 능력은 더 강한 전제 조건이 될 수 있다.'이며 앞에 내용에 대한 부연설명이기 때문에 Thus(따라서)가 적절하다.

해석

교육적 CD-ROM의 게임이나 활동에 참여하기 위한 필요한 설명의 대부분은 주로 내레이터나 스크린상의 캐릭터에 의해 구두로 된 언어적 설명으로 제시된다. ㉠ 그러나 몇몇 전문가들이 관찰했다시피, 온라인에서 전달되는 쌍방향 자료는 상황이 다르다. 온라인 사운드 파일은 다운로드 하는 데 상당한 시간이 소요될 수 있고, 이것은 자료의 사용을 저지한다. 이런 이유 때문에 온라인 자료 디자이너들은 설명과 정보를 전달하기 위해 주로 말로된 대화보다는 글로 쓰인 본문에 훨씬 더 의지한다. ㉡ 따라서, CD-ROM보다 온라인 자료의 사용에서 읽는 능력은 더 강한 전제 조건이 될 수 있다.

어휘

• observe : ~을 보다, 관찰하다
• interactive : 상호적인, 쌍방향의
• considerable : 상당한, 많은
• prerequisite : 전제 조건

답 ②

11 다음 글의 요지로 가장 적절한 것은?

When astronomers first began observing planetary systems outside our solar system, gas giants were among the first planets they detected, so they believed that gas giants were the most common type of planet. However, these astronomers could only observe solar systems close to our own, where conditions seem to be particularly conducive to the formation of gas giants. Recently, the Kepler observatory, which is on a mission to search for Earth-like planets in more distant areas of the galaxy, has transmitted data showing that small, rocky planets are actually much more common. Thus, many astronomers now believe that gas giants are less prevalent than once estimated.

① 암석 행성이 가스체 거대 행성보다 크기가 작은 것만은 아니다.
② 가스체 거대 행성이 일반적인 행성의 유형이라고 할 수는 없다.
③ 앞으로 더 많은 가스체 거대 행성이 발견될 것이다.
④ 케플러 망원경은 가스체 거대 행성을 관측하지 못한다.

 처음 우리 태양계 밖을 관찰하기 시작했을 때 천문학자들이 가스체 거대 행성이 일반적이라고 믿었지만 최근의 자료에 의하면 작고 돌로 뒤덮인 행성들이 더 일반적이고 이에 따라 가스체 거대 행성이 이전에 추정되었던 것보다 덜 일반적이라는 것이 이 글의 요지이다.

[해석]
천문학자들이 처음으로 우리 태양계 밖의 행성계를 관찰하기 시작했을 때, 가스체 거대 행성들은 처음으로 감지된 행성들 중 하나이다. 따라서 천문학자들은 가스체 거대 행성들이 행성의 보편적인 유형이라고 믿었다. 하지만 이 천문학자들은 특히 가스체 거대 행성들의 생성에 용이한 조건을 가진 우리의 태양계와 가까운 태양계만을 관찰할 수 있었다. 최근에 은하계 더 먼 지역에 있는 지구와 비슷한 행성들을 찾는 임무를 맡은 케플러 망원경은 작고 암석으로 된 행성들이 사실 더 보편적이라는 자료를 보내왔다. 따라서 이제 많은 천문학자들은 가스체 거대행성들이 한때 추정되었던 것보다 덜 일반적이라고 믿는다.

[어휘]
• astronomer : 천문학자
• detect : 발견하다, 감지하다
• conducive : ~에 좋은
• Kepler observatory : 케플러 망원경
• distant : 먼, 멀리 떨어져 있는
• transmit : 전송하다
• prevalent : 일반적인

 답 ②

12 밑줄 친 부분에 들어갈 말로 가장 적절한 것을 고르시오.

It is easy to devise numerous possible scenarios of future developments, each one, on the face of it, equally likely. The difficult task is to know which will actually take place. In hindsight, it usually seems obvious. When we look back in time, each event seems clearly and logically to follow from previous events. Before the event occurs, however, the number of possibilities seems endless. There are no methods for successful prediction, especially in areas involving complex social and technological changes, where many of the determining factors are not known and, in any event, are certainly not under any single group's control. Nonetheless, it is essential to _____. We do know that new technologies will bring both dividends and problems, especially human, social problems. The more we try to anticipate these problems, the better we can control them.

① work out reasonable scenarios for the future
② legitimize possible dividends from future changes
③ leave out various aspects of technological problems
④ consider what it would be like to focus on the present

해설

첫 번째 문장의 "미래의 발전에 대해 가능한 수많은 시나리오를 고안하는 것은 쉬운 일이며, 각각은 표면적으로 똑같이 가능하다."라는 주제문의 내용이 밑줄 친 부분 앞까지 전개된다. 역접의 접속부사 Nonetheless 이후로 앞의 내용과 상반되는 내용이 등장해야하므로 전반부가 미래를 예측하는 어려움들에 대한 것이라면 후반부는 미래를 예측한다는 내용이 등장할 것이다. 밑줄 친 부분을 중심으로 앞에는 미래를 예측하는 것이 어렵고 힘들지만 그럼에도 불구하고 우리가 이러한 문제를 더 많이 예상하려고 노력하면 할수록, 우리는 그 문제들을 더 잘 통제할 수 있다는 긍정적인 내용을 통해 ① '미래에 대한 타당한 시나리오를 산출하는 것'은 필수적이라는 것을 알 수 있다.
② 미래의 변화들로부터 나오는 가능한 이익 배당금을 합법화하는 것
③ 기술적 문제들의 다양한 측면을 배제하는 것
④ 현재에 초점을 맞추는 것이 어떨지 고려하는 것

[해석]

미래의 발전에 대해 가능한 수많은 시나리오를 고안하는 것은 쉬운 일이며, 각각은 표면적으로 똑같이 가능하다. 어려운 일은 어느 것이 실제로 일어나는지를 아는 것이다. 지나고 나서 보면, 그것은 통상적으로 확실한 것 같다. 우리가 늦지 않게 되돌아 볼 때 각각의 사건은 명백하고 그리고 논리적으로 이전 사건을 뒤따르는 것 같다. 그러나 그 사건이 나타나기 전에 가능성의 수는 끝이 없는 것 같다. 성공적인 예견을 위한 어떠한 방법도 존재하지 않으며, 특히 복잡한 사회적·기술적인 변화와 관련 있는 영역에서 더욱 그러하며, 그 영역에는 많은 결정적인 요인들이 알려져 있지 않고, 분명하게 단 하나의 집단의 통제하에 있는 요소들은 없다. 그럼에도 불구하고 미래에 대한 타당한 시나리오를 산출하는 것은 필수적이다. 우리는 신기술이 이익 배당금과 문제들, 특히 인간적인 문제, 사회적인 문제들을 모두 초래할 것이라는 것을 잘 알고 있다. 우리가 이러한 문제를 더 많이 예측하려고 노력하면 할수록, 우리는 그 문제들을 더 잘 통제할 수 있다.

[어휘]
• devise : 고안하다
• on the face of it : 표면상, 보기에는

- in hindsight : 지나서 나서, 뒤늦게
- dividend : 이자, 이익 배당금
- legitimize : 정당화, 합법화
- leave out : 빠뜨리다

 ①

13 밑줄 친 부분에 들어갈 말로 가장 적절한 것을 고르시오.

You asked us, "What keeps satellites from falling out of the sky?" Over the last half-century, more than 2,500 satellites have followed the first one into space. What keeps them all afloat? It is a delicate balance between a satellite's speed and the pull of gravity. Satellites are _____. Crazy, right? They fall at the same rate that the curve of the Earth falls away from them if they're moving at the right speed. Which means instead of racing farther out into space or spiraling down to Earth, they hang out in orbit around the planet. Corrections are often needed to keep a satellite on the straight and narrow. Earth's gravity is stronger in some places than others. Satellites can get pulled around by the sun, the moon and even the planet Jupiter.

① created to shut off once they are in orbit
② designed to intensify the Earth's gravity
③ theoretically pulling other planets
④ basically continuously falling

 해설

빈칸 뒤는 위성이 떨어진다는 사실에 대한 설명이므로, 빈칸에는 위성이 떨어진다는 사실에 대한 전달이 가장 논리적이다. 따라서 ④ '기본적으로 계속해서 떨어지고 있다.'가 빈칸에 가장 적절하다.
① 그것들이 궤도에 도달하면 멈추도록 만들어졌다.
② 지구의 중력을 강화하도록 고안되었다.
③ 이론적으로 다른 행성을 끌어당긴다.

[해석]

"무엇 때문에 위성이 하늘에서 떨어지지 않는가?"라고 당신은 우리에게 물었다. 지난 반세기 동안, 2500개 이상의 위성이 최초 위성을 따라 우주로 갔다. 무엇이 그것들을 모두 떠있도록 하는가? 그것은 위성의 속도와 중력 사이의 정교한 균형이다. 위성은 기본적으로 계속해서 떨어지고 있다. 놀랍지 않은가? 위성은 그것들이 적절한 속도로 움직인다면, 지구의 굴곡이 그들로부터 멀리 떨어지는 것과 같은 속도로 떨어진다. 이것은 우주 밖으로 더 멀리 돌진하거나, 지구로 급락하는 대신에 지구의 궤도에 매달려있다는 것을 의미한다. 위성을 올바른 상태로 유지하기 위하여 종종 조정이 필요하다. 지구의 중력은 몇몇 장소에서 다른 곳보다 더 강하다. 위성들은 태양, 달, 그리고 심지어 목성에 의해서도 끌어당겨질 수 있다.

답 ④

14 다음 글의 내용과 일치하는 것은?

Why Orkney of all places? How did this scatter of islands off the northern tip of Scotland come to be such a technological, cultural, and spiritual powerhouse? For starters, you have to stop thinking of Orkney as remote. For most of history, Orkney was an important maritime hub, a place that was on the way to everywhere. It was also blessed with some of the richest farming soils in Britain and a surprisingly mild climate, thanks to the effects of the Gulf Stream.

① Orkney people had to overcome a lot of social and natural disadvantages.
② The region was one of the centers of rebellion that ultimately led to the annihilation of the civilization there.
③ Orkney did not make the best of its resources because it was too far from the mainland.
④ Orkney owed its prosperity largely to its geographical advantage and natural resource.

 해설

마지막 문장에서 the richest farming soils(가장 비옥한 토지)와 mild climate(온화한 기후)라고 언급하므로
④ '오크니의 번영은 그것의 지리학적 장점과 자연 자원 덕분이었다'가 제시문의 내용과 일치한다.
① 오크니 사람들은 많은 사회적이고 자연적인 불이익들을 극복해야 했다.
→ 오크니는 영국에서 가장 비옥한 농토와 기후를 가졌으므로 자연적 불이익이라는 표현은 옳지 않다.
② 그 지역은 거기에 있는 문명은 전멸을 초래한 반란의 중심지들 중 하나였다.
→ 해양 중심지였다.
③ 오크니는 본토에서 너무 멀리 있었기 때문에 그것의 자원을 최대한 활용하지 못했다.
→ 자원을 충분히 활용했으므로 축복받은 곳이라고 언급되어 있다.

[해석]
모든 장소들 중에 왜 하필 오크니일까? 스코틀랜드 북쪽의 끝에 위치한 이 흩어져 있는 섬들이 어떻게 그러한 기술적인, 문화적인, 그리고 정신적인 동력이 된 것일까? 우선, 당신은 오크니를 먼 곳에 있는 것으로 생각하지 말아야 할 필요가 있다. 대부분의 역사 속에서 오크니는 어디로든 갈 수 있는 중요한 해양 중심지였다. 그것은 또한 영국에서 가장 비옥한 농토와 멕시코 만류 덕분에 놀랍게도 온화한 기후를 가진 축복받은 곳이었다.

어휘

- maritime : 해상의
- disadvantage : 불리, 손해
- rebellion : 반역, 폭동
- annihilation : 전멸

답 ④

15 다음 글의 흐름상 가장 <u>어색한</u> 문장은?

Whether you've been traveling, focusing on your family, or going through a busy season at work, 14 days out of the gym takes its toll—not just on your muscles, but your performance, brain, and sleep, too. ① <u>Most experts agree that after two weeks, you're in trouble if you don't get back in the gym.</u> "At the two week point without exercising, there are a multitude of physiological markers that naturally reveal a reduction of fitness level," says Scott Weiss, a New York-based exercise physiologist and trainer who works with elite athletes. ② <u>After all, despite all of its abilities, the human body (even the fit human body) is a very sensitive system and physiological changes (muscle strength or a greater aerobic base) that come about through training will simply disappear if your training load dwindles,</u> he notes. Since the demand of training isn't present, your body simply slinks back toward baseline. ③ <u>More protein is required to build more muscles at a rapid pace in your body.</u> ④ <u>Of course, how much and how quickly you'll decondition depends on a slew of factors like how fit you are, your age, and how long sweating has been a habit.</u> "Two to eight months of not exercising at all will reduce your fitness level to as if you never exercised before," Weiss notes.

 해설

2주만 운동을 하지 않게 되어도 신체에 문제가 생긴다는 것인데, ③은 근육량의 증가를 위한 단백질의 필요성에 대해 말하고 있으므로 글의 흐름상 어색한 문장이다.

해석

여행 중이거나, 가족에 집중하거나, 직장에서 바쁜 시즌을 보내거나, 체육관에 4일 동안 나가지 않게 되면 이것에는 대가가 따른다 – 근육뿐만 아니라 수행능력, 두뇌, 수면에 대한 대가가 있다. ① 대부분의 전문가들은 체육관에 돌아가지 않으면 2주 후에는 문제가 생길 것이라는 데 동의한다. 엘리트 운동 선수와 함께 일하는 뉴욕에 기반을 둔 운동 생리학자이자 트레이너인 Scott Weiss는 "운동하지 않고 2주일이 되는 시점에서, 건강 수준의 감소를 자연적으로 보여주는 다양한 생리학 표식이 있다"고 말한다. ② 결국, 모든 능력에도 불구하고, 인체는 (심지어 건강한 신체조차도) 매우 민감한 시스템이며 훈련을 통해 생겨나는 생리적 변화(근력이나 좋은 호흡량의 기본)가 훈련량이 줄어들면 그냥 사라져 버린다고 그는 지적했다. 훈련의 필요성이 당장 없기 때문에, 당신의 몸이 단순히 기본으로 돌아온다. ③ 신체에서 빠른 속도로 더 많은 근육을 만들기 위해서는 더 많은 단백질이 필요하다. ④ 물론, 얼마나 많이 그리고 얼마나 빨리 줄어드는지는 당신이 얼마나 건강한지, 나이가 몇 살인지, 그리고 얼마나 오랜 기간 동안 땀 흘리는 습관을 가지고 있었는지 등의 많은 요인에 달려있다. "2~8개월 동안 전혀 운동을 하지 않는 것은 마치 이전에 전혀 운동을 한 적이 없는 것처럼 됩니다."라고 Weiss는 말했다.

〔어휘〕
• slink : 슬그머니 움직이다
• decondition : 건강을 손상시키다

답 ③

16 문맥상 밑줄 친 부분에 들어갈 말로 가장 적절한 것은?

Dentists offer a number of reasons so many preschoolers suffer from extensive dental decay. Though they are not necessarily new, they have combined to create a growing problem: sweet drinks at bedtime, parents who choose bottled water rather than fluoridated tap water for their children, and a lack of awareness that infants should, according to pediatric experts, visit a dentist by age 1 to be assessed for future cavity risk, even though they may _____.

① eat very much

② be physically mature

③ have only a few teeth

④ kept from brushing their teeth

안심Touch

취학 전 아동들의 충치를 유발하는 원인들에 대한 설명이다. even though는 '비록 ~일지라도'라는 뜻이다. 따라서 빈칸에 ③ have only a few teeth(이빨이 겨우 조금 있다)가 들어가서 "아이들이 이빨이 몇 개밖에 없다고 하더라도 검진을 받아야 된다는 전문가의 의견에 대한 인식 부족이 충치를 유발하는 이유 중 하나이다."라는 문장이 되는 것이 적절하다.
① 많이 먹다.
② 신체적으로 성숙하다
④ 그들의 이를 닦는 것을 막다

[해석]
치과의사들이 취학 전 아동들이 아주 많은 충치에 시달리는 이유를 여러 가지 제시했다. 그것들이 반드시 새로운 것은 아니지만, 그 문제들은 결합되어서 증가하고 있는 문제를 만들어낸다. 자는 시간의 단 음료, 불소가 들어간 수돗물이 아닌 병에 담긴 물을 아이를 위해 선택하는 부모들, 그리고 유아의 <u>이빨이 겨우 몇 개 있더라도</u> 미래의 충치 위험을 평가하기 위해서는, 소아과 전문가에 따르면 1살 때 치과에 방문해야 된다는 의식이 부족한 것이다.

[어휘]
• preschooler : 취학 전의 아동
• suffer : 시달리다, 고통 받다
• extensive : 아주 많은
• dental decay : 충치
• fluoridate : 불소를 넣다
• tap water : 수돗물
• awareness : 의식
• infant : 유아
• pediatric : 소아과의
• assess : 재다, 평가하다
• cavity : 치아에 생긴 구멍, 충치
• mature : 성숙한

 답 ③

17 글의 내용과 일치하지 <u>않는</u> 것은?

In 1619—one year before the Mayflower arrived in America—a Dutch ship called at Jamestown and sold some 20 black Africans to the colonists. There was a need for cheap labor on their plantations where tobacco, sugar cane, and, later, cotton were grown. The trade grew fast, serving not only British colonies but those of other European powers in the New World. In 1681, there were some 2,000 slaves in Virginia, but by the mid-nineteenth century, the slave population in America had risen to more than four million. This trade went on for almost two centuries. In the United States, slavery was finally ended in 1865 with the passage of the thirteenth Amendment to the Constitution.

① The Mayflower arrived in America in 1620.
② The colonists grew tobacco, sugar cane, and cotton.
③ Around the 1850s, there were more than four million slaves in Virginia.
④ The thirteenth Amendment to the Constitution was passed in 1865.

 해설

③ 1850년경에 버지니아에 400만 명이 넘는 노예가 있었다.
  → 19세기 중반에 버지니아 주가 아니라 미국 전체의 노예 인구가 400만 명 이상이었다.
① 메이플라워호는 1620년 도착했다.
② 식민지 주민들은 담배, 사탕수수와 목화를 재배했다.
④ 13차 개정 헌법은 1865년에 통과되었다.

[해석]
메이플라워호가 미국에 도착하기 1년 전인 1619년에 제임스타운에 네덜란드 선박이 잠시 정박했고 20명의 아프리카 흑인을 식민지 주민들에게 팔았다. 그들은 담배, 사탕수수 훗날 목화까지 경작하는 그들의 대규모 농장(플렌테이션 농업)에 값싼 노동력이 필요했다. 이 무역은 급격히 성장하여 영국뿐만 아니라 신세계의 유럽 열강들에게도 제공되었다. 1681년에 버지니아에는 약 2,000명의 노예가 있었으나 19세기 중반에는 미국에서 노예 인구가 4백만 이상으로 증가했다. 이 무역은 거의 2세기에 걸쳐 진행되었다. 미국에서 노예제도는 1865년에 13차 개정 헌법으로 마침내 폐지되었다.

 답 ③

18 다음 글의 lunar eclipses에 관한 내용과 일치하는 것은?

> Lunar eclipses have always fascinated people. Some study eclipses as an astronomical phenomenon; others just enjoy observing their beauty. However, in ancient—and even in more recent—times, lunar eclipses were mysterious, unpredictable, and frightening. In the past, people believed that eclipses were bad omens, or signs. Today, scientists can predict lunar eclipses. We no longer fear them as evil omens. However, it is not difficult to understand how, in the past, people believed that eclipses were signs of disaster because they did not understand their true cause.

① To ancient people, they were not mysterious at all.

② People in the past regarded them as evil omens.

③ Many people today easily read signs of disaster in them.

④ Their true cause has so long been unknown that even now we cannot predict them.

② 세 번째 문장에서 과거에 사람들은 월식을 나쁜 징조로 여겼다는 내용이 나온다.

① 두 번째 문장에서 고대에, 그리고 지금도 월식은 불가사의한 것이라고 나와있으므로 선택지와 일치하지 않는다.

③ 다섯 번째 문장과 마지막 문장은 우리는 더 이상 월식을 사악한 징조로 두려워하지 않지만 과거의 사람들은 월식의 진짜 이유를 몰랐기 때문에 월식을 재앙의 징후로 여긴 것을 이해할 수 있다는 내용이다. 따라서 오늘날의 많은 사람들은 월식에서 재앙의 징후를 쉽게 읽는다는 선택지와 일치하지 않는다.

④ 네 번째 문장에서 오늘날 과학자들이 월식을 예측할 수 있다고 하였으므로 선택지와 일치하지 않는다.

[해석]

월식은 항상 사람들의 마음을 사로잡았다. 몇몇은 천문학적 현상으로 월식을 연구한다. 다른 사람들은 그냥 월식의 아름다움을 즐긴다. 그러나 고대에-그리고 심지어 최근에도-월식은 불가사의하며, 예측할 수 없고 무서운 것이었다. 과거에 사람들은 월식이 나쁜 징조 혹은 징후라고 믿었다. 오늘날에 과학자들은 월식을 예측할 수 있다. 우리는 더 이상 월식을 사악한 징조로 두려워하지 않는다. 그러나 과거의 사람들은 월식의 진짜 원인을 이해하지 못했기 때문에, 그들이 왜 월식을 재앙의 징후라고 믿었는지 이해하기는 어렵지 않다.

① 고대 사람들에게 월식은 전혀 불가사의하지 않았다.

② 과거의 사람들은 월식을 사악한 징조로 여겼다.

③ 오늘날의 많은 사람들은 월식에서 재앙의 징후를 쉽게 읽는다.

④ 월식의 진짜 원인은 정말 오랫동안 알려지지 않아서 지금도 우리는 예측할 수 없다.

[어휘]

• lunar eclipse : 월식
• fascinate : 마음을 사로잡다, 매혹하다
• observe : 관찰하다
• unpredictable : 예측 불가한
• omen : 징조

 정답 ②

출제 비중 체크!

※ 계리직 전 8회 시험(2008~2021) 기출문제를 기준으로 정리하였습니다.

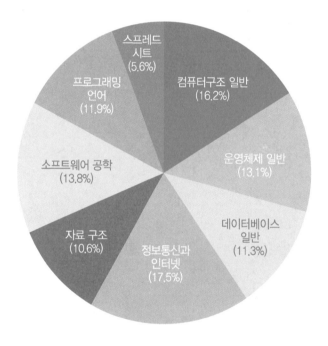

부록 | 최신기출문제

I wish you the best of luck!

우정사업본부 지방우정청 9급 계리직

컴퓨터일반

혼자 공부하기 힘드시다면 방법이 있습니다.
시대에듀의 동영상강의를 이용하시면 됩니다.
www.sdedu.co.kr ➔ 회원가입(로그인) ➔ 강의 살펴보기

2021년 컴퓨터일반 기출문제

01 관계데이터베이스 관련 다음 설명에서 ㉠~㉣에 들어갈 용어를 바르게 짝지은 것은? ★

> (㉠) 무결성 제약이란 각 릴레이션(relation)에 속한 각 애트리뷰트(attribute)가 해당 (㉡)을 만족하면서 (㉢)할 수 없는 (㉣) 값을 가져서는 안 된다는 것을 말한다.

	㉠	㉡	㉢	㉣
①	참조	고립성	변경	외래키
②	개체	고립성	참조	기본키
③	참조	도메인	참조	외래키
④	개체	도메인	변경	기본키

해설 참조 무결성 제약이란 각 릴레이션(relation)에 속한 각 애트리뷰트(attribute)가 해당 도메인을 만족하면서 참조할 수 없는 외래키 값을 가져서는 안 된다는 것을 말한다. 개체 무결성 제약이란 각 릴레이션(relation)에 속한 각 애트리뷰트(attribute)는 널(null) 값을 가지면 안 된다는 것을 말한다.

답 ③

02 다음 워크시트에서 [D1]셀에 =A1+$B2를 입력한 후 [D1]셀을 복사하여 [D5]셀에 붙여넣기 했을 때 [D5]셀에 표시될 수 있는 결과로 옳은 것은? ★

	A	B	C	D
1	1	2	3	
2	2	4	6	
3	3	6	9	
4	4	8	12	
5	5	10	15	
6				

① 1 ② 7
③ 9 ④ 15

수식 A1+$B2에서 $는 절대 참조로, $가 붙은 행과 열은 다른 셀에서도 고정되어 참조된다는 것을 의미한다. $가 붙지 않은 행과 열은 상대 참조로, 다른 셀에서는 상대적으로 참조된다는 것을 의미한다. [A1]셀은 행과 열 모두 $가 있어 [D1]셀에서 복사 후 [D5]셀에 붙여넣기를 해도 해당 셀이 고정되어 참조되므로 수식은 A1 이 된다. [B2]셀은 B열에만 $가 있기 때문에 B열은 고정되고 행이 상대적으로 참조된다. [D1]셀에서 [B2]셀을 참조하므로 복사 후 [D5]셀에 붙여넣기를 하면 해당 셀만큼 이동하여 수식은 $B6이 된다. 따라서 [D5]셀의 수식은 A1+$B6이 된다. [B6]셀에는 데이터가 없으므로 수식의 결과 값은 1이 된다.

 답 ①

---

03 관계데이터베이스의 인덱스(index)에 대한 설명으로 옳은 것의 총 개수는? ★★

> ㄱ. 기본키의 경우, 자동으로 인덱스가 생성되며 인덱스 구축 시 두 개 이상의 칼럼(column)을 결합하여 인덱스를 생성할 수 있다.
> ㄴ. SQL 명령문의 검색 결과는 인덱스 사용 여부와 관계없이 동일하며 인덱스는 검색 속도에 영향을 미친다.
> ㄷ. 데이터베이스의 전체적인 성능을 향상시키기 위해서는 테이블의 모든 칼럼(column)에 대하여 인덱스를 생성해야 한다.
> ㄹ. 인덱스는 칼럼(column)에 대하여 생성되며 테이블 내의 데이터를 순차적으로 접근하여 검색 결과를 제공한다.

① 1개   ② 2개
③ 3개   ④ 4개

 ㄱ. 인덱스는 한 개 또는 여러 개의 칼럼을 결합하여 생성될 수 있다. (○)
ㄴ. 인덱스는 테이블에 대한 동작 속도를 높여주는 자료 구조이므로 속도에 영향을 미친다. 따라서 SQL 명령문의 검색 결과는 동일하고 검색 속도에는 영향을 미친다. (○)
ㄷ. 인덱스는 테이블의 칼럼 중 사용 빈도가 높은 칼럼에 대해 생성한다. (×)
ㄹ. 인덱스는 테이블 내의 데이터를 임의적으로 접근하여 검색 결과를 제공한다. (×)

답 ②

04 트랜잭션(transaction)의 복구(recovery) 진행 시 복구대상을 제외, 재실행(Redo), 실행취소(Undo)할 것으로 구분하였을 때 옳은 것은? ★★

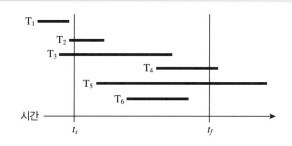

T₁, T₂, T₃, T₄, T₅, T₆ 선분은 각각 해당 트랜잭션의 시작과 끝 시점을, t_s 는 검사점(checkpoint)이 이루어진 시점을, t_f 는 장애(failure)가 발생한 시점을 의미한다.

	제외	재실행	실행취소
①	T1	T2, T3	T4, T5, T6
②	T1	T2, T3, T6	T4, T5
③	T2, T3	T1, T6	T4, T5
④	T4, T5	T6	T1, T2, T3

 해설 t_f 에서 장애가 발생하면 검사점 t_s 에서 다시 실행된다. T₁의 경우 검사점 이전에 실행이 완료되었으므로 제외된다. 검사 시점과 장애 시점 사이에서 실행이 완료된 T₂, T₃, T₆은 재실행이 되고 T₄, T₅는 장애 시점에서 실행 중이기 때문에 실행 취소가 된다.

 답 ②

05 다음 워크시트에서 수식=VLOOKUP(LARGE(C4:C11,3), C4:F11, 4, 0)에 의해 표시될 수 있는 결과로 옳은 것은? ★★

	A	B	C	D	E	F
1			2021년 1월 판매현황 분석			
2						
3	상품명	판매단가	초과/부족수량	목표수량	판매수량	판매금액
4	공기청정기	150	10	100	110	16,500
5	김치냉장고	85	13	15	28	2,380
6	드럼세탁기	90	−5	35	30	2,700
7	스마트TV	150	13	45	58	8,700
8	의류건조기	230	5	20	25	5,750
9	인덕션오븐	120	20	30	50	6,000
10	무선청소기	70	8	30	38	2,660
11	식기세척기	150	−10	40	30	4,500

① 5,750

② 2,380

③ 8,700

④ 16,500

> **해설**
> VLOOKUP(탐색 값, 탐색 범위, 출력할 값의 열, false(정확한 값) 또는 true(유사 값)으로 구성된다. 탐색 값의 LARGE(C4:C11, 3)은 해당 범위 안에서 3번째로 큰 값을 찾는다는 것을 말한다. 해당 범위에서 13이 중복되어 2, 3번째 큰 값을 가지게 된다. 탐색 범위 C4:F11에서 탐색 값 13을 탐색하면 5행 김치냉장고의 초과/부족수량을 찾게 된다. 출력할 값의 열이 4이므로 탐색 범위 C4:F11 중 4번째 열은 판매금액이 된다. 13이 포함된 행의 판매금액은 2,380이 된다.
>
> 답 ②

06 UML의 클래스 다이어그램에서 클래스 사이의 관계에 대한 설명으로 옳지 <u>않은</u> 것은?　　★★

① 일반화(generalization) 관계는 일반화한 부모 클래스와 실체화한 자식 클래스 간의 상속 관계를 나타낸다.

② 연관(association) 관계에서 다중성(multiplicity)은 관계 사이에 개입하는 클래스의 인스턴스 개수를 의미한다.

③ 의존(dependency) 관계는 한 클래스가 다른 클래스를 참조하는 것으로 지역변수, 매개변수 등을 일시적으로 사용하는 관계이다.

④ 집합(aggregation) 관계는 강한 전체와 부분의 클래스 관계이므로 전체 객체가 소멸되면 부분 객체도 소멸된다.

> **해설**
> 집합(aggregation) 관계는 클래스들 간의 전체 또는 부분 관계를 나타내고, 전체 객체가 소멸되어도 부분 객체는 소멸되지 않는다.
>
> 답 ④

07 다음에서 설명하는 소프트웨어 아키텍처의 유형으로 옳은 것은?　　★★

> • 사용자 인터페이스를 시스템의 비즈니스 로직 부분과 분리하는 구조
> • 결합도(coupling)를 낮추기 위한 소프트웨어 아키텍처 패턴 구조
> • 디자인 패턴 중 옵서버(observer) 패턴에 해당하는 구조

① 클라이언트-서버(client-server) 아키텍처

② 브로커(broker) 아키텍처

③ MVC(Model-View-Controller) 아키텍처

④ 계층형(layered) 아키텍처

> **해설**
> ③ MVC 아키텍처에서 모델(Model)은 데이터, 뷰(View)는 사용자에게 보여지는 화면을 의미한다. 컨트롤러(Controller)는 모델과 뷰의 상호작용을 관리한다. 컨트롤러에 의해 각각의 데이터는 뷰를 통해 화면에 출력된다.
> ① 웹 서버 시스템에서 클라이언트는 정보를 요청하는 개체를 의미하고, 서버는 요청된 명령에 의해 정보를 제공하는 개체를 말한다.
> ② 클라이언트와 서버 사이에서 브로커라는 컴포넌트를 이용하여 클라이언트의 요청을 서버에 전달하거나 서버의 결과 값을 클라이언트에게 전달하는 구조를 말한다.
> ④ 특정 레벨에 있는 태스크(Task)끼리 서로 묶어 하나의 그룹으로 분류하여 소프트웨어의 재사용성을 높여주는 구조를 말한다.
>
> 답 ③

08 다음 C 프로그램의 실행 결과로 옳은 것은? ★★

```
#include <stdio.h>

void main(void) {
    int a = 1, b = 2, c = 3;
    {
     int b = 4, c = 5;
     a = b;
     {
       int c;
       c = b;
     }
     printf("%d %d %d\n", a, b, c);
    }
}
```

① 1 2 3

② 1 4 5

③ 4 2 3

④ 4 4 5

변수의 사용 범위는 중괄호의 시작({)에서 끝(}) 사이이다. 괄호 그룹별 코드 설명은 다음과 같다.

괄호 그룹	코드	설명

1	`{`
	`int a = 1, b = 2, c = 3;`
	`}`
		main 함수의 시작과 동시에 변수 a, b, c를 선언하고 초기화하였다. 변수 a, b, c의 사용 범위는 main 함수가 종료될 때까지 유지된다.

2	`{`
	`int b = 4, c = 5;`
	`a = b;`
	`printf("%d %d %d\n", a, b, c);`
	`}`
		새롭게 선언된 변수 b, c는 2번째 괄호 그룹 내에서 사용 가능하다. printf() 함수가 2번째 괄호 그룹에 속해있기 때문에 1번째 괄호 그룹의 b, c보다 우선한다. 따라서 b, c의 출력 값은 4, 5가 출력된다. 출력 전 b의 값을 a에 대입하기 때문에 a의 값은 4를 가진다. 최종적으로 출력되는 a, b, c 값은 4, 4, 5가 된다.

3	`{`
	`int c;`
	`c = b;`
	`}`
		변수 c는 3번째 괄호 내에서만 사용이 유효하다. 그러나 printf() 함수가 2번째 괄호 그룹에 속해있기 때문에 c의 값이 적용되지 못한다.

답 ④

09 클라우드 서버에 저장된 데이터 용량이 1024PB(Peta Byte)일 때 이 데이터와 동일한 크기의 저장 용량으로 옳지 <u>않은</u> 것은?(단, 1KB는 1024Byte) ★★

① 1024^{-1}ZB(Zetta Byte)
② 1024^{2}TB(Tera Byte)
③ 1024^{-3}YB(Yotta Byte)
④ 1024^{4}MB(Mega Byte)

③ 기억 용량 단위 중 P(Peta)는 2^{50}을 의미하고, 1024는 2^{10}을 나타낸다. 따라서 제시된 데이터 용량은 2^{60}이 된다. Y(Yotta)는 2^{80}을 의미하고, 1024^{-3}은 2^{-30}을 의미하므로 결과는 2^{50}이 된다.
① Z(Zetta)는 2^{70}을 의미하고, 1024^{-1}은 2^{-10}을 의미하므로 결과는 2^{60}이 된다.
② T(Tera)는 2^{40}을 의미하고, 1024^{2}은 2^{20}을 의미하므로 결과는 2^{60}이 된다.
④ M(Mega)는 2^{20}을 의미하고, 1024^{4}은 2^{40}을 의미하므로 결과는 2^{60}이 된다.

답 ③

10 유비쿼터스 컴퓨팅 기술에 대한 설명으로 옳지 <u>않은</u> 것은? ★★

① 노매딕 컴퓨팅(nomadic computing)은 사용자가 모든 장소에서 사용자 인증 없이 다양한 정보 기기로 동일한 데이터에 접근하는 기술이다.
② 엑조틱 컴퓨팅(exotic computing)은 스스로 생각하여 현실세계와 가상세계를 연계하는 컴퓨팅 을 실현해주는 기술이다.
③ 감지 컴퓨팅(sentient computing)은 센서가 사용자의 상황을 인식하여 사용자가 필요한 정보 를 제공해주는 기술이다.
④ 임베디드 컴퓨팅(embedded computing)은 사물에 마이크로칩을 장착하여 서비스 기능을 내장 하는 컴퓨팅 기술이다.

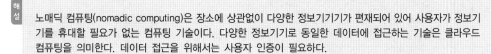

노매딕 컴퓨팅(nomadic computing)은 장소에 상관없이 다양한 정보기기기가 편재되어 있어 사용자가 정보기 기를 휴대할 필요가 없는 컴퓨팅 기술이다. 다양한 정보기기로 동일한 데이터에 접근하는 기술은 클라우드 컴퓨팅을 의미한다. 데이터 접근을 위해서는 사용자 인증이 필요하다.

 답 ①

11 하나의 컴퓨터 시스템에서 여러 개의 어플리케이션(application)들이 함께 주기억장치에 적재되어 하나의 CPU 자원을 번갈아 사용하는 형태로 수행되게 하는 기법으로 옳은 것은? ★★

① 다중프로그래밍(multi-programming)
② 다중프로세싱(multi-processing)
③ 병렬처리(parallel processing)
④ 분산처리(distributed processing)

 해설
① 다중프로그래밍은 메모리에 여러 개의 프로그램을 적재시켜 동시에 프로그램이 실행되는 것처럼 처리하는 시스템이다.
② 다중프로세싱은 여러 개의 CPU를 사용하여 2개 이상의 작업을 동시에 병렬로 처리하는 것을 말한다.
③ 병렬처리는 하나의 프로그램을 여러 개의 처리 장치에서 동시에 처리하는 것을 말한다.
④ 분산처리는 네트워크상에 분산되어 있는 여러 컴퓨터로 작업을 처리하는 것을 말한다.

 답 ①

12 주기억장치와 CPU 캐시 기억장치만으로 구성된 시스템에서 다음과 같이 기억장치 접근 시간이 주어질 때 이 시스템의 캐시 적중률(hit ratio)로 옳은 것은? ★

- 주기억장치 접근 시간 : T_m = 80ns
- CPU 캐시 기억장치 접근 시간 : T_c = 10ns
- 기억장치 평균 접근 시간(expected memory access time) : T_a = 17ns

① 80%
② 85%
③ 90%
④ 95%

 해설
평균 메모리 접근 시간 공식은 $T_a = H \times T_c + (1-H) \times T_m$이다.
H : 캐시 적중률, T_c : 캐시 액세스 시간, T_m : 주기억 장치 액세스 시간일 때 해당 시간을 공식에 대입하여 캐시 적중률을 구하면 다음과 같다. $17 = H \times 10 + (1-H) \times 80$이므로 $70H = 63 \rightarrow H = 0.9$가 된다. 백분율로 나타내기 위해 100을 곱하면 90%가 된다.

 답 ③

13 컴퓨터 시스템의 주기억장치 및 보조기억장치에 대한 설명으로 옳지 <u>않은</u> 것은?

① RAM은 휘발성(volatile) 기억장치이며 HDD 및 SSD는 비휘발성(non-volatile) 기억장치이다.

② RAM의 경우, HDD나 SSD 등의 보조기억장치에 비해 상대적으로 접근 속도가 빠르다.

③ SSD에서는 일반적으로 특정 위치의 데이터를 읽는 데 소요되는 시간이 같은 위치에 데이터를 쓰는 데 소요되는 시간보다 더 오래 걸린다.

④ SSD의 경우, 일반적으로 HDD보다 가볍고 접근 속도가 빠르며 전력 소모가 적다.

> **해설** SSD에서는 데이터를 읽는 데 소요되는 시간이 데이터를 쓰는 데 소요되는 시간보다 더 적게 걸린다.
>
> **답** ③

14 다음 표에서 보인 4개의 프로세스들을 시간 할당량(time quantum)이 5인 라운드로빈(round-robin) 스케줄링 기법으로 실행시켰을 때 평균 반환 시간으로 옳은 것은? ★★

프로세스	도착 시간	실행 시간
P1	0	10
P2	1	15
P3	3	6
P4	6	9

(단, 반환 시간이란 프로세스가 도착하는 시점부터 실행을 종료할 때까지 소요된 시간을 의미한다. 또한, 이들 4개의 프로세스들은 I/O 없이 CPU만을 사용한다고 가정하며, 문맥교환(context switching)에 소요되는 시간은 무시한다.)

① 24.0

② 29.0

③ 29.75

④ 30.25

라운드로빈 방식은 한 프로세스가 할당받은 시간만큼 작업을 수행하다가 작업을 완료하지 못하면 준비 큐의 맨 끝으로 가서 자신의 차례를 기다리는 방식이다. 프로세스가 처리되는 순서와 시간을 표로 나타내면 다음과 같다.

처리 시간	0 5	10	15	20	25	30	31	35	40
프로세스	P1	P2	P3	P1	P4	P2	P3	P4	P2
남은 시간	5	10	1	0	4	5	0	0	0

P1 실행이 끝나는 시간이 5인데 P4의 도착 시간은 6이므로 4번째 단계에는 P1이 수행된다. P1~P4의 반환 시간은 다음과 같다.
P1 : 20−0=20, P2 : 40−1=39, P3 : 31−3=28, P4 : 35−6=29이므로 평균 반환 시간은 (20+39+28+29)/4=29이다.

답 ②

15 LRU(Least Recently Used) 교체 기법을 사용하는 요구 페이징(demand paging) 시스템에서 3개의 페이지 프레임(page frame)을 할당받은 프로세스가 다음과 같은 순서로 페이지에 접근했을 때 발생하는 페이지 부재(page fault) 횟수로 옳은 것은?(단, 할당된 페이지 프레임들은 초기에 모두 비어 있다고 가정한다) ★ ★

> 페이지 참조 순서(page reference string) :
> 1, 2, 3, 1, 2, 3, 1, 2, 3, 1, 2, 3, 4, 5, 6, 7, 4, 5, 6, 7, 4, 5, 6, 7

① 7번
② 10번
③ 14번
④ 15번

해설 LRU(Least Recently Used) 페이지 교체 기법은 최근에 최소로 사용된 페이지를 대상 페이지로 선정한다. 즉, 메모리에 올라온 후 가장 오랫동안 사용되지 않은 페이지를 스왑 영역으로 옮긴다. 페이지 내에 해당 페이지가 존재하면 페이지 부재가 발생하지 않고, 존재하지 않으면 페이지 부재가 발생한다. LRU 페이지 교체 기법 동작을 표로 나타내면 다음과 같다. 단, 표기는 페이지 번호(참조 순서) 형태로 작성한다.

순서	1	2	3	1	2	3	1	2	3	1	2	3
페이지 0	1 (1)	1 (1)	1 (1)	1 (4)	1 (4)	1 (4)	1 (7)	1 (7)	1 (7)	1 (10)	1 (10)	1 (10)
페이지 1		2 (2)	2 (2)	2 (2)	2 (5)	2 (5)	2 (5)	2 (8)	2 (8)	2 (8)	2 (11)	2 (11)
페이지 2			3 (3)	3 (3)	3 (3)	3 (6)	3 (6)	3 (6)	3 (9)	3 (9)	3 (9)	3 (12)
상태	F	F	F									

순서	4	5	6	7	4	5	6	7	4	5	6	7
페이지 0	4 (13)	4 (13)	4 (13)	7 (16)	7 (16)	7 (16)	6 (19)	6 (19)	6 (19)	5 (22)	5 (22)	5 (22)
페이지 1	2 (11)	5 (14)	5 (14)	5 (14)	4 (17)	4 (17)	4 (17)	7 (20)	7 (20)	7 (20)	6 (23)	6 (23)
페이지 2	3 (12)	3 (12)	6 (15)	6 (15)	6 (15)	5 (18)	5 (18)	5 (18)	4 (21)	4 (21)	4 (21)	7 (24)
상태	F	F	F	F	F	F	F	F	F	F	F	F

페이지 부재는 총 15회 발생한다.

답 ④

---

16 인터넷에서 사용하는 IPv6에 대한 설명으로 옳지 <u>않은</u> 것은? ★★

① 패킷 헤더의 체크섬(checksum)을 통해 데이터 무결성 검증 기능을 지원한다.
② QoS(Quality of Service) 보장을 위해 흐름 레이블링(flow labeling) 기능을 지원한다.
③ IPv6의 주소 체계는 16비트씩 8개 부분, 총 128비트로 구성되어 있다.
④ IPv6 주소 표현에서 연속된 0에 대한 생략을 위한 :: 표기는 1번만 가능하다.

해설 패킷 헤더의 체크섬을 통해 데이터 무결성 검증 기능을 지원하는 것은 IPv4의 특징이다.

답 ①

17 다음 정수를 왼쪽부터 순서대로 삽입하여 이진 탐색 트리(binary search tree)를 구성했을 때 단말 노드(leaf node)를 모두 나열한 것은? ★

44, 36, 62, 3, 16, 51, 75, 68, 49, 85, 57

① 16, 49, 51, 57, 85
② 16, 49, 57, 68, 85
③ 49, 51, 57, 68, 85
④ 49, 57, 68, 75, 85

해설 순서대로 삽입된 정수로 이진 탐색 트리를 구성하면 다음과 같다.

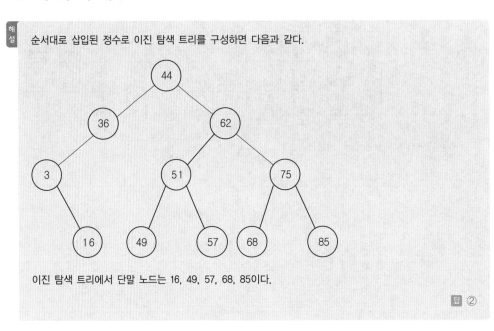

이진 탐색 트리에서 단말 노드는 16, 49, 57, 68, 85이다.

답 ②

18 다음 과정을 통해 수행되는 정렬 알고리즘의 특징으로 옳지 <u>않은</u> 것은?　★★★

초기값	15	9	8	1	4
1단계	9	15	8	1	4
2단계	8	9	15	1	4
3단계	1	8	9	15	4
4단계	1	4	8	9	15

① 최악의 경우에 시간 복잡도는 $O(n^2)$이다.
② 원소 수가 적거나 거의 정렬된 경우에 효과적이다.
③ 선택 정렬(selection sort)에 비해 비교연산 횟수가 같거나 적다.
④ 정렬 대상의 크기만큼 추가 공간이 필요하다.

> **해설**
> 이전 원소와 다음 원소를 크기를 비교하여 다음 원소가 작을 경우 왼쪽으로 이동하고, 클 경우 현재 자리에 정렬되는 형태이므로 삽입 정렬 알고리즘이다. 삽입 정렬 알고리즘은 정렬 대상의 크기만큼 추가 공간이 필요하지 않다.
>
> **답** ④

19 SET(Secure Electronic Transaction)에 대한 설명으로 옳지 <u>않은</u> 것은?　★★

① 프라이버시 보호를 위해 이중서명 프로토콜을 사용한다.
② 카드 소지자는 전자 지갑 소프트웨어가 필요하다.
③ 인증기관(Certification Authority)이 필요하다.
④ SSL(Secure Socket Layer)에 비해 고속으로 동작한다.

> **해설**
> SET은 인터넷 상에서 신용카드로 안전하게 거래할 수 있도록 지원하는 프로토콜이다. SSL에 비해 암호 프로토콜이 복잡하고 RSA 암호기술 사용으로 인해 프로토콜 동작 속도가 느리다.
>
> **답** ④

20 「개인정보 보호법」의 개인정보 보호 원칙으로 옳은 것의 총 개수는? ★★★

> ㄱ. 개인정보처리자는 개인정보의 처리 목적에 필요한 범위에서 개인정보의 정확성, 완전성 및 최
> 신성이 보장되도록 하여야 한다.
> ㄴ. 개인정보처리자는 개인정보의 처리 목적에 필요한 범위에서 적합하게 개인정보를 처리하여야
> 하며, 그 목적 외의 용도로 활용하고자 하는 경우 개인정보 보호책임자의 동의를 받아야 한다.
> ㄷ. 개인정보처리자는 개인정보 처리방법 등 개인정보의 처리에 관한 사항은 비공개하여야 하며,
> 열람청구권 등 정보주체의 권리를 보장하여야 한다.
> ㄹ. 개인정보처리자는 개인정보를 가명 또는 익명으로 처리하여도 개인정보 수집목적을 달성할 수
> 있는 경우 가명처리가 가능한 경우에는 가명에 의하여, 가명처리로 목적을 달성할 수 없는 경
> 우에는 익명에 의하여 처리될 수 있도록 하여야 한다.

① 1개
② 2개
③ 3개
④ 4개

해설

ㄱ. 「개인정보 보호법」 제3조(개인정보 보호 원칙) ③ 개인정보처리자는 개인정보의 처리 목적에 필요한 범위
에서 개인정보의 정확성, 완전성 및 최신성이 보장되도록 하여야 한다. (○)
ㄴ. 「개인정보 보호법」 제3조(개인정보 보호 원칙) ② 개인정보처리자는 개인정보의 처리 목적에 필요한 범위
에서 적합하게 개인정보를 처리하여야 하며, 그 목적 외의 용도로 활용하여서는 아니 된다. (×)
ㄷ. 「개인정보 보호법」 제3조(개인정보 보호 원칙) ⑤ 개인정보처리자는 개인정보 처리방침 등 개인정보의 처
리에 관한 사항을 공개하여야 하며, 열람청구권 등 정보주체의 권리를 보장하여야 한다. (×)
ㄹ. 「개인정보 보호법」 제3조(개인정보 보호 원칙) ⑦ 개인정보처리자는 개인정보를 익명 또는 가명으로 처리
하여도 개인정보 수집목적을 달성할 수 있는 경우 익명처리가 가능한 경우에는 익명에 의하여, 익명처리로
목적을 달성할 수 없는 경우에는 가명에 의하여 처리될 수 있도록 하여야 한다. (×)

 답 ①

02 2019년 컴퓨터일반 기출문제

 동기식 전송(Synchronous Transmission)에 대한 설명으로 옳지 <u>않은</u> 것은? ★★

① 정해진 숫자만큼의 문자열을 묶어 일시에 전송한다.
② 작은 비트블록 앞뒤에 Start Bit와 Stop Bit를 삽입하여 비트블록을 동기화한다.
③ 2,400bps 이상 속도의 전송과 원거리 전송에 이용된다.
④ 블록과 블록 사이에 유휴 시간(Idle Time)이 없어 전송효율이 높다.

> **해설**
> ② 비동기식 전송에 대한 설명이다.
> ① · ③ · ④ 동기식 전송에 대한 설명이다.
>
> **비동기식 전송**
>
> | | |
> |---|---|
> | 전송 단위 | 문자(구성 : start bit, 전송문자, 패리티 비트, stop bit) |
> | 휴지 시간 | 있음(불규칙) |
> | 전송 속도 | 1,200bps 이하, 저속, 단거리 전송에 사용 |
> | 구조/가격 | 동기화가 단순하고, 저비용 |
> | 전송 효율 | 문자마다 시작과 정지를 알리기 위한 비트가 2-3비트씩 추가되므로 전송 효율이 떨어짐 |
>
> **동기식 전송**
>
> | | |
> |---|---|
> | 전송 단위 | 프레임(미리 정해진 수만큼의 문자열을 한 블록(프레임)으로 만들어 일시에 전송) |
> | 휴지 시간 | 없음 |
> | 전송 속도 | 2,400bps 이하, 고속, 원거리 전송에 사용 |
> | 구조/가격 | 단말기는 버퍼(기억장치)가 필요, 고비용, 송/수신 동기를 유지하기 위해 클럭을 계속적으로 공급 또는 동기문자 전송 |
> | 전송 효율 | 휴지 시간이 없으므로 전송효율이 높음 |
> | 종류 | 비트 동기 방식, 블록 동기 방식(문자 동기 방식, 비트 동기 방식) |
>
> **답 ②**

02 어떤 프로젝트를 완성하기 위해 작업 분할(Work Breakdown)을 통해 파악된, 다음 소작업(activity) 목록을 AOE(Activity On Edge) 네트워크로 표현하였을 때, 이 프로젝트가 끝날 수 있는 가장 빠른 소요시간은? ★★

소작업 이름	소요시간	선행 소작업
a	5	없음
b	5	없음
c	8	a, b
d	2	c
e	3	b, c
f	4	d
g	5	e, f

① 13
② 21
③ 24
④ 32

 해당 문제는 임계경로를 구하는 문제이다(단, g 작업이 소요시간이 0이 아닌 5이므로 포함해서 계산해야 함).

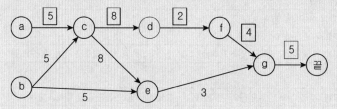

- 작업 : a-c-d-f-g-끝
- 시간 : 5+8+2+4+5=24

임계경로
작업개시에서 종료까지의 모든 경로 중 가장 작업 시간이 오래 걸리는 경로를 의미한다.

AOE
- 정점(노드)은 작업, 간선은 작업들의 선후관계와 작업에 필요한 시간을 의미한다.
- 프로젝트에 대한 성능 평가 방법으로 프로젝트에 필요한 최소 시간을 결정한다.
- 최소 시간의 의미는 시간이 가장 오래 걸리는 작업의 경우를 의미한다.
- 프로젝트 완료를 위한 최소 시간은 시작 정점에서 최종 정점까지의 가장 긴 경로를 계산한다.

 답 ③

03 다음에 제시된 입력 데이터를 엑셀 서식의 표시 형식 코드에 따라 출력한 결과로 옳은 것은?
★ ★ ★

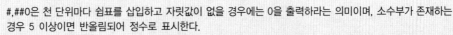

입력 데이터 : 1234.5
표시 형식 코드 : #,##0

① 1,234

② 1,235

③ 1,234.5

④ 1,234.50

해설 #,##0은 천 단위마다 쉼표를 삽입하고 자릿값이 없을 경우에는 0을 출력하라는 의미이며, 소수부가 존재하는 경우 5 이상이면 반올림되어 정수로 표시한다.

데이터		1234.5	
형식	#,##0.0	결과	1,234.5
	#,##0.00		1,234.50

답 ②

04 객체지향 소프트웨어 개발 및 UML Diagram에 대한 설명이다. ㉠~㉢에 들어갈 내용을 바르게 짝 지은 것은? ★★

> • (㉠)은/는 외부에서 인식할 수 있는 특성이 담긴 소프트웨어의 골격이 되는 기본 구조로, 시스템 전체에 대한 큰 밑그림이다. 소프트웨어 품질 요구 사항은 (㉠)을/를 결정하는 데 주요한 요소로 작용한다.
> • (㉡)은/는 두 개 이상의 클래스에서 동일한 메시지에 대해 객체가 다르게 반응하는 것이다.
> • (㉢)은/는 객체 간의 메시지 통신을 분석하기 위한 것으로 시스템의 동작을 정형화하고 객체들의 메시지 교환을 시각화한다.

	㉠	㉡	㉢
①	소프트웨어 아키텍처	다형성	시퀀스 모델
②	유스케이스	다형성	시퀀스 모델
③	클래스 다이어그램	캡슐화	상태 모델
④	디자인 패턴	캡슐화	상태 모델

 해설
• 유스케이스 : 시스템을 블랙박스로 보고 행위자 입장에서 시스템을 어떻게 사용하는지 분석하는 것을 의미하고, 시스템의 기능을 정의하고 범위를 결정함으로써 시스템과 외부 환경 변수를 구분하고 상호 관계를 정립하는 것을 말한다.
• 클래스 다이어그램 : 클래스와 클래스 사이의 관계를 나타낸 다이어그램을 말한다.
• 캡슐화 : 알고리즘이나 자료 구조를 모듈 내부에 포함하여 자세한 내부 사항을 모듈 인터페이스 안에 숨기는 개념을 말한다.
• 상태 모델 : 외부에서 보이는 시스템이나 객체의 동작을 나타낸 다이어그램을 말한다.
• 디자인 패턴 : 자주 사용하는 설계 문제를 해결해주는 증명된 솔루션(템플릿)을 만들어 놓은 것을 말한다.

 답 ①

05 공개키 암호방식에 대한 설명으로 옳은 것은? ★★

① 송신자는 전송메시지에 대한 MAC(Message Authentication Code)을 생성하고 수신자는 그 MAC을 점검함으로써 메시지가 전송과정에서 변조되었는지 여부를 확인한다.

② 송신자는 수신자의 개인키를 이용하여 암호화한 메시지를 송신하고 수신자는 수신한 메시지를 자신의 공개키를 이용하여 복호화한다.

③ 송수신자 규모가 동일할 경우, 공개키 암호방식이 대칭키 암호방식보다 더 많은 키들을 필요로 하기 때문에 인증기관이 키 관리를 담당한다.

④ 키 운영의 신뢰성을 공식적으로 제공하기 위하여 인증기관은 고객별로 개인키와 키 소유자 정보를 만들고 이를 해당 고객에게 인증서로 제공한다.

 해설

① MAC은 해시함수+대칭키(비밀키)로 메시지 무결성(변조확인)을 인증하고 거짓행세(메세지 인증으로 검출)를 검출할 수 있다.

② 송신자는 수신자의 공개키를 이용하여 암호화한 메시지를 송신하고 수신자는 수신한 메시지를 자신의 개인키를 이용하여 복호화한다.

③ 송수신자 규모가 동일할 경우, 공개키 암호화 방식이 대칭키 암호방식보다 더 적은 키들을 필요로 하고 인증기관이 키 관리를 담당한다.

④ 키 운영의 신뢰성을 공식적으로 제공하기 위하여 인증기관은 고객별로 공개키와 키 소유자정보를 만들고 이를 해당 고객에게 인증서로 제공한다.

공개키(비대칭키)와 비밀키(대칭키)

구분	비밀키	공개키
특징	• 암호화키와 복호화키가 동일 • 암호화 알고리즘 : DES	• 암호화키와 복호화키가 다름 • 암호화 알고리즘 : RSA • 암호화키는 공개, 복호화키는 관리자가 비밀리에 관리
장점	• 암호화, 복호화 속도 빠름 • 키의 길이가 상대적으로 짧음	키 분배 용이
단점	• 키 분배 어려움 • 전사 서명 불가능 • 사용자의 증가로 관리할 키 개수 증가 • 응용이 제한적	• 전자 서명 가능 • 암호화, 복호화 속도 느림 • 알고리즘 복잡, 파일의 크기가 큼

📝 정답 없음

06 온라인에서 멀티미디어 콘텐츠의 불법 유통을 방지하기 위해 삽입된 워터마킹 기술의 특성으로 옳지 않은 것은? ★★

① 부인 방지성
② 비가시성
③ 강인성
④ 권리정보 추출성

 부인 방지성은 메시지(전자우편)의 송수신이나 교환 후, 또는 통신이나 처리가 실행된 후에 그 사실을 사후에 증명함으로써 사실 부인을 방지하는 보안 기술을 말한다.

워터마킹의 요구 조건
비가시성(보이지 않음), 강인성(변형에도 지워지지 않는 성질), 명확성, 보안성, 원본 없이 추출(권리정보 추출성)

답 ①

07 프로세스 관리 과정에서 발생할 수 있는 교착상태(Deadlock)를 예방하기 위한 조치로 옳은 것은? ★★

① 상호배제(Mutual Exclusion) 조건을 제거하고자 할 경우, 프로세스 A가 점유하고 있던 자원에 대하여 프로세스 B로부터 할당 요청이 있을 때 프로세스 B에게도 해당자원을 할당하여 준다. 운영체제는 프로세스 A와 프로세스 B가 종료되는 시점에서 일관성을 점검하여 프로세스 A와 프로세스 B 중 하나를 철회시킨다.

② 점유대기(Hold and Wait) 조건을 제거하고자 할 경우, 자원을 점유한 프로세스가 다른 자원을 요청하였지만 할당받지 못하면 일단 자신이 점유한 자원을 반납한다. 이후 그 프로세스는 반납하였던 자원과 요청하였던 자원을 함께 요청한다.

③ 비선점(No Preemption) 조건을 제거하고자 할 경우, 프로세스는 시작시점에서 자신이 사용할 모든 자원들에 대하여 일괄할당을 요청한다. 일괄할당이 이루어지지 않을 경우, 일괄할당이 이루어지기까지 지연됨에 따른 성능저하가 발생할 수 있다.

④ 환형대기(Circular Wait) 조건을 제거하고자 할 경우, 자원들의 할당 순서를 정한다. 자원 R_i가 자원 R_k보다 먼저 할당되는 것으로 정하였을 경우, 프로세스 A가 R_i를 할당받은 후 R_k를 요청한 상태에서 프로세스 B가 R_k를 할당받은 후 R_i를 요청하면 교착상태가 발생하므로 운영체제는 프로세스 B의 자원요청을 거부한다.

① 상호배제를 제외한 3가지 조건 중 하나를 부정한다.
② 비선점 부정에 대한 설명이다.
③ 점유와 대기 부정에 대한 설명이다.

교착상태 예방 방법 3가지
• 교착상태가 발생하지 않도록 사전에 시스템을 제어하는 기법이다.
• 교착상태 발생 4가지 조건 중 상호 배제를 제외한 어느 하나를 제거(부정)함으로써 수행한다.
• 점유와 대기 부정 : 프로세스가 실행되기 전 필요한 모든 자원을 할당하여 프로세스 대기를 없애거나 자원이 점유되지 않은 상태에서 자원을 요구한다.
• 비선점 부정 : 자원을 점유하고 있는 프로세스가 다른 자원을 요구할 때 점유하고 있는 자원을 반납하고, 요구한 자원을 사용하기 위해 기다린다.
• 환형대기 부정 : 자원을 선형 순서로 분류하여 고유 번호를 할당하고, 각 프로세스는 현재 점유한 자원의 고유 번호보다 앞뒤 어느 한쪽 방향으로만 자원을 요구한다.

교착상태 필요충분조건 4가지
• 상호배제 : 한 프로세스가 사용 중이면 다른 프로세스가 기다리는 경우로 프로세스에게 필요한 자원의 배타적 통제권을 요구한다. 한 번에 한 개의 프로세스만이 공유 자원을 사용한다.
• 점유와 대기 : 프로세스들은 할당된 자원을 가진 상태에서 다른 자원을 기다린다.
• 비선점 : 다른 프로세스에 할당된 자원은 사용이 끝날 때까지 강제로 빼앗을 수 없다.
• 환형대기 : 각 프로세스는 순환적으로 다음 프로세스가 요구하는 자원을 가지고 있고, 자신에게 할당된 자원을 점유하면서 앞뒤에 있는 프로세스의 자원을 요구한다.

 답 ④

---

08 순차 파일과 인덱스 순차 파일에 대한 설명으로 옳은 것의 총 개수는? ★★★

> ㄱ. 순차 파일에서의 데이터 레코드 증가는 적용된 순차 기준으로 마지막 위치에서 이루어진다.
> ㄴ. 순차 파일에서는 접근 조건으로 제시된 순차 대상 필드 값 범위에 해당하는 대량의 데이터 레코드들을 접근할 때 효과적이다.
> ㄷ. 순차 파일에서의 데이터 레코드 증가는 오버플로우 블록을 생성시키지 않는다.
> ㄹ. 인덱스 순차 파일의 인덱스에는 인덱스 대상 필드 값과 그 값을 가지는 데이터 레코드를 접근할 수 있게 하는 위치 값이 기록된다.
> ㅁ. 인덱스 순차 파일에서는 인덱스 갱신없이 데이터 레코드를 추가하거나 삭제하는 것이 가능하다.
> ㅂ. 인덱스 순차 파일에서는 접근 조건에 해당하는 인덱스 대상 필드 값을 가지는 소량의 데이터 레코드를 순차 파일보다 효과적으로 접근할 수 있다.
> ㅅ. 인덱스를 다중레벨로 구성할 경우, 최하위 레벨은 순차 파일 형식으로 구성된다.

① 2개　　　　　　　　　② 3개
③ 4개　　　　　　　　　④ 5개

ㄴ, ㄷ, ㄹ, ㅂ이 옳은 내용이다.

ㄱ. 새로운 레코드를 삽입하는 경우 마지막 또는 지정한 위치에 삽입 가능하다. 단, 지정한 위치에 삽입하는 경우 삽입할 위치 이후의 파일을 복사해야 하므로 시간이 걸릴 수 있다(데이터 이동시간이 발생할 수 있지만 지정한 위치에 삽입가능).

ㅁ. 인덱스 순차 파일에서는 인덱스 갱신없이 데이터 레코드를 추가하거나 삭제하는 것이 불가능하다(인덱스 갱신 필수).

ㅅ. 인덱스를 다중레벨로 구성할 경우, 최하위 레벨은 데이터로 구성한다.

순차 파일
• 생성되는 순서에 따라 레코드를 순차적으로 저장하므로 저장 매체의 효율이 가장 높다.
• 입력되는 데이터의 논리적인 순서에 따라 물리적으로 연속된 위치에 기록하는 방식이다.
• 처리속도가 빠르고, 매체의 공간 효율이 좋지만 검색 시 불편하다(처음부터 검색).
• 자기 테이프만 가능하다.

색인(Index) 순차 파일
• 순차처리, 랜덤처리 가능하다.
• 기본 데이터 영역, 색인영역, 오버플로우 영역으로 구성한다.
• 실제 데이터 처리 외에 인덱스를 처리하는 추가 시간이 소모되므로 처리속도가 느리다.
• 일반적으로 자기 디스크에 많이 사용한다(자기 테이프 사용 불가).
• 파일에 레코드를 추가하거나 삭제할 때 파일의 전체 내용을 복사하지 않아도 되므로 레코드의 삽입 및 삭제가 용이하다.
• 검색 시 효율적이다.

 답 ③

09 Java 프로그램의 실행 결과로 옳은 것은? ★★★

```java
public class B extends A {
    int a=20;
    public B() {
        System.out.print("다");
    }
    public B(int x) {
        System.out.print("라");
    }
}
```

```java
public class A {
    int a=10;
    public A() {
        System.out.print("가");
    }
    public A(int x) {
        System.out.print("나");
    }

    public static void main(String[] a){
        B b1=new B();
        A b2=new B(1);
        System.out.print(b1.a+b2.a);
    }
}
```

① 다라30
② 다라40
③ 가다가라30
④ 가다가라40

> 해설

해당 문제는 상속과 생성자에 관한 문제이며, 실행과정은 다음과 같다.
- 실행과정
  - main() 메소드 실행(B 생성자 생성)
  - public B() 실행해야 하지만 public class B extends A(상속관계)이므로 public A() 먼저 실행, "가" 출력
  - public B() 실행, "다" 출력
  - public B(int x) 실행해야 하지만 public class B extends A(상속관계)이므로 public A() 먼저 실행, "가" 출력
  - public B(int x) 실행, "라" 출력
  - main() 실행 b1.a=20, b2.a =10 이므로 20+10=30이므로 30 출력

생성자
객체의 초기화를 위해 사용하고, 반드시 클래스의 이름과 동일한 이름으로 정의하고, 하나의 클래스는 여러 개의 생성자를 가질 수 있다.

상속
클래스에서 상속의 의미는 상위클래스에서 선언된 속성과 기능이 하위클래스에 상속됨을 의미한다. 상속관계의 상위 클래스가 있다면 상위 클래스의 생성자가 먼저 수행되며, extends는 상속을 의미한다.

 답 ③

10 C 언어로 작성된 프로그램의 실행 결과로 옳은 것은? ★★

```c
#include <stdio.h>

double h(double *f, int d, double x){
        int i;
        double res=0.0;
        for(i=d-1; i >= 0; i--){
        res=res * x+f[i];
        }
        return res;
}

int main() {
        double f[]={1, 2, 3, 4};
        printf("%3.1f\n", h(f, 4, 2));
        return 0;
}
```

① 11.0　　　　　　　　　　　　② 26.0
③ 49.0　　　　　　　　　　　　④ 112.0

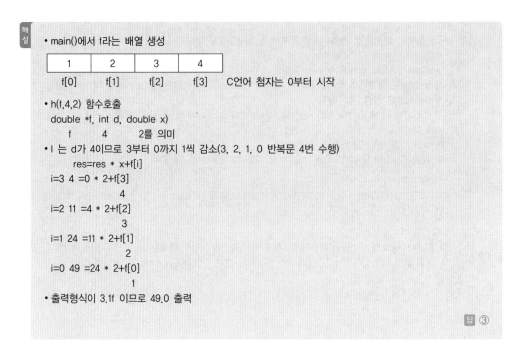

해설

- main()에서 f라는 배열 생성

1	2	3	4
f[0]	f[1]	f[2]	f[3]

C언어 첨자는 0부터 시작

- h(f,4,2) 함수호출
  double *f, int d, double x)
  　　　f　　　4　　　2를 의미
- l 는 d가 4이므로 3부터 0까지 1씩 감소(3, 2, 1, 0 반복문 4번 수행)
  　　　res=res * x+f[i]
  i=3 4 =0 * 2+f[3]
  　　　　　　　4
  i=2 11 =4 * 2+f[2]
  　　　　　　　3
  i=1 24 =11 * 2+f[1]
  　　　　　　　2
  i=0 49 =24 * 2+f[0]
  　　　　　　　1
- 출력형식이 3.1f 이므로 49.0 출력

답 ③

11 (가), (나)에서 설명하는 악성 프로그램의 용어를 바르게 짝지은 것은? ★

> (가) 사용자 컴퓨터의 데이터를 암호화시켜 파일을 사용할 수 없도록 한 후 암호화를 풀어주는 대가로 금전을 요구하는 악성 프로그램
> (나) '○○○초대장' 등의 내용을 담은 문자 메시지 내에 링크된 인터넷 주소를 클릭하면 악성 코드가 설치되어 사용자의 정보를 빼가거나 소액결제를 진행하는 악성 프로그램

	(가)	(나)
①	스파이웨어	트로이목마
②	랜섬웨어	파밍(Pharming)
③	스파이웨어	피싱(Phishing)
④	랜섬웨어	스미싱(Smishing)

- 스파이웨어 : 사용자 동의 없이 설치되어 컴퓨터의 정보를 수집하고 전송하는 악성 소프트웨어로 신용카드와 같은 금융정보 및 주민등록번호와 같은 신상정보, 암호를 비롯한 각종 정보를 수집한다.
- 트로이목마 : 악성 루틴이 숨어 있는 프로그램으로 겉보기에는 정상적인 프로그램으로 보이지만 실행하면 악성코드로 실행한다.
- 파밍 : 새로운 피싱 기법의 하나로 사용자가 자신의 웹브라우저에서 정확한 웹페이지 주소를 입력해도 가짜 웹페이지에 접속하게 하여 개인정보를 훔치는 것을 말한다.
- 피싱 : 전자우편 또는 메신저를 사용해서 신뢰할 수 있는 사람 또는 기업이 보낸 메시지인 것처럼 가장함으로써, 비밀번호 및 신용카드 정보와 같이 기밀을 요하는 정보를 부정하게 얻는 것을 말한다.

답 ④

12 다음에서 설명하는 디자인 패턴으로 옳은 것은? ★

> 클라이언트와 서브시스템 사이에 ○○○ 객체를 세워놓음으로써 복잡한 관계를 구조화한 디자인 패턴이다. ○○○ 패턴을 사용하면 서브시스템의 복잡한 구조를 의식하지 않고, ○○○에서 제공하는 단순화된 하나의 인터페이스만 사용하므로 클래스 간의 의존관계가 줄어들고 복잡성 또한 낮아지는 효과를 가져온다.

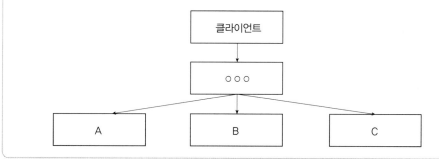

① MVC pattern
② facade pattern
③ mediator pattern
④ bridge pattern

② facade pattern(퍼사드 패턴) : 소프트웨어 공학 디자인 패턴 중 하나이며 객체 지향 프로그래밍 분야에서 자주 사용한다. 단순화된 인터페이스를 통해서 서브시스템을 더 쉽게 사용할 수 있도록 하기위한 용도로 쓰인다. facade는 "건물의 정면"을 의미하고 클래스 라이브러리 같은 어떤 소프트웨어의 다른 커다란 코드 부분에 대한 간략화된 인터페이스를 제공하는 객체를 말한다.

① MVC pattern(모델-뷰-컨트롤러) : 소프트웨어 디자인패턴으로 사용자 인터페이스로부터 비즈니스 로직을 분리하여 애플리케이션의 시각적 요소나 그 이면에서 실행되는 비즈니스 로직을 서로 영향 없이 쉽게 고칠 수 있는 애플리케이션을 만들 수 있으며 모델은 애플리케이션 정보를 의미하고 뷰는 텍스트, 체크박스 항목 등과 같은 사용자 인터페이스 요소이며 컨트롤러는 데이터와 비즈니스 로직 사이의 상호동작을 관리한다.

③ mediator pattern(중재자 패턴) : 소프트웨어 공학에서 어떻게 객체들의 집합이 상호작용하는지를 함축해 놓은 객체를 정의하고 이 패턴은 프로그램의 실행 행위를 변경할 수 있기 때문에 행위 패턴으로 간주되며 객체 간 통신을 중재자 객체 안에서 함축된다.

④ bridge pattern(브리지 패턴) : 구현부에서 추상층을 분리하여 각자 독립적으로 변형이 가능하고 확장이 가능하고, 기능과 구현에서 두 개를 별도의 클래스로 구현한다.

답 ②

13 SQL의 명령을 DDL, DML, DCL로 구분할 경우, 이를 바르게 짝지은 것은? ★

	DDL	DML	DCL
①	RENAME	SELECT	COMMIT
②	UPDATE	SELECT	GRANT
③	RENAME	ALTER	COMMIT
④	UPDATE	ALTER	GRANT

• DDL : CREATE, ALTER, DROP, RENAME, TRUNCATE, COMMENT
• DML : SELECT, INSERT, UPDATE, DELETE, MERGE, CALL, EXPLAIN PLAN, LOCK TABLE
• DCL : GRANT, REVOKE, COMMIT, ROLLBACK

답 ①

14 ㉠과 ㉡에 들어갈 용어로 바르게 짝지은 것은? ★★

(㉠)은/는 구글에서 개발해서 공개한 인공지능 응용프로그램 개발용 오픈소스 프레임워크이다. 이 프레임워크를 사용할 때 인공지능 소프트웨어가 이미지 및 음성을 인식하기 위해서는 신경망의 (㉡) 모델을 주로 사용한다.

㉠	㉡
① 텐서플로우	논리곱 신경망
② 알파고	퍼셉트론
③ 노드레드	인공 신경망
④ 텐서플로우	합성곱 신경망

 해설
• 알파고 : 구글의 딥마인드가 개발한 인공지능 바둑 프로그램을 말한다.
• 퍼셉트론 : 인공 신경망의 한 종류로 다수의 입력으로부터 하나의 결과를 내보내는 알고리즘을 말한다. 실제 뇌를 구성하는 신경 세포 뉴런의 동작과 유사하다는 특징이 있다.
• 노드레드 : 하드웨어 장치들, API, 온라인 서비스를 사물인터넷의 일부로 와이어링시키기 위해 본래 IBM이 개발한 시각 프로그래밍을 위한 플로 기반 개발 도구를 말한다.
• 인공 신경망 : 기계학습과 인지과학에서 생물학의 신경망에서 영감을 얻은 통계학적 학습 알고리즘을 말한다.

답 ④

15 아래에 제시된 K-map(카르노 맵)을 NAND 게이트들로만 구성한 것으로 옳은 것은? ★★★

ab＼cd	00	01	11	10
00	1	0	0	0
01	1	1	1	0
11	0	1	1	0
10	1	1	0	0

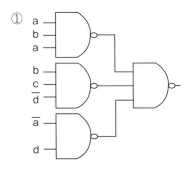

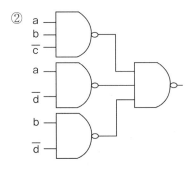

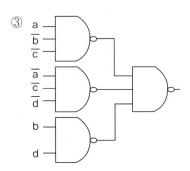

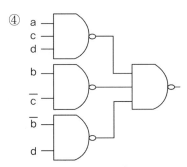

해설

- 가능한 크게 묶고(1, 2, 4, 8 …) 변하지 않는 변수에 대해서만 곱의 합으로 표시한다.
  → ab'c'+a'c'd'+bd

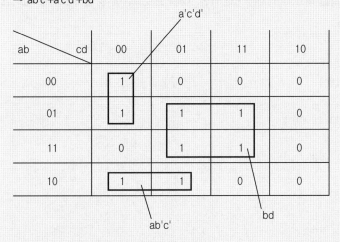

- NAND 게이트들로만 구성

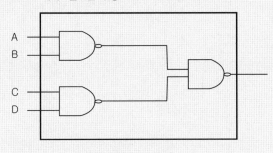

- NAND 게이트를 이용하면 OR 게이트와 동일하다.
  → ((AB)'.(CD)')'=((AB)')'+((CD)')'=AB+CD
- 식 : ab'c'+a'c'd'+bd

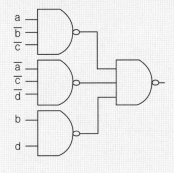

답 ③

16 다음은 숫자를 처리하는 C 프로그램이다. 프로그램에서 ㉠과 ㉡에 들어갈 내용과 3 2 1 4를 입력하였을 때의 출력결과를 바르게 짝지은 것은?(단, 다음 프로그램에 문법적 오류는 없다고 가정한다)

★ ★ ★

```c
#include <stdio.h>
#include <stdlib.h>

void a (int n, int *num) {
    for (int i=0; i < n; i++)
        scanf("%d", &(num[i]));
}
void c(int *a, int *b) {
    int t;
    t=*a; *a=*b; *b=t;
}
void b(int n, int *lt) {
    int a, b;
    for (a=0; a < n-1; a++)
        for (b=a+1; b < n; b++)
            if (lt[a] > lt[b]) c ( ㉠ , ㉡ ) ;
}
int main() {
    int n;
    int *num;
    printf("How many numbers?");
    scanf("%d", &n);
    num=(int *)malloc(sizeof(int) * n);
    a(n, num);
    b(n, num);
    for (int i=0; i < n; i++)
        printf("%d ", num[i]);
}
```

	㉠	㉡	출력 결과
①	lt+a	lt+b	1 2 3 4
②	lt+a	lt+b	1 2 4
③	lt[a]	lt[b]	4 3 2 1
④	lt[a]	lt[b]	4 2 1

해설

실행과정은 다음과 같다.

– main() 함수 : scanf("%d", &n); 키보드로 3 입력받음(문제에서 제시) n=3

num=(int *)malloc(sizeof(int) * n); num

[0]　　　[1]　　　[2]

a(n,num) 함수호출 a(3,num)

배열이름이자 시작주소

– void a (int n, int *num) {

for (int i=0; i < n; i++) 0부터 2까지 1씩 증가

scanf("%d", &(num[i])); 키보드 2, 1, 4 입력받아 num 배열에 저장

}　　　　　　　　　num

2	1	4

[0]　　　[1]　　　[2]

– main() 함수 : b(n,num) 함수호출 b(3,num)

– void b(int n, int .lt) {

int a, b;

for (a=0; a < n−1; a++) 0부터 2까지 1씩 증가

for (b=a+1; b < n; b++) 1부터 2까지 1씩 증가

if (lt[a] > lt[b]) c (it+a , lt+b) ;

2	1	4

비교 : > 오름차순을 의미, 크면 c 함수 호출　　lt[0]　　lt[1]　　lt[2]

lt+0　　lt+1　　lt+2

– void c(int *a, int *b) {

int t;

t=*a; *a=*b; *b=t; a와 b 교환(실제 정렬이 되는 부분)

}

– main() 함수 : 배열에 있는 값 출력하고 종료(오름차순이므로 1 2 4 출력)

답 ②

17 엑셀 시트를 이용해 수식을 실행한 결과, 값이 나머지와 **다른** 것은? ★ ★

	A
1	3
2	7
3	5
4	3
5	0
6	1

① =GCD(A1, A6)   ② =MEDIAN(A1:A6)

③ =MODE(A1:A6)   ④ =POWER(A1, A6)

 해설

① 해당 문제는 최대공약수를 구하는 문제이다.
  → = GCD(A1,A6)=GCD(3,1) = 최대공약수는 1
② 중간값을 구하기
  → = MEDIAN(A1:A6) 0 1 3 3 5 7 이므로 중간값은 3
               3+3=6/2=3
③ 최빈값(가장 많이 나오는 값) 구하기
  → = MODE(A1:A6) 3 7 5 3 0 1 이므로 3
④ 거듭제곱 구하기
  → = POWER(3,1) 3의 1승은 3

답 ①

18 RISC(Reduced Instruction Set Computer)에 대한 설명으로 옳은 것의 총 개수는? ★ ★

> ㄱ. 칩 제작을 위한 R&D 비용이 감소한다.
> ㄴ. 개별 명령어 디코딩 시간이 CISC(Complex Instruction Set Computer)보다 많이 소요된다.
> ㄷ. 동일한 기능을 구현할 경우, CISC보다 적은 수의 레지스터가 필요하다.
> ㄹ. 복잡한 연산을 수행하려면 명령어를 반복수행하여야 하므로 CISC의 경우보다 프로그램이 복잡해진다.
> ㅁ. 각 명령어는 한 클럭에 실행하도록 고정되어 있어 파이프라인 성능을 향상시킬 수 있다.
> ㅂ. 마이크로코드 설계가 어렵다.
> ㅅ. 고정된 명령어이므로 명령어 디코딩 속도가 빠르다.

① 2개   ② 3개

③ 4개   ④ 5개

해설

③ ㄱ, ㄹ, ㅁ, ㅅ이 옳은 내용이다.

RISC와 CICS

구분	RISC	CISC
명령어 종류	적음	많음
명령어 길이	고정	가변
전력소모	적음	많음
처리속도	빠름	느림
설계	간단	복잡
프로그래밍(구현)	복잡	간단
레지스터 수	많음	적음
제어	하드와이어 방식	마이크로 프로그래밍 방식
용도	워크스테이션	PC용
비용	감소	증가

답 ③

19 참조 무결성에 대한 설명으로 옳지 <u>않은</u> 것은? ★

① 검색 연산의 수행 결과는 어떠한 참조 무결성 제약조건도 위배하지 않는다.

② 참조하는 릴레이션에서 튜플이 삭제되는 경우, 참조 무결성 제약조건이 위배될 수 있다.

③ 외래 키 값은 참조되는 릴레이션의 어떤 튜플의 기본 키 값과 같거나 널(NULL) 값일 수 있다.

④ 참조 무결성 제약조건은 DBMS에 의하여 유지된다.

해설

② 참조하는 릴레이션이 아니라 참조 당하는 릴레이션에서 튜플이 삭제되는 경우, 제약조건이 위배될 수 있다.

참조 무결성
2개의 릴레이션에서 기본키와 외래키가 관련된 무결성을 의미한다. 외래키 값은 널이거나, 참조 릴레이션에 있는 기본 키와 같아야 하는데, 기본키는 널값을 허용하지 않는다. 참조무결성은 DBMS에 의해 관리한다.

답 ②

20 프로세스(Process)와 쓰레드(Thread)에 대한 설명으로 옳지 <u>않은</u> 것은? ★★

① 프로세스 내 쓰레드 간 통신은 커널 개입을 필요로 하지 않기 때문에 프로세스 간 통신보다 더 효율적으로 이루어진다.

② 멀티프로세서는 탑재 프로세서마다 쓰레드를 실행시킬 수 있기 때문에 프로세스의 처리율을 향상시킬 수 있다.

③ 한 프로세스 내의 모든 쓰레드들은 정적 영역(Static Area)을 공유한다.

④ 한 프로세스의 어떤 쓰레드가 스택 영역(Stack Area)에 있는 데이터 내용을 변경하면 해당 프로세스의 다른 쓰레드가 변경된 내용을 확인할 수 있다.

> **해설**
>
> ④ 레지스터 영역과 스택영역은 공유될 수 없으며 한 프로세스의 어떤 쓰레드가 스택영역에 있는 데이터 내용을 변경한다 하더라도 다른 쓰레드가 변경된 내용을 확인할 수 없다.
>
> 쓰레드(스레드, Thread)
> • 프로세스 내의 작업 단위로 시스템의 여러 자원을 할당받아 실행하는 프로그램의 단위
> • 하나의 프로세스에 하나의 쓰레드가 존재하는 경우 단일 쓰레드, 두 개 이상의 쓰레드가 존재하는 경우에는 다중 쓰레드
> • 독립적 스케줄링의 최소 단위로 경량 프로세스라고 한다.
> • 하나의 프로세스를 여러 개의 쓰레드로 생성하여 병행성을 증진한다.
> • 프로세스의 자원과 메모리를 공유하고 실행환경을 공유시켜 기억장소의 낭비를 절약한다.
> • 기억장치를 통해 효율적으로 통신
> • 자신만의 스택과 레지스터로 독립된 제어 흐름을 유지한다.
> • 각각의 쓰레드가 서로 다른 프로세서 상에서 병렬로 작동하는 것이 가능하다.
> • 프로그램 처리율과 하드웨어의 성능을 향상시키고, 프로세스 간 통신을 원활하게 해준다.
> • 프로세스의 생성이나 문맥 교환 등의 오버헤드를 줄여 운영 체제의 성능이 개선된다.
>
> ④

기초영어 과년도 기출문제

부록 | 최신기출문제

2021

01 다음 글에서 밑줄 친 부분이 문법상 옳지 <u>않은</u> 것은? ★★

A successful team completes its task, maintains good social relations, and promotes its members' personal and professional development. All three of these factors are important for ① <u>defining</u> team success. To perform effectively, a team requires the right types of people, a task ② <u>what</u> is suitable for teamwork, good internal group processes, and a supportive organizational context. Group members need both an appropriate set of task skills and the interpersonal skills to work as a team. Although teams can perform a wide variety of ③ <u>tasks</u>, appropriate team tasks require that members' work be integrated into the final products. The group process should maintain good social relations. Finally, the organizational context needs ④ <u>to support</u> the team by promoting cooperation, providing resources, and rewarding success.

해설

② 이후의 문장은 불완전하므로 ②에는 관계대명사가 와야 한다. ② 앞에 'a task'라는 사물 선행사가 존재하므로 선행사를 포함하는 'what'은 올 수 없고 'that' 또는 'which'로 바뀌어야 한다.

① 전치사의 목적어 자리에는 '명사/동명사'가 올 수 있는데 'team success'라는 목적어가 존재하므로 목적어를 가질 수 있는 동명사형인 'defining'은 옳다.

③ 'a (wide) variety of'는 '(매우) 다양한~'이라는 뜻으로 뒤에는 복수 가산명사가 온다. 따라서 'tasks'는 옳다.

④ 'need'는 to부정사를 목적어로 취할 수 있는 동사로 'to support'는 옳다.

[해석]

성공적인 팀은 임무를 완료하고 좋은 사회관계를 유지하며 구성원의 개인적, 전문적 발달을 증진시킨다. 이러한 세 가지 요소는 팀의 성공을 정의하는 데 모두 중요하다. 효율적으로 수행하기 위해 팀은 알맞은 유형의 사람들과 팀워크에 적합한 업무, 훌륭한 내부 절차, 그리고 지지하는 조직적인 환경을 필요로 한다. 집단 구성원들은 팀으로서 일하기 위해 적절한 일련의 업무 기술과 대인관계 기술을 모두 필요로 한다. 팀은 매우 다양한 업무를 수행할 수 있지만 적절한 팀 업무는 구성원들의 업무가 최종의 상품에 융화될 것을 요한다. 집단 절차는 좋은 사회관계를 유지해야 한다. 최종적으로 조직적 환경은 협력의 촉진과 자원의 제공, 성공에 대한 보상을 통해 팀을 지지해야 한다.

[어휘]

• complete : (강조의 의미로) 가능한, 최대의, 완벽한, 마치다, 완료하다
• promote : 촉진하다, 홍보하다, 승진하다

- organizational : 관리기관의
- define : 정의하다
- context : 전후 사정, 정황, 환경
- perform : 실시하다, 수행하다
- appropriate : 적절한
- effectively : 효과적으로, 효율적으로
- interpersonal : 대인관계의
- require : 요구하다, 필요로 하다
- be integrated into : ~에 융합되다
- suitable : 알맞은, 적합한
- cooperation : 협동, 협력
- process : 절차, 과정
- resource : 자원
- supportive : 지탱하는, 지지하는

답 ②

02 다음 글의 빈칸 (A), (B)에 들어갈 말로 가장 적절한 것은? ★

In one experiment, participants were asked to read formal emails and rate them based on warmth and competence. Some of the messages contained a smiley face. The results showed users who sent formal emails with smiley faces only saw a small rating __(A)__ in warmth, but a decline in competence. Although smiley faces may help convey a positive tone in written messages, their __(B)__ effects on first impressions of competence may outweigh these benefits. A separate experiment had participants read an email from a new employee to an unfamiliar administrative assistant. One was about a business meeting, while another was related to a social gathering. The study found participants rated the formal messages with smiley faces lower in competence than the emails with just text. In the case of the informal messages, competence ratings were about the same.

	(A)	(B)
①	decrease	positive
②	decrease	adverse
③	increase	positive
④	increase	adverse

해설 ④ (A) 뒷부분에 'but'이 오고 '능력면은 감소했다.'는 내용이 오므로 (A)에는 반대의 내용이 와야 한다. '친밀함은 증가했고 능력면은 감소했다.'라는 의미가 되어야 하므로 (A)에는 'increase'가 들어간다.

[해석]
한 가지 실험에서 참가자들은 공식적인 이메일을 읽고 친밀함과 능력에 기초하여 그것들을 평가할 것을 요청받았다. 어떤 메시지들 중 일부는 웃는 얼굴의 이모티콘을 포함하고 있었다. 결과는 공적 이메일에 웃는 얼굴의 이모티콘을 함께 보낸 사용자들은 단지 친밀함에서 약간의 평점의 (A) 증가를 보였으나 능력에서는 감소를 보였다. 비록 메시지에서 웃는 얼굴의 이모티콘이 긍정적인 어조를 전달하는 데 도움이 될 수는 있지만 능력에 대한 첫인상에 미치는 그것들의 (B) 부정적인 영향은 장점보다 더 비중이 큰 것 같다. 다른 실험은 참가자들에게 신입 사원이 잘 알지 못하는 관리직 보좌관에게 보낸 이메일을 읽도록 했다. 하나는 업무 회의에 대한 것이었고 다른 하나는 사교모임과 관련된 것이었다. 그 연구는 참가자들이 웃는 얼굴의 이모티콘을 포함한 공적 메시지를 단지 글자만 있는 이메일보다 능력면에서 더 낮게 평가했다는 것을 발견했다. 비공식적인 메시지의 경우에는 능력 평가는 동일했다.

 답 ④

2019

01 글의 내용과 일치하는 것은? ★

Even if schools which are detached from parental control are not tyrannical, it may be argued that they are educationally ineffective. Schools can educate successfully, it is often argued, only when they act in partnership with parents, especially by encouraging parent involvement in the school. The detached-school ideal seems to neglect this important pedagogical point. I contend, however, that while parent involvement is very important in boosting students' achievement, this does not mean that parents must be given greater control over or input into the aims and content of the school. The available research demonstrates that parent involvement programs generally work equally well when there is a gap between the values espoused by the school and by the parents as when both school and parents embrace the same educational values.

① The schools under parental control are educationally ineffective.
② The detached-school ideal appears to neglect the importance of boosting students' achievement.
③ It is argued that the school can educate successfully through the partnership with the parents.
④ Parent involvement programs work well only when both school and parents have the same educational values.

③ 학교는 부모와의 협력을 통해서 성공적으로 교육시킬 수 있다고 주장된다. → 두 번째 문장에서 제시되었다.
① 부모의 통제 하에 있는 학교는 교육적으로 효과적이지 않다. → 첫 번째 문장에서 부모의 통제에서 벗어난 학교가 교육적으로 효과가 없다고 제시하였다.
② 분리된 학교라는 이상은 학생의 성취도를 진작시키는 데 있어서의 중요성을 간과하는 것처럼 보인다. → 세 번째 문장에서 학생의 성취도를 진작시키는 데의 중요성이 아닌 부모 참여의 중요성을 간과한다고 제시하였다.
④ 부모 참여 프로그램은 학교와 부모 모두 동등한 교육적인 가치를 가지고 있을 때에만 효과적이다. → 마지막 문장에서 학교와 부모가 옹호하는 가치에 차이가 있을 때에도 효과적이라고 제시하였다.

[해석]
부모의 통제에서 분리된 학교가 폭압적이지는 않다고 하더라도, 교육적으로 효과가 없다는 것은 논쟁거리가 될 수도 있다. 종종 주장되듯이, 학교는 그들이 부모와 공동으로 행동할 때에만, 특히 학교에서의 부모 참여를 장려함으로써, 성공적으로 교육시킬 수 있다. 분리된 학교라는 이상은 이 중요한 교육적인 요점을 무시하는 것처럼 보인다. 하지만 내가 학생의 성취도를 진작시키는 데 있어 부모 참여가 매우 중요하다고 주장하는 반면, 이것은 부모에게 대단한 통제력 혹은 학교의 목표와 수업내용에 대한 정보가 제공되어야 한다는 것을 의미하지는 않는다. 참조할 만한 연구는 부모 참여 프로그램은 학교와 부모 모두 동일한 교육적인 가치를 받아들일 때와 마찬가지로 학교가 옹호하는 가치와 부모가 옹호하는 가치에 차이가 있을 때 전반적으로 모두 잘 작용한다는 것을 입증한다.

어휘
- detach : 분리하다, 떼다
- tyrannical : 폭군의, 압제적인
- in partnership with : ~와 협력하여
- neglect : 무시하다, 간과하다, 소홀히 하다
- pedagogical : 교육학의
- demonstrate : 입증하다, 설명하다
- espouse : (주의·정책 등을) 지지하다, 옹호하다

답 ③

02 다음에 제시된 문장이 〈보기〉에 들어갈 위치로 가장 알맞은 것은? ★

> This all amounts to heightened activity and noise levels, which have the potential to be particularly serious for children experiencing auditory function deficit.

보기

Hearing impairment or auditory function deficit in young children can have a major impact on their development of speech and communication, resulting in a detrimental effect on their ability to learn at school. This is likely to have major consequences for the individual and the population as a whole. ____㉠____ The New Zealand Ministry of Health has found from research carried out over two decades that 6-10% of children in that country are affected by hearing loss. ____㉡____ A preliminary study in New Zealand has shown that classroom noise presents a major concern for teachers and pupils. ____㉢____ Modern teaching practices, the organization of desks in the classroom, poor classroom acoustics, and mechanical means of ventilation such as air-conditioning units all contribute to the number of children unable to comprehend the teacher's voice. Education researchers Nelson and Soli have also suggested that recent trends in learning often involve collaborative interaction of multiple minds and tools as much as individual possession of information. ____㉣____

① ㉠

② ㉡

③ ㉢

④ ㉣

해설

제시된 문장은 청각 기능 장애를 겪는 아이들에게 '이것'이 활동 및 소음 수준을 높여 심각할 수 있다는 내용으로, 오늘날의 교실 관행이 청각 장애가 있는 아이들에게 끼치는 문제점을 언급하는 뒤인 ㉣에 오는 것이 글의 흐름상 적절하다.

[해석]

어린아이들에게 청각 장애, 즉 청각 기능 장애는 그들의 언어 능력과 의사소통의 발전에 지대한 영향을 미치고, 그 결과 그들이 학교에서 배우는 능력에 악영향의 원인이 될 수 있다. 이는 개인과 전체로서의 인구에 중대한 영향력을 미치는 것 같다. 뉴질랜드 보건복지부는 지난 20년간에 걸쳐 실시된 연구에서 해당 국가의 아이들의 6~10%는 난청을 겪는다는 것을 발견했다. 뉴질랜드의 한 예비 연구는 교실의 소음이 교사와 학생에게 중대한 영향을 미친다는 것을 밝혔다. 현대적인 교수 관행, 교실 책상 구성, 열악한 교실 음향, 에어컨 시설과 같은 기계적인 환기 수단은 모두 교사의 목소리를 이해할 수 없는 아이들의 수의 원인이 된다. 교육 연구원인 넬슨과 솔리는 또한 최근의 학습 트렌드에는 개인이 정보를 보유하는 것 못지않게 여러 가지 생각과 도구의 협력적인 상호작용이 포함된다는 것을 시사했다. <u>이것은 모두 활동 및 소음 수준을 높이는 것으로, 청각 기능 장애를 겪는 아이들에게 특히 심각할 수 있다.</u>

[어휘]
- amount to : ~에 이르다[달하다]
- potential : 가능성
- auditory : 청각의
- deficit : 결손
- hearing impairment : 청각 장애
- detrimental : 해로운
- hearing loss : 난청
- preliminary : 예비의
- pupil : 학생
- acoustics : 음향 시설
- ventilation : 환기, 통풍
- contribute to : ~에 기여하다

답 ④

2018

01 다음 글의 빈칸에 들어갈 말로 가장 적절한 것은? ★

_____ is probably the best understood of the mental pollutants. From the dull roar of rush-hour traffic to the drone of the fridge to the buzz coming out of the computer, it is perpetually seeping into our mental environment. Trying to make sense of the world above the din of our wired world is like living next to a freeway—we get used to it, but at a much diminished level of mindfulness and wellbeing. Quiet feels foreign now, but quiet may be just what we need. Quiet may be to a healthy mind what clean air and water and a chemical-free diet are to a healthy body. It is no longer easy to manufacture quietude, nor is it always practical to do so. But there are ways to pick up the trash in our mindscape: Switch off the TV set in the dentist's waiting room. Lose that loud fridge. Turn off the stereo. Put the computer under the table.

① Stimulus

② Music

③ Noise

④ Dust

해설

두 번째 문장에서 출퇴근 시간대의 교통 소음, 냉장고와 컴퓨터에서 나오는 소음이 우리의 정신에 끊임없이 스며들고 있다고 하였고, 마지막 문장에서 TV, 오디오 등을 끄라고 했으므로 빈칸에 들어갈 말로 가장 적절한 것은 ③ Noise(소음)이다.
① 자극, ② 음악, ④ 먼지

해석

소음은 아마 정신을 오염시키는 물질로 가장 잘 여겨진다. 출퇴근 시간대 차량들의 웅웅거리는 소리에서부터, 냉장고가 앵앵하는 소리, 컴퓨터에서 나오는 윙윙거리는 소리까지, 그것은 끊임없이 우리의 정신적 환경에 스며들고 있다. 우리의 기이한 세상에서 소음을 초월한 세상을 이해하려고 노력하는 것은 고속도로 옆에 사는 것과 같다. 즉, 우리는 그것에 익숙해지지만, 훨씬 낮아진 명상과 행복함 수준에서이다. 고요함은 이질적으로 느껴질 수 있지만, 고요함이 우리가 딱 필요한 것일 수도 있다. 고요함과 건강한 마음의 관계는 깨끗한 공기와 물, 그리고 화학 성분이 없는 식단과 건강한 신체의 관계와 같다. 더 이상 조용함을 만들어 내는 것은 쉽지 않으며, 그렇게 하는 것이 실현 가능하지 않은 것도 마찬가지이다. 하지만 우리의 정신세계에서 쓰레기를 치우는 방법들이 있다. 치과 대기실에서 TV 끄기, 시끄러운 냉장고 포기하기, 오디오 끄기, 테이블 밑에 컴퓨터 두기가 그것이다.

어휘

• drone : (낮게) 웅웅[윙윙]거리는 소리
• seep : (물기 등이) 스미다, 배다
• din : 소음
• quietude : 정적, 고요

답 ③

02 다음 글의 내용과 일치하지 <u>않는</u> 것은? ★

> To learn to read, children need to be helped to read. This issue is as simple and difficult as that. Dyslexia is a name, not an explanation. Dyslexia means, quite literally, being unable to read. Children who experience difficulty learning to read are frequently called dyslexic, but their difficulty does not arise because they are dyslexic or because they have dyslexia; they are dyslexic because they cannot read. To say that dyslexia is a cause of not being able to read is analogous to saying that lameness is a cause of not being able to walk. We were all dyslexic at one stage of our lives and become dyslexic again whenever we are confronted by something that we cannot read. The cure for dyslexia is to read.

① 어린이들이 글을 읽기 위해서는 도움이 필요하다.
② 난독증은 글을 읽을 수 없게 만드는 원인으로 작용한다.
③ 우리 모두는 삶의 어떤 시기에 난독 상태를 겪은 바 있다.
④ 독서는 난독증을 치유하는 길이다.

제시문에서 난독증이 읽지 못하는 원인이 되는 것이 아니라 읽지 못하기 때문에 난독증이 된다고 했으므로 글의 내용과 일치하지 않는 것은 인과 관계를 반대로 서술한 ②이다.

[해석]
읽기를 배우기 위해서, 아이들은 읽는 데 도움을 받을 필요가 있다. 이 쟁점은 그만큼 단순할 수가 없으며, 그리고 그만큼 어려울 수가 없다. 난독증은 명칭이지, 이유가 아니다. 난독증은 말 그대로 읽을 수 없는 것을 의미한다. 읽는 데 어려움을 겪는 아이들은 흔히 난독증이라고 여겨지지만, 그들의 장애는 그들이 난독증이 있거나 그들이 난독 장애를 가지고 있기 때문에 생기는 것은 아니다. 그들은 그들이 읽을 수 없기 때문에 난독증인 것이다. 난독증이 읽지 못하는 것의 원인이라고 말하는 것은 절름발이가 걷지 못하는 것의 원인이라고 말하는 것과 유사하다. 우리는 모두 우리의 삶의 한 시기에서 난독증이었으며 우리가 읽을 수 없는 뭔가와 직면할 때마다 다시 난독증이 된다. 난독증을 위한 치료는 읽는 것이다.

[어휘]
• dyslexia : 난독증, 독서 장애
• analogous : 유사한
• lameness : 절름발이

답 ②

2016

01 다음 두 사람의 대화에서 A가 B의 수표를 바로 현금으로 교환하여 주지 못하는 이유는? ★

> A : How can I help you?
> B : I received a bank draft from Malaysia. And I want to exchange it in Korean currency.
> A : Which currency is the draft?
> B : It is 20 US dollars.
> A : Sorry, sir. We can't exchange it right now.
> B : Why is that?
> A : We have to mail it to the issuing bank and once they pay, we will credit the amount in your account.
> B : How long does it take for me to get the money?
> A : It will take a week or so.
> B : All right. I'll check my account then. Thanks.

① 수표에 표시된 화폐의 잔고가 부족하기 때문이다.
② 발행은행에 수표를 보내서 결제받은 돈을 입금해 주기 때문이다.
③ B의 개인 신용등급이 낮아서 거래의 승인이 불가하기 때문이다.
④ 수표 금액이 적어서 우편료와 수수료의 발생으로 거래가 어렵기 때문이다.

해설

[해석]
A : 무엇을 도와드릴까요?
B : 저는 말레이시아에서 발행한 수표를 받았습니다. 그리고 그것을 한화(韓貨)로 교환하길 원합니다.
A : 그 수표는 어떤 통화(通貨)입니까?
B : 20달러입니다.
A : 죄송합니다. 선생님 지금 바로 교환은 힘들 것 같습니다.
B : 왜 그렇죠?
A : 저희가 발행은행에 수표를 보내고 그들이 지불하면, 우리가 그 금액만큼을 당신의 계좌에 입금할 것입니다.
B : 제가 돈을 받으려면 얼마나 걸리죠?
A : 한 주 또는 그 이상 소요됩니다.
B : 알겠습니다. 제 계좌를 확인해볼게요. 고맙습니다.

답 ②

02 다음 글에서 밑줄 친 부분이 어법상 틀린 것은? ★★

> The connectedness of words to real people and things, and not just to information about those people and things, ① <u>has</u> a practical application that is very much in the news. The fastestgrowing crime in the beginning of this century is identity theft. An identity thief uses information ② <u>connected</u> with your name, such as your social security number or the number and password of your credit card or bank account, to commit fraud or steal your assets. Victims of identity theft may lose out on jobs, loans, and college admissions, can ③ <u>turn</u> away at airport security checkpoints, and can even get arrested for a crime committed by the thief. They can spend many years and much money ④ <u>reclaiming</u> their identity.

 해설

③ turn away → be turned away : 밑줄 친 turn away는 수동태 형태인 be turned away로 고쳐야 한다.

[해석]

정말로 현실적으로 적용이 되는 뉴스거리는 사람이나 사물에 관한 단순한 정보가 아닌 실제의 사람과 사물에 대해서 연결고리(유대감)가 있는 단어를 쓴 기사다. 20세기 초 급속도로 증가하고 있는 범죄는 명의도용이다. 명의도용은 주민등록번호 또는 당신의 신용카드나 은행 계좌번호와 같은 당신의 이름과 연결된 정보를 이용하여 사기를 저지르거나 당신의 자산을 훔친다. 명의도용의 피해자들은 직업과 대출, 그리고 대학입학을 놓치게 될지도 모르며, 공항 보안검색대에서 거절당하고, 심지어 절도로 인한 범죄로 체포될 수 있다. 그들은 그들의 명의를 되찾는 데 많은 시간과 많은 돈을 써야 한다.

 답 ③

01 문맥을 고려할 때, 빈칸 ⓐ에 들어갈 알맞은 단어는? ★

> Multi-national companies have tried to put processes in place that are scalable; that is, they have to work for large groups across a big organization. But when things have to get done quickly, companies need to break free of the bureaucracy. In fact, many other companies decide to set up innovative projects to do just this: they pull a team out of the normal workflow, giving them permission to manage the rules flexibly, to free them to think and work differently. In short, such scalable processes sometimes are not necessarily (ⓐ).

① commendable　　　　　　② deniable

③ incredulous　　　　　　　④ unjustifiable

해설

① commendable : 추천할 만한
② deniable : 부인할 수 있는
③ incredulous : 의심하는
④ unjustifiable : 정당화할 수 없는

[해석]
다국적 기업은 하나의 거대 조직화된 대규모 그룹의 작업 수행을 위해 정해진 작업 방식을 수행하여 왔다. 하지만 신속한 작업을 요할 때, 기업은 이러한 체계를 벗어날 필요가 있다. 사실 많은 기업들은 이미 그렇게 할 수 있는 혁신적인 프로젝트를 결정하였다. 즉, 유연하게 규칙을 관리할 수 있도록 팀에 허용함으로써 일반적인 작업에서 벗어나 다양한 사고와 작업을 할 수 있도록 이끌었다. 요약하자면 정해진 작업 방식이 때때로 권할 필요성이 없다는 것이다.

[어휘]
• bureaucracy : 요식화된 체계
• pull out of : ~에서 빠져나오다/벗어나다
• work-flow : 작업의 흐름
• scalable : 저울로 달 수 있는, 정해진

답 ①

02 다음 글의 내용과 일치하지 <u>않는</u> 것은? ★

> The modern post office uses a self-service kiosk that gives postal patrons a do-it-yourself option for a variety of postal services. The kiosk can be used to purchase stamps and print postage for express, priority, first-class mail and parcel postage. It is also a good fit, especially for soldiers in training who may only have the chance to use the post office after business hours. The post office is hoping the kiosk will help shorten the postal service lines, especially at lunchtime. This new tool supplements post office employees to help patrons get in and out more quickly.

① The kiosk is expected to shorten the postal service lines.
② The kiosk gives a self-service for postal patrons.
③ The kiosk is useful for soldiers especially at lunchtime.
④ The kiosk can be used to print postage for priority.

 해설

③ 키오스크는 특히 군인들의 점심시간에 더 유용하다.
① 키오스크는 다양한 우편 서비스가 단축되는 것을 기대한다.
② 키오스크는 우편 고객들에게 셀프서비스를 제공한다.
④ 키오스크는 우선 취급 우편 요금 인쇄에 사용될 수 있다.

[해석]
현대 우체국은 고객 스스로 다양한 우편 서비스를 스스로 선택할 수 있는 셀프서비스 키오스크를 운용한다. 키오스크는 우표 구매, 특급 우편, 우선 취급 우편, 1종 우편, 소포 등 우편요금 인쇄에 사용될 수 있다. 키오스크는 우체국 업무시간 이후에 이용할 수 있는 군인들에게 특히 유용하다. 우체국은 특히 점심시간에 키오스크를 통해 다양한 우편 서비스가 신속하게 이루어지길 기대한다. 키오스크는 우체국 직원들이 고객에게 보다 신속한 서비스를 제공할 수 있도록 해준다.

[어휘]
• patron : 후원자, 고객
• parcel : 소포
• postage : 우편요금

 답 ③

2012

 1 글의 내용과 일치하는 것은? ★

> People disagree about how soon the world will run out of oil, but it does not matter whether oil will run out in the next 20 years or the next 150 years. Since oil is still going to run out, we cannot depend on it to meet our energy needs forever. Besides its limited supply, oil is an imperfect energy source. It pollutes the air, and it is inefficient when it is burned. There are much better fuels available. We just need to find cheaper ways to harness them.

① Better energy sources exist.

② The supply of oil will never run out.

③ Oil is an efficient source of energy.

④ Oil will run out in the next 20 years.

해설

① 더 좋은 에너지 원천이 존재한다.
② 석유(생산 또는 공급)는 절대 고갈되지 않는다.
③ 석유는 효율적인 에너지 원천이 된다.
④ 석유는 향후 20년 동안 (사용하면) 고갈될 것이다.

[해석]

석유가 얼마나 빨리 고갈될 것인지에 대해 사람들의 의견은 다르다. 그러나 석유가 고갈되는 데 20년 또는 150년이 걸릴지는 중요한 문제가 아니다. 석유는 여전히 소진되고 있기 때문에, 우리는 에너지 수요에 대한 충족을 석유에만 의지해서는 안 된다. 또한 석유는 생산(공급)이 제한되어 있으며, 불완전한 에너지 원천이다. 그것(석유)은 연료로 사용됨으로써(태워짐으로써) 공기를 오염시키기 때문에 비효율적이다. 현재, 이보다 더 나은(이용 가능한) 연료들이 훨씬 많이 있다. 우리는 그것들을 이용할 더 저렴한 방법들을 찾아야 한다.

[어휘]

• run out of : ∼이 고갈되다
• imperfect : 불완전한, 결함이 있는
• inefficient : 효과 없는, 능률이 오르지 않는

답 ①

02 문맥을 고려할 때, 빈칸 ⓐ에 들어갈 알맞은 단어는? ★

> If you want to be successful in global business, you must understand the cultures of other countries and learn how to adapt to them, or change your practices in different cultures. It is important that you should not make business decisions that are based on misconceptions. One misconception is ethnocentrism, the belief that one's own culture is better than other cultures. Ethnocentrism can exist in an individual or in an organization. To (ⓐ) ethnocentrism, it is necessary to study the different elements of culture, including language, religion, values, customs, and material elements.

① learn

② adapt to

③ ignore

④ avoid

 해설

④ avoid : (회)피하다, 방지하다
① learn : 배우다, 익히다
② adapt to : ~에 적응하다
③ ignore : 무시하다

[해석]

만약 글로벌 사업에 성공하고 싶다면, 당신은 다른 국가의 문화를 이해해야 하고 적응하는 방법을 배워야 한다. 또한 다른 문화에 대한 당신의 관행을 변화해야 한다. 오판(오해)에 기반한 사업 결정을 하지 않는 것이 중요하다. 오판 중 한 가지는 자민족 중심주의(ethnocentrism)인데, 그것은 자신의 문화가 다른 나라의 문화보다 우월하다고 믿는 것이다. 자민족 중심주의는 개인이나 집단적으로 존재할 수 있다. 자민족 중심주의를 피하기 위해서는 언어, 종교, 가치, 풍습, 그리고 물질적인 요소를 포함하는 문화의 각각 다른 요소를 배우는 것은 필수적이다.

[어휘]

• misconception : 오해
• ethnocentrism : 자민족 중심주의

 답 ④

2010

01 다음 글의 내용과 일치하지 <u>않은</u> 것은?　　　　　　　　　　　　★

> Drinking wine can damage your teeth. That is the conclusion of a report from the Johannes Gutenberg University in Mainz, Germany. Researchers tested the effects of eight red and eight white wines on teeth from men and women aged between 40 to 65. They discovered all of the wines damaged the enamel that protects our teeth. This makes our teeth more sensitive to hot and cold food and drinks. It also means the teeth will stain quicker if someone drinks coffee. The research team said white wine causes more damage than red. The acid in white wines attacks the enamel and wears it away. The bad news is that brushing your teeth after drinking wine will only make things worse.

① They experimented on people with sixteen wines.
② It is reported that wine can harm the enamel of our teeth.
③ Wine makes our teeth more susceptible to hot drinks.
④ After a glass of wine, brush your teeth to protect them.

 해설

④ 와인을 마신 후에 양치질을 하는 것은 치아를 보호한다.
① 그들은 사람들에게 16가지 와인으로 실험했다.
② 와인이 치아의 에나멜질에 손상을 줄 수 있다는 것을 보고했다.
③ 와인은 치아를 뜨거운 음료에 더욱 예민하게 만든다.

[해석]
와인을 마시는 것은 당신의 치아에 손상을 입힐 수 있다. 이것은 독일의 요하네스 구텐베르크 마인츠 대학교에서 나온 연구의 결과이다. 연구원들은 40살에서 65살 사이의 여성과 남성에게 각 8가지 레드 와인과 화이트 와인이 치아에 미치는 영향을 시험했다. 그들은 모든 종류의 와인이 우리의 치아를 보호하는 에나멜질(법랑질 또는 광택제)에 손상을 입힌다는 것을 발견했다. 이것은 뜨겁고 차가운 음식과 음료에 치아가 더 예민해지게 만든다. 이는 또한 커피를 마시는 사람이라면 더욱 빠르게 치아에 착색된다는 것을 의미한다. 연구팀은 화이트 와인이 레드 와인보다 더 손상을 가한다고 밝혔다. 화이트 와인의 산이 에나멜질을 공격하여 그것을 닳게 만든다. 더 나쁜 소식은 와인을 마신 후 치아를 닦는 것은 상태를 더 악화시킨다는 것이다.

[어휘]
• enamel : 에나멜(법랑질 또는 광택제)
• stain : 얼룩지게 하다, 더럽히다

 답 ④

안심Touch

02 다음 대화를 읽고, 여성고객(W)이 결정한 일로 가장 알맞은 것은? ★

> M : What can I do for you?
> W : I'd like to send a parcel to Australia by EMS.
> M : OK. What's inside of it?
> W : Clothes, cosmetics, seaweed, and hairspray.
> M : I'm sorry, but you can't send hairspray by EMS.
> W : Why not?
> M : Inflammable things aren't allowed into the aircraft for safety reasons.
> W : Is that so? Then, is there any other way available?
> M : You can mail it by sea, but it'll take 45 to 60 days.
> W : It takes too long. I'd rather take out hairspray from my parcel and use EMS.
> M : OK. You're all set. Thank you.

① To send her parcel by sea.
② To make a protest to the airport.
③ To check out other options available.
④ To mail her parcel without hairspray.

④ 소포에서 헤어스프레이를 빼고 우편으로 보내기
① 소포를 선박편으로 보내기
② 공항 측에 항의하기
③ 다른 방법 확인하기

[해석]
M : 무엇을 도와드릴까요?
W : 국제특급우편으로 호주에 소포를 보내려고 해요.
M : 네, 안에 무엇이 들어 있나요?
W : 옷, 화장품, 김, 그리고 헤어스프레이가 있습니다.
M : 죄송합니다만, 헤어스프레이는 국제특급으로 보낼 수가 없습니다.
W : 왜요?
M : 인화성 물질은 안전상의 이유로 항공기 반입이 허용되지 않습니다.
W : 그래요? 그럼, 다른 방법은 없나요?
M : 선박편으로 보낼 수 있지만, 기간이 45일에서 60일 정도 걸립니다.
W : 너무 오래 걸리네요. 헤어스프레이를 소포에서 빼고 국제특급우편으로 보내겠습니다.
M : 네, 다 됐습니다. 감사합니다.

[어휘]
• inflammable : 인화성의, 불에 타기 쉬운
• aircraft : 항공기
• protest : 항의하다

답 ④

2008

 1 다음 글에서 Hope diamond에 관한 내용 중 옳지 <u>않은</u> 것은? ★

> Certain objects are supposed to bring good luck, but others have a reputation of being jinxed — that is, of bringing bad luck. The Hope diamond, one of the world's greatest gems, is supposed to bring misfortune to its owners. Today, this jinxed stone is on display in the Smithsonian Institution in Washington, D.C. Its reputation for bad luck does not keep thousands of visitors from flocking to see it every year.

① It is a stone that brings bad luck.
② Its bad reputation repels visitors.
③ Its owners are supposed to be jinxed.
④ It is one of the most valuable gems in the world.

해설

② 그것의 나쁜 명성은 방문자들을 쫓아버린다.
① 그것은 불행을 가져오는 보석이다.
③ 그것의 소유자는 징크스가 있다.
④ 그것은 세상에서 가장 가치 있는 보석 중의 하나이다.

[해석]
어떤 물건은 행운을 가져오지만 어떤 것들은 징크스(불행)를 가져온다는 명성을 가지고 있다. 세상에서 가장 멋진 보석 중의 하나인 호프 다이아몬드는 그것의 소유자에게 불행을 가져다준다. 오늘날 이 징크스 있는 보석은 워싱턴 D.C.의 스미스소니언 박물관에 전시되어 있다. 그것이 가진 불행의 명성은 매년 수천 명의 관람객들이 몰려오는 것을 막지는 못한다.

[어휘]
• reputation : 명성, 평판
• jinx : 징크스
• gem : 보석
• repel : 물리치다

 답 ②

02 다음 두 사람의 대화에서 ( )에 들어갈 문맥 및 어법상 알맞은 단어는? ★

> A : What do you charge for photocopying?
> B : Fifteen cents per page.
> A : Even for bulk?
> B : Approximately how many pages do you have?
> A : About a hundred pages. It is my dissertation.
> B : In that case, I will do it for ten cents per page.
> A : Good enough! But I am not ( ) typing yet. It will get ready within four or five days.
> B : See you in a week then.

① through ② favorite
③ finish   ④ against

<blockquote>
해설

문맥상 괄호 안에는 '끝내다'의 의미를 가진 단어가 들어가야 한다. ① through는 be through ~ing 형태로 '끝마치다, 끝을 맺다'는 의미를 가지므로 가장 적절하고, ③ finish는 앞에 be동사가 있어서 옳지 않다.

[해석]
A : 복사비가 얼마인가요?
B : 페이지당 15센트입니다.
A : 벌크로는(대량으로 하면) 얼마인가요?
B : 대략 몇 페이지 인가요?
A : 약 100페이지 정도입니다. 저의 논문이죠.
B : 그런 경우라면 페이지 당 10센트에 해드리겠습니다.
A : 좋습니다! 하지만 아직 타이핑이 <u>끝나지</u> 않았습니다. 4~5일 안에 준비가 될 겁니다.
B : 그럼 일주일 후에 보죠.

[어휘]
• photocopying : 복사
• bulk : 부피, (큰) 규모의
• dissertation : 논문

답 ①
</blockquote>

2023 우정 9급 계리직 공무원
컴퓨터일반[기초영어 포함] 기본서

개정15판1쇄 발행	2023년 02월 22일 (인쇄 2023년 01월 18일)
초 판 발 행	2008년 07월 11일 (인쇄 2008년 06월 24일)
발 행 인	박영일
책 임 편 집	이해욱
편 저	SD 공무원시험연구소
편 집 진 행	이동욱
표지디자인	박종우
편집디자인	김경원 · 박서희
발 행 처	(주)시대고시기획
출 판 등 록	제10-1521호
주 소	서울시 마포구 큰우물로 75 [도화동 538 성지 B/D] 9F
전 화	1600-3600
팩 스	02-701-8823
홈 페 이 지	www.sdedu.co.kr
I S B N	979-11-383-4397-8 (13350)
정 가	35,000

잠깐!

혼자 공부하기 힘드시다면 방법이 있습니다.
시대에듀의 동영상강의를 이용하시면 됩니다.
www.sdedu.co.kr → 회원가입(로그인) → 강의 살펴보기